Die Voraussetzungen und Umfang der Haftung
des Patentlizenznehmers nach deutschem
und US-amerikanischem Recht

Europäische Hochschulschriften
Publications Universitaires Européennes
European University Studies

Reihe II
Rechtswissenschaft

Série II Series II
Droit
Law

Bd./Vol. 2580

PETER LANG
Frankfurt am Main · Berlin · Bern · New York · Paris · Wien

Katharina Bernau

Die Voraussetzungen und Umfang der Haftung des Patentlizenznehmers nach deutschem und US-amerikanischem Recht

PETER LANG
Europäischer Verlag der Wissenschaften

Die Deutsche Bibliothek - CIP-Einheitsaufnahme

Bernau, Katharina:

Die Voraussetzungen und Umfang der Haftung des Patentlizenznehmers nach deutschem und US-amerikanischem Recht / Katharina Bernau. - Frankfurt am Main ; Berlin ; Bern ; New York ; Paris ; Wien : Lang, 1999
(Europäische Hochschulschriften : Reihe 2, Rechtswissenschaft ; Bd. 2580)
Zugl.: Frankfurt (Oder), Univ., Diss., 1996
ISBN 3-631-31719-0

ISSN 0531-7312
ISBN 3-631-31719-0

Meinen Eltern

in Dankbarkeit für ein glückliches und sorgenfreies Studium.

Vorwort

Die vorliegende Arbeit ist im Max-Planck-Institut für ausländisches und internationales Patent-, Urheber- und Wettbewerbsrecht entstanden. Sie lag im Sommersemester 1995 der Juristischen Fakultät der Europa Universität Viadrina Frankfurt/Oder als Dissertation vor.

Ich danke Herrn Prof. Dr. Roland Wittmann, durch den ich die Anregung für das hier behandelte Thema während meines Studiums an der Ludwig-Maximilians-Universität München erhielt, für die Betreuung der Arbeit und Erstellung des Erstberichts.

Mein besonderer Dank gilt Herrn Professor Dr. Dr. h.c. mult. Gerhard Schricker, Geschäftsführender Direktor des Max-Planck-Instituts für ausländisches und internationales Patent-, Urheber- und Wettbewerbsrecht, für die Förderung durch ein Stipendium und Bereitstellung hervorragender Arbeitsbedingungen zur Anfertigung der Arbeit.

Bedanken möchte ich mich auch bei den Unternehmen BASF, Bayer, BMW, Boehringer Ingelheim, Bosch, Henkel, Hoechst, IBM, Mannesmann, Mercedes Benz, Merck, Porsche und diversen deutschen und amerikanischen Kanzleien, die mir für Interviews zur Verfügung standen und wertvolle Einblicke in die Praxis der Patentlizenzierung ermöglichten.

Schließlich möchte ich meine Eltern, meine Freunde und Mitarbeiter des Max-Planck-Instituts (US, Schweiz und Spanien-Referat) erwähnen, die mich während der Erstellung der Arbeit in jeglicher Hinsicht unterstützten und von der Arbeit ablenkten.

Literatur und Rechtsprechung wurden bis September 1998 berücksichtigt.

München, Januar 1999 Katharina Bernau

Inhalt

4. KAPITEL

DRITTER TEIL
DIE RECHTSFOLGEN DER HAFTUNG

VIERTER TEIL
ZUSAMMENFASSUNG UND AUSBLICK

15. KAPITEL

Abkürzungen

a.A. .... andere Ansicht
ABA............................ American Bar Association
ABl. EG .... Amtsblatt der Europäischen Gemeinschaften
AcP .... Archiv für die civilistische Praxis
a.F. .... alte Fassung
AIPLA .... Bulletin of the American Patent Law Association
AktG .... Aktiengesetz
Anm. .... Anmerkung
ArbEG .... Gesetz über Arbeitnehmererfindungen
Art. .... Artikel
Aufl. .... Auflage
AWD .... siehe RIW

BB .... Der Betriebsberater
Bd. .... Band
BGB .... Bürgerliches Gesetzbuch
BGH .... Bundesgerichtshof
BGHZ .... Entscheidungen des Bundesgerichtshofs in Zivilsachen
BPatG .... Bundespatentgericht
BPatGE .... Entscheidungen des Bundespatentgerichts
bzw. .... beziehungsweise

CJS .... Corpus Juris Secundum
CuR .... Computer und Recht

DB .... Der Betrieb
ders. .... derselbe
DeuBa .... Deutsche Bank
DPA .... Deutsches Patentamt
DOJ .... Department of Justice

EG .... Europäische Gemeinschaften
Einf. .... Einführung
Einl .... Einleitung
EuGH .... Gerichtshof der Europäischen Gemeinschaften
EWGV .... Vertrag zur Gründung der Europäischen Wirtschafts-
.... gemeinschaft

f.,ff. .... folgende
F. .... Federal Reporter
F.2d .... Federal Reporter, Second Series
F.Cas. .... Federal Case
F.Supp. .... Federal Supplement
FAZ .... Frankfurter Allgemeine Zeitung
FS .... Festschrift

gem. .... gemäß
GG .... Grundgesetz für die Bundesrepublik Deutschland
GFVO (Patente) .... Gruppenfreistellungsverordnung für Patentlizenzen
GFVO (Technologie)... Gruppenfreistellungsverordnung für Technologie-
.... transfervereinbarungen
GmbH .... Gesellschaft mit beschränkter Haftung
GPÜ .... Übereinkommen über das europäische Patent für den
.... Gemeinsamen Markt
GRUR .... Gewerblicher Rechtsschutz und Urheberrecht
GRUR Int. .... Gewerblicher Rechtsschutz und Urheberrecht -
.... Internationaler Teil
GWB .... Gesetz gegen Wettbewerbsbeschränkungen

Hans. .... hanseatisch
h.M. .... herrschende Meinung
HGB .... Handelsgesetzbuch
HS. .... Halbsatz
How. .... Howard (Law Report)

IIC .... International Review of Industrial Property and Copyright
.... Law
ifo .... Institut für Wirtschaftsforschung
i.d.R. .... in der Regel
i.S.d. .... im Sinne des
i.V.m. .... in Verbindung mit

JOPOS .... Journal of the Patent Office Society
JR .... Juristische Rundschau
Jura .... Juristische Ausbildung
JuS .... Juristische Schulung
JW .... Juristische Wochenschrift
JZ .... Juristenzeitung

KG .... Kammergericht

L.ed. .... Lawyer`s edition, United States Supreme Court Reports
L.ed.2d. .... Lawyer`s edition, United States Supreme Court Reports,
.... Second Series
LG .... Landgericht
LLBR .... Licensing Law and Business Report

MDR .... Monatsschrift für Deutsches Recht
MilRegGes .... Militärregierungsgesetz
MilRegVO .... Militärregierungsverordnung
MIP .... Managing Intellectual Property
Mitt .... Mitteilungen des Verbandes deutscher Patentanwälte
MLR .... Mealey's Litigation Reports
MuW .... Markenschutz und Wettbewerb

m.w.N. .... mit weiteren Nachweisen

NJW .... Neue Juristische Wochenschrift
Nr. .... Nummer
N.Y .... New York

OLG............................ Oberlandesgericht

PatG............................ Patentgesetz
PTCJ .... Patent, Trademark & Copyright Journal
PVÜ .... Pariser Verbandsübereinkunft zum Schutze des
.... gewerblichen Eigentums

RabelsZ .... Rabels Zeitschrift für ausländisches und internationales
.... Privatrecht
RG .... Reichsgericht
RGZ............................. Entscheidungen des Reichsgerichts in Zivilsachen
RIW/AWD .... Recht der internationalen Wirtschaft/Außenwirtschaftsdienst
.... des Betriebs Beraters
Rn .... Randnummer
ROHG.......................... Reichsoberhandelsgericht

S. .... Seite, Satz
Sec. .... Section
sog .... sogennante(r)
s.o. .... siehe oben

u.a. .... unter anderem
UCC............................. Uniform Commercial Code
u.U .... unter Umständen
U.S.............................. United States Supreme Court Reports
U.S.C. .... United States Code
U.S.C.A. .... United States Code Annotated
USPQ........................... United States Patents Quarterly
USPQ2d....................... United States Patents Quarterly, Second
u.U.............................. unter Umständen
UWG .... Gesetz gegen den unlauteren Wettbewerb

v.................................. versus; von
vgl. .... vergleiche
Vol. .... Volume
Vorbem. .... Vorbemerkung

WRP .... Wettbewerb in Recht und Praxis
WuM........................... Wohnungswirtschaft und Mietrecht
WuW........................... Wirtschaft und Wettbewerb

z.B .... zum Beispiel

ZfA .... Zeitschrift für Arbeitsrecht
ZfgR............................ Zeitschrift für gewerblichen Rechtsschutz
ZHR............................ Zeitschrift für das gesamte Handelsrecht und Wirtschaftsrecht
zit............................... zitiert
ZPO .... Zivilprozeßordnung

Literatur in deutscher Sprache

Axner, Oliver: Offene Fragen unter der EG-Gruppenfreistellungsverordnung für Patentlizenzverträge, GRUR 1985, S. 581 ff.

Ballerstedt, Kurt: Kritik über "Die faktischen Vertragsverhältnisse" von Simitis, AcP 157, S. 117 ff.

Baumbach, Adolf/Hefermehl, Wolfgang: Wettbewerbsrecht, Kommentar, 18. Aufl., München 1995

Baumbach, Adolf/ Duden,Konrad/Hopt, Klaus: Handelsgesetzbuch, Kommentar, 29. Aufl., München 1995

Baur, Jürgen: Haftungsvoraussetzungen und Haftungsfolgen bei Tauglichkeitsmängeln der Erfindung, ZHR 129, S. 3 ff.

Baur, Fritz/Grunsky, Wolfgang: Zivilprozeßrecht, 8. Aufl., Berlin 1994

Behrendt, Peter: Ende der Unterlizenz durch Beendigung der Hauptlizenz, GRUR 1933, S. 199 ff.

Beier, Friedrich-Karl: Rechtsprobleme des internationalen Markengebrauchs durch verbundene Unternehmen, AWD/RIW 1974, S. 1 ff. (zit.: Rechtsprobleme)

ders.: Wettbewerbsfreiheit und Patentschutz, GRUR 1978, S. 123 ff. (zit.: Wettbewerbsfreiheit)

ders.:Ausschließlichkeit, gesetzliche Lizenzen und Zwangslizenzen im Patent- und Musterrecht, GRUR 1998, S. 185 ff.

Beier/Bodewig, Theo: Die Auslegung von Lizenzverträgen nach US-amerikanischemRecht, Festschrift zum 65. Geburtstag von Mario M. Pedrazzini, Bern, 1990

Beier/Wieczorek, Reinhard: Zur Verwirkung im Patentrecht, GRUR 1976, S. 566 ff.

Benkard, Georg: Patentgesetz, Gebrauchsmustergesetz, Kurz-Kommentar, 9. Aufl., München 1993

Bernhardt, Wolfgang/Kraßer, Rudolf: Lehrbuch des Patentrechts, 4. Aufl., München 1986

Bierbach, Wolfgang: Probleme der Praxis des Verletzungsverfahrens im Bezug zum Erteilungs- und Nichtigkeitsverfahren, GRUR 1981, S. 458 ff.

Blum, R. E.: Grenzen der Patentausbeutung, GRUR 1932, S. 1 ff. (zit.: Grenzen)

ders.: Nachträgliche Nichtigkeit des Patents im Patentlizenzvertrag nach Schweizer Recht, GRUR Int. 1955, S. 201 ff. (zit.: Nachträgliche Nichtigkeit)

Bodewig, Theo: Zur Reform des amerikanischen Patentrechts - Die Novelle von 1980 und weitere Reformbestrebungen, GRUR Int. 1982, S.19 ff. (zit.: Reform)

ders.: Drastische Erhöhung der Strafgelder in Kartellrechtssachen, GRUR Int. 1991, S. 170 (zit.: Erhöhung)

ders.: Der Entwurf neuer Kartellrichtlinien für den Erwerb und die Lizenzierung geistigen Eigentums in den USA, GRUR Int. 1995, S. 142 ff. (zit.: Entwurf)

ders.: Neue Guidelines für Lizenzverträge in den USA, GRUR Int. 1997, S. 958 ff.

Bossung, Otto: Die Rechtsnatur der Patenterteilung, GRUR 1958, S. 285 ff.

Borstelmann: Die ausschließliche Lizenz des Patentrechts und ihre sachenrechtliche Bedeutung, Leipzig 1932

Brandi-Dohrn, Matthias: Meistbegünstigungsklausel in Lizenzverträgen, BB 1982, S. 1083 ff. (zit.: Meistbegünstigungsklausel)

ders.: Sukzessionsschutz bei der Veräußerung von Schutzrechten, GRUR 1983, S. 146 ff. (zit.: Sukzessionsschutz)

ders.: Die gewährleistungsrechtliche Einordnung des Software-Überlassungsvertrages, CuR 1986, S. 63 ff. (zit.: Gewährleistungsrechtliche Einordnung)

Brandner, Hans-Erich: Die Herausgabe von Verletzervorteilen im Patentrecht und im Recht gegen den unlauteren Wettbewerb, GRUR 1980, S. 359 ff.
Breuer, Isaac: Die rechtliche Natur der Patentlizenz, GRUR 1912, S. 44 ff.
Brox, Hans: Die Anfechtung von Dauerrechtsverhältnissen, BB 1964, S. 523 ff.
Brox, Hans/Elsing,Siegfried: Die Mängelhaftung bei Kauf, Miete und Werkvertrag, JuS 1976, S. 3 ff.
Bruchhausen, Karl: Zur kartellrechtlichen Zulässigkeit von örtlichen Beschränkungen in Lizenzverträgen, GRUR 1963, 561 f. (zit.: Beschränkungen)
ders.: Sind Endprodukte unmittelbare Verfahrenserzeugnisse eines auf die Herstellung eines Zwischenprodukts gerichteten Verfahrens?, GRUR 1979, S. 743 ff. (zit.: Endprodukte)
Bub, Wolf-Rüdiger/Treier, Gerhard: Handbuch der Geschäfts- und Wohnraummiete, 2. Aufl., München 1993
Bueb, W.: Zur Stellung des einfachen Lizenznehmers gegenüber dem Patentverletzer, GRUR 1938, S. 470 ff.
Canaris, Claus-Wilhelm: Die Vertrauenshaftung im deutschen Privatrecht, München 1971
Däubler, Wolfgang: Anspruch auf Lizenzgebühr und Herausgabe des Verletzergewinns - atypische Formen des Schadensersatzes, JuS 1969, S. 49 ff.
Delbrück, Helmuth: Aus der Rechtsprechung des obersten Gerichtshofes in Zivilsachen, MDR 1949, S. 280 ff.
Demaret, Paul: Patent- und Urheberrechtsschutz, Zwangslizenzen und freier Warenverkehr im Gemeinschaftsrecht, GRUR Int. 1987, S. 1 ff.
Dilcher, Hermann: Typenfreiheit und inhaltliche Gestaltungsfreiheit bei Verträgen, NJW 1960, S. 1040 ff.
Drestler, Claus: Haftungsbegrenzung im anglo-amerikanischen Negligence-Recht, Hamburg 1967
von Dungern, Friedrich: Zur Praxis der Lizenzvergabe für gentechnologische Erfindungen in den USA, GRUR Int. 1982, S. 501 ff.
Eggert, H. G.: Lizenzbereitschaft - ein untauglicher Kompromiß, GRUR 1972, S. 231 ff.
Emmerich, Volker: Die höchstrichterliche Rechtsprechung zum GWB, ZHR 140 (1976), S. 17 ff. (zit.: Rechtsprechung)
ders.: BGB Schuldrecht, Besonderer Teil, 7. Aufl., Heidelberg 1994 (zit.: Schuldrecht)
ders.: Das Recht des unlauteren Wettbewerbs, 4. Aufl., München 1995 (Unlauterer Wettbewerb)
Enzinger, Michael, Die Eingriffskondiktion im gewerblichen Rechtsschutz, GRUR Int.1997, S. 96 ff
Erman, Walter: Handkommentar zum Bürgerlichen Gesetzbuch, 1. Band, §§ 1-853, 9. Aufl., Münster 1993
Esser, Josef: Gedanken zur Dogmatik der "faktischen Schuldverhältnisse", AcP 157, S. 86 ff.
ders. Grundsatz und Norm in der richterlichen Fortbildung des Privatrechts, 4. Aufl., Berlin 1990 (zit. Grundsatz)
*Falk, Martin:*Zu Art und Umfang des Bereicherungsanspruchs bei Verletzung eines fremden Rechts, GRUR 1983, S. 488 ff.
Faust, Konrad: Ifo Patentstatistik: Deutsche Unternehmen bleiben hinter ihren Konkurrenten aus den USA und Japan zurück, Ifo Schnelldienst 31/93, S. 14
Fikentscher, Wolfgang: Schuldrecht, 8. Aufl., Berlin, New York, 1992 (zit.: Schuldrecht)
ders.: Lizenzoption, Anbietungspflicht und Vertragserweiterung Festschrift für Gernhuber, Tübingen 1993, S. 121 ff. (zit.: Lizenzoption)
ders.: Methoden des Rechts in vergleichender Darstellung, Band 2 Anglo-amerikanischer Rechtskreis, Tübingen 1975 (zit.: Methoden)

Finger, Peter: Lizenzverträge über nichtige Patente oder ungültige Gebrauchsmuster, GRUR 1961, S. 17 ff. (zit.: Lizenzverträge)
ders.: Die ausschließliche Lizenz, WRP 1971, S. 207 ff. (zit.: Ausschließliche Lizenz)
Fischer, Ernst: Zur Formbedürftigkeit von Lizenzverträgen, GRUR 1959, S. 124 (zit.: Formbedürftigkeit)
ders.: Schadensersatz für den nichtausschließlichen Lizenznehmer, GRUR 1980, S. 374 ff. zit.: Schadensersatz)
ders.: Sind die Lizenzsätze nach Nr.10 der Vergütungsrichtlinien noch zeitgemäß, Mitt. 1987, S. 104 ff. (zit.: Lizenzsätze)
ders.: Zahlungsverpflichtung für Lizenzgebühren in Know-how Verträgen, wenn der Vertragsgegenstand offnkundig ist, GRUR 1985, S. 638 ff. (zit.: Zahlungsverpflichtung)
Fischer, Robert: Fragen aus dem Recht der GmbH, JZ 1954, S. 426 ff.
Forkel, Hans: Gebundene Rechtsübertragungen, Erster Band, Köln, Berlin, Bonn, München 1977 (zit.: Rechtsübertragungen)
ders.: Zur dinglichen Wirkung einfacher Lizenzen, NJW 1983, S. 1764 ff. (zit.: Dingliche Wirkung)
Friedrich, Rudolf: Empfehlungen des Sachverständigenkreises "Patente und Lizenzen bei öffentlich geförderter Forschung und Entwicklung" des Bundesministers für Forschung und Technologie, GRUR 1978, S. 349 ff.
Fritze, Ulrich: Nichtangriffsabrede für die Zeit nach Beendigung des Schutzrechts, GRUR 1969, S. 218 ff.
von Gamm,Otto-Friedrich: Kartellrecht, Kommentar zum Gesetz gegen Wettbewerbsbeschränkungen und zu Art. 85, 86 EWGV, 2. Aufl., Köln, Berlin, Bonn, München 1990
Gaul, Dieter/Bartenbach, Kurt: Zum einstweiligen Schutz einer offengelegten Patentanmeldung nach § 24 V PatG, BB 1968, S. 1061 ff.
Gomez Segade, Jose Abtonio: Zwangslizenzen für phamazeutische Erfindungen, GRUR Int. 1973, S. 95 ff.
Greif, Siegfried: Ausübungszwang für Patente, GRUR Int. 1981, S. 731 ff.
Groß, Friedrich: Wie entsteht eine herrschende Meinung ?, GRUR 1951, S. 369 f.
Groß, Michael: Aktuelle Lizenzgebühren in Patentlizenz-, Know-how- und Computerprogrammlizenz-Verträgen, BB 1995, S. 885 ff.
Guilino, Ernst: Zur Frage der Notwendigkeit ausschließlicher Lizenzen, GRUR 1974, S. 187 ff.
Hassold, Gerhard: Die Mängelhaftung im Mietrecht, JuS 1975, S. 550 ff.
Hay, Peter: Einführung in das Amerikanische Recht, 4. Aufl., Darmstadt 1993
Heil, Ulf/Roos, Michael: Zur dreifachen Schadensberechnung bei Übernahme sonderrechtlich nicht geschützter Leistungen, GRUR 1994, S. 26 ff.
Heine, H. G.: Buchbesprechung "Patentgesetz und Gesetz betr. den Schutz von Gebrauchsmustern" von *Eduard Reimer,* GRUR 1949, S. 431f.
Henn, Günter: Patent- und Know-how-Lizenzvertrag, Ein Handbuch; 2. Aufl., Heidelberg 1989
Henriquez, P.C.: Zwangslizenz und abhängige Patente, GRUR Int. 1970, S. 335 ff.
Hesse, *Hans Gerd:* Prüfung des Schutzumfangs im Patentlizenzprozeß, GRUR 1972, S. 505 ff. (zitl.: Schutzumfang)
ders.: Die subjektiven Tatbestandsmerkmale der mittelbaren Patentverletzung, GRUR 1982, S. 191 ff. (zit.: Tatbestandsmerkmale)
ders.: Mit Kanonen gegen Spatzen - Bemerkungen zu § 34 GWB, GRUR 1984, S. 324 ff. (zit.: § 34 GWB)
Hille, Hans-Eduard: Zur Anfechtung des Mietvertrages wegen arglistiger Täuschung und zu den vorvertraglichen Informationspflichtendes Mieters, WuM 1984, S. 292 ff.

von Hippel, Eike: Die Kontrolle der Vertragsfreiheit nach anglo-amerikanischem Recht, Frankfurt 1963
Hirthe, Heinz: Einfluß der Gesetzgebung gegen Wettbewerbsbeschränkungen und über Technologietransfer auf Know-how Vereinbarungen, GRUR 1983, S. 98 ff.
Hönn, Günther: Zur Problematik fehlerhafter Vertragsverhältnisse, ZfA 1987, S. 61 ff.
Hubmann, Heinrich: Gewerblicher Rechtsschutz, 6. Aufl., München 1995
Hueck, Götz: Gesellschaftsrecht: Ein Studienbuch, 19. Aufl., München 1991
Immenga, Ulrich/Mestmäcker, Ernst-Joachim: GWB Kommentar, 2. Aufl., München 1992 (zit.: Immenga/Mestmäcker)
Isay, Hermann: Patentgesetz und Gesetz betreffend den Schutz von Gebrauchsmustern, 6. Aufl., Berlin 1932
Jabbusch, Wolfgang: Begrenzung der konzentrationsfördernden Wirkungen des Patentschutzes durch Erweiterung des Instituts der Zwanslizenz, Köln, Berlin, Bonn, München 1977
Jauernig, Othmar: Bürgerliches Gesetzbuch, Kommentar, 7. Aufl., München 1994
Jersch, Ralf: Software, Hardware und Vertragsrecht-BGH v. 4.11.1987, Jura 1988, S. 580 ff.
Joiliet, Renè: Der Patentlizenzvertrag im belgischen und französischen Zivilrecht, GRUR Int. 1982, S. 291 ff.
Karnell, Gunnar: Gedanken zur Bemessung von Schadensersatzansprüchen bei Patentverletzungen, GRUR Int. 1996, 335 ff.
v. Kalinovski, Julian: Antitrust Laws and Trade Regulation (Loseblattausgabe), New York 1993
Kellermann, Alfred: Die gewerblichen Schutzrechte im Gesetz gegen Wettbewerbsbeschränkungen, GRUR 1958, S. 581 ff. (zit.: Gewerbliche Schutzrechte)
ders.: Der Einfluß des Gesetzes gegen Wettbewerbsbeschränkungen auf die Verwertung von gewerblichen Schutzrechten, GRUR 1959, S. 569 ff. (zit.: Einfluß des GWB)
ders.: Die gewerblichen Schutzrechte im Gesetz gegen Wettbewerbsbeschränkungen (II. Teil), WuW 1960, S. 603 ff. (zit.: Gewerbliche Schutzrechte II.)
Kent, P.: Das Patentgesetz vom 7. April 1891, Kommentar, Erster Band, Berlin 1906
Kiefersauer-Glaser, Hugo: Grundstücksmiete, 10. Aufl., Berlin 1965
Kirchhartz, Peter: Nichtangriffsklauseln in Patentlizenzverträgen - eine vergleichende Betrachtung der Rechtslage in Deutschland, in den USA und der EG, Dissertation, München 1982
Kisch, Wilhelm: Handbuch des deutschen Patentrechts, Mannheim, Berlin, Leipzig 1923 (zit.: Handbuch)
ders.: Die Patentgemeinschaft, GRUR 1952, S. 267 ff. (zit: Patentgemeinschaft)
Klaka, Rainer: Zur Verwirkung im gewerblichen Rechtsschutz, GRUR 1970, S. 265 ff. (zit.: Verwirkung)
ders.: Die mittelbare Patentverletzung in der deutschen Rechtspraxis, GRUR 1977, S. 337 ff. (zit.: mittelbare Patentverletzung)
ders.: Zur Verwirkung im Patentrecht, GRUR 1978, S. 70 ff. (zit.: Patentrecht)
Klauer, Georg/Möhring, Philipp: Patentrechtskommentar, Band 1, 3. Aufl., München 1971
Klawitter, Christian: Kein Schutz des einfachen Patentlizenznehmers bei Veräußerung des Patents durch den Patentinhaber, MDR 1982, S. 895 ff.
Kleiner, Christoph: Wurde Kaffee Hag durch Pharmon "overruled"?, GRUR Int. 1987, S. 229 ff.
Klemp, Wolfram: Meistbegünstigungsklauseln in Lizenzverträgen, DB 1977, S. 1301 ff.
Klostermann, R..: Das Patentgesetz für das deutsche Reich vom 25. Mai 1877 nebst

Einleitung und Kommentar und mit vergleichender Übersicht der ausländischen Patentgesetze, Berlin 1877
Knap, Karel: Der Lizenzvertrag als ein besonderer Vertragstyp, GRUR Int. 1973, S. 225 ff.
Koch, Norbert: Die Bindungswirkung der Exklusivlizenz, BB 1972, S. 97 ff.
Koch, Norbert/Froschmaier, Franz: Patentgesetze und Territorialitätsprinzip im Gemeinsamen Markt, GRUR 1965, S. 121 ff.
Kohler, Josef: Handbuch des deutschen Patentrechts in rechtsvergleichender Darstellung, Mannheim 1900 (zit.: Handbuch)
ders.: Aus der Licenzlehre, ZfgR. II. Jahrgang, S. 162 ff. (zit.: Lizenzlehre)
Körner, Eberhardt: Die Auswirkung des Patentnichtigkeiturteils auf Schadensersatzansprüche des Patentinhabers, GRUR 1974, S. 441 ff. (zit.: Auswirkung)
ders.: Ausübungspflichten und Wettbewerbsverbote des Lizenznehmers aus kartellrechtlicher Sicht, BB 1980, S. 1662 ff. (zit.: Ausübungspflichten)
ders.: Der Bestand bzw. Fortbestand von Schutzrechten und Know-how als Voraus-setzung der Lizenzgebühren- bzw. Schadensersatzpflicht, GRUR 1982, S. 341 ff. (zit.: Der Bestand)
ders.: Zur vertraglichen "Verdinglichung" einfacher Lizenzen, Mitt. 1983, S. 230 ff. (zit.: Verdinglichung)
ders.: Die Produzentenhaftung des Lizenzgebers bei Lizenzen über gewerbliche Schutzrechte und Know-how, NJW 1985, S. 3047 ff. (zit.: Produzentenhaftung)
Kraßer, Rudolf: Verpflichtung und Verfügung im Immaterialgüterrecht, GRUR Int. 1973, S. 230 ff (zit.: Verpflichtung und Verfügung)
ders.: Schadensersatz für Verletzungen von Schutzrechten und Urheberrechten nach deutschem Recht, GRUR Int. 1980, S. 259 ff. (zit.: Schadensersatz)
ders.: Die Wirkung der einfachen Patentlizenz, GRUR Int. 1983, S. 537 ff. (zit.: Wirkung der einfachen Lizenz)
ders.: Wirkungen der Nichtigkeit von Patenten und Marken auf Lizenzverträge, GRUR Int. 1990, S. 611 ff. (Wirkungen der Nichtigkeit)
Kraßer, Rudolf/Schmid, Hans Dieter: Der Lizenzvertrag über technische Schutzrechte aus der Sicht des deutschen Zivilrechts, GRUR Int. 1982, S. 324 ff.
Krausse/Kathlun/Lindenmaier: Das Patentgesetz, 5. Aufl., Köln, Berlin, Bonn, München 1970
Kroitzsch, Hermann: Die höchstrichterliche Rechtsprechung zu Lizenzverträgen und die Rechtssicherheit, GRUR 1975, S. 162 ff.
Kühne, Gunther: Der Vertrauensgedanke im Schuldvertragsrecht, RabelsZ 36 (1972), S. 261 ff.
Kühnen, Thomas: Kann der Entschädigungsanspruch gemäß §§33 PatG 1981, 24 Abs. 5 PatG 1968 im besonderen Gerichtsstand der unerlaubten Handlung geltend gemacht werden?, GRUR 1997, 19 ff.
Kunz-Hallstein, Hans Peter: Verschärfter Ausübungszwang für Patente?, GRUR Int. 1981, S. 347 ff.
Lampert, Wilhelm: Beschränkungen der Vertragsfreiheit auf dem Patentgebiet durch den "Entwurf eines Gesetzes gegen Wettbewerbsbeschränkungen", GRUR 1952, S. 463 ff. (Vertragsfreiheit)
ders.: Patente und Entkartellierung, GRUR 1950, S. 1 ff. (zit.: Patente)
Larenz, Karl: Lehrbuch des Schuldrechts Band I, Allgemeiner Teil 14. Aufl., München 1987 (Lehrbuch Bd. I.)
ders.: Lehrbuch des Schuldrechts, Band II, Halbband 1, Besonderer Teil, 13. Aufl., München 1986 (zit.: Lehrbuch Bd. II.)
Lichtenstein, Erich: Der Lizenzvertrag mit dem Ausland, NJW 1964, S. 1345 ff. (zit.: Lizenzvertrag)

ders.: Der gewerbliche Rechtsschutz im internationalen Privatrecht, NJW 1964, S. 1208 ff. (zit.: Gewerblicher Rechtsschutz)
ders.: Zum Abwehranspruch des einfachen Lizenznehmers, GRUR 1965, S. 344 ff. (zit.: Abwehranspruch)
ders.: Der Lizenzvertrag im engeren Sinne, NJW 1965, S. 1839 ff. (zit.: Lizenzvertrag im engeren Sinne)
Lindenmaier, Fritz: Zur Höhe der Lizenzgebühr als Entschädigung für Patentverletzung, GRUR 1955, S. 359 ff. (zit.: Höhe der Lizenzgebühr)
ders.: Die Haftung des Patentinhabers bei Veräußerung des Patents und Lizenzbestellung, GRUR 1955, S. 507 ff. (zit.: Haftung)
Link, Klaus-Ulrich: Allgemeine Geschäftsbedingungen: Einschränkung der Rechtsmängelhaftung wegen Patentverletzung unter Kaufleuten, BB 1983, S. 1885 ff.
Littbarski, Sigurd: Neuere Tendenzen zum Anwendungsbereich der Lehre von der Geschäftsgrundlage, JZ 1981, S. 8 ff. (zit.: Tendenzen)
ders.: Der Wegfall der Geschäftsgrundlage im öffentlichen Recht, Frankfurt am Main 1982 (zit.: WGG)
ders.: Einstweiliger Rechtsschutz im Gesellschaftsrecht, München 1996 (zit.: Einstweiliger Rechtsschutz)
Loewenheim, Ulrich: Schadensersatz in Höhe der doppelten Lizenzgebühr bei Urheberrechtsverletzungen?, JZ 1972, S. 12 ff.
Lüdecke, Wolfgang: Die Ausübungspflicht des Lizenznehmers, GRUR 1952, S. 211 ff. (zit.: Ausübungspflicht)
ders.: Welchen Einfluß hat die Veräußerung des Patents auf bestehende Lizenzverträge? GRUR 1964, S. 470 ff. (zit.: Einfluß der Veräußerung)
ders.: Die erfinderrechtliche Vindikation (§ 5 PatG) und erteilte Lizenzen GRUR 1966, S. 1 ff. (zit.: Vindikation)
ders.: Zur rechtlichen Natur der Lizenz, NJW 1966, S. 815 ff. (zit.: Rechtliche Natur)
ders.: Lizenzverträge über zum Patent angemeldete Erfindungen im neuen Patentrecht, NJW 1968, S. 1358 ff. (zit.: Lizenzverträge)
Lüdecke, Wolfgang/Fischer, Ernst: Lizenzverträge, Weinheim 1957
Lüderitz, Alexander: Auslegung von Rechtsgeschäften, Karlsruhe 1966
Lutter, R: Entschädigungsklage des Patentinhabers, der eine ausschließliche Lizenz erteilt hat, gegen einen Patentverletzer, GRUR 1933, S. 441 ff.
Magen, Albrecht: Lizenzverträge und Kartellrecht, Heidelberg 1963
Mager, Heinrich: Einfache Lizenz bei Veräußerung des Schutzrechts, GRUR 1983, S. 51 ff.
Malzer, Erich: Zur Haftung der Ausführbarkeit der technischen Lehre bei der Übertragung von Rechten aus dem Patentgesetz, GRUR 1970, S. 107 ff.
Martinek, Michael: Moderne Vertragstypen, Band I., Leasing und Factoring, München 1991 (zit.: Bd. I.)
ders.: Moderne Vertragstypen, Band II., Franchising, Know-how Verträge und Consultingverträge, München 1993 (zit.: Bd. II.)
Medicus, Dieter: Bürgerliches Recht, 16. Aufl., Köln, Berlin, Bonn, München 1993
Mes, Peter: Die mittelbare Patentverletzung, GRUR 1998, S. 281 ff.
Meyer, Andreas: Die EG-Gruppenfreistellungsverordnung zum Technologietransfer, GRUR Int. 1997, S. 498 ff.
Möhring, Philipp: Dekartellisierung und Lizenzvertrag, GRUR 1950, S. 496 ff. (zit.: Dekartellisierung)
ders.: Der Einfluß der Vernichtung eines Patents auf einen bestehenden Lizenzvertrag, der eine ausschließliche Lizenz zum Gegenstand hat, Mitt. 1969, S. 296 ff. (Einfluß der Vernichtung)

Münchener Kommentar: Kommentar zum Bürgerlichen Gesetzbuch, Band 2, Schuldrecht, Allgemeiner Teil (§§ 241-432), 3. Aufl., München 1994 (zit.: MüKo)
ders.: Kommentar zum Bürgerlichen Gesetzbuch, Band 3, Schuldrecht, Besonderer Teil I. (§§ 433-606), 3. Aufl., München 1995 (zit.: MüKo)
ders.: Kommentar zum Bürgerlichen Gesetzbuch, Besonderer Teil, 1. Halbband (§§ 433-651k), 2. Aufl., München 1988 (zit.: MüKo)
ders.: Kommentar zum Bürgerlichen Gesetzbuch, Band 4, Schuldrecht, Besonderer Teil, II (§§ 607-704) 3. Aufl., München 1997 (zit.: MüKo)
ders. Kommentar zum Bürgerlichen Gesetzbuch, Band 5, Schuldrecht, Besonderer Teil, III (§§ 705-853) 3. Aufl., München 1997 (zit.: MüKo)
Müller, R.: Die Interessenlage des Lizenzgebers in "Lizenzen - Warum und Wie", Ergebnisse einer Studientagung im Gottlieb Duttweiler-Institut vom 17.-19. Mai 1972, S. 165 ff.
Munk, Leo: Die patentrechtliche Licenz, Berlin 1897
Neumeyer, Fredrik: Zwangslizenz für Patente, GRUR Int. 1958, S. 1 ff.
Nicklisch, Fritz: Ergänzende Vertragsauslegung und Geschäftsgrundlagenlehre - ein einheitliches Rechtsinstitut zur Lückenausfüllung, BB 1980, S. 949 ff.
Nirk, Rudolf: Die Einordnung der Gewährleistungsansprüche und Leistungsstörungen bei Verträgen über Patente in das Bürgerliche Gesetzbuch, GRUR 1970, S. 329 ff.
Northwestern-University Chicago: Die Bedeutung von Gebiets- und Anwendungsbeschränkungen in internationalen Lizenzverträgen, GRUR Int. 1981, S. 449 ff.
Ohl, Albert: Zur Rechtsnatur des einstweiligen Patentschutzes nach § 24 V PatG, GRUR 1976, S. 557 ff. (zit.: Rechtsnatur)
ders.: Wegfall der Lizenz vor Ablauf des Patents, GRUR 1992, S. 77 ff. (zit.: Wegfall)
Oppenhoff, Walter: Wandel der Markenrechtskonzeption, GRUR Int. 1973, S. 433 ff.
v. d. Osten, Horst: Zum Anspruch auf Herausgabe des Verletzergewinns im Patentrecht, GRUR 1998, S. 284 ff.
Osterloh, Eilert: Ist die Benutzung einer Erfindung aufgrund eines wegen Verstoßes gegen kartellrechtliche Vorschriften nichtigen Lizenzvertrages eine Patentverletzung? GRUR 1985, S. 707 ff.
Pagenberg, Jochen/Geissler, Bernhard: Lizenzverträge, License Agreements, 2. Aufl., Köln, Berlin, Bonn, München 1989
Palandt: Bürgerliches Gesetzbuch, 57. Aufl., München 1998
Paul, Willy: Der industrielle Lohnfertigungsvertrag über geschützte Gegenstände, NJW 1963, S. 2249 ff.
Pedrazzini, Mario: Der Lizenzvertrag, Schweizerisches Patentrecht VII/1, S. 596 ff., Basel und Stuttgart 1979 (zit.: Lizenzvertrag)
ders.: Die zivilrechtlichen Probleme des Patentlizenzvertrages nach schweizerischem Recht GRUR Int. 1982, S. 283 ff. (zit.: Die zivilrechtlichen Probleme)
ders.: Patent- und Lizenzvertragsrecht, 2. Aufl., Bern 1987 (zit.: Patent- u. Lizenzvertragsrecht)
Peetz, Wolfgang-Martin: Die Nichtangriffsklausel in Lizenzverträgen, Dissertation, Göttingen 1961
Pfaff, Dieter: Der Know-how Vertrag im bürgerlichen Recht, BB 1974, S. 565 ff. (zit.: Know-how Vertrag)
ders.: Internationale Lizenzverträge im europäisch internationalen Privatrecht, AWD/RIW 1974, S. 241 ff. (zit.: Internationale Lizenzverträge)
Pfanner, Klaus: Die Zwangslizensierung von Patenten: Überblick und neuere Entwicklungen GRUR Int. 1985, S. 357 ff.
Pietzke, Rudolf: Schadensersatz durch Lizenzberechnung, GRUR 1975, S. 55 ff.

Pinzger, G.: Der Schadensersatz des einfachen Lizenznehmers, GRUR 1938, S.148 ff.
Pietzcker, Eduard: Patentgesetz und Gebrauchsmustergesetz Kommentar, Berlin und Leipzig 1929
Pietzcker, Rolf: Schadensersatz durch Lizenzberechnung, GRUR 1975, S. 55 ff. (zit.: Schadensersatz)
ders.: Richtlinien für die Bemessung von Schadensersatz bei der Verletzung von Patenten, GRUR Int. 1979, S. 343 ff. (zit.: Richtlinien)
Pitz, Johann: Verfahrensrechtliche Unwirksamkeit der Nichtangriffsabrede im europäischen und im deutschen Einspruchsverfahren, Mitt. 1994, S. 239 ff.
Pösentrup, Heiner/Keukenschrijver, Alfred/Ströbele, Paul: Aus der Rechtsprechung des Bundespatentgerichts im Jahre 1995, GRUR 1996, S. 303 ff.
Poth, Hartwig: Zur Rechtsnatur der Patentlizenz, Mitt. 1979, S. 216 ff. (zit.: Rechtsnatur)
ders.: Zur Rechtsnatur der Lizenz an einer offengelegten Patentanmeldung, Mitt. 1990, S. 162 ff. (zit.: Offene Patentanmeldung)
Preu, Albert: Nichtangriffsabreden in Patent- und Gebrauchsmuster Lizenzverträgen, Festschrift für Wendel 1969, S. 115 ff. (zit.: Nichtangriffsabreden)
ders.: Der Einfluß der Nichtigkeit oder Nichterteilung von Patenten auf Lizenzverträge, GRUR 1974, S. 623 ff. (zit.: Einfluß der Nichtigkeit)
ders.: Richtlinien für die Bemessung von Schadensersatz bei Verletzung von Patenten, GRUR 1979, S. 753 ff. (zit.: Richtlinien)
ders.: Die unmittelbare und mittelbare Benutzung, GRUR 1980, S. 697 ff. (zit.:Benutzung)
ders.: Chance und Risiko von Lizenzverträgen, Mitt. 1981, S. 153 ff. (zit.: Chance und Risiko)
Rabel, Ernst: Das Recht des Warenkaufs, 1. Band, Berlin 1957
Rasch, Harold: Der Lizenzvertrag in rechtsvergleichender Darstellung, Berlin 1933
Reimer, Dietrich: Patentverletzung bei teilweiser Aufgabenerfüllung, GRUR 1977, S. 384 ff.
Reimer, Eduard: Patentgesetz und Gebrauchsmustergesetz, Systematischer Kommentar, Köln, Berlin, Bonn, München 1968
Reinelt, Manfred: Lizenzinfomation und Lizenzmarkt, GRUR 1985, S. 174 ff. (zit.: Lizenzinformation)
ders.: Die unverbindliche Lizenzinteressenerklärung, GRUR 1986, S.505 ff. (zit.: Lizenzinteressenerklärung)
Reinhart, Gert: Patentlizenzverträge - ein Hindernis auf dem Weg zur europäischen Integration?, DB 1981, S. 1863 ff.
Reukauf, Peter-Frank: Mögliche Regelung der Lizenzerteilung im Zusammenhang mit Kooperationen, GRUR 1968, S. 416 ff
Rheinstein, Max: Die Struktur des vertraglichen Schuldverhältnisses im anglo-amerikanischem Recht, Berlin und Leipzig 1932 (zit.: Die Struktur)
ders.: Zur Einführung: Rechtsvergleichung, JuS 1972, S. 65 ff. (zit.: Zur Einführung)
ders.: Literatur: *Konrad Zweigert,* und *Hein Kötz,* Einführung in die Rechtsvergleichung auf dem Gebiete des Privatrechts, Band II, RabelsZ 35 (1971), S. 162 ff.
ders.: Einführung in die Rechtsvergleichung, 2. Aufl., München 1987 (zit.: Einführung)
Riechmann, Volkhard: Abschaffung des Schriftformerfordernisses gemäß § 34 GWB - Zu wessen Nutzen?, GRUR 1986, S. 427 ff.
Riesenhuber, Heinz: Welche Chancen signalisieren Forschung und Technologie?, Alfred Herrhausen Gesellschaft für Internationalen Dialog, Arbeit der Zukunft, Zukunft der Arbeit, S. 79 ff., Stuttgart 1994
Robolski, H.: Theorie und Praxis des deutschen Patentrechtes unter Benutzung der Akten des kaiserlichen Patentamtes, Berlin 1890

Rosenberger, Hans-Peter: Inhalt des Schutzrechts, Berechnungsgrundlage für Lizenzgebühr und Rechtsschutzinteresse der Kartellbehörde, GRUR 1982, S. 601 ff. (zit.: Inhalt des Schutzrechts)
ders.: Nochmals: Zur Frage des Fortbestands der einfachen Lizenz, bei Übertragung des Patents, GRUR 1983, S. 203 ff. (zit.: Fortbestand)
Roquette, Hermann: Das Mietrecht des Bürgerlichen Gesetzbuches, Systematischer Kommentar, Tübingen 1966
Sajko, Kresmir: International-privatrechtliche Fragen internationaler Lizenzverträge, GRUR Int. 1986, S. 241 ff.
Sandstein: Zulässigkeit und Beschränkungen des Lizenzgebers in Patentlizenzverträgen nach dem Entwurf des Gesetzes gegen Wettbewerbsbeschränkungen, GRUR 1953, S. 246 ff.
Schade, Peter: Die Ausübungspflicht bei Lizenzen, Köln, Berlin, Bonn, München 1967
Schall, R: Zur Lehre vom Lizenzvertrag - Einfluß der nachträglichen Vernichtung eines Erfindungspatents auf Verträge behufs Überlassung eines Theils geheim gehaltenen Verfahrens, AcP 72, S. 128 ff.
Schatz, Ulrich: Ausübungszwang und Zwangslizenzen im Gemeinsamen Markt, GRUR Int. 1968, S. 273 ff. (zit.: Ausübunsgzwang)
ders.: Die Erschöpfung des Patentrechts, GRUR Int. 1970, S. 207 ff. (Erschöpfung des Patentrechts)
Schaub, Stefan F.: Wettbewerbsrecht: Nichtangriffsabrede in Patentlizenzvertrag, AWD/RIW 1989, 216 ff.
Schippel, Helmut: Die Berechtigung zur Erhebung der Nichtigkeitsklage im Patentrecht und ihre Beschränkungen durch Lizenzverträge, GRUR 1955, S. 322 ff.
Schmidt, Karsten: Gesellschaftsrecht, 2. Aufl., Köln 1991 (zit.: GesR.)
ders.: "Fehlerhafte Gesellschaft" und allgemeines Verbandsrecht, AcP 186, 421 ff. (zit.: Fehlerhafte Ges.)
Schmidt-Futterer, Wolfgang/Blank, Hubert: Wohnraumschutzgesetze Kommentar, 6. Aufl., München 1988
Schramm, Carl: Grundlagenforschung auf dem Gebiete des Gewerblichen Rechtsschutzes und Urheberrechts, Berlin, Köln 1954
Schricker, Gerhard: Zur kartellrechtlichen Beurteilung von Zwischenbenutzungsvereinbarungen in Patentlizenzverträgen, WRP 1980, S. 121 ff.
Schumann: Schicksal der Unterlizenz bei Fortfall der Hauptlizenz oder beim Wechsel der Patentinhaberschaft, GRUR 1932, S. 539 ff.
Schulz, André-Michael: Gebührenbemessung bei internationalen Lizenz- und Know-how-Verträgen, St. Gallen 1980
Schwark, Eberhard: Zum Verhältnis von schuldrechtlichen Vertragstypen und Vertragswirklichkeit, insbesondere beim Werklieferungsvertrag, Rechtstheorie 1978, S. 73 ff.
Schwerdtner, Peter: Das patentrechtliche Nichtigkeitsurteil und seine zivilprozessualen und zivilrechtlichen Auswirkungen, GRUR 1968, S. 9 ff.
Schwintowski, Hans-Peter: Grenzen der Anerkennung fehlerhafter Gesellschaften, NJW 1988, S. 937 ff.
Seligsohn, Arnold: Patentgesetz und Gesetz betreffend den Schutz von Gebrauchsmustern, 5. Aufl., Berlin 1912
Sernatinger, Manfred: Das Problem des Veräußerungs- und Lizenzvertrages bei nachträglicher Vernichtung oder Beeinträchtigung des gewerblichen Schutzrechts, Dissertation München 1967
Siebert, Wolfgang: Faktische Vertragsverhältnisse, Karlsruhe 1958

Simitis, Spiros: Die faktischen Vertragsverhältnisse als Ausdruck der gewandelten sozialen Funktion des Rechtsinstituts des Privatrechts, Frankfurt 1957
Soergel, Hs. Th.: Kommentar zum Bürgerlichen Gesetzbuch, Band 4, Schuldrecht III, §§ 705-853), 11. Aufl., Stuttgart, Berlin, Köln, Mainz 1985
Soltysinki, Stanislav: Der Nichteingriffseinwand im amerikanischen Patentlizenzrecht - Lear v. Adkins und seine Folgen, GRUR Int.1974, S. 387 ff.
Spengler, Albrecht: Die Verlagslizenz und § 20 GWB, GRUR 1964, S. 425 ff. (zit.: Verlagslizenz)
ders.: Ist das Verschuldensprinzip nicht mehr zeitgemäß?, GRUR 1958, S. 212 ff. (zit.: Verschuldensprinzip)
ders.: Neuere Rechtsprechung auf dem Gebiete des Patentrechts, GRUR 1950, S. 199 ff. (Rechtsprechung)
Starck, M.: Zur rechtlichen Natur des Lizenzvertrages, Mitt. 1914, S.163 ff.
Stauder, Dieter: Bericht über die Arbeitssitzung der Fachgruppe für gewerblichen Rechtsschutz und Urheberrecht auf der Tagung für Rechtsvergleichung 1981 vom 9.-12. Sept. 1981 in Frankfurt am Main, GRUR Int. 1982, S.341 ff. (zit.: Bericht)
ders.: Überlegungen zur Schaffung eines besonderen Beweisverfahrens im europäischen Patentverletzungsstreit, GRUR Int. 1978, S. 230 ff. (zit.: Beweisverfahren)
von Staudinger, J.: Kommentar zum Bürgerlichen Gesetzbuch mit Einführungsgesetz und Nebengesetzen, Zweites Buch, Recht der Schuldverhältnisse §§ 652-704, 13. Aufl., Berlin 1995 (zit.: Staudinger)
ders.: Kommentar zum Bürgerlichen Gesetzbuch mit Einführungsgesetz und Nebengesetzen, Zweites Buch, Recht der Schuldverhältnisse §§ 535-563, 13. Aufl., Berlin 1995 (zit.: Staudinger)
ders.: Kommentar zum Bürgerlichen Gesetzbuch mit Einführungsgesetz und Nebengesetzen, Zweites Buch, Recht der Schuldverhältnisse §§ 581-606, 13. Aufl., Berlin 1996 (zit.: Staudinger)
ders.: Kommentar zum Bürgerlichen Gesetzbuch mit Einführungsgesetz und Nebengesetzen, Zweites Buch, Recht der Schuldverhältnisse §§ 823-832, 12. Aufl., Berlin 1985 (zit.: Staudinger)
M. Stenglein's: Kommentar zu den strafrechtliche Nebengesetzen, Band 1, 5. Aufl., Berlin 1928
Sternel, Friedemann: Mietrecht, 3. Aufl., Köln 1988
Straus, Joseph: Zur Zulässigkeit klinischer Untersuchungen am Gegenstand abhängiger Verbesserungserfindungen, GRUR 1993, S. 308 ff.
Strohm, Gottfried: Wettbewerbsbeschränkungen in Patentlizenzverträgen nach amerikanischem und deutschem Recht, Köln, Berlin, Bonn, München 1971
Stumpf, Herbert: Der Lizenzvertrag, 5. Aufl., Heidelberg 1984
Stumpf, Herbert, Groß, Michael: Der Lizenzvertrag. 7. Aufl., Heidelberg 1998
Szamatolski, Hans: Muß der Patentverletzer die Ersparnis herausgeben?, GRUR 1931, S. 580 ff.
Tetzner, Heinrich: Kommentar zum Patentgesetz und zum Gebrauchsmustergesetz, 2. Aufl., Nürnberg, Düsseldorf 1951 (zit.: Kommentar)
ders.: Die Erschöpfung des Patentrechts, NJW 1962, S. 2033 ff. (zit.: Erschöpfung des Patenrechts)
ders.: Verletzung deutscher Patente bei Auslandsgeschäften, GRUR 1980, S. 882 ff. (zit.: Verletzung)
Träger, Uwe Chr.: Zum Patent- und Lizenzverhalten der deutschen Investitionsgüter-industrie, GRUR Int. 1982, S: 604 ff.

Treumann, Walter/Pelzer, Martin/Kuehn, Angelika: US-Amerikanisches Wirtschaftsrecht, 2. Aufl., Köln 1990 (zit.: Treumann/Pelzer/Kuehn)
Troller, A.: Internationale Lizenzverträge, GRUR Int. 1952, S. 108 ff.
Trüstedt, Wilhelm: Haftung für Rechtsmängel im Patentrecht, GRUR 1939, S. 516 ff.
Ullmann, Eike: Die Verletzung von Patent und Gebrauchsmuster nach neuem Recht, GRUR 1988, S. 333 ff.
Villinger, Bernhard: Anmerkungen zu den §§ 9, 10 und 11 des neuen deutschen Patentgesetzes über die Verbietungs- bzw. Benutzungsrechte des Patentinhabers und die mittelbare Patentverletzung, GRUR 1981, S. 541 ff.
Vollrath, Ulrich: Zur Berücksichtigung der Entwicklungs- und Schutzrechtskosten bei der Bemessung der Schadensersatz-Lizenzgebühr für Patentverletzung, GRUR 1983, S. 53 ff.
Volmer, Bernhard/Gaul, Dieter: Arbeitnehmererfindungsgesetz, Kommentar, 2. Aufl., München 1983
Völp, Fromut: Patentlizenzverträge im Erlaubnisverfahren der Kartellbehörden, BB 1960, S. 761 ff. (zit.: Patentlizenzverträge)
ders.: Weitergeltung der Lizenz bei Veräußerung des Schutzrechts, GRUR 1983, S. 45 ff. (zit.: Weitergeltung der Lizenz)
Vorwerk, Volkert: Probleme der Zwangslizenzregelung, GRUR 1976, S. 64 ff.
Wertheimer, Ludwig: Pflichten des Lizenznehmers, GRUR 1930, S. 578 ff.
Westrick, Klaus: Vertragsgestaltung im internationalen Geschäftsverkehr, NJW 1967, S. 2090 ff.
Wiede, Peter: Lizenzverträge über am 1. Oktober 1968 noch nicht bekanntgemachte Patentanmeldungen, GRUR 1969, S. 203 ff.
Wiedemann, Herbert: Gesellschaftsrecht, Band 1, München 1980
Wodtke, FR: Grundsätzliches zur Lizenzlehre, GRUR 1914, S. 229 ff.
Zeller, Oscar: Erfindervertragsrecht, Köln, Berlin 1953
Zöller, Richard: Zivilprozeßordnung mit Gerichtsverfassungsgesetz und den Einführungsgesetzen, 19. Aufl., Köln 1995
Zöllner, Wolfgang/Loritz, Karl-Georg: Arbeitsrecht, Ein Studienbuch, 4. Aufl., München 1992
Zweigert, Konrad: "Rechtsgeschäft" und "Vertrag" heute, Festschrift für Max Rheinstein, Band II., Tübingen 1969, S. 493 ff.
Zweigert, Konrad/Kötz, Hein: Einführung in die Rechtsvergleichung auf dem Gebiete des Privatrechts, Band I., Tübingen 1984, Band II., Tübingen 1984

Literatur in englischer Sprache

Ackermann, John R: Arbitrating Licensing Disputes: Putting the "Binding" in Binding Arbitration, LLBR 1993, Vol. 16, S. 145 ff.
Ahart, Alan M.: Attorneys`Fees: The Patent Experience, JOPOS 1975, Vol. 57. S. 608 ff.
Andonian, Joseph K: New Method to Determine Royalty Rates, Les Nouvelles 1991, S. 58 ff.
Arnold, Tom: Arbitration? Here are Real Recommendations, Les Nouvelles 1993, Vol. 28, S. 24 ff.
Axelrod, Ivan L.: Monitoring Licenses, Royalty Payments, Les Nouvelles 1987, Vol. 22, S. 41 ff.

Berman, Charles/ Hunt, Dale C.: A nightmare in the making, Managing Intellectual Property April 1995, S. 12 ff.
Bohlig, Manfred: Cost Comparison: Germany, Les Nouvelles 1983, Vol. 18, S. 243 ff.
Brunsvold, Brian G.: Recent Developments in the Law Relating to Licensing, Les Nouvelles 1986, Vol. 21, S. 203 ff.
Brunsvold, Brian G./Paul, John: Recent Development in the Law Relating to Licensing, Les Nouvelles 1994, Vol. 29, S. 111 f.
Bryson Bill: Contributory Infringement and Misuse - The Effect of Section 271 of the Act of 1952, Harvard Law Review, Vol. 66, S. 909 ff.
Chisum, Donald: Patents, A Treatise on the Law of Patentability, Valdidity and Infringement (Loseblattausgabe), Vol. 4, Washington 1994 (zit.: Treatise Vol. 4), Vol. 5, Washington 1994 (zit.: Treatise Vol. 5)
Corpus Juris Secundum: A Complete Restatement of the entire American Law as developed by all reported cases, Band 69, Patents, Brooklyn, 1951 (zit.: 69 C.J.S.)
Conte, Salvatore R.: Licensing an Aid to Pharmaceuticals, Les Nouvelles 1976, Vol. 11, S. 19 ff.
Coolley, Ronald B.: Alternatives to Litigation, Les Nouvelles 1983, Vol. 18, S. 163 ff.
Corbin, Arthur Linton: Corbin on Contracts, One Volume Edition, St. Paul, Minnesota 1952 (zit.: Contracts)
ders.: Conditions in the Law of Contract, Yale Law Journal, Vol. 28, S. 739 ff. (zit.: Conditions)
ders.: Discharge of Contracts, Yale Law Journal, Vol. 22, S. 513 ff. (zit.: Discharge)
Craft, Jeffrey F.: Prejudgement Interest under 35 U.S.C. Section 284, JOPOS 1982, Vol. 64, S. 266 ff.
Cross, Rupert: Precedent in English Law, 4. Aufl., Oxford 1991
Davis, Ronald W./Johnston, M. Elaine: The IP Guidelines and the New EU Technology Transfer, Block Exemption, Antitrust Spring 1995, S. 16 ff.
Deller, Anthony William: Deller's Walker on Patents, Vol. 4, 2. Aufl., New York 1965 (zit.: Deller's)
ders.: Walker on Patents, Deller's edition, Vol. 2, New York 1937 (zit.: Walker on Patents)
Depatment of Justice: Draft for Intellectual Property Guidelines for Public, Comment 8.8.1994 (zit.: DOJ, Draft)
Eckstrom, Lawrence: Licensing in Foreign and Domestic Operations, (Loseblattausgabe) Vol. 1, New York 1980 (zit.: Licensing Vol. 1)
ders. Licensing in Foreign and Domestic Operations, Forms, (Loseblattausgabe), Vol. 5, New York 1980, (zit.: Licensing Vol. 5)
Einhorn, Harold: Patent Licensing Transactions, Vol. 1 (Loseblattausgabe) New York, Oakland, Albany 1990
Eisenberg, Melvin A.: Gilbert Law Summaries, Contracts, 12. Aufl., Gardena, California 1993-94
Ellis, Ridsdale: A Treatise on the Law of Patent Assignments and Licenses, New York 1936 (zit.: Treatise)
ders.: Patent Assignments and Licenses, 2. Aufl., New York 1943 (zit.: Patent Assignments)
ders.: Patent Licenses: 3. Aufl., New York 1958 (zit.: Licenses)
Enlow, Paul M.: Computer Licensing to Change, Les Nouvelles 1974, Vol. 9, S. 232 f.
Epstein, Michael A./Politano, Frank L.: Drafting License Agreements (Loseblattausgabe) L., New Jersey 1995
Farnsworth, E. Allen: Farnsworth on Contracts, Vol. 1, Boston, Toronto, London 1990 (zit. Vol. 1), Vol. 2, Boston, Toronto, London 1990 (zit. (Vol. 2)

Finnegan, Marcus B.: The Folly of Compulsory Licensing, Les Nouvelles 1977, Vol. 12, S. 128 ff.
Finnegan, Marcus B./ Mintz, Herbert: Determination of a Reasonable Royalty in Negotiating a License Agreement: Practical Pricing for Succesful Technology Transfer, LLBR 1978, Vol. 1, S. 13 ff.
Van Gerven, Walter: The Concept of Provisional Validity: The Doctrine of Nullity Defined, Festschrift für Max Rheinstein, Tübingen 1969, S. 505 ff.
Gilbert, Lawrence: Establishing a University Program, Les Nouvelles 1976, Vol. 11, S. 97 ff.
Gilbert, Richard: The 1995 Antitrust Guidelines for the Licensing of Intellectual Property ABA Section of Antitrust, Spring Meeting, April 6, 1995, S. 1 ff.
Goldschneider, Robert: Litigation Backgrounder for Licensing, Les Nouvelles 1994, Vol. 29, S. 20 ff. (zit.: Litigation)
ders. 1993/1994 Licensing Law Handbook, Companion to Licensing Negotiations, New York 1994 (zit.: Licensing)
Goldschneider, Robert/Marshall, James T.: The Art of Licensing - From the Consultants Point of View, Les Nouvelles 1971, Vol. 6, S. 166
Goldstein, Sol L.: A Study of Compulsory Licensing, Les Nouvelles 1977, Vol.12, S. 122 ff.
Griswald: Law and Lawyers in the United States, The Common Law under Stress, 1964
Henderson, Gordon F.: Arbitration and transfer of patents, know-how, trademarks and other rights, with the view of promoting industrial cooperation: the viewpoint from Anglo-American countries, Aufsatz in Schiedsgerichtsbarkeit und gewerblicher Rechtsschutz, Interimstagung der ICCA, Wien 1976, Herausgeber: Bundeskammer der gewerblichen Wirtschaft, Wien
Holmes: The Common Law, 1881
Jarvin, Sigvard: Arbitrating International Disputes, Les Nouvelles 1988, Vol. 23, S. 15 ff.
Jennings, Tripton D.: Pragmatic Licensing - Achieving Business Goals Through Legitimate Constraints, LLBR 1979, Vol. 2, S. 135 ff.
Keefauver, William L.: Impact of Divestiture at AT&T, Les Nouvelles 1986, Vol. 21, S. 174 ff.
Knable Gotts, Ilene/Fogt, Howard: Clinton Administration Expresses more than Intellectual Curiosity in Antitrust Issues raised by Intellectual Property Licensing, AIPLA Quarterly, Vol. 22. (1994), S. 1 ff.
Leubsdorf, John: The Standard for Preliminary Injunctions, Harvard Law Review 1978, Vol. 91, S. 525 ff.
Linklaters & Paines: Intellectual Property New, Special Report European Technology Transfer Regulation, March 1996, S. 1 ff.
Lipscomb, Ernest: Libscomb`s Walker on Patents, Vol. 6, 3. Aufl., New York 1987
Lipsky, Abbott B.: Current Antitrust Devision Views on Patent Licensing Practises Antitrust Law Journal, Vol. 50, S. 515 ff.
Mann, Kevin E.: Rights, Duties After License Term Expires, Les Nouvelles 1992, Vol. 27, S. 134 ff.
McCormack, Mark H.: What they didn´t teach me at Yale Law School - The terrible truth about lawyers, Great Britain 1987
McKenna & Co.: The Technology Transfer Block Exemption Regulation: Commission Regulation (EC) No. 240/96, Intellectual Property Publication, April 1996, S. 1 ff.
Moir, Brian R.: Licensing of AT&T Patents after the Divestiture: Some Less Puplicized but Significant Changes, LLBR 1984, Vol. 7, S. 171 ff.
Pagenberg, Jochen: No Multiple Damages for Patent Infringement Under German Law? IIC 1980, Vol. 11, S. 723 ff.

Payne, Kenneth E.: Cost Comparison: U.S.A., Les Nouvelles 1983, Vol. 18, S. 231 ff.
Payne, Kenneth E./Sokal, Allen M.: The Best Efforts Obligation: A Useful Tool for the Licensor, LLBR 1979, Vol. 1, S. 78 ff.
Philips, Scott D./Gerard, Elisabeth M.: The "Super Royalty": Alternative Approaches to its Determination, LLBR 1990, Vol. 13, S. 169 ff.
Rattner, Sydney P.: The Certified Puplic Accountants`s Role in Licensing of Intellectual Property Rights, LLBR 1991, Vol. 14, S. 25 ff.
O`Reilley, Dennis P./Paula, Sheron E.: Level Royalties in Hybrid Package Licenses, LLBR 1984, Vol. 7, S. 183 ff.
O`Reilley, Dennis: The Trouble with Most-Favored-Licensee Clauses, LLBR. 1986, Vol. 8, S. 49 ff.
Reuben, Richard C.: What`s New in Intellectual Property, ABA Journal, Vol. 1 (1993), S. 72 ff.
Rich, Giles S.: Contributory Infringement, JOPOS, Vol. 31, (1949), S. 449 ff. (zit.: Contributory Infringement)
ders.: Infringement under Section 271 of the Patent Act of 1952, JOPOS, Vol. 35, 1953, S. 476 ff. (zit.: Infringement)
Robinson, William C.: The Law of Patents for Useful Inventions, Vol. 2, Boston 1890 (zit.: Law of Patents Vol. 2), Vol. 3, Boston 1890 (zit.: Law of Patents Vol. 3)
Rose, Alan C.: Licensing a "package" lawfully in the Antitrust climate of 1972, Les Nouvelles 1972, Vol. 7, S. 171 ff.
Rosen, Normmen E.: Territorial and other Ristrictions in Technology Licenses: A Comparision of 1977 and 1988 Guidelines of the Justice Department and other Laws, LLBR 1988, Vol. 11., S. 25 ff.
Rosenberg, Nathan: Technology and American Economic Growth, White Plains, N.Y. 1972
Scaglione, Placido: Licensor View of Royalty Rates, Les Nouvelles 1981, Vol. 16, S. 231
Scherer, F.M.: The Economic Effects of Compulsory Patent Licensing, New York University, Monograph 1977-2
Smith, Dudley B.: Taking License, Les Nouvelles 1967, Vol. 2, S. 37 ff.
Stone, Bradford: Uniform Commercial Code in a Nutshell, 2. Aufl., Minnesota 1984
Talburtt, George W.: General Subject: Licensing. The Automobile Industry, Les Nouvelles 1972, Vol. 7, S. 88 ff.
Thomsen, Hans B.: Disputes and the Choice of Law, Les Nouvelles 1981, Vol. 16, S. 152 ff.
Wachter, Thomas: The 1995 Antitrust Guidelines for the Licensing of Intellectuel Property, DAJV-Newsletter 1995, S. 101 ff.
Whipple, Robert P.: General Subject - Chemical Processes, Cosmetics and Toiletcries, Les Nouvelles 1972, Vol. 7, S. 70 ff.
Wernick, Alan S.: "Best Efforts" Clauses in Computer Contracts, LLBR. 1992, Vol. 14, S. 61 ff.
Wray, R.W.: Best-Efforts Clauses - A Review, Les Nouvelles 1983, Vol. 18, S. 46 ff.

"Forget the trendy law practice areas of the 1980s, such as mergers and acquisitions, real estate and antitrust. Intellectual property is where the actions will be in the 1990s"

Donald S. Chisum, Law Professor at the University of Washington School of Law in Seattle, in "What's New in Intellectual Property" von Richard C. Reuben, ABA Journal, Januar 1993, 72 ff. (72)

EINLEITUNG - DIE BEDEUTUNG DES PATENTLIZENZVERTRAGES IN DEUTSCHLAND UND DEN USA

Wenn jemand eine Erfindung gemacht und ein Patent darauf erhalten hat, kann und will er häufig die Erfindung nicht für seinen eigenen Gebrauch benutzen, sondern er will sie wirtschaftlich verwerten. Die Verwertung der Erfindung kann prinzipiell auf verschiedene Arten geschehen: 1. Verkauf des Patents und Überlassung der Verwertung für den Käufer, 2. eigene Vornahme der Herstellung des patentierten Gegenstandes und 3. Lizenzerteilung. Gegenstand der Arbeit ist die letzte Verwertungsmöglichkeit.

Der Begriff "Lizenz" kommt aus dem lateinischen (licentia) und bedeutet "Freiheit", "Erlaubnis"[1]. Im Patentrecht ist die Lizenz die dem Lizenznehmer durch Vertrag eingeräumte Erlaubnis, ein Patent zu nutzen. Patentlizenzverträge sind daher Verträge, bei denen die Hauptleistung des Schutzrechtsinhabers darin besteht, daß er die für ihn bestehende Rechtsposition einem anderen zur Auswertung überläßt, ohne sie ihm zu übertragen.

Es ist zu unterscheiden zwischen dem Patentlizenzvertrag und der - einfachen oder ausschließlichen - Lizenz. Der Lizenzvertrag, der ein Individualvertrag ist, regelt die schuldrechtlichen Beziehungen zwischen den Vertragsparteien. Die Lizenz dagegen ist eine Verfügung über das Schutzrecht, die bei der ausschließlichen Lizenz in Deutschland dinglichen Charakter hat.

Die folgende Darstellung hat die zivilrechtliche Problematik des Patentlizenzvertrages zum Inhalt. Dabei wird speziell der Haftungsproblematik des Lizenznehmers nachgegangen. Ziel der Arbeit ist es, für die Problematik in Deutschland Lösungen für den praktischen Anwendungsfall zu erarbeiten. Für die USA werden bestimmte Haftungsklauseln, die immer wieder in Verträgen vorkommen, aufgezeigt und die Rechtsprechung zu der Problematik dargestellt.

Da es sich bei den Patentlizenzverträgen um Verträge handelt, die ein Patent zum Gegenstand haben, wird zu diesem Rechtsinstrument und seinen Problemen meist von Patentrechtlern und Praktikern Stellung genommen. Ergebnis ist, daß die zivilrechtliche Betrachtungsweise eines Juristen bisher außen vor geblieben ist. Der Patentlizenzvertrag wird zudem in der Literatur nur am Rande behandelt. Im Vordergrund stehen die patentrechtlichen Fragen. Der Patentlizenzvertrag wurde auch meist nur unter wettbewerbsrechtlichen Aspekten untersucht. Insbesondere den aus Patentlizenzverträgen in der Praxis immer wieder auftretenden Haftungsproblemen

[1] Georges, Spalte 647/648.

wurden in der Literatur wenig Aufmerksamkeit geschenkt. Während zwar die Haftung des Lizenzgebers in der wenig vorhandenen Literatur zum Patentlizenzvertrag Gegenstand einiger Abhandlungen ist, wurde die Haftung des Lizenznehmers gegenüber seinem Lizenzgeber in der Literatur bisher kaum behandelt.

Die haftungsrechtliche Problematik gründet sich darauf, daß es für den Lizenzvertrag sowohl nach deutschem Recht als auch nach US-amerikanischem Recht keine spezifischen Gesetzesregeln gibt. Daher ist sowohl in den dogmatischen Grundsatzfragen in Deutschland als auch in den praktischen Einzelfragen bis heute vieles streitig geblieben. Besonders gravierend macht sich dieser gerade nach deutschem Recht[2] unbefriedigende Zustand bemerkbar, wenn Lizenzverträge zwischen USA und Deutschland nach deutschem Recht abgeschlossen werden. Weder der amerikanische noch teilweise der deutsche Vertragspartner sind sich über die Grundlagen seiner Haftung, speziell seinen Pflichten und der Haftung selbst eindeutig im klaren. Für US-amerikanische Verträge und Verträge zwischen Amerikanern und Deutschen, denen das US-amerikanische Recht zugrundegelegt wird, ergibt sich die Haftung meist aus bestimmten Haftungsklauseln, die in Lizenzverträgen aufgenommen werden und aus weiteren Grundsätzen, die sich in der US-amerikanischen Rechtsprechung herausgebildet haben.

Gegenstand der Untersuchung ist der Patentlizenzvertrag. Know-how-Verträge, die in der Praxis einen weiten Anwendungsbereich haben und in einigen Bereichen eine größere Rolle als der reine Patentlizenzvertrag spielen, werden nicht behandelt. Dies gilt auch für Kooperationsverträge, die für die gemeinsame Kosten- und Risikoverteilung bei Forschung und Entwicklung oder auch für die Verwertung von Patenten an Bedeutung gewinnen.

Um die Haftungsfragen in Deutschland und den USA zu beantworten, müssen vorab eine Reihe von Problemen angesprochen werden, ohne die die Haftungsproblematik nicht zuverlässig abgehandelt werden kann. Insbesondere müssen folgende Fragen untersucht werden:

1. das Wesen der Lizenz und, damit zusammenhängend, ob der Vertrag, mit dem eine Lizenz eingeräumt wird, negativen oder positiven Inhalts ist;

2. die lediglich obligatorische oder auch dingliche Natur des Lizenzvertrages;

3. die Einordnung des Lizenzvertrages in das Schuldrecht in Deutschland, die wichtig ist für die Anwendbarkeit bestimmter gesetzlicher Bestimmungen;

---

2 Da das US-amerikanische Recht ein Fallrechtssystem ist, ist es dem Rechtssystem immanent, daß es mit wenigen Ausnahmen keine gesetzlichen Regelungen zur Lösung rechtlicher Fragen gibt, vgl. 1. Teil, A. II. 1.

4. die möglichen, dem deutschen und US-amerikanischen Lizenznehmer auferlegten Beschränkungen des Lizenzvertrages und damit die Lizenzarten;

5. die Pflichten des Lizenzvertrages, die sich in Deutschland aus der Natur des Lizenzvertrages ergeben und in den USA durch stillschweigende Unterstellung begründet werden.

Zur Vollständigkeit wird weiterhin der Abschluß des Lizenzvertrages, seine Auslegung, Beendigung und Nichtigkeit sowohl in Deutschland als auch in den USA dargestellt. Um ein besseres gegenseitiges Verständnis beider untersuchten Länder für die Lizenzpraxis zu erreichen, werden im Anschluß an die Pflichten des Lizenznehmers die Gestaltung des Patentlizenzvertrages und typische Vertragsklauseln in Deutschland und den USA gezeigt. Die angegebenen Klauseln und praktischen Hinweise beruhen auf einer Untersuchung von jeweils 50 Patentlizenzverträgen unterschiedlicher Industriebranchen in beiden Ländern, die von Unternehmen und Anwaltskanzleien zur Verfügung gestellt wurden.

Wettbewerbsrechtliche Aspekte werden vor allem insoweit behandelt, als sie für die möglichen Beschränkungen des Lizenznehmers relevant sind. Dabei wurde die am 1.4.1996 in Kraft getretene Gruppenfreistellungsverordnung für Technologietransfervereinbarungen der Europäischen Kommission berücksichtigt.

Um nicht nur theoretische Darstellungen und Lösungsansätze zu liefern, sondern einen Praxisbezug zu schaffen, wurden Interviews mit Lizenzspezialisten in einigen der größten deutschen Unternehmen durchgeführt[3]. Für die Arbeit wurde die Praxis der Automobil- und der Elektronikindustrie, der Maschinenbau-, Chemie- und Pharmabereich berücksichtigt. Aufgrund der Rechtsmaterie ist der praktische Bezug besonders wichtig; Theorie und Praxis sind im Patentlizenzvertragsrecht untrennbar miteinander verbunden.

Die Auseinandersetzung mit der Problematik der Haftung des Patentlizenznehmers steht vor dem Hintergrund, daß die Bedeutung des gewerblichen Rechtsschutzes und die Lizenzvergabe von gewerblichen Schutzrechten zunimmt[4].

Der internationale Lizenzaustausch ist mit zunehmender weltwirtschaftlicher Integration ständig gestiegen, und zwar nicht nur unter den Industrieländern, sondern auch im

---

[3] Die Unternehmen sind: BASF, Bayer, BMW, Boehringer Mannheim, Bosch, Henkel, Hoechst, IBM, Mannesmann, Mercedes Benz, Merck, Porsche. Es handelt sich bei diesen Unternehmen nach Patentstatistiken von 1994 um einige der größten Patentanmelder in Deutschland.

[4] Es wird geschätzt, daß sich der Gesamtwert von Lizenzverträgen Ende des letzten Jahrhunderts auf ungefähr 4-5% des internationalen Handels belief, und daß der Welthandel mit Immaterialgüterrechten dreimal so schnell wächst wie das entsprechende Handelsvolumen von beweglichen Gütern, vgl. Soltysinki, GRUR Int. 1974, 387 ff. (387).

Verhältnis der Industrieländer zu den Entwicklungsländern. Die Gründe hierfür liegen insbesondere darin, die häufig hohen Forschungs-, Entwicklungs- und Produktionskosten durch Lizenzerteilungen zu rationalisieren. Das Lizenzgeschäft besitzt als Instrument des Technologietransfers sowie für internationale Unternehmenskooperationen eine wachsende Bedeutung. Die wechselseitige Lizenzierung von Weiter- und Alternativentwicklungen ist im Bereich der Hochtechnologie oftmals zwingend erforderlich, da sich Neuentwicklungen kaum noch ohne die Möglichkeit des Zugriffs auf andere patentierte Erfindungen wirtschaftlich verwerten lassen.

Der Bedeutung der Lizenzierung von Patenten sind sich nicht alle Länder im gleichen Maße bewußt. Während in den USA der Bedeutung der Patente und des Lizenzaustausches nicht nur für die Volkswirtschaft[5], sondern auch für die Bilanz der Unternehmen Rechnung getragen wird, verfolgen viele Unternehmen in Deutschland keine aktive Lizenzpolitik. Sie melden aus Kostengründen nicht alle patentierbaren Erfindungen an, die sie nicht selber verwerten können oder lassen Altpatente erlöschen. Dies trifft insbesondere auf kleine und mittelständische Unternehmen zu[6]. Es bestehen immer noch Zweifel an dem wirtschaftlichen Vorteil eines Patents und Unsicherheiten über die Vermarktung. Die Unternehmen lassen damit teilweise vielversprechende Erfindungen verfallen und begeben sich der Möglichkeit, die Patente zu vermarkten und auf leichte Weise Einnahmen zu erzielen. Häufig profitieren andere Wettbewerber von dieser Praxis. In Deutschland ist es mit den Erfindungen immer noch besser bestellt als mit deren Verwertung[7].

Die Bereitschaft des Patentinhabers zur Erteilung von Lizenzen muß erhöht und potentiellen Lizenznehmern ein Anreiz gegeben werden, in die Herstellung, die Benutzung und den Vertrieb eines neuen Produkts oder die Benutzung eines neuen Verfahrens zu investieren.

---

5 Rosenberg, S. 40 ff.

6 Daß an dieser Praxis eine Senkung der Patentgebühren im deutschen und europäischen Patentamt etwas ändern kann, sind sich die Präsidenten beider Patentämter bewußt, vgl. "Auseinandersetzung über die Zukunft des Deutschen Patentamtes", FAZ 19.4.1994. Die zunächst von Bundeswirtschaftsminister Rexrodt angekündigte Erhöhung der Patentgebühren in Deutschland ist daher auch vom Wirtschafts- und Forschungsausschuß des Bundestages eingefroren worden. Als Vorbild kann hier der in den USA bestehende ermäßigte Gebührensatz für kleine Unternehmen gelten. Nach einer Untersuchung des Instituts der deutschen Wirtschaft betragen die Gesamtkosten für ein Patent in Deutschland nach einer Laufzeit von 18 Jahren derzeit 19.700 DM, während ein Erfinder in den USA bei einer vergleichbaren Laufzeit rund 12.000 DM bezahlen muß, vgl. "Patentanmeldung in Deutschland soll teurer werden", FAZ, Blick durch die Wirtschaft, 14.4.1994. Siehe auch die Untersuchung vom Roland Berger Forschungs-Institut für Markt- und Systemforschung, "Erfindungen werden häufig nicht angemeldet", FAZ 2.12.1994. Vgl. aber auch die Ansicht des neuen Präsidenten des Europäischen Patentamts, Ingo Kober, SZ 8.1.1996.

7 Vgl. Reumann, "Quartalsbilanzen wirken tödlich", FAZ 7.12.1994.

Mit der Darstellung der haftungsrechtlichen Problematik ist das Ziel der Arbeit verknüpft, den deutschen Unternehmen die Bedeutung der Lizenzierung von Patenten bewußt zu machen, ein besseres Verständnis für das Gebiet des Lizenzrechts zu geben und damit den Lizenzaustausch, insbesondere mit den USA, zu fördern.

Gerade die Lizenzpraxis in den USA ist für die deutsche Volkswirtschaft und die deutschen Unternehmen von Bedeutung. Die USA haben bezüglich der Lizenzbilanz eines Landes Vorbildfunktion. Aus den Statistiken über die Entwicklung des Patent- und Lizenzverkehrs mit dem Ausland in den letzten 15 Jahren[8] geht hervor, daß in Deutschland die Ausgaben für Patente, Erfindungen und Verfahren erheblich höher als die entsprechenden Einnahmen sind. Im Jahre 1993 standen beispielsweise Ausgaben von 7,26 Mrd. DM (1993) Einnahmen von 3,32 Mrd. DM gegenüber. Das Defizit konnte zwar teilweise einen rückläufigen Trend verzeichnen, doch ist Deutschland mit einem Negativsaldo von 3,94 Mrd. DM 1993 von einer positiven Lizenzbilanz noch sehr weit entfernt. Die USA dagegen weisen als einziges Land in den Jahren durchgehend eine positive Lizenzbilanz aus. Nur Großbritannien und teilweise auch die Schweiz konnten in einigen Jahren ein Plus in der Lizenzbilanz aufweisen. Auch wenn die von der Deutschen Bundesbank herausgegebene Patent- und Lizenzbilanz nicht allein herangezogen werden kann, um die Lage Deutschlands im Bereich der Technologie im Verhältnis zum Ausland zu beurteilen, weil Technologietransfer sich auch auf viele andere Arten vollzieht, wie z.B. die Errichtung von Produktions- und Vertriebsstätten im Ausland und der Außenhandel mit Industrieprodukten, die in der Patent- und Lizenzbilanz nicht ihren Niederschlag finden, so ergeben die veröffentlichten Zahlen doch einige interessante Aufschlüsse[9].

Es ist festzustellen, daß die Zahlungen für Patente, Erfindungen und Verfahren mit der Tätigkeit ausländischer Unternehmen im Inland zusammenhängen: 1980 und 1981 stammten beispielsweise über 80% der Einnahmen der USA von Tochtergesellschaften US-amerikanischer Unternehmen im Ausland. Der entgeltliche Austausch von technologischem Wissen findet vornehmlich zwischen verbundenen Unternehmen statt, wobei in der Regel die Muttergesellschaft ihr technisches Wissen der Tochtergesellschaft zur Verfügung stellt. Da deutsche Direktinvestitionen im Ausland geringer sind als ausländische Investitionen in unserem Land, muß es zwangsläufig zu Ausgabenüberschüssen in der deutschen Lizenzbilanz kommen, die sich tendenziell nur

---

[8] Vgl. die Berichte in GRUR 1980, 839; 1982, 541; 1984, 637; 1986; 527; 1988, 526; 1990, 591; 1992, 426 f.; 1994, 594 f.; 1996, 472 f. Seit 1990 bezieht die Deutsche Bundesbank die neuen Bundesländer in die Statistik mit ein.

[9] Siehe auch die Zahl der Patentanmeldungen der USA im Vergleich zu anderen Ländern; die USA wies 1994 eine Rekordanmeldezahl von 201.554 auf, eine Steigerung von 7,2% gegenüber dem Vorjahr, GRUR Int. 1995, 434.

verringern, soweit die deutschen Investitionen in anderen Ländern zunehmen. Sowohl bei den deutschen Ausgaben als auch den Einnahmen stehen die USA an erster Stelle.

Interessant ist auch der Blick auf die einzelnen Industriezweige in Deutschland. Die elektrotechnische Industrie und Datenverarbeitungsanlagen sind der bedeutendste Lizenznehmer, während die chemische Industrie teilweise der wichtigste Lizenzgeber ist. Ihre Einnahmen beliefen sich 1994 auf 1,663 Mrd. DM, gegenüber Ausgaben 1993 in der elektronischen Industrie von 4,430 Mrd. DM[10]. Für die Jahre 199471995 ist ein Ausgabenüberschuß für die elektronische Industrie von 1,5 Mrd. DM ausgewiesen[11].

Auch wenn die deutsche Lizenzbilanz weiterhin in roten Zahlen steckt, muß darauf hingewiesen werden, daß im Lizenzverkehr nicht so sehr das Defizit wichtig ist, sondern vielmehr das Volumen, die Summe der Einnahmen und Ausgaben, da es anzeigt, in welchem Umfange eine Volkswirtschaft fähig ist, neues technisches Wissen aufzunehmen.

Die durchgehend positive Lizenzbilanz der USA als einzige Nation und die Tatsache, daß bei den Ausgaben und Einnahmen des Lizenzgeschäfts in Deutschland die USA an der Spitze stehen, macht die Bedeutung der Rechtsvergleichung Deutschland - USA auf dem Gebiet des Lizenzrechts deutlich. Als wichtiger Lizenzpartner und auch Wettbewerber ist es für die deutschen Unternehmen unerläßlich, sich mit dem Lizenzrecht der USA auseinanderzusetzen.

---

10 Deutsche Lizenzbilanz 1992 und 1992, GRUR 1994, 594 ff.

11 Patent- und Lizenzbilanz 1994/1995, GRUR 1996, 473.

ERSTER TEIL

GRUNDLAGEN DER HAFTUNG

1. KAPITEL

A. Gesetzliche Grundlagen und Inhalt der Lizenz

I. DEUTSCHLAND

1. Die gesetzlichen Grundlagen des Lizenzvertrages

Das deutsche Patentgesetz hat den Lizenzvertrag nicht geregelt. Es hat aber seine Zulässigkeit in § 15 II PatG, der am 16.12.1980 in das PatG eingefügt wurde und seit dem 1.1.1981 in Kraft ist[1], anerkannt. Vor Einfügung des § 15 II PatG hat das Lizenzrecht sich im wesentlichen ohne feste gesetzliche Grundlage durch die Rechtsprechung und Rechtslehre entwickelt[2]. Die entwickelten Grundsätze sind durch § 15 II PatG in einen gesetzlichen Rahmen gefügt worden; § 15 II PatG hat daher keine rechtsändernde, sondern nur klarstellende Bedeutung.

In § 15 II i.V.m. § 15 I PatG ist bestimmt, daß das Recht auf das Patent, der Anspruch auf Erteilung des Patents und das Recht aus dem Patent ganz oder teilweise Gegenstand von ausschließlichen oder nicht ausschließlichen Lizenzen sein kann. Die Lizenzerteilung erfolgt durch Vertrag.

Die gesetzlich eingeräumte Möglichkeit der Gestattung der Benutzung des Patents durch den Patentinhaber und Lizenzgeber kann unter bestimmten Voraussetzungen im deutschen Recht auch zur Pflicht gemacht werden, § 24 PatG (Zwangslizenz)[3].

Ohne eine feste gesetzliche Regelung ist es geradezu verständlich, daß sich eine große Zahl von Streitfragen ergeben hat, die unter Beachtung der Besonderheit des Vertragsgegenstands einer Klärung bedürfen.

---

1 Er wurde durch Art 17 III GPatG eingefügt. Nach der amtlichen Begründung zum GPatG hat er nur klarstellende Bedeutung, siehe BT-Drucksache 8/2087, S. 25.

2 Das Wort Lizenz wurde früher im Gesetz nur im Zusammenhang mit der Zwangslizenz, §§ 15 i, 37, 41, 42 m a.F. (Patentgesetz in der Fassung vom 2.1.1968 (BGBl. I S.2), und der Lizenzbereitschaft, § 25 II a.F., gebraucht.

3 Vgl. zur Zwangslizenz in Deutschland 1. Teil, C. I. 4.

2. Der Inhalt der Lizenz

Die grundlegende Frage im deutschen Recht ist, ob die Lizenz einen nur negativen Inhalt hat oder zusätzlich auch einen positiven. Diese Problematik stellt sich unabhängig von der Unterscheidung der einfachen von der ausschließlichen Lizenz[4].

Die Bestimmung des Wesens der Lizenz als Einräumung eines positiven Benutzungsrechts oder als Verzicht hat wichtige praktische Folgen. Wird das Wesen lediglich als Verzicht des Lizenzgebers auf sein Recht, die Benutzung des Gegenstandes zu verbieten, gesehen, so erfüllt der Lizenzgeber seine vertragliche Pflicht allein durch Unterlassung. Liegt die Pflicht des Lizenzgebers jedoch darin, dem Lizenznehmer ein positives Benutzungsrecht einzuräumen, so erschöpft sich die Pflicht des Lizenzgebers nicht in der Passivität, sondern es bedarf einer Erfüllungshandlung. Der Lizenzgeber hat in diesem Fall alles zu tun, um dem Lizenznehmer die Benutzung des Lizenzgegenstandes zu ermöglichen[5]. Die Erfüllungshandlung würde nicht nur in der formalen Begründung des Benutzungsrechts für den Lizenznehmer bestehen, sondern der Lizenzgeber müßte zusätzlich Leistungen erbringen, sei es auf dem Gebiet der Erfindung, z.B. der Vermittlung vorhandener oder später erworbener Erkenntnisse, sei es auf dem Gebiet des Schutzrechts, beispielsweise in der Aufrechterhaltung und Verteidigung des Schutzrechts oder der Geltendmachung gegenüber Dritten[6]. Hieraus würde sich auch eine grundsätzliche Gewährleistungspflicht des Lizenzgebers ergeben. Zudem hat die negative oder positive Deutung des Vertragsinhalts Bedeutung für die Frage, ob mit der Lizenzerteilung ein nur obligatorisches oder auch dingliches Rechtsverhältnis begründet wird.

Die nachfolgend behandelte Frage des negativen und/oder positiven Inhalts der Lizenz in Deutschland wird in Anbetracht der unterschiedlichen Rechtslage in den USA[7] und den sich daraus ergebenen Rechtsfolgen ausführlich dargestellt.

Es ist unbestritten, daß die Lizenz zunächst einen negativen Inhalt hat, aber ist dies der einzige?

Ein Teil der älteren Rechtslehre und auch die Rechtsprechung sahen in dem Verzicht auf das Verbietungsrecht den wesentlichen Vertragsinhalt[8], verneinte also ein positives Recht. Lediglich als Gegenstand von Nebenpflichten im Vertrag wurde z.B. die Verpflichtung zur

---

[4] Zur Definition und rechtlichen Problematik der einfachen und ausschließlichen Lizenz, siehe 1. Teil, B. I. 1.

[5] RG v. 18.8.1937 RGZ 155 GRUR 1937, 1086 (1088); Stumpf/Groß, Rndnr. 15.

[6] RG v. 18.8.1937 RGZ 155, 307 (313 f.).

[7] In den USA ist der Inhalt der Lizenz der Verzicht des Patentinhabers auf sein Ausschließungsrecht 1. Teil, A. II. 3.

[8] Vgl. z.B. Klostermann, S. 161; Robolski, S. 232; Schall, AcP 72, S. 130; ROberHG. v. 25.3.1876 Gareis, Bd.1, 230 (232); RG v.17.12.1886 RGZ 17, 53 ff. (54); RG v. 5.12.1893 RGZ 33, 103 ff. (104); RG v. 17.4.1917 RGZ 90, 163 ff. (164).

Überlassung von Konstruktionszeichnungen, zur Unterweisung des Lizenznehmers und Zurverfügungstellung von Rat und Erfahrungen des Lizenzgebers gesehen[9].

Ausgangspunkt für die Verzichtstheorie bildet die in dem Patentprozeß des Professor Mitscherlich ergangene Entscheidung vom 17.12.1886[10], in der das Reichsgericht von der früher herrschenden Untersagungstheorie ausging, wonach das Patentrecht ein gegen jedermann sich richtendes Verbietungsrecht sei[11]:

"Dessen Inhalt bilden der Verzicht des Patentinhabers auf den Einspruch gegen die Benutzung der Erfindung durch den Lizenzträger und sodann die Teilnahme des letzteren an der Ausschließung Dritter, soweit der Patentinhaber sich zum Schutze gegen die Benutzung des Patents durch andere verpflichtet hat".

Das Reichsgericht hatte den Verzicht als wesentlichen Vertragsinhalt nach "herrschender und im Gesetz begründeter Auffassung von der rechtlichen Bedeutung der Lizenz" angesehen und verneinte damit die Übertragung eines quasidinglichen Rechtes auf den Lizenznehmer. Später wurde vom Reichsgericht der durch Parteivereinbarung entstandene Verzicht als "eng begrenzte Lizenz" anerkannt. Das Reichsgericht meinte zugleich, daß eine solche Beschränkung zwar vertraglich vereinbart werden könne, dies aber keineswegs eine charakteristische Eigenschaft des Lizenzvertrages sei. Dem Vertragswillen und auch dem wirtschaftlichen Ziel der Parteien entspreche es vielmehr, daß dem Lizenznehmer ein positives Recht eingeräumt wird[12].

Gegen die Verzichtstheorie des Reichsgerichts hat sich schon Kohler[13] ausgesprochen, indem er die ganze Rechtsordnung nicht als negative, sondern positive Ordnung ansieht.

"Sie gibt Rechte und nicht bloss Verbote. Denn ein Recht, welches dadurch charakterisiert wäre, dass es dem Publikum gegenüber geschlossen, dem einen oder anderen aber gegenüber geöffnet wäre, ein solches Recht wäre ein unnatürliches Gebilde. Zudem ergibt sich die positive Natur der Lizenz auch aus der Betrachtung der Lebensverhältnisse. Wer eine Lizenz erwirbt, der will etwas Positives haben, er will einen Anteil am Erfindungsgut".[14]

In der Literatur wurde als weiterer Nachweis für einen positiven Inhalt die Rechtslage im Falle eines abhängigen Patents angeführt: da der Lizenznehmer die Lizenz ohne Einwilligung des Dritten nicht benutzen dürfe, sei sie für ihn praktisch wertlos; die Negativtheorie werde weder dem Recht aus dem Patent selbst gerecht noch dem

9 RG v. 17.4.1917 RGZ 90, 163 ff. (164) (Streitgegenstand war die Stempelpflichtigkeit und Rechtsnatur des Vertrages. Klägerin verlangte Rückzahlung des Stempels von M 79); Seligsohn, S. 173.

10 RG v. 17.12.1886 RGZ 17, 53 ff. (54) (Klage der Gebrüder B auf Ungültigkeiterklärung des Vertrages und Herauszahlung der empfangenen M 10.000).

11 Vgl. Klostermann, S. 161.

12 RG v. 16.1.1904 RGZ 57, 38 (39 f.) (Klage der Generallizenznehmerin einer russischen Gesellschaft auf Schadensersatz wegen Patentverletzung), für den Fall der ausschließlichen Lizenz; RG v. 1.3.1911 RGZ 75, 400 (403) (Klage auf Teilrückzahlung von M 155); RG v. 5.5.1911 RGZ 76, 235 ff. (235) (Klage des Erfinders auf Zahlung von Lizenzgebühren); Pietzcker, S. 347.

13 Kohler, Handbuch, S. 508 f.

14 Kohler, Handbuch, S. 508 f.

Lizenzrecht[15]. Gegen diese Auffassung wird zu Recht eingewandt, daß der Lizenzgeber in seinem Übertragungsumfang beschränkt ist. Er kann immer nur die Rechte übertragen, die er selber hat[16]. Da sein Patent abhängig ist von einem anderen, kann er ohne die Zustimmung des Dritten sein Patent nicht verwerten.

Teilweise wurde die Verzichtstheorie dahin modifiziert, die Lizenz als ein pactum de non petendo zu sehen[17]. Ergebnis davon wäre, daß eine dauernde Rechtsbeziehung zwischen den Vertragsparteien begründet würde. Dies würde dem Vertragswillen der Parteien entsprechen. Jedoch gesteht diese Modifikation dem Lizenznehmer lediglich eine Einrede zu, womit dem Lizenznehmer nicht gedient ist.

Gegen die Auffassung vom ausschließlich negativen Vertragsinhalt spricht auch, daß der Verzicht auf die Geltendmachung von patentverletzenden Ansprüchen nur einen Sinn macht, wenn solche Ansprüche schon entstanden sind. Die Annahme, daß die Vertragsparteien nur die zukünftige Geltendmachung, nicht aber schon die Entstehung von Verletzungsansprüchen ausschließen, ist wirklichkeitsfremd. Parteiwille ist vielmehr, daß der Lizenznehmer die Erfindung von Anfang an rechtmäßig benutzen kann[18].

Auch die anerkannte Gewährleistungshaftung des Lizenzgebers[19] wäre mit der Verzichtstheorie nicht vereinbar. Ausgehend von der Verzichtstheorie würde sich die Haftung des Lizenzgebers lediglich darauf beschränken, daß der patentierte Gegenstand entsprechend der Patentbeschreibung darstellbar ist[20]. Eine Haftung für Ausführbarkeit oder möglicherweise Verwertbarkeit der patentierten Erfindung könne sich daraus nicht ergeben[21]. Es würde dem Lizenzgeber freistehen das Patent verfallen zu lassen oder darauf zu verzichten[22]. Weiterhin sei die Anwendung der Unmöglichkeitsregeln problematisch, denn die Unterlassung ist praktisch nicht unmöglich[23].

Die Verzichtstheorie kann zusätzlich aus folgenden Gründen nicht überzeugen:

---

15 Isay, § 6 Rn. 31.

16 Vgl. OLG Karlsruhe v. 25.2.1987 GRUR Int. 1987, 788 (790).

17 Siehe dazu, Breuer, GRUR 1912, 44 (52).

18 Bernhardt/Kraßer, S. 690.

19 Der Lizenzgeber haftet für Sachmängel, wenn die dem Patent zugrundeliegende Erfindung bestimmte Voraussetzungen nicht erfüllt und damit eine Benutzungsmöglichkeit zu dem nach dem Vertrag bestimmten Gebrauch nicht gegeben ist, vgl. Stumpf/Groß, Rndnr. 291. Der Lizenzgeber trägt zudem die Gewährleistung für Rechtsmängel, wobei es um die Frage der Verfügungsbefugnis des Lizenzgebers, die Haftung für entgegenstehende Rechte Dritter sowie um die Haftung für den Bestand des Schutzrechts einschließlich des Schutzumfangs geht, vgl. Stumpf/Groß, Rndnr. 331 ff.

20 Breuer, GRUR 1912, 44 (93).

21 RG v. 1.3.1911 RGZ 75, 400 (402); siehe zur Gewährleistungshaftung des Lizenzgebers u.a. Nirk, GRUR 1970, 329 ff.; Kraßer/Schmid, GRUR Int. 1982, 324 ff.

22 RG GRUR 1993, 963 (964); Benkard-Ullmann, § 15, Rndnr. 94.

23 Blum, Nachträgliche Nichtigkeit, GRUR 1955, 201 (203).

Sie ist nicht in der Lage, den Inhalt der ausschließlichen Lizenz[24] zu erklären. Man könnte lediglich die durch die ausschließliche Lizenz eingeräumte Verpflichtung des Lizenzgebers, sein Verbietungsrecht gegen Dritte stets geltend zu machen, als eine gesonderte Vertragsvereinbarung sehen. Es würde somit einmal ein Vertrag mit dem Inhalt des Verzichts und ein weiterer Vertrag mit dem Inhalt der Begründung der Ausschließlichkeitsfunktion der ausschließlichen Lizenz vorliegen. Die Vereinbarung zweier Verträge wirkt jedoch künstlich und kompliziert nur die Lizenzeinräumung. Der erweiterte Umfang des Verbietungsrechts in Form der Ausschließung Dritter muß vielmehr als Folge der Erweiterung des positiven Inhalts der Lizenz gesehen werden.

Die Annahme der Verzichtstheorie würde auch zu eigenartigen Konsequenzen führen. Wenn es Ziel des Lizenznehmers ist, daß der Lizenzgeber sein Verbietungsrecht nicht ausübt, so würde dies darauf hinauslaufen, daß für ihn die Nichtigkeit des lizenzierten Patents die optimale Erfüllung der vertraglichen Pflicht des Lizenzgebers darstellt[25]. Dies kann aber nicht sein, weil es dem Vertragswillen der Parteien nicht gerecht wird.

Gegen die Annahme der Verzichtstheorie spricht weiterhin, daß ein Rechtsverhältnis zwischen den Parteien eigentlich nicht begründet, sondern eher beendet würde[26]. Durch die Lizenz wird der Anspruch des Lizenzgebers auf Unterlassung vernichtet, sozusagen bildet die Lizenz den Erlöschungsgrund für das Patent, denn der Lizenzgeber kann nun frei über das Patent verfügen. Dies ist aber nicht von den Vertragsparteien gewollt. Vielmehr soll durch den Abschluß des Lizenzvertrages ein Rechtsverhältnis mit gegenseitigen Rechten und Pflichten begründet werden, wie dies ein charakteristisches Merkmal eines jeden Vertrages ist.

Es entspricht auch der heute herrschenden Meinung, daß sowohl die Einräumung einer ausschließlichen als auch einer einfachen Lizenz die Einräumung eines positiven Benutzungsrechts bedeutet[27]. Der Lizenzvertrag wird als ein Vertrag angesehen, der primär auf die Gewährung der Ausübung der patentierten Erfindung, also deren Verwertung, gerichtet ist und somit in einer positiven Leistung des Patentinhabers besteht.

---

24 Vgl. zur ausschließlichen Lizenz 1. Teil, B. I. 1. b).

25 So auch Pedrazzini für das schweizer Recht, Patent- u. Lizenzvertragsrecht, S. 128.

26 Vgl. Breuer, GRUR 1912, 44 (86).

27 OLG Karlsruhe GRUR Int. 1987, 788 ff. (789); Lichtenstein, Lizenzvertrag, NJW 1964, 1345 ff. (1346); Lüdecke, Zur rechtlichen Natur, NJW 1966, 815 ff. (815); Knap, GRUR Int. 1973, 225 ff. (226); Kraßer/Schmid, GRUR Int. 1982, 324 ff.; Völp, Weitergeltung der Lizenz, GRUR 1983, 45 (49); Henn, S. 25; Stumpf/Groß, Rndnr.15; Klauer/Möhring, § 9 Rn. 23; Lüdecke/Fischer, S. 306; Bernhardt/Kraßer, S. 690; Krausse/Kathlun/Lindenmaier, § 9 Rn. 29; Forkel, Rechtsübertragungen, S. 79; aus der älteren Rechtsprechung und Literatur: RG v. 16.1.1904 RGZ 57, 38 (40); RG v. 1.3.1911 RGZ 75, 400 (402); RG v. 5.5.1911 RGZ 76, 235 ff. (236); RG v. 18.8.1037 GRUR 1937, 1086 (1088); RG GRUR 1940, 23 (25); BGH GRUR 1953, 114 (118); Starck, GRUR 1914, 163 ff. (163); Kent, S. 639; Rasch, S. 6; Isay, § 6 Rn. 31; Kisch, Handbuch, S. 215; Stengleins, S. 19.

Diese positive Deutung des Inhalts des Lizenzvertrages steht mit der rechtsgeschichtlichen Entwicklung des Erfindungsschutzes, der geltenden Rechtsordnung und zuletzt auch der Ausgestaltung des Lizenzvertrages in der Praxis im Einklang.

Rechtsgeschichtlich kann dies aus der Entwicklung des Erfindungsschutzes begründet werden. Die Erfinderprivilegien als Instrument zur Förderung des Gewerbewesens im späten Mittelalter, als es noch keine Patentgesetze gab, wurden als Gewerbemonopol und Gewerbeerlaubnis verstanden, wobei neben dem Ausschluß- oder Monopolcharakter, der das Wesen des heutigen Patents ausmacht, auch ein positiver Inhalt gestattender Art in Form der Gewerbekonzession eine große Rolle spielte, welcher sogar wichtiger war als sein Verbotsrecht[28]. Das Patentrecht wurde dann später als ein Recht an einem Immaterialgut angesehen, wobei jedoch lange Zeit die Untersagungstheorie vorherrschte, die das Patentrecht als ein gegen jedermann gerichtetes Untersagungsrecht auffaßte[29] und dem Patentrecht somit nur einen negativen Inhalt zumaß. Sie hat letztlich für den Lizenzvertrag nur eine negative Deutung zugelassen. Diese die Entwicklung des Patentrechts und damit auch den industriellen Fortschritt hemmende Auffassung hat sich nicht durchsetzen können[30].

Wenn man diese Einstellung auf die Lizenzerteilung überträgt, so wird deutlich, daß auch hier die Erlaubnis zur Verwertung der Erfindung in der Form der positiven Einräumung im Vordergrund steht. Allein dies ist das wirtschaftliche Ziel des Lizenznehmers, was dem Lizenzgeber bewußt ist. Dieses Ziel kann der Lizenznehmer aber nur erreichen, wenn der Lizenzgeber verpflichtet ist, alles zu tun, um ihm die Benutzung der Erfindung zu ermöglichen. Eine Übertragung des Monopols, welches der Patentinhaber durch die Patenterteilung erhält, auf den Lizenznehmer dient diesem nicht vollends. Die Zusage des Verzichts auf die Geltendmachung des Verbotsrechts ist für ihn zwar nicht ganz wertlos, entspricht aber nicht seinem Willen nach einem positiv ausgestalteten Recht. Genau wie die Untersagungstheorie die Entwicklung des Patentrechts gehemmt hat, so würde die negative Deutung des Lizenzvertragsinhalts der Entwicklung des Lizenzrechts entgegenstehen. Es könnten sich durch die Rechtsprechung keine weiteren Rechte und Pflichten der Lizenzvertragsparteien herausbilden und einer durch die Praxis geforderten Entwicklung auf diesem Gebiet nicht gerecht werden.

Rechte bekommen erst durch positive Ausgestaltung einen tatsächlichen Inhalt, ansonsten sind sie gegenstandslos und für den Rechtsinhaber wertlos[31]. Es entspricht unserer

---

28 Siehe Beier, Wettbewerbsfreiheit, GRUR 1978, 123 (125).

29 Klostermann, S. 148.

30 Vgl. die Argumentation bei Kohler, Handbuch, S. 76 ff.

31 So schon Breuer über das Patentrecht, GRUR 1912, 44 (46): "war das Patentrecht wirklich nichts anderes als ein Untersagungsrecht, so hatte es eben gar keinen Gegenstand, auf den es sich erstreckte".

Rechtsordnung, daß Rechte, die wir durch den Abschluß von Verträgen eingeräumt bekommen, zum überwiegenden Teil positiven Inhalts sind, der den Verträgen von Gesetzes wegen immanent ist. Durch den Kauf einer Sache oder eines Rechtes erhalten wir das Recht, daß uns der Kaufgegenstand verschafft wird, d.h., daß uns aufgrund des Kaufs die Sache übergeben und übereignet wird bzw. das verkaufte Recht übertragen wird[32]. Durch den Schenkungsvertrag wird das Recht begründet eine Zuwendung zu erhalten[33]. Gebrauchsüberlassungsverträge, wie Miete und Pacht sind nicht als Rechtsverzicht des Rechtsinhabers konstruiert.

Zwar ist die Rolle des Lizenzgebers bei einem Lizenzvertrag eine primär passive im Vergleich zur Rolle des Erbringers einer Dienst- oder Werkleistung[34]. Dies darf jedoch nicht darüber hinwegtäuschen, daß der Lizenzgeber sich dennoch nicht ausschließlich passiv verhält, sondern die Verpflichtung eingeht, dem Lizenznehmer die tatsächliche Benutzungsmöglichkeit zu verschaffen und das Patent aufrechtzuerhalten. Insofern hat der Lizenzvertrag ebensowenig einen lediglich negativen Inhalt wie die typisierten Gebrauchsüberlassungsverträge des bürgerlichen Rechts. Der Bundesgerichtshof hat deutlich gemacht, daß Gebrauchsgewährung nicht nur bloßes Dulden, sondern positives Tun ist[35], insbesondere, daß dem Mieter auch Schutz gegen Störungen am Gebrauch der Mietsache durch andere Mieter oder Dritte gewährt wird[36].

Die Annahme der negativen Konstruktion würde daher im Widerspruch zu den vergleichbaren Vertragstypen des BGB stehen und auch keine Rechtfertigung durch die Eigenart des Lizenzvertragsrechts erfahren. Weiterhin macht nur die positive Deutung des Lizenzvertrages Sinn, wenn man die anerkannte Möglichkeit der angemeldeten Erfindung als Vertragsgegenstand[37] weiterhin aufrechterhalten will[38]. Denn über ein Verbietungsrecht, auf welches der Lizenzgeber verzichten kann, kann er vor Erhalt eines Patents nicht verfügen. Die Sinnlosigkeit zeigt sich auch bei einem Vergleich mit einem Lizenzvertrag über Know-how. Bei diesem ist ein negativer Vertragsinhalt für den Lizenznehmer praktisch unbrauchbar.

Zudem würde die negative Deutung des Vertragsinhalts mit dem geltenden Patentgesetz von 1981 nicht mehr im Einklang stehen, denn § 15 I und II macht deutlich, daß positive Benutzungsrechte eingeräumt werden.

---

32 Palandt-Putzo, Einf v § 433 Rn. 1.
33 § 516 I BGB.
34 Körner, Der Bestand, GRUR 1982, 341 (343).
35 BGHZ 19, 85 (93).
36 Palandt-Putzo, § 535 Rn. 8.
37 Siehe dazu 1. Teil, C. I. 5.
38 So auch Pedrazzini, Patent- u. Lizenzvertragsrecht, S. 128; ders., Die zivilrechtlichen Probleme, GRUR Int. 1982, 283 ff. (284).

Schließlich hat die Gestattung der Erfindungsbenutzung derart wirtschaftliche Bedeutung, daß sie nicht auf einem Verzicht beruhen kann, sondern positiver Natur sein muß. Die allein negative Konstruktion überzeugt daher nicht.

Hierbei muß jedoch eine Differenzierung getroffen werden zu den Fällen, in denen der Lizenzvertrag aufgrund Parteivereinbarung auf einen negativen Inhalt begrenzt ist (negative Lizenz)[39]. Inhalt des Vertrages ist nach dem Parteiwillen hier lediglich der Verzicht des Lizenzgebers auf sein Verbotsrecht. Häufig werden solche negativen Lizenzen zur Beilegung eines Patentstreits geschlossen. Die Einräumung einer positiven Benutzungsbefugnis ist in diesen Fällen für den Lizenznehmer auch nicht mehr notwendig, da er das Patent bereits benutzt. Die negative Lizenz stellt aber eine Ausnahme dar.

Mit der Annahme des nicht nur negativen, sondern auch positiven Inhalts des Lizenzvertrages ist die Grundlage für wichtige Rechte und Pflichten und damit auch der Haftung der Vertragsparteien geschaffen, so z.B. die Ausübungs- und Rechnungslegungspflicht des Lizenznehmers und auch die Haftung des Lizenzgebers für die Ausführbarkeit der patentierten Erfindung[40].

II. USA

1. Einführung in die Funktionsweise des US-amerikanische Rechtssystems

Das US-amerikanische System ist als

"perhaps the most complicated legal structure that has ever been devised and made effective in man's effort to govern himself"

bezeichnet worden[41]. Aus deutscher Sicht stellt sich das Rechtssystem nicht nur als kompliziert, sondern auch als unsystematisch dar. Nach dem berühmten Ausspruch von Holmes[42] ist das US-amerikanische Recht kein logisches System, es hat sich aus Erfahrungen gebildet:

"The life of law has not been logic: it has been experience."

---

39 Siehe dazu 1. Teil, C. I. 6. d).

40 So schon RG v. 1.3.1911 RGZ 75, 400 (402).

41 Griswald, Law and Lawyers in the United States, S. 3.

42 Holmes, S. 1.

Das US-amerikanische Rechtssystem, das dem Rechtskreis des "Common Law" angehört[43], ist ein Fallrechtssystem (Case law). Das Zivilrecht, insbesondere das Vertragsrecht, war bis vor kurzer Zeit fast ausschließlich Fallrecht. Es sind aber einige Gebiete kodifiziert worden. Eines der wichtigsten Gesetze ist der Uniform Commercial Code (UCC), dessen Gegenstand der Warenkauf ist, und der 1952 nach langjährigen Diskussionen in Kraft trat und seitdem vielfach geändert und vervollständigt wurde[44]. Das amerikanische Vertragsrecht ist daher eine Mischung aus Fall- und Gesetzesrecht. Das Gesetzesrecht hat die Wirkung, daß gegenteiliges früheres Fallrecht verdrängt wird. Es kann aber auch wieder von neuem Fallrecht überlagert werden, welches dann wiederum vorrangig ist[45].

Das System des "Case Law" bringt es mit sich, daß es, anders als im deutschen Recht z.B. kein einheitliches allgemeines und besonderes Schuldrecht gibt, das in einer Kodifikation festgehalten ist und das beispielsweise ermöglicht, auch bei einer fehlenden Regelung eines Vertrages passende Regelungen durch Analogien zu anderen Verträgen zu ziehen[46].

Eine weitere Besonderheit des US-amerikanischen Rechtssystems liegt darin, daß jeder der Einzelstaaten eine eigene Rechtsordnung hat. Hinzu kommt das Recht des Bundes, also der Vereinigten Staaten als solches. Die Verteilung der Kompetenzen zwischen dem Bund und den Einzelstaaten ist in der Bundesverfassung von 1787 festgelegt. Das Privatrecht ist weitgehend, aber nicht ausschließlich Staatenrecht. Jeder Einzelstaat hat seine eigene gesetzgebende Versammlung und sein eigenes, meist dreistufiges Gerichtssystem, das selbständig neben dem dreistufigen Gerichtssystem des Bundes steht[47].

Der Unterschied zwischen einem überwiegend fallrechtlich geprägten und einem auf den Kodifikationsgedanken aufbauenden Rechtssystem, scheint auf den ersten Blick von grundlegender Bedeutung zu sein. Rechtsvergleichende Untersuchungen hierzu haben jedoch gezeigt, daß einerseits das Fallrecht nicht ohne die Herausbildung allgemeiner Regeln und Prinzipien auskommen kann, andererseits die in Kodifikationen enthaltenen abstrakten Regeln der Konkretisierung durch die Rechtsprechung bedürfen, die ihrerseits

[43] Als Rechtskreis des "Common Law" wird die Gesamtheit der Rechtssysteme Englands und der vom englischen Recht beeinflußten überseeischen Länder, also vor allem der Vereinigten Staaten, bezeichnet.

[44] Vgl. zum UCC, der inzwischen vollständig in allen Staaten außer Louisiana Gesetz geworden ist und dessen Entstehungsgeschichte Bradford Stone, S. 1 ff.

[45] Vgl. dazu ausführlich, Hay, S. 8 ff.

[46] Dies hat gerade für den Lizenzvertrag große Bedeutung.

[47] Rheinstein, Einführung, S. 94. Die unteren einzelstaatlichen Gerichte sind hinsichtlich einzelstaatlichen Rechts an die Entscheidungen der Berufungsgerichte und des einzelstaatlichen Supreme Court, und in bundesrechtlichen Fragen an die Entscheidungen der zuständigen Bundesgerichte, dessen höchstes Gericht der Bundes-Supreme Court ist, gebunden. Neues Recht wird dadurch hervorgebracht, daß das jeweils höchste Gericht von dem ihm aufgestellten Grundsatz abweicht und es aufhebt (overruled).

Anwendungsregeln hervorbringt, durch die die Kodifikation erst handhabbar wird[48]. Der entscheidende Unterschied zwischen fallrechtlichem System und kodifiziertem System liegt in der Verschiedenheit der juristischen Methoden und des Rechtsdenkens und in der Gestaltung des Prozesses in Zivil- und Strafsachen[49].

2. Die gesetzlichen Grundlagen des Lizenzvertrages

In den USA ist der Lizenzvertrag wie in Deutschland gesetzlich nicht geregelt. Die Lizenz ist aber in Sec. 261 Patent Act 1952 anerkannt: Aus der ausdrücklichen Regelung des "assignments" (der Übertragung des gesamten Patentrechts[50]) in Sec. 261 Patent Act 1952 und der Erwähnung der ausschließlichen Lizenz wird generell die Möglichkeit der Lizenzerteilung abgeleitet. Das Lizenzvertragsrecht ist durch das "Common law" entwickelt worden[51].

Das Patentrecht ist Bundesrecht. Die Bundesgerichte sind nach 28 U.S.C.A. § 1338 (a) für das Patent- und Urheberrecht ausschließlich zuständig. Für das Vertragsrecht liegt hingegen die Zuständigkeit bei den einzelstaatlichen Gerichten. Es gilt das Common law der Einzelstaaten[52]. Die Rechte aus der Lizenz und die Durchsetzung ihrer Bestimmungen sind primär abhängig von der vertragsrechtlichen Natur der Lizenz. Die Tatsache, daß Patente Vertragsgegenstand sind spielt eine untergeordnete Rolle[53].

Auch wenn die Lizenzierung von Patenten eine Vielzahl von Besonderheiten im Vergleich zu anderen Verträgen aufweist, wird der Patentlizenzvertrag nach dem allgemeinen Vertragsrecht beurteilt[54]. In den meisten Fällen richtet sich der Lizenzvertrag nach dem einzelstaatlichen Vertragsrecht, auch wenn Bundesrechte involviert sind[55]. Das anwendbare Vertragsrecht muß nach den Regeln des Konfliktrechts ermittelt werden. Abgesehen von dem grundsätzlich anwendbaren Vertragsrecht der Einzelstaaten auf den Lizenzvertrag, besteht teilweise die Tendenz der Bundesgerichte, die Zuständigkeit an sich zu ziehen und sich auf diese Weise über das Common law der Einzelstaaten hinwegzusetzen. Dies war bisher beispielsweise der Fall in der für das Lizenzvertragsrecht bedeutenden Entscheidung Lear v. Adkins[56].

---

48 Rabel, S. 19 ff.; Esser, Grundsatz, S. 132 ff.; Cross, S. 197 ff.
49 Vgl. Esser, Grundsatz, S. 132; Cross, S. 197, Fikentscher, Methoden, S. 58 ff.
50 Vgl. zum "assignment" in Abgrenzung zur Lizenz 1. Teil, B. II. 1. d).
51 L.L. Brown Paper Co. v. Hydroiloid, Inc., 32 F.Supp., 857 (868).
52 Vgl. die Einführung in das amerikanische Rechtssystem 1. Teil, A. II. 1.
53 Eckstrom, Licensing Vol. 1, § 1.03 (3) (a).
54 Vgl. 1. Teil, D. II.
55 Vgl. Beghin-Say Int., Inc. v. Ole-Bendt Rasmussen, 733 F.2d, 1568 (1571); Ausherman v. Stump, 643 F.2d., 715 (718); Combs v. Plough, Inc. 681 F.2d., 469 (470).
56 395 U.S. 653, 28 L.ed 2d., 610 ff.; vgl. zu der Entscheidung auch, 1. Teil, E. II. 1. b) aa); vgl. zu der Problematik der Zuständigkeit der Gerichte auch 2. Teil, A. II.

Da das Lizenzvertragsrecht keinen gesetzlichen Regeln unterliegt und, anders als im deutschen Recht, beispielsweise die Rechte und Pflichten der Vertragsparteien nicht aus der Natur des Lizenzvertrages und dem Wesen der Lizenz abgeleitet werden können[57], kommt der jeweiligen vertraglichen Vereinbarung der Vertragsparteien besondere Bedeutung zu. Die Vertragsparteien müssen versuchen, möglichst alle Punkte, über die später Streit entstehen kann, zu regeln, um nicht "Gefangene des Case Law zu sein". Resultat ist der, verglichen mit deutschen Verträgen, sehr lange Vertragstext, der auch dann auffällt, wenn man in Rechnung stellt, daß auch in der deutschen Vertragspraxis die Tendenz zu beobachten ist, alle Eventualitäten zu berücksichtigen.

3. Der Inhalt der Lizenz

Wie im deutschen Recht hat die Patenterteilung zur Folge, daß dem Patentinhaber ein Ausschließungsrecht zur Herstellung, zum Gebrauch und Verkauf gewährt wird[58]. Der Patentinhaber hat die Möglichkeit, das Patent selber zu benutzen oder die Verwertung anderen durch Lizenzerteilung zu überlassen:

"...the right to make, use and sell the patented object personally or through others"[59].

Die Lizenz zur Benutzung eines Patents ist, wie in Deutschland, ein Vertrag. US-amerikanische Patentlizenzvereinbarungen unterliegen, genauso wie diejenigen in Deutschland, nicht dem Patentrecht oder anderen besonderen Vorschriften, sondern richten sich nach den allgemeinen Grundsätzen des Vertragsrechts[60].

Anders als in Deutschland hat in den USA die Lizenz aber einen negativen Inhalt. Die Lizenzerteilung bedeutet die Verpflichtung des Patentinhabers, nicht gegen eine lizenzgemäße Benutzung seines Patentrechts vorzugehen, d.h. auf die Verfolgung des Lizenznehmers wegen Patentverletzung zu verzichten ("a mere waiver to sue")[61]. Es gilt

---

57 Siehe 1. Teil, B. I. 2.

58 Dies wird in verschiedenen Entscheidungen immer wieder klargestellt, Schayer v. R. K. O. Radio Pictures, 56 F.Supp., 903 (905); Zenith Radio Corp. v. Radio Corp. of America, 121 F.Supp., 803 (805).

59 Ellis, Patent Assignments, S. 229.

60 Vgl. dazu im allgemeinen 1. Teil, D. II.

61 Heaton-Peninsular Button-Fastener Co. v. Eureka Speciality Co., 77 F., 288 (290); United States v. Studiengesellschaft Kohle m.b.H., 670 F.2d., 1122 (1127); Spindelfabrik Suessen-Schurr v. Schubert & Salzer, 829 F.2d., 1075 (1081); Western Electric v. Pacent Reproducer Corporation, 42 F.2d., 116 (118): "In its simplest form, a license means only leave to do a thing which the licensor would otherwise have a right to prevent. Such a license grants to the licensee merely a privilege that protects him from claim of infringement by the owner of the patent monopoly". Robinson, Law of Patents Vol. 2, §§ 806-808.

die sogenannte Verzichtstheorie. Inhalt der Lizenz ist der Verzicht des Lizenzgebers auf sein Ausschließungsrecht.

Der lediglich negative Inhalt der Lizenz in den USA gründet sich darauf, daß der Patentinhaber durch die Erteilung des Patents nach der h.M. nur ein Ausschließungsrecht eingeräumt bekommt, nicht dagegen auch, wie dies in der Literatur häufig vertreten wird und auch in vielen Entscheidungen zum Ausdruck kommt[62], ein absolutes Recht zur Herstellung, zum Gebrauch und zur Veräußerung[63]:

"The only effect of his patent is to restrain others from manufacturing, using, or selling what he has invented.[64]"

Als Grund dafür, daß das Patentrecht kein Monopol darstellt, wird oft angegeben, daß die Patentberechtigung der Gesellschaft keine bestehende Befugnis entzieht:

"Though often so characterized a patent is not, accurately speaking, a monopoly, for it is not created by the executive authority at the expense and to the prejudice of all the community except the grantee of the patent.[65]"

Diese Rechtsprechung wurde 1952 durch die Regelung des 35 U.S.C. § 154 in eine gesetzliche Regelung überführt[66]. Der Wortlaut der Lizenzverträge, durch den der Lizenznehmer ausdrücklich das Herstellungs-, Gebrauchs- und Verkaufsrecht eingeräumt bekommt, hat also nicht den versprochenen Inhalt[67].

Der Verzicht hat die Wirkung, daß der Lizenznehmer das Patent verwerten kann, ohne einer Verletzungsklage ausgesetzt zu sein[68].

Die Lizenz in den USA ist damit eine sogenannte negative Lizenz, die in Deutschland dann als eine solche bezeichnet wird, wenn eine Lizenz im Rahmen eines Rechtsstreits, bei der es um eine Patentverletzung des zukünftigen Lizenznehmers gegenüber dem Patentinhaber und zukünftigen Lizenznehmer geht, vergeben wird[69]. Der negative Inhalt der Lizenz im US-amerikanischen Recht ist auch mit der Verzichtstheorie zu vergleichen, die in Deutschland vom Reichsgericht teilweise vertreten wurde, die aber sehr bald aufgegeben

---

62 Grundsätzlich spechen die Gerichte von einem "Patentmonopol", vgl. z.B. Great A. & P. Co v. Supermarket Equip. Corp., 340 U.S. 147, 95 L.ed., 162 (165); Morton Salt Co. v. G. S. Suppinger, 314 U.S. 488, 86 L.ed., 363 ff.; Crown Die & Tool Co. v. Nye Tool Machine Works, 261 U.S. 24, 76 L.ed., 516 ff.; Bonito Boats v. Thunder Craft Boats, 489 U.S. 141, 103 L.ed., 118 ff.; Shapiro v. General Motors Corp., 472 F.Supp., 636 ff.

63 Chisum, Treatise Vol. 5, § 16.02.

64 Motion Picture Patents Co. v. Universal Film Mfg. Co., 243 U.S. 502, 61 L.ed., 871 (876); vgl. auch Kewanne Oil Co. v. Bicron Corp., 416 U.S. 470, 40 L.ed.2d., 315 ff.

65 United States v. Dublier Condenser Corp., 289 U.S. 178, 77 L.ed., 1114 (1118) m.w.N.

66 Der Wortlaut der Vorschrift ist folgender: "Every patent shall contain a short title of the invention and a grant to the patentee, his heirs or assigns, for the term of seventeen years, of the right to exclude others from making, using, or selling the invention throughout the Unites States, referring to the specifications for the particulars thereof".

67 Chisum, Treatise Vol. 4, § 16.02.

68 137 USPQ, 90 (96): "license gives licensee the right to use patent free from infringement suit".

69 Vgl. 1. Teil, C. I. 6. d).

wurde[70]. Der Lizenzgeber duldet die Benutzung gegen Entgelt, er verzichtet auf die Geltendmachung seines Verbietungsrechts. Der Lizenzgeber muß dem Lizenznehmer nicht das Benutzungsrecht am Patent positiv einräumen.

Konsequenz des negativen Charakters der Lizenz ist die lediglich obligatorische Natur sowohl der einfachen als auch ausschließlichen Lizenz[71]. Damit verbunden ist die Verneinung der selbständigen Klagebefugnis des einfachen und ausschließlichen Lizenznehmers.

Positiven Inhalt wird nur der Rechtsübertragung beigemessen. Der positive Inhalt kommt dadurch zum Ausdruck, daß dem "assignee" eine selbständige Klagebefugnis eingeräumt wird[72].

Aufgrund des überwiegend fallrechtlich orientierten Rechtssystems[73] ergeben sich die Rechte und Pflichten der Vertragsparteien nicht aus Analogien zu anderen gesetzlichen Vorschriften, sondern müssen meist ausdrücklich vereinbart werden.

Dem Verzicht des Lizenzgebers auf die Ausübung seines Verbietungsrechts steht im Rahmen der "Bargain Theory of Consideration"[74] als Gegenleistung die Zahlung der Lizenzgebühr durch den Lizenznehmer oder ausnahmsweise eine andere Handlung gegenüber[75].

Wie im deutschen Recht wird der Lizenznehmer nicht Inhaber eines Teils des Patents, sondern er erlangt ein Nutzungsrecht an dem Patent[76].

---

[70] Vgl. 1. Teil, A. I. 2.
[71] Vgl. dazu 1. Teil, B. II.
[72] Ellis, Treatise, S. 7; 1. Teil, B. II. 1. d).
[73] Siehe 1. Teil, A. II. 1.
[74] Vgl. dazu 1. Teil, D. II. 1.
[75] Vgl. dazu 1. Teil, E. II. 1 a) aa).
[76] Heaton-Peninsular Button-Fastener Co. v. Eureka Speciality Co., 77 F., 288 (290).

2. KAPITEL

B. Die Rechtsnatur des Lizenzvertrages

I. DEUTSCHLAND

Die Rechtsnatur des Lizenzvertrages ist in Deutschland stark umstritten. Es geht dabei zum einen um die Einordnung des Lizenzvertrages in das Schuldrecht und zum anderen um die dingliche oder nur schuldrechtliche Natur des Lizenzvertrages.

Die lediglich obligatorische Natur der Lizenz und der damit im Zusammenhang stehende Bestandsschutz der Lizenz bei Übertragung des Patents auf einen Dritten (Sukzessionsschutz) wirkt sich, wie im einzelnen gezeigt wird, auf die Haftung des Lizenznehmers aus. Verneint man den Sukzessionsschutz und benutzt der Lizenznehmer das Patent nach Übertragung auf einen Dritten weiter, so verletzt er das Patent[1].

Die Qualifizierung des durch die Lizenzerteilung eingeräumten positiven Benutzungsrechts[2] als dinglich oder nur schuldrechtlich hat u.a. Bedeutung für die Rechtsstellung des Lizenznehmers nach Verkauf des Patentrechts durch den Lizenzgeber an einen Dritten. Behält der Lizenznehmer sein Lizenzrecht oder verliert er es durch den Verkauf? Die Frage des Sukzessionsschutzes wird dabei nicht nur bei Veräußerung des Patents durch den Patentinhaber aktuell, sondern auch dann, wenn der Lizenzgeber nach der Einräumung einfacher Lizenzen eine ausschließliche Lizenz erteilt. Kann der ausschließliche Lizenznehmer den einfachen Lizenznehmern nun die Benutzung verbieten?

Die Einordnung des Lizenzvertrages unter einen der im BGB vorgegebenen Vertragstypen wirkt sich auf die Pflichten aus, die sich aus der Natur des Lizenzvertrages ergeben und die die Haftungsgrundlage bilden. Auch die Haftung selbst wird von der Einordnung betroffen. Der Streit über die Rechtsnatur wird jedoch nicht nur vor dem Hintergrund der Haftung, speziell des Gewährleistungsrechts, geführt, sondern auch vor dem des Steuerrechts[3] und des Kartellrechts und seinen Restriktionen. Die Einordnung

---

[1] Vgl. zur Haftung des Lizenznehmers wegen Patentverletzung bei Nichtbestehen des Sukzessionsschutzes im deutschen Recht 2. Teil, A. I. 1. a) cc).

[2] Siehe 1. Teil, A. I. 2.

[3] Hier tritt das Problem der Hinzurechnungsfähigkeit der Lizenzeinnahmen zum Gewerbeertrag auf, vgl. Pfaff, Internationale Lizenzverträge, AWD/RIW 1982, 381 ff.

des Vertrages hat auch Bedeutung für die Suche nach dem anzuwendenden Recht im Falle internationaler Lizenzverträge[4].

1. Obligatorische oder dingliche Natur des Lizenzverhältnisses

a) Die einfache Lizenz

Lizenz bedeutet im allgemeinen Erlaubnis, Genehmigung[5]. Inhalt der einfachen Lizenz ist die Erlaubnis des Lizenzgebers gegenüber dem Lizenznehmer, in Form eines positiven Benutzungsrechts die patentierte[6] Erfindung in bestimmter Hinsicht zu verwerten. Der Lizenzgeber kann uneingeschränkt einfache Lizenzen vergeben, die zu dem Lizenznehmer in Konkurrenz treten. Zu beachten ist jedoch, daß durch die häufige Vergabe von Lizenzen die einzelne Lizenz vollständig entwertet werden kann, wenn der Markt durch die aufgrund der Lizenz hergestellten Produkte gesättigt ist[7]. Auch der Geber einer einfachen Lizenz kann nicht uneingeschränkt eine größere Anzahl von Gratislizenzen vergeben, ohne sich der Gefahr des Fortfalls der Geschäftsgrundlage auszusetzen.

Die einfache Lizenz ist von herausragender praktischer Bedeutung. Dies gilt nicht nur für den klassischen Fall, daß durch sie die Produktion wichtiger Güter, die auf einem Patent beruhen, für einen Lizenznehmer ermöglicht wird, sondern auch für den praktisch wichtigen Fall der Einräumung eines Mitbenutzungsrechts im Patentverletzungsfall[8].

Der Lizenznehmer begehrt eine einfache Lizenz, um überhaupt in der Lage zu sein, die Erfindung zu verwerten, unabhängig von dem Ziel, Konkurrenten auszuschließen[9]. Am häufigsten begnügen sich Großunternehmen mit einfachen Lizenzen, da sie wirtschaftlich schwächere Konkurrenten nicht zu befürchten brauchen. Die einfache Lizenz ist für den Lizenznehmer auch dann ausreichend, wenn das Innovationsrisiko gering ist, wenn also die Kosten der Entwicklung und Markteinführung sowie die Zahl der voraussichtlich absetzbaren Waren genügend kalkulierbar ist. Weiterhin, wenn es sich um ein großes Marktpotential handelt und der Bedarf nicht von einer einzigen Firma gedeckt werden

4 Vgl. dazu, Pfaff, Know-how Vertrag, BB 1974, 565.
5 Vgl. die Einleitung.
6 Auch eine nichtpatentierte Erfindung kann Gegenstand einer Lizenz sein, siehe 1. Teil, C. I. 5.
7 So schon Breuer, GRUR 1912, 44 (48).
8 Körner, Verdinglichung, Mitt. 1983, 230 ff. (231). Häufig handelt es sich dabei um eine negative Lizenz, siehe 1. Teil, C. I. 6. d). Besondere Bedeutung hat dies in den USA, da es dort schon fast als üblich angesehen werden kann, das Patent zu benutzen, ohne eine Lizenz zu vereinbaren, und erst später in einem Rechtsstreit eine Lizenz zu erhalten, vgl. 1. Teil, B. II. 1. a).
9 Der Ausschluß von Konkurrenten ist das primäre Ziel des ausschließlichen Lizenznehmers, vgl. 1. Teil, B. I. 1. b).

kann, oder das Produkt geeignet ist, wichtige Bedürfnisse zu decken und eine Monopolbildung von Nachteil wäre[10].

In dem Lizenzvertrag verpflichtet sich der Lizenzgeber gegenüber dem Lizenznehmer, die Benutzung des Patents zu gewähren. Fraglich ist, ob neben diesem schuldrechtlichen Vertragsteil der Lizenznehmer auch ein dingliches Recht eingeräumt bekommt. Die Folge davon wäre zum einen, daß die Lizenz auch Dritten gegenüber wirkt. Zum anderen könnte daraus möglicherweise ein Klagerecht des einfachen Lizenznehmers begründet werden.

Es könnte sich bei der Lizenz somit um einen obligatorischen und dinglichen Vertrag handeln.

In einer grundlegenden Entscheidung von 1904[11] vertrat das Reichsgericht die Auffassung, daß in dem das Reichsgericht feststellt, daß die einfache Lizenz nur eine schuldrechtliche Regelung enthält. Im Gegensatz dazu, und hier liegt der wesentliche Unterschied zwischen einfacher und ausschließlicher Lizenz, wird der letzteren dingliche Wirkung[12] zugemessen. Teilweise wurde auch der Gegenstand sowohl der einfachen als auch der ausschließlichen Lizenz als ein quasidingliches Benutzungsrecht dargestellt, da nur dies dem wirtschaftlichen Ziel des Lizenznehmers entspreche[13]. Die Lizenz sei nur dann obligatorischer Natur, wenn dies mit dem vertragsmäßigen Willen der Beteiligten im Einklang steht, was im Einzelfall nachgewiesen werden müsse[14].

Die heute h.M. in Rechtsprechung und Literatur setzt dies fort. Danach beinhaltet die einfache Lizenz keine Verfügung[15]. Sie ist ein positives, obligatorisches Recht. Der Patentinhaber und Lizenzgeber behält das Recht zur eigenen Benutzung und auch das Verbietungsrecht gegenüber Dritten. Lediglich gegenüber dem Lizenznehmer verliert der

---

10 Guilino, GRUR 1974, 187 ff. (188).

11 RG v. 16.1.1904 RGZ 57, 38 (39/40) (Klage des ausschließlichen Lizenznehmers gegen Lizenzgeber auf Zahlung von Schadensersatz wegen willentlicher bzw. fahrlässiger Verletzung des durch das Patent geschützten Verfahrens). Diesem richtungsweisenden Urteil vorausgegangen war eine Entscheidung aus dem Jahre 1886, RG v. 17.12.1886 RGZ 17, 53 ff. (54) in der ausdrücklich die Lizenz als obligatorisches Verhältnis angesehen wurde, dabei jedoch von einem Verzicht als Inhalt der Lizenz ausgegangen und nicht zwischen einfacher und ausschließlicher Lizenz differenziert wurde.

12 "Quasidingliches Benutzungsrecht", siehe RGZ 57, 38 (40); die Annahme des lediglich obligatorischen Verhältnisses bei der einfachen Lizenz beruhte jedoch auf der Verzichtstheorie, wonach die Lizenz einen negativen Inhalt hat; RG v. 1.3.1911 RGZ 75, 400 (403), "quasidingliches Benutzungsrecht" auf Basis der Einräumung eines positiven Benutzungsrechts.

13 RG v. 16.1.1904 RGZ 57, 38 (40); RG v. 5.5.1911, RGZ 76, 235 ff. (236); Kohler, Handbuch, S. 508; Isay, S. 328; Seligsohn, S. 176 f.; Pinzger, GRUR 1938, 148 (150).

14 Kohler, Handbuch, S. 508 ff.

15 BGH v. 23.4.1973, BGHZ 62, 272 ff.; GRUR 1974, 463 ff. (464); BGH v. 23.3.1982, GRUR 1982, 411 ff. (412) -"Verankerungsteil"; Fischer, Schadensersatz, GRUR 1980, 374 (377); Klauer/Möhring, § 9, Rn. 38; Lüdecke, Einfluß der Veräußerung, GRUR 1964, 470 (473); Schramm, S. 85; Kisch, S. 220; Bernhardt/Kraßer, S. 691.

Lizenzgeber sein Verbietungsrecht. In der Entscheidung "Verankerungsteil"[16] hat der Kartellsenat allerdings die Meinung vertreten, daß dies unabhängig von der Beurteilung der Benutzungserlaubnis als positives Nutzungsrecht oder als Verzicht gelten soll. Der ausschließlichen Lizenz hat es dingliche Wirkung zugesprochen. Es wurde offengelassen, ob in Einzelfällen auch einfache Patentlizenzen dingliche Wirkung entfalten können. Im dem dem Bundesgerichtshof vorliegenden Fall lagen jedenfalls keine Anhaltspunkte für eine solche Beurteilung vor.

Die allein schuldrechtliche Natur des einfachen Lizenzvertrages hat zur Folge, daß eine Veräußerung des dem Lizenzvertrag zugrundeliegenden Patents nicht dazu führt, daß der Lizenzvertrag auf den Rechtsnachfolger übergeht. Der einfache Lizenznehmer verliert durch eine Verfügung über das Patent sozusagen den Lizenzgegenstand. Damit gehen seine Investitionen, die Anschaffung von Maschinen, Miete, Kauf von Fabrikationsstätten etc. ins Leere; sein wirtschaftlicher Ruin ist vorgeplant. Auch die Arbeitsplätze der Arbeitnehmer werden gefährdet. Darüber hinaus wird das Interesse der Allgemeinheit an Vollbeschäftigung aufs Spiel gesetzt[17]. Diese unbefriedigende Rechtslage für den Lizenznehmer kann dieser auch nicht dadurch umgehen, daß er die Veräußerung des Patents vertraglich ausschließt. § 137 S. 1 BGB verwehrt ihm dies. Auch das Klagerecht des einfachen Lizenznehmers gegen Patentverletzungen scheint damit ausgeschlossen zu sein[18].

Die Frage des Sukzessionsschutzes des Lizenznehmers ist nicht nur für die wirtschaftliche Lage des Lizenznehmers bedeutsam, sondern auch für seine Haftung. Verneint man seinen Sukzessionsschutz und benutzt der Lizenznehmer das Patent nach Übertragung auf einen Dritten weiter, so verletzt er das Patent[19].

An der Rechtsprechung und den damit verbundenen Folgen der Gefährdung der Rechtsstellung des Lizenznehmers wurde zahlreiche Kritik geübt[20]. Aus Billigkeitsgründen wurde daher versucht, dem Interesse des einfachen Lizenznehmers an

---

[16] BGH v. 23.3.1982, GRUR 1982, 411 ff. (412) - "Verankerungsteil" (Klage der Patentinhaberinnen auf Zahlung von Lizenzgebühren aus Lieferungen an Beklagten).

[17] Breuer, GRUR 1912, 44 (55); Völp, Weitergeltung der Lizenz, GRUR 1983, 45 ff. (45); Klawitter, MDR 1982, 895 ff. (896).

[18] Nach allgemeiner Meinung hat der einfache Lizenznehmer keine Klagerecht, RG v. 17.7.1913, RGZ 83, S. 93; Benkard-Ullmann, § 15, Rndnr. 57; Stumpf/Groß, Rndnr. 388 m.w.N. Siehe auch die Nachweise in Fischer (Schadensersatz), GRUR 1980, S. 374 ff..

[19] Vgl. zur Haftung wegen Patentverletzung bei Nichtbestehen des Sukzessionsschutzes 2. Teil, A. I. 1. a) cc).

[20] Brandi-Dohrn, Sukzessionsschutz, GRUR 1983, 146 ff.; Körner, Verdinglichung, Mitt. 1983, 230 ff.; Rosenberger, Fortbestand, GRUR 1983, 203 ff.; Kraßer, Wirkung der einfachen Lizenz, GRUR Int. 1983, 537 ff.; Völp, Weitergeltung der Lizenz, GRUR 1983, 45 ff. (46 ff.); Klawitter, MDR 1982, 895 ff.; Mager, GRUR 1983, 51 ff. (51); Forkel, Dingliche Wirkung, NJW 1983, 1764 ff.

einer gefestigten Stellung Rechnung zu tragen und dem einfachen Lizenznehmer auch weiterhin Sukzessionsschutz zuzusprechen[21].

Die Literatur versuchte mit Hilfe verschiedenartiger Konstruktionen, der obligatorischen Rechtsnatur des einfachen Lizenzvertrages dingliche Wirkungen zuzusprechen und den Sukzessionsschutz zu begründen.

Teilweise wurde versucht, über § 571 BGB zu einer dinglichen Wirkung auch der einfachen Lizenz zu gelangen[22]. § 571 BGB durchbricht den Grundsatz, daß Rechte und Pflichten nur zwischen den Vertragspartnern entstehen und bezweckt damit den Schutz des Mieters und Pächters. Ob diese Vorschrift auf das Verhältnis Lizenzgeber und Lizenznehmer angewendet werden kann, erscheint jedoch fraglich. Zum einen muß man sich vor Augen halten, daß schon bei den Beratungen zum BGB der Grundsatz "Kauf bricht nicht Miete" einer der umstrittensten war[23]. Klargestellt wurde daher, daß § 571 BGB nur für Grundstücke und Räume (§ 580 BGB) gelten soll und eine Ausnahmevorschrift im BGB darstellt. Auch die Anwendbarkeit auf bewegliche Sachen ist nicht gegeben. Nur kraft ausdrücklicher gesetzlicher Vorschriften ist § 571 BGB entsprechend anwendbar. Entgegen der höchstrichterlichen Rechtsprechung wird zwar auch die entsprechende Anwendung auf alle Gebrauchsüberlassungen vertreten, jedoch haben diese Fälle gemeinsam, daß es sich dabei um die Überlassung von Wohnungen aufgrund anderer Verträge handelt[24]. Die Rechtfertigung für die Durchbrechung des Grundsatzes liegt in der bei Miete und Pacht für den Erwerber offenkundigen Besitzlage[25]. Diese Besitzlage ist jedoch bei einem Lizenzverhältnis nicht gegeben. Der Erwerber des Patents hat keinerlei Anhaltspunkte und Möglichkeiten festzustellen, ob Lizenzen bestehen. Das Vorliegen einer einfachen Lizenz ist insbesondere auch nicht aus der Patentrolle ersichtlich, da die Möglichkeit der Eintragung einfacher Lizenzen in die DPA-Patentrolle nicht gegeben ist[26]. Weiterhin liegt bei einem Lizenzvertrag keine der Miete vergleichbare soziale Schutzlage vor, die die Anwendbarkeit des § 571 BGB rechtfertigen würde. Für die analoge Anwendung des § 571 BGB bleibt daher kein

---

21 Den Sukzessionsschutz des einfachen Lizenznehmers befürworten neben den in der vorhergehenden Fußnote genannten Autoren u.a.: Klauer/Möhring, § 9 Rn. 39; Lüdecke, Einfluß der Veräußerung, GRUR 1964, 470 ff.; Forkel, Rechtsübertragungen, S. 82; Hubmann, § 22 III 2; Kraßer, Verpflichtung und Verfügung, GRUR Int. 1973, 230 ff (234); Pinzger, GRUR 1938, 148 (150 f.); Lüdecke/Fischer, S. 77.

22 Reimer, § 9 Rn. 95; Klawitter, MDR 1982, 895; Lüdecke, Einfluß der Veräußerung, 470 (473 f.) für den "essentiellen Teil des Lizenzvertrages", ansonsten mit gewissen Einschränkungen.

23 Vgl. MüKo-Voelskow, § 571 Rn. 1.

24 Vgl. dazu die Fälle in MüKo-Voelskow, § 571, Rn. 3.

25 BGH v. 23.3.1982, GRUR 1982, 411 (413) - "Verankerungsteil" (s.o.)

26 § 34 PatG.

Raum[27], so daß es für den Lizenzvertrag bei dem allgemeinen Grundsatz der schuldrechtlichen Wirkung bleibt.

Weiterhin wurde versucht, über die analoge Anwendung des § 33 UrhG[28] zu einer Lösung zu gelangen[29]. § 33 UrhG, der 1965 in das Urhebergesetz aufgenommen wurde[30], bestimmt, daß das einfache Nutzungsrecht im Falle der Veräußerung dem Erwerber gegenüber wirksam bleibt, stellt also auch eine Ausnahme zu dem Grundsatz der lediglich schuldrechtlichen Wirkung dar. Begründet wurde die analoge Anwendung des § 33 UrhG damit, daß es sich um einen anerkannten allgemeinen Grundsatz des Immaterialgüterrechts handelt. Übersehen wurde dabei jedoch, daß in der Begründung zur Aufnahme der Vorschrift aufgeführt wurde, daß es sich wiederum lediglich um eine Ausnahme des Grundsatzes der schuldrechtlichen Wirkung handele[31]. Die Rechtfertigung der Ausnahme im UrhG liegt darin, daß im Urheberrecht der Erwerber häufiger mit dem Bestehen anderer Lizenzen rechnen muß als im Patentrecht, da die eigene Werknutzung durch den Urheber die Ausnahme ist[32]. § 33 UrhG konnte daher nicht als allgemeingültiger Rechtsgrundsatz für das Immaterialgüterrecht anerkannt werden.

In Übereinstimmung mit dem Bundesgerichtshof konnte auch über Art. 40 II i.V.m. 43 III des Gemeinschaftspatentübereinkommens (GPÜ)[33] dem einfachen Lizenznehmer keinen Sukzessionsschutz zugesprochen werden[34]. Art. 40 II GPÜ bestimmt, daß durch einen Rechtsübergang die Rechte Dritter nicht berührt werden.

Aufgrund der Tatsache, daß das deutsche PatG umfassend an das Gemeinschaftspatentübereinkommen angeglichen, eine dem Art. 40 II GPÜ entsprechende Vorschrift jedoch nicht in das PatG eingeführt wurde, ergibt sich, daß im deutschen Recht absichtlich von der dinglichen Wirkung der Lizenz abgesehen werden sollte. Der gegenteiligen Ansicht, die gerade aus der Nichteinführung einer entsprechenden Regelung in das deutschen PatG entnehmen will, daß die damit verbundene dingliche Wirkung der Lizenz selbstverständlich ist[35], verkennt, daß es sich

---

27 Ablehnend neben dem BGH GRUR 1982, 411 ff. (412) - "Verankerungsteil" (s.o.), auch: Völp, Weitergeltung der Lizenz, GRUR 1983, 46; Rosenberger, Fortbestand, GRUR 1983, 203 ff. (207); Kraßer, Wirkung der einfachen Patentlizenz, GRUR Int. 1983, 537 (543); Forkel, Dingliche Wirkung, 1764 ff. (1766).

28 Gesetz über Urheberrecht und verwandte Schutzrechte v. 9.9.1965 (BGBl. I 1273).

29 Kraßer, Verpflichtung und Verfügung, GRUR Int. 1973, 230 (234); Klawitter, MDR 1982, 895 ff. (896).

30 BGBL. I 1273.

31 Vgl. Völp, Weitergeltung der Lizenz, GRUR 1983, 45 ff. (46).

32 Dagegen auch der BGH, GRUR 1982, 411 ff. (412) - "Verankerungsteil" (s.o.); Völp, Weitergeltung der Lizenz, GRUR 1983, 45 ff. (46).

33 Übereinkommen über das Europäische Patent für den Gemeinsamen Markt (von Luxemburg).

34 So auch der BGH GRUR 1982, 411 (413) - "Verankerungsteil" (s.o.); Völp, Weitergeltung der Lizenz, GRUR 1983, 45 ff. (46).

35 Rosenberger, Fortbestand, GRUR 1983, 203 (208); Kraßer, Wirkung der einfachen Patentlizenz, GRUR 1983, 537 (541).

dabei um eine umstrittene und bedeutende Frage handelt, die eben nicht selbstverständlich ohne ausdrückliche Regelung beantwortet werden kann[36].

Ein anderer Vorschlag bestand darin, § 986 II BGB analog anzuwenden[37], wonach der Besitzer einer Sache, die nach § 931 BGB durch Abtretung des Anspruchs auf Herausgabe veräußert worden ist, auch dem neuen Eigentümer die Einwendungen entgegensetzen kann. Dem Vorschlag muß jedoch entgegengehalten werden, daß der Lizenznehmer im Gegensatz zum Sachbesitzer gerade nicht nach außen erkennbar besitzt[38].

Teilweise wurde der Sukzessionsschutz auf die Erwägung gestützt, daß das Interesse des einfachen Lizenznehmers an der weiteren Nutzungsmöglichkeit des Patents dem Interesse des Erwerbers des Schutzrechts an einer sich gegen alle einfachen Lizenznehmer richtenden Ausschließungsbefugnis vorgeht und aus diesem Grunde Verfügungswirkungen entfaltet werden[39]. Eine rechtliche Grundlage für diese Annahme wird aber nicht geliefert.

Dem Versuch, über eine Analogie von § 404 BGB dem Lizenznehmer die Möglichkeit zu geben, seine Einwendungen dem Erwerber des Patents entgegenzuhalten[40], kann nicht gefolgt werden, da § 404 BGB Einwendungen aus der Rechtsbeziehung zwischen Zedenten und Schuldner betrifft und der Anwendungsbereich des § 404 BGB auf Forderungen beschränkt ist[41]. Patente sind keine Forderungen. Sie sind absoluter Natur. Dementsprechend wird in Rechtsprechung und Literatur die Anwendbarkeit des § 399 BGB, der eine Ausnahme von § 137 S. 1 BGB darstellt und nach dem die Übertragung einer Forderung durch Vereinbarung mit dem Schuldner ausgeschlossen werden kann, abgelehnt, weil Patente als absolute Rechte keinen Schuldner haben[42]. Für eine Analogie fehlt es an der Rechtsähnlichkeit, da es um die Erhaltung der Rechtsposition des Lizenznehmers im ganzen, und nicht um Einwendung gegenüber einzelnen Forderungen des Patentinhabers geht. Eine Vereinbarung kann daher gem. § 399 BGB mangels

---

36 Die Argumentation, daß eine Regelung im PatG gar nicht notwendig war, wird auch hier hinfällig mit der inzwischen erfolgten Regelung des Sukzessionsschutzes im PatG (§ 15 III).

37 Mager, GRUR 1983, 51 ff. (51); diesem Vorschlag angeschlossen hat sich Rosenberger, Fortbestand, GRUR 1983, 203 ff (208).

38 Siehe dazu schon oben bei der Verneinung der Anwendbarkeit von § 571 BGB; so auch Körner, Verdinglichung, Mitt. 1983, 230 ff. (231).

39 Kraßer, Verpflichtung und Verfügung, GRUR Int. 1973, 230 (237); ders. Wirkung der einfachen Lizenz, GRUR Int. 1983, 537 (546).

40 Rosenberger, Fortbestand, GRUR 1983, 203 ff. (205); Brandi-Dohrn, Sukzessionsschutz, GRUR 1983, 146 ff. (149).

41 Palandt-Heinrichs, § 404 Rn. 1.

42 RG v. 5.2.1930 RGZ 127, 197 (205) (Klage der Lizenznehmerin auf Feststellung, daß ausschließlich sie und nicht Beklagte zur Herstellung und Verwendung des Gebrauchsmusters berechtigt ist); Lüdecke, Einfluß der Veräußerung, GRUR 1964, 470 ff. (471) m.w.N.; Brandi-Dohrn, Sukzessionsschutz, GRUR 1983, 146 ff. (147); siehe auch die Nachweise bei Rosenberger, Fortbestand, GRUR 1983, 203 ff. (208).

Schuldners bei einem Patent nicht getroffen werden. Die Versagung der Anwendbarkeit des § 399 BGB steht der entsprechenden Anwendbarkeit von § 404 BGB entgegen. Eine Ausdehnung des Anwendungsbereichs des § 404 BGB auf die Übertragung dinglicher Schutzrechte läßt sich nicht begründen[43].

Eine andere Ansicht begründete entgegen der h.M. den Sukzessionsschutz konsequent mit der Annahme der dinglichen Natur der einfachen Lizenz[44].

Bei der einfachen Lizenz wird ein "kleiner Ausschnitt des Schutzrechts" übertragen, so daß daneben noch weitere Lizenzen vergeben werden können[45]. Im Gegensatz zur ausschließlichen Lizenz wird dem einfachen Lizenznehmer nur ein positives Benutzungsrecht ohne negative Abwehrbefugnisse eingeräumt. Allein der Lizenzgeber ist berechtigt, gegen Schutzrechtsverletzer vorzugehen und weitere Lizenzen zu erteilen.

Mit der Annahme der dinglichen Wirkung der einfachen Lizenz wird die interessengerechte Auffassung vom Sukzessionsschutz des Lizenznehmers in Einklang mit der Rechtsnatur des Lizenzvertrages gebracht. Nur auf diese Weise läßt sich der Sukzessionsschutz ohne Zuhilfenahme von Analogien auf eine rechtliche Grundlage stellen. Eine rechtliche Begründung für die Annahme der dinglichen Natur wird unterdessen nicht geliefert. Die Dinglichkeit wird vielmehr vom interessengerechten, für den Lizenznehmer billigen Ergebnis hergeleitet, um die gewünschte Rechtsfolge zu erzielen. Das Ergebnis wird damit als Begründung vorweggenommen. Ein solches Vorgehen erscheint sehr fraglich, denn grundsätzlich ergeben sich die Rechtsfolgen aus der rechtlichen Natur des Verhältnisses und nicht umgekehrt.

Möglicherweise würde der Ansatz über die Auslegung des Willens der Vertragsparteien[46] bei Abschluß eines einfachen Lizenzvertrages im Hinblick darauf, was die Vertragsparteien üblicherweise mit der Vereinbarung wirtschaftlich bezwecken, welche Rechte sie einander einräumen wollen und welche Regelung im Falle der Veräußerung des Patents eintreten soll, zu der Begründung des Sukzessionsschutzes führen.

Es ist also zu fragen, ob es der Intention der Vertragsparteien entspricht, die einfache Lizenz als ein allein obligatorisches Verhältnis oder zusätzlich als quasidingliches bzw. dingliches Verhältnis zu definieren. Das Interesse des Lizenznehmers geht dahin, daß die Lizenz auch gegen den Rechtsnachfolger Bestand haben soll. Dies entspricht zwar nicht dem Interesse des Patenterwerbers an einem unbeschränkten Verwertungsrecht im Falle

---

43 Siehe auch Körner, Verdinglichung, Mitt. 1983, 230 ff. (231).
44 Behrendt, GRUR 1933, 199 ff. (200); Pinzger, GRUR 1983, 148 ff. (150); Sernatinger, S. 10; Hubmann, § 22 III 2; Rasch, S. 71.
45 Sernatinger, S. 10 f.
46 So schon Breuer, GRUR 1912, 44 (55).

der Veräußerung des Schutzrechts. Das Interesse des Lizenznehmers ist jedoch für ihn erkennbar. Nach Interessenabwägung kommt man zu dem Ergebnis, daß im Hinblick auf die ansonsten gefährliche Rechtsstellung des einfachen Lizenznehmers sein Interesse schutzwürdiger ist. Der Patenterwerber braucht auch nicht von dem Vorliegen einfacher Lizenzen überrascht zu werden, wenn er vorher Erkundigungen einholt. Dies ist ihm zuzumuten, da grundsätzlich jeder Erwerber einer bedeutenden Anschaffung die gehörige Sorgfalt walten läßt und sich Kenntnisse über den zu erwerbenden Gegenstand verschafft[47].

Über die Vertragsauslegung würde man zu dem Ergebnis gelangen, daß der Lizenznehmer ein dingliches Recht eingeräumt bekäme[48].

Auch wenn die Interessenermittlung und Abwägung als der einleuchtendste und einzig richtige Weg erscheint, um den Sukzessionsschutz zu begründen, so wirft dies gleich die Frage auf, warum der Lizenznehmer sich nicht um die Einräumung einer ausschließlichen Lizenz bemüht hat. In diesem Fall wäre seine Rechtsstellung gesichert gewesen[49]. Zudem ist zwar auf der einen Seite das übergeordnete Interesse des Lizenznehmers anzuerkennen[50]; auf der anderen Seite muß jedoch berücksichtigt werden, daß der Patenterwerber nicht leicht herausfinden kann, ob Lizenzen an dem zu erwerbenden Patent bestehen. Weder aus äußeren Umständen noch aus der Patentrolle läßt sich, anders als für den Erwerber eines Grundstücks aus dem Grundbuch, ersehen, ob Belastungen in Form von einfachen Lizenzen bestehen, da diese nicht eintragungsfähig sind[51].

Mit dem Abschluß des Vertrages über eine einfache Lizenz war sich der Lizenznehmer der Tatsache bewußt oder hätte sich darüber bewußt sein müssen, daß seine durch den Vertrag erlangte Rechtsstellung im Vergleich zu der des ausschließlichen Lizenznehmers eine schwächere ist. Er kann daher nicht versuchen, mit dem Argument die Dinglichkeit des einfachen Lizenzvertrages und damit den Sukzessionsschutz zu begründen, daß er im Vertrauen auf die ihm erteilte Lizenz die Investitionen getätigt hat[52]. Die minderwertige Stellung des einfachen Lizenznehmers kommt auch darin zum Ausdruck, daß er im Vergleich zum ausschließlichen Lizenznehmer geringere Lizenzgebühren zu zahlen hat.

---

47 Breuer, GRUR 1912, 44 (55).

48 So auch RG v. 16.1.1904 RGZ 57, 38 ff. (39) (s.o.).

49 Siehe zur Rechtsstellung des ausschließlichen Lizenznehmers 1. Teil, B. I. 1. b).

50 So auch Rosenberger, Fortbestand, GRUR 1983, 203 ff. (204); Völp, Weitergeltung der Lizenz, GRUR 1983, 45 ff. (45).

51 BGH GRUR 1982, 411 ff. (412) - "Verankerungsteil" (s.o.); Osterloh, GRUR 1985, 707 (709).

52 So die Argumentation von Tetzner für den Sukzessionsschutz, Kommentar, § 9 Rn. 39, und vielen anderen.

Zudem erscheint die Annahme des dinglichen Charakters höchst sonderbar, wenn man sich die Folgen vor Augen hält. Jede Erteilung einer einfachen Lizenz würde demnach in einer Teilübertragung des Patents bestehen. Je mehr einfache Lizenzen erteilt werden, desto weniger Patent bleibt also dem Patentinhaber[53]. Was bleibt dann dem Patentinhaber bei der Vergabe einer hohen Anzahl von einfachen Lizenzen? Der Inhalt des Patents würde gegen Null laufen. Ist der Patentinhaber dann irgendwann Inhaber eines "leeren" Patents?

Weiterhin spricht gegen die Annahme der Dinglichkeit der einfachen Lizenz, daß ansonsten auch der einfache Lizenznehmer zur Vergabe von Unterlizenzen[54] befugt sein würde. Die Anzahl der einfachen Lizenzen würde sich damit für den Patentinhaber unkontrollierbar erhöhen. Dies entspricht aber in keiner Weise dem Willen des Patentinhabers und der Absicht des Lizenznehmers.

Schließlich erscheint es nicht konsequent, auf der einen Seite die Dinglichkeit der Lizenz zu begründen, um dem Sukzessionsschutz des Lizenznehmers eine rechtliche Grundlage zu geben, auf der anderen Seite dem Lizenznehmer dann aber das Klagerecht vorzuenthalten.

Die Lösung des Problems des Sukzessionsschutzes kann heute dahingestellt bleiben, da der Gesetzgeber der unbefriedigenden Rechtsstellung des Lizenznehmers nach der Grundsatzentscheidung des Bundesgerichtshofes im Jahre 1982[55] Rechnung getragen hat, indem er den Sukzessionsschutz des Lizenznehmers gesetzlich verankert hat[56]. § 15 III PatG, der bestimmt, daß ein Rechtsübergang oder die Erteilung einer Lizenz nicht die Lizenzen, die Dritten vorher erteilt worden sind, berührt, wurde durch das Gesetz zur Änderung des GebrauchsmG vom 18.12.1986 eingeführt[57]. § 15 III PatG garantiert den Fortbestand sowohl der einfachen als auch der ausschließlichen Lizenz und damit auch der Zwangslizenz und Unterlizenz[58]. Dagegen dürfe die negative Lizenz[59] nicht unter § 15 III PatG fallen[60]. Fraglich erscheint dies für die Gratislizenz. Die Verneinung des Sukzessionsschutzes bei der Gratislizenz, bei der keine Gegenleistung des Lizenznehmers

---

53 Auf diese Situation hat schon Völp, Weitergeltung der Lizenz, GRUR 1983, 45 ff. (48) hingewiesen.
54 Siehe zu den Unterlizenzen 1. Teil, C. I. 3.
55 GRUR 1982, 411 ff. - "Verankerungsteil" (s.o.).
56 Damit erübrigte sich der Vorschlag Hoepffners in der Anmerkung zum "Verankerungsteil", GRUR 1982, 414 (s.o.), eine Änderung des § 34 PatG vorzunehmen, wonach auch die Eintragung einer nichtausschließlichen Lizenz in die Patentrolle möglich gewesen wäre und damit eine sichtbare Legitimation des einfachen Lizenznehmers.
57 BGBl. I 2501.
58 Benkard-Ullmann, § 15 Rn. 60. Siehe zur Unterlizenz und Zwangslizenz, 1. Teil, C. I. 3. und 4.
59 Siehe, 1. Teil, C. I. 6. d).
60 Benkard-Ullmann, § 15 Rn. 61.

geschuldet wird, rechtfertigt sich daraus, daß das Interesse des Patenterwerbers an einem unbeschränkten Schutzrecht höher bewertet werden muß, als bei der entgeltlichen Lizenz, die Interessenabwägung also zugunsten des Patenterwerbers ausfällt. Die häufige Vergabe von Gratislizenzen durch den früheren Patentinhaber darf nicht dazu führen, daß der Patenterwerber der Konkurrenz dieser Gratislizenz ausgesetzt wird und sie weiterhin dulden muß.

Damit erübrigt sich aber nicht der sich vor dieser Zeit entwickelte Meinungsstand zum Sukzessionsschutz. Die Frage des Fortbestands der einfachen Lizenz bei einem bis zum 1.1.1987 erfolgten Rechtsübergang richtet sich nach wie vor nach der Rechtsprechung und der Meinung des Schrifttums.

Wie bereits dargelegt verneinte die h.M. in Rechtsprechung und Literatur den Sukzessionsschutz vor Inkrafttreten des § 15 II PatG. Zur finanziellen Sicherung nach dieser bis zum 1.1.1987 bestehenden Rechtslage hätte eine Vertragsstrafeklausel gem. § 339 BGB in den Vertrag aufgenommen werden können, der eine Strafe in bestimmter Höhe für den Fall der Verfügung des Patentinhabers über das Patent vorsieht, wobei die Vertragsstrafe nicht auf einen darüber hinaus bestehenden Schadensersatzanspruch anzurechnen wäre. Um dem Lizenznehmer auch rechtlich seine gefährliche Stellung zu stärken, hätte man eine Klausel mit dem Inhalt der Übertragung der Mitinhaberschaft auf den Lizenznehmer unter der Bedingung der vertragswidrigen Veräußerung des Patents auf einen Dritten vereinbaren können. Auch hätte dem Lizenznehmer ein sofortiges Kündigungsrecht für den Fall der Veräußerung eingeräumt werden können[61].

Voraussetzung für die Vereinbarung solcher Klauseln wäre natürlich das Einverständnis des Lizenzgebers. Ein solches erscheint jedoch schon fraglich, da er im Hinblick auf die zweite Klausel zwar noch über das Patent verfügen kann, die Mitinhaberschaft des Lizenznehmers bei Bedingungseintritt für den Erwerber aber nicht erstrebenswert ist.

Daneben ist nicht außer Acht zu lassen, daß der Patentinhaber und Lizenzgeber bei der Veräußerung des Patents Vertragsbruch begeht, wenn er das Patent überträgt, ohne den Erwerber zu verpflichten, die Rechte des einfachen Lizenznehmers zu respektieren. Der Patenterwerber, der von der Erteilung der einfachen Lizenz Kenntnis hat, begeht eine grob fahrlässige, bewußte Mitwirkung an dem fremden Vertragsbruch. Er könnte die

---

61 Siehe zu weiteren Klauseln, Lüdecke, Einfluß der Veräußerung, GRUR 1964, 470 (472), der auch darauf aufmerksam macht, daß sich aus einem eventuellen gesellschaftsähnlichen Verhältnis, welches ein Vertrauensverhältnis begründet, eine stillschweigende Pflicht ergeben kann, das Patent nicht zu veräußern; siehe zu einem solchen gesellschaftsähnlichen Verhältnis 1. Teil, B. I. 2. f) und dessen Begründung bestimmter Rechte und Pflichten, 1. Teil, E. I. 1. b) cc).

Tatbestände der §§ 1 UWG, 826 BGB erfüllen, wenn er den Vertragsbruch zu Wettbewerbszwecken vornimmt, was in der Regel der Fall sein wird[62].

Dadurch kann dem einfachen Lizenznehmer wenigstens ein Unterlassungs- oder Schadensersatzanspruch gegenüber dem Patenterwerber entstehen. Gegen den Lizenzgeber kann ihm ein Schadensersatzanspruch aus positiver Vertragsverletzung zustehen. Zwar sind Vereinbarungen über ein dingliches Veräußerungsverbot nach § 137 S. 1 BGB unwirksam, die Abrede, Verfügungen über ein Recht zu unterlassen, ist dagegen als schuldrechtliche Vereinbarung wirksam, § 137 S. 2 BGB. Ihre Verletzung kann Schadensersatzansprüche begründen, die gem. § 249 S. 1 BGB auf Rückerwerb des Rechtes gehen können[63]. Neben Schadensersatzansprüchen kämen auch Bereicherungsansprüche in Betracht, wobei jedoch § 818 III BGB diesen entgegenstehen könnte[64].

Zwar stellen die angegebenen Schadensersatzansprüche nur einen unvollkommenen Ausgleich für die verlorene Rechtsposition des Lizenznehmers dar, der Lizenznehmer fällt jedoch nicht gleich in den finanziellen Ruin. Zudem ist nicht ausgeschlossen, daß der Patenterwerber bereit ist, Lizenzen zu vergeben, um somit dem Lizenzgeber seine Rechtsposition wiederzugeben.

Als Ergebnis bleibt festzuhalten, daß die einfache Lizenz obligatorischer Natur ist. Für die Annahme der dinglichen Natur der einfachen Lizenz besteht nach Einführung des § 15 III PatG auch keine Notwendigkeit mehr.

b) Die ausschließliche Lizenz

Der ausschließlichen Lizenz charakteristisch ist die Einräumung eines gegen jedermann, auch gegen den Lizenzgeber wirkenden Ausschlußrechts[65]. Dem Lizenzgeber verbleibt damit nur noch das formale Patentrecht, während der Lizenznehmer bezüglich des Benutzungsrechts nicht nur neben den Patentinhaber, sondern an seine Stelle tritt[66]. Der Patentinhaber und Lizenzgeber darf in dem Umfange, in dem er dem Lizenznehmer

---

[62] MüKo-Mertens, § 826, Rn. 123 f.; Baumbach/Hefermehl, § 1 UWG Rn. 694 ff.; vgl. auch Rosenberger, Fortbestand, GRUR 1983, 203 ff. (206) m.w.N.

[63] Palandt-Heinrichs, § 137 Rn. 3.

[64] Vgl. zu Bereicherungsansprüchen im gewerblichen Rechtsschutz: BGH v. 24.11.1981, GRUR 1982, S. 301 ff. - "Kunststoffhohlprofil"; vgl.auch Klawitter, MDR 1982, 895 ff. (896); siehe auch 2. Teil, A. I. 4.

[65] Benkard-Ullmann, § 15 Rn. 52.

[66] Stumpf/Groß, Rndnr.38.

Nutzungsrechte erteilt hat, selbst nicht mehr verfügen. Soll dem Lizenzgeber weiterhin ein Benutzungsrecht verbleiben, muß dies vereinbart werden[67].

Nach anderer Ansicht stellt die Erteilung einer Lizenz eine Abspaltung des dem Patentinhaber zustehenden Benutzungsrechts dar, so daß bei der ausschließlichen Lizenz das Benutzungsrecht des Patentinhabers vollständig erschöpft ist und ein Verletzer nur noch in das Recht des ausschließlichen Lizenznehmers und nicht mehr in das des Patentinhabers eingreift[68]. Dieser Meinung kann jedoch nicht gefolgt werden, da der Patentinhaber durch Lizenzerteilung sein Patentrecht nicht völlig verliert[69].

Die wirtschaftliche Bedeutung der ausschließlichen Lizenz ist der Ausschluß anderer Wettbewerber mit identischen Produkten[70]. Das primäre Motiv des Lizenznehmers für die Lizenznahme einer ausschließliche Lizenz ist der Wettbewerbsvorteil gegenüber seinen Konkurrenten. Vorteil der ausschließlichen Lizenz gegenüber der einfachen Lizenz ist auch, daß sie nicht entwertet werden kann[71]. Der Lizenzgeber wird nur dann eine ausschließliche Lizenz für ein Patent vergeben, wenn das Lizenzprodukt in einem Bereich liegt, in dem er nicht oder nicht mehr aktiv ist.

Empfehlenswert für den Lizenznehmer ist die ausschließliche Lizenz beim Aufbau eines neuen Marktes für neue Produkte mit hohen Investitionskosten sowie bei Produkten, die einen speziellen oder kleinen Anwendungsbereich haben[72].

Ausschließliche Lizenzen werden dann vergeben, wenn das Innovationsrisiko hoch ist, die Erfindung also dem Stand der Technik so weit voraus ist, daß Vorausschätzungen über das Marktvolumen, über den Zeitraum der Entwicklung und deren Kosten sehr unsicher sind. Unternehmen sind oft nur unter dem Schutz einer ausschließlichen Lizenz bereit, ein hohes Innovationsrisiko einzugehen. Weiterhin werden ausschließliche Lizenzen vergeben, wenn für das Lizenzprodukt nur eine begrenzte Nachfrage besteht und hohe Stückzahlen nicht zu erwarten sind[73]. Häufig sind mittlere und kleinere Unternehmen aufgrund ihrer Marktstellung in besonderem Maße auf die Ausschließlichkeit der Lizenz angewiesen[74]. Das Bestreben von Lizenznehmern, eine ausschließliche Lizenz zu erhalten, ist verständlich. Es ist aber sehr schwierig, den

---

67 Diese Lizenz wird "alleinige" Lizenz genannt, wobei der Begriff aus der US-amerikanischen Unterscheidung zwischen "exclusive licence" und "sole licence" stammt, vgl. 1. Teil, B. II. 1. b).

68 Lutter, GRUR 1933, 441 ff. (442); vgl. zur Patentverletzung 2. Teil, A. I. 1.

69 Dies ergibt sich auch aus der Anwendung der Pachtvorschriften, die, wie sich zeigen wird, weitgehend auf den Lizenzvertrag passen (siehe dazu 1. Teil, B. I. 2. g)): auch der Verpächter gibt seine Rechtsstellung nicht vollständig auf.

70 Der Inhaber einer einfachen Lizenz muß dagegen immer damit rechnen, daß andere das Produkt herstellen, gebrauchen und vertreiben i.S.d. § 9 PatG, siehe dazu 1. Teil, B. I. 1. a).

71 Siehe bei der einfachen Lizenz 1. Teil, B. I. 1. a).

72 Friedrich, GRUR 1978, 349 (351); Benkard-Ullmann, § 15 Rn. 52.

73 Guilino, GRUR 1974, 187 ff. (188).

74 Friedrich, GRUR 1978, 349 (351).

Lizenzgeber dazu zu bewegen, sich durch Erteilung einer ausschließlichen Lizenz von der Verwertung der Erfindung auszuschließen.

aa) Abgrenzung der einfachen von der ausschließlichen Lizenz

Grundsätzlich ergibt sich aus dem Vertragstext oder den Verhandlungen bis zum Abschluß des Vertrages, ob eine einfache oder ausschließliche Lizenz Vertragsgegenstand ist. Im Einzelfall kann aber dennoch fraglich sein, welche Lizenzart erteilt werden sollte. Hier muß durch Auslegung unter Berücksichtigung des Inhalts und Zwecks des Vertrages und des Parteiwillens ermittelt werden, in welchem Umfang eine Rechtsübertragung stattfinden soll[75]. Der Wille der Parteien geht regelmäßig dahin, daß durch die Einräumung einer Lizenz der Lizenznehmer das Benutzungsrecht an dem Patent erhält, und zwar ein positives Benutzungsrecht. Dieses erreicht der Lizenzgeber mit der Einräumung der einfachen Lizenz. Daß der Lizenznehmer grundsätzlich auch ein dingliches Recht, das Ausschließlichkeitsrecht, erhalten soll, wird vom Willen der Vertragsparteien nicht gedeckt. Dazu bedarf es vielmehr eines ausdrücklichen Willens oder weiterer Vertragsbestimmungen, aus denen dies als erkennbar gewollt hervorgeht. Die Begründung dafür ist nicht abhängig davon, wie viele Lizenzen welcher Art in der Lizenzpraxis vergeben werden und was danach den Normalfall darstellt. Die Grundform der Lizenz ist die einfache Lizenz, da die ausschließliche Lizenz ein "mehr" an Rechtsübertragung bedeutet und über die beabsichtigte Einräumung der positiven Benutzungsbefugnis hinausgeht. Dieses Ergebnis stimmt mit dem in Rechtsprechung und Literatur zum Teil aufgestellten Grundsatz überein, daß "im Zweifel davon auszugehen ist, daß der Patentinhaber so wenig wie möglich von seinem Recht aufgeben will"[76]. Dies

---

[75] Vgl. zu den Auslegungsgrundsätzen im Patentrecht, 1. Teil, D. I. 2); der Auslegungsgrundsatz der Ermittlung des Sinn und Zwecks des Vertrages ist auch nach ständiger Rechtsprechung im Urheberrecht anerkannt: RG v. 29.10.1927 RGZ 118, 282 (287) (Klage des Verlegers F auf Feststellung, daß in den auf ihn übertragenden Rechten das der Verfilmung mitenthalten sei), RG v. 16.2.1929 RGZ 123, 312 (317) (Klage auf Zahlung von Entgelt für die Sendung verschiedener Wilhelm Busch Werke durch Rundfunk); RG v. 14.11.1931 RGZ 134, 198 (201) (Klage auf Feststellung, daß Beklage nicht befugt sei, Rechte zur Wiedergabe verschiedener Musikstücke auf Schallplatten oder Notenrollen im Inland zu vergeben); RG v. 5.4.1933 RGZ 140, 231 (245) (Klage dreier Genossenschaften auf Feststellung, daß der Beklagte nicht zu öffentlichen Aufführungen von Musikstücken befugt sei); BGH GRUR 1953, 299 ff. (300) (Klage des Herstellers eines Spielfilmes auf Feststellung, daß dem Beklagten, Inhaber ausschließlicher Aufführungs- und Verwertungsrecht, weder Unterlassungs- noch Vernichtungs- und Auskunftsanspruch zustehe); BGH GRUR 1955, 201 (203) (Kläger, Winifred Wagner, gegen Eva Chamberlain auf Vorlage Cosima Wagners Tagebücher); BGH GRUR 1959, 200 (203) - "Der Heiligenhof" (Klage auf Unterlassung der Anbietung des Werkes "Der Heiligenhof").

[76] RG v. 17.6.1936 GRUR 1937, 1001 ff. (1002 f.) (s.o.); Tetzner, S. 312; Isay, S. 329; Benkard-Ullmann, § 15 Rn. 33, 66; BGH GRUR 1953, 299 ff. (300); in RG v. 16.2.1929 RGZ 123, 312 (317) wird darauf hingewiesen, daß dem Vertragsgegenstand nicht nachträglich einen anderen Sinn und Umfang beigemessen werden darf, der zu dem Willen der Parteien in Widerspruch steht; vgl. auch Koch, BB 1972, 97 (100).

entspricht auch dem im Immaterialgüterrecht allgemein geltenden Zweckübertragungsgrundsatz, wonach der Schutzrechtsinhaber im Zweifel nur insoweit eine Verfügung trifft, als zur Erreichung des schuldrechtlich festgelegten Zwecks unbedingt erforderlich ist[77]. Dafür, daß die einfache Lizenz grundsätzlich gewollt ist, spricht auch, daß die durch die Vergabe der ausschließlichen Lizenz entstehende Monopolbildung kartellrechtlichen Bedenken unterliegt[78]. Dies ist auch den Vertragsparteien bewußt. Für die Auslegung des Vertrages gilt daher die Vermutung, daß nicht eine ausschließliche Lizenz, sondern eine einfache Lizenz Gegenstand des Lizenzvertrages ist.

Den Meinungen, die in der ausschließlichen Lizenz den Normaltatbestand sehen[79] und die aus Gründen des "Rechts- und Interessenschutzes, der unserer Rechtsordnung entspricht"[80], die Einräumung der ausschließliche Lizenz als grundsätzlich gegeben ansehen, kann daher nicht gefolgt werden. Als Indizien bei der Auslegung des Vertrages und für die Annahme der ausschließlichen Lizenz können noch aufgeführt werden: Der Lizenznehmer erhält die Klagebefugnis und das Recht zur Vergabe von Unterlizenzen.

Dennoch ist es zur Vermeidung von Streitigkeiten ratsam, im Vertrag die Lizenz als einfache oder ausschließliche zu bezeichnen.

Teilweise wird die Ansicht vertreten, daß in Wahrheit die ausschließliche Lizenz überhaupt keine Lizenz ist, wenn man unter Lizenz lediglich die Gebrauchsgestattung versteht[81]. Nach a.A. wird die einfache Lizenz fälschlicherweise Lizenz genannt, da sie keine Abspaltung aus dem dinglichen Recht ist[82]. Von überspitzter Begriffsbildung abgesehen, kann jedoch sowohl die einfache Lizenz als auch die ausschließliche Lizenz als Lizenz bezeichnet und anerkannt werden.

bb) Der Charakter der ausschließlichen Lizenz

Nach einhelliger Meinung hat die ausschließliche Lizenz aufgrund ihrer Ausschließlichkeitsfunktion dinglichen Charakter[83]. Sie hat eine dem Sachenrecht

---

77 Benkard-Ullmann, § 15 Rn. 13 und 67.

78 Vgl. dazu für das deutsche Recht, 1. Teil, B. I. 1. b) dd).

79 Behrendt, GRUR 1933, 199 ff. (200).

80 Kohler, Lizenzlehre, Zeitschr. f. gewerbl. Rechtssch. II. Jahrgang, 162 ff. (163).

81 Borstelmann, S. 11.

82 Schramm, S. 84.

83 RG v. 16.1.1904 RGZ 57, 38 (40) (s.o.); RG v. 1.3.1911 RGZ 75, 400 (403) (s.o.); RG v. 5.5.1911 RGZ 76, 235 ff. (236); Breuer, GRUR 1912, 44 (53); Poth, Rechtsnatur, Mitt. 1979, 216 ff. (219); Stumpf/Groß, Rndnr. 36, Benkard-Ullmann, § 15 Rn. 53; Bernhardt/Kraßer, S. 691; Forkel, Dingliche Wirkung, NJW 1983, 1764 ff. (1765); aufgrund ihres dinglichen Charakters wird sie auch teilweise dingliche Lizenz genannt: Poth, Offengelegte Patentanmeldung, Mitt. 1990, 162 (166); Henn, S. 84; Lichtenstein, Lizenzvertrag im engeren Sinne, NJW 1965, 1839 ff. (1840) m.w.N.

angenäherte, absolute Natur[84]. Das Recht aus dem Patent geht auf den ausschließlichen Lizenznehmer über (Übertragungswirkung)[85]. Der ausschließliche Lizenznehmer rückt in das alleinige Benutzungsrecht des Patentinhabers, in dessen durch die Patentgewährung begründete Rechtsstellung, ein[86]. Diese Rechtsstellung reicht aber nicht über das hinaus, was im Schutzrecht für den Patentinhaber gewährleistet ist, sie leitet sich vielmehr von ihm ab. Die dem Lizenznehmer verschafften Befugnisse fallen bei Erlöschen der Lizenz an den Patentinhaber zurück. Daher wird von einer gebundenen Übertragung gesprochen[87]. Der Patentinhaber behält aber weiterhin die Befugnisse, das Patent zu veräußern und Schadensersatz- oder Unterlassungsansprüche geltend zu machen.

Die Rechtsstellung des Lizenznehmers gewährt diesem Sukzessionsschutz, d.h., die Lizenz bleibt bei der Übertragung des Schutzrechts auf einen anderen bestehen[88]. Mit der Einräumung der ausschließlichen Lizenz hat der Patentinhaber im Umfange des eingeräumten Rechts seine Verfügungsmacht verloren[89]. Der ausschließliche Lizenznehmer hat deshalb die Befugnis, gegen Dritte, die das Patent verletzen, vorzugehen. Er kann aus eigenem Recht Unterlassungs- und Schadensersatzansprüche gem. § 139 PatG erheben. Er genießt damit neben dem Patentinhaber Drittschutz. Darüber hinaus wird ihm das Recht zugesprochen, Unterlizenzen zu vergeben[90]. Die Vertragsparteien können auch ausdrücklich oder stillschweigend die Befugnis zur Erteilung von Unterlizenzen vertraglich ausschließen, was jedoch nur schuldrechtliche Wirkung hat, § 137 BGB. Man nennt diese Lizenz dann beschränkt ausschließliche Lizenz[91].

Es kann vorkommen, daß mehrere ausschließliche Lizenzen nebeneinander bestehen, nämlich dort, wo sie sich nicht überschneiden. Es kann z.B. eine ausschließliche Herstellungslizenz und eine ausschließliche Vertriebslizenz[92] für das gleiche Schutzrecht erteilt werden oder mehrere territorial beschränkte ausschließliche Lizenzen.

Eine Begründung für die Annahme der dinglichen Natur der ausschließlichen Lizenz wird in neuerer Literatur außer der Ausschließlichkeitsfunktion[93] nicht geliefert. Es wird lediglich angegeben, daß der dingliche Charakter anerkannt sei. Da aber ein

---

[84] Benkard-Ullmann, § 15 Rn. 53.
[85] Diese Übertragung wird in der Rechtslehre auch als "konstitutive" Übertragung oder "gebundene Rechtsübertragung" bezeichnet, da damit die Gebundenheit an das "Mutterrecht" zum Ausdruck kommen soll, Forkel, Dingliche Wirkung, NJW 1983, 1764 ff. (1765) m.w.N.
[86] Bernhardt/Kraßer, S. 691.
[87] Vgl. Forkel, Dingliche Wirkung, NJW 1983, 1764 ff. (1765).
[88] Dies ist jetzt auch in § 15 III PatG für beide Lizenzen bestimmt.
[89] Lichtenstein, Lizenzvertrag im engeren Sinne, NJW 1965, 1839 (1841).
[90] Siehe dazu, 1. Teil, C. I. 3.
[91] Klauer/Möhring, § 9 Rn. 32.
[92] Siehe zu den verschiedenen Lizenzarten, 1. Teil, C. I.
[93] Siehe Friedrich, GRUR 1978, 349 ff.

Ausschließlichkeitsrecht, wie oben dargelegt, auch auf obligatorischer Grundlage vereinbart werden kann, ist die Ausschließlichkeitsfunktion als Begründung allein nicht ausreichend[94].

Ursprünglich wurde der dingliche Charakter aus praktischen Erwägungen begründet. Dem ausschließlichen Lizenznehmer soll eine selbständige Befugnis zur Geltendmachung seines Benutzungsrechts gegen jedem Dritten zugestanden werden. Auch der interessengerechte Sukzessionsschutz wird als Begründung angegeben[95].

Auffallend ist, daß die dingliche Natur der ausschließlichen Lizenz auf die gleiche Erwägung gestützt wurde, mit der bei der einfachen Lizenz versucht wurde, dieser dingliche Wirkung zuzusprechen: der Sukzessionsschutz. Die Interessenabwägung ergebe, daß die Lizenz gegenüber einem Rechtsnachfolger Bestand haben müsse[96]. Auch wenn es zunächst merkwürdig erscheint, aufgrund dieser Argumentation einmal die dingliche Wirkung zu verneinen (einfache Lizenz) und einmal zu bejahen (ausschließliche Lizenz), so ist sie doch gerechtfertigt.

Die Interessenabwägung zwischen Lizenznehmer und Patenterwerber fällt auch hier zugunsten des ersteren aus. Dies kann man wiederum mit der ansonsten wirtschaftlich schwachen Stellung des Lizenznehmers begründen, dessen Investitionen umsonst gewesen wären. Anders als bei der einfachen Lizenz, bei der nach der hier dargelegten Meinung der Sukzessionsschutz grundsätzlich bestehen sollte, aber im Ergebnis abgelehnt wird, weil dies zu sonderbaren Ergebnissen bei Annahme der Dinglichkeit der einfachen Lizenz führe, steht der Annahme der Dinglichkeit der ausschließlichen Lizenz nichts im Wege. Die Übertragungswirkung hat bei der ausschließlichen Lizenz zur Folge, daß das Benutzungsrecht einmal auf den Lizenznehmer übergeht. Nur dieser ist befugt, das Patent zu benutzen. Im Gegensatz zur unbeschränkten Vergabe einfacher Lizenzen in Form von vielen Teilübertragungen kann der Patentinhaber nicht zu irgendeinem unbestimmten Zeitpunkt Inhaber eines durch die häufige Lizenzvergabe ausgehöhlten Patents sein. Weiterhin ist die Befugnis zur Vergabe von Unterlizenzen, die bei der einfachen Lizenz nicht dem Willen des Patentinhabers und Lizenzgebers entspricht, bei der ausschließlichen Lizenz begründbar, da hier der Lizenznehmer der alleinige ist und somit er es in der Hand hat, ob und welche Wettbewerber er neben sich gelten lassen will. Schließlich ist das Klagerecht des Lizenznehmers, das sich auf die dingliche Natur der Lizenz stützt, nur bei der ausschließlichen Lizenz gerechtfertigt, denn ansonsten

94 So auch Völp, GRUR 1983, 45 (48).
95 Seligsohn, § 6 Rn, 9; RG v. 16.1.1904 RGZ 57, 38 (40 f.) (s.o.) m.w.N.
96 Vgl. oben die Argumentation bei der einfachen Lizenz, 1. Teil, B. I. 1. a).

würde gegen einen Verletzer wegen derselben Benutzungshandlung eine Vielzahl von Prozessen geführt werden[97].

Der Annahme der dinglichen Natur der ausschließlichen Lizenz kann daher gefolgt werden.

cc) Abgrenzung der ausschließlichen Lizenz vom Patentkauf

Da die ausschließliche Lizenz in bestimmten Ausgestaltungen einer Teilübertragung und damit einem Kauf in rechtlicher und wirtschaftlicher Hinsicht sehr nahekommt, ist eine Abgrenzung zwischen der ausschließlichen Lizenz und dem Patentkauf[98] vorzunehmen. In den Fällen, in denen bei einer ausschließlichen Lizenz eine Lizenzzahlung unabhängig vom Umsatz ein Pauschalbetrag vereinbart wird, der Lizenznehmer die Kosten der Aufrechterhaltung des Patents zu tragen hat und er befugt wird zur Vergabe von Unterlizenzen[99], wird in der Literatur und Rechtsprechung teilweise sogar davon gesprochen, daß dies einem Verkauf gleichkomme[100]. Die ausschließliche Lizenz und der Patentkauf haben jedoch unterschiedliche rechtliche Merkmale, die zwar nach außen oft schwer erkennbar sind, aber im Wege der Auslegung[101] zu einer eindeutigen Annahme als Lizenzvertrag oder Kaufvertrag führen. Der Lizenzvertrag beinhaltet keine endgültige Rechtsverschaffung, d.h. keinen vollen Rechtsübergang des Vertragsgegenstandes[102], wie dies bei einem Kaufvertrag der Fall ist, denn das Patent soll nach dem auszulegenden Willen der Vertragsparteien nicht dem Lizenznehmer übereignet werden. Der Patentinhaber soll vielmehr Eigentümer des Patents bleiben; er verpflichtet sich nicht zur Verfügung über das ganze Recht, es werden nur Rechte abgespalten. Das Recht des Patentinhabers erlischt nicht in dem Umfang, wie es beim Lizenznehmer entsteht[103]. Es liegt demnach bei dem Lizenzvertrag kein Austauschvertrag derart vor, daß das Schutzrecht gegen Zahlung eines fest vereinbarten Kaufpreises in seiner Substanz

---

97 Bernhardt/Kraßer, S. 693.

98 Eine andere Frage, die die schuldrechtliche Einordnung des Lizenzvertrages zu dem im BGB geregelten Vertragstypen betrifft, ist, ob der Lizenzvertrag als Kaufvertrag angesehen werden kann mit dem Ergebnis, daß die kaufrechtlichen Vorschriften auf ihn angewendet werden, siehe dazu 1. Teil, B. I. 2. d).

99 Siehe zu solchen Fällen, BGH GRUR 1977, 107 ff.; OLG Karlsruhe GRUR Int. 1982, 752 ff. - "Rollwagen" (Klage auf Unterlassung und Rechnungslegung, sowie Feststellung der Schadensersatzpflicht gegen Beklagten aufgrund der an Beklagten nach Kuwait gelieferten Rollwagen).

100 Koch, BB 1972, 97 ff. (99); OLG Karlsruhe, GRUR Int. 1982, 752 ff. (752) (s.o.) - "Rollwagen".

101 Siehe zur Auslegung, 1. Teil, D. I. 2.

102 So schon Kohler, Lizenzlehre, ZfgR., II. Jahrgang, 162 ff. (162): "Die Licenz ist keine Übertragung des Erfinderrechts; aber sie ist die Gewährung eines jus in re aliena"; Kent, S. 641.

103 Es handelt sich nur um eine "beschränkte, gebundene Rechtsübertragung" im Sinne der konstitutiven Theorie, denn das übertragene Recht bleibt an das "Mutterrecht gebunden", siehe dazu schon oben, 1. Teil, B. I. 1. b) aa).

übertragen wird, sondern vielmehr ein auf eine vereinbarte Zeit oder auf die Dauer des lizensierten Patents angelegtes Dauerschuldverhältnis. Ergibt nun die Auslegung unter Berücksichtigung der ganzen Sachlage und der vereinbarten Vertragsbestimmungen den Willen, dem Vertragspartner ein endgültiges, bei ihm verbleibendes Benutzungsrecht an dem Patent einzuräumen, so handelt es sich um einen Rechtskauf. Auf die Verwendung von Ausdrücken wie "Kaufvertrag" oder "Kaufpreis" kommt es hierbei nicht entscheidend an. Maßgeblich ist vielmehr, welchen Zweck die Vereinbarung der Beteiligten unter Berücksichtigung ihres gesamten Inhalts und der Umstände hat. Ob also ein ausschließlicher Lizenzvertrag oder ein Rechtskauf vorliegt, ist eine Frage der Vertragsauslegung, die nach Sinn und Zweck der Regelung und nicht allein nach dem Wortlaut, zu ermitteln ist.

dd) Beurteilung der ausschließlichen Lizenz nach EuGH-Rechtsprechung

Die Entwicklung der Rechtsprechung und Literatur zur Zulässigkeit der ausschließlichen Lizenz nach europäischem Kartellrecht ist uneinheitlich gewesen.

In den 50-er und 60-er Jahren wurde die Anwendbarkeit kartellrechtlicher Verbotsbestimmungen auf die Ausschließlichkeitsbindung des Lizenzgebers im wesentlichen verneint[104], teilweise aber die kartellrechtliche Relevanz anerkannt, ohne über die Zulässigkeit zu entscheiden[105].

Bezüglich der kartellrechtlichen Zulässigkeit ist die am 1.4.1996 in Kraft getretene Gruppenfreistellungsverordnung für Technologietransfervereinbarungen, GFVO (Technologie)[106], zu berücksichtigen. Sie enthält Bestimmungen, die geeignet sind, unter das Verbot des Art. 85 I EWG-Vertrag zu fallen, jedoch die Voraussetzungen des Art. 85 III EWG-Vertrag erfüllen und damit als wettbewerbsrechtlich zulässig anerkannt werden. Die GFVO (Technologie) löst die am 1.1.1983 in Kraft getretene Gruppenfreistellungsverordnung für Patentlizenzvereinbarungen GFVO (Patente)[107] ab, die die Freistellung von Patentlizenzvereinbarungen zum Inhalt hatte, jedoch keine Know-how-Vereinbarungen umfaßte. Mit der Ausdehnung des Anwendungsbereichs auf Lizenzvereinbarungen über nicht patentgeschützte technische Kenntnisse und auf gemischte Patentlizenz- und Know-how-Vereinbarungen in der GFVO (Technologie)

---

[104] Magen, S. 122 f.; Sandstein, GRUR 1953, 246 ff. (246); vgl. auch die bei Koch, BB 1972, 97 (99) angegebenen Gründe.

[105] Koch, BB 1972, 97 (103).

[106] Verordnung (EG) Nr. 240/96 der Kommission vom 31.1.1996 zur Anwendung von Artikel 85 Absatz 3 des Vertrages auf Gruppen von Technologietransfer-Vereinbarungen. Vgl. ausführlich zur kartellrechtlichen Problematik nach deutschem und europäischen Recht und der GFVO (Technologie), 1. Teil, D. I. 1. a) aa) (a).

[107] erordnung (EWG) Nr. 2349/84.

und der Vereinfachung und Harmonisierung der Bestimmungen, soll dem Ziel Rechnung getragen werden, die Verbreitung technischer Kenntnisse in der Gemeinschaft und die Herstellung technisch verbesserter Produkte zu fördern[108].

In den letzten Jahren vor Inkrafttreten der inzwischen abgelösten GFVO (Patente) wurden ausschließliche Lizenzen nach der Rechtsprechung teilweise dann als unzulässig angesehen, wenn sie im jeweiligen Fall geeignet waren, den Handel zwischen den Mitgliedstaaten zu beeinträchtigen[109]:

> "Die Einräumung eines ausschließlichen Rechts zur Herstellung und zum Verkauf der patentierten Erzeugnisse bezweckt und bewirkt eine Einschränkung des Wettbewerbs, weil sich der Lizenzgeber durch die Vergabe der ausschließlichen Verwertung seines Monopols an der geschützten Erfindung in einem bestimmten Gebiet an ein einziges Unternehmen für die Dauer des Vertrags der Möglichkeit begibt, in diesem Gebiet eine Lizenz an andere Unternehmen zu vergeben".[110]

Der Lizenzgeber wird durch Erteilung einer ausschließlichen Lizenz in seiner unternehmerischen Handlungs- und Entscheidungsfreiheit eingeschränkt[111]. Nach der Rechtsprechung liegt aber eine Einschränkung, die kartellrechtlich irrelevant ist, dann nicht vor, wenn der Lizenzvertrag einem Verkauf des Patents gleichkommt[112].

In der Maissaatgutentscheidung des EuGH[113] wurde bezüglich der wettbewerbsrechtlichen Zulässigkeit ausschließlicher Lizenzen eine Differenzierung vorgenommen und die Entscheidungen der Kommission insoweit aufgehoben, als sie die ausschließliche Lizenz als Wettbewerbsbeschränkung beurteilt hat: Ein Verstoß gegen Art. 85 I EWG-Vertrag wurde für den Fall einer ausschließlichen Lizenz mit absolutem Gebietsschutz, bei der die Parteien die Absicht verfolgten, für die betreffenden Erzeugnisse und das fragliche Gebiet jeden Wettbewerb Dritter auszuschalten, bejaht[114]. Dagegen wurde eine "offene Lizenz, bei der sich die Ausschließlichkeit der Lizenz nur auf das Vertragsverhältnis zwischen dem Rechtsinhaber und dem Lizenznehmer bezieht,

---

[108] FVO (Technologie), Amtsbl. d. Europ. Gem. L 31/2.

[109] BGH GRUR 1974, 40 ff. (42) - "Bremsrolle" (Klage auf Zahlung der restlichen Lizenzsumme von DM 300.000 aus wirksam zustande gekommenen "Hauptvertrag"); EG-Kommission, GRUR Int. 1972, 172 ff. (173) - "Burroughs/Geha-Werke" (Klage auf Feststellung, daß der Lizenzvertrag keine Verhinderung, Einschränkung oder Verfälschung des Wettbewerbs i.S.v. Art. 85 I des EWG-Vertrages bezweckt oder bewirkt); OLG Karlsruhe, GRUR Int. 1982, 752 f. (752) - "Rollwagen" (s.o.).

[110] EG-Kommission, GRUR Int. 1976, 182 ff. (183) - "AOIP/Beyrard" (s.o.); vgl. auch EG-Kommission, GRUR Int. 1972, 172 ff. (173) - "Burroughs/Geha-Werke" (s.o.); EG-Kommission, GRUR Int. 1972, 374 ff. (375) - "Raymond/Nagoya" (Beantragung des Negativatests nach Art. 2 VO17/62 von Raymond und Nagoya auf Feststellung, daß kein Anlaß für die EG-Kommission besteht gegen den zwischen den Parteien geschlossenen Lizenzvertrag einzuschreiten); EG-Kommission, GRUR Int. 1982, 530 (534) - "Maissaatgut" (Verfahren der EG-Kommission gegen Nunfesser KG u.a. bezüglich Freistellung nach Art. 85 III EWG-Vertrag).

[111] Koch, BB 1972, 97 ff. (97).

[112] OLG Karlsruhe GRUR Int. 1982, 752 f. (752) - "Rollwagen" (s.o.).

[113] EuGH GRUR Int. 1982, 530 (534) - "Maissaatgut" (s.o.).

[114] EuGH GRUR Int. 1982, 530 (535) - "Maissaatgut" (s.o.).

indem sich der Inhaber lediglich verpflichtet, keine weiteren Lizenzen für dasselbe Gebiet zu erteilen und dem Lizenznehmer in diesem Gebiet nicht selbst Konkurrenz zu machen" insoweit mit Art. 85 I EWG-Vertrag für vereinbar erklärt, als sich die Lizenz auf die Markteinführung eines Gutes, für das ein beträchtlichen Forschungsaufwand betrieben wurde, bezieht[115].

Die Maissaatgutentscheidung wurde der GFVO (Patente) zugrundegelegt: Nach dieser wurden ausschließliche Lizenzen, in denen sich der Lizenzgeber verpflichtet, in dem dem Lizenznehmer überlassenen Gebiet nicht selbst zu verwerten und dort keine weiteren Lizenzen zu erteilen, als mit Art. 85 I EWG-Vertrag vereinbar gehalten, wenn es darum geht, "eine neue Technologie im Lizenzgebiet einzuführen und sie im Hinblick auf den Umfang der übernommenen Forschungsanstrengungen und das Risiko der Herstellung und des Absatzes eines den Verbrauchern im Lizenzgebiet zum Zeitpunkt des Abschlusses der Vereinbarung unbekannten Erzeugnisses zu schützen"[116].

Nach Inkrafttreten der GFVO (Patente) wurde dann auch entschieden, daß die Ausschließlichkeitsabrede dann wettbewerbsrechtlich unzulässig ist, "wenn sie den Innovationswettbewerb zu fördern nicht geeignet ist"[117] und den "Schutz einer neuen Technologie im Lizenzgebiet" betrifft[118]. Die seit dem 1.4.1996 geltende GFVO (Technologie) wiederholt im Grunde die Bestimmung der GFVO (Patente) und betont, daß für die wettbewerbsrechtliche Zulässigkeit der Forschungsaufwand und die Intensivierung des Wettbewerbs berücksichtigt wird[119].

Mit der Entscheidung, die ausschließliche Lizenz nicht generell für kartellrechtlich unzulässig zu halten, wurde der berechtigten Kritik der Literatur an der von der EG-Kommission teilweise für unzulässig gehaltenen ausschließlichen Lizenz Rechnung getragen. Die Kritik stützte sich auf die Erwägung, daß in der Praxis die ausschließliche Lizenz teilweise das einzige Mittel darstellte, um das Interesse eines Unternehmens an der Lizenznahme zu wecken[120] und damit die Verbreitung von Kenntnissen und Techniken in der Gemeinschaft zu fördern[121]. Besteht nicht die Möglichkeit, ein ausschließliches Nutzungsrecht erteilt zu bekommen, so würden potentielle Lizenznehmer kein Innovationsrisiko eingehen und keine hohe Investitionen tätigen. Da das Innovationsrisiko insbesondere für kleinere Unternehmen eine erhebliche Belastung

---

[115] EuGH GRUR Int. 1982, 530 (535) -"Maissaatgut" (s.o.).

[116] Vgl. Einführung (11) und Art. 1 I Nr. 2 GFVO (Patente).

[117] EG-Kommission GRUR Int. 1989, 131 (135 ff.) - "Tetra-Pak I" (Beurteilung der ausschließlichen Lizenz der TetraPak-Gruppe nach Art. 85 I EWG-Vertrag).

[118] EG-Kommission GRUR Int. 1986, 116 (120) - "Velcro/Aplix" (Streit zwischen Velcro und Aplix bezüglich der wettbewerbsrechtlichen Beurteilung der Klauseln der bei der EG-Kommission angemeldeten Vereinbarung).

[119] Vgl. Einführung (10) und Art. 1 I Nr. 2 GFVO (Technologie).

[120] Guilino, GRUR 1974, 187 (189).

[121] EuGH GRUR Int. 1982, 530 (535 f.) - "Maissaatgut" (s.o.).

darstellt, erwarten diese den Schutz einer ausschließlichen Lizenz, um nicht der Gefahr ausgesetzt zu werden, von einem Großunternehmen, welches seine eigenen Vorleistungen ausnutzt, vom Markt verdrängt zu werden. Zwar wird von den Kritikern zugegeben, daß dem ausschließlichen Lizenznehmer ein einseitiger Wettbewerbsvorteil gegenüber seinem Konkurrenten eingeräumt wird. Es wird aber gleichzeitig darauf hingewiesen, daß berücksichtigt werden muß, daß der Wettbewerbsvorteil für den Lizenznehmer das einzige Motiv bildet, das Innovationsrisiko auf sich zu nehmen. Zudem wird die Gefahr einer Monopolbildung für gering erachtet[122]. Aus diesen Gründen wird die Möglichkeit der Vergabe ausschließlicher Lizenzen für wirtschaftlich notwendig gehalten[123].

Die von den Gruppenfreistellungsverordnungen anerkannte generelle wettbewerbsrechtliche Zulässigkeit ausschließlicher Lizenzen fördert damit den technischen Fortschritt und die Bereitschaft der Lizenznehmer, in die Verwertung des Patents zu investieren. Während in der GFVO (Patente) klargestellt wurde, daß die Freistellung ausschließlicher Lizenzen keinen Vorgriff auf die mögliche Entwicklung der Rechtsprechung zu derartigen Vereinbarungen im Hinblick auf Art. 85 I EWG-Vertrag darstellt[124], befindet sich in der GFVO (Technologie) eine solche Bestimmung nicht mehr.

Es ist darauf hinzuweisen, daß der Entwurf der GFVO (Technologie) vorsah, daß ausschließliche Lizenzen nur noch dann freigestellt werden, wenn der Marktanteil des Lizenznehmers 40% nicht überschreitet und kein Oligopol besteht. Ein solches wurde angenommen, wenn die Vertragspartner und ein drittes Unternehmen gemeinsam einen Marktanteil von mehr als 50% auf sich vereinigen oder die Vertragspartner und drei weitere Unternehmen über mehr als zwei Drittel des Marktes verfügen. Nach heftiger Kritik an dem Entwurf sah sich die Kommission gezwungen das ursprünglich für den Jahresbeginn 1995 geplante Inkrafttreten zu verschieben und einen geänderten Entwurf vorzulegen. Die Kritik stützte sich darauf, daß die Einführung einer Marktanteils-Obergrenze doppeldeutig ist, Rechtsunsicherheit hervorruft und wenig praktikabel ist[125]. Der Verordnungsentwurf sagte nichts darüber aus, wie der Marktanteil zu bestimmen ist; die Ermittlung des Marktanteils wäre äußerst schwierig, zeitaufwendig und teuer was sich insbesondere nachteilig auf kleine und junge Unternehmen auswirken würde[126]. Aus diesem Grund würden, entgegen der erklärten Zielsetzung der Kommission, potentielle

---

[122] Guilino, GRUR 1974, 187 (189).
[123] So auch Friedrich, GRUR 1978, 349 (351).
[124] Vgl. Einführung (11) und v. Gamm, S. 862.
[125] Vgl. die Stellungnahme zu dem Vorschlag, ABl. EG v. 24.4.95, Nr. C 102/1, 1 (2); siehe auch Berman/Hunt, MIP 1995, 12 ff.; Davis/Johnston, Antitrust Spring 1995, 16 ff.
[126] Stellungnahme, ABL. EG v. 24.4.95, Nr. C 102/1, 1 (3).

Lizenznehmer davon abgehalten werden, das Risiko einer Investition in die Entwicklung und Förderung einer neuen Technologie einzugehen, wenn sie nicht von vornherein Gewißheit darüber bekommen können, ob die angebotene Lizenz ausschließlich ist oder nicht.

Mit der GFVO (Technologie) wurde den Bedenken an dem Entwurf teilweise Rechnung getragen. Die Vorschriften über die Marktanteile wurden vereinfacht. Von einer Einführung des Konzepts einer Marktanteils-Obergrenze in Artikel 1 Absatz 5 und 6 als Eignungskriterium für die Gewährung einer Gruppenfreistellung wurde abgesehen. Statt dessen ist in Art. 7 Nr. 1 bestimmt, daß der Rechtsvorteil der Gruppenfreistellung entzogen werden kann, wenn die Kommission im Einzelfall feststellt, daß die freigestellte Vereinbarung gleichwohl Wirkungen hat, die mit den Voraussetzungen des Art. 85 Absatz 3 des Vertrages unvereinbar sind, "insbesondere wenn 1. die Vereinbarung bewirkt, daß die Lizenzerzeugnisse im Lizenzgebiet nicht mit gleichen Erzeugnissen oder Dienstleistungen oder solchen, die vom Verbraucher aufgrund ihrer Eigenschaften, ihres Preises und ihres Verwendungszwecks als austauschbar oder substituierbar angesehen werden, in wirksamem Wettbewerb stehen, was insbesondere dann eintreten könnte, wenn der Lizenznehmer einen Marktanteil von mehr als 40% halt". Ausschließliche Lizenzen werden dann als solche unter Berücksichtigung des Forschungsaufwands, der Intensivierung des Wettbewerbs, vor allem des Markenwettbewerbs, und der größeren Wettbewerbsbfähigkeit der beteiligten Unternehmen, die mit der Verbreitung von Innovationen in der Gemeinschaft einhergehen mit Art. 85 I vereinbar gehalten, wenn eine neue Technologie im Vertragsgebiet eingeführt und geschützt werden soll.

Die in der alten GFVO (Patente) enthaltene Bestimmung, nach der die Ausschließlichkeitsabrede mit einer Klausel verbunden werden soll, die vorsieht, daß der Lizenzgeber die Ausschließlichkeit spätestens fünf Jahre nach Vertragsschluß kündigen und in eine nicht ausschließliche Lizenz umwandeln kann, gibt es nicht mehr.

Die grundsätzlich weiterhin bestehtenden kartellrechtlichen Bedenken sollten jedoch nicht dazu führen, von der Vereinbarung einer ausschließlichen Lizenz grundsätzlich abzusehen.

2. Die Einordnung des Lizenzvertrages in das Schuldrecht

Der Lizenzvertrag stellt einen gegenseitigen Vertrag nach §§ 320 ff. BGB dar. Der Leistung des Lizenzgebers in Form der Erlaubnis zur Benutzung der Erfindung steht die Leistung des Lizenznehmers in Gestalt einer Lizenzzahlung gegenüber. Da der Lizenzvertrag nicht im BGB geregelt ist oder im Patentgesetz eine Ausgestaltung erfahren hat, ist die Bestimmung der Regelungen, die auf den Lizenzvertrag angewendet werden sollen, durch die Zuordnung des Lizenzvertrages zu einem im Gesetz geregelten Vertragstyp vorzunehmen.

Bevor man versucht, den Lizenzvertrag unter einen der im BGB vorgesehenen Vertragsarten zu ordnen, muß man sich den Hintergrund der Entstehung der Schuldvertragstypen und deren Kodifizierung im BGB vergegenwärtigen. Durch das Sammeln von Erfahrungen, wie sich die Verträge gewöhnlich abspielen, u.a. welche Rechte und Pflichten grundsätzlich vereinbart werden, sind die gesetzlichen Vertragsvorschriften aufgestellt worden. Bei den Vertragsformen des Schuldrechts handelt es sich daher um mit realen Verhältnissen verknüpfte Typen[127]. Man war sich dabei schon bewußt, daß mit der Entwicklung der Wirtschaft eines Staates eine Änderung des Rechtslebens einhergeht. Wenn sich die tatsächlichen Verhältnisse ändern, werden die Parteien von der Möglichkeit der Gestaltungsfreiheit Gebrauch machen und die Vertragsform wählen, die am ehesten ihrem Geschäftszweck entspricht[128]. Der Gesetzgeber des BGB hat daher den im römischen Recht geltenden - allerdings auch dort schon zuletzt nicht streng gehandhabten - Grundsatz des geschlossenen Kreises der zulässigen Schuldverträge verlassen und sich im Schuldrecht für den Grundsatz der Typenfreiheit entschiden, der als Seite der Inhaltsfreiheit in § 305 BGB mitverankert ist. Das Recht muß beweglich sein und sich den Veränderungen anpassen. Jedoch werden die Grundverträge dieselben bleiben, wie bisher mit demselben grundsätzlichen Inhalt. Daneben werden sich andere, bisher unbekannte Verträge aus neuen Verkehrsbedürfnissen und Verkehrsgewohnheiten herausbilden. Aufgabe der Juristen ist es nun, die in der Praxis vorkommenden Verträge mit neuem Vertragsinhalt zu beobachten, die Erfahrungen zu sammeln und den sich daraus entstehenden Vertragsinhalt zu charakterisieren und letztlich die Zuordnung unter einen bestehenden Vertragstyp zu versuchen[129].

Dabei ist es von entscheidender Bedeutung, daß stets der Wille der Vertragsparteien und die Eigenart des Vertragsgegenstandes zu berücksichtigen ist.

Zur Einordnung des Lizenzvertrages in das Schuldrecht werden in Deutschland die verschiedensten Meinungen vertreten. Vergleichbar strittig und schwierig war die Bestimmung der Rechtsnatur des Leasingvertrages[130].

[127] Larenz, Lehrbuch Bd. II, S. 1 ff.
[128] Schwark, S. 76.
[129] Wodtke, GRUR 1914, 229 ff. (229).
[130] Emmerich, Schuldrecht, S. 116 ff.

a) Der Charakter des Lizenzvertrages

Zunächst ist die Eigenart des Lizenzvertrages herauszustellen. Dem Lizenzvertrag im Vergleich zu anderen Verträgen charakteristisch ist das Risiko. Vielfach wird von einem Spekulationsgeschäft gesprochen[131].

Beide Vertragspartner sind gewissen Risiken ausgesetzt. Zunächst besteht vor Abschluß des Lizenzvertrages für den Lizenzgeber das Entwicklungskostenrisiko, da er Aufwendungen für die Entwicklung seiner Erfindung bis zur technischen Reife vornimmt. Im Anschluß daran wird er mit dem Risiko konfrontiert, durch seine Verfügungsmacht über das Patent die damit eröffneten Gewinnchancen durch falsche Entscheidung hinsichtlich der Verwertung zu verspielen (Verwertungsrisiko)[132]. Entschließt sich der Lizenzgeber zur Verwertung und zum Abschluß eines Lizenzvertrages, so gehen die mit der Verwertung verbundenen Risiken und Chancen, insbesondere das Absatzrisiko, auf den Lizenznehmer über[133].

Das Wagnis des Vertrages für den Lizenznehmer liegt nun darin, daß er erhebliche Kosten für die gewerbliche Herstellung und das Inverkehrbringen des Gegenstandes der Erfindung aufwendet und sich später herausstellen kann, daß das Patent, dem der Lizenzvertrag zugrunde liegt, nichtig ist oder die wirtschaftlichen Verwertungsaussichten keinen Erfolg versprechen. Der geschäftliche Mißerfolg fällt in den Risikobereich des Lizenznehmers[134]. Auch das Risiko der Rechtsbeständigkeit trifft den Lizenznehmer. Grund dafür, daß der Lizenznehmer nicht für die Rechtsbeständigkeit des Patents einzustehen hat, ist, daß die Einnahmen durch die Patentlizenz nicht im Verhältnis zum Schaden stehen.

Die Unsicherheit besteht primär in der Ungewißheit, ein rechtsbeständiges Patent erlangt zu haben. Das Patent ist während seiner Laufzeit ständig der Gefahr von Angriffen auf seinen Rechtsbestand ausgesetzt[135]. Selbst wenn der Stand der Technik bekannt ist, ist man z.B. bei wirtschaftlich entscheidenden technischen Lehren vielfach bis zu einer nach Jahren folgenden Entscheidung des Patentgerichts im Einspruchs- oder Nichtigkeitsverfahren im Unklaren darüber, ob die für den Patentschutz genügende Erfindungshöhe den Anforderungen entspricht[136]. Die Unsicherheit wird noch dadurch erhöht, daß trotz vorher sorgfältig durchgeführter Recherchen Jahre später

[131] So schon RG v. 5.12.1893 RGZ 33, 103 ff. (104); BGH GRUR 1960, 44 (46); BGH GRUR 1969, 409 (412); BGH GRUR 1977, 107 (109); Starck, Mitt. 1914, 163 ff. (164); siehe auch Preu, Chance und Risiko, Mitt. 1981, 153 ff.

[132] Vgl. Koch, BB 1972, 97 (101).

[133] Der Lizenzgeber hat lediglich für die technische Ausführbarkeit und Brauchbarkeit einzustehen, Malzer, GRUR 1970, 107 (109); Benkard-Ullmann, § 15 Rn. 102 m.w.N.

[134] BGH GRUR 1974, 40 (43) - "Bremsrolle".

[135] BGH GRUR 1977, 107 (109) - "Werbespiegel".

[136] Moser von Filseck, Anmerkungen zu BGH "Matellrahmen", GRUR 1969, 409 (412).

Vorveröffentlichungen aufgefunden werden. Zudem werden offenkundige Vorbenutzungen häufig erst durch Zufall bekannt. Dementsprechend in einem höheren Maß gewagt ist ein Lizenzvertrag über eine noch ungeschützte technische Konstruktion[137], denn hier kann weder die Erlangung noch der zukünftige Bestand des Rechtes mit Sicherheit abgeschätzt werden. Es handelt sich lediglich um eine Chance auf die künftige Erteilung des Schutzrechts.

Weitere Charakteristik des Lizenzvertrages ist, daß es ein Dauerschuldverhältnis ist[138]. Im Unterschied zu einem auf eine einmalige Leistung gerichteten Schuldverhältnis entstehen während der Laufzeit des Lizenzvertrages ständig neue Leistungs-, Neben- und Schutzpflichten. Das Dauerschuldverhältnis ist gekennzeichnet durch seine zeitliche Dimension und das Merkmal ständiger Pflichtanpassung[139].

Nach der Feststellung der Eigenart des Lizenzvertrages ist zu ermitteln, ob diese zusammen mit dem typischen Inhalt der Parteivereinbarungen es zuläßt, den Vertrag unter einen gesetzlich geregelten Vertrag einzuordnen und dessen Vorschriften auf den Lizenzvertrag anzuwenden.

b) Lizenzvertrag als gemischter Vertrag

Auszuschließen ist zunächst, daß es sich um einen gemischten Vertrag handelt, bei dem verschiedene Vertragstypen miteinander derart verbunden sind, daß sie nur in ihrer Gesamtheit ein sinnvolles Ganzes ergeben[140]. Dieses mag auf den ersten Blick so scheinen, da Lizenzverträge häufig nicht mehr in reiner Form vorkommen, sondern auch andere Abreden enthalten, z.B. über Dienstleistungen, Lieferungsverpflichtungen[141]. Sinnvoller Inhaltskern des Vertrages bleibt aber weiterhin die Einräumung eines Benutzungsrechts an einer Erfindung und, soweit dafür eine Vergütung geleistet wird, die Einigung über die Vergütung.

Nach unterschiedlicher Auffassung in Rechtsprechung und Literatur über die Einordnung des Lizenzvertrages in das Schuldrecht wird der Lizenzvertrag als Rechtskauf, Miete, Rechtspacht oder Gesellschaftsvertrag angesehen.

---

[137] BGH GRUR 1961, 466 (468) - "Gewinderollkopf"; BGH NJW 1982, 2861 ff. (2862) - "Hartmetallkopfbohrer"; siehe zu der Lizenz an einer angemeldeten Erfindung 1. Teil, C. I. 5.

[138] RG v. 17.4.1917, 162 (165); BGH GRUR 1956, 93 (95).

[139] Palandt-Heinrichs, Einf. v. § 241 Rn. 17.

[140] Palandt-Heinrichs, Einf v. § 305 Rn. 19.

[141] Knap, GRUR Int. 1973, 225 ff. (226). Es wird darauf hingewiesen, daß es in einigen Branchen den reinen Patentlizenzvertrag nicht mehr gibt und das Know-how der entscheidende Lizenzgegenstand ist.

Die h.M. dagegen ordnet den Lizenzvertrag keiner Rechtsfigur zu, da er nicht zu einem geregelten Vertragstyp paßt, sondern sieht den Lizenzvertrag als einen Vertrag eigener, besonderer Art an[142]. Im Einzelfall müßten die Vorschriften des Kaufes, der Schenkung, der Pacht oder des Gesellschaftsvertrages angewendet werden, je nachdem es die Interessenlage und der Risikocharakter des Lizenzvertrages erlaubt[143].

c) Keine Zuordnung zu einem Vertragstyp

aa) Beurteilung der Vertragsinhalts nach Treu und Glauben

Eine andere Ansicht wiederum spricht sich nicht für die Zuordnung zu einem bestimmten Vertragstyp aus oder für die Anwendung spezieller, passender Vorschriften, sondern schlägt die Beurteilung des Vertragsinhalts nach Treu und Glauben (§ 242 BGB) vor, da nur dadurch unter Berücksichtigung aller Umstände der Interessenlage der Vertragsparteien angemessen Rechnung getragen wird[144]. Unter Einbeziehung von Zweckmäßigkeits- und Zumutbarkeitsgesichtspunkten, der Verkehrssitte, dem Verkehrsbedürfnis und dem Grundsatz von Treu und Glauben soll die passende Rechtsgrundlage im Einzelfall herausgefunden werden.

Diese Ansicht, über § 242 BGB zu interessengerechten Lösungen zu kommen, geht zu Lasten der Rechtssicherheit. Als Generalklausel enthält § 242 BGB keine deskriptiven Tatbestandsmerkmale, aus denen sich durch bloße Subsumtion bestimmte Rechtsfolgen ergeben[145]. Es ist zwar durch Rechtsprechung und Literatur der Inhalt des § 242 BGB präzisiert worden, jedoch ergibt sich für die Vertragsparteien daraus noch keine konkrete Vorstellung über ihren Vertragsinhalt und die Rechtsfolgen.

Auch die Empfehlung, aufgrund der Schwierigkeit der Rechts- und Sachmängelhaftung, diesbezüglich eine umfassende Regelung im Vertrag festzuhalten[146], stellt keine Lösung der Problematik dar. Der Lizenzvertrag soll gerade eine einheitliche dogmatische Basis haben, um eine detaillierte Regelung im Vertrag überflüssig zu machen.

---

[142] RG v. 1.3.1911 RGZ 75, 400 (405); BGH GRUR 1961, 27 (29); BGH GRUR 1970, 547 ff. (548); Kraßer/Schmid, GRUR Int. 1982, 324 (328); Knap, GRUR Int. 1973, 225 ff.; Nirk, GRUR 1970, 329 ff. (330); Benkard-Ullmann, § 15 Rn. 49; Klauer/Möhring, § 9 Rn. 24; Preu, Chance und Risiko, Mitt. 1981, 153 ff. (153); Rasch, S. 120; Pietzcker, § 6 Rn. 16; Tetzner, Kommentar, S. 312; Lüdecke/Fischer, S. 32; Kisch, Handbuch, S. 216.

[143] Nirk, GRUR 1970, 329 ff. (330).

[144] Lindenmaier, Haftung, GRUR 1955, 507 (510-512); dieser Auffassung hat sich BGH GRUR 1957, 595 ff. (596) - "Verwandlungstisch" - angeschlossen für den Fall der nachträglichen Vernichtung des Patents, und dem Lizenznehmer über Wegfall der Geschäftsgrundlage ein Rücktrittsrecht zugesprochen; weiterhin BGH GRUR 1961, 466 (468) - "Gewinderollkopf"- für das teilweise Ausbleiben des von beiden Parteien für möglich gehaltenen und erwarteten Patentschutzes; vgl. auch BGH NJW 1982, 2861 - "Hartmetellkopfbohrer".

[145] Palandt-Heinrichs, § 242 Rn. 2.

bb) Lizenzvertrag als Vertrag sui generis

Auch die Auffassung, den Lizenzvertrag als Vertrag sui generis zu betrachten, ist keine befriedigende Lösung. Es ist schon fraglich, ob man den Lizenzvertrag - wie etwa Leasing oder Factoring - zu den neuen Vertragstypen des Rechtsverkehrs zählen kann. Der Lizenzvertrag war schon vor Inkrafttreten des BGB bedeutsam. Überdies ist in Rechtsprechung die Tendenz zu erkennen, neue Vertragstypen, insbesondere den Leasingvertrag, zumindest überwiegend einem bestimmten im Gesetz geregelten Vertragstyp zuzuordnen. Es ist auch bei dem Patentlizenzvertrag, betrachtet man die wirtschaftliche Zielsetzung oder das rechtliche Anliegen der Parteien und deren Rechts- und Pflichtenstellung, keine "gänzliche Verschiedenheit" zum Pachtvertrag zu erkennen. Anders als z.B. Leasing, Factoring oder Franchising, entstammt der Patentlizenzvertrag auch nicht der US-amerikanischem Rechts- und Wirtschaftskultur[147].

d) Lizenzvertrag als Kaufvertrag

Das Reichsgericht hat in einer Entscheidung bezüglich der damals bestehenden Problematik der Stempelpflichtigkeit eines Lizenzvertrages[148] diesen als "verkauft"[149] angesehen. Eine andere, eine ausschließliche Lizenz betreffende Entscheidung hat dann ausdrücklich einen Kaufvertrag angenommen[150]. Grund dafür war, daß es wirtschaftliches Ziel des Lizenznehmers war, ein gegen jeden Dritten geschütztes Gebrauchsrecht zu erlangen und dies nur in Form einer "lästigen Veräußerung" möglich war. Der einfache Lizenzvertrag wurde hingegen als Rechtspacht aufgefaßt, da nur ein Schuldverhältnis zwischen den Parteien begründet wird. Gleichzeitig wird aber angenommen, daß bei sinngemäßer Auslegung des Parteiwillens nicht selten Lizenzkaufvertrag und Lizenzpachtvertrag ineinander übergehen[151].

Zwar sind gewerbliche Schutzrechte Rechte i.S.d. § 433 I 2 BGB[152], können also Gegenstand eines Rechtskaufs sein, es ist jedoch verfehlt, den Lizenzvertrag als Kaufvertrag zu behandeln und den §§ 433 ff. BGB zu unterstellen. Zum einen findet durch den Lizenzvertrag keine endgültige Rechtsverschaffung, so wie beim Kaufvertrag, statt. Der Patentinhaber behält die Rechtsinhaberschaft. Dem Lizenznehmer wird

---

146 Reimer, § 9 Rn. 44.

147 Siehe Martinek, Bd. I., S. 8 ff.

148 RG v. 29.11.1894 RGZ 34, 302 ff. (303).

149 Siehe zu der hiervon zu unterscheidenden Problematik der Abgrenzung der ausschließlichen Lizenz vom Patentkauf, 1. Teil, B. I. 1. b) cc).

150 RG v. 5.5.1911 RGZ 76, 235 ff. (236); so auch Breuer, GRUR 1912, 44 (87).

151 Siehe Breuer, GRUR 1912, 44 (99).

152 Palandt-Putzo, § 433, Rn. 2.

lediglich ein Benutzungsrecht am Patent eingeräumt[153]. Hierin unterscheiden sich Lizenzvertrag und Kaufvertrag in rechtstatsächlicher Hinsicht. Zum anderen ist die Gleichbehandlung der Verträge nach Kaufvertragsvorschriften nicht mit der Regelung des § 15 I und II PatG zu vereinbaren, da dort eindeutig zwischen Patentkauf, also einem endgültigen Rechtsübergang (§ 15 I PatG), und der Lizenzerteilung (§15 II PatG) differenziert wird. Der Lizenzvertrag ist auch nicht mit dem Wesen des Kaufvertrages zu vereinbaren, obwohl Sachen und Rechte als Verkaufsgegenstände sich immer mehr ausgeweitet haben[154].

Zudem steht auch die Eigenart des Vertrages als gewagtes Geschäft der Einordnung des Lizenzvertrages als Kaufvertrag entgegen, speziell wenn man die Haftungsfolgen betrachtet. So paßt die Vorschrift des § 437 BGB, in der die Gewährleistung bei Rechtskauf geregelt ist, nicht für den Lizenzvertrag. Nach § 437 BGB haftet der Verkäufer für den rechtlichen Bestand des Rechtes, wie es im Kaufvertrag bestimmt ist. Maßgeblicher Zeitpunkt ist grundsätzlich der des Kaufvertragsabschlusses. Der Verkäufer haftet aber auch schon, wenn der Rechtsgrund für das Erlöschen oder die Beeinträchtigung zum maßgeblichen Zeitpunkt entstanden war[155]. Das würde für den Lizenzgeber bedeuten, daß er für die Dauer der Lizenz für die Rechtsbeständigkeit des Patents haftet. Aufgrund des Risikocharakters des Lizenzvertrages kann das aber gerade nicht sein. Beide Vertragsparteien - und vor allem der Lizenznehmer - sind sich des Risikos bewußt, daß das Patent später möglicherweise für nichtig erklärt werden kann. Es ist gerade im Lizenzvertragsrecht anerkannt, daß der Lizenzgeber nicht für die Rechtsbeständigkeit des Schutzrechts einstehen muß[156]. Bei dem gesetzlich geregelten Kaufvertrag ist das wirtschaftliche und rechtliche Risiko in der Regel wesentlich leichter überschaubar und auch beherrschbar, da die meisten gebräuchlichen Rechte als Vertragsgegenstände, z.B. Gesellschaftsanteile, nicht in dem Maße wie das Patent Angriffen ausgesetzt sind und der Rechtsbestand sehr stark ist[157].

Dieses wird auch bei einem Patentkauf nach § 15 I PatG deutlich. Beim Kauf eines Patents ist es anerkannt, daß der Käufer endgültig in die das Risiko der späteren Feststellung der Nichtigkeit des Patents beinhaltende Rechtsstellung einrückt[158]. Ob die Versagung des Schutzrechts dann einen Einfluß auf den Kaufvertrag in der Weise hat,

---

153 Siehe dazu schon 1. Teil, B. I. 1. b) bb).

154 Pietzcker, § 6 Rn. 16; gegen die Auffassung als Kaufvertrag haben sich in der neueren Literatur auch ausgesprochen: BGH NJW 1982, 2861 ff. (2863); Stumpf/Groß, Rndnr. 20; speziell für den Fall einer Lizenz über Software: Jersch, Jura 1988, 580 (582); Lauer, BB 1982, 1758 ff. (1759); Brandi-Dohrn, Gewährleistungsrechtliche Einordnung, CR 1986, 63 (66).

155 Palandt-Putzo, § 437 Rn. 8.

156 So die ständige Rechtsprechung, vgl. dazu schon 1. Teil, B. I. 2. a).

157 So auch Bernhardt/Kraßer, S. 699.

158 BGH NJW 1982, 2861 (2863) - "Hartmetallkopfbohrer".

daß der Kaufvertrag wieder rückabgewickelt wird, ist umstritten, wird aber größtenteils abgelehnt[159].

Gegen die Einordnung als Kaufvertrag spricht auch, daß das Lizenzverhältnis im Gegensatz zu dem auf eine einmalige Leistung gerichteten Kaufverhältnis ein Dauerschuldverhältnis ist.

Die Lizenzerteilung für die Dauer des Patents kann aus diesen Gründen nicht dem Kaufvertrag zugeordnet werden.

e) Lizenzvertrag als Mietvertrag

Zu untersuchen ist, ob der Lizenzvertrag als Mietvertrag angesehen werden kann[160]. Begründet wird das in der Literatur mit der Ähnlichkeit der Person des Berechtigten und auch der Bestimmungen bezüglich der Befugnisse bei Miete und Lizenz. Die Lizenz ist in gleicher Form wie die Miete individualisiert. Zugleich wird aber ausgesprochen, daß diese vergleichbaren Merkmale die Annahme einer Miete lediglich als "zulässig erscheint". Eine überzeugende Begründung wird damit nicht geliefert. Es ist zwar zuzustimmen, daß Lizenz- und Mietvertrag einen ähnlichen Inhalt haben und auch das Mietverhältnis wie der Lizenzvertrag ein Dauerschuldverhältnis ist. Gegenstand des Mietverhältnisses können jedoch nur Sachen i.S.d. § 90 BGB sein und keine Rechte[161].

Weiterhin könnte auch hier der Risikocharakter des Lizenzvertrages gegen die Annahme des Mietvertrages sprechen. Im Gegensatz zum Lizenzvertrag, der durch die häufig vorkommende und meist nicht vorhersehbare Nichtigkeitserklärung des Patents relativ einfach an Boden verliert[162], ist der Bestand der Mietsache nicht in gleicher Weise mit einem Wagnis verbunden. Hinzu kommt, daß der Lizenzvertrag nicht nur die Gebrauchsüberlassung beinhaltet, sondern auch eine Fruchtziehung in Form der Nutzung durch Gewinnung von Einkommen, so daß eher die Rechtspacht[163] als der Mietvertrag für die schuldrechtliche Klassifizierung in Betracht kommt.

Dennoch wird die analoge Anwendung der Mietvertragsvorschriften in Rechtsprechung und Literatur befürwortet[164], denn u.a. entspricht der Inhalt der Leistungspflicht der

---

[159] Abgelehnt: BGH NJW 1982, 2861 (2863) - "Hartmetallkopfbohrer"; angenommen: Möhring BLPMZ 1969, 297 f.; Nirk, GRUR 1970, 339 ff. (340); ders. in Klauer/Möhring, § 9 Rn. 86.

[160] So vor allem Munk, S. 21; in ROberhandelsgericht v. 25.3.1876, Gareis, Bd. 1, 230 (234) wird die Vergütung als "Miethzins" bezeichnet.

[161] RG v. 11.11.1933, RGZ 142, 212 (213); Palandt-Putzo, Einf v § 535 Rn. 1; Stumpf/Groß, Rn. 21; gegen die Annahme der Miete schon Pietzcker, GRUR Int. 1979, 343 (347); Kent, S. 64.

[162] Siehe zum Risikocharakter 1. Teil, B. I. 2. a).

[163] Siehe dazu 1. Teil, B. I. 2. g).

[164] RG v. 17.12.1886 RGZ 17, 53 ff. (54); RG v. 25.3.1867 Gareis, Bd. 1, 230 (234); Pedrazzini, Patent- und Lizenzvertragsrecht, S. 388 für die Schweiz.

Miete, der zum einen in der Überlassung der Mietsache und zum anderen in der Erhaltung der Mietsache besteht, derjenigen beim Lizenzvertrag[165]. Auch hier ist der Lizenzgeber verpflichtet, den Gebrauch des Patents zu überlassen und für die Aufrechterhaltung des Patents, z.B. durch Zahlung der fälligen Patentgebühren, zu sorgen.

f) Lizenzvertrag als BGB-Innengesellschaft

Möglicherweise kann der Lizenzvertrag aber den Vorschriften des Gesellschaftsvertragsrechts unterstellt werden. Insbesondere das Reichsgericht hat in mehreren Entscheidungen den Lizenzvertrag als gesellschaftsähnlichen Vertrag oder als Lizenzvertrag mit gesellschaftsrechtlichem Einschlag angesehen und teilweise die Vorschriften der Gesellschaft nach § 705 ff. BGB auf ihn angewandt[166]. Meist beruht diese Annahme auf der Tatsache, daß in dem Vertrag ein gemeinschaftlicher Zweck zum Ausdruck kommt.

In anderen Urteilen wird zwar der gesellschaftsrechtliche Einschlag anerkannt und herausgestellt, zugleich wird aber deutlich gemacht, daß das Kernstück des Vertrages der Lizenzvertrag ist. Der gesellschaftsrechtliche Einschlag reiche nicht aus, den ganz überwiegend lizenzrechtlichen Vertrag wie eine Gesellschaft zu behandeln[167].

Es ist daher fraglich, ob ein Lizenzvertrag, der gesellschaftsrechtliche Bestimmungen enthält, gleich als Gesellschaftsvertrag behandelt werden muß oder gesellschaftsrechtliche Vorschriften auf ihn angewendet werden müssen. Es könnte sich bei einem solchen Vertrag aber auch lediglich um einen gemischten Vertrag (Kombinationsvertrag)[168] handeln, der Elemente der Lizenz in Form der Gebrauchsüberlassung und der Gesellschaft enthält. Bei diesem gemischten Vertrag könnte die Lizenzvergabe den Hauptinhalt des Vertrages bilden mit dem Ergebnis, daß gesellschaftsvertragliche Bestimmungen nicht zur Anwendung kommen. Die Frage der Anwendbarkeit gesellschaftsrechtlicher Vorschriften ist insbesondere bedeutend für das Kündigungsrecht, das sich entweder nach § 723 BGB oder § 326 BGB richtet. Während nach § 326 BGB für die Kündigung eine angemessene Fristsetzung mit

---

[165] Vgl. zum Inhalt der Leistungspflichten 1. Teil, E. I. 1.

[166] Siehe RG v. 26.10.1929, RGZ 126, 65 (67); RG v. 25.8.1937 GRUR 1939, 377 ff.; RG v. 11.11.1933 RGZ 142, 212 (214); RG v.14.1.1938 GRUR 1939, 380 ff.; BGH in GRUR 1959, 125 (127); dagegen, weil kein gegenseitiger Zweck: RG v. 28.9.1982, RGZ 122, 70 (75).

[167] RG v. 18.8.1937 RGZ 155, 306 (310).

[168] Siehe dazu schon 1. Teil, B. I. 2. b); siehe zu einem Kombinationsvertrag, Palandt-Heinrichs, Einf. v § 305 Rn. 21.

Ablehnungsandrohung erforderlich ist[169], ist bei Anwendung gesellschaftsrechtlicher Vorschriften nach § 723 BGB die jederzeitige Kündigung aus wichtigem Grund möglich.

Zunächst ist im Einzelfall zu prüfen, ob der Vertrag gesellschaftsrechtliche Züge aufweist. Merkmale dafür sind eine enge Zusammenarbeit durch Austausch von Verbesserungsvorschlägen und Konstruktionszeichnungen, eine gegenseitige Unterstützung bei der Bekämpfung von Verletzungen der Patente, die Ausnutzung der Erfindung für gemeinschaftliche Rechnung, die weitere gegenseitigen Überlassung von Patenten, die Vereinbarung, daß Aufträge, die der eine Teil nicht ausführen kann oder will, dem anderen zufallen, das Anbringen der Namen beider Vertragschließenden auf den aufgrund der Lizenz hergestellten Erzeugnissen[170]. Weiter sind dies Vereinbarungen über die beiderseitige Geheimhaltungspflicht[171], die Pflicht des Lizenznehmers zur technischen Unterweisung und die gegenseitigen Pflichten zur Anmeldung, Aufrechterhaltung und Verteidigung der Schutzrechte[172], der Einsatz der Arbeitskraft des Lizenzgebers im Betrieb vom Lizenznehmer, die Ausstattung von Werkzeugen für die Herstellung vom Lizenzgeber für den Lizenznehmer und die Zusammenarbeit auf Grundlage der Umsatzbeteiligung, d.h. die Verbindung der Vertragschließenden durch eine auf längere Zeit berechnete Interessenverknüpfung[173]. Zum gesellschaftsähnlichen Inhalt einer Patentlizenz ist dabei keineswegs erforderlich, daß einige der aufgezählten Merkmale zusammen vorhanden sein müssen. Auch einzelne können ausreichen[174]. Unterdessen reiche die Vereinbarung von Stück- und Mindestlizenzgebühren, die lange Vertragsdauer, das Recht zur Bucheinsicht des Lizenznehmers, die Verpflichtung des Lizenznehmers zur Lieferung, die Gewährung eines Kontrollrechts und die Verpflichtung zum Rechtsschutz[175] nicht aus, dem Lizenzvertrag einen gesellschaftsähnlichen Charakter zu verleihen. Vielmehr handele es sich um gesellschaftsrechtliche Nebenabreden, die dem Hauptzweck dienen[176]. Auch das besondere Vertrauensverhältnis bei der ausschließlichen Lizenz begründe noch keinen gesellschaftsrechtlichen Charakter. Vielmehr begründe der gesellschaftsähnliche Lizenzvertrag ein spezielles Vertrauensverhältnis der Parteien[177].

---

[169] Vgl. Palandt-Heinrichs, § 326, Rn. 14 ff.

[170] Vgl. zu den Merkmalen im einzelnen, BGH GRUR 1971, 243 ff. (245) - "Gewindeschneidevorrichtung", RG v. 26.10.1929 RGZ 126, 65 (67); vgl. auch RG v. 19.10.1926, RGZ 115, 17 (20); RG v. 12.4.1938 GRUR 1939, 374 ff. (375); RG v. 18.8.1937 RGZ 155, 306 (308); RG v. 9.9.1936 GRUR 1937, 1003 ff. (1004); RG v. 11.11.1933 RGZ 142, 212 (214); BGH GRUR 1957, 485 (487) - "Chenillemaschine", vgl. auch die Anmerkung von Heine, 487 f.

[171] RG v. 24.11.1934 GRUR 1935, 807 (809).

[172] BGH GRUR 1955, 338 ff. (339); BGH GRUR 1975, 485 (487) - "Chenillemaschine".

[173] BGH GRUR 1959, 616 ff. (617) - "Metallabsatz"; RG v. 4.1.1913 GRUR 1914, 165 ff. (166).

[174] RG v. 11.11.1933 RGZ 142, 212 (214).

[175] RG v. 26.10.1929 RGZ 126, 65 (67); BGH GRUR 1955, 338 ff. (339).

[176] RG v. 18.08.1937 RGZ 155, 306 (309 f.).

[177] Vgl. RG v. 26.2.1936, 940 (942); RG v. 9.9.1936, 1003 (1005); BGH GRUR 1955, 338 ff. (339).

Doch auch wenn andere Bestimmungen des Vertrages auf ein gesellschaftsrechtliches Verhältnisses hindeuten, so ist damit keineswegs gesagt, daß die Auslegung des Vertrages ergänzend nach Gesellschaftsrecht geschieht. Vielmehr hänge das davon ab, ob sich die einzelnen gesellschaftsrechtlichen Vorschriften nach Parteiwillen und Vertragszweck zur Anwendung eignen[178].

Trotz der Ähnlichkeit mit einem Gesellschaftsvertrag ist der Lizenzvertrag kein eigentlicher Gesellschaftsvertrag. Es muß jeweils geprüft werden, ob der Vertrag ein oder mehrere der oben aufgezählten gesellschaftsrechtlichen Merkmale aufweist. Wenn dies der Fall ist, so ist weiter festzustellen, ob der Vertragszweck und der Parteiwille die Anwendung gesellschaftsrechtlicher Bestimmungen zuläßt. Wenn der Vertrag keine Ähnlichkeit mit dem Gesellschaftsvertrag hat, so ist damit aber andererseits noch nicht ausgeschlossen, daß § 723 BGB nicht zur Anwendung kommen kann. Es ist ein allgemeiner, von der Rechtsprechung aus dem in §§ 626, 723 I 2 BGB, § 133 HGB enthaltenden Gedanken entwickelter Grundsatz, daß die sofortige Kündigung aus wichtigem Grunde zugelassen ist, wenn es sich um Rechtsverhältnisse längerer Dauer, die stark in die Lebensbetätigung der Vertragsparteien eingreifen, eine besondere gegenseitige Interessenverpflichtung mit sich bringen und ein ungestörtes Vertrauen erfordern[179].

Die Gesellschaftsähnlichkeit eines Lizenzvertrages kann demnach die Anwendung der Vorschriften der §§ 705 ff. BGB zur Folge haben[180]. Dies darf jedoch nicht darüber hinwegtäuschen, daß Hauptinhalt des Vertrages die Einräumung der Benutzungsbefugnis für das Patent ist.

Es ist darauf hinzuweisen, daß die Ähnlichkeit des Lizenzverträge mit dem Gesellschaftsvertrag streng von dem Einbringen eines Lizenzrechts in eine Gesellschaft zu unterscheiden ist[181].

g) Lizenzvertrag als Rechtspacht

Der Lizenzvertrag könnte aber der Rechtspacht zugeordnet werden. Da Gegenstand eines Pachtvertrages nach § 581 BGB nicht nur Sachen, sondern auch Rechte sowie Sach- und Rechtsgesamtheiten sein können und damit Patente, liegt die Annahme des Lizenzvertrages als Rechtspacht nahe. Dafür spricht weiterhin das Dauerschuldverhältnis

---

178 RG v. 25.8.1937 GRUR 1939, 377 (379); RG v. 28.9.1928 RGZ 122, 70 (74).

179 BGH GRUR 1959, 616 ff. (617); - "Metallabsatz"; RG v. 12.6.1942 RGZ 169, 203 (206); vgl. auch Palandt-Putzo, § 626 Rn. 1.

180 Es können sich auch bestimmte Pflichten aus dem Gesellschaftrechtscharakter für den Lizenznehmer ergeben vgl. 1. Teil, E. I. 1. b) cc).

181 Siehe dazu schon RG v. 20.6.1913 RGZ 82, 431 ff.

der Pacht, der Charakter als Gebrauchsüberlassungsvertrag und zusätzlich im Unterschied zum Mietvertrag die Fruchtziehung in Form der Nutzung des Patents durch Gewinnung von Einkommen. Als wichtigstes Beispiel für den Gegenstand von Rechtspachtverträgen werden daher häufig Patent- und Urheberlizenzverträge angegeben[182].

Gegen die Annahme der Pacht spricht jedoch, daß bei dieser der Pachtgegenstand nicht an mehrere Personen gleichzeitig und unabhängig voneinander verpachtet werden kann. Weiterhin ist die Rechtsnatur der Pacht im deutschen Recht keine dingliche, während die ausschließliche Lizenz nach h.M. dinglichen Charakter hat[183]. Als weiteres Gegenargument kann der Risikocharakter der Lizenz angeführt werden.

Unter Berücksichtigung der Tatsachen, die gegen die Annahme der Rechtspacht sprechen, ist in Anbetracht der Gemeinsamkeiten von Pacht- und Lizenzvertragsinhalt zu prüfen, ob diese so schwerwiegend sind, daß die Zuordnung unter den Pachtvertrag ausgeschlossen ist. Dazu ist zunächst eine Differenzierung zwischen einfacher und ausschließlicher Lizenz vorzunehmen, um die Unterschiede zwischen Lizenzvertrag und Rechtspacht herauszuarbeiten und zu bewerten.

Eine solche Differenzierung für die Klassifizierung als schuldrechtlicher, gesetzlich geregelter Vertrag wurde schon vom Reichsgericht[184] vorgenommen und im Anschluß daran von der Literatur teilweise übernommen, wobei die einfache Lizenz als Pachtvertrag und die ausschließliche Lizenz als Kaufvertrag angesehen wurde[185]. Als Begründung für die Annahme des Kaufvertrages bei der ausschließlichen Lizenz wurde die wirtschaftliche Bestrebung des Lizenznehmers geliefert, ein selbständiges Gebrauchsrecht, das sich gegen jedermann richtet, übertragen zu bekommen. Zugegebenermaßen kommen ausschließliche Lizenzen einer partiellen Rechtsübertragung nahe, sie beinhalten aber keine solche[186], sondern können eher als pachtähnliche Verträge mit kaufrechtlichem Einschlag angesehen werden. Auch daß das Wesen des Kaufvertrages dem entgegensteht, wird übersehen. Einer Zuordnung der ausschließlichen Lizenz unter den Kaufvertrag ist damit nicht zuzustimmen. Aus dem gleichen Grund, der Voraussetzung der Veräußerung eines Gegenstandes, kann auch nicht der kaufähnliche Vertrag i.S.d. § 445 BGB angenommen werden.

---

182 Emmerich, Schuldrecht, S. 123; vgl. auch Staudinger-Emmerich, Vorbem. zu §§ 535,536 Rn. 163.
183 Siehe oben, 1. Teil, B. I. 1. b).
184 RG v. 5.5.1911 RGZ 76, 235 ff. (236).
185 Vgl. Breuer, GRUR 1912, S. 44 ff.; Starck, Mitt. 1914, 163 ff.; Seligsohn, S. 176 f.
186 Siehe dazu die Abgrenzung der ausschließlichen Lizenz vom Patentkauf 1. Teil, B. I. 1. b) cc).

aa) Der einfache Lizenzvertrag als Rechtspacht

Fraglich ist aber, ob im Einklang mit der vorgenommenen Differenzierung nicht die einfache Lizenz als Rechtspacht angesehen werden kann. Gemeinsamkeiten bestehen aufgrund des Charakters als Dauerschuldverhältnis. Weiterhin beinhaltet das Pachtverhältnis nicht nur die Gebrauchsüberlassung, sondern auch die Fruchtziehung. Der patentierte Gegenstand ist die Frucht des Patentrechts, die Vorteile, die die Vertreibung des patentierten Gegenstandes gewährt, sind zivile Früchte des Patentrechts, da sie regelmäßig durch Eingehung von Rechtsverhältnissen i.S.d. § 99 II BGB erzielt werden[187]. Wie bei der Rechtspacht verpflichtet sich der Lizenznehmer dem Lizenzgeber, die vereinbarten Pachtzinsen/Lizenzgebühren zu entrichten, § 581 BGB.

Der Annahme als Rechtspacht steht auch nicht der Charakter der einfachen Lizenz entgegen. Im Gegensatz zur ausschließlichen Lizenz ist sie genauso wie das Pachtverhältnis[188] lediglich schuldrechtlicher Natur[189]. Ein Unterschied der Pacht zum Inhalt der Lizenz ist, daß bei der Pacht der Pachtgegenstand nicht an mehrere Vertragspartner verpachtet werden kann. Es liegt in der Natur des im BGB geregelten Pacht- und auch Mietvertrages, daß die Gegenstände nur einer Person oder Personengemeinschaft überlassen werden. Zwar sind praktisch mehrere Beteiligte auf seiten des Pächters möglich, jedoch entsteht dadurch ein Gesamtschuldverhältnis, wobei sie untereinander i.d.R. eine BGB-Gesellschaft bilden[190]. Das Miet- und Pachtverhältnis formt hier eine Einheit, so daß es z.B. auch nur einheitlich gegenüber allen Mietern gekündigt werden kann. Mehrere Verträge über den gleichen Gegenstand mit unterschiedlichen Vertragspartnern auf der Seite des Pächters, wie das beim Lizenzvertrag der Fall ist, werden damit nicht abgeschlossen.

Der Lizenzvertrag hat im Gegensatz zum Pachtvertrag einen besonderen Vertrauenscharakter. Die Realisierung der Zwecke des Lizenzvertrages erfordert gegenseitiges Vertrauen der Vertragsparteien. Das Vertrauen ist insbesondere dann notwendig, wenn bei Auftreten von Unklarheiten über die Auslegung einzelner Vertragsklauseln die Vertragsparteien eine für beide Seiten zufriedenstellende Lösung erzielen müssen, um das Vertragsverhältnis nicht scheitern zu lassen. Auch eine Vertragsanpassung läßt sich u.U. einfacher erreichen, wenn beide Vertragspartner einander Vertrauen entgegenbringen. Da der Lizenzvertrag ein Vertrauensverhältnis ist, kommt der Auswahl des Vertragspartners für die Lizenzierung des Patents große Bedeutung zu. Zwar stellt der Pachtvertrag auch ein Dauerschuldverhältnis dar, das

---

187 Breuer, GRUR 1912, S. 95.
188 Palandt-Putzo, Einf v § 581 Rn. 1.
189 Siehe 1. Teil, B. I. 1. a).
190 Staudinger-Sonnenschein, § 581 Rn. 123.

durch Leistungsaustausch über eine längere Zeitdauer gekennzeichnet ist, ein besonderes Vertrauen ist aber für die Verwirklichung des Pachtvertragszwecks nicht Voraussetzung.

Wie schon gegem die Einordnung als Miete, könnte der Risikocharakter des Lizenzvertrages gegen die Einordnung als Pacht sprechen. Letztlich ist es jedoch eher vorstellbar, die Rechtspacht als Risikogeschäft anzusehen.

Im übrigen ist es fraglich, ob die genannten Unterschiede so schwerwiegend sind, daß die Annahme des einfachen Lizenzvertrages als Rechtspacht ausgeschlossen ist und lediglich die Möglichkeit der analogen Anwendung der Pachtvertragsvorschriften eröffnet ist.

Die Erlaubnis an mehrere Vertragspartner, das Patent zu benutzen, stellt keinen bedeutenden Unterschied zur Rechtspacht dar. Dies wird schon dadurch deutlich, daß die Erlaubnis nicht notwendigerweise an mehrere Personen vergeben zu werden braucht. Es kann auch nur einen Lizenznehmer geben.

Daß der Risikocharakter des Lizenzvertrages eine Eigenart des Lizenzvertrages ausmacht, heißt noch nicht, daß er die Annahme des Vertrages als Rechtspacht ausschließt[191]. Vielmehr muß man in Betracht ziehen, daß trotz des Risikocharakters die Pachtvorschriften der §§ 581 II i.V.m. 535 ff. BGB auf den Lizenzvertrag generell passen[192], der Risikocharakter also bei der Anwendung der genannten Vorschriften ausreichend berücksichtigt wird. Bei einzelnen Vorschriften, die nicht passen, muß man sich einer anderen Lösung bedienen, z.B. indem man Vorschriften anderer Verträge analog anwendet.

Daher kann zumindest der einfache Lizenzvertrag als Rechtspacht[193] angesehen werden, wobei teilweise eine Modifizierung der gesetzlich vorgesehenen Rechtsfolgen dort vorgenommen werden muß, wo den Charakteristika der Lizenz Rechnung getragen werden muß, d.h. wo die Eigenart des Verhältnisses etwas anderes bedingt. Bei der Zuordnung zur Rechtspacht muß auch immer beachtet werden, daß bei einer Vielzahl von Lizenzverträgen mit zum Teil ganz unterschiedlich vereinbartem Vertragsinhalt die

---

[191] Es wird auch in der Literatur nie explizit angeführt, daß der Risikocharakter der Annahme des Pachtvertrages entgegensteht.

[192] Siehe dazu insbesondere die Pflichten des Lizenznehmers 1. Teil, E. I. 1.: Dem einfachen Lizenznehmer obliegt beispielsweise, wie dem Pächter, keine Ausübungspflicht 1. Teil, E. I. 1. b) aa) (a). Daraus wird abgeleitet, daß auch keine Verbesserungspflicht besteht 1. Teil, E. I. 1. b) aa) (c). Dem Lizenznehmer trifft auch keine Aufrecht- und Verteidigungspflicht des Patents 1. Teil, E. I. 1. b) aa) (e) und keine Mitteilungspflicht über Patentverletzungen 1. Teil, E. I. 1. b) aa) (g) (bb). Ihm stehen keine Rechte zur Unterlizensierung und Übertragung des Rechts zu 1. Teil, E. I. 1. b) bb) (c). Auch bezüglich anderer Probleme im Lizenzvertragsrecht bieten die Pacht- bzw. Mietvorschriften Lösungen, vgl. die Haftung des Lizenznehmers für den Unterlizenznehmer 2. Teil, A. I. 1. a) ee).

[193] So auch RG v. 5.5.1911 RGZ 76, 235 ff. (236); RG v. 17.4.1917 RGZ 90, 162 ff. (162); RG v. 19.10.1924, RGZ 115, 17 (20); Breuer, GRUR 1912, 44 (86); Finger, Lizenzverträge, GRUR 1916, 17 ff.; für die Annahme sowohl der einfachen, als auch der ausschließlichen Lizenz als Pachtvertrag: Kohler, Handbuch, S. 588 ff.; Seligsohn, S. 176; Staudinger-Emmerich, Vorbem zu § 581 Rn. 75 und Vorbem zu §§ 535, 536 Rn. 163

Pachtvorschriften nicht immer im gleichen Maße passen können. Weiterhin müssen bei der Frage der Anwendung einzelner Pachtvorschriften die Verkehrsbedürfnisse und patentrechtliche Gesichtspunkte berücksichtigt werden[194].

bb) Der ausschließliche Lizenzvertrag als Vertrag sui generis

Zu prüfen ist, ob auch die ausschließliche Lizenz als Rechtspacht angesehen werden kann. Im Gegensatz zur einfachen Lizenz ist diese dinglicher Natur. Die Pacht dagegen ist ein schuldrechtlicher gegenseitiger Vertrag, der gewisse Wirkungen gegenüber Dritten unter den Voraussetzungen der §§ 581 II i.V.m. 571 ff. BGB entfaltet[195]. Zu den Pflichten des Verpächters, der Gebrauchs- und Fruchtgewährung gehört auch in der Regel die Besitzverschaffung[196]. In jedem Fall bleibt das Eigentum am Gegenstand beim Verpächter. Diese schuldrechtliche Natur des Pachtvertrages könnte der dinglichen Natur der ausschließlichen Lizenz entgegenstehen und die Annahme als Rechtspacht ausschließen. Um dies zu beurteilen, ist die Bedeutung des Unterschieds - dingliche Natur einerseits, schuldrechtlicher Natur andererseits - festzustellen. Die dingliche oder schuldrechtliche Natur eines Vertrages ist von entscheidender Bedeutung. So hängt von ihr ab, ob das im Vertrag vereinbarte Recht auch gegenüber Dritten wirkt, Sukzessionsschutz genießt[197]. Dingliche Rechte geben auch dingliche Ansprüche z.B. in Form von Herausgabeansprüchen, Abwehransprüchen gegen Störungen auf Beseitigung und Überlassung[198]. Damit verbunden ist auch ein Klagerecht des Rechtsinhabers. Daraus ergibt sich ganz generell, daß die Rechtsstellung eines Inhabers eines dinglichen Rechtes eine viel stärkere ist als die aufgrund eines lediglich schuldrechtlichen Vertrages beruhende[199].

Die vertretene Ansicht der Dinglichkeit des ausschließlichen Lizenzvertrages bei Annahme als Rechtspacht könnte zwar über die Anwendung der §§ 581 II i.V.m. 571 ff. BGB, der eine Durchbrechung des Grundsatzes, daß Rechte und Pflichten nur zwischen den Vertragsparteien entstehen, darstellt und damit dingliche Wirkung entfaltet, erreicht werden. § 571 BGB paßt jedoch nicht auf den Lizenzvertrag[200].

Die dingliche Natur der ausschließlichen Lizenz kann damit nicht bei Annahme dieser als Rechtspacht begründet werden. Die Dinglichkeit der ausschließlichen Lizenz ist aber von so großer Bedeutung, da sie mit einer starken Rechtsstellung des Lizenznehmers und

---

194 Seligsohn, S. 176.
195 Palandt-Putzo, Einf v § 581 Rn. 1.
196 Palandt-Putzo, § 536 Rn. 6.
197 Siehe zu der Problematik, 1. Teil, B. I. 1. a).
198 Siehe dazu Palandt-Bassenge, Einf v § 854 Rn. 1 ff.
199 Vgl. 1. Teil, B. I. 1. a).
200 Vgl. 1. Teil, B. I. 1. a).

entscheidenden Rechtsfolgen ausgestattet ist, daß sie der Annahme als Rechtspacht entgegensteht[201]. Die ausschließliche Lizenz kann, im Gegensatz zur einfachen Lizenz, daher nicht als Rechtspacht angesehen werden.

Demgegenüber passen diejenigen Vertragstypen, die für eine dingliche Bestellung der Lizenz in Frage kommen (Kauf § 433 BGB, Tausch § 515 BGB, Schenkung § 516 BGB), da sie ein Verfügungsgeschäft beinhalten, dem Wesen nach nicht für die Lizenz.

Da die ausschließliche Lizenz nicht einem gesetzlich geregelten Vertragstyp zugeordnet werden kann, bleibt nur der unbefriedigende Ausweg der Bezeichnung als Vertrag sui generis[202]. Dies entspricht der h.M.[203]. Klarzustellen ist aber, daß dies entgegen der h.M. nur für die ausschließliche Lizenz angenommen wird. Die einfache Lizenz hingegen wird der Rechtspacht zugeordnet. Diese vorgenommene Differenzierung zwischen den beiden Lizenzen mag zwar auf den ersten Blick für die Vertragsparteien umständlich erscheinen. Sie ist es aber nicht, da der Lizenzgeber bei Vertragsschluß im Vertrag entweder klarstellt, ob er eine einfache oder ausschließliche Lizenz vergibt oder sich dies durch Auslegung ermitteln läßt[204]. Die Vertragsparteien können sich dabei je nach Wahl der angestrebten Lizenz auf die direkte Anwendung der Pachtvorschriften oder auf die analoge Anwendung der Pacht- oder anderer passender Vertragsvorschriften einstellen. Im Ergebnis ist die Differenzierung auch nicht mit großen Unterschieden verbunden, denn die Pachtvorschriften werden bei Annahme der ausschließlichen Lizenz in einer Vielzahl der Fälle analog angewandt[205].

Grund für die hier vertretene Differenzierung ist das Bestreben, Rechtssicherheit bei Zuordnung zu einem bestimmten Vertragstyp zu erzielen und die pauschale[206] Annahme als Vertrag sui generis, wie es die h.M. zu Lasten der Rechtssicherheit vornimmt, zu

---

[201] Die Unfähigkeit des Pachtvertrages, ein dingliches Recht zu schaffen, stellt auch die häufigste Kritik der Annahme als Rechtspacht dar, vgl. Poth, Rechtsnatur, Mitt. 1979, 216 (219); Kisch, S. 216.

[202] Vgl. zu den Gründen, die gegen die Annahme als Vertrag sui generis sprechen 1. Teil, B. I. 2. c) bb).

[203] Als "besonders eigentümlichen Vertrag, für den die anzuwendenden Rechtsfolgen aus der Natur des Rechtsverhältnisses zu ermitteln sind" bezeichnet: RG v. 1.3.1911 RGZ 75, 400 (405), BGH GRUR 1970, 547 (548) - "Kleinfilter"; BGH GRUR 1970, 27 (29) - "Holzbauträger"; ebenso Starck, Mitt. 1914, 163 ff.; Nirk, GRUR 1970, 329 ff. (330); Knap, GRUR Int. 1973, 225 (227); Preu, Chance und Risiko, Mitt. 1981, 153 ff. (153); Kraßer/Schmid, GRUR Int. 1982, 324 (328); Kent, S. 662; Pietzcker, S. 348; Rasch, S. 120; Krausse/Kathlun/Lindenmaier, § 9 Rn. 28; Benkard, § 15 Rn. 49.

[204] Siehe 1. Teil, B. I. 1. b) aa).

[205] RG v. 18.8.1937 RGZ 155, 306 (310); BGH GRUR 1970, 548 - "Kleinfilter"; BGH GRUR 1979, 769 - "Mineralwolle"; Jersch, Jura 1988, 580 ff. (582) für den Softwareüberlassungsvertrag; gegen die analoge Anwendung jeglicher Vorschriften wird angeführt, daß grundsätzlich alle Pflichten der Parteien aus der Vertragsnatur und dem Grundsatz redlicher Vertragserfüllung abgeleitet werden, mit Ausnahme der Gewährleistungspflichten, vgl. Joilet, GRUR Int. 1982, 291 (319) für das französische Recht, bei dem die gleiche Problematik besteht. Dagegen läßt sich aber schon einwenden, daß die Gewährleistungspflicht sich, wie gesagt, nicht aus der Vertragsnatur ergibt und daher die Frage der Anwendung der Gewährleistungspflichten offensteht.

[206] Teilweise wird der Vertrag sui generis allein aus dem Grund angenommen, daß die Rechtsmaterie nicht im Bürgerlichen Recht geordnet ist, Kent, S. 641.

vermeiden. Gegen die Bezeichnung als Vertrag sui generis bei beiden Lizenzarten spricht auch, daß nahezu willkürlich Vorschriften aus verschiedenen geregelten schuldrechtlichen Verträgen auf ihn angewendet werden, wenn sie geeignet erscheinen, eine angemessene Rechtsfolge herbeizuführen. Eine so weitgehende Flexibilität ist aber weder erstrebenswert noch sinnvoll. Verträge sollen, wie bei der Regelung der bei Entstehung des BGB häufig vorkommenden Verträge deutlich wird, bestimmten Vorschriften unterstellt werden, sozusagen um eine grundsätzliche Leitlinie zu schaffen, nach der sich die Vertragsparteien richten können. Auch bei Zuordnung der einfachen Lizenz zur Rechtspacht wird Flexibilität gewahrt, denn es können selbstverständlich, wie etwa die Anwendung der fristlosen Kündigungsvorschrift des § 626 BGB durch die Rechtsprechung auf nahezu alle Verträge zeigt[207], analog andere Vorschriften bei Erfüllung der Voraussetzungen zur Anwendung kommen. Zudem kann die Rechtsprechung der besonderen Gestaltung des Falles durch Anwendung der Generalklauseln Rechnung tragen.

Die einfache Lizenz ist daher schuldrechtlich als Rechtspacht zu klassifizieren. Dagegen ist die ausschließliche Lizenz ein Vertrag sui generis, weil bei ihr der dingliche Charakter im Vordergrund steht. Die Anwendbarkeit der pachtrechtlichen Vorschriften zur Ermittlung der Pflichten des Lizenznehmers, die sich aus der Natur der Lizenz ergeben, und zur Begründung der Haftung ist damit, zumindest für die einfache Lizenz, gegeben.

II. USA

1. Obligatorische Natur der einfachen und ausschließlichen Lizenz

Wie im deutschen Recht gibt es im US-amerikanischen Recht einfache und ausschließliche Lizenzen. Im Unterschied zum deutschen Recht ist sowohl die einfache als auch die ausschließliche Lizenz nach ständiger Rechtsprechung und h.M. obligatorischer Natur[208]. Dies folgt aus dem lediglich negativen Inhalt der Lizenz[209].

Folge ist u.a., daß weder der einfache noch ausschließliche Lizenznehmer bei Patentverletzungen ein selbständiges Klagerecht hat[210].

---

[207] gl. zum Anwendungsbereich des § 626 BGB, Palandt-Putzo, § 626 Rn. 1.

[208] Deller, Walker on Patents, S. 539, Western Electric v. Pacent Reproducer Corp., 42 F.2d, 116 (118).

[209] Vgl. 1. Teil, A. II. 3.

[210] Western Electric v. Pacent Reproducer Corp., 42 F.2d, S. 116 (119); der exklusive Lizenznehmer kann sich nur der Klage des Patentinhabers anschließen, vgl. hierzu 1. Teil, B. II. 1. b) aa).

a) "Non-exclusive license" (Einfache Lizenz)

Mit der "non-exclusive license" erhält der Lizenznehmer das Recht, das Patent während seiner Laufzeit zu benutzen. Es ist die einfachste Lizenzart und bedeutet:

> "leave to do a thing which the licensor otherwise has a right to prevent"[211].

Der Lizenznehmer bekommt ein Privileg, das ihn lediglich vor einer Patentverletzungsklage schützt; Inhalt der einfachen Lizenz ist also allein der Verzicht des Patentinhabers auf die Geltendmachung seines Ausschlußrechts[212]. Wie im deutschen Recht ist der Patentinhaber aber weiterhin befugt, Lizenzen zu erteilen oder Verletzer zu tolerieren, was auf eine stillschweigende einfache Lizenz hinausläuft[213]. In diesen Fällen wird der Lizenznehmer zwar wirtschaftlich geschädigt, aber nicht rechtlich[214].

Häufiger in den USA als in Deutschland werden die im deutschen Recht als negativ bezeichneten Lizenzen vergeben, die meist im Rahmen eines Rechtsstreits ausgehandelt werden[215]. In den USA haben solche Vereinbarungen nur den Zweck, den Patentinhaber zu verpflichten, nicht gegen den anderen eine Patentverletzungsklage zu erheben ("convenant not to sue"). Sie haben damit den gleichen Effekt wie eine Lizenzerteilung, obwohl sie teilweise als solche gar nicht ausdrücklich bezeichnet werden[216]. Daß das Wort "Lizenz" nicht benutzt wird, liegt an der Ausweitung der juristischen Meinungen, weitere implizierte Vereinbarungen in einen Lizenzvertrag hineinzulesen mit dem Ergebnis, daß die Parteien sich nicht über die Pflichten in einem Lizenzvertrag sicher sind. Dagegen ist man sich darüber einig, daß die Verpflichtung des Patentinhabers, keine Klage zu erheben, keine weiteren Pflichten mit sich bringt[217].

Die einfache Lizenz hat in den USA auch aufgrund der Tatsache, daß ausschließliche Lizenzen wettbewerbsrechtliche Bedenken hervorrufen, besondere Bedeutung. Die wettbewerbsrechtlichen Bedenken haben in den USA dazu geführt, daß es zur Geschäftspolitik vieler Unternehmen geworden ist, generell nur einfache Lizenzen zu vergeben[218]. Es ist aber darauf hinzuweisen, daß im Ausnahmefall auch einfache Lizenzen wettbewerbsrechtliche Bedenken hervorrufen können[219].

---

211 N. V. Philips' Gloeilampenfabrieken v. Atomic Energy Com'n, 316 F.2d., 401 (409).
212 Vgl. 1. Teil, A. II. 3.
213 Western Electric Co. v. Pacent Reproducer Corp., 42 F.2d, 116 (118).
214 Western Electric Co. v. Pacent Reproducer Corp., 42 F.2d, 116 (119).
215 Vgl. für das deutsche Recht 1. Teil, C. I. 6. d).
216 American Tel. & Tel. Co. v. Radio Audion Co., 284 F., 1020.
217 Eckstrom, a.a.O., § 1.03 (3) (c); vgl. auch zur "implied license" 1. Teil, C. II. 3. b).
218 Vgl. dazu auch 1. Teil, E. II. 2. c).
219 Vgl. 1. Teil, B. II. 1.

Der einfache Lizenznehmer ist im Falle von Patentverletzungen durch Dritte nicht befugt, Klage zu erheben ("a mere licensee cannot sue strangers who infringe") oder an einer Klage des Patentinhabers teilzunehmen[220].

Einfache Lizenzen beinhalten auch in den USA häufig eine Meistbegünstigungsklausel zum Schutz des Lizenznehmers[221].

b) "Exclusive license" (Ausschließliche Lizenz) und "Exclusive dealing" (Exklusivvereinbarung)

aa) "Exclusive license" (Ausschließliche Lizenz)

Die ausschließliche Lizenz, die ausdrücklich durch 35 U.S.C. 261 anerkannt ist[222], gibt dem Lizenznehmer das Recht zur Patentbenutzung frei von einer Patentverletzungsklage und das Recht, andere von der Benutzung auszuschließen[223]. Wie im deutschen Recht ist der Normalfall der ausschließlichen Lizenz, daß auch der Patentinhaber von der Benutzung des Patents ausgeschlossen ist; eine alleinige Lizenz ("sole license"), bei der der Patentinhaber sich sein Nutzungsrecht vorbehält, muß vereinbart werden[224].

Wie im deutschen Recht hat der ausschließliche Lizenznehmer im Gegensatz zum einfachen Lizenznehmer eine Klagebefugnis, wenn auch keine selbständige[225]. Anders als im deutschen Recht kann der ausschließliche Lizenznehmer grundsätzlich aber nur gemeinsam mit dem Patentinhaber gegen Verletzungen vorgehen. Ihm wird ausdrücklich das Recht zugestanden, den Patentinhaber dazu zu zwingen, ihn vor der ausschließlichen Benutzung des Patents zu schützen:

> "Any rights of the licensee must be enforced through or in the name of the owner of the patent, and perhaps, if necessary to protect the rights of all parties, joining the licensee with him as a plaintiff" [226]. "...he (the licensee) has the power to compel the patentee to protect his incident of exclusive enjoyment."[227]

---

220 Littlefield v. Perry, 21 Wall. 205, 22 L.ed., 577 (579).

221 Siehe 1. Teil, E. II. 2. e).

222 35 U.S.C. 261 II 2: "The applicant, patentee, or his assigns or legal representatives may in like manner grant and convey an exclusive right under his application for patent, or patents, to the whole or any specified part of the United States."

223 N. V. Philips' Gloeilampenfabrieken v. Atomic Energy Com'n, 316 F.2d, 401 (409).

224 Western Electric Co.v. Pacent Reproducer Corporation, 42 F.2d, 116 (119): "The definition of an exclusive license might be thought to imply that an "exclusive licensee"" is a sole licensee. But we do not so understand it". Vgl. auch Mechanical Ice Tray Corp. v. General Motors Corp., 144 F.2d., 720 (725).

225 1. Teil, B. I. 1. b).

226 Waterman v. MacKenzie, 138 US. 252, 34 L.ed., 923 (925).

227 United States v. Krasnov, 143 F.Supp., 184 (200); vgl. dazu die neuste Entscheidung auf diesem Gebiet vom 7.2.1995 mit weiteren Nachweisen, Abbott Laboratories v. Ortho Diagnostic System Inc., 33 USPQ2d., 1771 ff.

Dies ist ein wesentlicher Unterschied zum ausschließlichen Lizenznehmer in Deutschland, der aus der lediglich obligatorischen Natur der Lizenz im amerikanischen Recht folgt[228].

Grund dafür, daß dem ausschließlichen Lizenznehmer dennoch eine Klagebefugnis zugestanden wird, ist, daß er aufgrund seines Ausschließlichkeitsrechts ein "eigentumsähnliches" Interesse ("proprietary interest") hat, im Falle einer Verletzung des Patents durch Dritte, Schadensersatzansprüche geltend zu machen[229]. Dies gilt auch dann, wenn die Lizenz andere Beschränkungen aufweist, z.B. zeitliche oder territoriale; es muß sich nur um ein ausschließliches Recht handeln. Die Klagebefugnis ergibt sich aus der Stellung des ausschließlichen Lizenznehmers und braucht nicht gesondert vereinbart zu werden[230].

Erhebt der ausschließliche Lizenznehmer Klage, ist der Patentinhaber grundsätzlich notwendiger Streitgenosse[231]. Einzige Ausnahme von der genannten Regelung kann nur dann gemacht werden, wenn es notwendig ist, um eine juristische Fehlentscheidung zu vermeiden[232]. In einigen Entscheidungen ist eine solche Ausnahme gemacht worden mit dem Ergebnis, daß dem ausschließlichen Lizenznehmer das Recht zugestanden wurde, im Namen des Patentinhabers Klage zu erheben[233]. Begründet wurde dies damit, daß dem Lizenznehmer die Verletzung des Patents durch einen Dritten im gleichen Maße berührt wie die Vertragsverletzung des Patentinhabers durch die Vergabe einer weiteren Lizenz[234]. Weiterhin wurde bestimmt, daß der Patentinhaber vom Gericht dazu verpflichtet werden kann, als Mitkläger aufzutreten, wenn er sich diesbezüglich weigert[235].

Zur selbständigen Klageerhebung ist nach US-amerikanischen Recht grundsätzlich nur der "assignee", also derjenige befugt, der das Patent übertragen bekommt, wobei hier zwischen Vollrechtsübertragung und Teilrechtsübertragung differenziert werden muß. Die Abgrenzung zwischen Lizenz und Rechtsübertragung ist sehr schwierig[236].

---

228 Vgl. 1. Teil, B. II. 1.

229 Philadelphie Brief Case Co. v. Specialty Leather P.Co., 145 F.Supp., 425 (428).

230 Independent Wireless Teleg. Co. v. Radio Corp., 269 U.S. 459, 70 L.ed., 357 (362).

231 Littlefield v. Perry, 21 Wall. 205, 22 L.ed., 577 (579); insbesondere, wenn die Lizenz auf den Gebrauch des Patents beschränkt ist, kann der Lizenznehmer nur zusammen mit den Lizenzgeber Klage erheben, American Chem. Paint Co. v. Smith, 106 USPQ, 361 (365).

232 Waterman v. MacKenzie, 138 US. 252, 34 L.ed., 923 (925): "...where it is necessary to prevent an absolute failure of justice".

233 Adriance, Platt & Co. v. McCormick Harvesting Machine, 56 F., 918; Western Electric Co.v. Pacent Reproducer Corporation, 42 F.2d, 116 (118); Contour Chair-Lounge Co., Inc. v. Laskowitz, 124 USPQ, 52 (56); die Tatsache, das es sich um eine ausschließliche Lizenz mit einer territorialen Beschränkung handelt, schließt die Klagebefugnis des Lizenznehmers nicht aus, Channel Master Corp. v. JFD Electronics Corp., 151 USPQ, 498 (501).

234 Western Electric Co.v. Pacent Reproducer Corporation, 42 F.2d, 116 (118).

235 Littlefield v. Perry, 21 Wall. 205, 22 L.ed., 577 (579).

236 Vgl. 1. Teil, B. II. 1. d).

Häufig wird in Lizenzverträgen vereinbart, daß der Lizenznehmer zur Klageerhebung befugt ist. Doch auch ohne diese Vereinbarung kann dem Lizenznehmer unter Umständen die Befugnis zur Klageerhebung zustehen[237].

bb) "Exclusive dealing" (Exklusivvereinbarung)

Als eine weitere Form der "Exklusivität" wird in den USA das sog. "exclusive dealing" angesehen. Diese Exklusivvereinbarung wird dann als solche bezeichnet, wenn die Lizenz den Lizenznehmer davon ausschließt oder ihn beschränkt, konkurrierende Technologien zu benutzen. Im deutschen Recht kennt man solche Vereinbarungen unter dem Begriff der Wettbewerbsverbotsklausel[238].

Grundsätzlich verstößt die Vergabe einer ausschließlichen Lizenz nicht gegen die wettbewerbsrechtlichen Regeln des Antitrustrechts[239]. Als Grund dafür wird oft angegeben, daß es, wenn es dem Lizenzgeber frei stehe, überhaupt Lizenzen zu vergeben[240], er im Falle der Vergabe auch ihre Anzahl beschränken kann[241]. Zwar vertrat die Antitrust Devision des Department of Justice (DOJ) in der Vergangenheit, besonders 1969, die Auffassung, daß die Vergabe einer ausschließlichen Lizenz wettbewerbsbehindernd und daher generell unzulässig ist, jedoch ist das DOJ inzwischen von seinem Standpunkt abgekommen[242]. Beispielsweise wurde der Plan eines Patentinhabers, der vorsah, weltweit nur fünf Lizenzen zu vergeben, mit der Begründung akzeptiert, daß die Begrenzung der Anzahl notwendig war, um qualifizierte Lizenznehmer zu bekommen[243].

In United States v. Krasnov[244] wurden Lizenzen in drei verschiedene Arten eingeteilt: "absolute exclusive" (absolut exklusiv), "limited exclusive" (beschränkt exklusiv) und "non-exclusive" (nicht exklusiv, einfach). Eine absolut exklusive Lizenz erlaubt dem Lizenznehmer, weitere Lizenzen und auch Unterlizenzen zu vergeben. Da jeder

[237] Western Electric Co. v. Pacent Reproducer Corp., 42 F.2d, 116 (118).

[238] Vgl. 1. Teil, E. I. 2. q), siehe auch 1. Teil, E. II. 2. f) gg).

[239] Bement v. National Harrow Co., 186 U.S., 46 L.ed., 1058 (1064); Rail-Trailer v. ACF Industries, Inc., 358 F.2d., 15 (18); United States v. Besser Mfg. Co., 96 F.Supp., 304 (311); United States v. Krasnov, 143 F.Supp., 184 (200); Bucky v. Sebo, 88 USPQ, 161 ff. (162); Eckstrom, Licensing Vol. 1, § 1.03 (3) (b). Das US-amerikanische Antitrustrecht vereinigt in sich das Wettbewerbsrecht und die Anti-Monopolbildung, siehe 1. Teil, D. II. 1. a) aa).

[240] In den USA gibt es kein dem deutschen Recht vergleichbares Zwangslizenzsystem, vgl. dazu 1. Teil, C. II. 6. f).

[241] Bucky v. Sebo, 88 USPQ, 161 ff. (162).

[242] Vgl. Jennings, LLBR 1959, 135 (139).

[243] Jennings, LLBR 1959, 135 (140).

[244] 143 F.Supp., 184 (200 ff.); vgl. auch Moraine Products v. ICI America, Inc. 538 F.2d., 134 ff.

Lizenznehmer, der eine Lizenznahme wünscht, nur das Einverständnis des Lizenznehmers braucht, weist diese Lizenzart keine besondere Wettbewerbsbeschränkung auf und ist damit ohne weiteres zulässig. Handelt es sich um eine nicht exklusive Lizenz, behält der Lizenznehmer die Befugnis zur Lizenzvergabe. Da auch hier die Lizenzvergabe nur vom Einverständnis einer Person, nämlich des Lizenzgebers, abhängig ist, ist die Lizenz zulässig. Probleme bereitet nur die "limited exclusive license". Bei einer solchen Lizenz ist der Lizenznehmer verpflichtet, vor einer Lizenzvergabe die Zustimmung des ursprünglichen Lizenzgebers einzuholen. Die Lizenzvergabe bedarf damit des Einverständnisses zweier Personen. Unerwünschte Lizenznehmer, die eine Lizenz erhalten wollen, können gemeinsam boykottiert werden. Das Gericht hat jedoch entschieden, daß solche Verträge nicht per se unzulässig sind. Die per se-Unzulässigkeit trifft nur auf solche besonderen Arten von Lizenzverträgen zu, die allein schon eine derartig schwerwiegende Auswirkung auf den Wettbewerb haben und nicht durch einen besonderen Wert oder Vorteil ausgeglichen werden können, daß sich die Feststellung der Schäden, die sie verursacht, erübrigt[245]:

> "The principle of per se unreasonableness, under which certain agreements of practises which, because of their pernicious effect on competition and lack of any redeeming virtue, are conclusiveley presumed to be unreasonable and therefore illegal under the Sherman Act without elaborate inquiry as to the precise harm they have caused or the business excuse of their use."

Es ist aber immer zu prüfen, ob nicht ein Fall des Patentmißbrauchs ("Doctrine of patent misuse")[246] vorliegt, wenn eine ausschließliche Lizenz vergeben wird, ohne gleichzeitig die Befugnis zur Vergabe von Unterlizenzen dem Lizenznehmer zu erteilen[247]. Ein Patentmißbrauch liegt z.B. dann vor, wenn der Patentinhaber dem Lizenznehmer eine Lizenz für die ganze Welt erteilt, dieses aber nicht von den Patentrechten gedeckt wurde[248].

Die Antitrust Division des DOJ hat in ihre neuen "Antitrust Guidelines for the Licensing of Intellectual Property", die am 6.4.1995 verabschiedet wurden[249], für die wettbewerbsrechtliche Zulässigkeit zwischen ausschließlichen Lizenzen und ausschließlichen Vereinbarungen, den "exclusive dealings"[250], differenziert.

Generell werden die verschiedenen Arten von Exklusivität als "procompetitive" behandelt[251]

---

245 United States v. Topco Associates, 405 U.S. 596, 31 L.ed., 515 (525).
246 Vgl. dazu im einzelnen 1. Teil, D. II. 1. a) aa) (d).
247 Vgl. Benger Laboratories, Limited v. R. K. Laros Company, 209 F.Supp., 639 (648).
248 Compton v. Metal Products, Inc., 172 USPQ, 263 (267).
249 49 PTCJ 714 (1995). Siehe auch Bodewig, GRUR Int. 1995, 142 ff. und GRUR Int. 1997, 958 ff.
250 Vgl. dazu schon 1. Teil, B. II. 1. b) bb).
251 DOJ, 1995 Antitrust Guidelines, S. 5.

Bei ausschließlichen Lizenzen bestehen nach dieser Richtlinie nur dann wettbewerbsrechtliche Bedenken, wenn Lizenzgeber und Lizenznehmer in Abwesenheit des Lizenzvertrages tatsächliche oder potentielle Konkurrenten auf dem von der Lizenz betroffenen Technologie- oder Produktmarkt wären[252]. Beispiele für exklusive Lizenzen, die unter Umständen wettbewerbsrechtliche Konsequenzen mit sich bringen, sind Kreuzlizenzen ("cross-licensing") von Vertragsparteien, die gemeinschaftlich Marktmacht besitzen, und Rücklizenzen ("grant-backs")[253].

Insbesondere können aber die "exclusive dealings" Auswirkungen auf den Wettbewerb haben, da sie in der Lage sind, der Konkurrenz ausreichende Absatzgebiete zu verwehren und diese daher ihre Technologien nicht ausbeuten können. Andererseits seien Beschränkungen, die den Lizenznehmer davor bewahren, sich anderen Technologien zu widmen, dann vorteilhaft für den Wettbewerb, wenn sie für den Lizenznehmer einen Anreiz schaffen, die lizenzierte Technologie zu entwickeln, zu vermarkten und sich auf eine bestimmte Technologie zu spezialisieren[254]. Es könne aber dann ein Patentmißbrauch vorliegen, wenn der exklusive Lizenznehmer versucht, dem Lizenzgeber ein Konkurrenzverbot mit dem Inhalt aufzuerlegen, daß der Lizenzgeber mit keinen mit dem patentierten Gegenstand in Verbindung stehenden unpatentierten Produkten in Wettbewerb tritt[255]. Eine solche Vereinbarung schützt auf der einen Seite zwar die Investition des Lizenznehmers, auf der anderen Seite ist die Öffentlichkeit in der gleichen Weise benachteiligt, als wenn der Lizenznehmer vom Wettbewerb ausgeschlossen würde[256]. Rechtsfolge ist, daß die Lizenz aufgrund ihrer unzulässigen Ausweitung des Patentmonopols nicht durchsetzbar ist[257].

In den neuen Antitrust-Richtlinien kommt zum Ausdruck, daß das Justice Department sich für die Beurteilung, ob eine Wettbewerbsbeschränkung vorliegt, nicht auf die formalen Bedingungen des Vertrages konzentriert, sondern auf die tatsächliche Praktizierung. Dabei wird auch darauf aufmerksam gemacht, daß eine einfache Lizenz die gleiche Wirkung wie eine ausschließliche Lizenz haben kann, wenn sie so ausgestaltet ist, daß es unwahrscheinlich ist, daß der Lizenzgeber weitere Lizenzen vergibt oder selber das Patent verwertet. Es wird auch klargestellt, daß ausschließliche Lizenzen nicht generell schon aus dem Grund wettbewerbsrechtliche Bedenken hervorrufen, daß der

---

252 DOJ, 1995 Antitrust Guidelines, S. 16 ff., (19 ff).

253 DOJ, 1995 Antitrust Guidelines, S. 28 ff.; siehe zu den Kreuzlizenen im US-amerikanischen Recht 1. Teil, C. II. 6. b); siehe zu den Rücklizenzen 1. Teil, C. II. 6. c).

254 DOJ, 1995 Antitrust Guidelines, S. 5 ff.

255 Vgl. zu der Wettbewerbsverbotspflicht 1. Teil, E. II. 1) d) bb).

256 Compton v. Metal Products, Inc., 172 USPQ, 263 (268); daß die Auferlegung einer solchen Verpflichtung für den Lizenznehmer ein Patentmißbrauch darstellt, ist u.a. in Stewart v. Mo-Trim, Inc., 192 USPQ, 410 (412) entschieden.

257 Eckstrom, Licensing Vol. 1, § 1.03 (3) (b).

Lizenzgeber sich dazu entschlossen hat, nur eine Lizenz zu vergeben oder sich auf die Vermarktung eines bestimmten Bereichs beschränkt[258].

c) Abgrenzung der einfachen von der ausschließlichen Lizenz

Die Abgrenzung der einfachen von der ausschließlichen Lizenz ist in den USA im Hinblick auf die nur dem ausschließlichen Lizenznehmer gemeinsam mit dem Lizenzinhaber zustehende Klagebefugnis bedeutsam.

Grundsätzlich ergibt sich schon aus den Vertragsverhandlungen, ob dem Lizenznehmer eine einfache Lizenz oder zusätzlich noch ein Ausschließungsrecht eingeräumt werden soll.

Ergibt sich jedoch weder aus den Vertragsverhandlungen noch aus dem Vertragstext, ob dem Lizenznehmer ein ausschließliches Recht zusteht, so muß dies durch Auslegung ermittelt werden. Entscheidend ist dabei, ob sich aus den Umständen des Vertrages und dem Willen der Vertragsparteien ergibt, daß der Lizenznehmer eine Klagebefugnis haben solll[259]. Es muß irgendwie zum Ausdruck kommen, daß der Lizenznehmer "proprietary interest"[260] hat, ihm also ein Ausschlußrecht gewährt werden soll, das ihn zur Klage befugt.

Ist im Vertragstext angegeben, ob es sich um eine einfache oder ausschließliche Lizenz handelt, so muß das nicht unbedingt bedeuten, daß auch die bezeichnete Lizenz Vertragsgegenstand ist. Nach der US-amerikanischen Rechtsprechung kommt es nicht auf die äußere Bezeichnung an[261].

d) Abgrenzung der Lizenz vom "Assignment" (Rechtsübertragung)

Das Recht der USA unterscheidet streng zwischen der Übertragung des Rechts aus dem Patent sowie der Patentanmeldung und der Lizenz. Das "assignment" ist ausdrücklich in 35 U.S.C. § 261 geregelt, woraus die Möglichkeit der Lizenzerteilung abgeleitet wird.

Anders als die einfache und ausschließliche Lizenz hat das "assignment" dingliche Wirkung[262]. Wie die ausschließliche Lizenz schließt die Rechtsübertragung alle Personen,

---

[258] Siehe DOJ, 1995 Antitrust Guidelines, S. 20; vgl. auch die Ansprache von Gilbert anläßlich der Freigabe der 1995 Antitrust Guidelines, S. 11.

[259] Paul E. Hawkinson Co. v. Carnell, 112 F.2d, 396 (398).

[260] Vgl. 1. Teil, B. II. 1. b).

[261] Philadelphia Brief Case Co. v. Specialty Leather P. Co., 145 F.Supp., 425 (428).

[262] Waterman v. MacKenzie, 138 US. 252, 34 L.ed., 923 (925).

inklusive den Patentinhaber, von der Herstellung, dem Gebrauch und dem Verkauf der patentierten Gegenstände aus[263].

Die Abgrenzung der Lizenz von der Rechtsübertragung ist entscheidend für die Frage der Klagebefugnis. Nur wenn es sich um eine Rechtsübertragung handelt, ist die selbständige Klagebefugnis gegeben[264]. Weder dem einfachen noch ausschließlichen Lizenznehmer steht diese Befugnis zu. Der ausschließliche Lizenznehmer kann lediglich gemeinsam mit dem Patentinhaber Klage erheben[265]. Das Recht zur Klagebefugnis des "assignee" wird damit begründet, daß die Übertragung, im Gegensatz zur Lizenz, nicht nur einen Verzicht enthält. Der Patentinhaber gibt sein Recht an den Erwerber weiter. Mit dieser Rechtsübertragung geht auch die Klagebefugnis über. Der Erwerber tritt an die Stelle des Patentinhabers. Diese Rechtssituation kann mit der des Patentkaufs im deutschen Recht verglichen werden[266]. Der Unterschied besteht nur darin, daß sich die Abgrenzung der Lizenz, insbesondere der ausschließlichen Lizenz, vom Patentkauf im deutschen Recht relativ einfach vornehmen läßt[267].

Aufgrund der Bedeutung der Abgrenzung der Lizenz von der Rechtsübertragung für die Klagebefugnis wird in der Literatur die Rechtsübertragung i.S.d. "assignment" als Einräumung eines positiven Rechts, die Rechtsübertragung i.S.d. "license" als Einräumung eines negativen Rechts gesehen; negativ eben deshalb, weil der Lizenznehmer nicht die Befugnis erhält, selbständig gegen Verletzer zu klagen[268]. Das lediglich "negative" Recht, das der ausschließliche Lizenznehmer im Vergleich zum "assignee" eingeräumt bekommt, ist abzugrenzen von dem negativen Wesen der Lizenz, die in dem Verzicht des Patentinhabers auf sein Ausschließungsrecht liegt[269].

Ob eine Rechtsübertragung oder eine Lizenz vorliegt, hat weiterhin Bedeutung für die Frage, ob der Übertragende die Wirksamkeit des Patents anzweifeln darf und ob gegen ihn eine Feststellungsklage bezüglich der Wirksamkeit des übertragenen Rechts erhoben werden kann[270]. Auch ergeben sich aus der Rechtsübertragung und Lizenz unterschiedliche Rechte und Pflichten.

Wie im deutschen Recht kommt es für die Abgrenzung im allgemeinen darauf an, ob ein voller Rechtsübergang gewollt ist und der Übertragende Inhaber des Patents werden soll,

---

263 Siehe Wilson v. Rousseau, 45 U.S. 4 How 646, 11 L.ed., 1141 (1152).

264 Vgl. Waterman v. MacKenzie, 138 US. 252, 34 L.ed., 923 (925); in De Luxe Game Corp. v. Wonder Products Co., 119 USPQ, 377 (379) wurde noch einmal ausrücklich darauf hingewiesen, daß der Patentinhaber für die Klageergebung entbehrlich ist.

265 1. Teil, B. II. 1. b).

266 Vgl. 1. Teil, B. I. 1. b) cc).

267 1. Teil, B. I. 1. b) cc).

268 Ellis, Treatise, S. 7.

269 Vgl. dazu 1. Teil, A. II. 3.

270 Eckstrom, Licensing Vol. 1, § 1.02 (2).

also an die Stelle des Patentinhabers tritt. Wird nur ein Teil des Patentrechts abgespalten, so handelt es sich um eine Lizenz:

> "A licensee is one who is not the owner of an interest in the patent, but who has by contract, acquired a right to make or use or sell a machine embodying the invention."[271]

Die bedeutendste Entscheidung zur Abgrenzungsproblematik in den USA ist die von Waterman v. MacKenzie aus dem Jahre 1891[272]. Danach liegt ein "assignment" vor, wenn entweder

1. das Patent im ganzen übertragen wird, einschließlich dem Recht zur Herstellung, Gebrauch und Verkauf der Erfindung in dem gesamten Gebiet der USA oder

2. ein in sich geschlossener Teil oder Anteil ("an undivided part or share") dieses exklusiven Rechtes oder

3. das exklusive Recht aus dem Patent innerhalb eines bestimmten Gebiets der USA[273].

Es gibt damit drei verschiedene Arten von Rechtsübertragungen: Vollrechtsübertragung, Teilrechtsübertragung und örtlich beschränkte Rechtsübertragung. Die örtlich beschränkte Rechtsübertragung wird oft auch als "grant" bezeichnet[274]. Liegt eine Vollrechtsübertragung oder örtlich beschränkte Rechtsübertragung vor, ist der "assignee" selbständig zur Klage befugt, während der "assignee" einer Teilrechtsübertragung nur Klage zusammen mit dem Patentinhaber erheben darf[275]. Der "assignee" einer Teilrechtsübertragung und ausschließlicher Lizenznehmer haben im US-amerikanischen Recht daher eine sehr ähnliche Rechtsstellung.

Der bedeutende Unterschied zwischen "assignee" und ausschließlichem Lizenznehmer ist aber, daß der "assignee" durch die Übertragung Eigentum am Patent[276] erhält, während der Lizenznehmer lediglich ein Benutzungsrecht am Patent eingeräumt bekommt, das noch dazu einen negativen Inhalt hat:

> "A licensee has no property in the patent. His right touches only the invention, and do not affect the monopoly of the patent, otherwise than estopping the licensor from exercising his prohibitory powers in derogation of the privileges conferred by the license."[277]

---

[271] Ellis, Treatise, S. 229.

[272] Waterman v. MacKenzie, 138 US. 252, 34 L.ed., 923 ff. (Berufung einer Entscheidung des Circuit Court of the United States for the Southern District of New York; die Entscheidung versagte Patentverletzung, einstweilige Verfügung, Rechnungslegung und Schadensersatz. Gegenstand der Entscheidung war ein Lizenzvertag und mehrere "assignments").

[273] Waterman v. MacKenzie, 138 US. 252, 34 L.ed., 923 (925).

[274] Preload Enterprises, Inc. v. Pacific Bridge Co., 83 USPQ, 336 (339).

[275] Waterman v. MacKenzie, 138 US. 252, 34 L.ed., 923 (925).

[276] Das deutsche Recht kennt im Gegensatz zum US-amerikanischen Recht kein Eigentum ("property") am Patent, sondern man spricht von der Inhaberschaft am Patent.

[277] Moto Meter Co. v. National Gauge & Equipment Co., 31 F.2d, S. 994 ff. (996).

Nach diesen Grundsätzen handelt es sich lediglich um eine Lizenz, wenn die Übertragung weniger beinhaltet als das gesamte Recht an der Erfindung, also weniger als die genannten Fälle[278]. Als Grund für die Annahme einer Lizenz in diesen Fällen wird angegeben, daß es nicht Absicht der Rechtsprechung sei, zu erlauben, daß aus einem Monopol durch Übertragung von Teilen dieses Monopols mehrere Monopole entstehen können, die sich zwischen mehreren Personen aufteilen. Eine solche Aufteilung würde unmittelbar zu Mißbräuchen führen. Verletze jemand das Patent, so würde er nicht nur einer Klage ausgesetzt sein, sondern jeder einzelne Inhaber eines Teilmonopols würde Klage erheben, so daß der Verletzer von Klagen und Schadensersatzansprüchen überhäuft würde. Das Patentrecht müsse deshalb bei allen Übertragungen, die nicht das gesamte Erfindungsrecht beinhalten, beim Patentinhaber bleiben. Als Konsequenz daraus sei weiterhin auch nur der Patentinhaber zur Klage befugt, die Klagebefugnis bleibe bei ihm[279]. Der Lizenznehmer kann ohne den Patentinhaber nicht gegen Verletzer vorgehen[280].

In Anwendung der von der Rechtsprechung entwickelten Grundsätze zur Abgrenzung liege nur dann eine Lizenz vor, wenn zwar ein Ausschließungsrecht für ein bestimmtes Gebiet gewährt wird, nicht aber gleichzeitig auch das Recht zum Gebrauch und Verkauf. Weiterhin dann, wenn dem Vertragspartner das Recht zur Herstellung und zum Gebrauch innerhalb eines bestimmten Gebiets eingeräumt wird, nicht aber auch das Recht zum Verkauf oder ausdrücklich nur das Recht zur Herstellung und zum Verkauf, der Gebrauch aber nicht erwähnt wird, auch wenn die Herstellungs- und Verkaufsbefugnis eigentlich auch ein Gebrauchsrecht implizieren kann[281]. Alle diese Fälle haben gemeinsam, daß sich der Patentinhaber ein Recht, und zwar ein "substantielles" Recht[282], vorbehält. Im einzelnen mag dabei die Feststellung sehr schwierig sein, daß sich der Pateninhaber ein bestimmtes Recht vorbehält, auch wenn dies nicht im Vertrag ausdrücklich vorgesehen ist und es im US-amerikanischen Recht anerkannt ist, daß die Rechte, die eine Lizenz gibt, implizit erweitert werden können. Die Entscheidung darüber richtet sich nach den Umständen des Einzelfalls[283]. Es ist dabei zu beachten, daß

---

278 Gayler et al. v. Wilder, 51 U.S.10 How., 13 L.ed., 493 (504); Moore v. Marsh, 74 U.S. 515, 7 Wall., 19 L.ed., 37 (39); Waterman v. MacKenzie, 138 US. 252, 34 L.ed., 923 (925); Kenyon v. Automatic Instrument Co., 160 F.2d, 878 (882).

279 Gayler et al. v. Wilder, 51 U.S.10 How., 13 L.ed., 493 (504); Preload Enterprises, Inc. v. Pacific Bridge Co., 83 USPQ, 336 (340).

280 Die gleiche Begründung wird im deutschen Recht für die Verneinung der Klagebefugnis des einfachen Lizenznehmers gegeben; dem ausschließlichen Lizenznehmer steht die Klagebefugnis zu, da die ausschließliche Lizenz in Deutschland, im Gegensatz zu der in den USA, dinglicher Art ist, vgl. 1. Teil, B. I. 1. b).

281 Waterman v. MacKenzie, 138 US. 252, 34 L.ed., 923 (926).

282 Adams v. Burks, 84 US. 453, 21 L.ed., 700 (703): "The right to manufacture, the right to sell and the right to use are each substantive rights, and my be granted or conferred seperately by the patentee".

283 Vgl. Deller, Walker on Patents, S. 1461; vgl. z.B. Westinghouse Electric & MfG. Co. v. Tri-City Radio E. Supply Co., 23 F.2d, 628 (631 f.).

sich der Inhalt eines Lizenzvertrages im Laufe der Vertragsdauer umgestalten kann, um mit den Absichten und Interessen der Vertragsparteien zum Zeitpunkt der Ausführung übereinzustimmen[284].

Ein weiterer Fall, bei der das Vorliegen eines "assignments" verneint wird, ist gegeben, wenn sich der Patentinhaber das Recht vorbehält, selber gegen Patentverletzungen vorzugehen[285]. Auch hier zeigt sich, daß der Patentinhaber nicht alle seine Rechte aufgibt, sondern seine Monopolstellung zu einem Teil noch behält. Andererseits kann nach der Rechtsprechung die vollständige und unwiderrufliche Rechtsübertragung nicht durch die Bestimmung der Parteien, die den Patentinhaber verpflichtet, auf eigene Kosten das Patent zu verteidigen, in eine Lizenz umgewandelt werden[286].

Für die Abgrenzung kommt es nicht auf die Bezeichnung an, sondern auf die rechtliche Wirkung, die die Parteien mit ihrer Handlung beabsichtigen. Die Auslegung der Wortwahl durch die Parteien ist entscheidend[287]. Der Grundsatz der "falsa demonstratio non nocet" gilt damit auch für das US-amerikanische Lizenzvertragsrecht[288].

In Anknüpfung an die Rechtsprechung wurde die Bestimmung, wann ein "assignment" und wann eine "license" vorliegt, in 35 USC § 261 aufgenommen. Dort ist auch geregelt, daß eine Rechtsübertragung - unabhängig von ihrer Art - schriftlich abgefaßt werden muß[289] und der Eintragung beim Patentamt bedarf. Dies ist für die Lizenz nicht erforderlich. Voraussetzung für das "assignment" ist auch, daß es entweder vom Patentinhaber selbst, seiner Rechtsnachfolger oder seinem rechtlichen Vertreter vorgenommen wird[290]. Es gibt auch unentgeltliche Rechtsübertragungen[291].

Nach den in der Entscheidung Waterman v. MacKenzie[292] aufgestellten Abgrenzungskriterien könnte man denken, daß es relativ einfach zu bestimmen ist, wann ein "assignment" und wann eine "license" vorliegt. In einzelnen Fällen ist es jedoch sehr schwierig, die Abgrenzung vorzunehmen. Es gibt eine Vielzahl von Fällen dazu, die hier im einzelnen nicht aufgeführt werden können. Die Rechtsprechung ist unübersichtlich und nicht immer einheitlich und nicht widerspruchsfrei, z.B. wurde in Etherington v.

---

[284] Siehe Westinghouse Electric & MfG. Co. v. Tri-City Radio E. Supply Co., 23 F.2d, 628 (632).
[285] Theberath v. Celluloid Manuf g Co., 3 F., 143 (147).
[286] De Luxe Game Corp. v. Wonder Products Co., 119 USPQ, 377 (379).
[287] Vgl. Lock Joint Pipe Co. v. Melber, 234 F., 319 (321 f.).
[288] Vgl. zu dem Grundsatz im deutschen Recht, Palandt-Heinrichs, § 133 Rn. 8.
[289] In F.A.R. Liquidating Corp. v. McGranery, 110 F.Supp., 580 (586) ist klargestellt, daß eine nicht schriftlich abgefaßte Übertragung ein wirksames "assignment" ist. Es hat jedoch nur Wirkung inter partes.
[290] Siehe McClaskey v. Harbison-Walker Refractories, 138 F.2d, 493 (500).
[291] In Ausnahmefällen kann von der für alle Verträge erforderlichen "consideration" (vgl. 1. Teil, D. II. 1. abgesehen werden, Petroleum Anchor Equipment, Inc. v. Tyra, 157 USPQ, 452 (454).
[292] Zum Sachverhalt s.o.

Hardee[293] bestimmt, daß jemand, der das exklusive Recht zur Herstellung, Gebrauch und Verkauf in einem bestimmten Gebiet vom Patentinhaber eingeräumt wurde und auch die Befugnis zur Unterlizensierung erhielt, nicht als "Patentinhaber" angesehen und ihm daher die selbständige Klagebefugnis versagt wurde[294]. Auch wird die Anwendbarkeit der "Waterman v. MacKenzie rule" für bestimmte Arten von Fällen kritisiert[295].

Zusammenfassend ist noch einmal hervorzuheben, daß für die Abgrenzung immer darauf abzustellen ist, ob der Patentinhaber alle seine Rechte am Patent abgeben will, der Empfänger mit dem übertragenen Recht also alle die Befugnisse erhält, die vorher dem Patentinhaber zustanden. ("It is an exclusive right to do everything that can be done with the patent right")[296]. Eine Rechtsübertragung liegt dann vor, wenn sie für das gesamte Gebiet oder einen Teil des Staatsgebiets ein ausschließliches Recht auf alle drei Befugnisse - Herstellung, Benutzung und Veräußerung - erteilt. Wichtiger Anhaltspunkt ist, ob sich aus der Vereinbarung ergibt, daß der Übertragende eine Klagebefugnis haben soll. Ein anderer Anhaltspunkt für das Vorliegen einer Rechtsübertragung und nicht einer Lizenz ist, daß die Gegenleistung bei ersterer in einer pauschalen Summe besteht, während die Lizenzgebühr sich meist nach dem Umfang der eingeräumten Befugnis richtet und in einer laufenden erfolgsabhängigen Zahlung besteht[297]. Auch spricht die Vereinbarung, in der der Empfänger verpflichtet wird, dem Übertragenden die Vergabe von Unterlizenzen mitzuteilen gegen eine Rechtsübertragung. Die Eintragung der "Übertragung" beim Patentamt ist ein Zeichen für das "assignment"[298].

e) Die Frage des Sukzessionsschutzes von einfacher und ausschließlicher Lizenz

Anders als in Deutschland ist die Frage des Sukzessionsschutzes in den USA nie umstritten gewesen. Obwohl im Recht der USA für die Lizenz die Verzichtstheorie gilt[299] und in den meisten Rechtsordnungen, in der die Verzichtstheorie den Inhalt der Lizenz bestimmt, für die wirksame Verteidigung der Lizenz gegen den gutgläubigen Erwerber eine Eintragung der Lizenzerteilung in ein öffentliches Register erforderlich ist

[293] 125 USPQ, 326 ff.

[294] Siehe auch weitere Fälle: Beatty Safway Scaffold Co. v. Up-Right, Inc., 134 USPQ, 379 (381); Preload Enterprises, Inc. v. Pacific Bridge Co., 83 USPQ, 336 (338); Mason City Tent & Awning Co. v. Clapper, 111 USPQ, 330 (339).

[295] Vgl. z.B. für Steuersachen, Benger Laboratories, Ltd. v. R. K. Laros Co., Inc., 124 USPQ, 45 (48); vgl. auch die neuste Entscheidung vom 7.2.1995 auf diesem Gebiet, Abbott Laboratories v. Ortho Diagnostics Systems, Inc., 33 USPQ2d., 1171 ff.

[296] Preload Enterprises, Inc. v. Pacific Bridge Co., 83 USPQ, 336 (339).

[297] Siehe Ellis, Treatise, S. 7; daß dies nur eine Anhaltspunkt ist, macht die Entscheidung, De Luxe Game Corp. v. Wonder Products Co., 119 USPQ, 377 (379) deutlich. Obwohl die Gegenleistung sich nach der Stückzahl der verkauften Produkte richtete, wurde ein "assignment" angenommen.

[298] Littlefield v. Perry, 21 Wall. 205, 22 L.ed. 577 (581).

[299] Vgl. zum negativen Inhalt der Lizenz in den USA 1. Teil, A. II. 3.

[300], ist es in den USA anerkannt, daß die Lizenz auch ohne Eintragungserfordernis gegen den Erwerber des Patents wirkt[301]:

> "a license is good against the world, whether it is recorded or not, and a purchaser of a patent takes it subject to all outstanding licenses"[302].

Dies gilt unabhängig davon, ob es sich um eine einfache oder ausschließliche Lizenz handelt. Der Erwerber muß sich selbst auf sein eigenes Risiko hin darüber informieren, ob Lizenzen an dem Patent bestehen[303].

Das Weiterbestehen einer Lizenz im Falle der Übertragung des Patents ergibt sich auch schon aus dem Grundsatz, daß eine zeitlich unbegrenzte Lizenz bis zum Ablauf des Patents weiterbesteht[304]. Die Lizenz wird nämlich als "implicitly coextensive in time and territory with patent" betrachtet[305].

2. Rechtsverkehr und Rechtsprechung als Grundlage der Vertragstypologie im US-amerikanischen Recht

Wie im deutschen Recht hat sich der Lizenzvertrag im US-amerikanischen Recht durch die Rechtsprechung entwickelt. Eine gesetzliche Regelung gibt es nicht. Im deutschen Recht war und ist es daher sehr problematisch, wie der Lizenzvertrag schuldrechtlich eingeordnet werden kann, um das anwendbare Recht für den Lizenzvertrag zu ermitteln[306]. Für die Praxis ist die Zuordnung jedoch nur beschränkt relevant, da durch Analogien Rechtsfolgen herbeigeführt werden können, die passende Lösungen bieten.

In den USA stellt sich die Problematik der Klassifizierung des Lizenzvertrages nicht. Im US-amerikanischen Rechtssystem sind die meisten Verträge nicht kodifiziert[307]. Dem US-amerikanischen Recht ist die Vertragstypologie, also die Einordnung eines Vertrages zu einem Vertragstyp wie sie in Deutschland z.B. mit dem Ziel vorgenommen wird, die Rechte und Pflichten für den einzuordnenden Vertrag von einem anderen typisierten Vertrag abzuleiten, fremd. Es gibt keine eigentümliche Dogmatik wie im deutschen Recht und anderen Rechtskreisen, die dem römischen Recht entstammen[308]. Aufgrund

---

[300] Vgl. z.B. für die Schweiz, Art. 34 III PatG.
[301] Siehe Jones v. Berger et al, 58 F., 1006 ff. (1007); Pratt v. Wilcox Manuf g Co., 64 F., 589 (592); Keystone Type Foundry v. Fastpress Co., 272 F., 242 (244); 69 CJS Patents § 248, 770; Rosenberger, GRUR 1983, 203 ff.
[302] Deller, Walker on Patents, S. 1491 m.w.N.
[303] Jones v. Berger et al, 58 F., 1006 ff. (1007).
[304] Siehe Edison Electric Light Co. v. Peninsular Light, Power & H. Co., 95 F., 669 (678); Skil Corp. v. Lucerne Products, Inc., 489 F.Supp., 1129 (1142/1144); 137 F2d, 728 (730); Cold Metal Process Co. v. United States Engineering & F. Co., 107 F2d, 27 (31); Libscomb, S. 115.
[305] Cold Metal Process Co. v. United States Engineering & F. Co., 107 F.2d., 27 (31).
[306] Vgl. 1. Teil, B. I. 2.
[307] Eine Ausnahme bildet der Uniform Commercial Code, vgl. 1. Teil, A. II. 1.
[308] Vgl. dazu auch Martinek, Bd. I., S. 8 f.

des unterschiedlichen Rechtssystems[309] besteht in den USA auch gar nicht die Notwendigkeit, die Rechtsnatur von Verträgen zu bestimmen und den Vertrag einem bestimmten Vertragstyp zuzuordnen, um das anwendbare Recht zu ermitteln. Auch für das kaum vertragsbezogene Antitrust-Recht ist die begriffliche Abgrenzung und Einordnung des Lizenzvertrages kaum von Bedeutung[310].

Die Regelungen, wonach sich der Lizenzvertrag richtet, und die Lösungen bestimmter Probleme werden durch Rechtsprechung und Rechtsverkehr aufgestellt und entwickelt. Wesen und Wirkungen des Lizenzvertrages werden ausschließlich durch Rechtsprechung und Rechtsverkehr bestimmt. Der vertraglichen Vereinbarung der Parteien über bestimmte Rechte oder Pflichten kommt aus diesem Grund besondere Bedeutung zu. Um als Vertragspartei sicherzugehen, daß bestimmte Wirkungen eintreten, sollte darüber eine Vereinbarung getroffen werden, um dies nicht Rechtsprechung und Rechtsverkehr zu überlassen. Die Vertragsparteien können sich also nicht wie im deutschen Recht auf eine bestimmte Regelung bei ähnlichen gesetzlich geregelten Vertragsarten verlassen, sondern haben als Grundlage nur Rechtsprechung und Rechtsverkehr[311].

Abgesehen davon, daß keine Notwendigkeit besteht, den Lizenzvertrag einem Vertragstyp zuzuordnen, ist es doch interessant zu sehen, daß die Rechtsprechung für die Lösung einzelner Probleme teilweise zu rechtlichen Instrumenten greift, die für andere Verträge entwickelt worden sind.

Beispielsweise wird bezüglich der Probleme bei den Lizenzgebühren in einer Entscheidung darauf hingewiesen, daß die Rechtsbeziehungen zwischen Vermieter und Mieter mit denen zwischen Lizenzgeber und Lizenznehmer vergleichbar sind:

> "Many of the decisions treat a licensor as a landlord, and a licensee as his tenant, who cannot dispute the title so long as he has the occupancy of the premises."[312]

In Folge dieser Feststellung wird die mietrechtliche "eviction rule" auf den Lizenzvertrag angewendet[313]. Die Eviktionstheorie besagt, daß im Falle der Besitzentziehung des Mieters der Anspruch des Vermieters auf die Mietzahlung erlischt. Dem Mieter ist damit der Nachweis erlaubt, daß ihm die durch den Vertrag eingeräumten Vorteile entzogen worden sind. Wird dies auf den Lizenzvertrag übertragen, ist der Lizenznehmer nicht

---

309 Vgl. zum US-amerikanischen Rechtssystems 1. Teil, A. II. 1.

310 Strohm, S. 82.

311 Vgl. zu den wichtigsten Vertragsklauseln 1. Teil, E. II. 2.

312 White v. Lee, 14 F., 789 (790); vgl. auch Wyne v. Allen, 112 USPQ, 405 (410); Barber Asphalt Paving Co., v. Headley Good Roads, 284 F., 177 ff. (178).

313 Wyne v. Allen, 112 USPQ, 405 (411); vgl. auch North Drive-in Theatre v. Park-In Theatres, 114 USPQ, 474 (476); White v. Lee, 14 F., 789 (790 f.); Mudgett et al. v. Thomas, 55 F., 645 (648 f.)

mehr verpflichtet, die Gebühren zu zahlen, wenn er nicht mehr vollständig das Patent benutzen kann, ihm also das Nutzungsrecht entzogen wird[314].

Auch bei der Doktrin der "Licensee Estoppel" zogen sowohl einzelstaatliche als auch Bundesgerichte ausdrücklich die Analogie zwischen den Rechtsbeziehungen des Lizenzgebers/Lizenznehmers und denen des Vermieters/Mieters. Danach war es wie dem Mieter auch dem Lizenznehmer verwehrt, bei einer Klage auf Lizenzgebühren den Rechtstitel des Lizenzgebers anzugreifen. Der Lizenznehmer durfte sich also beispieslweise nicht mit der Begründung verteidigen, daß die lizensierte Erfindung beispielsweise nicht neu sei[315]. Nicht nur US-amerikanische Gerichte, sondern auch englische Gerichte haben diese Analogie vorgenommen[316], [317]

Ein anderes Beispiel ist die Unterteilung von Haupt- und Nebenpflichten im Lizenzvertragsrecht und die Anordnung der Rechtsfolgen. Einige Entscheidungen verweisen dafür auf die Rechtspacht[318]. Auch ist in früheren Entscheidungen der Lizenznehmer teilweise als Pächter ("tenant") bezeichnet worden[319].

Im Gegensatz dazu kommt in anderen Entscheidungen zum Ausdruck, daß der Lizenzvertrag hinsichtlich einiger Aspekte ein Vertrag sui generis ist, er aber dem Kaufvertrag am nächsten kommt:

> "Of course a license under a patent is in some respects sui generis, but it can be more closely assimilated to a sale calling for delivery and payment in installments than to anything else."[320]

Diese miet- und pachtrechtlichen Analogien in den USA zeigen, daß auch in anderen Rechtskreisen die Lösung von Problemen im Pacht- bzw. Mietrecht auf den Lizenzvertrag passen. Geht man davon aus, daß der Lizenzvertrag eine durch die Interessenlage der Vertragsparteien gegebene sachlogische Struktur hat, so sprechen diese Analogien dafür, jedenfalls den einfachen Lizenzvertrag von den Prämissen des deutschen Rechts ausgehend der Rechtspacht zuzuordnen.

---

314 Vgl. zu der Problematik, die sich im Zusammenhang mit der Lizenzgebührenpflicht stellt 1. Teil, E. II. 1.

315 Vgl. z.B. die Entscheidung Platt v. Fire-Extinguisher Manuf g Co., 59 F., 897 (900 f.).

316 Vgl. Soltysinki, GRUR Int. 1974, S. 387 ff. (389) m.w.N.

317 Vgl. auch den Vergleich der Rechtsbeziehungen bei der Kündigungsmöglichkeit, Standard Appliance Co. v. Standard Equipment Co., 296 F., 456 (458).

318 Kauffman v. Raeder, 108 F., 171 (179) mit Bezug u.a. auf den Fall Central Appalachian Co v. Buchanan, 73 F., 1006 ff. Vgl. dazu 2. Teil, B. II. 1.

319 Vgl. Schmertz Wire Glass Co. v. Western Glass Co., 203 F., 1006 (1010).

320 National Foam System v. Urquhart, 103 F.Supp., 433 (435).

3. KAPITEL

C. Lizenzarten

I. DEUTSCHLAND

Es gibt sowohl in Deutschland als auch in den USA eine Vielzahl von verschiedenen Lizenzarten. Außer der bereits oben dargestellten einfachen und ausschließlichen Lizenz[1], die sich durch den Umfang der Befugnisse, die der Lizenzgeber behält, unterscheiden, gibt es beschränkte Lizenzen wie die Herstellungs-, Vertriebs-, Gebrauchs-, Betriebs-, Konzern-, Zeit-, Gebiets- und Quotenlizenz, die sich durch die übertragenen Befugnisse unterscheiden[2]. Eine weitere Lizenzart bildet die Unterlizenz. Die Zwangslizenz unterscheidet sich von diesen freiwilligen Lizenzen dadurch, daß sie nicht durch vertragliche Vereinbarung zustandekommt, sondern durch gerichtliches Urteil erlassen wird[3].

Alle diese verschiedenen Formen von Lizenzen enthalten jedoch eine typische Leistungspflicht: Der Lizenznehmer erhält die positive Befugnis zur Benutzung des Patents. Eine Ausnahme davon bildet die negative Lizenz, die häufig im Rahmen eines Patentstreits vereinbart wird. Diese beinhaltet lediglich einen Verzicht des Patentinhabers auf die Ausübung seines Verbotsrechts[4].

Die Darstellung der Lizenzarten ist für die Haftungsproblematik bedeutsam, da die Verschiedenheit der Arten auf einer unterschiedlichen, vom Lizenzgeber auferlegten Beschränkung beruht. Überschreitet der Lizenznehmer eine ihm zulässigerweise auferlegte Beschränkung, kann er sowohl vertraglich als auch möglicherweise patentrechtlich haften[5].

---

[1] Vgl. 1. Teil, B. I. a) und b).

[2] Gem. § 20 GWB sind Beschränkungen hinsichtlich Art, Umfang, Menge, Gebiet oder Zeit kartellrechtlich zulässig.

[3] Vgl. Benkard-Rogge, § 24 Rn. 21.

[4] Vgl. 1. Teil, A. I. 2.

[5] Vgl. 2. Teil, A. I. B. I.

1. Beschränkte Lizenzen

Grundsätzlich wird eine Lizenz unbeschränkt erteilt. Die Lizenzerteilung erfolgt allgemein für die Herstellung und den Vertrieb des Vertragsprodukts, wobei zum Vertrieb das Anbieten, Inverkehrbringen und Gebrauchen gehört[6]. Der Lizenznehmer erhält grundsätzlich im gleichen Umfang wie der Patentinhaber die Befugnisse aus § 9 PatG. Sowohl das einfache als auch das ausschließliche Benutzungsrecht kann aber unstreitig auch beschränkt übertragen werden[7]. Dies folgt aus dem Prinzip der Vertragsfreiheit[8]. Bezüglich der Beschränkung einer ausschließlichen Lizenz ist darauf zu achten, daß die Beschränkung an der grundsätzlich ausschließlichen Nutzungsbefugnis nichts ändern darf, da andernfalls dem Vertrag der Charakter der Ausschließlichkeit genommen wird[9].

Wirtschaftlich gesehen sind die Unterscheidungen in Herstellungs- und Vertriebslizenz, örtliche Beschränkungen und ähnliches für die Industrie oft viel bedeutender als die Einteilung in ausschließliche und einfache Lizenzen. Ausschließliche und einfache Lizenzen geben lediglich darüber Auskunft, ob es neben dem Lizenznehmer noch weitere Lizenznehmer geben kann, und ob die Lizenz bei Übertragung des Patents wirksam bleibt[10]. Wirtschaftlich kann die Ausschließlichkeitsfunktion der Lizenz zwar Bedeutung haben, sie kann aber je nach Vertragsinhalt und den tatsächlichen Marktverhältnissen auch völlig wertlos sein[11].

Ist eine beschränkte Lizenz erteilt, so ist nach Lage des einzelnen Falles durch Auslegung[12] der Umfang der Befugnis des Lizenznehmers zur Benutzung des Patents zu ermitteln. Es ist dabei auf den wirtschaftlichen Zweck des Vertrages abzustellen[13] und darauf was die Vertragsparteien vernünftigerweise gewollt haben. Der Wortlaut der Vereinbarung spielt hingegen eine untergeordnete Rolle[14].

Bei den folgenden Beschränkungen, die der Lizenzgeber seinem Lizenznehmer auferlegen kann, ist zu beachten, daß die Vertragsfreiheit bezüglich der Beschränkungen

6 Vgl. Lüdecke/Fischer, S. 407.
7 Siehe Tetzner, Erschöpfung des Patentrechts, NJW 1962, 2033 (2036); Beschränkungen unterschiedlicher Art können auch nebeneinander bestehen, vgl. BGH GRUR 1961, 27 ff. - "Holzbauträger" für den Fall einer räumlich begrenzten Herstellunglsizenz.
8 BGH GRUR 1959, 200 (202) - "Heiligenhof" (s.o.); Benkard-Ullmann, § 15 Rn. 35; vgl. zur Vertragsfreiheit 1. Teil, D. I. 1. a).
9 RG v. 17.3.1934 GRUR 1934, 306 ff. (307).
10 Siehe zu den Fragen 1. Teil, B. I. 1.
11 Pinzger, GRUR 1938, 148 (151).
12 Siehe zur Auslegung des Lizenzvertrages 1. Teil, D. I. 2.
13 Knap, GRUR Int. 1973, 225 (228)
14 Kent, S. 653.

durch das Gesetz gegen Wettbewerbsbeschränkungen eingeengt ist[15]. Beschränkungen hinsichtlich Art, Umfang, Menge, Gebiet und Zeit der Ausübung der Lizenz sind jedoch kartellrechtlich zulässig[16]. Es handelt sich dabei um schuldrechtliche Abmachungen, die die patentrechtlichen Befugnisse des Lizenznehmers nicht berühren.

a) Herstellungs-, Vertriebs- und Gebrauchslizenz

Neben der Beschränkung des sachlichen Anwendungsbereichs der Lizenz kann die Beschränkung der Lizenz auf eine Benutzungsart erfolgen. Die Lizenz ist dann entweder eine Herstellungs-, Vertriebs- oder Gebrauchslizenz.

aa) Die Herstellungslizenz

Die Herstellungslizenz gestattet dem Lizenznehmer, den Gegenstand der Erfindung herzustellen. Der Begriff der Herstellung umfaßt dabei die gesamte Tätigkeit der Schaffung des Produkts, d.h. jeden einzelnen Tätigkeitsakt bis zur Vollendung[17]. Gleichgültig ist, ob der Lizenznehmer den Gegenstand selber herstellt oder sich dazu eines Dritten bedient[18]. Bloße Vorbereitungshandlungen fallen nicht unter die Herstellung[19]. Ist ein Verfahren Vertragsgegenstand[20], so wird dem Lizenznehmer gestattet, das Verfahren anzuwenden, also nach dem Verfahren zu arbeiten. Falls das Verfahren der Herstellung von Erzeugnissen dient, so dürfen diese produziert werden[21]. Oft wird mit einer Herstellungslizenz die Pflicht des Lizenzgebers verbunden, die Erzeugnisse abzunehmen. Auch kommt es vor, daß der Lizenznehmer verpflichtet wird, die Rohstoffe vom Lizenzgeber zu beziehen, wobei jedoch die Zulässigkeit einer solchen Verpflichtung nach Kartellrecht untersucht werden muß[22].

Da die Befugnis allein zur Herstellung die sinnlose Folge hätte, daß der Lizenznehmer die hergestellten Produkte nicht gebrauchen oder vertreiben, sondern sie lediglich lagern und

---

15 Siehe dazu 1. Teil, D. I. 1. a) aa).

16 Kellermann, Einfluß des GWB, GRUR 1959, 569 (572); Klauer/Möhring, Anhang zu § 9 Rn. 21-25 m.w.N.

17 Henn, S. 78, Benkard-Bruchhausen, § 9 Rn. 31; Klauer/Möhring, § 9 Rn. 92 m.w.N.

18 BGH GRUR 1958, 179 (182) - "Resin"; OLG Karlsruhe GRUR 1982, 295 (299) - "Rollwagen".

19 BGH GRUR 1987, 626 ff. (627) - "Rundfunkübertragungssystem"; siehe zu den Vorbereitungshandlungen in Abgrenzung zur Herstellung, Klauer/Möhring, § 6 Rn. 92; Tetzner, Verletzung, GRUR 1980, 882 ff. (883).

20 Siehe zur Ermittlung des Gegenstandes eines lizenzierten Herstellungsverfahrens ist, BGH GRUR 1979, 768 ff. (769).

21 Lüdecke/Fischer, S. 406.

22 Siehe dazu 1. Teil, E. I. 2. s).

zum eigenen Verbrauch bestimmen dürfte, muß durch Auslegung - unter Berücksichtigung des Sinn und Zwecks des Vertrages - ermittelt werden, ob nicht die Befugnis zu einer anderen Benutzungsart eingeschlossen ist[23]. Regelmäßig wird in der Herstellungslizenz zugleich eine Gebrauchs- oder Vertriebslizenz oder beides gesehen[24]. Die Bezeichnung als Herstellungslizenz ist daher zum Teil ungenau und verwirrend.

Andererseits kann die Vertragsauslegung auch ergeben, daß die Lizenzerteilung auf die bloße Herstellung beschränkt ist. In der Literatur wird dies als "verlängerte Werkbank" bezeichnet[25], da der Lizenzgeber das Produkt beim Lizenznehmer herstellen läßt, wenn er nicht selbst über die notwendigen Produktionskapazitäten verfügt oder seine Herstellungskosten erheblich höher sind als die des Lizenznehmers.

(a) Abgrenzung der Herstellungslizenz vom Lohnfertigungsvertrag

Abzugrenzen ist die bloße Herstellungslizenz im Sinne der "verlängerten Werkbank" vom Lohnfertigungsvertrag[26], der kein Lizenzvertrag ist. Die Abgrenzung hat Bedeutung für die kartellrechtliche Beurteilung der Verträge. Wenn es sich um einen Lohnfertigungsvertrag handelt, so stellt sich nach deutschem Kartellrecht die Frage, ob auf diesen Vertrag die kartellrechtlichen Bestimmungen des § 20 GWB über Lizenzverträge oder aber die des milderen §18 GWB anzuwenden sind[27].

Grundsätzlich liegt ein Lohnfertigungsvertrag dann vor, wenn ein Auftrag zur Herstellung patentgeschützter Gegenstände erteilt worden ist, eine über dieses Vertragsverhältnis hinausgehende Herstellungslizenz jedoch nicht eingeräumt wird[28]. Als Abgrenzungskriterien dienen die Ermittlung des Herstellungsinteresses und die Bezahlung. Liegt das Herstellungsinteresse wirtschaftlich beim Lizenzgeber oder richtet sich die Bezahlung nach Zeit- und Lohnaufwand, handelt es sich um einen Lohnfertigungsvertrag. Wenn das Herstellungsinteresse hingegen beim Lizenznehmer

---

[23] Tetzner, NJW 1962, S. 2033 ff. (2034); Rasch, S. 88.
[24] RG v. 26.2.1916, GRUR 1916, 178 (180); Kent, S. 652; Lüdecke/Fischer, S. 407, Rasch, S. 88; Stumpf/Groß, Rndnr. 26; Krausse/Kathluhn/Lindenmaier, § 9 Rn. 33; Benkard-Ullmann, § 15 Rn. 38.
[25] Henn, S.75.
[26] Der Lohnfertigungsvertrag ist Werkvertrag (§ 631 BGB), wenn er nur eine Bearbeitung beinhaltet; er ist Werklieferungsvertrag (§ 651 BGB), wenn er auf das Herstellen und Liefern gerichtet ist.
[27] Siehe dazu Paul, NJW 1963, 2249 ff.; BGH DB 1967, 346 (347) -. "Autodachzelt" (Klage auf Unterlassung der Benutzung einer patentgeschützten Vorrichtung).
[28] BGH GRUR 1959, 528 ff. (528) - "Autodachzelt" (s.o).

liegt und sich die Gebühren nach Fertigungsstücken bemessen, liegt ein Lizenzvertrag vor[29].

Die Abgrenzung kann sich jedoch im Einzelfall äußerst schwierig gestalten, da die Möglichkeit besteht, daß sich beide Verträge z.B. dann außerordentlich nahekommen, wenn der Patentinhaber einen Prototyp entwickelt hat, einem Dritten eine Fabrikationslizenz dafür gibt und ihn dann aber verpflichtet, die gesamte Produktion an den Lizenzgeber zu liefern. Trotz Ähnlichkeiten kann der Vertrag auch nicht als ein aus den Merkmalen des Lohnfertigungs- und Lizenzvertrages bestehender gemischter Vertrag beurteilt werden[30]. Lohnfertigungsvertrag und Herstellungslizenzvertrag weisen vielmehr charakteristische, nicht zu übersehende Unterschiede auf, die eine unterschiedliche Rechtsnatur der Verträge rechtfertigen[31].

Während beim Lizenzvertrag Lizenz und Lizenzgebühr einander als Hauptleistung gegenüberstehen, sind dies beim Lohnfertigungsvertrag Lieferung und Zahlung. Beim Herstellungslizenzvertrag scheint zwar das Synallagma von Lizenz und Lizenzgebühr aufgehoben zu sein, da der Lizenzgeber dem Lizenznehmer aus praktischen Berechnungsgründen[32] keine Lizenzgebühr in Rechnung stellt, wenn der Lizenznehmer verpflichtet ist, die nach der Lizenz hergestellten Produkte an den Lizenzgeber zu liefern. Dennoch ändert sich dadurch der synallagmatische Charakter des Herstellungslizenzvertrages nicht. Weiterhin wird durch die Lizenz dem Lizenznehmer zum einen gestattet, das Schutzrecht zu benutzen (negative Lizenz), wobei diese Gestattung mit der Verpflichtung des Lizenzgebers verbunden ist, von seinem Verbietungsanspruch keinen Gebrauch zu machen. Zum anderen wird dem Lizenznehmer zusätzlich auch eine positive Benutzungsbefugnis eingeräumt[33]. Die Verpflichtung beim Lohnfertigungsvertrag, den Gegenstand nach den Schutzrechten des Auftraggebers herzustellen, setzt zwar auch Gestattung voraus, jedoch hat diese Gestattung mit der Lizenz nur die negative Seite gemeinsam, indem sie die Rechtswidrigkeit des Eingriffs in das Patent ausschließen. Sie räumt der Fertigungsfirma dagegen nicht auch die positive Befugnis zur Benutzung ein[34]. Vielmehr ist dieser verpflichtet, den geschützten Gegenstand herzustellen und zu liefern[35]. Hinzu kommt, daß der auftrags- und

---

29 Henn, S. 75.

30 Vgl. BGH DB 1967, 346 ff. (347) -" Schweißbolzen"; BGH GRUR 1959, 528 (531) - "Autodachzelt" (s.o.); vgl. zum gemischten Vertrag in Abgrenzung zum Lizenzvertrag 1. Teil, B. I. 2. b).

31 Paul, NJW 1963, 2249 (2250).

32 Verzichtet der Lizenznehmer auf die Forderung einer Lizenzgebühr, so kann der Lieferpreis des Lizenznehmers um die weggefallene Herstellungslizenzgebühr geringer sein, Paul, NJW 1963, 2249 (2251).

33 Vgl. 1. Teil, A. I. 2.

34 Vgl. Paul, NJW 1963, 2249 (2252).

35 Siehe Paul, NJW 1963, 2249 (2253).

pflichtgemäße Eingriff in eine fremde Sache oder ein Recht ein rechtmäßiges Handeln, aber keine Benutzung darstellt.

Zudem ist es im Gegensatz zum Herstellungslizenzvertrag unwesentlich, ob der herzustellende Gegenstand beim Lohnfertigungsvertrag durch ein Patent geschützt ist. In subjektiver Hinsicht liegt ein Unterschied auch darin, daß der Lohnfertigungsvertrag nicht einmal die Kenntnis des Werkunternehmers über das Bestehen des Patents voraussetzt.

Darüber hinaus ist die wirtschaftliche Lage des Lizenznehmers eine andere als die des Bestellers eines Werkes. Der Lizenznehmer trägt das mit der Verwertung des Lizenzgegenstandes verbundene, teilweise beträchtliche, wirtschaftliche Risiko[36] grundsätzlich allein, da der Lizenzgeber nach einhelliger Meinung in Rechtsprechung und Schrifttum nicht für die kommerzielle Verwertbarkeit haftet[37]. Der Lohnfertiger trägt dagegen diese Risiken nicht. Ihm fallen auch keine Entwicklungskosten[38] an, da der Besteller die Konstruktionszeichnungen und auch oft einen Prototyp zur Verfügung stellt. Daher wird der Lieferpreis des Lohnfertigers unter dem des Lizenznehmers liegen[39].

Da diese Vielzahl rechtlicher und wirtschaftlicher Unterschiede nach außen oft nicht erkennbar ist, wird mit Hilfe der Auslegungskriterien und einer Gesamtwürdigung des Vertrages eine Abgrenzung vorgenommen werden müssen. Ergibt die Auslegung, daß eine Herstellungslizenz vorliegt, ist dem Lizenznehmer bei der bloßen Befugnis zur Herstellung nicht gestattet, das Produkt zu vertreiben. Er liefert es ausschließlich an den Lizenzgeber, der sich im Vertrag in der Regel zu einer Abnahme verpflichtet[40]. Häufig wird dem Lizenznehmer aber auch in diesem Fall eine Gebrauchslizenz zur eigenen Benutzung eingeräumt[41].

(b) Die Entwicklungslizenz

Eine besondere Art der Herstellungslizenz ist die Entwicklungslizenz[42]. Der Lizenznehmer erhält die Berechtigung, den Gegenstand der Lizenz weiterzuentwickeln.

---

36 Siehe zum Risiko, 1. Teil, B. I. 2. a).
37 Stumpf/Groß, Rndnr. 330; Henn, S. 171 m.w.N.; siehe auch 1. Teil, B. I. 2. a).
38 Der Lizenznehmer muß aus den Patentschriften und Zeichnungen den Prototyp entwickeln und sich das Know-how zur Anfertigung verschaffen.
39 Siehe Paul, NJW 1963, 2249 (2254).
40 Vgl. zu den Rechtsfolgen, wenn der Lizenzgeber seiner Abnahmeverpflichtung nicht nachkommt, BGH GRUR 1959, 528 (531) - "Autodachzelt"(s.o.); Stumpf/Groß, Rndnr. 33.
41 Vgl. Henn, S. 75 f.
42 Davon abzugrenzen ist der Entwicklungsauftrag, vgl. Pagenberg/Geissler, S. 362.

Auf diese Weise teilt sich der Lizenzgeber die hohen Entwicklungskosten mit dem Lizenznehmer[43].

bb) Die Vertriebslizenz

Bei der Vertriebslizenz[44] darf der Lizenznehmer die patentierte Ware nur vertreiben, d.h. sie feilhalten, inverkehrbringen, verkaufen und an den Käufer liefern. Der Lizenznehmer ist dagegen nicht zur Herstellung befugt. Dies nimmt vielmehr der Lizenzgeber oder auch ein anderer Lizenznehmer vor, der eine bloße Herstellungslizenz eingeräumt bekommen hat, wobei die Auslieferung ab Lager des Herstellers erfolgt[45].

Das Anbieten bzw. Feilhalten[46] ist eine Handlung, die Dritte anregen soll, ein Erzeugnis oder Verfahren zum Eigentum oder zur Benutzung zu erwerben[47].

Der Begriff des Inverkehrbringens umfaßt jede Tätigkeit, durch den das patentierte Produkt tatsächlich in die Verfügungsgewalt einer anderen Person übergeht[48]. Inverkehrbringen liegt aber nicht bei einer Durchfuhr einer Ware vom Ausland ins Ausland vor[49].

(a) Lehre von der Erschöpfung des Patentrechts

Beim Inverkehrbringen ist die Lehre von der Erschöpfung des Patents zu beachten. Die Lehre besagt, daß:

> "eine Sache, in der sich ein geschützter Erfindungsgedanke verkörpert, den Verbietungsrechten des Schutzrechtsinhabers nicht mehr unterliegt, wenn sie von diesem oder von einem hierzu ermächtigten Dritten in den Verkehr gebracht wird"[50].

---

43 Vgl. Henn, S. 71 ff.

44 Sie wird auch Verkaufs- oder Handelslizenz genannt, vgl. Krausse/Kathlun/Lindenmaier, § 9 Rn. 33.

45 Siehe Klauer/Möhring, § 9 Rn. 56.

46 Der Begriff des Feilhaltens bedeutet "zum Verkauf/Kauf anbieten", BGH GRUR 1960, 423 (425) - "Kreuzbodenventilsäcke".

47 Vgl. Benkard-Bruchhausen, § 9 Rn. 42; siehe auch BGH GRUR 1960, 423 ff. - "Kreuzbodenventilsäcke"; siehe zu dem wichtigsten praktischen Fall des Feilhaltens, das schriftliche Lieferangebot, Tetzner, Verletzung, GRUR 1980, 882 (899).

48 Benkard-Bruchhausen, § 9 Rn. 43.

49 BGH GRUR 1957, 231 (234) - "Taeschner"; siehe zu der Problematik auch Tetzner, Verletzung, GRUR 1980, 882 (885).

50 BGH GRUR 1980, 38 ff. (39) - "Fullplastverfahren; vgl. auch BGH GRUR 1951, 449 (452) - "Tauchpumpensatz"; BGH GRUR 1975, 206 ff. (207) -"Kunststoffschaumbahnen"; BGH GRUR 1997, 116 ff. - "Prospekthalter". Blum, Grenzen GRUR 1932, S. 1 ff. (11); Tetzner, Erschöpfung des Patentrechts, GRUR 1962, 2033 ff.; siehe zur Frage wann Import und Export ein Inverkehrbringen darstellen, Henn, S. 80.

Zu dem Zeitpunkt, in dem der Patentinhaber den patentierten Gegenstand abgibt, d.h. durch Verkauf, Übergabe oder Übereignung, endet das Recht des Patentinhabers, anderen den Gebrauch und den Verkauf der Sache verbieten zu können. Die Sache wird dadurch "frei von dem Patent".

Aufgrund dieser Lehre ist es bedeutsam, daß der Lizenznehmer bei der Vertriebslizenz die Ware ab Lager des Herstellers anbietet und verkauft. Andernfalls hätte der Hersteller bei einer Lieferung der Ware an den Lizenznehmer zum Zwecke des Vertriebes diese schon in den Verkehr gebracht, womit eine Vertriebslizenz für den Lizenznehmer wertlos wäre.

Fraglich ist, inwieweit der Lizenznehmer befugt ist, Dritte einzuschalten. Die Grenze der Befugnis zur Einschaltung Dritter liegt in der Übertragung seiner Rechte aus dem Lizenzvertrag und der Erteilung von Unterlizenzen[51]. Der Lizenznehmer darf aber eigene Angestellte einsetzen, Handelsvertreter beauftragen und sich der Hilfe anderer Unternehmen bedienen, die seine eigene Tätigkeit lediglich vorbereiten und unterstützen[52].

(b) Abgrenzung der Vertriebslizenz vom Vertriebsvertrag

Die Vertriebslizenz ist abzugrenzen von einem gewöhnlichen Vertriebsvertrag. Bedeutung hat die Abgrenzung für die Frage der Zuständigkeit der Gerichte und der Anwendung kartellrechtlicher Vorschriften[53]. Ein Lizenzvertrag liegt nach der Rechtsprechung dann vor, "wenn die Übertragung der Rechte aus der Erfindung im Vordergrund steht, während ein gewöhnlicher Vertriebsvertrag regelmäßig nur bestimmte Warenlieferungen und die Einräumung eines Alleinverkaufsrechts für einen bestimmten Bezirk zum Gegenstand hat"[54]. Indizien bilden die Bezeichnung Lizenzgebühr anstelle Lieferpreis und die Tatsache, daß im Vertrag zwischen Lizenzgeber und Lizenznehmer die Befugnis zur Erteilung von Unterlizenzen ausgeschlossen ist, da davon ausgegangen werden kann, daß sich der Lizenznehmer im Rahmen seines Lizenzvertrages halten will.

Der Lizenznehmer einer Vertriebslizenz hat das Recht, Erzeugnisse, die zur Zeit des Vertrages noch vorhanden sind, zu verkaufen (sog. Auslaufrecht)[55].

---

51 Siehe zu den Unterlizenzen im deutschen Recht, 1. Teil, C. I. 3.
52 Vgl. Kent, S. 652; Stumpf/Groß, Rndnr. 27.
53 OLG Stuttgart GRUR 1957, 121 ff. (122).
54 OLG Stuttgart GRUR 1957, 121 ff. (122).
55 BGH GRUR 1959, 528 (531) - "Autodachzelt"m.w.N (s.o.).

(c) Die Einfuhr- und Ausfuhrlizenz

Zu der Vertriebslizenz gehört auch die Einfuhr- und Ausfuhrlizenz[56]. Die Einfuhrlizenz ist dann erforderlich, wenn das zu importierende Produkt im Inland patentgeschützt ist. Die Ausfuhrlizenz wird dann benötigt, wenn das Produkt im Ausland patentgeschützt ist[57].

cc) Die Gebrauchslizenz

Die Gebrauchslizenz gibt dem Lizenznehmer die Befugnis, den patentierten Gegenstand i.S.d. § 9 PatG zu gebrauchen, wobei unter Gebrauch die Anwendung oder Benutzung des patentierten Erzeugnisses oder Verfahrens zu verstehen ist[58]. Hierbei ist jedoch wieder zu beachten, daß dann kein Raum für die Gebrauchslizenz bleibt, wenn das Produkt bereits in den Verkehr gebracht, also patentfrei geworden ist[59]. Ist das Patent veräußert worden, so bedarf der Erwerber nicht zusätzlich noch einer Gebrauchslizenz, da die Veräußerung das Recht des Gebrauchs beinhaltet[60]. Dies ergibt sich auch dann, wenn ausdrückliche Vereinbarungen im Kaufvertrag darüber fehlen. Nach der Rechtsprechung ist aber ungeachtet hiervon der Inhaber eines Verfahrenspatents, der eine Vorrichtung veräußert, mit deren Hilfe das geschützte Verfahren ausgeübt werden kann, nicht daran gehindert, vom Erwerber eine Lizenzgebühr für die Benutzung des geschützten Verfahrens zu fordern[61].

---

56 Krausse/Kathlun/Lindenmaier, § 9 Rn. 33; siehe auch schon Kohler, Handbuch, S. 523.

57 Besonderheiten ergeben sich im Gemeinsamen Markt dann, wenn das Lizenzerzeugnis in mehreren Ländern durch parallele Patente geschützt ist, da aus kartellrechtlichen Gründen die Lizenzprodukte mitunter auch ohne Ausfuhrlizenz in andere Mitgliedsstaaten geliefert werden dürfen; vgl. zu der Problematik Stumpf/Groß, Rndnr. 30; nach Hans. OLG Hamburg GRUR 1987, 899 (900) - "Verbandsmaterial" ergibt sich "aus dem Umstand, daß ein Unternehmen eine Lizenz an US- und kanadischen Patenten eingeräumt hat, nicht, daß sie mit der Lieferung der danach hergestellten Waren in EG-Mitgliedsländer einverstanden wäre, in denen kein Patentschutz besteht"; vgl. zu der Problematik des Imports und Exports in den USA, Chisum, Treatise Vol.4, § 16.05 (3).

58 Benkard-Bruchhausen, § 9 Rn.45.

59 Lehre von der Erschöpfung des Benutzungsrechts, siehe bereits 1. Teil C. I. 1. a) bb) (a).

60 So schon RG v. 4.10.1938, S. 184 (187) Robolski, S. 234; dies wurde damals teilweise als "stillschweigende Lizenz" bezeichnet, Seligsohn, S. 173; Kohler, Handbuch, S. 513; dies ergibt sich aus dem Zweck eines Veräußerungsvertrages, BGH GRUR 1980, 38 ff. (39) - "Fullplastverfahren".

61 BGH GRUR 1980, 38 ff. (39) - "Fullplastverfahren".

b) Betriebs- und Konzernlizenz

Die Lizenz kann auch unternehmensbezogen erteilt werden. Die Lizenz ist dann entweder Betriebs- oder Konzernlizenz. Davon abzugrenzen ist die personengebundene Lizenz (persönliche Lizenz).

aa) Die Betriebslizenz

Die Betriebslizenz wird durch entsprechende vertragliche Vereinbarung begründet. Durch Auslegung muß ermittelt werden, was die Vertragsparteien unter dem Begriff "Betrieb" verstehen, wobei in der Regel davon ausgegangen werden kann, daß das wirtschaftliche Unternehmen und nicht eine einzelne Fabrik oder Werkstatt gemeint ist[62]. Da die genaue Begriffsbestimmung des Betriebs von erheblicher Bedeutung ist, wird dazu geraten, dem amerikanischen Vorbild folgend, eine Definition in den Vertrag aufzunehmen, was unter "Betrieb" zu verstehen ist[63]. Eine andere wichtige Frage, deren Klärung im Vertragstext vorteilhaft ist, betrifft den Umfang der Befugnis des Lizenznehmers zur Vornahme von Erweiterungen oder Veränderungen in seinem Betrieb. Auch dies ist durch Auslegung im Zusammenhang mit dem Betriebsbegriff zu ermitteln. Im Zweifel ist aber gerade dann, wenn die Lizenzgebühren sich nach einer Stücklizenz messen, die Betriebserweiterung von der Lizenz umfaßt[64].

Aus einer Betriebslizenz kann im Zweifel keine Unterlizenz[65] vergeben werden[66]. Die Betriebslizenz weist jedoch die Besonderheit auf, daß sie übertragen werden kann[67]. Aufgrund der Bindung der Lizenz an ein Unternehmen kann die Betriebslizenz auch nur zusammen mit dem Unternehmen veräußert werden[68]. Der Bestand der Betriebslizenz ist an die Aufrechterhaltung des Betriebs gebunden. Sie erlischt zwar noch nicht bei Eröffnung des Konkursverfahrens oder der Einstellung des Gewerbebetriebs durch den Konkursverwalter, sondern nach Verteilung der Masse und völliger Mittellosigkeit des

---

[62] Lüdecke/Fischer, S. 398.

[63] Definitionen befinden sich in den USA meist am Anfang des Lizenzvertrages, 1. Teil, E. II. 2. b) cc).

[64] Lüdecke/Fischer, S. 399 ff.; bei einer Teilung oder Veräußerung des Betriebes darf aber weder die Lizenz vervielfältigt werden noch sich deren Inhalt wesentlich erweitern, Klauer/Möhring, § 9 Rn. 52 m.w.N.

[65] Siehe dazu 1. Teil, C. I. 3.

[66] Benkard-Ullmann, § 15 Rn. 39.

[67] Weder einfache noch ausschließliche Lizenzen sind durch Verkauf übertragbar, vgl. 1. Teil, C. I. 2.

[68] So schon RG v. 16.11.1929 GRUR 1930, 174 ff. (175); RG v. 26.10.1931, GRUR 1932, S. 175 ff. (177); Pietzcker, § 6 Rn. 25; Kent, S. 646, der darauf Aufmerksam macht, daß bei der Übertragung zu beachten ist, daß sie nicht stillschweigend mit dem Betrieb übergeht, sondern es einer darauf gerichteten Erklärung bedarf; der Lizenznehmer ist oft daran interessiert, die Lizenz in einem neuen Betrieb zu benutzen.

Gemeinschuldners[69]. Die Wiederaufnahme des Betriebs läßt die Betriebslizenz aber nicht wieder aufleben[70].

Von der Betriebslizenz ist die personengebundene Lizenz (persönliche Lizenz) zu unterscheiden, die unübertragbar und damit auch unvererblich ist[71]. Die oft schwer vorzunehmende Abgrenzung[72] ist von Bedeutung, da der Inhaber einer persönlichen Lizenz auch nach Aufgabe des Betriebes weiterhin die Lizenz in einem neuen Betrieb benutzen kann. Auch der Wille zum Abschluß einer persönlichen Lizenz muß im Vertrag zum Ausdruck kommen.

bb) Die Konzernlizenz

Die Konzernlizenz ist wirtschaftlich von großer Bedeutung. Durch sie werden die Nutzungsberechtigten auf die dem Unternehmen konzernmäßig verbundenen Unternehmen ausgedehnt. Die Konzernlizenz stellt damit eine Alternative zur Vergabe einer Unter- oder Nachbaulizenz dar, die den gleichen Zweck erfüllt[73]. Hierbei ist es wichtig, den Kreis der verbundenen Konzerngesellschaften im Vertrag genau festzulegen, wie das im amerikanischen Recht grundsätzlich praktiziert wird.

c) Zeit-, Gebiets- und Quotenlizenz

Die Lizenz kann patentrechtlich außerdem zeitlich, territorial oder mengenmäßig beschränkt werden.

aa) Die Zeitlizenz

Wenn nichts anderes vereinbart ist, wird der Lizenzvertrag grundsätzlich für die Dauer des Patents abgeschlossen[74]. Grund dafür ist, daß der Lizenznehmer nach Ablauf des Patents gegenüber Mitbewerbern keine Vorzugsstellung mehr einnimmt. Bei einer zeitlich begrenzten Lizenz endet diese von selbst mit dem Ablauf der Frist. Der Lizenznehmer ist im Zweifel aber berechtigt, auch nach Fristablauf die innerhalb der

---

69 RG v. 2.5.1939 GRUR 1939, 963 ff. (964); in RG v. 26.10.1931 GRUR 1932, 175 (178) erlischt sie bei Auflösung des Betriebes, bzw. Betriebsuntergang; die Betriebslizenz ist zudem unpfändbar, RG v. 26.10.1931 GRUR 1932, 175 (177).

70 RG v. 2.5.1939 GRUR 1939, 963 (965).

71 Klauer/Möhring, § 9 Rn. 52; Benkard-Ullmann, § 15 Rn. 39.

72 Siehe dazu Lüdecke/Fischer, S. 397; Kent, S. 646.

73 Henn, S. 98.

74 RG v. 16.11.1929 GRUR 1930, 174 ff. (174); BGH GRUR 1980, 750 (751) - "Pankreaplex II"

Lizenzzeit hergestellten Produkte zu veräußern, wenn sich die Produktion im gewöhnlichen Rahmen hält und dieses Recht nicht mißbraucht wird (sog. Auslaufrecht)[75]. Im Gegensatz zur früheren Rechtsprechung[76] sind Vereinbarungen, die über die Zeit nach Beendigung des Patentrechts hinausgehen - wie in den USA - unzulässig, weil diese eine zeitliche Ausdehnung des Schutzrechts gegenüber dem Lizenznehmer und damit eine Wettbewerbsbeschränkung darstellen. Dies gilt sowohl für das deutsche als auch für das europäische Recht[77]. Eine Ausnahme gilt für Lizenzverträge, die neben Patenten auch Betriebsgeheimnisse zum Gegenstand haben[78]. Auch werden Längstlaufklauseln für zulässig erachtet[79]. Das bedeutet, daß ein Lizenzvertrag bis zum Ablauf des am längsten laufenden Patents wirksam ist[80].

bb) Die Gebietslizenz

Die räumliche Beschränkung hat zur Folge, daß der Lizenznehmer nicht nur für die Herstellung, sondern auch für den Verkauf der nach dem Patent hergestellten Produkte auf das Gebiet oder den Lizenzbezirk beschränkt bleibt[81].

cc) Die Quotenlizenz

Weiterhin kann die Lizenz auf eine bestimmte Menge (Höchst- oder Mindestmenge) beschränkt werden. Dies stellt eine Konkretisierung der Ausübungspflicht des Lizenznehmers dar[82].

---

75 Siehe dazu schon oben bei Vertriebslizenz 1. Teil, C. I. 1. a) bb) (a), BGH GRUR 1959, 528 (531) - "Autodachzelt", Klauer/Möhring, § 9 Rn. 51; siehe ausführlich zum Auslaufrecht und Auslauf-Abreden, Lüdecke/Fischer, S. 587.

76 Vgl. die Nachweise in BGH GRUR 1955, 468 (471) - "Schwermetall-Kokillenguß".

77 BGH GRUR 1955, 468 (472) - "Schwermetall-Kokillenguß"; BKartA GRUR 1965, 499 (501); Kommission der EG GRUR Int. 1976, 182 ff. (183); Körner, Der Bestand, GRUR 1982, 341 (343); Lüdecke/Fischer, S. 587; BGH GRUR 1980, 750 ff. (751) - "Pankreaplex II"; solche Vereinbarungen sind auch nach EG-Recht unzulässig, Kommission der EG, GRUR Int. 1976, S. 182 ff. (183) - "AOIP/Beyrard"; vgl. auch 1. Teil, E. 1. I. a) dd) und für die USA 1. Teil, E. II. 1. a) aa) (d).

78 RG v. 24.11.1934, 807 (809); BGH GRUR 1980, 750 ff. (751) - "Pankreplex II".

79 Siehe 1.Teil, E. I. 2. v).

80 Vgl. zu einem solchen "Rahmenvertrag", der eine Vielzahl von Patenten, die zu unterschiedlichen Zeiten auslaufen, enthält und die dabei auftretende Problematik der Lizenzgebührenhöhe, BGH GRUR 1955, 468 (473) - "Schwermetall-Kokillenguß".

81 Bezüglich der im Gemeinsamen Markt bedeutenden Frage, inwieweit ein Verbrauch des Patentrechts bei der Gebietslizenz anzuerkennen ist, wenn in zwei oder mehreren Staaten des EWG-Raumes ein Schutzrecht für denselben Anmelder erteilt worden ist und die Lieferungen von dem einen Gebiet in das andere erfolgen, vgl. Koch-Froschmaier, GRUR 1965, 121 ff.; Klauer/Möhring, § 9 Rn. 50.

82 Benkard-Ullmann, § 15 Rn. 40.

d) Abgrenzung der patentrechtlichen von den schuldrechtlichen Beschränkungen

Von diesen patentrechtlichen Beschränkungen abzugrenzen sind die dem Lizenznehmer auferlegten sonstigen einschränkenden Bestimmungen, z. B. über die Höhe des Preises oder die Benutzung bestimmter Materialien. Diese Verpflichtungen des Lizenznehmers sind keine Beschränkungen des Lizenzrechts im rechtlichen Sinn, sondern sind schuldrechtlicher Inhalt des Lizenzvertrages mit der haftungsrechtlich wichtigen Folge, daß die Nichtbeachtung oder Verletzung solcher Bestimmungen nicht als Patentverletzung, sondern als Vertragsverletzung angesehen wird[83].

2. Einfache und ausschließliche Lizenz

Die wichtigsten Lizenzarten, die die Rechtsstellung des Lizenznehmers, insbesondere die Befugnis, andere von der Verwertung des Patents auszuschließen und die Klagebefugnis definieren, sind die einfache und ausschließliche Lizenz. Im deutschen Recht hängt auch von diesen Lizenzarten ab, ob die Lizenz Sukzessionsschutz genießt[84].

3. Unterlizenz

a) Das Wesen der Unterlizenz

Mit Ausnahme der Betriebslizenz[85] ist weder die einfache Lizenz noch die ausschließliche Lizenz durch Verkauf übertragbar[86]. Es besteht jedoch die Möglichkeit der Einräumung der Befugnis zur Vergabe von Unterlizenzen. Nach gefestigter Meinung in Rechtsprechung und Literatur umfaßt die ausschließliche Lizenz das Recht zur Vergabe von Unterlizenzen[87]. Bei der einfachen Lizenz hingegen muß diese Befugnis im

---

[83] Siehe zur Einordnung der Bestimmungen als patentrechtlich oder vertraglich und zur Haftung des Lizenznehmers wegen Patent- und Vertragsverletzung sowie deren Rechtsfolgen, 2. Teil und 3. Teil.

[84] Vgl. 1. Teil, B. I. 1.

[85] Vgl. 1. Teil, C. I. 1. b).

[86] Stumpf/Groß, Rndnr. 228 ff..

[87] Breuer, GRUR 1912, S. 56 m.w.N. Bernhardt/Kraßer, S. 695; Klauer/Möhring, § 9 Rn. 32; Lüdecke/Fischer, S. 426; BGH GRUR 1955, 338 (340) wobei hier jedoch eine Ausnahme für den Fall einer ausschließlichen Lizenz für ein Geheimverfahren gemacht wurde, da diese ein besonderes Vertrauensverhältnis begründet, mit der Folge, daß der Hauptlizenznehmer vor Vergabe der Unterlizenz sich die Genehmigung des Hauptlizenzgebers hätte einholen müssen; siehe aus der älteren Literatur, Stengleins, S. 20; Seligsohn, S. 171; a.A. RG v. 5.5.1911 RGZ 76, 235 (237) (Parteien stritten über Stempelpflichtigkeit des Lizenzvertrages vom 2731.3.1906. Klage auf Teilrückzahlung von M 155); vgl. auch Kohler, Licenzlehre, ZfgR., 162 ff. (163); Benkard, § 15 Rn. 58.

Lizenzvertrag vereinbart werden[88]. Sie kann sich aber auch aus dem Vertragstext ergeben, z.B. bei einer Vergütungsregelung für den Fall der Unterlizenzvergabe. Die Unterlizenz kann dabei in einem so weiten Umfang erteilt werden, daß der Unterlizenznehmer nahezu die gleiche Stellung erlangt wie der Hauptlizenznehmer[89].

Die Unterlizenz, die durch Vertrag erteilt wird, ist ein vom Hauptlizenzvertrag zu unterscheidender, selbständiger Vertrag nach eigenen Regeln. Im deutschen Recht ist die Unterlizenz ein Vertrag zwischen Hauptlizenznehmer und Unterlizenznehmer. Zwar ist im Hauptlizenzvertrag häufig die Bestimmung zu finden, daß sich der Unterlizenzvertrag nach den im Hauptvertrag ausbedungenen Regeln richtet. Jedoch empfiehlt es sich speziell im Hinblick auf die Pflichten des Unterlizenznehmers[90] und dessen Haftung[91] - wie die des Hauptlizenznehmers für den Unterlizenznehmer[92] - eindeutige Bestimmungen im Hauptlizenzvertrag aufzunehmen. Die Praxis zeigt, daß die Bestimmungen des Hauptlizenzvertrages nicht immer auf den Unterlizenzvertrag passen[93].

Die Unterlizenz ist grundsätzlich eine einfache Lizenz, kann aber auch eine ausschließliche Lizenz sein[94].

b) Problematik des Verbots der Unterlizenzierung in bestimmten Fällen

Die Unterlizenz führt, wirtschaftlich betrachtet, zu einer stärkeren Konkurrenz der übrigen Lizenznehmer. Damit verbunden ist auch eine indirekte Einschränkung des Lizenzgebers. Der Lizenzgeber kann nicht mehr auf die Auswahl der Nutzungsberechtigten Einfluß nehmen. Daher ist es möglich, daß einer seiner Hauptkonkurrenten ungewollt die Verwertungsbefugnis erhält. Dies erscheint bedenklich und es stellt sich die Frage, ob sich daraus ein Verbot der Unterlizenzierung in bestimmten Fällen ergeben kann, auch wenn die Befugnis bei der ausschließlichen Lizenz nicht vertraglich ausgeschlossen oder bei der einfachen Lizenz sogar ausdrücklich vereinbart wurde.

---

88 Grund ist hier der lediglich obligatorische Charakter der einfachen Lizenz, vgl. 1. Teil, B. I. 1. a); siehe auch BGHZ 62, 272 (277).
89 Benkard, § 15 Rn. 59.
90 Siehe zu den Pflichten des Unterlizenznehmers 1. Teil, E. I. 1. d).
91 Vgl. 2. Teil, A. I. 1. b).
92 Vgl. 2. Teil, A. I. 1. a) dd).
93 Dies wird insbesondere bei der Frage der Lizenzgebühr deutlich, siehe dazu 1. Teil, E. I. 1. a) aa).
94 BGH GRUR 1974, 463 (464) - "Anlagengeschäft"; Benkard-Ullmann, § 15 Rn. 53.

Gegen ein solches spricht, daß der Lizenzgeber sich einen Zustimmungsvorbehalt[95] hätte ausbedingen können[96]. Mit der Vergabe der Befugnis zur Erteilung von Unterlizenzen oder der Vereinbarung einer ausschließlichen Lizenz war er sich durchaus bewußt oder hätte sich darüber im klaren sein müssen, daß die Möglichkeit besteht, daß ein Konkurrent das Verwertungsrecht von einem Lizenznehmer erhält. Zudem hätte der Lizenzgeber im Vertrag deutlich machen können, daß er nur bestimmte Lizenznehmer als Vertragspartner für die Unterlizenz akzeptiert, und auf diese Weise absichern können.

Es ist aber andererseits auch der Grundsatz von Treu und Glauben zu berücksichtigen, dessen Einfluß am stärksten auf Rechtsverhältnisse ist, die auf ein Zusammenwirken gerichtet sind[97], wie dies bei Lizenzverträgen der Fall ist[98]. Unter Umständen wird es nach Treu und Glauben dem Hauptlizenznehmer geboten sein, bei der Auswahl des Unterlizenznehmers den Wünschen und Interessen des Patentinhabers und Lizenzgebers Rechnung zu tragen[99] und in bestimmten Fällen von einer Unterlizenzierung abzusehen. Es verträgt sich auch nicht mit dem Inhalt sowie dem Sinn und Zweck des Benutzungsrechts, daß es durch Vergabe von Unterlizenzen in beliebiger Zahl und an beliebige Lizenznehmer bis zur Wertlosigkeit ausgehöhlt wird[100].

Es ist ratsam, auch im Hinblick darauf, daß der Unterlizenznehmer seinerseits wiederum befugt sein kann, Lizenzen zu vergeben, mit der Befugnis zur Vergabe von Unterlizenzen nicht leichtfertig umzugehen. Denn letztlich wird die Entscheidung des Patentinhabers und Lizenzgebers für einen bestimmten Lizenznehmer mit Rücksicht auf seine persönlichen Fähigkeiten geschlossen, wobei die technische Leistungskraft, die Zahlungsfähigkeit, die Betriebsausstattung und die Handelsorganisation des potentiellen Lizenznehmers von Bedeutung ist.

---

[95] Beim Zustimmungsvorbehalt steht es dem Lizenzgeber völlig frei, wem gegenüber er der Erteilung von Unterlizenzen zustimmt oder nicht. Er handelt nicht treuwidrig, eine rechtsgeschäftliche Zustimmung liegt bei bloßer Duldung nicht vor; siehe zu einem solchen Fall, Hans. OLG Hamburg, GRUR 1987, 899 ff. (900) - "Verbandsmaterial".

[96] Ein solcher Zustimmungsvorbehalt ist im gewerblichen Rechtsschutz durchaus üblich und bei Filmverwertungs- und Videolizenzverträgen die Regel, BGH GRUR 1987, 37 ff. (38) - "Videolizenzvertrag".

[97] Palandt-Heinrichs, § 242 Rn. 4.

[98] Durch die Vereinbarung bestimmter Klauseln, wie z.B. der Verbesserungsklausel, kann das Zusammenwirken im Vertrag noch ausgeprägter sein.

[99] BGH GRUR 1964, 326 ff. (331) - "Subverleger" für das Verlagsrecht. Fraglich ist, ob dies auf das Patentrecht übertragen werden kann, denn im Unterschied zum Verlagsrecht bedarf die Unterlizenzierung grundsätzlich der Erlaubnis des Patentinhabers, wenn es sich nicht um eine ausschließliche Lizenz handelt.

[100] Vgl. auch BGH GRUR 1974, 463 ff. (464) - "Anlagengeschäft".

c) Akzessorietät der Unterlizenz von der Hauptlizenz

Problematisch ist die Frage, ob die Unterlizenz akzessorisch zur Hauptlizenz ist. Die Bejahung der Frage hätte zur Folge, daß die Unterlizenz bei Wegfall des Hauptlizenzvertrages erlischt. Der Unterlizenznehmer, der weiterhin seine Befugnis zur Nutzung ausübt, verletzt dann möglicherweise das Patent[101]. Zudem kommt, wie noch zu zeigen sein wird[102], eine Haftung des Hauptlizenznehmers für den Unterlizenznehmer in Betracht. Durch Auslegung des Parteiwillens kann nicht ermittelt werden, ob die Unterlizenz bei Beendigung der Hauptlizenz automatisch erlischt, da zwischen Unterlizenznehmer und Patentinhaber, bzw. Hauptlizenzgeber, keine vertraglichen Beziehungen bestehen. Es handelt sich, wie schon betont, um zwei rechtlich selbständige Verträge. Man könnte daran denken, daß der Hauptlizenzgeber sich bei Wegfall des Hauptlizenzvertrages mit dem Fortbestehen der Unterlizenzen abfindet. Andererseits scheint es plausibel, daß der Unterlizenzvertrag mit dem Hauptlizenzvertrag erlischt.

Da der Unterlizenzvertrag in den häufigsten Fällen einen einfachen Lizenzvertrag darstellt und dieser nach der hier vertretenen Meinung der Rechtspacht zugeordnet wird[103], kommt man über die Anwendung der Pachtvertragsvorschriften[104] zu letzterem Ergebnis. Gem. § 581 II i.V.m. §§ 556 III, 549 BGB stehen und fallen Untermietvertrag und Unterlizenzvertrag mit dem Hauptvertragsverhältnis, sie sind also akzessorisch[105]. Damit tritt der Unterlizenzvertrag automatisch außer Kraft, wenn der Hauptlizenzvertrag unwirksam wird[106].

---

[101] Vgl. zu der Problematik, 2. Teil, A. I. 1. b).

[102] Vgl. 2. Teil, A. I. 1. a) ee).

[103] Vgl. 1. Teil, B. I. 2. g) aa).

[104] Für die Lösung dieser Problematik nach den Pachtvorschriften auch Stumpf/Groß, Rndnr. 373; dagegen kann, wie es Behrendt, GRUR 1933, 199 ff. (199) in Betracht zieht, das Problem nicht über einen Vergleich mit dem oben behandelten Problem des Fortbestandes der einfachen Lizenz bei Verkauf des Patents (1. Teil, B. I. 1. a)) befriedigend gelöst werden, da die Frage des Sukzessionsschutzes bis zur Einführung des § 15 III PatG sehr umstritten war und die Lage des Unterlizenznehmers nicht mit der des Lizenznehmers bei Verkauf des Patents identisch ist.

[105] Eine Ausnahme liegt im Fall eines Anlagengeschäfts vor, wenn der Patentinhaber einem Lizenznehmer eine Lizenz zu Herstellung und Vertrieb eines Verfahrens und einer Vorrichtung erteilt und den künftigen Erwerbern der Vorrichtung die Anwendung mit dieser Vorrichtung gestattet. Nach dem Willen der Beteiligten ist diese Unterlizenz vom Bestand der Hauptlizenz unabhängig, vgl. Ohl, Wegfall, GRUR 1992, 77 (81).

[106] So auch Schumann, GRUR 1932, 539 ff. (539); Ohl, Wegfall, GRUR 1992, 77 (81); Stumpf/Groß, Rndnr. 233; Klauer/Möhring, § 9 Rn. 32; a.A. Behrendt, GRUR 1933, 199 ff., der die Einräumung einer ausschließlichen Lizenz als Normaltatbestand ansieht (dagegen siehe oben: 1. Teil, B. I. 1. b) aa)) und der der Unterlizenz daher fälschlicherweise dinglichen Charakter zumißt. Seine Ansicht versagt dann ganz, wenn der einfache Lizenznehmer eine Befugnis zur Vergabe von Unterlizenzen erhält, da dieser dem Unterlizenznehmer kein dingliches Recht, also eine weitergehende Rechtsstellung, als er selber hat, einräumen kann. Zudem ergeben sich daraus weitere Probleme, z.B. an wen der Unterlizenznehmer nun die Gebühren zu zahlen hat.

Nach der Rechtsprechung ist es zulässig, daß der Lizenznehmer vom Hauptlizenzgeber ermächtigt werden kann, auch über die Dauer seiner Lizenz hinaus Unterlizenzen zu vergeben[107]. Wird der Hauptvertrag vorzeitig beendet, so ist anerkannt, daß Unterlizenzen automatisch zu einfachen Lizenzen werden. Durch Vertrag kann der Patentinhaber aber auch den bisherigen Unterlizenznehmern neue einfache Lizenzen erteilen[108].

4. Zwangslizenz

Im Gegensatz zum US-amerikanischem Recht[109] ist in Deutschland das Rechtsinstitut der Zwangslizenz eingeführt worden[110]. Gem. § 24 I PatG kann einem Lizenznehmer unter bestimmten Voraussetzungen die Befugnis zur Benutzung einer Erfindung zugesprochen werden, wenn sich der Patentinhaber weigert, eine Lizenz für die Erfindung zu vergeben. Durch die Zwangslizenz wird im Interesse der Allgemeinheit dem Monopolrecht des Patentinhabers Schranken gesetzt[111].

Das Zwangslizenzsystem, das fast weltweit als ein notwendiger Bestandteil eines modernen Patentsystems angesehen wird[112], ist aus verschiedenen Gründen in das deutsche Patentgesetz aufgenommen worden. Hauptgrund ist das öffentliche Interesse an der Herstellung eines fairen Ausgleichs zwischen dem ausschließlichen Recht des Patentinhabers und den Interessen der Allgemeinheit an der Nutzung neuer Technologien zur Förderung der Volkswirtschaft[113]. Dahinter steht die Überlegung, daß Patente positiv genutzt werden sollen. Der Patentinhaber hat zwar grundsätzlich zu entscheiden, ob er das Patent ausüben will oder nicht, wobei seine Entscheidung aufgrund betriebswirtschaftlicher Überlegungen erfolgt. Die Entscheidung, das Patent nicht auszuüben, kann dabei volkswirtschaftlich unerwünscht sein und zur Folge haben, daß

---

[107] RG v. 1.11.1933 RGZ 142, 168 (170), wobei jedoch deutlich gemacht wird, daß es sich dabei um einen "besonderen Ausnahmefall" handelt; Ohl, Wegfall, GRUR 1992, 77 (81).

[108] Siehe Ohl, Wegfall, GRUR 1992, 77 (81).

[109] Vgl. zum "compulsory licensing" in den USA, 1. Teil, C. II. 6. f).

[110] Bis zum Gesetz vom 6.6.1911 gab es im deutschen Patentrecht noch keine Vorschrift über die gerichtliche Erteilung einer Zwangslizenz, sondern nur eine Vorschrift über die Patentzurücknahme (heute § 24 II PatG), die jedoch einen indirekten Zwang zum Abschluß eines Lizenzvertrages darstellte. Siehe zu Zwangslizenzen im internationalen Recht, Benkard-Rogge, § 24 Rn. 7 f., und speziell zur Problematik von Zwangslizenzen im Gemeinsamen Markt, Demaret, GRUR Int. 1987, 1 ff. und Kleiner, GRUR Int. 1987, 229 ff.

[111] Beachte auch § 13 PatG, nach dem die Wirkung des Patents insoweit nicht eintritt, als die Bundesregierung anordnet, daß die Erfindung im Interesse der öffentlichen Wohlfahrt benutzt werden soll.

[112] Vgl. zum Zwangslizenzsytem in anderen europäischen Ländern Schatz, Ausübungszwang, GRUR Int. 1968, 273 (274 ff.).

[113] Pfanner, GRUR Int. 1985, 357 (371).

eine Zwangslizenz für das Patent erteilt wird. Mit Hilfe der Zwangslizenz soll vor allem Sperr- und Vorratspatenten, bei denen von vornherein keine Ausübungsabsichten bestehen, entgegengewirkt werden[114].

Aufgrund der Tatsache, daß es in den USA die Zwangslizenz als eigenständiges Instrument nicht gibt, wird im folgenden näher auf den Charakter und die Voraussetzungen der Zwangslizenz im deutschen Recht eingegangen. Eine ausführliche Darstellung der Zwangslizenz ist auch schon deshalb geboten, da sie für die Lizenzvertragspraxis in einigen Bereichen, speziell für die pharmazeutische Industrie, von Bedeutung ist.

a) Charakter der Zwangslizenz

Die Zwangslizenz hat den Charakter einer einfachen Lizenz[115]. Sie unterscheidet sich von den vertraglich vereinbarten freiwilligen Lizenzen dadurch, daß sie unfreiwillig[116], ohne Mitwirkung des Patentinhabers durch gerichtlichen Gestaltungsakt (§ 84 I PatG) erteilt wird. Die Zwangslizenz ist damit kein Lizenzvertrag. Der Patentinhaber hat weiterhin das Benutzungsrecht am Patent und die Befugnis zur Vergabe einfacher Lizenzen. Eine ausschließliche Lizenz kann er dagegen nicht mehr vergeben[117].

b) Voraussetzungen der Zwangslizenzerteilung

Voraussetzung der Zwangslizenz gem. § 24 I 1 PatG ist, daß der Lizenzsucher vergeblich angeboten hat, für die Benutzung der Erfindung eine angemessene Vergütung zu zahlen und Sicherheit[118] dafür zu leisten. Grundsätzlich muß das Angebot vor

---

114 Siehe Greif, GRUR Int. 1981, 731 (732 f.).

115 RG v. 16.6.1915 RGZ 86, 436 (439); RG v. 13.11.1941 Mitt. 1943, 21 (23); Pfanner, GRUR Int. 1985, 357 (360);. vgl. auch die kritischen Anmerkungen von Pfanner, daß eine ausschließliche Zwangslizenz einer Enteignung gleichkommen würde, 365, und einem Erfinder jeden Anreiz zur Anmeldung von Patenten nimmt, 371.

116 Klargestellt werden muß, daß die Zwangslizenz nur einseitig erzwungen wird. Der Antragssteller und Lizenzsucher handelt frei. Aufgrund der Nichtfreiwilligkeit wird die Zwangslizenz auch "non-voluntary license" genannt.

117 Siehe Jabbusch, S. 61, der betont, daß in der Einschränkung des Ausschließlichkeitsrechts des Patentinhabers der schwerwiegende Eingriff in das Patent durch den Lizenzzwang liegt.

118 Die Sicherheitsleistung soll dem Patentinhaber davor schützen, daß ihm Nachteile erwachsen, wenn der Lizenznehmer seine gesamten Verpflichtungen schuldhaft nicht erfüllt, RG. v. 30.11.1929 GRUR. 1930, 177 (179). Von der Sicherheitsleistung kann in bestimmten Fällen abgesehen werden, RG v. 13.11.1941 Mitt. 1943, 21 ff. (22). Siehe zuletzt auch BGH GRUR 1996, 190 (192) - "Polyferon" (Klägerin beantragte u.a. die Beklagte mit der Maßgabe zu verurteilen, daß die Zwangslizenz dem Kläger für die Zeit vom 30.9.1991 bis 22.9. 1993 erteilt wird).

Einleitung des Zwangslizenzverfahrens vorliegen[119]. In der Rechtsprechung ist aber anerkannt, daß der Versuch der gütlichen Einigung im Laufe des Verfahrens nachgeholt werden kann[120], da es sich um eine prozessuale Voraussetzung handelt. Das Vergütungsangebot muß angemessen sein, wobei keine bestimmte Summe angegeben zu werden braucht[121]; die grundsätzliche Erklärung der Bereitschaft zur Vergütung genügt[122]. Angemessenheit liegt dann vor, wenn sich das Angebot, wirtschaftlich gesehen, in einer vertretbaren Höhe hält[123]. Weiterhin ist Voraussetzung für die Erteilung der Zwangslizenz, daß der Antragsteller nachweist, daß er vergeblich versucht hat, mit dem Patentinhaber einen Lizenzvertrag zu angemessenen Bedingungen zu schließen[124]. Ein vergeblicher Versuch liegt u.a. dann vor, wenn der Patentinhaber ein Angebot des Antragstellers ablehnt und gleichzeitig einen unannehmbaren Gegenvorschlag macht[125].

Wichtigste Voraussetzung ist, daß die Erteilung der Zwanglizenz im öffentlichen Interesse geboten sein muß. Das deutsche Zwangslizenzsystem kennt im Vergleich zu anderen Ländern[126] nur die Erteilung der Zwangslizenz bei Vorliegen des öffentlichen Interesses, nicht dagegen auch eine Zwangslizenz wegen Nichtausübung und eine Zwangslizenz bei abhängigen[127] Patenten[128]. Die bloße Nichtausübung im Inland stellt damit keine Verletzung des öffentlichen Interesses dar. Sie wird jedoch vom Allgemeinbegriff des öffentlichen Interesses umfaßt und führt bei Vorliegen eines öffentlichen Interesses zur Erteilung einer Zwangslizenz[129]. Der Begriff des öffentlichen Interesses ist ein allgemeiner Rechtsbegriff, der absichtlich unbestimmt gehalten ist und

---

[119] Benkard-Rogge, § 24 Rn. 14.

[120] RG v. 11.3.1926 RGZ 113, 115 ff. (116). BGH GRUR 1996, 190 (192) - "Polyferon" (s.o.)

[121] RG v. 11.3.1926 RGZ 113, 115 ff. (116); RG v. 29.6.1943 RGZ 171, 227 (233).

[122] RG v. 29.6.1943 RGZ 171, 227 (232); BGH GRUR 1996, 190 (192) - "Polyferon" (s.o.)

[123] Benkard-Rogge, § 24 Rn. 14; maßgeblich ist, was bei einer vertraglichen Einigung ein vernünftiger Pateninhaber gefordert und ein vernünftiger Lizenznehmer gewährt hätte, RG v. 29.6.1943 RGZ 171, 227 (239).

[124] BGH GRUR 1996, 190 (192) - "Polyferon" (s.o.)

[125] Vgl. RG v. 13.11.1941 Mitt. 1943, 21 ff. (22).

[126] Siehe Beier, GRUR 1998, 185 ff. (189).

[127] Abhängig ist ein Patent, wenn die durch das Patent geschützte technische Lehre nicht ohne Eingriff in den Schutzbereich eines älteren Patents benutzt werden kann, obwohl sie als solches von diesem Schutzbereich nicht umfaßt wird, Bernhardt/Kraßer, S. 539.

[128] Ebenso wie die Zwangslizenz wegen Nichtausübung wird die Zwangslizenz bei abhängigen Patenten in Deutschland als ein Unterfall der Zwangslizenz im öffentlichen Interesse angesehen, Pfanner, GRUR Int. 1985, 357 (361). In anderen europäischen Ländern z.B. den Niederlanden, Großbritannien, Italien, Schweiz ist eine Zwangslizenz für abhängige Patente gesetzlich geregelt. Mangels gesetzlicher Regelung in Deutschland wird die Situation im Hinblick auf die dadurch entstehende Hemmung des technischen Fortschritts teilweise als "unbefriedigend" angesehen, Henriquez, GRUR Int. 1970, S. 335 ff. In vielen anderen Rechtsordnungen gibt es weitere Zwangslizenzarten, z.B. Zwangslizenzen wegen Monopolmißbrauchs, Zwangslizenzen für die Volksgesundheit oder für Verteidigungszwecke, vgl. dazu Pfanner, GRUR Int. 1985, 357 ff. (358 ff.); siehe auch Demaret, GRUR Int. 1987, S. 1 ff. (2).

[129] Vgl. Kunz-Hallstein, GRUR Int. 1981, 347 ff.; Greif, GRUR Int. 1981, 731 ff.

der Konkretisierung durch die Rechtsprechung bedarf[130]. Er ist wie jede Generalklausel dem Wandel unterworfen[131]. Es gibt daher keine allgemeingültige Definition des öffentlichen Interesses und es sind keine konkreten Auslegungshilfen aus dem Patentgesetz ersichtlich. Nach der jüngsten BGH-Entscheidung auf diesem Gebiet vom 5.12.1995 ist im Einzelfall unter Abwägung der schutzwürdigen Interessen des Patentinhabers und aller die Interessen der Allgemeinheit betreffenden maßgeblichen Gesichtspunkte zu entscheiden, ob die Umstände des Falles unter Beachtung seiner speziellen Ausprägungen die Gewährung einer Zwangslizenz aus öffentlichem Interesse geboten erscheinen lassen[132]. Ältere Gerichtsentscheidungen, von denen es nur wenige bezüglich der Zwangslizenzierung gibt[133], sind nur bedingt aussagekräftig, da die konkreten Umstände im Zeitpunkt der Entscheidung für das Vorliegen des öffentlichen Interesses maßgeblich sind[134]. Erwähnenswert ist jedoch eine grundlegende Reichsgerichtsentscheidung[135], in der der Begriff des öffentlichen Interesses eingegrenzt wird. Danach ist das öffentliche Interesse dann anzuerkennen, wenn der Patentinhaber seine Rechtsstellung mißbraucht, indem er die Vorteile seiner Erfindung, "die dem gewerblichen Leben wertvolle Dienste leisten können", der Allgemeinheit vorenthält[136] oder wenn der Patentinhaber den tatsächlichen Bedarf des inländischen Marktes nicht deckt[137]. Das öffentliche Interesse sei verletzt, wenn der Patentinhaber Lizenzen zur Ausübung einer bahnbrechenden Erfindung versagt und damit den Bestand ganzer Industriezweige gefährdet[138]. Dieser Grundsatz ist heute besonders für die pharmazeutische Industrie aktuell, wenn z.B. ein wirksames Arzneimittel gegen Krebs oder Aids erfunden wird. Die Monopolstellung des Patentinhabers begründet dagegen kein öffentliches Interesse[139]. In der "Polyferon"-Entscheidung des BGH wurde das öffentliche Interesse verneint. Das Auffinden neuer Verwendungen eines

---

130 Bernhardt/Kraßer, S. 613. Die Form als Generalklausel gibt mehr Spielraum, um einen angemessenen Ausgleich zwischen den widerstreitenden Interessen zu erreichen, Pfanner, GRUR Int. 1985, 357 (364). BGH GRUR 1996, 190 (192) - "Polyferon" (s.o.)

131 BGH GRUR 1996, 190 (192) - "Polyferon" (s.o.)

132 BGH GRUR 1996, 190 (193) - "Polyferon" (s.o.)

133 Siehe die Statistik bei Benkard-Rogge, § 24 Rn. 5.

134 BGH GRUR 1996, 190 (192) - "Polyferon" (s.o.)

135 RG v. 27.6.1913 RGZ 83, 9 ff. (Beklagte war Inhaberin des Patents 181876. Klage war darauf gerichtet, dem Kläger die Berechtigung zur Benutzung der Erfindung des Patents 181876 gegen Zahlung einer angemessenen Vergütung zuzusprechen. Während das Patentamt der Klage stattgab, wurde auf die Berufung der Beklagten hin das Urteil des Patentamts aufgehoben und die Klage abgewiesen).

136 RG v. 27.6.1913 RGZ 83 9 (12).

137 RG v. 27.6.1913 RGZ 83, 9 (13).

138 RG v. 27.6.1913 RGZ 83, 9 (14).

139 RG v. 27.6.1913 RGZ 83, 9 (13 f.). So auch BGH GRUR 1996, 190 (192) - "Polyferon" (s.o.) aus dem Grundgesetz, aus Art 5 A II PVÜ, aus dem Übereinkommen über handelsbezogene Aspekte des geistigen Eigentums (TRIPS) noch aus der Auslegung des § 24 PatG ergibt sich, daß stets Voraussetzung für das öffentliche Interesse eine mißbräuchliche Ausnutzung des Patents ist.

patentgeschützten Stoffs, welche die medizinsche Versorgung der Bevölkerung berühren, indiziere nicht ein öffentliches Interesse[140]. Auch die Zulassung des Arzneimittels durch das Bundesgesundheitsamt rechtfertige nicht die Annahme, daß ein öffentliches Interesse besteht[141]. Zwar hält der Bundesgerichtshof die Rechtsprechung des Bundespatentgerichts aufrecht, daß bei schweren Erkrankungen aus Gründen der medizinischen Versorgung ein öffentliches Interesse daran bestehen kann, daß ein bestimmtes Arzneimittel den betroffenen Patienten weiterhin zur Verfügung steht[142], jedoch waren in dem dem Bundesgerichtshof vorliegenden Fall erhebliche Verbesserungen der therapeutischen Möglichkeiten durch das Arzneimittel gegenüber den herkömmlichen Medikamenten bisher nicht festzustellen[143].

Bei der Prüfung über das Vorliegen eines öffentlichen Interesses sind technische, wirtschaftliche, sozialpolitische und medizinische Umstände zu berücksichtigen[144]. Es ist weiterhin eine Interessenabwägung zwischen dem Interesse des Patentinhabers und dem der Allgemeinheit[145] vorzunehmen[146] und dem Grundsatz der Verhältnismäßigkeit Rechnung zu tragen[147]. Hierfür muß geprüft werden, ob dem öffentlichen Interesse auf andere Weise als durch den Eingriff in das Patentrecht in Form der Zwangslizenz entsprochen werden kann[148]. Als öffentliches Interesse sind u.a. in der Rechtsprechung anerkannt worden: erhöhte Sicherheit von Arbeitern im Brauereigewerbe[149], Notlage für die Allgemeinheit aufgrund drohender Arbeitslosigkeit[150], die Erfindung eines technisch neuen Weges, der Entwicklungsmöglichkeiten bietet[151], wirtschaftliches Arbeiten und Kohleförderung durch unentbehrliche Hilfsmaschinen im Bergbau[152], lebens- und verkehrswichtige Anlagen[153], medizinische Versorgung der Bevölkerung[154]. In der

---

140 BGH GRUR 1996, 190 (193) - "Polyferon" (s.o.)

141 BGH GRUR 1996, 190 (193) - "Polyferon" (s.o.)

142 BGH GRUR 1996, 190 (193) - "Polyferon" (s.o.)

143 BGH GRUR 1996, 190 (194) - "Polyferon" (s.o.) In diesem Zusammenhang erschien es zwar als möglich, nicht aber als erwiesen, daß das Arzneimittel bei einer Gruppe von Patienten die einzige therapeutische Möglichkeit darstellte.

144 Ausführlich dazu Benkard-Rogge, § 24 Rn. 16-20; BPatGE 32, 184 (189); vgl. auch BGH v. 5.12.1995, 1 (18). Siehe auch BGH GRUR 1996, 190 (192 f.) - "Polyferon" (s.o.).

145 Zu dem Interesse der Allgemeinheit gehören nicht die privaten Interessen konkurrierender Betriebe, RG v. 27.6.1913, 9 (12).

146 RG v. 30.11.1929, GRUR 1930, 177 ff. (178) wobei hier die Abwägung nicht entscheidend war; BPatGE 32, 184 (190).

147 BGH GRUR 1996, 190 (193) - "Polyferon" (s.o.).

148 BPatGE 32, 184 (190). Dieses Urteil wurde vom BGH jedoch abgeändert, siehe BGH GRUR 1996, 190 ff. - "Polyferon" (s.o.).

149 RG v. 11.2.1903 RGZ 54, 4 ff.

150 RG v. 11.3.1926 RGZ 113, 115 ff.

151 RG v. 30.11.1929 GRUR 1930, 177 ff.

152 RG v. 26.11.1930 RGZ 130, 360 ff. In dieser Entscheidung wird klargestellt, daß Zwangslizenzen bei bloßen Verbesserungspatenten nicht erteilt werden können.

153 RG v. 14.2.1934 GRUR 1934, 433 ff.

Mehrzahl der Fälle handelt es sich dabei um abhängige Patente[155], denn die Versagung einer Zwangslizenz für abhängige Patente kann zu Innovationshemmungen führen[156]. Für die Bejahung eines öffentlichen Interesses ist es unerheblich, daß die Zwangslizenz gleichzeitig einen Vermögensvorteil für den Lizenznehmer bringt[157].

Zwangslizenzkläger[158] kann jedermann sein, der die Erfindung selbst gewerbsmäßig benutzen will und kann[159]. Das Patentgericht entscheidet über die Voraussetzungen der Erteilung der Zwangslizenz, über deren Inhalt und über die Vergütung[160]. Gem. § 24 I 3 PatG kann die Zwangslizenz mit Einschränkungen erteilt und von Bedingungen abhängig gemacht werden. Die Einschränkung der Benutzungserlaubnis ist geboten, da der Lizenznehmer nur insoweit das Patent benutzen darf, als eine öffentliches Interesse daran besteht[161]. Der Erteilung einer Zwangslizenz steht weder das Bestehen anderer, einfacher oder ausschließlicher Lizenzen[162] entgegen noch die Tatsache, daß der Zwangslizenzklage eine Patentverletzung vorausgegangen ist[163]. Eine Zwangslizenz kann auch mehrmals an einem Patent erteilt werden[164]. Durch die Erteilung der Zwangslizenz erhält der Zwangslizenznehmer dem Patentinhaber gegenüber die gleiche Stellung wie ein vertraglicher Lizenznehmer[165]. Er ist jedoch nicht zur Vergabe von Unterlizenzen befugt[166].

Auch wenn Zwangslizenzverfahren in Deutschland bisher selten waren und noch seltener Zwangslizenzen erteilt worden sind[167], so ist die Bedeutung des Instituts der

---

154 BPatGE 32, 184 ff. Dieses Urteil wurde vom BGH jedoch abgeändert, siehe BGH GRUR 1996, 190 ff. - "Polyferon" (s.o.).

155 Vgl. die Zusammenstellung bei Vorwerk, GRUR 1976, 64 (67); gerade in der pharmazeutischen und chemischen Industrie gibt es abhängige Patente, da zwischen verschiedenen Verfahren oft eine sehr enge Beziehung besteht, Segade, GRUR Int. 1973, 95 (100), der die erstrangige Bedeutung der Zwangslizenzen auf pharmazeutische Patente für die Allgemeinheit herausstellt. Siehe hierzu auch BPatGE v. 27.3.1974, BlPMZ 1974, 319. Zwangslizenzen können auch für den Bereich der Gentechnik an Bedeutung gewinnen, vgl. Straus, GRUR 1993, 308 (312 f.).

156 So BPatGE 32, 184 (191). Das Urteil wurde vom BGH jedoch abgeändert, siehe BGH GRUR 1996, 190 ff. - "Polyferon" (s.o.).

157 RG v. 11.3.1926 RGZ 113, 115 (123).

158 Der Zwangslizenzkläger hat einen öffentlich-rechtlichen Anspruch gegen den Staat auf Erteilung der Zwangslizenz, Bernhardt/Kraßer, S. 616.

159 Benkard-Rogge, § 24 Rn. 12.

160 Benkard-Rogge, § 24 Rn. 21; die Erteilung der Zwangslizenz steht nicht im Ermessen des Gerichts, Bernhardt/Kraßer, S. 616.

161 Schatz, Ausübungszwang, GRUR Int. 1968, 273 (279)

162 RG v. 30.11.1929, GRUR 1930, S. 177 ff. (179); BPatGE 32, S. 184 ff. (188)

163 RG v. 30.11.1929, GRUR 1930, S. 177 ff. (179); RG v. 11.3.1926, RGZ 113, S. 115 ff. (117). Dies ist sogar recht häufig der Fall gewesen, Vorwerk, GRUR 1976, 64 (67)

164 Jabbusch, S. 61; Pfanner, GRUR Int. 1985, 357 (360).

165 Benkard-Rogge, § 24 Rn. 2.

166 RG v. 16.6.1915 RGZ 86, 436 (439); Schatz, Ausübungszwang, GRUR Int. 1968, 273 ff. (278)

167 Vgl. die Statistiken bei Benkard-Rogge, § 24 Rn. 5 und Schatz, Ausübungszwang, GRUR Int. 1968, 273 ff. (277); vgl. auch die interessante Zusammenstellung der anhängig gewordenen

Zwangslizenz nicht zu verkennen[168]. Man nimmt an, daß die generelle Möglichkeit einer Zwangslizenz die Bereitschaft zum Abschluß von Lizenzverträgen fördert[169]. Dies wird als indirekte Wirkung[170] oder "fleet-in-being"-Wirkung[171] der Zwangslizenz bezeichnet. Weiterhin wird die Bedeutung deutlich, wenn man die Zwangslizenz als ein Instrument zur Auflösung wettbewerbsbeschränkender Patente[172] ansieht. Es stellt sich dabei die Frage, ob das gegenwärtige Patent- und Zwangslizenzsystem geeignet ist, einen "angemessenen und fairen Ausgleich zwischen dem ausschließlichen Recht des Patentinhabers und dem Interesse des Staates an voller und im angemessenen Rahmen freier Nutzung neuer Technologie und an freiem Wettbewerb zu schaffen"[173].

In der Praxis hat das Institut der Zwangslizenz einen unterschiedlichen Stellenwert. So spielt die Zwangslizenz in der Pharmaindustrie und im Sicherheitsbereich, z.B. für Militärfahrzeuge, eine größere Rolle als im Bereich der Automobilindustrie, es sei denn, es ist auch hier der Sicherheitsbereich betroffen. Vor Ergehen des Urteils des Bundesgerichtshofs zur Zwangslizenz am 5.12.1995 zeigte man sich in der Pharmaindustrie besorgt darüber, daß die positive Entscheidung für die forschende Industrie einen Einbruch bedeuten könnte. Andererseits bringen die Unternehmen zum Ausdruck, daß sie nicht in die Lage kommen werden, möglicherweise einem Zwangseingriff ausgesetzt zu sein, da sie von sich aus eine durchgreifende Erfindung, beispielsweise ein Mittel zur Bekämpfung gegen Aids, sofort vermarkten würden.

Auch wenn die Zwangslizenz als Mittel zur Erreichung eines fairen Ausgleichs zwischen dem ausschließlichen Recht des Patentinhabers und dem öffentlichen Interesse anerkannt und geeignet ist, muß kritisch bemerkt werden, daß die Grundaussage, das Monopol als Belohnung für den Erfinder zu sehen[174], durch die Zwangslizenz an Bedeutung verliert.

Zwangslizenzverfahren von Vorwerk, GRUR 1976, 64, in der aufgezeigt wird, das besonders die Verfahren bis 1971 durch häufige Klagerücknahme und Klageerledigtenerklärung geprägt sind und die Zwangslizenz in vielen Fällen zu einer Zeit beantragt wurde, in der der Patentinhaber hohe Erlöse für sein Patent erzielte.

[168] Die Bedeutung wird schon deutlich, wenn man die Vielzahl der über das Thema ergangenen Literatur betrachtet.

[169] Greif, GRUR Int. 1981, 731 (734); Benkard-Rogge, § 24 Rn. 5; Bernhardt/Kraßer, S. 613.

[170] Greif, GRUR Int. 1981, 731 (734), der die indirekte Wirkung nach Durchführung einer Unternehmensbefragung bestätigt und auf Fälle verweist, bei denen ein Lizenzvertrag durch vertragliche Einigung nur zustandekam, weil der interessierte Lizenznehmer die Beantragung der Erteilung einer Zwangslizenz ankündigte.

[171] Pfanner, GRUR Int. 1985, 357 (371).

[172] So wurde schon in RG v. 27.6.1913, 9 (11) der Lizenzzwang als ein "heilsames Korrektiv gegen monopolistische Ausbeutung des Landes" bezeichnet.

[173] Pfanner, GRUR Int. 1985, 357 (365); siehe zur Wettbewerbsproblematik den Vorschlag von Jabbusch, S. 118 f. zur Einführung einer "Antitrust-Zwangslizenz" in das GWB.

[174] Vgl. zu der Belohnungsfunktion des Patents und weiteren Funktionen, Benkard-Ullmann, Einl Rn. 1.

5. Lizenz an angemeldeter Erfindung

Unbestritten können Lizenzen sowohl an Erfindungen, die noch nicht zum Patent angemeldet sind, als auch an Erfindungen, die zwar angemeldet sind, aber noch kein Patent für sie erteilt worden ist, vergeben werden[175]. Die Lizenz an einer angemeldeten Erfindung löst bei einer Verletzung unterschiedliche Rechtsfolgen aus. Ihre Rechtsgrundlage ergibt sich aus der Rechtsfolge, dem Entschädigungsanspruch gem. § 33 PatG[176].

Diese Lizenzart unterscheidet sich von der Patentlizenz dadurch, daß sie einen anderen Vertragsgegenstand hat. Nachfolgend wird nur die Lizenz behandelt, für die eine Patentanmeldung eingereicht oder wenigstens ernsthaft beabsichtigt[177] ist, da nur hier von einer Patentlizenz gesprochen werden kann[178]. In diesem Zusammenhang ist darauf hinzuweisen, daß Lizenzverträge über zum Patent angemeldete Erfindungen, bei denen die Stellung eines Prüfungsantrages nicht ernsthaft beabsichtigt ist, über den Inhalt des Schutzrechts i.S.d. § 20 I GWB gehen und unwirksam sind.

Erfindungen, bei denen eine Anmeldung geplant ist, werden genauso wie die Erfindungen, die nicht angemeldet werden sollen, als Know-how-Vertrag behandelt[179]. Gegenstand der Lizenz[180] an einer angemeldeten Erfindung ist ein durch das Patentgesetz begründetes Recht aus der Patentanmeldung[181].

Daß Lizenzen schon an angemeldeten Schutzrechten erteilt werden können, entspricht einem praktischen Bedürfnis[182]. Es ergeben sich bei dieser Lizenz jedoch einige Besonderheiten:

---

175 BGH GRUR 1961, 466 ff. - "Gewinderollkopf" (Klägerin beantragte Rechnungslegung über Lieferung von Rollen und Zahlung eines Betrages von DM 43.258 aus Lizenzvertrag); BGH GRUR 1969, S. 493 ff. - "Silobehälter" (Klage auf Unterlassung, Auskunft und Leistung im Zusammenhang mit Vertrieb von Silos aus Lizenzvertrag); BGH GRUR 1969, 677 ff. - "Rüben-Verladeeinrichtung" (Klägerin macht geltend, daß ihr Vorbenutzungsrechte zustehen, wenn Haltevorrichtungen unter Patent und Gebrauchsmuster fallen); BGH NJW 1982, 2861 ff. - "Hartmetallkopfbohrer" (Klage auf Zahlung der fällige gewordenen zweiten Kaufpreisrate aus Übertragung von Patenten); Lüdecke, Lizenzverträge, NJW 1968, 1358 ff.; Wiede, GRUR 1969, 203 ff.; Bernhardt/Kraßer, S. 689.

176 Poth, Mitt. 1990, 162 (166); vgl. zum Entschädigungsanspruch, 3. Teil, A. I. 1. d).

177 Vgl. Poth, Mitt. 1990, a.a.O., 162 (166).

178 Bernhardt/Kraßer, S. 689.

179 BGH GRUR 1969, 493 ff. (493) - "Silobehälter" (s.o.); Bernhardt/Kraßer, S. 689.

180 Es kann sich hierbei auch um eine ausschließliche Lizenz handeln, BGH GRUR 1969, 493 ff. - "Silobehälter", wobei hier im Unterschied zu einer ausschließlichen Lizenz an einem Patent der Lizenznehmer dem Lizenzgeber die Benutzung des Gegenstandes der Anmeldung nicht verbieten kann. Es bedarf dazu einer zusätzlichen Vereinbarung, die nur schuldrechtliche Wirkung entfaltet, Poth, Mitt. 1990, 162 (166).

181 Poth, Mitt. 1990, 162 ff. (162).

182 Poth, Mitt. 1990, 162 ff. (162).

Der Lizenznehmer ist bei Verträgen über zum Patent angemeldete Erfindungen einem erhöhten Risiko ausgesetzt, das er zu tragen hat. Der Abschluß eines solchen Vertrages ist ein im besonderen Maße gewagtes Geschäft[183], weil hier weder die Erlangung noch der zukünftige Bestand des Patents mit Sicherheit abgeschätzt werden kann[184]. Da der Lizenznehmer schon aus diesem Grund an der Erlangung der rechtlichen Monopolstellung interessiert ist, stellt sich die für ihn bedeutende Frage, ob der Lizenzgeber verpflichtet ist, den Prüfungsantrag nach § 44 PatG zu stellen[185].

Da es noch keine gefestigte Auffassung zu der Frage gibt, sollte man hierüber im Vertrag Regelungen aufzunehmen. Es empfiehlt sich auch, im Vertrag genau zu bestimmen, ob die Lizenz bestehen bleiben soll, wenn das Schutzrecht nicht erteilt wird. Die Frage des Fortbestandes der Lizenz, wenn es zu einer Patenterteilung nicht kommt, kann über die Grundsätze des Wegfalls der Geschäftsgrundlage gelöst werden, wenn beide Parteien bei Vertragsschluß von der Erwartung des Eintritts der Patentverletzung ausgehen[186]. Zwar wurde nach der Rechtsprechung des Bundesgerichtshofes in zwei Fällen die Anwendung des Grundsatzes im Hinblick auf das risikobehaftete Geschäft[187] abgelehnt, es handelte sich jedoch um Kaufverträge über ungeschützte Erfindungen[188]. Ausdrücklich betont wurde, daß ein Lizenzvertrag es "eher nahelegt, die Grundsätze vom Wegfall der Geschäftsgrundlage heranzuziehen"[189].

Unabhängig von der Frage der Anwendbarkeit der Grundsätze über den Wegfall der Geschäftsgrundlage ist anerkannt, daß bei nachträglicher Versagung des Schutzrechts der Lizenzvertrag nicht rückwirkend unwirksam wird[190]. Eine andere Frage ist, ob der Lizenznehmer zur Zurückzahlung der Lizenzgebühren verpflichtet ist, wenn die

---

183 Vgl. zu dem Risiko bei einer Lizenz über ein geschütztes Patent 1. Teil, B. I. 2. a).

184 BGH GRUR 1961, 466 (468) - "Gewinderollkopf"; BGH NJW 1982, 2861 ff. (2862) - "Hartmetallkopfbohrer"; Lüdecke, NJW 1968, 1358 ff. (1359).

185 Siehe zu der Frage, wem die Antragspflicht trifft 1. Teil, E. I. 1. f) aa).

186 Siehe dazu BGH GRUR 1957, S. 595 ff. - "Verwandlungstisch" (Klage auf Rechnungslegung für Herstellung und Vertrieb von Verwandlungstischen aus Lizenzvertrag); Stumpf/Groß, Rndnr. 17; BGH GRUR 1961, 466 ff. - Gewinderollkopf"; BGH NJW 1982, 2861 ff. - "Hartmetallkopfbohrer".

187 "Die Interessenbewertung ergebe, daß beim Kauf einer Schutzrechtsanmeldung das Risiko einer Enttäuschung der Erwartung hinsichtlich der Erteilung und des Bestandes des nachgesuchten Schutzrechts bei Fehlen anderweitiger Abreden grundsätzlich beim Käufer liegt", BGH NJW 1982, 2861 ff. (2862) - "Hartmetallkopfbohrer".

188 BGH GRUR 1961, 466 (468) - "Gewinderollkopf"; BGH NJW 1982, 2861 ff. (2862) - "Hartmetallkopfbohrer".

189 BGH NJW 1982, 2861 ff. (2863) - "Hartmetallkopfbohrer"; vgl. aber hierzu schon die generelle Kritik an der Anwendung der Geschäftsgrundlagenlehre auf den Lizenzvertrag 1. Teil, E. I. 1. a) ee) (a).

190 BGH NJW 1982, 2861 ff. (2862) - "Hartmetallkopfbohrer", BGH GRUR 1961, 466 (468) - "Gewinderollkopf", wobei es sich hier um Kaufverträge über noch ungeschützte Erfindungen handelte; Poth, Mitt. 1990, 162 (164).

Patentanmeldung zurückgewiesen wird[191]. Weiterhin steht zur Diskussion, wer zur Geltendmachung des Entschädigungsanspruchs für angemeldete Erfindungen gem. § 33 PatG im Falle der Benutzung des Gegenstandes durch einen Dritten nach der Veröffentlichung befugt ist und wer im Innenverhältnis die Entschädigung bekommt[192].

6. Sonstige Lizenzarten

Neben den dargestellten Lizenzarten gibt es weitere Formen von Lizenzen, die die Lizenzierung mehrerer Patente betreffen. Sie entstammen teilweise dem US-amerikanischem Rechtskreis, was sich schon aus ihrer Bezeichnung ergibt. "Cross-licenses", Kreuzlizenzen, und sog. "pooling arrangements" sind Verträge von zwei oder mehreren Inhabern verschiedener Patente, die sich gegenseitig oder dritten Vertragspartnern ihre Patente lizensieren. Daneben können auch Schutzrechtspakete einseitig lizensiert werden, sog. "package licensing".

a) Kreuzlizenz

Eine Kreuzlizenz liegt dann vor, wenn zwei Parteien die Erteilung von einfachen gegenseitigen Lizenzen vereinbaren. Kreuzlizenzen kommen in Deutschland oft im Pharmabereich vor, weil es Parallelerfindungen gibt[193].

Kreuzlizenzen sind grundsätzlich kartellrechtlich zulässig[194]. Sie sind sogar aus Zweckmäßigkeits- und Gerechtigkeitsgründen in dem Bereich geboten, in dem Patente voneinander abhängig sind, d.h., der Inhaber eines älteren Patents ist gehalten, mit dem Inhaber eines jüngeren, abhängigen Patents eine Kreuzlizenzvereinbarung zu treffen[195].

---

[191] Siehe zu dieser Frage, die im Zusammenhang mit der Problematik der Zurückzahlung der Lizenzgebühren im Falle des Wegfalls des Patentschutzes steht 1. Teil, E. I. 1. a).

[192] Siehe dazu Wiede, GRUR 1969, 203 ff. (204), der dem Lizenznehmer die Befugnis abspricht; ebenso: Poth, Mitt. 1990, 162 (162).

[193] Im Pharmabereich wird parallel erfunden, da bezüglich einer Erfindung Nebenwirkungen auftreten können. Treten Nebenwirkungen bei einer Erfindung auf, kann auf die parallele Erfindung, die ein ähnliche Zusammensetzung und Wirkung hat, aber keine solchen Nebenwirkungen aufweist, ausgewichen werden.

[194] Vgl. die Nachweise bei Stumpf/Groß, Rndnr. 567.

[195] Henriquez, GRUR Int. 1970, 335 ff. (336).

b) "Patent Pool"

Vereinbaren zwei oder mehrere Partner, ihre Schutzrechte, die meist nur zusammen geeignete Grundlage für die Herstellung eines Produkts darstellen für eine arbeitsteilige oder einheitliche Produktion gemeinsam zu nutzen, so kann dies nach deutschem Recht in der Form einer BGB Gesellschaft geschehen (§ 705 BGB). Im US-amerikanischen Recht spricht man von einem "Patent Pool", wobei zwischen verschiedenen Arten von "Patent Pools" unterschieden wird[196].

"Patent Pools" spielen in Deutschland eine immer größere Rolle. Das liegt daran, daß die Bündelung von Patenten generell effizienter ist[197].

Zwar ist anerkannt, daß durch das gemeinsame Einbringen von Patenten in einen Pool, an dem alle ein Benutzungsrecht erhalten, ein Fortschritt erzielt wird und auch der Wettbewerb, der auf dem gepoolten Gebiet vorher nicht möglich war, eröffnet wird[198]. Es ist jedoch darauf hinzuweisen, daß "Patent Pools" wettbewerbsrechtlich bedenklich sind. Es besteht die Gefahr, daß durch die Häufung von Patenten in der Hand des Lizenzgebers auf bestimmten Gebieten eine Monopolisierung droht. Für die kartellrechtliche Zulässigkeit wird auf die einschlägige Literatur verwiesen[199]. In Bezug auf das europäische Kartellrecht ist darauf hinzuweisen, daß nach Art. 5 I Nr. 1 der GFVO (Technologie) die Verordnung keine Anwendung auf Patent und Know-how Pools findet.

c) Schutzrechtspakete

Anstelle der Lizenzierung mehrerer Patente können auch ganze Schutzrechtspakete entweder einseitig oder gegenseitig lizensiert werden. Es gibt eine Reihe von praktischen Vorteilen, die für die Lizenzierung mehrerer Patente in einem Paket anstelle in einzelnen Lizenzverträgen sprechen. So ist es zunächst einfacher, mit potentiellen Lizenznehmern zu verhandeln, wenn es um nur einen Lizenzvertrag geht. Auch gestaltet sich die Administration einfacher und weniger kostenintensiv.

Ein wichtiger praktischer Vorteil der Lizenzierung von Schutzrechtspaketen ist, daß es selten vorkommt, daß die Schutzrechtsfähigkeit aller Schutzrechte erfolgreich angezweifelt wird.

---

[196] Vgl. 1. Teil, C. II. 6. b).

[197] Siehe auch die bei 1. Teil, C. II. 6. b) genannten Gründe.

[198] Lampert, Patente, GRUR 1950, 1 (11).

[199] Kellermann, Einfluß des GWB, GRUR 1959, 569 (575); ders., Gewerbliche Schutzrechte II., WuW 1960, 603 ff. (616); Stumpf/Groß, Rndnr. 570.; Henn, S. 102 ff.

Es muß jedoch auch berücksichtigt werden, daß teilweise einzelne Lizenzverträge im Vergleich zur Lizenzierung eines Schutzrechtspakets Vorteile haben können, da unter Umständen Schutzrechtspakete wettbewerbsrechtlich bedenklich sein können, wenn der Lizenznehmer, der eigentlich an nur einem Patent interessiert ist, dazu gezwungen wird, das ganze Paket zu übernehmen. Dies wird gerade in den USA häufig als Patentmißbrauch angesehen[200].

d) Negative Lizenz, Lizenz als Mittel zur Beilegung von Patentstreitigkeiten

Den bisher dargestellten Lizenzarten gemeinsam ist die Einräumung einer positiven Benutzungsbefugnis[201]. Eine Ausnahme davon bildet die negative Lizenz[202]. Bei dieser Lizenz geht der Lizenzgeber keinerlei Verpflichtungen hinsichtlich der Verschaffung der tatsächlichen Benutzungsmöglichkeit und der Aufrechterhaltung des Patents ein. Er verzichtet lediglich auf die Geltendmachung seines Patentrechts[203]. Es handelt sich um ein bloßes Dulden der Benutzung gegen Entgelt[204].

Negative Lizenzen werden häufig im Rahmen eines Rechtsstreits, in dem der Patentinhaber den zukünftigen Lizenzgeber der Patentverletzung bezichtigt, vereinbart, um den Patentstreit beizulegen[205]. Besonders häufig kommen diese Lizenzen in den USA vor und werden dort teilweise als "accomodation licenses" bezeichnet[206]. Der Inhalt der Lizenz als Mittel zur Beilegung von Patentstreitigkeiten braucht dabei auch nur negativer Art zu sein, denn der Lizenzgeber benutzt bereits das Patent und ist nicht auf die Verschaffung der Benutzungsmöglichkeit durch den Lizenzgeber angewiesen. Negative Lizenzen werden oft vorsorglich angestrebt, um nicht durch einen Unterlassungsanspruch des Patentinhabers an der Herstellung gehindert zu werden[207]. Eine Besonderheit ergibt sich für die negative Lizenz bei der Frage des Sukzessionsschutzes[208]. Vor der Einführung der Regelung des § 15 III PatG waren die Befürworter des Fortbestandes auch der einfachen Lizenz bei Veräußerung des Patents der Auffassung, daß die negative

---

200 Vgl. 1. Teil, C. II. 6. d).

201 Siehe dazu ausführlich, 1. Teil, A. I. 2.

202 Siehe schon RG v. 1.3.1911 RGZ 75, 400 (402), die heute unter der Bezeichnung negative Lizenz bekannte Lizenz wurde damals als "eng begrenzt" bezeichnet oder in RG v. 16.1.1904 RGZ 57, 38 ff. (39) als "Lizenzvertrag im engeren Sinne".

203 Im Falle der Lizenz an einer angemeldeten Erfindung 1. Teil, C. I. 5., verzichtet der Patentanmelder bzw. Lizenzgeber auf den ihm nach § 33 PatG zustehenden Entschädigungsanspruch.

204 RG v. 1.3.1911 RGZ 75, 400 (402).

205 Auch für einen potentiellen Lizenznehmer stellt die Drohung mit einer Patentverletzungsklage eine einfache Möglichkeit dar, an eine Lizenz zu kommen.

206 Vgl. Goldschneider, Licensing, S. 23.

207 Paul, NJW 1963, 2249 (2251).

208 Siehe dazu ausführlich 1. Teil, B. I. 1. a).

Lizenz nicht gegenüber dem Erwerber des Patents geltend gemacht werden kann[209]. Auch heute wird angenommen, daß die negative Lizenz nicht unter § 15 III PatG fällt[210].

II. USA

1. Beschränkte Lizenzen

Durch die Erteilung einer Lizenz erhält auch der Lizenznehmer in den USA das Recht, Gegenstände, die unter das Patent fallen, herzustellen, zu gebrauchen und/oder zu verkaufen[211].

Wie im deutschen Recht können Lizenzen auch mit Beschränkungen erteilt werden, z.B. zeitliche, territoriale, oder Beschränkungen bezüglich des zu benutzenden Materials. Die vereinbarte Lizenz bestimmt die Grenzen des rechtmäßigen Gebrauchs und hindert den Lizenzgeber an der Geltendmachung seines Monopols entgegen den Bedingungen[212]. Werden die Beschränkungen nicht eingehalten, so bildet die Lizenz keine Verteidigung mehr gegen eine Klage wegen Patentverletzung[213].

Auch in den USA ist anerkannt, daß neben der Beschränkung des sachlichen Anwendungsbereichs ("field-of-use restrictions")[214], die Rechte herzustellen, zu verkaufen und zu gebrauchen, selbständige Rechte sind, die getrennt voneinander oder zusammen vom Patentinhaber gewährt werden können:

> "The right to manufacture, the right to sell and the right to use are each substantive rights, and may be granted or conferred seperately by the patentee."[215]

Wird die Lizenz auf eine Benutzungsart beschränkt, muß das aber nicht unbedingt bedeuten, daß die Lizenz nicht auch andere Benutzungsarten beinhaltet. Es gilt zwar der

---

209 Lüdecke, Einfluß der Veräußerung, GRUR 1964, 470 (473).

210 Benkard-Ullmann, § 15 Rn. 61.

211 De Forest Radio Telephone & Telegraph V. v. Radio Corp., 9 F.2d, 150 (151); Heaton-Peninsular Button-Fastener Co. v. Eureka Speciality Co. 77 F., 288 (291).

212 Heaton-Peninsular Button-Fastener Co. v. Eureka Speciality Co. 77 F., 288 (291): "The license defines the boundaries of a lawful use, and estops the licensor from the assertion of his monopoly contrary to its terms".

213 Vgl. zur Patentverletzung des Lizenznehmers im US-amerikanischen Recht, 2. Teil, A. II.

214 Wird in dem Lizenzvertrag der sachliche Umfang nicht beschrieben oder abgegrenzt, für welches die Benutzungsbefugnis und die Lizenzgebührenpflicht gelten soll, entscheidet der Schutzumfang der Ansprüche des Schutzrechts, Western Electric Co v. Robertson, 142 F., 471 ff. (472).

215 Justice Miller in Adams v. Burke, 17 Wall. 453, 21 L.ed., 700 (703); Heaton-Peninsular Button-Fastener Co. v. Eureka Speciality Co. 77 F., 288 (291).

Grundsatz, daß eine Lizenz nur die Befugnisse gewährt, die tatsächlich vereinbart wurden, es können aber auch durch eine "implied license"[216] andere Benutzungsbefugnisse begründet werden[217].

Nachfolgend sind die wichtigsten Beschränkungen, die in Lizenzverträgen vorkommen, dargestellt, wobei die wettbewerbsrechtliche Problematik der Beschränkungen nach dem Antitrustrecht kurz aufgezeigt wird und auf die Tendenz der Rechtsprechung und des Departement of Justice (DOJ) eingegangen wird[218].

a) Herstellungs-, Vertriebs- und Gebrauchslizenz

Wie im deutschen Recht kann die Lizenz auf verschiedene Arten der Verwertung des Patents beschränkt werden. Anders als im deutschen Recht gibt es keine allgemeingültige Definition der Begriffe Herstellung, Gebrauch und Vertrieb. Die Bedeutung der Begriffe wird vielmehr der Auslegung durch den Richter im Einzelfall überlassen[219].

aa) "License to make" (Herstellungslizenz)

Eine ausdrücklich gewährte Lizenz zur Herstellung verleiht dem Lizenznehmer das Recht, den Gegenstand so, wie er in der Patentschrift beschrieben ist, herzustellen. Der Lizenznehmer ist aber nicht gleichzeitig auch befugt, den Gegenstand zu gebrauchen oder zu verkaufen. Die Lizenz ist daher oft ausdrücklich mit einer anderen Benutzungsart gekoppelt, z.B. Herstellung und Gebrauch oder Herstellung und Verkauf[220]. Unter Umständen kann aber auch eine andere Benutzungsbefugnis stillschweigend mitenthalten sein. Dies ist dann der Fall, wenn die anderen Benutzungsarten für den Lizenznehmer notwendig sind, um das Patent wirtschaftlich sinnvoll verwerten zu können. Die Befugnis wird dabei durch eine "implied license" begründet[221].

Grundsätzlich darf ein Lizenznehmer andere zur Herstellung des patentierten Gegenstands oder zu ihrem Gebrauch anstellen, solange er dem Lizenzgeber Rechnung

---

216 Vgl. ausführlich zur "implied license" 1. Teil, C. II. 3. b).
217 Vgl. dazu im einzelnen bei den Benutzungsarten 1. Teil, C. II. 1. a).
218 Vgl. dazu auch 1. Teil, D. II. 1. a) aa).
219 Roche Products v. Bolar Pharmaceutical Co., 733 F.2d., 858 ff. (861); Paper Conventing Machine v. Magna-Graphics, 745 F.2d., 11 (16); siehe auch Chisum, Treatise Vol. 4, § 16.02 (3).
220 Robinson, Law of Patents Vol. 2, § 811.
221 Vgl. 1. Teil, C. II. 1. 3. b).

legt und an ihn die Lizenzgebühren zahlt[222]. Dies gilt auch für den Fall, daß die Lizenz nicht das Recht zur Unterlizenzierung beinhaltet[223]. Der Lizenznehmer braucht also nicht nur in seiner eigenen Werkstatt zu produzieren, sondern kann, wie im deutschen Recht[224], auch Dritte damit beauftragen. Dabei handelt es sich nicht um eine Unterlizenzierung, denn der Lizenznehmer läßt in eigener Verantwortung und für eigene Rechnung herstellen, wobei er auch gegenüber demjenigen, der für ihn herstellt, weisungsbefugt ist.

Eine Ausnahme ist aber dann zu machen, wenn dem Lizenznehmer in einem Lizenzvertrag ausdrücklich nur das Recht zur Herstellung von Maschinen und zum Verkauf der beim Lizenznehmer hergestellten Maschinen eingeräumt wurde. Eine solche Vereinbarung wurde nach der Rechtsprechung dahin ausgelegt, daß die Maschinen nur in der eigenen Fabrik des Lizenznehmers und mit den eigenen Angestellten hergestellt werden darf[225]. Grund ist, daß nach dem im Vertragstext zum Ausdruck gekommenen Willen des Lizenzgebers die Art der Herstellung durch das Fachwissen ("skill") und die Persönlichkeit ("personality") des Lizenznehmers begünstigt werden sollte[226].

bb) "License to sell" (Vertriebslizenz)

Da das Recht zum Verkauf der patentierten Gegenstände allein meist wertlos ist, ist es normalerweise mit der Befugnis zur Herstellung gekoppelt[227]. Ist die Befugnis zur Herstellung jedoch nicht ausdrücklich vereinbart, kann diese Befugnis oder auch die Verkaufsbefugnis durch "implied license" begründet werden. Eine Lizenz zur Herstellung und zum Gebrauch der Sache beinhaltet jedoch nicht ohne weiteres die Lizenz, die Sache zu verkaufen.

Ist das Vertriebsrecht zeitlich, mengenmäßig oder auf sonstige Weise beschränkt, ist der Lizenznehmer daran gebunden und macht sich einer Patentverletzung schuldig, wenn er die Beschränkungen nicht einhält[228].

Wird eine Gebrauchslizenz erteilt, die gleichzeitig die unbeschränkte Befugnis enthält, die Produkte zu verkaufen, ist diese Befugnis überflüssig, es sei denn auch das Produkt stellt

---

[222] Heywood-Wakefield Company v. Small, 37 USPQ, 363 (369); Johnson Railroad Signal Co. v. Union Switch & Signal Co., 55 F., 487 f. (488); Marconi Wireless Telegraph Co. of America v. Simon, 227 F., 906 (910); Washington-Cooley Manuf g Co. v. Kinney, 68 F., 500 (506).

[223] Heywood-Wakefield Company v. Small, 37 USPQ, 363 (369).

[224] Vgl. 1. Teil, C. I. 1. a) aa).

[225] Westinghouse Electric & Mfg. Co. v. Tri-City Radio E. Supply Co., 23 F.2d., 628 (631).

[226] Westinghouse Electric & Mfg. Co. v. Tri-City Radio E. Supply Co., 23 F.2d., 628 (631).

[227] Robinson, Law of Patents Vol. 2, § 813, S. 593.

[228] Robinson, Law of Patents Vol. 2, § 813, S. 594.

eine patentierte Erfindung dar. Ist die zusätzliche Befugnis zum Vertrieb jedoch beschränkt, wird diese Beschränkung als eine Bedingung der Gebrauchslizenz angesehen[229].

Während früher zwischen "field-of-use restrictions" in Herstellungslizenzen und in Vertriebslizenzen für die wettbewerbsrechtliche Zulässigkeit unterschieden wurde[230], wird heute eine Abwägung des Umfangs der dadurch entstehenden Wettbewerbsbeschränkung mit den legitimen Zielen der Beschränkung vorgenommen[231].

Nach der sog. "Exhaustion Doctrine", die der Erschöpfungslehre des deutschen Rechtes entspricht[232], ist das Monopol des Patentinhabers verbraucht, wenn das erste patentierte Produkt verkauft wird[233]. Nach dem Verkauf hat der Patentinhaber nicht mehr das Recht, auf den Gebrauch des Patents oder die Verfügungen darüber[234], z.B. durch Festlegung der Höhe des Verkaufspreises Einfluß zu nehmen:

> "...but sale of it (patented article) exhausts the monopoly in that article and the patentee may not thereafter, by virtue of his patent, control the use or disposition of the article"[235].

Begründet wird dies damit, daß der Patentinhaber durch den Verkauf der Maschine eine Gegenleistung, sozusagen eine Belohnung erhalten hat, die ihn nicht mehr befugt, Beschränkungen bezüglich des Gebrauchs der Maschine dem Käufer aufzuerlegen[236]. Sein Recht ist durch den Verkauf und Erhalt der Gegenleistung abgegolten worden[237]. Wie im deutschen Recht wird damit die Sache durch den Verkauf patentfrei. Der Patentinhaber verliert durch den Verkauf der Sache sein Patentmonopol[238].

---

229 Robinson, Law of Patents Vol. 2, § 813, S. 595.

230 Hensley Equipment Company v. Esco Corp., 383 F.2d., 252 (263).

231 Munters Corp. v. Burgess Industries Inc., 450 F.Supp., 1195 (1200 ff.).

232 Vgl. 1. Teil, C. I. 1. a) bb) (a).

233 United States v. Univis Lens, 316 U.S. 241, 86 L.ed., 1408 (1418); Hobbie v. Jennison, 149 U.S., 355, 37 L.ed., 766 (768).

234 Henry v. A. B. Dick Co., 224 U.S. 1, 56 L.ed., 645 (655); Harshberger v. Tarrson, 184 F.2d., 628 (629); vgl. auch Chisum, Treatise Vol. 4, § 16.03 (2).

235 United States v. Univis Lens, 316 U.S. 241, 86 L.ed., 1408 (1419); vgl. auch United States v. Masonite Corp., 316 U.S. 265, 86 L.ed., 1461 (1473); Bauer v. O'Donnell, 229 U.S. 1, 57 L.ed., 1041 (1045).

236 United States v. Masonite Corp., 316 U.S. 265, 86 L.ed., 1461 (1475).

237 Hobbie v. Jennison, 149 U.S., 355, 37 L.ed., 766 (768); Adams v. Burke, 17 Wall. 453, 21 L.ed., 700 (704).

238 Vgl. zu der Frage, ob der Patentinhaber sein Monopol durch Anbringung eines Hinweises auf dem geschützten Gegenstand aufrechterhalten kann, General Talk. Pictures Corp. v. Western Electric Co., 305 U.S. 124, 83 L.ed., 81 (86).

Das Freiwerden der Sache ergibt sich im US-amerikanischen Recht auch daraus, daß der Erwerber durch den Erwerb der Sache die "implied license" erhält, die Sache zu benutzen und weiterzuverkaufen[239].

Von dem grundsätzlichen Verbot, dem Erwerber Beschränkungen aufzuerlegen, sind jedoch Ausnahmen anerkannt. Die Beschränkungen müssen danach "reasonable" sein[240]. Sie dürfen nicht gegen das Gesetz oder das Allgemeinwohl verstoßen. Die Gerichte werden alle vertraglichen Beschränkungen aufrechterhalten, die angemessen und vernünftig in bezug auf den allgemeinen Zweck des Patents sind[241].

cc) "License to use" (Gebrauchslizenz)

Wird eine Lizenz zum Gebrauch erteilt, so ist das Gebrauchsrecht unbegrenzt bezüglich Menge, Ort und Art des Gebrauchs[242]. Ausdrückliche zeitliche und mengenmäßige Beschränkungen und solche hinsichtlich der Art des Gebrauchs sind für den Lizenznehmer bindend und führen zu einer Patentverletzung, wenn sie nicht eingehalten werden[243]. Hat der Patentinhaber dem Lizenznehmer ein Recht zum Gebrauch eines bestimmten Patents eingeräumt, so bringt diese Gewährung unter Umständen das Recht mit sich, daß auch alle anderen Patente benutzt werden dürfen, die andernfalls verletzt werden würden[244]. Eng mit dem Recht zum Gebrauch verbunden ist auch das Recht, den patentierten Gegenstand in einem brauchbaren Zustand zu erhalten. Notwendige Reparaturen oder der Austausch von Teilen dürfen daher vorgenommen werden[245]. Dies gilt jedoch nicht uneingeschränkt[246].

Eine Lizenz zum Gebrauch eines patentierten Gegenstands birgt die Vermutung in sich, daß der patentierte Gegenstand auch hergestellt werden kann, es sei denn, die Umstände sprechen dagegen[247]. Dies ergibt sich wiederum aus der Erwägung, daß andernfalls keine

---

[239] Acro Mfg. Co. v. Convertible Top Replacement Co., 141 USPQ, 681 (685); Ellis, Licenses, S. 37; 69 CJS Patents § 252, S. 781 m.w.N., vgl. auch Chisum, Treatise Vol. 4, § 16.03 (2); vgl. zur "implied license" ausführlich, 1. Teil, C. II. 3. b).

[240] Ellis, Licenses, S. 210.

[241] Ellis, Licenses, S. 210; vgl. auch Straus v. Victor Mach. Co., 243 U.S. 490, 61 L.ed., 866 (869); E. Bement & Sons v. National Harrow Co., 186 U.S. 70, 46 L.ed., 1058 (1068 ff.).

[242] Speziell bezüglich des Nichtvorliegens von territorialen Beschränkungen, Adams v. Burks, 17 Wall., 84 U.S. 453, 21 L.ed., 700 (704).

[243] Robinson, Law of Patents Vol. 2, § 812.

[244] Cold Metal Process Company v. Republic Steel Corp., 233 F.2d., 828 (846).

[245] Chisum, Treatise Vol. 4, § 16.03 so auch schon Wilson v. Simpson, 9 How. 109, 13 L.ed., 66 ff.

[246] Connecticut Telephone & Electric Co. v. Automative Equipment Co., 14 F.2d., 957 (961). Das Produkt darf nicht vollständig so rekonstruiert werden, daß ein ganz neues Produkte entsteht, vgl. auch ausführlich, Chisum, Treatise Vol. 4, § 16.03 (3).

[247] Edision Eleide Corp.v. Light Co. v. Peninsular Light, Power & H. Co., 95 F., 670 (674)

wirtschaftlich sinnvolle Verwertung für den Lizenznehmer gewährleistet sein würde; die alleinige Herstellungsbefugnis ohne die Gebrauchsbefugnis unbrauchbar ist[248].

Da letztlich der Wert des patentierten Gegenstandes im Gebrauch liegt und niemand einen Gegenstand herstellen oder verkaufen würde, wenn er diesen nicht gleichzeitig auch benutzen kann, ist es anerkannt, daß eine Lizenz zur Herstellung oder zum Verkauf oder zur Herstellung und zum Verkauf eine Gebrauchsbefugnis beinhaltet[249].

Unter wettbewerbsrechtlichen Gesichtspunkten ist die Beschränkung des Lizenznehmers nur für den eigenen Verbrauch herzustellen, den Verkauf also auszuschließen, ausdrücklich für zulässig erklärt worden ist[250]. Auch Lizenzverträge, die generell den Gebrauch des Patents auf eine bestimmte Verwendung beschränken, sind für wettbewerbsrechtlich zulässig erklärt worden. Nicht nur das Departement of Justice (DOJ) hat sich in einigen Fällen für solche Gebrauchsbeschränkungen ausgesprochen, insbesondere wenn diese die Motivation des Lizenznehmers fördern, Technologie zu entwickeln oder zu vermarkten und dadurch den Wettbewerb anzuregen[251]. Auch in einigen Entscheidungen ist der Vorteil solcher Beschränkungen zum Ausdruck gekommen[252].

b) Konzernlizenz, Lizenz an Tochtergesellschaften

Auch in US-amerikanischen Lizenzverträgen kann vereinbart werden, daß neben dem eigenen Unternehmen auch andere verbundene Unternehmen von der Lizenz Gebrauch machen können. Dies sollte ausdrücklich im Lizenzvertrag festgehalten werden, da die Rechtsprechung nicht immer einheitlich ist.

Teilweise ist es anerkannt, daß die Lizenz auch von den Tochtergesellschaften des Lizenznehmers benutzt werden können, die bekannt sind[253]. In einer anderen Entscheidung kommt jedoch zum Ausdruck, daß sich die Lizenzen weder auf

248 Union Carbide Corp. v. Graver Tank & Mfg., Co., Inc., 124 USPQ, 62 (66); Victory Bottle Capping Mach. Co. v. O. & J. Mach. Co., 280 F., 753 (758).
249 Ellis, Licenses, S. 36.
250 United States v. General Electric Co., 272 U.S. 476, 71 L.ed., 363 (370).
251 Siehe hierzu ausführlich, Epstein/Politano, § 3.03 (1) (c); siehe auch DOJ, 1995 Antitrust Guidelines, S. 11 ff.
252 General Talk. Pictures Corp. v. Western El. Co., 304 U.S. 175, 82 L.ed., 1273 (1277); United States v. Studiengesellschaft Kohle m.b.G., 670 F.2d., 1122 (1172).
253 Overman Cushion Tire Co. v. Goodyear Tire & Rubber Co., 59 F.2d., 998 ff. (999).

Tochtergesellschaften noch auf Unternehmen, an denen der Lizenznehmer die Mehrheit der Anteile besaß, ausdehnen[254].

c) Zeit- und Gebietslizenz

aa) "Temporal Restrictions" (Zeitliche Beschränkungen)

Der Patentinhaber kann die Lizenz auf jede beliebige Zeitdauer beschränken, die Patentlaufzeit von 17 Jahren, gemessen ab der Erteilung des Patents[255], darf aber nicht überschritten werden[256]. Das Einfordern von Lizenzgebühren nach dem Ablauf des Patents, sog. "post-expiration royalities", sind entgegen früherer Rechtsprechung vom Supreme Court als Rechtsmißbrauch eingestuft worden[257]. Hat die Lizenz mehrere Patente zum Gegenstand, so endet die Lizenz mit Ablauf des letzten Patents[258].

Ist eine Laufzeit nicht im Vertrag vereinbart, gilt grundsätzlich die Lizenz bis zum Ablauf des Patents:

> "...in the absence of anything to the contrary, the license is implicitly coextensive in time and territory with patent"[259].

Jede zeitliche Begrenzung muß, wie im deutschen Recht, ausdrücklich vertraglich vereinbart werden[260]. Die Überschreitung der Laufzeit des Vertrages, d.h. die Benutzung des Patents nach Ablauf der Vertragszeit, aber noch vor Ablauf des Patentrechts, ist eine Patentverletzung[261].

bb) "Territorial Restrictions" (Territoriale Beschränkungen)

Geographische Beschränkungen sind durch das Patentgesetz gestattet. Der Patent Code billigt Lizenzen "in jedem Teil der Vereinigten Staaten"[262]. Die Lizenz kann auf einen

---

[254] De Forest T. & T. Co. v. Radio Corp. of America, 3 F.2d., 847; vgl. dagegen wieder De Forest T. & T. Co. v. Radio Corp. of America, 20 F.2d.,598 (602); siehe auch Earl v. Metropolitan St. Ry. Co., 85 F., 214 (217).

[255] Im US-amerikanischen Recht kann unter bestimmten Umständen eine Verlängerung der Patentlaufzeit möglich sein, vgl. Chisum, Treatise Vol. 4, § 16.04 (5).

[256] Brulotte v. Thys Co., 143 USPQ, 264 (265).

[257] Brulotte v. Thys Co., 143 USPQ, 264 (266); Ar-Tik Systems, Inc. v. Dairy Queen, Inc., 302 F.2d., 496 (510).

[258] Brulotte v. Thys Co., 143 USPQ, 264 (266).

[259] Cold Metal Process Co. v. United States Engineering & F. Co., 107 F.2d, 27 (31); vgl. auch Skil Corp. v. Lucerne Products, Inc., 489 F.Supp., 1129 (1142/1144); 137 F.2d, 728 (730); Libscomb, § 20:30, S. 115.

[260] Edision Electric Light Co. V. Peninsular Light, Power & H. Co., 95 F., 669 (678).

[261] General Talk. Pictures Corp. v. Western Elec. Co., 305 U.S. 124, 83 L.ed., 81 (82).

[262] 35 USC. § 261 (1988).

Staat, verschiedene Staaten und auch auf bestimmte Fabriken beschränkt werden[263]. Wie im deutschen Recht entfaltet das Patent aber keine Wirkung außerhalb des Staates[264]. Der Begriff "United States" ist in 35 U.S.C. § 100 (c) definiert und bedeutet die Vereinigten Staaten von Amerika, seine Gebiete ("territories") und Besitztümer ("possessions")[265].

Ist im Vertrag keine Vereinbarung über eine territoriale Beschränkung getroffen, hat die Lizenz die gleichen territorialen Beschränkungen wie das Patent und geht nicht über die Grenzen der Vereinigten Staaten hinaus[266].

Auch territoriale Beschränkungen müssen auf ihre wettbewerbsrechtliche Zulässigkeit untersucht werden. Die Antitrust-Richtlinien von 1977 und 1988 geben darüber Auskunft[267]. Bei einem Vergleich der Richtlinien und Entscheidungen, die auf dem Gebiet in dem Zeitraum erschienen sind, ist die Tendenz zu bemerken, daß die gleichen Beschränkungen, die 1977 als wettbewerbsbeschränkend eingestuft wurden, heute als wettbewerbsfördernd angesehen werden[268]. Dies gilt nicht nur für territoriale Beschränkungen, sondern allgemein auch für andere Beschränkungen:

> "Field-of-use, territorial and other limitations on intellectual property licenses may serve procompetitive ends by allowing the licensor to exploit its property as efficiently and effectively as possible. These various forms of exclusivity can be used to give a licensee an incentive to invest in the commercialization and distribution of products embodying the licensed intellectual property and to develop additional applications for the licensed property".[269]

Eine unzulässige territoriale Beschränkung liegt aber z.B. dann vor, wenn mit der Beschränkung beabsichtigt wird, die Märkte zwischen den Wettbewerbern aufzuteilen[270].

---

263 Hammond et al. v. Manhattan Electrical Supply Co., 234 F., 337 ff. (338); Cassidy v. Evan I. Reed Mfg. Co., 293 F., 797 ff. (798); Industrial Machine ToolCo. v. Miami Window Corp., 301 (305).

264 Vgl. Chisum, Treatise Vol. 4, § 16.05 (1).

265 Puerto Rico, die Vrigin Islands und die Panamakanalzone sind darin eingeschlossen, vgl. auch Chisum, Treatise Vol. 4, § 16.05 (1).

266 The Cold Metal Process Co. v. United Engineer. & Fdry. Co., 235 F.2d., 224 (229).

267 Vgl. Rosen, LLBR 1988, Vol. 11., No.3, 25 ff.

268 Rosen, LLBR 1988, Vol. 11., No.3, 25 (26).

269 Siehe noch DOJ, Draft, S. 4.

270 Gotts/Fogt, AIPLA Quarterly, Vol. 22., 1994, No. 1, 11. Siehe dazu auch ausführlich Lipscomb, § 20:5, Rosen, LLBR 1988, Vol. 11, No. 3, 25 ff.; Continental T.V. Inc. v. GTE Sylvania, Inc., 433 U.S. 36, 57 ff.; National Collegiate Athletic Ass'n v. Board of Regents, 468 U.S. 85; DOJ, Draft, S. 1 ff.

2. "Non-exclusive license" und "exclusive license" (Einfache und ausschließliche Lizenz)

Die wichtigsten Lizenzarten, die sich primär auf die Befugnis des Lizenznehmers beziehen, andere von der Benutzung der Verwertung des Patents auszuschließen, sind die "non-exclusive license" und die "exclusive license". Bezüglich der Befugnisse, die die beiden Lizenzarten im einzelnen dem Lizenznehmer einräumen, insbesondere auch die Auswirkungen auf die Klagebefugnis, wird auf die Darstellung bei der Rechtsnatur des Lizenzvertrages verwiesen[271].

3. Lizenzen nach der Art des Zustandekommens

Neben der einfachen und ausschließlichen Lizenz und den dargestellten mit unterschiedlichen Beschränkungen ausgestatteten Lizenzen, gibt es auch in den USA weitere Lizenzen. In den USA wird insbesondere zwischen der ausdrücklichen und der stillschweigend unterstellten Lizenz unterschieden. Die Lizenzen bilden zwar keine eigenen Lizenzarten, sondern unterscheiden sich nach der Art der Erteilung, nämlich einmal ausdrücklich und einmal stillschweigend. Weil die "implied license" aber im US-amerikanischen Lizenzrecht eine bedeutende Rolle spielt, da sie das Lizenzrecht des Lizenznehmers ergänzt[272], wird sie hier in Gegenüberstellung zur "express license" aufgeführt.

In Deutschland kann die Lizenzerteilung zwar auch stillschweigend erfolgen[273]. Sie hat aber keine große Bedeutung und einen kleinen Anwendungsbereich; es wird auch nicht ein unterschiedlicher Begriff für sie verwendet.

a) "Express license" (Ausdrückliche Lizenz)

Die ausdrückliche Lizenz wird schriftlich oder mündlich begründet[274]. Anders als die stillschweigend unterstellte Lizenz, die durch Rechtsgestaltung oder richterliche Vertragsergänzung begründet wird und daher immer gültig ist[275], kann die "express license" gültig oder ungültig sein. Beispielsweise kann eine Bestimmung in einem

---

[271] Vgl. 1. Teil, B. I. 1. a) und b).

[272] Siehe dazu ausführlich unter 1. Teil, C. II. 3. b).

[273] 1. Teil D. I. 1.

[274] St. Louis Street F. M. Co. V. Sanitary Street F.M. Co., 178 F., 923 (926); De Forest Radio Telephone & Telegraph V. v. Radio Corp., 9 F.2d, 150 ff. (151): "An express license may be conferred by a written instrument or by parol".

[275] 1. Teil, C. II. 3. b).

Lizenzvertrag, die versucht, das Patentmonopol auf unpatentierte Produkte auszuweiten, den Tatbestand des Patentmißbrauchs[276] erfüllen und damit ungültig sein[277].

Nach allgemeinen Vertragsgrundsätzen kann ein formloser Lizenzvertrag auch allein durch schriftliche Kommunikation begründet werden, ohne daß je ein formales Schriftstück erstellt wird. In Reynolds Metals Co v. Skinner[278] begründeten zwei Briefe eine Lizenz, einer von einem Hersteller, der einen Vertrag bestätigte, in dem der Überträger eines Patents den Gebrauch des Patentverfahrens zu einer bestimmten Gebühr lizensierte und ein anderer Brief, in dem der Rechtsüberträger die Bestätigung anerkannte und mitteilte, daß ein Vertrag von der Rechtsabteilung aufgesetzt werden würde. Die Tatsache, daß der Vertrag niemals aufgesetzt wurde, war unerheblich für die vertragliche Haftung des Rechtsüberträgers.

Es ist anerkannt, daß die "parol evidence rule" zur Modifizierung eines schriftlichen Lizenzvertrages zulässig ist[279]. Eine "express license", die nicht schriftlich abgeschlossen wurde, ist durchsetzbar, wenn ihre Bestimmungen nachgewiesen werden können. Sind in einem Lizenzvertrag die Vereinbarungen nicht genau bestimmt, aber ist der Vertrag schon teilweise ausgeführt worden, kann nach den allgemeinen Vertragsgrundsätzen ihre Durchsetzbarkeit erreicht werden[280].

Es ist zu beachten, daß eine mündlich vereinbarte "express license" den Tatbestand des jeweiligen Landesgesetzes zum Patentmißbrauch, in der der Vertrag eingebracht wird, erfüllen kann. Dies ist meist dann der Fall, wenn der Vertrag nicht innerhalb eines Jahres ausgeführt wird[281]. Aus diesem Grund sollte der Vertrag immer gleich, wenigstens teilweise, in Vollzug gesetzt werden.

c) "Implied license" (Stillschweigende Lizenz)

Das Zustandekommen einer Lizenz durch Stillschweigen spielt in den USA eine große Rolle. Durch die "implied license" wird die Benutzungsbefugnis des Lizenznehmers über den patentierten Gegenstand konstruiert, ohne daß dafür eine ausdrückliche oder konkludente Handlung erforderlich ist.

---

[276] Vgl. zum Patentmißbrauch 1. Teil, D. II. 1. a) aa) (d).
[277] Compton v. Metal Products, Inc., 172 USPQ, 263 (268).
[278] 166 F.2d, 66 (71).
[279] 1. Teil, D. II. 1. a) cc).
[280] Eckstrom, Licensing Vol. 1 , § 1.03 (3) (e).
[281] Schick Service v. Jones, 173 F.2d., 969 (977).

Nachfolgend wird die "implied license" als stillschweigende Lizenz bezeichnet, obwohl dies nicht ganz ihre Bedeutung wiedergibt. "Implied" bedeutet, daß etwas inbegriffen, vermutet oder stillschweigend angenommen bzw. unterstellt wird. Die "implied license" kann als eine Art ergänzende Vertragsauslegung des Richters charakterisiert werden. Sie ist Folge der richterlichen Auslegung der Umstände des Einzelfalls. Häufig liegt schon eine ausdrücklich erteilte Lizenz, "express license"[282], vor. Zusätzlich zu dieser Lizenz kann dann noch stillschweigend eine andere Lizenz in den Fällen hinzutreten, in denen die Verwertung des Patents allein mit der ausdrücklichen Lizenz wirtschaftlich wertlos wäre. Die stillschweigende Unterstellung ist in der US-amerikanischen Lehre nicht ungewöhnlich. Sie ist eine Eigentümlichkeit des US-amerikanischen Rechtsdenkens. Es werden nicht nur Rechte und Pflichten impliziert, sondern auch Verträge ("implied contracts") und Bedingungen ("implied conditions").

In Deutschland kennt man zwar auch ein Stillschweigen. Dies bezieht sich jedoch nur auf die Einigung[283]. Das Stillschweigen gibt es daher lediglich im Sinne der rechtsgeschäftlichen Einigung, die nicht ausdrücklich zu sein braucht. Außerhalb der Rechtsgeschäftslehre wird das Stillschweigen in Deutschland nicht zur Begründung von Rechten herangezogen.

In den USA wird das Stillschweigen dagegen in einem weiteren Sinne gesehen, und zieht im Falle der "implied license" auch die Begründung von Rechten nach sich. Aufgrund der Bedeutung der stillschweigenden Unterstellung, der vielen Anwendungsfälle und der Eigentümlichkeit im US-amerikanischen Recht ist es wichtig, als deutscher Vertragspartner dieses Rechtsinstitut zu kennen und Vorsorge zu tragen, daß nicht entgegen den Willen Lizenzen oder auch Pflichten unterstellt werden.

Die "implied license" kann auf verschiedene Weisen begründet werden: 1. durch Gesetz oder 2. durch Rechtsanwendung, auf die Weise, daß der Vertragspartner des Patentinhabers Vorteile durch den Vertrag erhält oder 3. durch Verwirkung ("estoppel")[284].

Die Begründung der stillschweigenden Lizenz ergibt sich aus den Umständen des Einzelfalls und der daraus abgeleiteten vermuteten Absicht der Parteien[285]. Die Umstände führen dazu, daß der Patentinhaber nicht mehr die Rechte des Lizenznehmers bestreiten kann, er also "estopped" ist[286]. Jedes Verhalten des Patentinhabers, das darauf hinweist,

---

[282] Vgl. zur "express license" 1. Teil, C. II. 3. a).
[283] 1. Teil D. I. 1.
[284] Ellis, Licenses, S. 29.
[285] Montross v. Marbie, 30 F., 234 (237).
[286] De Forest Radio Telephone & Telegraph V. v. Radio Corp., 9 F.2d, 150 ff. (151).

daß er eine Patentverletzung durch denjenigen zuläßt, der das Patent gebraucht, stellt eine solche stillschweigende Lizenz dar. Dies gilt auch für das Verhalten eines anderen exklusiven Lizenznehmers, der zur Unterlizenzvergabe befugt ist gegenüber einem, der von dem Patent Gebrauch macht[287].

Die "implied license" ist nicht notwendigerweise eine Gratislizenz, sondern die Zahlung einer Lizenzgebühr kann sich wiederum aus den Umständen des Einzelfalls ergeben[288]:

> "Whether this constitutes a gratuitious license or one for a reasonable compensation must of course depend upon the circumstances, but the relation between the parties thereafter in respect of any suit brought must be held to be contractual and not an unlawful invasion of the rights of the owner".[289]

Die "implied license" ist höchstpersönlich und nicht übertragbar[290]. Es ist zu beachten, daß eine stillschweigende Lizenz dann nicht mehr angenommen werden kann, wenn eine "express license" eine abschließende Regelung getroffen hat, die erkennbar dem Willen der Vertragsparteien entspricht[291]. Eine stillschweigende Lizenz wird auch dann nicht begründet, wenn das Verhalten und die Absicht der Vertragsparteien gegen eine solche Lizenz spricht.

aa) Umfang der "implied license"

Da sich die Begründung der stillschweigenden Lizenz aus den Umständen des Einzelfalls ergibt, ist fraglich, wie weit ihr Umfang ist. Der Umfang der Lizenz wird durch die Umstände bestimmt, aus denen sie auch begründet wird, einschließlich der Beziehungen der Vertragsparteien zueinander, ihr Verhalten und ihre Absichten[292]. In Salomons v. U.S.[293] wurde z.B. entschieden, daß das Recht eines Angestellten zum Gebrauch einer sich selbst entwertenden Briefmarke ("self-cancelling stamp") sich nicht nur auf den Gebrauch dieser zunächst hergestellten Briefmarke beschränkte, sondern sich auch auf die Herstellung und den weiteren Gebrauch solcher Briefmarken für alle Bereiche, für die

---

287 De Forest Radio Telephone & Telegraph V. v. Radio Corp., 9 F.2d, 150 ff. (151).

288 United States v. Palmer, 128 U.S. 262, 32 L.ed., 442 (444); De Forest Radio Telephone & Telegraph Co. v. United States, 273 U.S. 236, 71 L.ed., 625 (628); Solomons v. United States, 137 U.S. 342, 34 L.ed., 667 (669).

289 De Forest Radio Telephone & Telegraph Co. v. United States, 273 U.S. 236, 71 L.ed., 625 (628)

290 Kraatz v. Tieman, 79 F., 322 (324); Oliver v. Rumford Chemical Works, 109 U.S. 75, 27 L.ed., 862 (864).

291 Standard Sanitary Mfg.Co. v. Arrott, 135 F., 750 (758): "The contract fixed the ralations of the parties, and absolutely removes all ground upon which the implication of a license could be raised". Vgl. auch Hazen Mfg. Co. v. Wareham, 242 F., 642 (648).

292 Tin Decoration Co v. Metal Package Corporation, 29 F.2d, 1006 ff. (1007); Withington-Cooley Manuf g Co. v. Kinney, 68 F., 500 (506).

293 137 U.S. 342, 34 L.ed., 667 (669).

sie entwickelt und erfunden wurden, erstreckte. Auch in einer anderen Entscheidung wurde der Umfang sehr weit gesteckt: Die stillschweigend unterstellte Befugnis eines Angestellten zum Gebrauch von patentierten Maschinen zur Herstellung patentierter Produkte wurde nicht nur auf die Maschinen, die der Angestellte während seines Arbeitsvertrages herstellte, begrenzt, sondern lief darüber hinaus auf die gesamte Patentlaufzeit, während der die Geschäfte des Lizenznehmers ein Wachstum verzeichneten[294]. Der Gebrauch einer patentierten Maschine, der durch die stillschweigende Lizenz begründet wurde, ist auch ausdrücklich nicht auf eine bestimmte Zahl von Maschinen begrenzt worden, sondern bestimmt sich nach dem Erfordernis des Lizenznehmers für seine Geschäfte[295].

Es ist klargestellt, daß allein der Verkauf eines patentierten Produktes nicht eine Lizenzierung beinhaltet, es sei denn, die Lizenzerteilung ergibt sich deutlich aus den Umständen[296].

Zu beachten ist, daß der Umfang der "implied license" nie weiter gehen kann, als es der von den Parteien verfolgte wirtschaftliche Zweck erfordert[297].

bb) Begründung der "implied license" durch Gesetz

Die "implied license" kann kraft Gesetzes angeordnet werden. Die geänderte Section 7 des Gesetzes vom 3.3.1839, in der Fassung vom 8.7.1870, Rev. Stat. § 4899 lautet:

> "Every person who purchases of the inventor or discoverer, or, with his knowledge and consent, constructs any newly invented or discovered machine, or other patentable article, prior to the application by the inventor or discoverer for a patent, or who sells or uses one so constructed, shall have the right to use, and vend to others to be used, the specific things so made or purchased, without liability therefor."

Eine "implied license" bekommt danach jeder, der vor der Anmeldung zum Patent vom Erfinder oder Entdecker eine Maschine erwirbt oder mit dessen Kenntnis eine neu erfundene oder entdeckte Maschine oder einen anderen patentierten Gegenstand entwickelt. Auch derjenige, der vor der Anmeldung eine solch entwickelte Maschine kauft oder gebraucht, hat das Recht zum Gebrauch und Verkauf an andere, damit diese die Gegenstände herstellen oder kaufen können, ohne dafür zu haften.

---

294 Wiegand v. Dover Mfg. Co., 292 F., 255 (262).
295 McKinnon Chain Co. v. American Chain Co., 259 F., 873 (878).
296 Hunt v. Armour & Co., 185 F.2d., 722 (729); Radio Corp. of America v. Andrea, 90 F.2d, 612 (615).
297 Waterman v. MacKenzie, 138 U.S. 252, 34 L.ed., 923 (926).

In mehreren Entscheidungen zu dem Gesetz wurde ausdrücklich klargestellt, daß das Gesetz verfassungsgemäß ist, auch wenn dem Patentinhaber dadurch seine Belohnung in Form der Vergütung entzogen wird[298]. Ist der Tatbestand des Gesetzes erfüllt, so hat das Gesetz die Wirkung, daß die Maschinen oder patentierten Gegenstände von dem Monopol des Patentinhabers befreit sind[299].

cc) Begründung der "implied license" durch "principle of law"

Diese Art der Begründung der "implied license" beruht auf dem allgemeinen Rechtsgrundsatz, daß die Gewährung eines Rechtes alle diejenigen Rechte mit beinhaltet, die erforderlich sind, um das Recht wirtschaftlich vernünftig gebrauchen zu können. Sie birgt die Vermutung in sich, daß derjenige, der das Recht gewährt, damit beabsichtigt, dem anderen ein nützliches Recht zukommen zu lassen:

> "It is a general principle of law that a grant necessarily carries with it that without which the thing granted cannot be enjoyed. The foundation of the maxim lies in the presumption that the grantor intended to make his grant enjoyable."[300]

In der gleichen Entscheidung ist die Grenze der Unterstellung der Lizenz festgelegt. Die Rechte, die die Rechtsgewährung mit sich bringen, müssen mit dem Recht im Zusammenhang stehen und notwendig für die Rechtsausübung sein.

Relevant ist die "implied license" durch "law" insbesondere in den Fällen, in denen die Lizenz auf eine Art der Benutzung beschränkt ist. Es stellt sich hier die Frage, ob die Beschränkung auf eine Benutzungsart nicht noch die Befugnis zu einer anderen Benutzungsart mit sich bringt[301].

Durch eine "implied license" kann auch der Lizenznehmer das Recht bekommen, andere Patente des Patentinhabers zu benutzen, wenn dies erforderlich ist, um die Erfindung wirtschaftlich sinnvoll verwerten zu können[302].

Die "implied license" ist abzugrenzen von den "implied obligations", durch die Pflichten für die Vertragsparteien stillschweigend unterstellt werden können. So kann z.B. der Lizenzgeber auch ohne vertragliche Vereinbarung verpflichtet werden, seinen Namen für

---

[298] Dable Grain Shovel Co. v. Flint, 137 U.S. 41, 34 L.ed., 618 (620); Marsh v. Nichols, Shepard & Co., 128 U.S. 605, 32 L.ed., 538 (542).
[299] Wade v. Metcalf, 129 U.S. 202, 661 (663).
[300] Edison Electric Light Co. v. Peninsular Light, Power & H. Co., 101 F., 831 (836).
[301] Vgl. die einzelnen Fälle jeweils bei den verschiedenen Benutzungsarten 1. Teil, C. II. 1.
[302] Cold Metal Process Company v. Republic Steel Corp., 233 F.2d., 828 (846).

die wirksame Klageerhebung des ausschließlichen Lizenznehmers gegen Dritte zur Verfügung zu stellen[303]. Grund ist, daß ohne diese Verpflichtung des Lizenznehmers dieser nicht von dem Patent vollständig Gebrauch machen kann.

dd) Begründung der "implied license" durch "estoppel"

Es ist auch anerkannt, daß eine "implied license" durch Verwirkung von Rechten des Patentinhabers entstehen kann[304]:

> "An implied license may arise out of any circumstances which operate as an estoppel on the owner of the patent to prevent him from denying the rights claimed by the apparent licensee....any conduct by which the owner of the patent induces the person who employs the invention to place himself in a situation where he must suffer injury, unless his right to practice his invention is conceded, will be regarded as implying such a right, and as estopping the owner of the patent from asserting his prohibitory powers in its defeat."[305]

Voraussetzung ist danach, daß der Patentinhaber einen anderen in dem Glauben beläßt, daß dieser das Patent benutzen darf. Insbesondere dann, wenn der Patentinhaber in voller Kenntnis der Patentverletzung nicht der Patentbenutzung widerspricht oder noch nicht einmal dem Verletzter mitteilt, daß ein Patent besteht, wird eine "implied license" begründet[306]. Eine Einwilligung in eine bekannte Verletzung berechtigt jedoch nicht schon zu einer fortdauernde Verletzung. Ebenso ist durch eine Entscheidung über Verletzungen in der Vergangenheit keine Lizenz für die zukünftige Benutzung der Erfindung erteilt. Grund ist, daß die Lizenz nicht schon dadurch begründet wird, daß es der Patentinhaber einfach unterlassen hat, Klage zu erheben[307]. Auch der nicht beanstandete Gebrauch eines fehlerhaften Patents birgt in sich nicht die Vermutung, daß eine Lizenz für die erneute Erteilung des Patents gegeben sein soll[308]. Die Abgrenzung, ob der Patentinhaber in die Patentverletzung einwilligt und der Verletzer in dem Glauben belassen wird, daß er von dem Patent Gebrauch machen darf oder lediglich die Benutzung des Patents nicht beanstandet, dies aber keine Lizenzerteilung zur Folge hat, ist nicht immer einfach zu treffen. Auch hier sind die besonderen Umstände des Einzelfalls zu berücksichtigen. Insbesondere das Verhalten und die deutliche Absicht von Lizenzgeber und Lizenznehmer ist auch hier wieder ausschlaggebend[309].

---

303 Independend Wireless Teleg. Co. v. Radio Corp., 269 U.S. 459, 70 L.ed., 357 (362).
304 Vgl. auch ausführlich zur Verwirkung in den USA 3. Teil, E. II.
305 Robinson, Law of Patents Vol. 2, § 834; De Forest Radio Telephone & Telegraph Co. v. Radio Corp., 9 F.2d., 150 ff. (151).
306 Union Shipbuilding Co. v. Boston Iron & Metal Co., 93 F.2d., 781 (783).
307 Robinson, Law of Patents Vol. 2, § 834; M'Williams Manuf'g Co. v. Blundell, 11 F., 419 (422).
308 M'Williams Manuf'g Co. v. Blundell, 11 F., 419 (422).
309 Montross v. Marbie, 30 F., 234 (237).

Im Gegensatz zu den anderen Arten der "implied license" setzt die Begründung einer "implied license" durch Verwirkung nicht voraus, daß schon eine andere Lizenz vorliegt. Die Lizenz entsteht allein dadurch, daß der Verwirkungseinwand gegenüber dem Anspruch des Patentinhabers auf Unterlassung der Benutzung wirksam wird.

Ein Anwendungsfall der "implied license by estoppel" ist das "shop right", die Lizenz, die der Arbeitgeber an der Erfindung des Arbeitnehmers erhält[310].

Um die Entstehung einer Lizenz durch Verwirkung zu vermeiden, sollte der Patentinhaber bei einem unbefugten Gebrauch des Patents durch Dritte nicht untätig bleiben, sondern ihn abmahnen, d.h. deutlich machen, daß die Patentbenutzung nicht geduldet wird.

4. "Sublicense" (Unterlizenz)

a) Das Wesen der Unterlizenz - Vertrag zwischen Hauptlizenzgeber und Unterlizenznehmer

In den USA ist die Unterlizenz kein Vertrag zwischen Hauptlizenznehmer und Unterlizenznehmer, sondern ein Vertrag zwischen Hauptlizenzgeber und Unterlizenznehmer[311]. Dies ist die Konsequenz aus der dem Inhalt des Lizenzvertrages bestimmenden Verzichtstheorie, nach der im US-amerikanischen Recht der Patentinhaber und Lizenzgeber dem Lizenznehmer kein positives Recht einräumt, sondern lediglich auf die Geltendmachung seines Ausschließungsrecht verzichtet[312].

Die Befugnis zur Unterlizenzvergabe ist ein Angebot des Lizenzgebers, mit jedem einen Vertrag abzuschließen, den der Lizenznehmer vorschlägt:

> "The provision in the original license for the grant of sublicenses is an offer on the part of the licensor to enter into a license contract with any party named by the licensee."[313]

Der Hauptlizenznehmer agiert dabei lediglich als Vertreter ("agent") des Hauptlizenzgebers. Er wählt die Unterlizenznehmer aus, die ein Vertragsverhältnis mit dem Hauptlizenzgeber eingehen. Das vom Hauptlizenznehmer für den Hauptlizenzgeber abgegebene Angebot wird zu dem Zeitpunkt angenommen, zu dem der Unterlizenznehmer die Lizenz nimmt.

---

[310] Vgl. zum "shop right" 1. Teil, C. II. 6. a).
[311] Ellis, Licenses, S. 62.
[312] Vgl. 1. Teil, A. II. 3.
[313] Ellis, Licenses, S. 62.

Das Recht zur Vergabe von Unterlizenzen wurde auch als Vollmacht des Patentinhabers zur Entschuldigung einer Patentverletzung angesehen ("a power of attorney from the patentee to excuse the tort of infringement")[314].

Der Unterlizenzvertrag kann mündlich abgeschlossen werden, es sei denn, es ist ein Schriftformerfordernis für den Unterlizenzvertrag vereinbart worden. Es ist auch möglich, daß eine Unterlizenz stillschweigend ("implied") begründet wird[315]. Daraus folgt, daß der Hauptlizenzgeber dem Hauptlizenznehmer auch keine Kopie des Unterlizenzvertrages zur Verfügung zu stellen braucht[316].

Anders als in Deutschland ist mangels vertraglicher Vereinbarung weder der ausschließliche noch der einfache Lizenznehmer zur Vergabe von Unterlizenzen befugt. Aufgrund des Mißbrauchs, der durch die Vergabe von weiteren Rechten entstehen kann, muß nach US-amerikanischem Recht die Befugnis zur Unterlizenzierung ausdrücklich im Lizenzvertrag erteilt werden:

> "Clearly a licensee, unless receiving express authority to that effect, would have no right to multiply his privileges by sub-licenses, and increase the number of the individuals who could lawfully practise the invention. His authority to devide his rights, and to apportion them to others, must be measured by the circumstances of each case, and be so limited that the sum of all the rights distributed shall be no greater than his own. In view of the abuses likely to arise from the pracitcal exercise of such powers of alienation, and the difficulties attending any attempt to vindicate the rights to the licensor, the courts have held that a license is not assignable unless it affirmatively appears that such was the intention of the parties".[317]

Damit bedarf in den USA die Unterlizenzierung grundsätzlich der Zustimmung des Lizenzgebers[318]. Dies wird auch damit begründet, daß Lizenzen persönliche Verträge sind und nach den allgemeinen Vertragsgrundsätzen nicht ohne ausdrückliche Bestimmung übertragen oder Unterlizenzen gegeben werden dürfen[319]. Wurde dem Lizenznehmer eine solche Befugnis erteilt, können sowohl der Lizenznehmer als auch weitere Unterlizenznehmer im Zweifel jeweils wieder Unterlizenzen vergeben[320]. Dies entspricht der Regel, daß eine nicht übertragbare Lizenz, die mit dem Recht zur Übertragbarkeit ausgestattet wird, an alle weiteren Personen übertragen werden kann[321].

---

314 Simmen Automatic Ry.S. Co. v. General Ry. Signal Co., 72 F.2d., 232 ff. (233).
315 National Pigments & Chemical Co v. C. K. Williams & Co., 94 F.2d., 792 (796).
316 National Pigments & Chemical Co v. C. K. Williams & Co., 94 F.2d., 792 (797).
317 Robinson, Law of Patents Vol. 2, § 823.
318 Vgl. auch 69 C.J.S. § 253.
319 Unarco Industries, Inc. v. Kelley Company, 465 F.2d., 1303 (1306).
320 De Forest Radio Telephone & T. Co. v. Radio Corp. of America, 20 F.2d., 598 (601).
321 Ellis, Licenses, S. 59.

b) Unabhängigkeit der Unterlizenz von der Hauptlizenz

Der Unterlizenzvertrag ist in den USA - anders als in Deutschland[322] - unabhängig von der Hauptlizenz[323]. Dies wird in den USA damit begründet, daß es unbillig sei, wenn der Unterlizenznehmer erhebliche Investitionen getätigt hat und der Unterlizenzvertrag mit dem Hauptlizenzvertrag plötzlich ende, weil z.B. der Hauptlizenznehmer einen Vertragsbruch begangen hat[324]. Seine Investitionen würden ins Leere gehen.

Ungeachtet dieser Nichtakzessorietät der Lizenzen gelten mangels Parteivereinbarungen die gleichen Bedingungen des Hauptlizenzvertrages für den Unterlizenzvertrag[325]. Ist z.B. im Hauptlizenzvertrag vereinbart, daß die Rechte zur Herstellung, zum Gebrauch und zum Verkauf unteilbar ("indivisible") sind, dürfen die Rechte nicht im Unterlizenzvertrag getrennt erteilt werden[326]. Die Unterlizenznehmer sind an die Beschränkungen des Hauptlizenzvertrages gebunden, gleichgültig ob die Unterlizenznehmer davon Kenntnis haben oder nicht[327].

Der ausschließliche Lizenznehmer, der eine Unterlizenz mit Zustimmung des Patentinhabers vergibt, ist nicht verpflichtet, die von dem Unterlizenznehmer an ihn gezahlten Lizenzgebühren an den Patentinhaber weiterzugeben, es sei denn, es ist im Vertrag etwas anderes vereinbart. Der Lizenznehmer ist weder Treuhänder noch Beauftragter des Patentinhabers bezüglich der vom Unterlizenznehmer gezahlten Lizenzgebühren[328].

Gibt der Lizenznehmer aber unbefugt eine Unterlizenz, muß er die durch die Unterlizenzierung erhaltenen Gebühren an den Patentinhaber abgeben[329].

In LeFiell v. United States[330] ist bestimmt, daß der ausschließliche Lizenznehmer, der zur Unterlizenzvergabe und Klageerhebung gegen etwaige Verletzer befugt wurde, ein Eigentumsrecht hat, das ausreichend ist, um eine Klage gegen die Vereinigten Staaten zu erheben.

Der Hauptlizenzgeber kann direkt gegen den Unterlizenznehmer ohne den Hauptlizenznehmer Klage erheben[331]. Der Hauptlizenznehmer ist für die Klageerhebung

[322] Vgl. 1. Teil, C. I. 3.
[323] Ellis, Licenses, S. 63.
[324] Ellis, Licenses, S. 64.
[325] Hazeltine Research Corp. v. Freed-Eisemann Radio Corp., 3 F.2d., 172 (175).
[326] Rock-Ola Mfg. Corp. v. Filben Mfg. Co., 168 F.2d., 919 (924).
[327] Mitchell v. Hawley, 83 U.S. 544, 21 L.ed., 322 (324).
[328] Simmen Automatic Ry.S. Co. v. General Ry. Signal Co., 72 F.2d., 232 ff. (233).
[329] Vgl. dazu 2. Teil, A. II. 4.
[330] 138 USPQ, 312 ff. (314).
[331] Hazeltine Research Corp. v. Freed-Eisemann Radio Corp., 3 F.2d., 172 (178 ff.).

entbehrlich[332]. Dies ist die Konsequenz daraus, daß die Unterlizenz ein Vertrag zwischen dem Hauptlizenzgeber und dem Unterlizenznehmer ist und der Hauptlizenznehmer bei den Verhandlungen mit Unterlizenznehmern nur als Vertreter des Hauptlizenzgebers handelt[333].

Verschiedentlich wurde in den USA die Meinung vertreten, daß die Befugnis zur Unterlizenzvergabe an einen Dritten, der nicht Patentinhaber ist und Lizenzgebühren für die Gewährung weiterer Lizenzen erhält, eine unzulässige Ausweitung des Patentmonopols darstelle[334]. Es ist jedoch durch einige Entscheidungen klargestellt, daß es sich nicht um eine wirkliche Ausdehnung des Patentmonopols handelt, sondern der Lizenznehmer als Vertreter in keiner besseren Verhandlungsposition als der Patentinhaber ist[335].

Die in den USA anerkannte Unabhängigkeit der Unterlizenz von der Hauptlizenz weist einen Vorteil gegenüber der im deutschen Recht nach h.M. bestehenden Akzessorietät der Unterlizenz von der Hauptlizenz auf[336]. Der Unterlizenznehmer wird dadurch geschützt, wenn die Hauptlizenz erlischt.

Auch die Tatsache, daß in den USA eine Befugnis zur Unterlizenzvergabe grundsätzlich ausdrücklich vereinbart werden muß oder auch stillschweigend unterstellt werden kann, und nicht wie im deutschen Recht sich aus der Natur der ausschließlichen Lizenz ergibt, weist Vorteile auf. Es stellt sich nicht die Problematik des Verbots der Unterlizenzierung in bestimmten Fällen. In den USA werden Unterlizenzen nämlich dann nicht unterstellt, wenn Zweifel bestehen, ob die Befugnis zur Unterlizenzvergabe ausgeschlossen sein soll[337].

5. Lizenz an angemeldeter Erfindung, Lizenz vor Anmeldung der Erfindung

Auch in den USA können bereits Lizenzen vergeben werden, wenn für die Erfindung noch kein Patent erteilt worden ist[338]. Dies wird aus der für das "assignment" geltenden Regel abgeleitet, nach der ein "assignment" jederzeit gewährt werden kann, wenn es

---

332 Brogdex Co. v. Food Machinery, 92 F.2d., 787 (789).
333 Vgl. 1. Teil, C. II. 4. a).
334 Jennings, LLBR 1979, Vol. 2, 135 ff. (136).
335 Vgl. z.B. Cutter Laboratories v. Lyophile-Cryochem. Corp., 179 F.2d., 80 ff.
336 Siehe 1. Teil, C. I. 3. c).
337 Epstein/Politano, § 7.02 (2).
338 Ellis, Licenses, S. 3; Keystone Type Foundry Co. v. Fastpres Co., 272 F., 242 (245); St. Louis Street F.M. Co. v. Sanitary Street F. M. Co., 178 F., 923 (926); Kierulff v. Metropolitan Stevedore, 137 USPQ, 195 (199); Brush Electric Co. v. California Electric Light Co., 52 F., 945 (963.)

möglich ist, von der Erfindung Gebrauch zu machen[339]. Die angemeldete Erfindung stellt ein Anwartschaftsrecht auf die Erteilung eines Patents dar:

> "...this 'right' represents an inchaote right, which may (at the inventor's choice) be perfected by subsequently obtaining a patent."[340]

Eine Lizenz, die während der Patentanmeldung erteilt wurde, wird zu einer Patentlizenz, sobald das Patent erteilt wird[341]. Haben die Vertragsparteien den Vertrag unter der Voraussetzung abgeschlossen, daß Patentschutz erzielt wird und wird die Patenterteilung später versagt, wird der Vertrag ungültig. Grund ist, daß der Vertragspartner nicht das bekommt, was er erwartet und der Vertrag ihm versprochen hat[342].

Nach der US-amerikanischen Rechtsprechung kann eine Lizenz schon dann erteilt werden, wenn die Anmeldung noch nicht vorgenommen wurde[343]. Für die Gültigkeit der Lizenz ist keine Patentschrift oder Beschreibung der Erfindung erforderlich. Voraussetzung für die Lizenz an einer Erfindung, sei es, daß sie angemeldet ist oder nicht, ist aber immer, daß der Gedanke der Erfindung wirklich ausgeführt werden kann[344]. Für das Vorliegen einer solchen "reduction to practise" werden in einer Reihe von Entscheidungen verschiedene Anforderungen gestellt. Teilweise wird ein "reduction to practise" bereits dann angenommen, wenn mit der Erfindung einige Experimente durchgeführt wurden[345]. In anderen Entscheidungen wird gefordert, daß die Erfindung so weit getestet sein muß, daß sichergestellt war, daß sie unter "service conditions" funktionierte[346]. Die Entscheidung darüber, welche Kriterien für die Bejahung der "reduction of practise" erforderlich sind, ist abhängig von der Art der Erfindung, sie kann nicht für alle Einzelfälle pauschal aufgestellt werden[347].

In den USA ist es anerkannt, daß exklusive Lizenzen, die sich auf zukünftige Erfindungen und Verbesserungen für ein bestimmtes Patent oder ein bestimmtes Produkt

---

339 Brush Electric Co. v. California Electric Light Co., 52 F., 945 (963).

340 Kierulff v. Metropolitan Stevedore, 137 USPQ, 195 (199).

341 L. L. Brown Co. v. Hydroiloid, 118 F.2d., 674 ff.; vgl. zu der Frage, ob der Lizenzgeber unter Umständen eine Pflicht zur Anmeldung der Erfindung hat und welche Rechtsfolgen die Pflichtverletzung als Vertragsbruch zur Folge hat, Keller v. Clark Equipment Co., 715 F.2d., 1280 (1287).

342 Schutte & Koerting Co. v. Wheeler Condenser & E. Co., 295 F., 158 (161).

343 Vgl. die Fälle in Ellis, Licenses, S. 3.

344 Keystone Type Foundry Co. v. Fastpres Co., 272 F., 242 (245); Ellis, Licenses, S. 3.

345 Jaffee and Ogden v. Kessler, 137 USPQ, 653 (666); Smith v. Swaine, 127 F.2d., 140 (143).

346 Vgl. z.B. Sinko Tool & Manufacturing v. Automatic Devices Corp., 157 F.2d., 974 (977); siehe auch Gaiser v. Linder, 117 USPQ, 209 (211f.).

347 Dies wird gerade in der Entscheidung Smith v. Swaine, 127 F.2d., 140 (143) deutlich, bei der es um die "reduction to practise" eines Insektengifts ging. Es stellte sich die Frage, bei welchem Grad der "Ausrottung" von Mücken in Laborversuchen, die "reduction to practise" angenommen werden kann.

beziehen, gültig sind[348]. Die Problematik, die sich bei solchen Lizenzen stellt, ist, für wie lange sie gelten[349].

Für die Lizenzvertragspraxis muß darauf hingewiesen werden, daß bei einer Lizenzierung einer Erfindung, die noch nicht zum Patent angemeldet wurde, im Lizenzvertrag der genaue Umfang der Erfindung festgelegt werden muß, um Unklarheiten zu vermeiden. Liegt eine Lizenz über eine Erfindung, die schon zum Patent angemeldet wurde, vor, ergibt sich der Umfang aus der Anmeldung.

In diesem Zusammenhang wird, wie aus den Untersuchungen vieler Lizenzverträge deutlich wird, häufig vereinbart, daß sich der Umfang der Lizenzpflicht aus dem Schutzumfang des später erteilten Patents rückwirkend für die Erfindung bestimmt.

6. Weitere Lizenzarten

a) "Shop right" (Arbeitgeberlizenz an der Erfindung des Arbeitnehmers)

Der Arbeitgeber kann nach US-amerikanischem Recht unter bestimmten Voraussetzungen eine Lizenz an der Erfindung seines Arbeitnehmers erlangen. Diese Lizenz, die man als "shop right" bezeichnet, ist ein Anwendungsfall der Lehre von der Verwirkung "(Doctrine of Estoppel"[350]) und eine "implied license":

> "Doctrine of shop right, which is only a phase of broad doctrine of estoppel, may be invoked in case of any permissive use of invention, particularly where inventor or owner of invention instigates such use and participates in it, and such right generally, but not necessarily, arises between employer and employee."[351]

Die grundlegenden Prinzipien für die Entstehung eines "shop right" sind in der Entscheidung Solomons v. United States festgehalten[352]:

> "When one is in the employ of another in a certain line of work, and devises an improved method or instrument for doing that work, and uses the property of his employer and the services of other employees to develop and put in practical form his invention, and explicitly assents to the use by his employer of such invention, a jury, or a court trying the facts, is warranted in finding that he has so far recognized the obligations of service flowing from his employment and the benefits resulting from his use of the property, and the assistance of the coemployees, and of his employer, as to have given such employer an irrevocable license to use the invention."

348 Bird's Eye-Veneer Co v. Franck-Philipson & Co., 259 F., 266 (269); vgl. auch schon Robinson, Law of Patents Vol. 2, § 771.
349 Vgl. dazu Ellis, Licenses, S. 4 ff.; Aspinwall Manuf g Co. v. Gill, 32 F., 697 (700).
350 Vgl. zur "implied license" durch Verwirkung 1. Teil, C. II. 3. b) dd).
351 Neon Signal Devices v. Alpha-Claude Neon Corp., 54 F.2d., 793 (794).
352 137 U.S. 342, 34 L.ed., 667 (669); vgl. auch Gill v. United States, 160 U.S., 40 L.ed., 480 (483).

Nach dieser Entscheidung ist zunächst Voraussetzung, daß es sich um eine Erfindung des Arbeitnehmers handelt. Weiterhin muß der Arbeitnehmer die Erfindung während der Arbeitszeit mit Mitteln des Arbeitgebers machen, wobei die Investitionen des Arbeitgebers in die Entwicklung der Erfindung ein bestimmtes Maß erreichen müssen ("substantial investment")[353]. Hinzukommen muß, daß der Arbeitnehmer ausdrücklich oder stillschweigend damit einverstanden ist, daß der Arbeitgeber die Erfindung benutzt. Allein die Tatsache, daß der Arbeitnehmer die Erfindung in den Räumen des Arbeitgebers während der Arbeitszeit entwickelt, genügt ausdrücklich noch nicht für die Entstehung eines "shop right"[354]. Ausreichend ist aber, wenn die Erfindung mit Mitteln des Arbeitgebers auch außerhalb der Arbeitszeit zu Hause gemacht wird[355].

Handelt es sich bei dem Erfinder um eine Person, die in einer speziellen Beziehung zum Unternehmen steht, z.B. als Organ der Gesellschaft, erwirbt der Arbeitgeber nicht nur ein "shop right", sondern er ist berechtigt, die Übertragung des vollen Eigentums an der Erfindung von dem Erfinder zu verlangen[356]. Gleiches gilt für den Fall, daß der Erfinder eigens für den Zweck angestellt ist, Erfindungen zu machen. Die Anstellung allgemein zum Entwurf, zur Konstruktion oder zum Entwickeln einer neuen Herstellungsmethode ist aber nicht ausreichend[357]. Der Zweck der Anstellung muß sich auf die Lösung eines bestimmten Problems beziehen. Ist dies der Fall, ist der Erfinder ausdrücklich dazu verpflichtet, die Erfindung an den Arbeitgeber zu übertragen[358]. Grund ist, daß die Erfindung auf das ursprüngliche Konzept vom Arbeitgeber zurückgeht, woran der Arbeitnehmer keinen Anteil hat[359]. Handelt es sich um eine generelle Anstellung, entsteht nur ein "shop right" des Arbeitgebers, ohne daß der Arbeitnehmer dazu verpflichtet wird, die Erfindung auf den Arbeitgeber zu übertragen[360]. Es ist also für die Frage, ob der Arbeitgeber Eigentum an der Erfindung erhält oder lediglich ein "shop right" entscheidend, den genauen Zweck, für den der Arbeitnehmer angestellt ist, festzuhalten.

Die Entstehung eines "shop right" oder eines weitergehenden Rechtes an der Erfindung ist damit abhängig von der Rechtsstellung des Erfinders[361]. Nach a.A. ist der

353 LeFiell v. United States, 138 USPQ, 312 (314); vgl. auch Mc Namara v. Powell, 41 USPQ, 47 (50).
354 LeFiell v. United States, 138 USPQ, 312 (314).
355 Gill v. United States, 160 U.S. 426, 40 L.ed., 480 (482).
356 LeFiell v. United States, 138 USPQ, 312 (314); Flannery Bolt Co. v. Flannery, 86 F.2d., 43 ff. (44).
357 Cahill v. Regan, 121 USPQ, 58 (59).
358 Dowse v. Federal Rubber Co., 254 F., 308 (310); Gill v. United States, 160 U.S., 40 L.ed., 480 (484).
359 United States v. Dublier Condenser Corp., 289 U.S. 178, 77 L.ed., 1114 (1118 f.).
360 Banner Metals, Inc. v. Lockwood, 125 USPQ, 29 (34); Cahill v. Regan, 121 USPQ, 58 (60).
361 So ausdrücklich, Dowse v. Federal Rubber Co., 254 F., 308 (309); LeFiell v. United States, 138 USPQ, 312 (314).

entscheidende Faktor nicht die Stellung und der Rang des Erfinders, sondern die Tatsache, wer die Kosten für die erfinderische Arbeit trägt[362].

Das "shop right" ist eine einfache, nicht übertragbare und gebührenfreie Lizenz des Arbeitgebers, die Erfindung in seinem Unternehmen zu benutzen[363]. In Ausnahmefällen wird dem Erfinder eine Belohnung in Form einer Gebühr, die neben seinem normalen Gehalt zu zahlen ist, zugestanden[364]. Aufgrund der Tatsache, daß die Lizenz grundsätzlich gebührenfrei ist, ist sie eine US-amerikanische Institution, die das deutsche Recht nicht kennt. In den USA gibt es kein dem Arbeitnehmererfindungsgesetz in Deutschland entsprechendes Gesetz.

Soll die Entstehung eines "shop right" ausgeschlossen werden, muß der angestellte Erfinder durch Mitteilung oder Verhalten klar zum Ausdruck bringen, daß ein "shop right" nicht begründet werden soll[365]. Ob das "shop right" auch nach Beendigung des Arbeitsverhältnisses zwischen Arbeitgeber und Arbeitnehmer weiterbesteht, ist von der Art der Erfindung abhängig. Handelt es sich um ein Verfahren, ist der Lizenznehmer auch nach Beendigung des Verhältnisses während der gesamten Patentlaufzeit befugt, von dem Verfahren Gebrauch zu machen. Ist die Erfindung eine Maschine zur Herstellung von Produkten, die zum Verkauf bestimmte ist, kann die Maschine nur solange benutzt werden, wie ihre Eigenart bewahrt bleibt. Wurden Gegenstände zum Gebrauch oder Verkauf erfunden, kann sich die Benutzungsbefugnis nach Vertragsende auch auf weitere Gegenstände erstrecken[366]. Nach Vertragsbeendigung ist es dem ehemals Angestellten nicht verwehrt, mit seinem früheren Arbeitgeber in Wettbewerb zu treten. Er darf seine Erfahrungen und sein Wissen zum Vorteil eines neuen Arbeitgebers verwenden, es sei denn, es handelt sich um Betriebsgeheimnisse[367].

Der Umfang des "shop right" richtet sich nach dem Charakter des Unternehmens, bei dem der Erfinder angestellt ist, nach dem Wesen der Erfindung, nach den Umständen, aus denen die Erfindung entstanden ist und aus der Beziehung, dem Verhalten und der Absicht der Parteien[368]. Der Umfang der Rechte des angestellten Erfinders, der vom

---

[362] Ellis, Licenses, S. 73; dies kommt auch in Gill v. United States, 160 U.S., 40 L.ed., 480 (484) zum Ausdruck.

[363] LeFiell v. United States, 138 USPQ, 312 (314); Gill v. United States, 160 U.S., 40 L.ed., 480 (482).

[364] Vgl. United States v. Dublier Condenser Corp., 289 U.S. 178, 77 L.ed., 1114 (1121) bei dem es sich bei dem Erfinder um einen Marine Leutnant handelt, der eine Verbesserungserfindung bezüglich eines Ankers machte. Vgl. auch, Wilson v. American Circular Loom Co., 187 F., 840 ff. (845).

[365] Gemco Engineering & Mfg. Co., Inc. v. Henderson, 80 USPQ, 529 (532).

[366] Withington-Cooley Manuf g Co. v. Kinney, 68 F., 500 (506 f.).

[367] Sarkes Tarzian, Inc. v. Audio Devices, Inc., 166 F.Supp., 250 (261); B. F. Gladding & Co. v. Scientific Anglers, 139 F.Supp., 236 (243).

[368] Flannery Bolt v. Co. v. Flannery, 86 F.2d., 43 ff. (44); Neon Signal Devices v. Alpha-Claude Neon Corp., 54 F.2d., 793 ff. (794).

Arbeitgeber und Patentinhaber die Befugnis hat, die von ihm gemachte Erfindung zu benutzen, geht nicht weiter als das Recht des Patentinhabers[369].

Das "shop right" unterscheidet sich von den anderen Lizenzarten, speziell der schriftlichen oder mündlichen "express license", dadurch, daß es nicht durch den übereinstimmenden Willen der Vertragsparteien entsteht, sondern durch "operation by law"[370].

b) "Cross-license" (Kreuzlizenz) und "Patent pool"

Die gerade im US-amerikanischen Recht bekannten "cross-licenses" und "pooling arrangements" sind Verträge von zwei oder mehreren Inhabern verschiedener Patente. Die Patentinhaber lizenzieren sich gegenseitig oder sie erteilen dritten Vertragspartnern Lizenzen. Patent Pools können unbegrenzt viele Patente enthalten. Es gibt diesbezüglich keine Beschränkungen[371].

Ein Patentpool wird meistens durch technische, daneben auch durch wirtschaftliche Motive veranlaßt. Technisches Motiv ist, daß oft mehrere unabhängige, konkurrierende Unternehmen, die gleichzeitig an einer Erfindung arbeiten, diese auch gleichzeitig zur Reife bringen. Diese gleichzeitig gemachten Erfindungen weichen in Einzelheiten voneinander ab; jedes Verfahren hat seine Vorteile. Es kommt daher oft vor, daß alle Verfahren zusammen zu einem besseren Produkt als nur ein Verfahren allein führen. Aus diesem Grund erteilen sich Konkurrenten aus Wirtschaftlichkeitsüberlegungen und zum Vorteil für die Konsumenten gegenseitig Lizenzen ("cross-licenses"), wonach jeder Vertragspartner befugt wird, die Patente des anderen zu benutzen.

Aus dieser Kreuzlizenzierung können ganze "Patent Pools" entstehen. Die Erfinder vermeiden durch Gründung solcher "Patent Pools", sich gegenseitig Konkurrenz zu machen. Daraus ergeben sich aber kartellrechtliche Bedenken.

Es ist zwar anerkannt, daß solche Verträge grundsätzlich dazu geeignet sind, "economic welfare" zu fördern, indem sie sich ergänzende Technologien integrieren, Vertragskosten verringern und kostenintensive Verletzungsverfahren verhindern. Dadurch, daß sie die Verbreitung von Technologie fördern, wirken sie sich häufig günstig auf den Wettbewerb aus. Sie werden daher auch nicht grundsätzlich für unzulässig gehalten[372]. Sie können

---

369 H. F. Walliser & Co. v. F. W. Maurer & Sons Co., 17 F.2d., 122 (124).
370 Ellis, Licenses, S. 14.
371 Ellis, Patent Assignments, S. 254.
372 Cutter Laboratories v. Lyophile-Cryochem Corp., 179 F.2d., 80 (92); Standard Oil v. United States, 283 U.S., 163, 75 L.ed., 926 (947).

aber auch unter bestimmten Umständen wettbewerbsbehindernd wirken[373]. Da Kreuzlizenzvereinbarungen häufig zwischen Konkurrenten abgeschlossen werden, müssen sie nach der "rule of reason"[374] überprüft werden, um zunächst den Zweck der Kreuzlizenz festzustellen und danach zu ermitteln, ob durch den Vertrag Marktmacht entsteht, die über die durch einen einzelnen Vertrag hinausgeht[375]. Eine Verringerung des Wettbewerbs ist z.B. auch dann gegeben, wenn die Verträge zu Preisbindungen[376] oder Markt- oder Kundenanteilen[377] führen. Auch die gemeinsame Vermarktung von gepoolten Patentrechten mit gemeinsamer Preisaufstellung oder koordinierten Ertragsbeschränkungen kann gegen Sec. 1 des Sherman Acts[378] verstoßen[379].

Aus der Lizenzpraxis ist ersichtlich, daß Kreuzlizenzen in den USA auch häufig Gegenstand von Vergleichen sind; sie sind als effizientes Mittel zur Einstellung und Verhinderung von Patentverletzungsklagen anerkannt und werden auch von Gerichten gefördert[380]. Es kann jedoch auch vorkommen, daß solche Vergleiche als "unzulässige Handelsbeschränkungen" ("unlawful restraints of trade") aufgefaßt werden[381].

Unter Umständen können auch "pooling arrangements" zwischen Parteien, die gemeinschaftlich Marktanteile besitzen, den Wettbewerb durch signifikante Benachteiligungen von Konkurrenten beeinträchtigen[382]. Auch können "pooling arrangements", deren Partner sich gegenseitig Lizenzen für gegenwärtige und zukünftige Technologie zu minimalen Kosten gewähren, das "free-riding" unterstützen und die Motivation der Partner in ihren Forschungs- und Entwicklungsbereichen zu konkurrieren, reduzieren[383].

Nach der Rechtsprechung brauchen "pooling arrangements" nicht mit allen potentiellen Interessenten geschlossen werden[384].

---

[373] Vgl. im einzelnen Ellis, Patent Assignments, S. 256 ff.; siehe auch Standard Oil v. United States, 283 U.S., 163, 926 (948 f.). Vgl. auch die Antitrust Richtlinien, DOJ, 1995 Antitrust Guidelines, S. 28.

[374] Vgl. 1. Teil, D. II. 1. a) aa).

[375] United States v. Krasnov, 143 F.Supp., 184 (198).

[376] United States v. New Wrinkle, Inc., 342 U.S. 371, 96 L.ed., 417 (420).

[377] United States v. United States Gypsum Co., 333 U.S. 364, 92 L.ed., 746 (768).

[378] Vgl. zum Sherman Act. 1. Teil, D. II. 1. a) aa) (a).

[379] NCAA v. Board of Regents Of Univ. of Okla., 468 U.S. 85, 82 L.ed., 70 (93).

[380] Duplan Corp. v. Deering Miliken, Inc. 489 F.2d 974 (977 f.); North Carolina v. Chas. Pfizer & Co., 537 F.2d 67 (75).

[381] United States v. Singer Mfg. Co., 374 U.S., 10 L.ed., 823 ff. (824).

[382] Northwest Wholesale Stationers, Inc. v. Pacific Stationery & Printing Co., 472 U.S. 284.

[383] United States v. Automobile Manufacturers Ass'n, 307 F.Supp. 617 (621); vgl. auch Ellis, Licenses, S. 599 ff. und S. 617 ff. Vgl. zu der Frage, ob in einem solchen Vertrag die Vereinbarung einer Pauschallizenzgebühr zulässig ist, Well Surveys, Inc. v. Perfo-Log, Inc., 396 F.2d., 15 (18).

[384] In re Dual-Deck Video Cassette Recorder, Antitrust Litigation, 1992-2 Trade Cas. 69,873.

c) "Grant-back" (Rücklizenz)

Ein "grant-back" ist ein Vertrag, in dem der Lizenznehmer sich verpflichtet, dem Lizenzgeber das Recht einzuräumen, seine Verbesserungen zu benutzen. Vergleichbar ist die Vereinbarung mit der Verbesserungsklausel im deutschen Recht[385]. Auch "grant backs" haben grundsätzlich positive Auswirkungen auf den Wettbewerb, indem sie Lizenznehmer und Lizenzgeber ein Mittel zur Verfügung stellen, die Risiken zu teilen und den Lizenzgeber dafür zu belohnen, daß er zukünftige Innovationen, die auf der lizensierten Technologie beruhen, möglich macht[386]. Die Vereinbarungen können daher in erster Linie Innovationen fördern und die weitere Lizenzierung als Folge der Innovation anregen. Die neuen Antitrustrichtlinien erkenn den den Wettbewerb unterstützenden Effekt solcher "grant-backs" an[387]

"Grant-backs" können andererseits aber dann den Wettbewerb beeinträchtigen, wenn sie die Absicht der Lizenznehmer, sich in Forschung und Entwicklung zu engagieren, reduzieren, und den Wettbewerb in Innovationsmärkten begrenzen[388].

d) "Package licensing" (Lizenzierung von Schutzrechtspaketen)

Auch in den USA kommt die Lizenzierung von mehreren Patenten oder gewerblichen Schutzrechten in einem Lizenzvertrag (oder in einer Gruppe von miteinander verbundenen Lizenzen) häufig vor.

Solche "packages" können gegen Sec. 1 Sherman Act[389] verstoßen oder einen Patentmißbrauch darstellen, wenn sie einen Lizenznehmer, der eigentlich nur an einem bestimmten Patent interessiert ist, zwingen, das ganze Schutzrechtspaket zu übernehmen[390]. Daneben können sie auch eine Art "tying arrangements", also Koppelungsverträge[391], darstellen, wenn die lizensierten Gegenstände "separate products" darstellen und die Lizenzierung eines Produkts dazu benutzt wird, die Lizenzierung eines anderen zu erzwingen.

---

385 Vgl. zur Verbesserungsklausel und deren wettbewerbsrechtliche Zulässigkeit nach deutschem Recht 1. Teil, E. I. 2. o).

386 Siehe auch DOJ, 1995 Antitrust Guidelines, S. 12.

387 Vgl. DOJ, 1995 Antitrust Guidelines, S. 12.

388 United States v. Associated Patents, 134 F.Supp., 74 (82); vgl. auch Knable Gotts/ Fogt, AIPLA Quarterly, Vol. 22, No. 1, 1 (14).

389 15 U.S.C. §§ 1ff. Vgl. 1. Teil, D. II. 1. a) aa) (a).

390 Western Electric Co. v. Stewart-Warner Corp., 631 F.2d., 333 (338 ff.); Duplan Corp. v. Deering Milliken, Inc. 444 F.Supp., 648 ff.; Rocform Corp. v. Acitelli-Standard Concrete Wall., Inc. 367 F.2d., 678 ff.

391 Vgl. 1. Teil, C. II. 6. e).

Die wettbewerbsrechtlichen Bedenken können dadurch vermieden werden, daß im Vertragstext der Wille des Lizenznehmers bezüglich der Lizenznahme des ganzen Pakets zum Ausdruck kommt[392].

Es wird aber auch darauf hingewiesen, daß solche Vereinbarungen unter Umständen zu einer Effizienzsteigerung führen können, z.B. wenn viele Lizenzen gebraucht werden, um einen einzigen Gegenstand herzustellen[393]. Probleme bezüglich der Lizenzierung und insbesondere der Lizenzgebühren tauchen dann auf, wenn Gegenstand des Paketes nicht nur Patente, sondern auch Know-how oder Geschäftsgeheimnisse sind (sog. "hybrid package license"). Der Vertrag muß sehr vorsichtig und sorgfältig formuliert werden, um sicherzustellen, daß er auch dann noch durchsetzbar ist, wenn die ersten Patente abzulaufen beginnen[394].

e) "Tying arrangement" (Koppelungsvertrag)

In Patentlizenzverträgen in den USA kann eine Koppelung des Verkaufs eines Produkts an den Kauf eines anderen vereinbart werden. Es handelt sich um eine Lizenzvergabe unter der Bedingung der Einwilligung des Lizenznehmers, ein bestimmtes, von dem lizenzierten Patent unabhängiges Produkt von ihm zu kaufen. Solche Koppelungsverträge unterliegen der Überprüfung nach Sec. 1 Sherman Act[395]. Sie sind dann per se unzulässig, wenn nachgewiesen ist, daß es sich in dem Vertrag 1. um zwei unterschiedliche Produkte handelt, 2. der Verkauf eines Produkts von dem Kauf eines anderen abhängig ist, und 3. der Verkäufer genügend Marktmacht hat, die es ihm erlaubt, den Handel in dem Markt für das gekoppelte Produkt zu beschränken[396]. Es wurde z.B. eine Vereinbarung, nach der der Lizenznehmer nur unter der Bedingung zur Lizenznahme ein oder mehrere Patentrechte befugt war, daß er ein anderes Patent, eine Ware oder ein Service erwirbt, nach der Rechtsprechung als illegale Koppelung eingestuft[397]; die Koppelungsvereinbarung enthält einen Patentmißbrauch ("patent

---

392 Siehe Reilley/Pula, LLBR. 1984, 183 ff. (184).
393 Siehe DOJ, Draft, S. 21.
394 Reilley/Pula, LLBR. 1984, 183 ff. (184).
395 Vgl. zum Sherman Act 1. Teil, D. II. 1. a) aa) (a).
396 Northern P. R. Co. v. United States, 356 U.S. 1, 2 L.ed., 545 (550).
397 International Salt Co. v. United States, 332 U.S. 392, 92 L.ed., 20 (23); United States v. Paramount Pictures, Inc., 334 U.S. 131, 92 L.ed., 1260 (1284 ff.).

misuse")[398]. Daneben kann ein "tying arrangement" auch gegen Sec. 3 des Clayton Act[399] verstoßen[400].

Im Rahmen der Prüfung der Marktmacht ist streitig, wann eine solche vermutet werden kann[401].

f) "Compulsory licensing" (Zwangsweise Lizenzierung)

Das im deutschen Recht bestehende Institut der Zwangslizenz ist im US-amerikanischen Recht unbekannt. Es hat zwar vereinzelt Versuche gegeben, ein Zwangslizenzsystem in das amerikanische Patentgesetz einzuführen, diese blieben jedoch ohne Ergebnis[402]. Bedenken gegen die Einführung der Zwangslizenz in den USA bestanden darin, daß eine allgemeine Zwangslizenz für alle Interessenten gegen geringfügige Lizenzgebühr in der Industrie eine Trägheit und Mangel an Initiative zur Folge haben würde, was dem Zweck des Patentgesetzes widerspricht, die Zwangslizenz würde das Patent zerstören. Auf der anderen Seite wurde aber anerkannt, daß eine sog. Zwangslizenz in gemäßigter Form, also gegen angemessene Gebühren, auch durchaus positive Auswirkungen haben könne, ohne das Patentsystem schwer zu beeinträchtigen[403].

In mehreren Entscheidungen wurde ausdrücklich betont, daß die Verweigerung der Lizenzierung durch den Patentinhaber nach US-amerikanischem Recht zulässig ist:

> "Where a patent holder, however, merely exercises his right to exclude others from making, using, or selling the invention, by refusing unilaterally to license his patent for its seventeen-year term, such conduct is expressly permitted by the patent laws"[404]. "Patentee may limit or deny patent licenses to those whom it does not desire to license, without assigning a reason".[405]

Auch wenn es die Zwangslizenz auf die Weise, wie sie in Deutschland besteht, in den USA nicht gibt, ist die Frage der Aufnahme in das Patentgesetz eher theoretischer Natur, denn sie ist praktisch, wenn auch nicht als eigenes Rechtsinstitut, auf Basis einzelner Rechtsvorschriften im US-amerikanischen Recht vorhanden. In den USA kann der Patentinhaber entweder bei einer Verletzung von Antitrust-Gesetzen oder durch Sonderregelungen in bestimmten Gesetzen verpflichtet werden, Lizenzen zu erteilen.

---

398 Vgl. zum Patentmißbrauch 1. Teil, D. II. 1. a) aa) (d).
399 Vgl. zum Clayton Act 1. Teil, D. II. 1. a) aa) (b).
400 Knable Gotts/Fogt, AIPLA Quaterly, Vol. 22 No. 1, 1 (11).
401 Vgl. dazu Knable Gotts/Fogt, AIPLA Quaterly, Vol. 22 No. 1, 1 (12); siehe auch DOJ, 1995 Antitrust Guidelines, S. 26 f.
402 Neumeyer, GRUR Int. 1958, 1 ff. (1 f.); vgl. auch Pfanner, GRUR Int. 1985, 357 ff. (358).
403 Vgl. die Nachweise bei Neumeyer, GRUR Int. 1958, 1 ff. (2).
404 SCM Corp. v. Xerox Corp., 645 F.2d., 1195 (1205) m.w.N.
405 United States v. General Electric Co., 82 F.Supp., 753 (900).

Es gibt eine Vielzahl von Entscheidungen, in der infolge einer Ausübung von Patenten, die eine Verletzung von Antitrust-Gesetzen, speziell des Sherman-Acts[406], darstellt, Zwangslizenzen erteilt wurden[407]. Darunter gibt es sogar eine Entscheidung, in der der Patentinhaber und sein Lizenznehmer zur Erteilung von Zwangslizenzen verpflichtet wurden[408]. Auch in United States v. Westinghouse Elec. Corp.[409] ist entschieden worden, daß es US-amerikanischen und japanischen Unternehmen erlaubt ist, sich einander die Lizenzierung von Patenten in ihren Ländern zu verweigern.

Häufig kommen Zwangslizenzen auch im Antitrust-Verfahren durch gerichtlichen Vergleich zustande. Ein bedeutender Fall war der Vergleich zwischen A.T.&T. im Jahre 1956, der zur Folge hatte, daß über 8600 Patente der "Bell Operating Companies" allen amerikanischen Lizenznehmern gebührenfrei zur Benutzung zur Verfügung standen[410]. A.T.&T. hatte zu diesem Zeitpunkt eine absolut dominante Position sowohl im Bereich der Telekommunikation als auch im Bereich der Elektronik[411]. Erst durch die "Divestiture" (Entflechtung) im Jahre 1984[412] wurde entschieden, daß die Notwendigkeit der Zwangslizenzierung nicht mehr im gleichen Maße bestand. Als Grund wurde angegeben, daß A.T.&T. mit immer stärkeren inländischen und ausländischen Wettbewerbern konfrontiert wurde, was auf die schnelle technologische Entwicklung in der Telekommunikation und Elektronik zurückzuführen war[413]. Eine weitere Zwangslizenzierung hätte zur Folge gehabt, daß A.T.&T. in seiner Marktstellung im Vergleich zu den Wettbewerbern erheblich benachteiligt worden wäre[414]. Trotz dieser Einsicht besteht für A.T.&T. aber weiterhin in einem bestimmten Umfang die Zwangslizenzierung fort[415].

Ein weiterer großer Bereich, der Zwangslizenzen vorsieht, sind Sondergesetze: Atomic Energy Act (Atomenergiegesetz) von 1954, Clean Air Act (Gesetz zur Reinhaltung der Luft) von 1970 und der Plant Variety Protection Act (Gesetz zum Schutz von Pflanzenzüchtungen) von 1970. Der Anwendungsbereich solcher Zwangslizenzen ist bisher jedoch sehr gering gewesen. Unter dem Clean Air Act gab es bisher noch keine

---

406 Vgl. zu den Antitrust Gesetzen 1. Teil, D. II. 1. a) aa).

407 United States v. General Electric, 115 F.Supp., 835 ff.; United States v. United Shoe Machinery Corp., 110 F. Supp., 295 ff.; United States v. Imperial Chemical Industries, 105 F.Supp., 215 (222).

408 Chas. Pfizer & Co., Inc. v. Federal Trade Commission, 159 USPQ, 193 ff. (194); vgl. auch die Übersetzung in GRUR Int. 1969, 175 ff. - "Tetracylin".

409 648 F.2d., 642 f.

410 Neumeyer, GRUR Int. 1958, 1 ff. (4).

411 Moir, LLBR 1984, Vol. 7, 171 ff. (172).

412 United States v. American Tel. and Tel. Co., 552 F.Supp., 131 (160 ff.).

413 United States v. American Tel. and Tel. Co., 552 F.Supp., 131 (176).

414 Moir, LLBR 1984, Vol. 7, 171 ff. (172).

415 Vgl. Moir, LLBR 1984, Vol. 7, 171 (172 ff.); vgl. auch bezüglich der Auswirkungen der "Divestiture", Keefauver, Les Nouvelles 1986, 174 ff.

Lizenzanfrage, unter dem Atomic Act eine, bevor über sie entschieden wurde, hatten sich die Parteien aber geeinigt[416].

Auch wenn in der Literatur immer wieder die Frage aufgeworfen wird, ob in den USA als eines von wenigen Ländern, in der noch kein allgemeines Zwangslizenzsystem besteht, ein solches nicht eingeführt werden sollte, spricht sich die Mehrheit der Literatur gegen eine solche Einführung aus, da sie die Monopolstellung des Patentinhabers angreifen würde[417].

416 Goldstein, Les Nouvelles 1977, 122 ff. (122 f.).

417 Vgl. z.B. Goldstein, Les Nouvelles 1977, 122 ff. (123); Scherer, S. 35 ff.; vgl. auch Finnegan, Les Nouvelles 1977, 128 (140 ff.).

4. KAPITEL

D. Abschluß und Auslegung, Beendigung und Nichtigkeit des Lizenzvertrages

I. DEUTSCHLAND

Da beim Abschluß eines Lizenzvertrages regelmäßig ein Entgelt als Gegenleistung vereinbart wird, ist der Lizenzvertrag in Deutschland ein gegenseitiger, schuldrechtlicher Vertrag, auf den die allgemeinen zivilrechtlichen Bestimmungen des BGB Anwendung finden.

1. Abschluß des Lizenzvertrages - Der Grundsatz der Vertragsfreiheit

Der Lizenzvertrag[1] wird durch Einigung von Lizenzgeber und Lizenznehmer[2] über die Einräumung des Benutzungsrechts an einer bestimmten oder bestimmbaren Erfindung abgeschlossen[3]. Die Einigung kann auch stillschweigend erfolgen[4]. Der Vertragsgegenstand sollte dabei genau festgelegt und definiert werden, denn jede Unklarheit darüber kann zu Streit führen und möglicherweise den Bestand des Vertrages gefährden (Dissens)[5]. Auch empfiehlt es sich, die wirtschaftliche Zielsetzung im Vertrag festzulegen[6]. Eine ausdrückliche Einigung über die Erteilung einer einfachen oder ausschließlichen Lizenz oder über Beschränkungen der Lizenz braucht dagegen nicht notwendig, obwohl empfehlenswert, zu erfolgen, da dies den Inhalt des Vertrages betrifft, der insoweit durch Auslegung zu ermitteln ist[7]. Auch die Höhe der Lizenzgebühr braucht nicht festgelegt zu werden, denn die Rechtsprechung und Literatur hat Grundsätze entwickelt, die die Festsetzung einer angemessenen Gebühr im Wege der ergänzenden Vertragsauslegung ermöglichen[8].

---

1 Vgl. zu Lizenzoption und Lizenzvorvertrag, Fikentscher, Lizenzoption, S. 121 ff.
2 Es können auch verschiedene Anbietungs- und Einigungspflichten im Lizenzvertrag vereinbart werden, vgl. Fikentscher, Lizenzoption, S. 123 ff.
3 Benkard-Ullmann, § 15 Rn. 33.
4 So schon Breuer, GRUR 1912, 44 (47); Tetzner, Erschöpfung des Patentrechts, NJW 1962, 2033 (2035); BGH GRUR 1959, 528 (530).
5 Siehe Westrick, NJW 1967, 2090 (2092); Stauder, Bericht, GRUR Int. 1982, 341 ff. (342).
6 Stauder, Bericht, 341ff. (342).
7 Henn, S. 13; Benkard-Ullmann, § 15 Rn. 33.
8 BGH GRUR 1958, 564 (566) - "Baustützen"; Henn, S. 13; Benkard-Ullmann, § 15 Rn. 33 nimmt dagegen an, daß zum notwendigen Inhalt eines Lizenzvertrages auch die Einigung über die Vergütung, soweit die Lizenz entgeltlich erteilt werden soll, gehört.

Im Lizenzvertragsrecht gilt der auch verfassungsrechtlich (Art. 2 I GG) garantierte Grundsatz der Vertragsfreiheit[9].

Die Vertragsfreiheit umfaßt die Gestaltungsfreiheit, Formfreiheit und Verwertungsfreiheit. Die Verwertungsfreiheit bedeutet, daß es dem Patentinhaber freisteht, sein Patent zu verwerten[10] und, wenn er sich zu einer Verwertung entschließt, mit wem er einen Lizenzvertrag schließt.[11] Die Wahl des "richtigen" Lizenznehmers im Rahmen der Verwertungsfreiheit, die sehr wichtig für den Lizenzgeber ist, richtet sich zunächst nach dem Zweck der Lizenzvergabe. Wenn der Lizenzgeber beispielsweise nur Geld verdienen will, ist die Zahlungsfähigkeit des Lizenznehmers entscheidend. Kriterien sind im allgemeinen: Finanzvolumen (gerade dies spielt im Pharmabereich eine große Rolle, da der Lizenznehmer in der Lage sein muß die teure Zulassung des Arzneimittels zu beantragen), technische Fähigkeit, Produktionskapazität, Image, Marktmacht (Marktstellung), Vertriebssystem etc.

Der Vertragsfreiheit sind durch §§ 134, 138, 242 BGB, die auch auf den Lizenzvertrag Anwendung finden, Grenzen gesetzt.

a) Gestaltungsfreiheit

Die Vertragsparteien können prinzipiell den Vertragsinhalt eigenverantwortlich nach ihren Wünschen gestalten. Die Freiheit inhaltlicher Gestaltung unterliegt jedoch Schranken[12]. Im Lizenzvertragsrecht ist dies das Kartellrecht. Ausdrücklich ist aber klargestellt, daß durch das Gesetz gegen Wettbewerbsbeschränkungen (GWB)[13] die Vertragsfreiheit im Grundsatz nicht angetastet, sondern im Interesse eines freien Wettbewerbs eingeschränkt wird:

> "Das Gesetz gegen Wettbewerbsbeschränkungen tastet die bürgerlich-rechtliche Vertragsfreiheit im Grundsatz ebenfalls nicht an; es grenzt aber auch nicht mittels abstrakt gehaltener Generalklauseln die zu verbietenden oder einer Kontrolle zu unterwerfenden Beschränkungen des freien Wettbewerbs allgemein gegen die als wirtschaftlich notwendig anerkannten oder als tragbar hinzunehmenden Wettbewerbsbeschränkungen ab, sondern es

---

[9] Siehe ausführlich zu dem Grundsatz, Palandt-Heinrichs, Einf. v. § 145 Rn. 7.

[10] Der Verwertungsfreiheit sind jedoch Grenzen gesetzt durch Art. 14 II GG - die Schutzrechte stehen unter der verfassungsrechtlichen Eigentumsgarantie des Art 14 GG - mit dem Ergebnis, daß unter bestimmten Voraussetzungen eine Zwangslizenz erteilt werden darf. Siehe zur Zwangslizenz, 1. Teil, C. I. 4.

[11] Die Verwertungsfreiheit wird nicht mehr durch die Erklärung der Lizenzbereitschaftserklärung gem. § 23 I PatG eingeschränkt, da nach Einführung des § 23 VII PatG die Möglichkeit der Rücknahme der Lizenzbereitschaftserklärung eingeführt wurde. Es besteht daher kein Kontrahierungszwang mehr. Vgl. zur Schriftlichkeit der Erklärung, BPatG GRUR 1996, 477 f. - "Lizenzbereitschaftserklärung", und zur Frage zu welchem Zeitpunkt das Lizenzverhältnis zustandekommt, Pösentrup/Keukenschrijver/Ströbele, GRUR 1996, 303 (304).

[12] Palandt-Heinrichs, Einf. v § 145 Rn. 13.

[13] Vgl. 1. Teil, D. I. 1. a) aa) (a).

erfaßt in einer größeren Anzahl konkret gehaltener Einzelvorschriften nur ganz bestimmte Tatbestandsgruppen rechtsgeschäftlicher und tatsächlicher Verhaltensweisen und Erscheinungen, die eine Beschränkung des freien Wettbewerbs bezwecken, zur Folge haben oder befürchten lassen..."[14].

Grund für die Einschränkung der Vertragsfreiheit durch das Kartellrecht ist, daß einerseits mittels eines Lizenzvertrages ein technologischer Zusammenschluß gebildet wird, durch den Dritte an der Ausnutzung einer bestimmten Technologie gehindert werden, und daß es andererseits durch den Abschluß derartiger Verträge zu Wettbewerbsbehinderungen kommen kann[15].

Im folgenden wird kurz auf die für den Lizenzvertrag relevanten wettbewerbsrechtlichen Bestimmungen nach deutschem und europäischem Kartellrecht eingegangen. Wichtige gesetzliche Grundlagen sind hierbei §§ 20, 21 GWB und Art. 85, 86 des Vertrages zur Gründung der Europäischen Wirtschaftsgemeinschaft (EWGV)[16] einschließlich der hierzu erlassenen Gruppenfreistellungsverordnung für Technologietransfervereinbarungen[17].

aa) Wettbewerbsbestimmungen im deutschen Recht

Im Gegensatz zu den Wettbewerbsbeschränkungen in den USA, die in einzelnen Gesetzen geregelt sind[18], ist das Recht der Wettbewerbsbeschränkungen in Deutschland einheitlich im GWB vom 3.7.1957 geregelt[19]. Vor dieser Zeit (1953-1957) waren auf dem Gebiet der Wettbewerbsbeschränkungen Militärregierungsvorschriften in Kraft, und zwar MilRegGes. Nr. 56 (US-Zone), MilRegVo Nr. 78 (britische Zone) und MilRegVo Nr. 96 (französische Zone)[20]. Diese Regelungen enthielten Spezialvorschriften über Abmachungen im Zusammenhang mit der Ausbeutung von Patenten oder anderen ähnlichen ausschließlichen Schutzrechten. Die Zulässigkeit von Wettbewerbsbeschränkungen im Zusammenhang mit der Ausbeutung von Patenten wurde nach dem Gegenstand des Schutzrechts beurteilt[21]. Die alliierten Kartellgesetze

---

14 BGHZ 51, 263 (265) - "Silobehälter".

15 Schultz, S. 46.

16 Vertrag zur Gründung der Europäischen Wirtschaftsgemeinschaft vom 25.3.1957.

17 Verordnung (EG) Nr. 240796 der Kommission vom 31.1.1996 zur Anwendung von Artikel 85 Absatz 3 des Vertrages auf Gruppen von Technologietransfer-Vereinbarungen.

18 1. Teil, D. II. 1. a) aa).

19 BGBl. I 1081.

20 Die Anordnungen der US- und britischen Zone traten am 12.2.1947, die der französischen Zone am 9.6.1947 in Kraft. Art. 1 I dieser Gesetze verbot übermäßige Konzentrationen deutscher Wirtschaftskraft. Wettbewerbsbeschränkungen wurden nicht schlechthin verboten, sondern nur dann, wenn damit gleichzeitig eine übermäßige Machtanhäufung verbunden war. Vgl. zu den Militärregierungsvorschriften im einzelnen, Bruchhausen, GRUR 1963, 561 f.; Lampert, Patente GRUR 1950, 1 ff.

21 Heute wird dies nach dem GWB in § 20 I als Inhalt des Schutzrechts bezeichnet, vgl. 1. Teil, D. I. 1. a) aa) (a) (aa).

verboten solche Abmachungen, die darauf abzielten, das Monopol oder das Schutzrecht auf Gegenstände auszudehnen, die in der gesetzmäßigen Erteilung nicht enthalten sind.

Nach der Rechtsprechung wurden aber auch Wettbewerbsbeschränkungen, die nicht im Bereich des Schutzrechts lagen, für zulässig angesehen, wenn es sich um Nebenverpflichtungen handelte, wie sie in Lizenzverträgen üblich sind, wenn sie einem praktischen Bedürfnis entsprachen und wenn sie dem Lizenzgeber keine unerwünschte Machtstellung verschaffen wollten[22]. Auf diese Weise kam man zur Überprüfung der Klauseln nach der "Rule of reason"[23]. Der Einfluß des amerikanischen Antitrust-Rechts auf das deutsche Wettbewerbsrecht ist damit offensichtlich.

(a) Beschränkungen in den Grenzen des Schutzrechts, § 20 I GWB[24]

Nach § 20 GWB sind Lizenzverträge über patentgeschützte Gegenstände unwirksam, soweit sie dem Lizenznehmer Beschränkungen im Geschäftsverkehr auferlegen, die über den Inhalt des Schutzrechts hinausgehen. Beschränkungen, die sich innerhalb des gesetzlichen Rahmens des Patents halten, sind danach zulässig.

Aber auch bestimmte Beschränkungen, die zwar über den Inhalt des Schutzrechts hinausgehen, sind zulässig. Dies ist in § 20 II GWB geregelt[25]. Aufgrund der Aufzählung der Ausnahmetatbestände in § 20 II GWB ist die Überprüfung der Beschränkungen nach der "Rule of reason" in Deutschland nicht mehr notwendig[26]. Dennoch ist eine Ähnlichkeit bei der Zulassung von Wettbewerbsbeschränkungen zu sehen[27].

Die Zulässigkeit von Verpflichtungen des Lizenzgebers richtet sich dagegen nach den allgemeinen kartellrechtlichen Bestimmungen (§§ 1-8 GWB für Verträge mit gemeinsamen Zweck, §§ 15 ff. GWB für Verträge ohne gemeinsamen Zweck)[28].

---

[22] BGH GRUR 1955, 468 ff. - "Schwermetall-Kokillenguß".

[23] Vgl. dazu 1. Teil, D. II. 1. a) aa) (a).

[24] § 20 GWB stellt eine Sonderregelung zu §§ 15, 18 GWB dar, da sie nur Verträge über bestimmte Leistungsgegenstände erfaßt, BGHZ 51, 263 (265) - "Silobehälter"; vgl. auch v. Gamm, § 20 Nr. 11.

[25] Vgl. 1. Teil, D. I. 1. a) aa) (a) (bb).

[26] Strohm, S. 163.

[27] Magen, S. 21. Auch die Europäische Kommission hat in einigen Entscheidungen eine Art "Rule of reason" angewandt, vgl. z. B. GRUR Int. 1982, 530 ff. - "Maissaatgut".

[28] BGH GRUR 1973, 331 ff. (332) - "Nahtverlegung"; BGH GRUR 1991, 558 ff. - "Kaschierte Hartschaumplatten"; BGH GRUR 1975, 206 ff. - "Kunststoffschaumbahnen"; vgl. auch v. Gamm, § 20 Nr. 11.

(b) Zusätzliche vertragliche Beschränkungen des Lizenznehmers über den Schutzbereich hinaus, § 20 II GWB

In § 20 II GWB sind Beschränkungen aufgezählt, die über den Inhalt des Schutzrechts hinausgehen, aber dennoch im Interesse einer sachgerechten Schutzrechtsverwertung zugelassen sind[29]. Sie dürfen jedoch nicht die Laufzeit des Patents überschreiten und müssen sich innerhalb des sachlichen Schutzumfangs halten[30].

(c) Erlaubnis durch die Kartellbehörde, § 20 III GWB

Beinhaltet der Vertrag Wettbewerbsbeschränkungen, die weder von § 20 I GWB erfaßt werden, noch unter die Ausnahmetatbestände des § 20 II GWB fallen, sind diese unwirksam; sie dürfen nicht vereinbart werden[31]. Sie stehen jedoch unter dem Erlaubnisvorbehalt nach § 20 III GWB. Für die Vereinbarung kann eine Erlaubnis beantragt werden[32]. Bezüglich der Erlaubnis können von vornherein oder auch nachträglich im Wege der Mißbrauchsaufsicht Beschränkungen, Bedingungen und Auflagen gemacht werden. Die Erlaubnis kann auch widerrufen werden[33].

bb) Wettbewerbsbestimmungen im europäischen Recht

Anders als das deutsche GWB kennt der EWGV keine Sondervorschriften für Patentlizenzverträge. Die Beurteilung von Austauschverträgen richtet sich allgemein nach Art. 85 EWGV, der in Art. 85 I EWGV ein grundsätzliches Verbot von wettbewerbsbeschränkenden Vereinbarungen enthält. Gem. Art. 85 III EWGV kann jedoch vom Verbot des Art. 85 I EWGV eine Freistellung beantragt werden. Sowohl in der GFVO (Technologie)[34] als auch in ihrem Vorgängern, der GFVO (Patente)[35] und GFVO (Know-how)[36] sind Gruppen von Vereinbarungen normiert, die zwar unter das Verbot des Art. 85 I EWGV fallen, aber von dem Verbot freigestellt sind[37]. Die seit dem 1.4.1996 geltende GFVO (Technologie) stellt eine Zusammenfassung der beiden Gruppenfreistellungsverordnungen dar und löst diese ab. Aufgrund erheblicher Kritik an

---

29 V. Gamm, § 20 Rn. 13.
30 Vgl. v. Gamm, § 20 Rn. 13.
31 V. Gamm, § 20 Rn. 13.
32 Vgl. zur Erlaubniserteilung, v. Gamm, § 20 Rn. 21.
33 V. Gamm, § 20 Rn. 21.
34 Verordnung (EG) Nr. 240/96 der Kommission vom 31.1.1996. Siehe auch Meyer, GRUR Int. 1997, 499 ff.
35 Verordnung (EWG) Nr. 2349/84 vom 23.7.1984.
36 Verordnung (EWG) Nr. 556/89 vom 30.11.1988.
37 Vgl. dazu im einzelnen die mit europäischem Recht im Einklang stehenden Vereinbarungen bei den jeweiligen Pflichten und Klauseln, 1. Teil, E. I. 1. und 2.

den Entwürfen zur GFVO (Technologie), insbesondere an der Einführung eines Marktanteilkriteriums[38], hat die Europäische Kommission das für Anfang 1995 geplante Inkrafttreten mehrmals verschoben. Im allgemeinen hat die EU zum Ausdruck gebracht, daß sie auch in Zukunft an der bisherigen Linie der Bekämpfung von Wettbewerbsbeschränkungen festhalten wird[39], jedoch für Patentlizenz- und Know-how Verträge deren grundsätzlichen positiven Einfluß auf den Wettbewerb anerkannt.

Für Lizenzverträge zwischen den USA und Deutschland muß beachtet werden, daß auch sie dem europäischen Wettbewerbsrecht unter Umständen unterliegen können.

b) Formfreiheit

Grundsätzlich ist der Lizenzvertrag nicht formbedürftig. Die Lizenz kann entweder ausdrücklich oder stillschweigend erteilt werden, wenn aus dem Verhalten der Vertragsparteien auf einen dahingehenden Willen geschlossen werden kann[40]. Nach § 34 GWB sind aber Verträge[41], die Beschränkungen der in § 20 und § 21 GWB bezeichneten Art enthalten, schriftlich abzufassen[42]. Das Formerfordernis betrifft nach Auffassung des Bundesgerichtshofes nicht nur Verträge, die dem Lizenznehmer über den Inhalt des Schutzrechts hinausgehende Beschränkungen auferlegen, sondern ganz allgemein solche Verträge, die dem Lizenznehmer Beschränkungen im Geschäftsverkehr auferlegen[43]. Beispielsweise muß die Vereinbarung von Verbesserungen, die eine wettbewerbsrechtlich zulässige Beschränkung darstellt[44], schriftlich abgefaßt werden. Die Formvorschrift gilt für den gesamten Vertragsinhalt und dient dazu, den Kartellbehörden und Gerichten die Möglichkeit zu geben, aufgrund des Gesamtinhalts des Vertrages die wettbewerbsbeschränkenden Verpflichtungen zu prüfen[45]. Der

---

38 Vgl. 1. Teil, B. I. 1. d) dd).

39 Vgl. FAZ 9.1.1995.

40 BGH GRUR 1955, 286 (289); BGH GRUR 1959, 528 (530) - "Autodachzelt" (s.o.); Lüdecke/Fischer, S. 25; Der Meinung von Schramm, Anmerkung zu BGH GRUR 1958, 564 (567) - "Baustützen", daß es "keine stillschweigende und mündliche Verträge mehr gibt", kann nicht gefolgt werden, da dies nicht von § 34 GWB gedeckt wird.

41 Dies gilt auch für Vorverträge, Anmerkung von Schramm zu BGH GRUR 1958, 564 (567) - "Baustützen"; BGH GRUR 1975, 498 ff. (499) - "Werkstück-Verbindungsmaschinen" (Klage auf Rückzahlung von Lizenzgebühren aus Lizenzvertrag), wobei entschieden wurde, daß dies nicht für Optionsverträge gilt.

42 Siehe auch BGH GRUR 1979, 768 (770) - "Mineralwolle" (Klage auf Schadensersatz für Aufwendungen der Herstellung von Mineralwolle).

43 Also auch zulässige Beschränkungen: BGH GRUR 1967, 676 (680) - "Gymnastiksandale"; BGH GRUR 1975, 498 ff. (499) - "Werkstück-Verbindungsmaschinen"; Kritik an dieser Rechtsprechung übt Fischer, Formbedürftigkeit, GRUR 1959, 124; Anmerkung zu BGH GRUR 1975 - "Werkstück-Verbindungsmaschinen", der darauf hinweist, daß damit derjenige begünstigt wird, der sich aus einer zulässigen Verpflichtung "herausdrücken" will und damit nicht dem Vertrauen des Geschäftsverkehrs dient.

44 Vgl. zur Verbesserungsklausel 1. Teil, E. I. 2. o).

45 Daneben steht die Beweissicherungsfunktion, v. Gamm, § 34 Rn. 1.

Kontrollzweck des § 34 GWB läßt sich nicht schon erreichen, wenn diejenigen Bestimmungen, in denen eine Wettbewerbsbeschränkung enthalten ist, schriftlich niedergelegt werden. Eine umfassende und zuverlässige Prüfung, ob eine vereinbarte Wettbewerbsbeschränkung ein Eingreifen erforderlich macht, ist nicht möglich, wenn nur einzelne Vertragsbestimmungen schriftlich vereinbart werden[46]. Dies bedeutet, daß grundsätzlich auch Nebenabreden in den schriftlichen Vertrag aufgenommen werden müssen[47]. Lediglich solche Nebenabreden, die auf die kartellrechtliche Vereinbarung schlechterdings keinen Einfluß haben können oder die sich bereits aus dem Sinn und Zweck des Vertrages sowie aus Treu und Glauben unmittelbar ergeben, bedürfen nicht der Schriftform[48]. Auch Änderungen des nach § 34 GWB formbedürftigen Vertrages bedürfen der Schriftform, selbst wenn sich die Änderungen nicht auf die wettbewerbsbeschränkenden Bestimmungen erstrecken[49]. Vereinbaren die Parteien eines Patentlizenzvertrages nachträglich den Teilerlaß von Lizenzgebühren und ist diese Vereinbarung wegen Nichtbeachtung der Schriftform des § 34 GWB nichtig, so ergreift nach der Rechtsprechung diese Vereinbarung den wirksam geschlossenen ursprünglichen Lizenzvertrag nicht, wenn die Parteien den Ursprungsvertrag lediglich abändern, nicht aber insgesamt aufheben und durch eine neue Vereinbarung ersetzen wollen[50]. Nach der Rechtsprechung ist dem Schriftformerfordernis nach §§ 34 GWB, 125, 125 BGB dann genügt, wenn die Vertragspartner den Text der bereits unterschriebenen Vertragsurkunde nachträglich einvernehmlich um handschriftliche, von den Unterschriften räumlich gedeckte Zusätze ergänzen, ohne die Urkunde dabei erneut zu unterzeichnen[51].

Handelt es sich um einen Lizenzvorvertrag, so hängt die Gültigkeit des Vorvertrages davon ab, daß die Form des Hauptvertrages gewahrt wird. Soweit aber die Formbedürftigkeit des Hauptvertrages auf Parteiwillen beruht, also eine gewillkürte Formvereinbarung vorliegt, ist es Frage der Auslegung, ob auch der Vorvertrag der Form bedarf[52].

In der Literatur ist vereinzelt auf die Gefahr der Ausdehnung des Formerfordernisses auf kartellrechtlich irrelevante Bestimmungen und Nebenverpflichtungen und damit einer "wirtschaftlich unzumutbaren Belastung der Lizenzvertragsparteien" hingewiesen

---

46 BGH GRUR 1980, 747 ff. (748) - "Preisblätter"; BGH GRUR 1982, 635 ff. (636) - "Vertragszweck"; BGH GRUR 1993, 149 f. (150) - "Änderungsvertrag"; Hesse, § 34 GWB, GRUR 1984, 324 ff. (325), v. Gamm, § 34 Rn. 3; Immenga/Mestmäcker-Emmerich, § 34 Rn. 26.

47 Immenga/Mestmäcker-Emmerich, § 34 Rn. 26; v. Gamm, § 34 Rn. 3.

48 BGH GRUR 1993, 149 f. (150) - "Änderungsvertrag"; vgl. auch OLG Frankfurt GRUR 1994, 76 f. (77) - "Trucking-Vertrag".

49 OLG Frankfurt GRUR 1994, 76 f. (77) - "Trucking-Vertrag".

50 BGH GRUR 1993, 149 f. (150) - "Änderungsvertrag".

51 OLG Köln GRUR 1990, 60 (61 f.) - "Bierbezugsverpflichtung".

52 BGH GRUR 1958, 564 (566) - "Baustützen".

worden[53]. Dies ist auch von der Rechtsprechung in einigen Entscheidungen berücksichtigt worden[54]. Abgesehen von der möglicherweise bestehenden unzumutbaren Belastung der Vertragsparteien werden in der Praxis Lizenzverträge zum größten Teil aus Gründen der Beweissicherheit schriftlich abgeschlossen. Dies ist auch empfehlenswert, da Lizenzverträge meist sehr komplex sind und es schwerwiegende Auswirkungen haben kann, wenn Unklarheiten auftreten und der Vertrag in Frage gestellt wird.

2. Vertragsauslegung

Der Lizenzvertrag wird nach den allgemeinen, für die Auslegung von Willenserklärungen und Verträgen im Gesetz aufgestellten und von der Rechtsprechung entwickelten Grundsätzen ausgelegt[55]. Nach §§ 133, 157, 242 BGB erfolgt die Vertragsauslegung nach dem wirklichen Willen und der objektiven Erklärungsbedeutung und untersteht dem Grundsatz von Treu und Glauben mit Rücksicht auf die Verkehrssitte. Vertragslücken werden auch beim Lizenzvertrag in ergänzender Auslegung nach allgemeinen Grundsätzen ausgefüllt[56].

Da jeder Vertrag erst auslegungsfähig ist, wenn er auslegungsbedürftig ist, ist jeweils zunächst zu ermitteln, ob die Bestimmungen des Lizenzvertrages eindeutig sind[57]. In diesem Fall ist für eine Auslegung kein Raum.

Ausgangspunkt für den durch Auslegung des Vertrages zu ermittelnden Willen der Vertragsparteien[58] ist der von den Parteien verfolgte wirtschaftliche Zweck des Vertrages[59]. Die Ermittlung des Vertragswillens hat immer Vorrang vor der

---

53 Anmerkung von Piezcker zu BGH GRUR 1979, 768 (771) - "Mineralwolle" (s.o.); vgl. auch Hesse, § 34 GWB, GRUR 1984, 324 ff; Riechmann, GRUR 1986, 427 ff.

54 Vgl. BGH GRUR 1970, 482 (484) - "Diskothek" mit zustimmender Anmerkung von Hefermehl, S. 484. f.; siehe auch BGH GRUR 1974, 742 (744) - "Großkücheneinrichtungen".

55 Siehe BGH GRUR 1955, 87 ff. (88); Lüdecke/Fischer, S. 34; Kraßer/Schmid, GRUR Int. 1982, 324 (327).

56 Siehe zu Fällen ergänzender Vertragsauslegung im Lizenzvertragsrecht, RG v. 28.7.1942 GRUR 1943, 76 ff. (77); BGH GRUR 1953, 114 (119); BGH GRUR 1969, 677 (679) - "Rüben-Verladeeinrichtung" (Kläger macht Nichtegebrauchen von Patenten und Geheimnissen und alternativ Vorbenutzungsrecht an Patenten geltend); BGH GRUR 1959, 384 (387) - "Postkalendar"; Lüdecke, Einfluß der Veräußerung, GRUR 1964, 470 (476); vgl. allgemein zur ergänzenden Vertragsauslegung: Palandt-Heinrichs, § 157 Rn. 2 ff.; Schwark, Rechtstheorie 1978, 73 (80 f.).

57 BGH GRUR 1955, 87 ff. (88); Palandt-Heinrichs, § 133 Rn. 6; Lüdecke/Fischer, S. 35.

58 RG v. 17.4.1917 RGZ 90, 162 ff. (163); BGH GRUR 1961, 27 ff. (28) - "Holzbauträger"; BGH GRUR 1969, 677 (679) - "Rüben-Verladeeinrichtung" (s.o.); Breuer, GRUR 1912, 44 (55); Wodtke, GRUR 1914, 229 ff. (230). Lediglich beim Unterlizenzvertrag kann der Parteiwille durch Auslegung nicht ermittelt werden, da beim Unterlizenzvertrag zwischen Patentinhaber und Unterlizenznehmer keine Vertragsbeziehungen bestehen, Behrendt, GRUR 1933, 199 ff. (199), vgl. auch bei Unterlizenz 1. Teil, C. I. 3.

59 RG v. 17.3.1934, 306 (309); BGH GRUR 1955, 286 (289); Breuer, GRUR 1912, 44 (55); Lüdecke/Fischer, S. 49; Knap, GRUR Int. 1973, 225 (228): Da das Nutzungsrecht durch den

Verkehrsanschauung[60]. Der Wortlaut, die Begleitumstände des Vertrages[61] und die sonstigen Verhandlungen und Absprachen der Parteien[62] sind für die Auslegung des Vertrages von Bedeutung. Weiterhin ist die Vorgeschichte des Vertrages mit den Beweggründen[63] und das spätere Verhalten der Parteien[64] zu berücksichtigen. Bei der Auslegung ist nicht am Wortlaut zu haften, sondern es ist eine wirtschaftliche Betrachtung geboten[65]. Für die Auslegung des Lizenzvertrages kann es wichtig sein, daß dieser patentrechtliche Fachausdrücke enthält, die den Vertragsparteien bekannt sind[66]. Auch ist der Sprachgebrauch der Branche zu beachten[67]. Grundsätzlich ist davon auszugehen, daß der Patentinhaber nur so wenig wie möglich von seinem Recht aufgeben will[68]. Die Vertragsparteien können sich auch auf eine bestimmte Auslegung einigen[69].

Eine ergänzende Auslegung kommt erst dann in Betracht, wenn nicht schon durch die allgemeinen Auslegungsgrundsätze der Parteiwillen herausgefunden werden kann[70]. Durch ergänzende Vertragsauslegung ist zu ermitteln, welche Regelung die Parteien im Hinblick auf den von ihnen mit dem Vertrag verfolgten Zweck und zugleich unter Beachtung von Treu und Glauben getroffen haben würden, wenn sie bei Vertragsabschluß bemerkt hätten, daß ein wesentlicher Punkt bei ihren Abreden offengeblieben war[71]. Wo Vertragsauslegung aufhört und Vertragsergänzung beginnt, kann im Einzelfall schwer festzustellen sein[72]. Der Richter sollte sich mit der ergänzenden Vertragsauslegung jedenfalls dann zurückhalten, wenn die Vertragsparteien geschäftsgewandt sind[73].

Lizenzvertrag zu einem bestimmten wirtschaftlichen Zweck eingeräumt wird und der Lizenzvertrag dadurch ein kausaler Vertrag ist, gilt für die Auslegung der Grundsatz der Abgrenzung durch den Vertragszweck.

60 Siehe BGH GRUR 1969, 677 (679) - "Rüben-Verladeeinrichtung" (s.o.).

61 RG v. 17.3.1934, 306 (309); BGH GRUR 1959, 384 (387) -"Postkalender" m.w.N.; Wodtke, GRUR 1914, 229 ff. (230).

62 BGH GRUR 1979, 768 ff. (769) - "Mineralwolle" (s.o.).

63 RG v. 9.4.1943 GRUR 1943, 247 ff. (248); RG MuW 1935, 405 ff. (407); Anmerkung von Heine zu BGH GRUR 1961 - "Holzbauträger", 29 ff. (29).

64 BGH GRUR 1955, 286 (292).

65 Benkard-Ullmann, § 15 Rn. 34, 66.

66 Tetzner, Kommentar, S. 312.

67 RG v. 17.3.1934, 306 (309); Benkard-Ullmann § 14 Rn. 66.

68 Dies ist bedeutsam für die Abgrenzung der einfachen von der ausschließlichen Lizenz, siehe dort die Literaturangaben, 1. Teil, B. I. 1. b) aa).

69 RG MuW 1941, 73 ff. (74).

70 BGH GRUR 1953, 114 (119).

71 BGH GRUR 1959, 384 (387) - "Postkalender".

72 Vgl. dazu z.B. BGH GRUR 1953, 114 (119). In diesem Fall kam ein Ergänzung des Vertragswillens der Parteien nicht in Betracht, da schon die richtige Auslegung des Vertrages die Ansprüche der Klägerin gegen den Beklagten auf Vorlage und Prüfung der geschäftsbücher rechtfertigte. Siehe auch BGH GRUR 1955, 143 (145) - "Sympatol I".

73 So auch Pedrazzini, Die zivilrechtlichen Probleme, GRUR Int. 1982, 283 (286).

Die Auslegung kann in der Revisionsinstanz nur beschränkt darauf überprüft werden, ob gegen allgemein anerkannte Auslegungsregeln verstoßen wurde[74].

Eine Besonderheit ergibt sich bei internationalen Verträgen bezüglich der Frage, welche Sprachfassung der Auslegung des Vertrages zugrundegelegt werden soll. Ist bei der Auslegung von Lizenzverträgen zwischen einer deutschen und einer US-amerikanischen Vertragspartei der deutsche oder der englische Vertragstext maßgebend, und welcher Sprachgebrauch ist zu berücksichtigen? Meistens wird der Vertragstext bei internationalen Verträgen in der Sprache der Vertragspartei abgefaßt, die in der wirtschaftlich stärkeren Position ist. Handelt es sich um eine deutsche und eine US-amerikanische Partei, so ist in der Mehrzahl der Fälle der Vertragstext Englisch aufgrund der weiten Verbreitung der englischen Sprache. Hier empfiehlt sich, diesbezüglich eine Klausel in den Vertragstext aufzunehmen[75]. Es kann auch beiden Sprachfassungen die gleiche Bedeutung eingeräumt werden[76]. Dies kann jedoch Unklarheiten zur Folge haben, wenn die Übersetzung nicht sorgfältig angefertigt wurde. Nach einer Entscheidung des Hanseatischen Oberlandesgerichts Hamburg[77] ist bei der Auslegung eines Patentlizenzvertrages, der in englischer Sprache von amerikanischen Juristen verfaßt worden ist und auf den deutsches Recht Anwendung findet, der Sprachgebrauch des Rechtes der USA zu berücksichtigen.

Mit der Auslegung des Lizenzvertrages ist notwendig eine Unsicherheit verbunden[78]. Daher empfiehlt es sich, im Hinblick hierauf im Lizenzvertrag möglicherweise auftretende Streitpunkte zu regeln, so z.B. welchen inhaltlichen Umfang die Lizenz genau haben soll oder bei internationalen Verträgen welche Sprachfassung der Auslegung des Vertrages zugrundegelegt werden soll.

3. Beendigung des Lizenzvertrages

Der Lizenzvertrag gilt im Zweifel für die Dauer des Patents abgeschlossen[79]. Es kann jedoch auch ein kürzerer Zeitraum vereinbart werden[80] oder eine auflösende oder aufschiebende Bedingung in den Vertrag aufgenommen werden[81].

---

74 BGH GRUR 1958, 564 ff. (565) - "Baustützen"; BGH GRUR 1959, 200 (203) - "Der Heiligenhof" (s.o.); BGH GRUR 1961, 466 ff. (467) - "Gewinderollkopf".

75 Vgl. zu einer solchen Klausel 1. Teil, E. I. 2. y).

76 Westrick, NJW 1967, 2090 ff. (2091).

77 Hans. OLG Hamburg v. 27.10.1988, GRUR Int. 1990, 388 ff. (389) - "Midrex/HSW".

78 Vgl. Lüdecke, Einfluß der Veräußerung, GRUR 1964, 470 (476); Westrick, NJW 1967, 2090 ff. (2091).

79 BGH GRUR 1986, 91 (93) -"Preisabstandsklausel" (s.o.); Benkard-Ullmann, § 15 Rn. 36 m.w.N.; § 595 BGB ist auf den Lizenzvertrag nicht anwendbar, Lüdecke/Fischer, S. 576 m.w.N.

80 In diesem Fall treffen die Vertragsparteien i.d.R. Bestimmungen für die Zeit zwischen dem vorgesehenen Vertragsende und dem Ablauf des Patents, Ohl, Wegfall, GRUR 1992, 77 ff. (77).

Die Lizenz kann mit Wirkung ex nunc aus mehreren Gründen wegfallen. Hauptgrund ist die außerordentliche Kündigung des Lizenzvertrages aus wichtigem Grund[82]. Daneben kann der Lizenzvertrag von den Vertragsparteien durch Aufhebungsvertrag (§ 305 BGB) einvernehmlich beendet werden[83]. Es können auch verschiedene Kündigungsrechte der Vertragsparteien im Vertrag vereinbart werden, deren rechtmäßige Ausübung zur Folge hat, daß der Vertrag endet. Weiterhin besteht die Möglichkeit, daß der Lizenzvertrag durch Verwaltungsakt der Kartellbehörde gem. § 18 GWB aufgehoben wird[84] oder das lizenzierte Patent gem. § 8 PatG vindiziert wird[85].

Die vorzeitige Beendigung des Lizenzvertrages hat zunächst zur Folge, daß die Weiterbenutzung der patentierten Erfindung durch den Lizenznehmer nach dem Ende der Lizenz Unterlassungs- und auch Schadensersatzansprüche des Patentinhabers nach § 139 PatG auslösen kann[86]. Dem Lizenznehmer ist jedoch bei weiterbestehendem Patentschutz ein Auslaufrecht zuzuerkennen, wonach er weiterhin befugt ist, die während der Vertragszeit hergestellten Gegenstände zu vertreiben[87].

Der ausschließliche Lizenznehmer verliert nach Beendigung des Lizenzvertrages die Berechtigung zur Geltendmachung von Patentverletzungsansprüchen[88]. Etwaige Unterlizenzen erlöschen mit der Hauptlizenz[89]. Die vertragsrechtliche Verpflichtung des Lizenznehmers zur Zahlung von Stücklizenzgebühren besteht weiterhin, soweit dieser noch berechtigt ist, bestimmte Benutzungshandlungen vorzunehmen[90]. Den Lizenznehmer trifft nach Beendigung der Lizenz die Pflicht, die Aufträge, die er nach Lizenzende nicht mehr ausführen darf oder die bei ihm nach Beendigung eingehen, an den Patentinhaber weiterzuleiten. Er kann dafür von dem Patentinhaber eine Provision

---

Daneben kann auch eine Klausel in den Vertrag aufgenommen werden, in der bestimmt wird, daß der Vertrag auf bestimmte Zeit geschlossen wird, er sich aber jeweils um ein Jahr verlängert, sofern der Vertrag nicht 6 Monate vor Ablauf gekündigt wird, vgl. BGH GRUR 1976, 140 ff. - "Polyurethan" (Klage auf Rechnungslegung und Zahlung aus Lizenzvertrag).

81 Die Vereinbarung einer auflösenden Bedingung kann jedoch Unsicherheiten zur Folge haben, Lüdecke/Fischer, S. 580.

82 Ohl, Wegfall, GRUR 1992, 77 (79); häufig wird auch ein Kündigungsrecht bei bestimmten Kündigungsgründen und innerhalb einer bestimmten Frist vereinbart, siehe zu solchen Klauseln in Lizenzverträgen 1. Teil, E. I. 2. u). Zur fristlosen Kündigung eines Patentlizenzvertrages zuletzt BGH v. 29.4.1997, BB 1997, 1503 f. - Tinnitus-Masker".

83 Ohl, Wegfall, GRUR 1992, 77 (79); vgl. zum Aufhebungsvertrag, Palandt-Heinrichs, § 305 Rn. 7; Der Vertrag kann dabei auch durch stillschweigende Willenserklärungen aufgehoben werden, wenn ein Aufhebungswillen zum Ausdruck kommt, RG v. 26.2.1936 GRUR 1936, 940 ff. (941).

84 Vgl. dazu v. Gamm, § 18 Rn. 19 ff.

85 Im diesem Fall erlöschen mit der Eintragung des Berechtigten in das Patentregister die zuvor eingeräumten Lizenzen, Benkard-Ullmann, § 15 Rn. 63.

86 Vgl. dazu ausführlich 3. Teil, A. I.

87 Siehe dazu schon 1. Teil, C. I. 1. a) bb).

88 Ohl, Wegfall, GRUR 1992, 77 (81); Vgl. zur Klagebefugnis des ausschließlichen Lizenznehmers 1. Teil, B. I. 1. b) bb).

89 Siehe 1. Teil, C. I. 3.

90 Ohl, Wegfall, GRUR 1992, 77 (81).

wie ein Handelsvertreter verlangen. Weiterhin trifft ihn die Pflicht, die ihm vom Patentinhaber überlassenen Unterlagen, Werkzeuge etc. zurückzugeben[91]. Zudem bestehen folgende vereinbarte Pflichten für den Lizenznehmer fort: die zulässig vereinbarte Nichtangriffspflicht[92] und die Geheimhaltungspflicht[93]. Dagegen erlöschen etwaige vereinbarte Kennzeichnungspflichten[94], Pflichten zum Erfahrungsaustausch oder zur Übertragung von Verbesserungen[95].

4. Nichtigkeit von Lizenzverträgen und einzelner Vertragsbestimmungen

Auch die verschiedenen Nichtigkeitsgründe des BGB finden auf den Lizenzvertrag Anwendung. So ist der auf unmögliche Leistung gerichtete Lizenzvertrag gem. § 306 BGB nichtig[96]. Ein Rücktrittsrecht der Vertragsparteien nach §§ 325, 325 BGB, der den Vertrag mit rückwirkender Kraft zur Auflösung bringen würde, ist bei einem Lizenzvertrag ausgeschlossen. Grund ist, daß es sich bei einem Lizenzvertrag um ein Dauerschuldverhältnis handelt. Ein in einem Lizenzvertrag vereinbartes Rücktrittsrecht ist daher als Kündigungsrecht anzusehen[97].

Der Lizenzvertrag kann aber auch gem. § 142 BGB infolge einer Anfechtung, gem. § 138 BGB wegen Sittenwidrigkeit[98] oder gem. § 134 BGB wegen Verstoßes gegen ein gesetzliches Verbot[99] nichtig sein. Ein Lizenzvertrag kann nach § 123 BGB anfechtbar sein, wenn dem Lizenznehmer z.B. vorgespiegelt wird, daß es sich bei dem Gegenstand des Vertrages um eine neue Sache handele, während die Erfindung in Wirklichkeit nur die Verbesserung bereits bestehender Patente zum Gegenstand hat[100].

---

91 Ohl, Wegfall, GRUR 1992, 77 (82).
92 Siehe dazu 1. Teil, E. I. 1. b) bb) (a).
93 Vgl. zu den nachwirkenden Pflichten im einzelnen 1. Teil, E. I. 1. b) dd).
94 Lüdecke/Fischer, S. 597.
95 Lüdecke/Fischer, S. 345; Ohl, Wegfall, GRUR 1992, 77 (82).
96 Vgl. dazu, 2. Teil, B. I. 2. a).
97 Benkard-Ullmann, § 15 Rn. 95; Palandt-Heinrichs, Einl v § 241 Rn. 21; vgl. auch, 3. Teil, B. I. 1. a).
98 Vgl. 1. Teil, D. I. 4. a).
99 Vgl. 1. Teil, D. I. 4. b).
100 BGH GRUR 1958, 175 ff. (176) - "Wendemanschette" (In diesem Fall hatte die Anfechtung jedoch keinen Erfolg, da der Kläger vor Abschluß des Vertrages die Möglichkeit hatte die Patentschrift zu lesen). Siehe auch BGH GRUR 1974, 40 ff. - "Bremsrolle"; BGH GRUR Int. 1989, 689 (690) - "Süllhofer/Bayer"; für die Anfechtung wegen arglistiger Täuschung genügt unter Umständen die Absicht des Vertragspartners, den zu schließenden Vertrag nicht ordnungsgemäß zu erfüllen, vgl. BGH GRUR 1956, 93 (95).

a) Nichtigkeit gem. § 138 BGB wegen Sittenwidrigkeit

Fälle der Sittenwidrigkeit speziell auf dem Gebiet des Lizenzvertragsrechts hat es in der Rechtsprechung bisher nur selten gegeben. Sittenwidrig ist eine Handlung im allgemeinen noch nicht, wenn sie erlaubt ist und im berechtigten Interesse vorgenommen wird, auch wenn sie durch ein sittenwidriges Motiv beeinflußt wird[101]. Nach der Rechtsprechung ist aber z.B. ein Lizenzvertrag dann gem. § 138 BGB nichtig, wenn das zugrundeliegende Patent arglistig erschlichen wurde und beide Vertragsparteien die Umstände, die die Unsittlichkeit begründeten, kannten[102]. Dagegen ist ein Lizenzvertrag gültig, den beide Parteien über ein Patent in der unrichtigen Annahme abschlossen, daß der Stand der Technik der Erteilung des Patents entgegensteht[103]. Als Grund wird hierfür das überwiegende Interesse der Verkehrssicherheit angegeben, das den Vorrang vor der Berücksichtigung des unschädlich gebliebenen Willens hat[104]. Auch in einer anderen Entscheidung ist klargestellt, daß ein rechtlicher Mangel des Patents den wirtschaftlichen Zweck und Bestand des Lizenzvertrages solange nicht berührt, als das Patent wirtschaftlich wie ein rechtsgültiges wirkt[105]. Dagegen ist ein Lizenzvertrag, der von beiden Parteien in der zutreffenden Überzeugung abgeschlossen wird, daß das Patent mangels Patentfähigkeit zu Unrecht erteilt ist , wegen Sittenwidrigkeit nichtig[106].

Eine Kündigungsklausel in einem Lizenzvertrag, nach der nur der Lizenzgeber zur Kündigung berechtigt ist und im Falle der Kündigung der Lizenznehmer das Recht verliert, auf dem Vertragsgebiet weiter zu arbeiten, stellt keine unerträgliche Knebelung i.S.d. § 138 BGB dar, da der Lizenznehmer lediglich in die Lage zurückversetzt wird, in der er sich vor Vertragsabschluß befunden hat. Ein sittenwidriger Zwang liegt nicht vor, denn jeder Vertrag erzeugt Bindungen, die zu einer Einschränkung der wirtschaftlichen Freiheit führen[107]. Die Klausel ist jedoch nach § 134 BGB nichtig, da es eine unzulässige Wettbewerbsbeschränkung darstellt, wenn dem Lizenznehmer über die Laufzeit des Patents hinaus rechtliche Bindungen auferlegt werden, die ihn hinsichtlich der Benutzung

---

[101] Vgl. RG v. 13.5.1909 RGZ 71, 170 (173); RG v. 1.12.1932 RGZ 138, 373 (376).

[102] Siehe RG v. 25.3.1933 RGZ 140, 184 (187). Daneben kann sich auch ein Schadensersatzanspruch aus § 826 BGB ergeben. Im vorliegenden Fall wäre er dann gegeben, wenn das Patentamt zur Erteilung des Patents durch absichtliche Irreführung bestimmt worden ist, 187; vgl. dazu auch 2. Teil, A. I. 6.

[103] RG v. 28.5.1936 GRUR 1937, 380 ff. (381).

[104] RG v. 28.5.1936 GRUR 1937, 380 (382).

[105] RG v. 15.2.1936 GRUR 1937, 135 (137) auch hier ging es, wie in der RG Entscheidung vom 25.3.1933 RGZ 140, 185, um ein Fall der Patenterschleichung. Siehe zu der Einrede der Patenterschleichung gegenüber einer Patentverletzungsklage, RG v. 25.3.1911 RGZ 76, 67 ff.

[106] Benkard-Ullmann, § 15 Rn. 12.

[107] BGH GRUR 1955, 468 (470) - "Schwermetall-Kokillenguß" (Klage auf Feststellung der Nichtigkeit des zwischen den Parteien geschlossenen Lizenzvertrages).

des patentfrei gewordenen Gegenstandes schlechter als andere Wettbewerber stellen würden[108].

Ein Lizenzvertrag kann gem. § 138 BGB wegen Wuchers nichtig sein, wenn eine übermäßige Lizenzgebühr oder Mindestlizenzgebühr[109] festgelegt wird[110]. Der Wucher gem. § 138 II BGB erfordert objektiv ein auffälliges Mißverhältnis zwischen Leistung und Gegenleistung[111] und subjektiv, daß der Wucherer die beim Vertragspartner bestehende Schwächesituation, wie z.B. Unerfahrenheit oder Zwangslage, ausgebeutet hat[112]. Da jedoch meist der subjektive Tatbestand des § 138 II BGB nicht erfüllt wird, kann ein Wuchergeschäft auch unter § 138 I BGB fallen. Voraussetzung hierfür ist ein sittenwidriges Verhalten des Begünstigten, der beispielsweise aus verwerflicher Gesinnung handelt oder bei dem sonstige anstößige Umstände vorliegen[113]. Das Vorliegen eines auffälliges Mißverhältnisses i.S.d. § 138 II BGB richtet sich nach dem Einzelfall[114], wobei die übernommenen Risiken und der Verwendungszweck der Leistungen zu berücksichtigen sind[115].

Ein Lizenznehmer handelt dann sittenwidrig gem. § 826 BGB, wenn er ein ihm im Rahmen der Verbesserungsklausel[116] unentgeltlich zur Benutzung überlassenes Patent mit der Nichtigkeitsklage angreift[117].

b) Nichtigkeit gem. § 134 BGB wegen Verstoßes gegen ein gesetzliches Verbot

Als gesetzliche Verbote i.S.d. § 134 BGB kommen im Patentlizenzvertragsrecht primär die Bestimmungen des Gesetzes gegen Wettbewerbsbeschränkungen (GWB) in Betracht. Lizenzverträge, die unzulässigen Beschränkungen i.S.d. § 20 GWB enthalten, sind nicht nichtig, sondern unwirksam, da sie unter dem Erlaubnisvorbehalt des § 20 III GWB stehen und damit durch Erlaubnis der Kartellbehörde geheilt werden können[118].

---

108 BGH GRUR 1955, 468 (471 f.) - "Schwermetall-Kokillenguß" (s.o.); siehe zur Nichtigkeit des Lizenzvertrages gem. § 134 BGB, 1. Teil, D. I. 4. b).

109 Siehe zur Mindestlizenzgebühr, 1. Teil, E. I. 1. a) bb) (a).

110 Vgl. zu einem solchen Fall im Lizenzvertragsrecht, in dem aber das Vorliegen des Wuchertatbestandes abgelehnt wurde, BGH GRUR 1955, 468 (474) - "Schwermetall-Kokillenguß" (s.o.); ferner RG v. 9.9.1937 GRUR 1937, 1003 (1005).

111 Palandt-Heinrichs, § 138 Rn. 66.

112 Palandt-Heinrichs, § 138 Rn. 69.

113 Vgl. Palandt-Heinrichs, § 138 Rn. 24 f.

114 Vgl. die aufgeführten Einzelfallentscheidungen bei Palandt-Heinrichs, § 138 Rn. 68.

115 Palandt-Heinrichs, § 138 Rn. 67.

116 Siehe zur Verbesserungsklausel 1. Teil, E. I. 2. o).

117 Vgl. 2. Teil, A. I. 6.

118 Siehe speziell zur Zulässigkeit einzelner Pflichten und Klauseln in deutschen Lizenzverträgen 1. Teil, E. I. 1. und 2.

c) Rechtsfolgen der Nichtigkeit einzelner Vertragsbestimmungen

Eine bedeutende Frage ist, welche Auswirkung die Nichtigkeit von Klauseln gem. § 138 BGB und gem. § 134 BGB haben. Die Nichtigkeit einer Klausel hat entweder die Nichtigkeit des gesamten Vertrages zur Folge, oder der Vertrag bleibt ohne die nichtige Klausel bestehen. Nach dem grundsätzlich auch auf Lizenzverträge anwendbaren § 139 BGB ist das ganze teilbare Rechtsgeschäft nichtig, wenn nicht anzunehmen ist, daß es auch ohne den nichtigen Teil vorgenommen sein würde.

Nach der Rechtsprechung und der überwiegenden Meinung in der Literatur sind Lizenzverträge in ihrem Bestand möglichst zu erhalten[119]. Die Vermutung des § 139 BGB finde auf Lizenzverträge daher keine Anwendung[120]. Dies folge für § 134 BGB aus dem Zweck des GWB, das der Aufrechterhaltung und Förderung des Wettbewerbs dienen soll. Denn "würde die Nichtigkeit einzelner Vertragsbestimmungen ohne weiteres die Nichtigkeit des ganzen Vertrages zur Folge haben, so würde der Zweck des Gesetzes in sein Gegenteil verkehrt. Die Monopolstellung des Patentinhabers würde verstärkt und die Wettbewerbsstellung des Lizenznehmers in aller Regel mehr eingeschränkt werden als durch die gegen das Gesetz verstoßenden Einzelbestimmungen"[121]. Zudem erfordern Patentlizenzverträge immer erhebliche wirtschaftliche Investitionen, so daß es regelmäßig dem Interesse der Vertragsparteien entspricht, den Lizenzvertrag aufrechtzuerhalten[122].

An dieser Auffassung hat Emmerich Kritik geübt[123]. Er hält die Praxis der Aufrechterhaltung bedenklich, weil die Parteien ohne Risiko unzulässige wettbewerbsbeschränkende Klauseln mit dem Bewußtsein in den Lizenzvertrag aufnehmen können, daß der Vertrag auch ohne die Klauseln Bestand hat[124].

Es scheint zwar aus kartellrechtlicher Sicht wünschenswert zu sein, unzulässige, wettbewerbsbeschränkende Vereinbarungen zu sanktionieren, doch muß man sich bewußt sein, welche gravierenden Folgen die Gesamtnichtigkeit des Vertrages hat. Die beträchtlichen Investitionen des Lizenznehmers würden bei Gesamtnichtigkeit ins Leere gehen. Die Beteiligten würden das Risiko der Gesamtnichtigkeit nicht auf sich nehmen

---

[119] BGH GRUR 1955, 468 (475) - "Schwermetall-Kokillenguß (s.o.); OLG Nürnberg GRUR 1963, 97 ff. (98) - "Bürkle-Treppe"; BGH GRUR Int. 1989, 689 (692) - "Süllhöfer-Bayer"

[120] BGH GRUR 1955, 468 (475) - "Schwermetall-Kokillenguß" (s.o.); BGHZ 46, 365 ff. (376) - "Schweißbolzen" (Klage auf Feststellung der Wirksamkeit des zwischen den Parteien abgeschlossenen Lizenzvertrages); BGH GRUR 1976, 140 ff. (141) - "Polyurethan" (s.o.); Ohl, Wegfall, 77 ff. (78); Stumpf/Groß, Rndnr. 579; Benkard-Ullmann, § 15 Rn. 152.

[121] BGH GRUR 1955, 468 (475) - "Schwermetall-Kokillenguß"; Preu, Einfluß der Nichtigkeit, GRUR 1974, 623 (632).

[122] BGH GRUR Int. 1989, 689 (692) - "Süllhöfer/Bayer".

[123] Immenga/Mestmäcker-Emmerich, § 20 Rn. 329; Emmerich, Rechtsprechung, ZHR 140 , 17 (27)

[124] Auch Steindorff hat sich im Sanktionsinteresee und als abschreckende Wirkung der Vereinbarung von unzulässigen, wettbewerbsbeschränkenden Vereinbarungen für die Gesamtnichtigkeit des Lizenzvertrages ausgesprochen, ZHR 138, 504 (521).

und von Anfang an auf den Abschluß eines Lizenzvertrages verzichten. Im Interesse der Förderung des Abschlusses von Lizenzverträgen und auch des Lizenzaustausches mit dem Ausland ist es meiner Meinung nach geboten, an der Vermutung festzuhalten, daß im Zweifel nur die entsprechende Klausel nichtig ist, im übrigen aber der Lizenzvertrag Bestand hat. Zudem ist die Vermutung der Aufrechterhaltung widerlegbar. Im Wege der ergänzenden Auslegung[125] unter Berücksichtigung sämtlicher Umstände des Lizenzvertrages[126] ist jeweils zu ermitteln, welche Regelung die Vertragsparteien bei Kenntnis der Teilunwirksamkeit getroffen hätten[127]. Dabei ist aber vor allem dann davon auszugehen, daß die Parteien den Lizenzvertrag auch ohne die Klausel geschlossen hätten, wenn der Zweck der Klausel schon anderweitig erreicht wird, z.B. wenn die Vertragsklausel eine bereits bestehende Pflicht konkretisiert[128].

Die Aufrechterhaltung des Vertrages entspricht auch der Vertragspraxis, denn oft ist in Lizenzverträgen die Bestimmung zu finden, daß eine unwirksame Bestimmung die übrigen Bestimmungen nicht berührt und die Parteien eine angemessene Regelung vereinbaren, die rechtlich zulässig ist, und in ihrem wirtschaftlichen Gehalt der ursprünglichen Bestimmung am nächsten kommt[129]. Es besteht auch die Möglichkeit, den Vertrag gem. § 140 BGB umzudeuten[130].

d) Rechtsfolgen der Nichtigkeit des gesamten Lizenzvertrages

Ergibt die Vertragsauslegung, daß der gesamte Lizenzvertrag nichtig ist oder der Lizenzvertrag nach § 306 BGB von Anfang an nichtig ist, so stellt sich die Frage, ob mit der rückwirkenden Nichtigkeit des Lizenzvertrages, des schuldrechtlichen Verpflichtungsgeschäfts, die Zustimmung des Lizenzgebers zur Benutzung des Patents, das Verpflichtungsgeschäft, rückwirkend entfällt. Dies würde zur Folge haben, daß die Verwertung der Lizenz durch den Lizenznehmer nachträglich eine Patentverletzung ist und Ansprüche nach § 139 PatG auslöst.

---

125 Siehe zur Auslegung des Vertrages 1. Teil, D. I. 2.

126 BGH GRUR 1973, 331 (333) - "Nahtverlegung".

127 Vgl. zu einem Fall, in dem die Auslegung ergibt, daß die Unwirksamkeit einer Vereinbarung die Nichtigkeit des ganzen Vertrages zur Folge hat, BGH GRUR 1975, 206 (208) - "Kunststoffschaum-Bahnen"; siehe auch die kritischen Anmerkungen von Kroitzsch, GRUR 1975, 162 (165).

128 BGH GRUR 1986, 91 ff. (92) - "Preisabstandsklausel". Die nichtigen Vertragsbestimmungen lassen sich oft ohne weiteres durch eine gesetzlich zulässige Regelung ersetzen, Kroitzsch, GRUR 1975, 162 (164).

129 Vgl. zu einer solchen Klausel im deutschen Recht 1. Teil, E. I. 2. z). Auch im US-amerikanischen Recht ist eine solche Klausel üblich 1. Teil, E. II. 2. j) (14) d.

130 BGH GRUR 1986, 91 ff. (92) - "Preisabstandsklausel".

Da dieses Problem die Frage der Patentverletzung und Haftung des Lizenznehmers betrifft, wird die Lösung im 2. Teil ausführlich behandelt[131].

II. USA

1. Abschluß des Lizenzvertrages - "Bargain Theory of Consideration"

Der Lizenzvertrag kann, wie bereits dargestellt, ausdrücklich durch schriftliche oder mündliche Vereinbarung begründet werden ("express license")[132]. Daneben kann die Lizenz auch durch stillschweigende Unterstellung entstehen ("implied license")[133]. Eine bedeutende Rolle spielt in den USA die in Deutschland als "negative Lizenz" bekannte Lizenz[134], d.h. die Lizenz, die sich aus einem Rechtsstreit ergibt und für die keine weiteren Formalitäten erforderlich sind:

> "I see no reason to doubt that a general covenant not to sue for future infringements is as complete a license as if permission were formally given by a written instrument to that effect."[135]

In den USA werden solche Lizenzen teilweise als "accomodation licenses" bezeichnet[136].

Der Abschluß des Lizenzvertrages richtet sich nach den allgemeinen Grundsätzen über den Abschluß von Verträgen des Common Law, die durch die Auslegung der Gerichte der Einzelstaaten und in einigen Bereichen durch die Gesetze der Bundesstaaten kodifiziert und verändert worden sind:

> "Patent license contracts are governed by the same general rules, and are to be construed as are other contracts"[137].

Abgesehen von gewissen Unterschieden der Gesetze einiger Staaten gibt es Prinzipien, die für den Abschluß eines Vertrages in allen Staaten gelten. Es ist darauf hinzuweisen, daß das Common Law das Wesen des Vertrages nicht in der bloßen Einigung[138], sondern im "promise", das beide Parteien im Vertrag erklären, liegt[139]. In den USA tauschen die Vertragsparteien Versprechen verschiedener Art aus in der Erwartung, daß sie hinterher

---

131 Vgl. dort, A. I. 1. a) bb).
132 Vgl. 1. Teil, C. II. 3. a).
133 Vgl. 1. Teil, C. II. 3. b).
134 1. Teil, C. I. 6. d).
135 Judge Brown in Seibert Cylinder Oil-Cup Co. v. Detroit Lubricator Co., 34 F., 216 (221).
136 Goldschneider, Licensing, S. 23.
137 Eskimo Pie Corporation v. National Ice Cream Co., 20 F.2d., 1003 (1005).
138 Auch in den USA kommt der Vertrag durch übereinstimmende Erklärungen zustande, vgl. bei der "Bargain Theory of Consideration".
139 Farnsworth, Vol. 2, S. 342; vgl. auch zu einzelnen Vertragstheorien, Zweigert, S. 500.

ausgeführt ("perform") werden[140]. Obwohl die Gegenleistungspflicht des Versprechens jeder Partei in der Erwiderung des Versprechens der anderen Partei liegt, schließen die Vertragsparteien in den USA den Vertrag nur in der Erwartung ab, daß das erwidernde Versprechen in der "performance stage" (Ausführungsphase) ausgeführt wird[141]. Primärer Zweck dieser Ausführungsphase ist es, die Erwartung gegen einen möglichen Fehlschlag der Ausführung durch die andere Partei zu schützen[142]. Zwar ist es möglich, daß die Partei im Falle der Nichtausführung einen Schadensersatzanspruch erhält dies entspricht aber nicht dem Interesse der anderen Vertragspartei. Der Vertrag wurde abgeschlossen, damit die Pflichten ausgeführt werden und nicht im Rahmen eines Verletzungsstreit Schadensersatz zu erlangen[143]. Von den "promises", die die Vertragsparteien einander geben, ist die "condition" zu unterscheiden. In den USA wird die Ausführung der gegenseitigen Rechte und Pflichten unter eine Bedingung gestellt. Nur wenn die Bedingung eintritt, werden die Rechte und Pflichten fällig[144].

Dieser allgemeine Grundsatz des Vertragsrechts hat Auswirkungen auf die Pflichten und Rechte der Parteien, die Haftung des Lizenznehmers und deren Rechtsfolgen. Daneben gibt es noch eine Reihe anderer Vertragsgrundsätze, die Bedeutung haben. Eines der wichtigsten Grundsätze, der dem deutschen Recht auf diese Weise unbekannt ist, ist die "Considerationlehre", die dem US-amerikanischen Vertragsrecht sein eigentümliches Gepräge gibt. Im folgenden werden nur die wichtigsten Grundzüge der Lehre dargestellt. Für eine ausführliche Darstellung wird auf die einschlägige Literatur verwiesen[145].

Wie im deutschen Recht kommt der Vertrag durch die Annahme eines Angebots zustande[146]. Der Abschluß des Lizenzvertrages kann, wie im deutschen Recht, ausdrücklich ("express license"[147]) oder stillschweigend ("implied license"[148]) erfolgen. In Abweichung zum deutschen Recht, ist nach der in den USA geltenden Lehre von Leistung und Gegenleistung ("Bargain Theory of Consideration"), jede Partei verpflichtet, etwas von juristischem Werte zu leisten ("quid pro quo, bargained-for exchange")[149]. Dem abgegebenen Versprechen gegenüber ist eine sogenannte

---

140 Farnsworth, Vol. 2, S. 342.

141 Vgl. auch Corbin,.Conditions, Yale Law Journal, Vol. 22, 739 (741).

142 Farnsworth, Vol. 2, S. 342.

143 Farnsworth, Vol. 2, S. 343.

144 Vgl. zur "Conditionlehre" 2. Teil, B. II. 1.

145 Vgl. z.B. die Literatur in deutscher Sprache, von Hippel, S. 62 ff.; Rheinstein, Die Struktur, S. 55 ff.; Kühne, RabelsZ 36, 261 (263 f.); Lorenz, Festschrift für Rheinstein, 547 (549 ff.); siehe auch Farnsworth, Vol. 1., S. 61 ff.

146 Auch in den USA kommt der Vertrag durch übereinstimmende Erklärungen zustande, Corbin, Conditions, Yale Law Journal, Vol. 28, 739 (740). Anders als im deutschen Recht, wird die Annahme des Angebots mit ihrer Absendung wirksam, sog. mail-box-rule, vgl. Farnsworth, Vol. 2, S. 163.

147 Vgl. 1. Teil, C. II. 3. a.).

148 1. Teil, C. II. 3 b).

149 Kühne, RabelsZ. 63 (1972), 261 (264).

"consideration" erforderlich[150]. Ein Vertrag ohne "consideration" ist leer ("illusory") und verpflichtet nicht. Es ist jedoch nicht Voraussetzung, daß feststellbar sein muß, welche Leistungen im gegenseitigen Verhältnis stehen. Es kommt nur darauf an, daß jede Partei überhaupt etwas leistet, sei es als Nachteil für die eigene Partei ("detriment") oder als Vorteil für die andere Partei ("benefit"). Z.B. ist es ausreichend, wenn einer Partei ein Kündigungsrecht zusteht, der anderen aber keines[151].

Beim Lizenzvertrag steht der Verzicht des Lizenzgebers auf sein Ausschließungsrecht[152], meist der Zahlung der Lizenzgebühren durch den Lizenznehmer oder einer anderen Handlung[153], gegenüber. Die Voraussetzungen der "Consideration" sind daher im allgemeinen gegeben.

Die "Bargain Theory of Consideration" hat wichtige rechtliche Konsequenzen. So kann die Vernichtung des Patents den Wegfall der "consideration" zur Folge haben und den Lizenznehmer von der Lizenzgebührenpflicht befreien[154]. Die "consideration" kann aber auch als Wirksamkeitsvoraussetzung für nachwirkende Vertragspflichten des Lizenznehmers vereinbart werden. Stellt sich nachträglich heraus, daß es an einer "consideration" fehlt, kann der Lizenznehmer unter Umständen vom Vertrag zurücktreten[155].

Weiteres wesentliches Erfordernis für die Gültigkeit des Vertrages ist, daß sein Inhalt bestimmt oder wenigstens bestimmbar ist ("definiteness")[156]. Beispielsweise muß der Vertragsgegenstand, also bei einem Lizenzvertrag das zugrundeliegende Patent, ausreichend beschrieben sein.

Dem Vertragsschluß dürfen keine Hindernisse entgegenstehen, z.B. Geschäftsunfähigkeit der Vertragsparteien oder Nichtbeachtung der Formerfordernisse[157]. Der Vertrag muß gültig und durchsetzbar sein. Wie in Deutschland kann die Lizenzerteilung unter eine Bedingung gestellt werden[158].

---

[150] Farnsworth, Vol. 1, S. 61. Im deutschen Recht gibt es auch einseitig verpflichtende Verträge, die nur für eine Vertragspartei eine Leistungspflicht begründen, vgl. Palandt-Heinrichs, Einf v § 320, Rn. 2.

[151] Fanrsworth, Vol. I, S. 64, siehe auch die Beispiele bei Farnsworth, Vol. 1, S. 67 ff.

[152] Vgl. 1. Teil, A. II.

[153] 1. Teil, E. II. 1. a) ff).

[154] Vgl. zu der Frage der Auswirkung der Nichtigkeit des Patents auf die Zahlung der Lizenzgebühr im deutschen Recht, 1. Teil, E. I. 1. a) ee).

[155] Vgl. 1. Teil, D. II. 3.

[156] Fanrsworth, Vol. I, S. 353 ff.

[157] Vgl. dazu 1. Teil, D. II. 1. a) cc).

[158] Robinson, Law of Patents Vol. 3, § 915, S. 84.

a) "Freedom of contract" (Der Grundsatz der Vertragsfreiheit)

Auch im US-amerikanischem Recht herrscht der Grundsatz der Vertragsfreiheit[159]. Die Vertragsfreiheit ist durch Bundesrecht, insbesondere durch das Wettbewerbsrecht, teilweise sehr stark eingeschränkt[160].

b) Die Einschränkung der Vertragsfreiheit durch das Antitrust-Recht

Zum US-amerikanischen Wettbewerbsrecht gehört in der Hauptsache das Antitrust-Recht, im weiteren Sinne aber auch das Recht des "Unfair Trade". Das Antitrust-Recht ist gesetztes Recht, zum größten Teil Bundesrecht[161]. Das Bundesrecht verweist aber in Einzelfällen auf einzelstaatliche Bestimmungen[162]. Zu den wichtigsten Einzelgesetzen zum Antitrust-Recht gehört der Sherman Act, im bestimmten Umfang der Clayton Act, der den Sherman Act ergänzt, und auch der Federal Trade Commission Act. Das Antitrust-Recht in den USA ist, im Unterschied zum deutschen Wettbewerbsrecht, Kriminalstrafrecht und wird durch die Tätigkeit der Bundesgerichte im Antitrust-Verfahren durchgesetzt[163].

(aa) Sherman Act

Der Sherman Act ist das älteste amerikanische Antitrust-Gesetz[164]. Er enthält in Sec. 1 und 2 grundlegende Bestimmungen für das gesamte Antitrust-Recht. Sie verbieten grundsätzlich jede Art von "restraint of trade" (Sec. 1) und "monopolization" (Sec. 2), d.h. alle Verträge, Zusammenschlüsse ("combinations") und geheime Vereinbarungen ("conspiracies"), die den Handel beeinträchtigen, sowie das Ausnutzen einer Monopolstellung und Zusammenschlüsse und Vereinbarungen zur Erlangung einer Monopolstellung innerhalb irgendeines Teils der Wirtschaft.

Die Begriffe "Beeinträchtigung" und "Handel" werden dabei weit gefaßt[165]. Handel bezieht sich nicht nur auf den zwischenstaatlichen, sondern auch auf den ausländischen

[159] Farnsworth, Vol. 1, S. 25.

[160] Vgl. zur Einschränkung und Kontrolle der Vertragsfreiheit im US-amerikanischen Recht, von Hippel, S. 9 ff.

[161] Die Gesetzgebungskompetenz ist in der "interstate-commerce-clause" der Bundesverfassung gegeben.

[162] Z.B. besteht einzelstaatliche Gesetzgebungskompetenz für das Gebiet der Preisbindung durch den McGuire Act.

[163] Strohm, S. 94; vgl. dort auch die Zielsetzung des Antitrustrechts.

[164] 15 U.S.C. §§ 1 ff. Das Gesetz stammt aus dem Jahr 1890. (Chap. 647, 26 Stat. 209, Comp. Stat. § 8820).

[165] Für den Handel vgl., Pacific Seafarers, Inc. v. Pacific Far East Line, Inc., 404 F.2d., 804 (812).

Handelsverkehr[166]. Voraussetzung für einen Verstoß gegen Sec. 1 ist das Zusammenwirken von mindestens zwei Personen. Sec. 2 ergänzt Sec. 1; für die Verwirklichung des Tatbestandes der Sec. 2 genügt dagegen das Verhalten einer oder mehrerer Personen.

Die Verbotstatbestände der Sec. 1 und 2 sind, anders als im deutschen GWB[167], nicht an bestimmte Vertragsarten gebunden: "every contract". Anwendungsbereich der Sec. 1 für das Patentlizenzvertragsrecht sind insbesondere Kreuzlizenzen ("cross-licenses") und Patentgemeinschaften ("patent pools")[168].

Der Tatbestand von Sec. 2 erfaßt unzulässige Wettbewerbsbeschränkungen in Patentlizenzverträgen, die meist als Anzeichen für eine Monopolisierungsabsicht angesehen werden. Der Aufbau einer Monopolstellung erfolgt beispielsweise durch die Vereinbarung von Rückübertragungspflichten, durch sog. grant-back-Klauseln[169].

Der Sherman Act wird auf ausländische Beklagte nach der Rechtsprechung nur dann angewendet, wenn nachgewiesen werden kann, daß sowohl die Absicht der Beeinträchtigung des amerikanischen Handelsverkehrs als auch eine tatsächliche Beeinträchtigung besteht[170].

Nach der im US-amerikanischen Antitrust-Recht herrschenden Lehre der "rule of reason", die vom Supreme Court zur Eingrenzung des weiten Tatbestandes der Sec. 1 des Sherman-Act entwickelt wurde, unterscheidet man zwischen wettbewerbsrechtliche Handlungen, die per se gegen das Antitrust-Recht verstoßen, und solchen, die nur dann Verstöße darstellen, wenn sie "unreasonable" sind[171]. Die meisten Beschränkungen in Lizenzverträgen werden nach der "rule of reason" beurteilt[172]. Dies wird in der neuen Antitrust Richtlinie von 1995, die die 1988er Richtlinie ablöst, noch einmal klargestellt und ausgeführt. Zur Bestimmung, ob eine konkrete Beschränkung im Lizenzvertrag nach der per-se-Regel oder der "rule of reason" zu beurteilen ist, prüft die Antitrust Division zunächst, ob die vereinbarte Beschränkung effizienzfördernde Wirkung haben wird. Zur Durchführung der Analyse der "rule of reason" hat das amerikanische Justizministerium ein Vier-Schritte-System aufgestell[173].

---

[166] Vgl. den Nachweis bei Hay, S. 183.

[167] Das GWB bezieht sich z.B. auf Kartellverträge (§ 1 GWB), Lizenzverträge (§ 20 GWB), Verträge über Betriebsgeheimnisse und Saatgut (§ 21 GWB).

[168] Vgl. dazu im einzelnen, Strohm, S. 252 ff.; vgl. auch 1. Teil, C. II. 6. b).

[169] Einhorn, § 7.03.

[170] United States v. Aluminium Co. of America et al., 148 F2d., 416 (444).

[171] Vgl. Standard Oil Co., v. U.S., 221 U.S. 1, 55 Led., 619 ff.

[172] DOJ, 1995 Antitrust Guidelines, S. 18 ff. Vgl. auch die Ansprache von Gilbert anläßlich der Freigabe der Richtlinie, ABA Spring Meeting, 6 ff. (9).

[173] Vgl. Einhorn, § 7.02; siehe auch 33 BNA's Patent Trademark & Copyright Journal, No. 804 (November 6, 1986).

Im Rahmen der per-se-Regel wird bei Vorliegen bestimmter Arten von Beschränkungen deren "unreasonableness" unterstellt, während zur Feststellung der "unreasonableness" in den übrigen Fällen jeweils die gesamten Auswirkungen einer wettbewerbsrechtlichen Absprache auf den Markt und ihren Einfluß auf den Wettbewerb festgestellt werden muß[174]. Unter die per se-Unzulässigkeit fallen: Vereinbarungen über Preisfestsetzungen, Produktionsbeschränkungen und Marktaufteilungen zwischen Wettbewerbern auf horizontaler Ebene und auch bestimmte Arten des Gruppenboykotts und der Preisbindung zweiter Hand[175].

bb) Clayton Act

Der Clayton Act[176], der 1914 innerhalb eines Monats nach Erlaß des Federal Trade Commission Act[177] in Kraft trat[178], verbietet verschiedene Arten der Diskriminierung. Sec. 3 des Clayton Acts verbietet Ausschließlichkeitsbedingungen, "exclusive dealings", und Koppelungsgeschäfte in Kauf- oder Mietverträgen über patentierte oder unpatentierte Waren, wenn diese geeignet sind, auf irgendeinem Markt den Wettbewerb wesentlich zu vermindern oder die Bildung eines Monopols zu ermöglichen ("to substantially lessen competition or tend to create a monopoly in any line of commerce").

Es ist umstritten, ob Sec. 3 seinem Wortlaut nach überhaupt auf echte Patentlizenzverträge anwendbar ist, da er nur Kauf- oder Mietverträge über Waren und damit körperliche Sachen erfaßt[179].

cc) Federal Trade Commission Act (FTC Act)

Der 1914 geschaffene FTC Act[180] begründet keine neuen antitrustrechtlichen Tatbestände, sondern errichtet eine unabhängige Verwaltungsbehörde als Überwachungsorgan, die Federal Trade Commission (FTC) und befaßt sich mit Problemen des unlauteren Wettbewerbs ("unfair competition"). Die FTC hat die Befugnis, bereits gegen latente oder sich anbahnende ("incipient") Wettbewerbsverstöße vorzugehen. Auch dann, wenn, technisch gesehen, kein Verstoß vorliegt, aber das in

[174] Siehe im einzelnen dazu Strohm, S. 101 ff.
[175] DOJ, 1995 Antitrust Guidelines, S. 24; siehe auch Nat. Soc. of Professional Engineers v. U.S., 435 U.S. 679, L.Ed.2d., 637 (648 ff.).
[176] 15 U.S.C. §§ 12 ff.
[177] Vgl. 1. Teil, D. II. 1. a. aa. (c).
[178] Oct. 15, 1914, 38 Stat. 730 Ch. 323 § 1 ff. 15 USCS §§ 12 ff. 29 USCS § 29.
[179] Vgl. zu dieser Frage, der im Rahmen der Arbeit nicht nachgegangen werden kann, Strohm, S. 107.
[180] 15 U.S.C. §§ 40 ff. Sept. 26, 1914, 38 Stat. 717 Ch. 311 §§ 1-18 in den Änderungen des 14 USC §§ 41-58.

Frage stehende Verhalten gegen "den Geist" der Antitrust-Gesetze verstößt, ist die FTC zum Ergreifen von Maßnahmen befugt[181].

Für das Wettbewerbsrecht auf dem Gebiet des Patentrechts hat der FTC insbesondere Bedeutung für die Verfolgung von mißbräuchlicher Patenterschleichungs- und Verwertungspraktiken. Die Befugnis der FTC kann sogar so weit gehen, daß Zwangslizenzen angeordnet werden[182].

Verstöße gegen das Antitrust-Recht werden teilweise strafrechtlich, zivilrechtlich und verwaltungsrechtlich sanktioniert. Der Antitrust Improvement Act 1990, der von Präsident Bush am 16.11.1990 unterzeichnet wurde[183], sieht eine drastische Erhöhung der Strafgelder für die Verletzung von Antitrust-Gesetzen vor. Die Höchststrafe für Unternehmen ist von 1. Mio. Dollar auf 10 Mio. Dollar, die für Einzelpersonen von 100.000 Dollar auf 350.000 Dollar, heraufgesetzt worden. Es wurde auch die Möglichkeit der Verdreifachung[184] des Schadensersatzes für die US-Regierung eingeräumt, wenn sie selbst von dem Kartellrechtsverstoß betroffen wurde. In diesem Zusammenhang wurde das Ziel der Antitrust Division betont, nach dem Gefängnisstrafen gegen Verletzer der Antitrust-Gesetze vorgesehen sind, durchgesetzt werden sollen[185].

Ein Verstoß gegen den FTC Act hat dagegen eine verwaltungsrechtliche Entscheidung zur Untersagung der Praktiken zur Folge, die durch gerichtliche Verfügung unter Strafandrohung bei Nichtbefolgung durchgesetzt wird.

Auch wenn das Antitrust-Recht die Vertragsfreiheit beschränkt, nimmt die Antitrust Division des US-amerikanischen Justizministeriums (DOJ) inzwischen[186] mit den am 6.4.1995 verabschiedeten "Antitrust Guidelines for the Licensing of Intellectual Property"[187] die Position ein, daß die Lizenzierung von Patenten große volkswirtschaftliche Vorteile mit sich bringt, und diese daher nicht durch die strenge Anwendung überholten Antitrust-Lehren entmutigt werden soll:

---

[181] FTC v. Brown Shoe Co., 384 U.S. 316 (1966); FTC v. Texaco, Inc., 393 U.S. 223 (1968).

[182] Chas. Pfizer & Co., Inc. v. Federal Trade Commission, 159 USPQ 193 ff. (194), siehe die Übersetzung in GRUR Int. 1969, 175 ff. - "Tetracyclin"; vgl. allgemein zu dem Zwangslizenzen in den USA 1. Teil, C. II. 6. f).

[183] 16 CFR Part 803, vgl. v. Kalinowski, App. 1c-190.31.

[184] Vgl. den Fall einer dreifachen Schadensersatzerhöhung, Automatic Radio Mfg. Co. v. Hazeltine Res., Inc., 339 U.S. 827, bei dem es um eine Wettbewerbsbehinderung im Rahmen eines "Patent Pools" ging. Als Rechtsmittel gibt es auch eine Unterlassungsanordnung.

[185] Vgl. Bodewig, Erhöhung, GRUR Int. 1991, 170.

[186] Vgl. zu ihrer früheren Haltung die "Nine No-No's of Patent Licensing", die von einem Beamten des Justice Departments 1975 aufgestellt wurden und an denen von vielen Seiten Kritik geübt worden ist, Einhorn, § 7.02 oder Lipsky, 50 Antitrust Law Journal, 515 ff.

[187] Vgl. zu dem Entwurf der Richtlinie im Vergleich zu denen der Europäischen Kommission zur Gruppenfreistellungsverordnung, Davis/Johnston, Antitrust 1995, S. 16 ff.; Bright, Linklaters & Paines, 1995, 1 ff. Zur endgültigen Fassung der Antitrust Richtlinie, vgl. Wachter, DAJV-Newsletter 1995, 101 ff. Siehe auch Bodewig, Entwurf, GRUR Int. 1995, 142 ff.

"we now recognize that licensing, far from being in conflict with the purposes of the antitrust laws, complements them and enhances consumer welfare"[188].

Nach der Richtlinie, die die 1988 aufgestellten "Antitrust Enforcement Guidelines for International Operations" in ihrer endgültigen Version ablöst, werden Lizenzvereinbarungen typischerweise als wohlfahrtsfördernd und wettbewerbsfreundlich angesehen[189]. Es bestehen jedoch dann Bedenken, wenn durch sie Wettbewerb behindert wird, der ohne die Lizenzvereinbarung stattgefunden hätte. Dazu gehören insbesondere Vereinbarungen zwischen tatsächlichen oder potentiellen Wettbewerbern, weil dadurch der Wettbewerb auf den Märkten, auf denen sie sich als Konkurrenten gegenüberstehen, vermindert oder sogar ausgeschlossen wird.

Die Richtlinie hat u.a. eine sog. "safety zone" für Lizenzverträge zum Gegenstand, die nicht in unfairer Weise den Wettbewerb behindern. In eine solche "Sicherheitszone" sollen Beschränkungen fallen, die erstens normalerweise nicht unter die per-se-rule fällen und zweitens Lizenzgeber und Lizenznehmer zusammen nicht mehr als 20% Marktanteil in dem Markt haben, der von der Beschränkung beeinträchtigt wird. Ziel der Richtlinie ist nicht nur die Lizenzförderung, sondern damit verbunden auch die Innovationsförderung amerikanischer Unternehmen und die Erhöhung der "consumer welfare"[190].

Die neue Richtlinie ist begrüßenswert, insbesondere, da durch ihr zum Ausdruck kommt, daß Lizenzen nicht nur wettbewerbsbeschränkend wirken können, sondern durchaus auch wettbewerbsfördernd[191]:

"Licensing, cross-licensing, or otherwise transferring intellectual property can facilitate integration of the licensed property with complementary factors of production. This integration can lead to more efficient exploitation of the intellectual property, benefiting consumers through the reduction of costs and the introduction of new products. Such arrangements increase the value of intellectual property to consumers and to the developers of the technology. By potentially increasing the expected returns from intellectual property, licensing can also increase the incentive for its creation and thus promote greater investment in research and development".[192]

---

[188] PTCJ, Vol. 33, No. 804, S. 3.

[189] DOJ, 1995 Antitrust Guidelines, S. 2. Siehe auch Gilbert, S. 2.

[190] Dies ist als gemeinsames Ziel von Patent- und Antitrustrecht schon in einigen Entscheidungen zum Ausdruck gekommen, vgl. Atari Games Corp. v. Nintendo of America, Inc. 897 F.2d., 1572 (1576).

[191] Es ist jedoch zu beachten, daß insgesamt die geplanten Neuerungen auf dem Gebiet des Wettbewerbsrechts unter der Clinton Administration, im Vergleich zu der unter den Regierungen Reagans und Bushs, als Verschärfung angesehen werden, da sie ein strengeres Vorgehen gegen vertikale Unternehmenszusammenschlüsse, Wettbewerbsverzerrungen und -behinderungen vorsehen, vgl. Clinton administration expresses more than intellectual curiosity in antitrust issues raised by intellectual property licensing, AIPLA Quarterly, Vol. 22, 1994, No. 1, S. 1 ff.

[192] DOJ, 1995 Antitrust Guidelines, S. 5.

Die eindeutig positive Haltung bezüglich der Lizenzierung und die verbesserte Vorgehensweise bei der Feststellung der wettbewerbsrechtlichen Bedenklichkeit ist zu begrüßen.

dd) "Doctrine of Patent Misuse" (Lehre vom Patentmißbrauch)

Die Verletzungen der Bestimmungen des US-amerikanischen Antitrust-Rechts sind streng zu unterscheiden von den Grundsätzen des Patentmißbrauchs, die einige Jahre nach Inkrafttreten des Clayton Acts durch die Rechtsprechung aufgestellt wurden. Die Mißbrauchslehre ist in den Bereich zwischen dem Patentmonopol und den Antitrust-Gesetzen einzuordnen und unterliegt unterschiedlichen Kriterien[193]. Klarzustellen ist, daß das Vorliegen eines Patentmißbrauchs keine Voraussetzung für die Verletzung des Antitrust-Rechts ist, auch wenn in vielen Fällen sowohl ein Patentmißbrauch als auch eine Verletzung des Antitrust-Rechts vorliegt[194]. Die Lehre vom Patentmißbrauch ist eine besondere Form der Bestrafung des Patentinhabers, der darüber hinausgeht, sein Patent zur Monopolisierung der Erfindung zu benutzen[195].

Die Lehre vom Patentmißbrauch beruht auf dem Grundsatz, daß der Patentinhaber, dem in Förderung des Allgemeinwohls ein Privileg erteilt wurde, nicht Patentschutz geltend machen kann, wenn das Patent entgegen dem Allgemeinwohl eingesetzt wird; sie ist eine Erweiterung der "unclean hands doctrine":

> "Patent misuse doctrine rests on principle that holder of exclusive patent privilege granted in furtherance of public policy may not claim protection when patent privilege is being used to subvert policy, doctrine is extension of "unclean hands" doctrine."[196]

Die "Doctrine of unclean hands" besagt, daß derjenige, der vor Gericht Ansprüche geltend machen will, sich selber rechtmäßig verhalten haben muß[197].

Ein Patentmißbrauch liegt z.B. dann vor, wenn der Patentinhaber den Lizenznehmer verpflichtet, Lizenzgebühren auch für nicht patentierte Erzeugnisse zu zahlen[198]. Die Lizenz darf nicht unter der Bedingung erteilt werden, daß die Lizenzgebühren für Erzeugnisse bezahlt werden müssen, die von der Lehre des lizenzierten Patents keinen Gebrauch machen. Der Patentinhaber darf sein Patentrecht auch nicht dazu mißbrauchen,

---

193 Rich, Infringement, JOPOS, Vol. 35, 476 (498).
194 Stewart v. Mo-Trim,Inc. 192 USPQ, 410 (412); siehe auch Morton Salt Co v. G. S. Suppinger Co., 314 U.S. 488, 86 L.ed., 363 (367).
195 Rich, Infringement, JOPOS, Vol. 35, 476 (499).
196 Stewart v. Mo-Trim,Inc. 192 USPQ, 410 ff. (410); vgl. auch United States Gypsum Co. v. National Gypsum Co., 352 U.S. 457, 1 L.ed.2d., 466 (471) und Compton v. Metal Products, Inc. 172 USPQ, S. 263 (267).
197 Rich, Infringement, JOPOS, Vol. 35, 476 (480).
198 Zenith Radio Corp. v. Hazeltine Research, 395 U.S. 100, 23 L.ed.2d., 129 (155); vgl. auch die Übersetzung in GRUR Int. 1971, 413 ff.; siehe dazu 1. Teil, D. II. 1. a) aa) (d).

daß der Lizenznehmer verpflichtet wird, andere, nicht unter das Patent fallende Gegenstände zu kaufen, zu benutzen oder verkaufen[199]. Auch die Auferlegung der Verpflichtung des Lizenznehmers, keine konkurrierenden Produkte herzustellen[200], oder die Preisbindung des Lizenznehmers[201] kann unter Umständen einen Patentmißbrauch darstellen[202].

Wird ein Patentmißbrauch festgestellt, so bedeutet das, wie bereits dargestellt nicht, daß die Verletzung eines solchen bundesrechtlich aufgestellten Grundsatzes einen per se-Verstoß gegen das Antitrust-Recht darstellt[203]. Der Patentmißbrauch berührt nicht die Wirksamkeit des Patents, die Klausel mit der mißbräuchlichen Bestimmung kann aber nicht durchgesetzt werden[204]. Der Patentmißbrauch ist ein wirksames Verteidigungsmittel im Rahmen einer Patentverletzungsklage, wenn der Patentinhaber das Patent auf die Weise ausübt, daß das Antitrust-Recht verletzt ist oder das Patent über seinen zulässigen Anspruch hinaus ausgedehnt wird[205]. Ausdrücklich klargestellt ist, daß auch der Lizenznehmer im Falle einer gegen ihn erhobenen Patentverletzungsklage das Vorliegen von Patentmißbrauch zur Verteidigung geltend machen kann[206].

Auswirkung hat die Lehre vom Patentmißbrauch auf die Geltendmachung des Patentinhabers wegen Verletzung seines Patents, insbesondere im Falle der mittelbaren Patentverletzung[207].

c) Gestaltungsfreiheit

Der Inhalt des Lizenzvertrages ist grundsätzlich frei zu gestalten. Die Vertragsparteien haben einen breiten Spielraum, ihre Verhandlungsergebnisse im Vertrag festzulegen. Die Vertragsfreiheit ist diesbezüglich lediglich in wenigen Bereichen durch Gesetz oder Richterrecht eingeengt. Grenze der Gestaltungsfreiheit bildet allgemein der Schutz derjenigen, die nicht unmittelbar Vertragspartei sind, und derjenigen Vertragspartei, die

---

199 Ethyl Gasoline Corp. v. United States, 309 U.S. 436, 84 L.ed., 852 (861) m.w.N.; vgl. auch International Salt Co v. United States, 332 U.S. 392, 92 L.ed., 20 (26).
200 Vgl. dazu 1. Teil, E. II. 1. b) bb).
201 Vgl. Stewart v.Mo-Trim, Inc., 410 (412); vgl. dazu auch United States Gypsum Co. v. National Gypsum Co., 352 U.S. 457, 1 L.ed.2d., 466 ff.
202 Vgl. zu der Frage, ob auch die Erteilung einer ausschließlichen Lizenz einen Patentmißbrauch darstellen kann 1. Teil, B. II. 1. b).
203 Zenith Radio Corp. v. Hazeltine Research, 395 US. 100, 23 L. ed., 129 (158); Transparent-Wrap M. Corp. v. Stokes & Smith Co., 329 U.S. 637, 91 L.ed., 563 (568); Morton Salt Co. v. G. S. Suppinger Co., 314 U.S. 488, 86 L.ed., 363 (366).
204 Stewart v. Mo-Trim,Inc. 192 USPQ, 410 (412).
205 Lipscomb, § 22.10, S. 451.
206 Stewart v. Mo-Trim,Inc. 192 USPQ, 410 (413).
207 Vgl. dazu ausführlich 2. Teil, A. II. 2.

eine schwache Verhandlungsposition einnahm, beispielsweise der Verbraucher, der im Einzelhandel Waren kauft[208].

d) Formfreiheit

Abgesehen von Verträgen, die unter das alte englische Statute of Frauds (1677)[209] fallen, das von dem Recht der meisten Einzelstaaten rezipiert worden ist, bedürfen Verträge grundsätzlich keiner Schriftform. Da der Patentlizenzvertrag nicht von dem Statute of Frauds erfaßt wird[210], kann er formfrei abgeschlossen werden[211]:

> "No formal granting of a license is necessary in order to give it effect. Any language used by the owner of the patent, any conduct on his part exhibited to another from which that other may properly infer that the owner consents to his use of the patent in making or using it, or selling ist, upon which the other acts, constitutes a license and a defense to an action for tort".[212]

Dies gilt auch für die ausdrücklich erklärte Lizenz ("express license")[213]. Mündliche Vereinbarungen sind auch dann bindend, wenn die Parteien vereinbart haben, den Vertragstext schriftlich niederzulegen, dies aber nicht geschieht[214]. Es müssen Anhaltspunkte vorliegen, daß beide Vertragsparteien einen nur mündlich geschlossenen Vertrag als bereits bindend ansehen wollen[215].

Lizenzvertragspraxis ist es, daß Patentlizenzverträge, gerade in Anbetracht der Vertragslänge, die weit über der deutscher Verträge liegt, schriftlich abgefaßt werden. Die Schriftlichkeit ist gerade bei Meinungsverschiedenheiten von Vorteil, insbesondere wenn diese ein gerichtliches Verfahren zur Folge haben[216]. Für die Schriftform genügt ein Briefwechsel oder die Niederlegung in einem Memorandum oder Protokoll[217]. Es kann auch eine formelle Lizenzurkunde ("formal executed license") aufgesetzt werden.

Fassen die Vertragsparteien den Vertrag schriftlich ab, findet die sog. parol evidence rule Anwendung. Sie bestimmt, daß in einem Schriftstück, das die Vertragsparteien als endgültigen Vertrag ("integrated agreement") ansehen, vorvertragliche oder gleichzeitige Absprachen nicht berücksichtigt werden können[218].

---

[208] Treumann/Pelzer/Kuehn, S. 82.
[209] Act for Prevention of Frauds and Perjuries, Stat. 29 Car. 2, c.3.
[210] Vgl. Farnsworth, Vol. 2, S. 87 f.
[211] Deller, Walker on Patents, S. 1490.
[212] De Forest Radio Teleph. & Teleg. Co. v. United States, 273 U.S. 236, 71 L.ed., 625 (628).
[213] Vgl. zur "express license" 1. Teil, C. II. 3. a).
[214] Horvath v. McCord Radiator & MFG. Co., 27 F.2d, 148 (151).
[215] Gilbert's Patents, Limited v. Smith & Wesson, Inc. 30 F.2d, 296 ff. (296).
[216] Unter Umständen kann ein nur mündlich geschlossener Vertrag unter das Statute of Frauds fallen und unvollstreckbar sein, vgl. den Fall in 84 F., 922 (924).
[217] 69 CJS Patents, § 245, S. 767.
[218] Vgl. Thompson v. Libbey, Supreme Court of Minnesota, 1885, 34 Minn 374, 26 N.W.1.

Der Inhalt des Vertrages ergibt sich allein aus dem als endgültig angesehenen Schriftstück[219]. Die Schwierigkeit besteht in der Feststellung, ob es sich bei dem Schriftstück um den endgültigen Vertrag handelt. Aus diesem Grunde sind bestimmte Tests und Vermutungen entwickelt, die besagen, wann ein endgültiger Vertrag vorliegt [220]. Es ist zu berücksichtigen, daß ein endgültiger Vertrag aber schon dann vorliegen kann, wenn der Vertragstext noch nicht vollständig ist und noch nicht alle Bedingungen enthält, über die eine Einigung erzielt worden ist[221].

Der von den Vertragsparteien als endgültig angesehene Vertrag ist abzugrenzen von nachvertraglichen Abreden, auf die die "parol evidence rule" keine Anwendung findet. Ebenso wie ein neuer Vertrag bedürfen diese Vertragsmodifikationen grundsätzlich der consideration, also einer Gegenleistung[222].

Ein schriftlich niedergelegter Vertrag kann durch spätere schriftliche oder mündliche Erklärungen oder auch konkludente Handlungen geändert werden ("acts of parties which evince a meeting of their minds in agreement to modify its terms upon any particular point")[223].

Im Gegensatz zur Formfreiheit des Lizenzvertrages und auch der Übertragung der Lizenz bedarf die Übertragung eines Patents oder einer Patentanmeldung nach 35 USC § 263 II der Schriftform.

Wie in Deutschland ist keine Voraussetzung für die wirksame Entstehung der Lizenz die Eintragung der Lizenzerteilung in ein öffentliches Register[224].

2. Auslegung des Lizenzvertrages

Auch für die Auslegung gelten nach US-amerikanischem Recht die allgemeinen Grundsätze des Vertragsrechts[225]. Der Vertrag soll so ausgelegt werden, daß er den Willen und die Absichten wiedergibt, solange der Vertrag dadurch nicht unwirksam

---

[219] Siehe wiederum grundlegend: Thompson v. Libbey, Supreme Court of Minnesota, 1885, 34 Minn 374, 26 N.W.1.

[220] Farnsworth, Vol. 2, S. 197 ff.; vgl. auch Lüderitz, S. 175.

[221] Farnsworth, Vol. 2., S. 199.

[222] Vgl. zur "Bargain Theory of Consideration" 1. Teil, D. II. 1. Dies gilt jedoch nicht uneingeschränkt. Einige Staaten und auch UCC 2-209 (1) haben das "consideration"-Erfordernis für Vertragsänderungen abgeschafft.

[223] Hotchner v. Neon Products, Inc., 163 F.2d., 672 (676).

[224] Auch für die Verteidigung der Lizenz gegenüber einem gutgläubigen Erwerber ist keine Eintragung erforderlich, siehe zur Frage des Sukzessionsschutzes in den USA 1. Teil, B. II. 1. e).

[225] Eskimo Pie Corporation v. National Ice Cream Co., 20 F.2d., 1003 (1005); Baldwin Rubber Co. v. Paine & Williams Co., 107 F.2d., 350 (353); vgl. zur Auslegung im US-amerikanischen Recht ausführlich, Lüderitz, 104 ff., Beier/Bodewig, 513 ff.; Corbin, Conditions, 739 (740 f.).

wird[226]. Die Sicherstellung der Wiedergabe des Willens der Vertragsparteien ist das entscheidende Auslegungskriterium. Er allein ist maßgebend und setzt sich gegen ungenaue Formulierung, ungeschickte Ausdrücke und allgemein gegen den "trockenen" Vertragstext durch:

> "The sole purpose of the construction of a contract is to acertain and enforce the intention of the parties - the sense and meaning upon which their minds met when they made it - and when this is discovered it prevails over verbal inaccuracies, inapt expressions, and the dry words of the agreement".[227]

Bevor mit der Auslegung begonnen wird, ist immer zu prüfen, ob der Vertragstext nicht eindeutig ist. Wie im deutschen Recht bleibt für die Auslegung im US-amerikanischen Recht dort kein Raum, wo die Sprache des Vertrages klar ist, sog. plain meaning rule (Eindeutigkeitsregel)[228].

In den USA ist eine Vielzahl von Entscheidungen bezüglich der Auslegung von Lizenzverträgen ergangen[229]. Im folgenden werden die wichtigsten Grundsätze der Auslegung dargestellt.

Für die Auslegung werden alle Vertragsumstände berücksichtigt[230]. Es wird nicht nur auf einen bestimmten Vertragsteil abgestellt, sondern es ist notwendig, den ganzen Vertrag zu betrachten. Daß der Vertrag als Ganzes ausgelegt wird und nicht nur getrennt herausgelöste Teile zu betrachten sind, wird in einer Reihe von Entscheidungen betont:

> "A contract must be construed as a whole and the intention of the parties is to be collected from the entire instrument, not from detached portions, it being necessary to consider all of its parts in order to determine the meaning of every particular part as well as of the whole".[231]

Die Auslegung einer einzelnen Bestimmung, die auf einer Gesamtbetrachtung des Vertrages beruht, muß im Einklang mit den anderen Bestimmungen stehen und darf nicht widersprüchlich sein[232]. Klargestellt ist auch, daß bei verschiedenen Möglichkeiten der Auslegung, die der ungenaue und widersprüchliche Vertragstext zuläßt, diejenige, die den Vertrag als vernünftig und in der Ausgestaltung möglich ansieht, vor derjenigen

---

226 Eskimo Pie Corporation v. National Ice Cream Co., 20 F.2d., 1003 (1005); Chesapeake & Ohio Canal Co. v. Hill, 15 Wall. 94, 21 L.ed., 64 (66).

227 Pressed Steel Car Co., v. Eastern Ry. Co. of Minnesota, 121 F., 609 (611).

228 Ben Pearson, Inc. v. Rust et al., 101 USPQ, 424 (525); United States v. Radio Corporation of America, 117 F.Supp., 449 (451); Universal Winding Co. v. Gibbs Machine Co., Inc. 124 USPQ, 361 (364); Redler, Conveyor Co. v. Comr. Internal Revenue, 134 USPQ, 1 ff. (2); vgl. zur "plain meaning rule" ausführlich, Lüderitz, S. 65 ff.

229 Vgl. speziell zur Auslegung des Patentumfangs 2. Teil, A. II. 1. a) aa) (a).

230 Baldwin Rubber Co. v. Paine & Williams Co., 107 F.2d., 350 (353); vgl. auch Chesapeake & Ohio Canal Co. v. Hill, 15 Wall. 94, 21 L.ed., 64 (66).

231 Victory Bottle Capping Mach. Co. v. V. O. & J. Mach. Co., 280 F., 753 (759); vgl. auch O'Brien v. Miller, 168 U.S. 287, 42 L.ed., 169 (473); Good Humor Corporation v. Popsicle Corporation, 59 F.2d., 344 ff. (345).

232 Pressed Steel Car Co., v. Eastern Ry. Co. of Minnesota, 121 F., 609 (611).

Auslegung, die ungewöhnlich, unfair und als nicht möglich erscheint, vorzuziehen ist[233]. Das Verhalten und die Worte im Vertragstext sollten immer aus der Sicht eines objektiven und vernünftigen Betrachters interpretiert werden[234]. Legen die Vertragsparteien im Laufe ihrer Verhandlungen und Lizenzvertragsbeziehung unklare Begriffe aus oder geben ihnen eine bestimmte Bedeutung, ist davon auszugehen, daß diese Auslegung als gewollt und richtig erscheint. Die Gerichte sollten also immer das Verhalten der Parteien während der Vertragszeit berücksichtigen. Nach der Rechtsprechung gibt es keinen sicheren Weg herauszufinden, was die Parteien gemeint haben, als den, zu beobachten, was sie getan haben[235].

Willigt eine Vertragspartei in die Auslegung des Vertrages durch den anderen ein, kann sie später diese Auslegung nicht mehr anzweifeln[236]. Wurde der Vertragstext von einem Anwalt aufgesetzt, ist davon auszugehen, daß seine Bestimmungen die gewöhnliche rechtliche Bedeutung haben[237]. Hat der Anwalt des Lizenznehmers den Vertrag entworfen, so erfolgt die Auslegung zum Nachteil des Lizenznehmers[238]. Bei der Auslegung ist generell auch der Handelsbrauch zu berücksichtigen[239]. Es ist zu beachten, daß zweideutige Vertragsklauseln, die einer Partei einen Vorteil bringen, zum Nachteil dieser begünstigten Partei ausgelegt werden[240].

Wichtig ist, daß Beschränkungen des Lizenznehmers prinzipiell zu seinen Gunsten ausgelegt werden[241], da die Rechte des Lizenznehmers geschützt werden sollen[242].

Die Auslegung sollte dazu führen, daß alle Bestimmungen eines Vertrages ausgeführt werden können und daß sie eine praktische Bedeutung haben. Es sollten nicht einzelne Bestimmungen bis ins Detail technisch und eng ausgelegt werden, da dies wieder in Rechtsunsicherheit und Verwirrung resultieren würde[243]. Die Auslegung, die zu einer Nichtigkeit des Vertrages führt, sollte vermieden werden [244], da die Vermutung besteht, daß dies nicht dem Willen der Vertragsparteien entspricht[245].

---

233 Chesapeake & Ohio Canal Co. v. Hill, 15 Wall. 94, 21 L.ed., 64 (66); Pressed Steel Car Co., v. Eastern Ry. Co. of Minnesota, 121 F., 609 (611).
234 F.A.R. Liquidating Corp. v. Brownell, 209 F.2d., 375 (378); Good Humor Corporation v. Popsicle Corporation, 59 F.2d., 344 ff. (345).
235 Siehe Limbershaft Sales Corporation v. A.G. Spalding Bros., 111 F.2d., 675 (677); Good Humor Corporation of America v. Popsicle Corporation of United States, 59 F.2d., 344 ff.
236 Vgl. National Pigments & Chemical Co. v. K. C. Williams & Co., 94 F.2d., 792 (794).
237 Ellis, Licenses, S. 307.
238 Ellis, Licenses, S. 314.
239 Ellis, Licenses, S. 307.
240 National Pigments & Chemical Co. v. K. C. Williams & Co., 94 F.2d., 792 (797).
241 Ruckstell Sales & Mfg. Co. v. Perfecto Gear Differential Co., 28 F.2d., 407 (411 f.).
242 St. Joseph Iron Works v. Farmers Mfg. Co., 106 F.2d., 294 (298).
243 Good Humor Corporation v. Popsicle Corporation, 59 F.2d., 344 (346).
244 Straight Side Basket Corporation v. Webster Basket Co., 82 F.2d., 245 (246).
245 Western Battery & Supply Co. v. Hazelett Stor. Battery Co., 61 F.2d., 220 (223).

Auch das US-amerikanische Recht kennt eine ergänzende Vertragsauslegung, die dann vorgenommen wird, wenn sie zur Vollständigkeit und Wirksamkeit des Vertrages notwendig ist[246]. Durch die Auslegung können Bestimmungen "implied", also stillschweigend, unterstellt werden, und dies nicht nur deshalb, weil sie angemessen, sondern notwendigerweise im Vertrag enthalten sind. Die Vertragsparteien haben zwar beabsichtigt, eine solche Bestimmung im Vertrag aufzunehmen, haben die Aufnahme in den Vertrag aber unterlassen, weil sie sie offensichtlich als gegeben ansehen[247]. Der Bereich der "implied license" ist sehr weit. Für jede Verpflichtung, die Gegenstand des Vertrages ist, können weitere Verpflichtungen unterstellt werden[248].

Für die Auslegung der Vertragsklauseln ist es nach US-amerikanischem Recht üblich, die Präambel zu betrachten[249]. Der Formulierung der Präambel ist aus diesem Grund besondere Aufmerksamkeit zu schenken.

Besteht Streit über die Auslegung der Lizenz, kann von den Vertragsparteien eine Feststellungsklage erhoben werden[250].

3. Beendigung des Lizenzvertrages

Haben die Lizenzvertragsparteien den Lizenzvertrag zeitlich nicht begrenzt, endet er mit Ablauf des Patents[251]. Während dieser Zeit hat grundsätzlich keine Vertragspartei das Recht ohne Grund den Vertrag zu beenden, es sei denn, dies ist im Vertrag vorgesehen[252].

a) Beendigungsgründe

Neben der Beendigung des Lizenzvertrages durch Ausübung eines vertraglich vereinbarten Kündigungsrechts kann der Vertrag ausnahmsweise aus verschiedenen Gründen beendet werden. Im folgenden werden die wichtigsten Beendigungsgründe dargestellt.

---

246 Baldwin Rubber Co. v. Paine & Williams, 107 F.2d., 350 (353).
247 Baldwin Rubber Co. v. Paine & Williams Co., 107 F.2d., 350 (353) m.w.N.
248 Vgl. zu der "implied license" 1. Teil, C. II. 3. b).
249 Good Humor Corporation v. Popsicle Corporation, 59 F.2d., 344 (346); Baldwin Rubber Co. v. Paine & Williams Co., 107 F.2d., 350 (353 f.); vgl. zur Präambel im US-amerikanischen Lizenzvertrag 1. Teil, E. II. 2. b) aa).
250 National Pigments & Chemical Co. v. K. C. Williams & Co., 94 F.2d., 792 (798).
251 Vgl. 1. Teil, C. II. 1. c) aa).
252 Skil Corp. v. Lucerne Products, Inc., 489 F.Suppl., 1129 (1132).

aa) Beendigung durch beiderseitiges Einverständnis ("license terminable at will")

Der Vertrag kann unter Umständen, auch ohne daß dies im Vertragstext festgehalten ist, durch beiderseitiges Einverständnis beendet werden[253]. Für die Annahme eines solchen beiderseitigen Kündigungsrechts ist zu prüfen, ob es dem Willen der Vertragsparteien entspricht und aus den Umständen hervorgeht, eine "license terminable at will" zu schaffen. Insbesondere ist dann von ihrem Vorliegen auszugehen, wenn beide Parteien davon ausgehen, daß die Lizenz bloß vorläufig und nur bis dann in Kraft ist, bis ein endgültiger Vertrag abgeschlossen wird[254]. Dagegen kann eine "license terminable at will" dann nicht angenommen werden, wenn die Vertragsparteien sich im Vertrag darüber geeinigt haben, daß der Vertrag unter bestimmten anderen Bedingungen als dem "free will" der Parteien beendet werden kann[255]. Es gilt, daß grundsätzlich dann, wenn die Vertragsparteien im Vertrag bestimmte Beendigungsgründe aufgenommen haben, der Vertrag nicht auf eine andere Weise beendet werden kann[256].

Ein Kriterium für die Ablehnung einer solchen Beendigungsart ist, ob der Lizenznehmer durch die Beendigung des Vertrages ernsthaft beeinträchtigt wird, indem er einen nicht wiedergutzumachenden Schaden ("irreparable harm") erleidet. Hat die Beendigung nur eine geringe Schädigung des Lizenznehmers zur Folge, kann die Beendigung zugelassen werden, wenn dies mit beiderseitigem Einverständnis geschieht[257].

bb) Rücktritt ("rescission") vom Vertrag bei Verletzung einer wesentlichen Vertragspflicht

Eine weitere Beendigungsmöglichkeit ist der Rücktritt vom Vertrag bei Verletzung einer wesentlichen Vertragspflicht. Hierfür ist zu prüfen, ob sich der Vertragsbruch wesentlich auf die Weiterführung des Vertrages auswirkt. Bezüglich der ausführlichen Darstellung dieser Beendigungsmöglichkeit wird auf den 2. Teil, B. II., die Rechtsfolgen der Haftung des Lizenznehmers wegen Vertragsbruchs, verwiesen.

cc) Rücktritt vom Vertrag wegen Drohung oder arglistiger Täuschung oder Irrtums bei Vertragsschluß

Die Erfüllung des Tatbestandes der arglistigen Täuschung ("fraud", "misrepresentation") richtet sich nach dem Vertragsrecht der Einzelstaaten. Allgemein genügt für die

---

[253] Walker Bin Co. v. Schmidt Co., 230 F., 636 f. (637).
[254] Cline v. Horton, 274 F., 728 (730 f.).
[255] Miller v. O. B. McClintock Co., 49 USPQ, 458 (462 f.); vgl. auch Ellis, Licenses, S. 341.
[256] Ellis, Licenses, S. 341 m.w.N.
[257] Ellis, Licenses, S. 330.

Annahme der arglistigen Täuschung nicht, daß sich der Vertragspartner auf Meinungen, allgemeine Werturteile oder Auffassungen des anderen bei Vertragsschluß verließ. Voraussetzung ist, daß es sich um konkrete Tatsachen handeln muß, die z.B. in der "whereas"-Klausel[258] des Vertrages zugesichert oder behauptet werden[259]. Die Zusicherung muß dabei ursächlich für die Unterzeichnung des Vertrages gewesen sein[260]. Eine arglistige Täuschung auf Seiten des Lizenznehmers, die unter Umständen zum Rücktritt berechtigt, liegt dann vor, wenn der Lizenznehmer den Vertrag abschließt, ohne den Willen zu haben, das Patent auszuüben[261]. Liegt der Tatbestand des Betrugs vor, ist der Vertrag nicht von sich aus nichtig, sondern durch die betrogene Vertragspartei vernichtbar[262]. Die Vertragspartei muß den Betrug, wie im deutschen Recht, innerhalb einer bestimmten, angemessenen Frist geltend machen, z.B. innerhalb von vier Jahren nach Kenntnis vom Betrug[263]. Der Getäuschte darf durch sein Verhalten auch nicht zu verstehen geben, daß er den Vertrag anerkennt[264].

dd) Rücktritt vom Vertrag wegen fehlender Gegenleistung ("consideration")

Eine weitere bedeutsame Möglichkeit für die Beendigung des Vertrages ist der Rücktritt wegen Fehlens der "consideration"[265]. Sie würde z.B. fehlen, wenn das Patent von einem älteren abhängig ist, der Lizenznehmer das Patent also nicht ohne Zustimmung des Patentinhabers des prioritätsälteren Patents von dem Benutzungsrecht Gebrauch machen kann[266].

ee) Beendigung durch beiderseitige Nichtausführung des Vertrages

Im US-amerikanischen Recht ist anerkannt, daß der Vertrag auch dann beendet werden kann, wenn beide Vertragspartner den Vertrag nicht ausführen[267].

---

[258] Es handelt sich dabei um eine Klausel, die in der Einleitung der Lizenzverträge zu finden sind, vgl. dazu 1. Teil, E. II. 2. b) bb).

[259] Johnson v. Brewer-Titchener Corporation, 28 F.Supp., 1002 (1004); vgl. auch Corbin, Coditions, 739 (740).

[260] Lathrop v. Rice & Adams Corporation, 17 F.Supp., 622 (627); vgl. auch für das Recht des Staates Pennsylvania, Hartford-Empire Co., v. Glenshaw Glass Co., 47 F.Supp., 711 (716).

[261] Vgl. den Nachweis bei 69 C.J.S. § 256, S. 789; vgl. auch 3. Teil, B. II. 2. b).

[262] United Lens Corporation v. Doray Lamp Co., 93 F.2d., 969 (973).

[263] In Re Tear-Off Bottle Seal Co., 224 F., 492 (494); siehe auch Hartford-Empire Co., v. Glenshaw Glass Co., 47 F.Supp., 711 (716) m.w.N. wobei die Frist hier auch nach 23 Jahren nach dem Betrugsvorfall als noch nicht zur Geltenmachung des Betruges abgelaufen angesehen wurde.

[264] In Re Tear-Off Bottle Seal Co., 224 F., 492 (494).

[265] Vgl. Crowell v. Baker Oil Tools, 99 F.2d., 574 (577 f.); Lathrop v. Rice Adams Corporation, 17 F.Supp., 622 (627).

[266] Pratt v. Paris Gaslight & Coke Co., 168 U.S. 255, 42 L.ed., 458 (459).

[267] Miller v. O. B. McClintock Co., 49 USPQ, 458 ff. (462); vgl. auch Ellis, Licenses, S. 330.

Weiterhin endet der Vertrag durch Tod des Patentinhabers oder Erlöschen des Unternehmens ("legal death of corporation")[268].

b) Voraussetzung der Beendigung und Rechtsfolgen

Allgemein ist erforderlich, daß der Lizenzvertrag gekündigt wird. Dies gilt nicht nur dann, wenn dies im Vertrag vorgesehen ist, sondern auch ausdrücklich, wenn darüber keine Vereinbarung getroffen wurde[269]. Die Kündigung muß bestimmt und eindeutig zum Ausdruck kommen und grundsätzlich sofort dann erfolgen, wenn die Tatsachen, die die Beendigung rechtfertigen, entdeckt wurden[270].

Der Rücktritt ("rescission") hat zur Folge, daß der Vertrag mit Rückwirkung auf den Zeitpunkt seines Abschlusses beseitigt wird. Es handelt sich also wie in Deutschland nicht um eine ex-tunc-Nichtigkeit, sondern die Verpflichtungen werden rückgängig gemacht. Die Vertragsparteien sollen so gestellt werden, als wäre der Vertrag niemals vollzogen worden:

> "The effect of a rescission of an agreement is to put the parties back in the same position they were in prior to the making of the contract."[271]

Folge davon ist, daß der Lizenznehmer keine Lizenzgebühren mehr zu zahlen braucht. Zu beachten ist aber, daß er bei Weiterbenutzung des Patents zum Verletzer wird[272].

Von dem Rücktritt abzugrenzen ist die "termination" oder "cancellation", die wie die Kündigung im deutsche Recht eine Wirkung ex nunc haben. Folge ist, daß der Lizenznehmer für die Zukunft keine Lizenzgebühren mehr zu zahlen braucht. Macht er dennoch von dem Patent Gebrauch, kann der Patentinhaber ihn auf Schadensersatz wegen Patentverletzung verklagen[273]. In einigen Verträgen ist es problematisch festzustellen, ob ein Rücktritt oder eine Kündigung gemeint ist, auch wenn dies klar bezeichnet wird[274]. Der diesbezügliche Wille der Vertragsparteien ist durch Auslegung zu ermitteln.[275]

---

268 Keystone Type Foundry v. Fastpress Co., 272 F., 242 (246).

269 Ellis, Licenses, S. 342.

270 Pope Manuf g Co v. Owsley, 27 F., 100 (106); Lichter v. Gross, 232 F.2d, 715 (720).

271 Invengineering, Inc. v. Foregger Co., Inc., 130 USPQ, 124 (126); 69 C.J.S., § 254, S. 784.

272 Vgl. 69 C.J.C., § 254, S. 784.

273 Ellis, Licenses, S. 124.

274 Invengineering, Inc. v. Foregger Co., Inc., 130 USPQ, 124 (126) (Klausel in einem Lizenzvertrag sah ausdrücklich ein Kündigungsrecht, "licensor may terminate" vor. Vertrag wurde aber vom Gericht so ausgelegt, daß ein Rücktrittsrecht, "right to rescind" anstelle eines Kündigungsrecht gemeint war); American Delinting Co. v. Pomeraning, 274 F., 212 ff. (213).

275 Vgl. im allgemeinen zum Recht zur Beendigung und zum Rücktritt wegen Vertragsverletzung 3. Teil, B. II. 1. a).

4. Änderung oder Ergänzung des Vertrages ("Reformation of license contracts")

In den USA besteht die Besonderheit, daß der Richter einen schriftlichen Vertrag ändern oder ergänzen kann. Die allgemeinen Vertragsgrundsätze für die "reformation" gelten auch für den Lizenzvertrag[276].

Der Vertrag kann dann geändert oder ergänzt werden, wenn ein Irrtum bei beiden Vertragsparteien vorliegt oder sich eine Vertragspartei geirrt hat und bei der anderen Vertragspartei der Tatbestand des Betrugs ("fraud"), der Täuschung ("deceit") oder des ungerechten Verhaltens ("inequitable conduct") vorliegt[277]. Der Beweis dafür muß klar und überzeugend sein[278].

Die Möglichkeit des US-amerikanischen Richters, Rechtsverhältnisse nicht für nichtig zu erklären, sondern sie nach Sachlage und nach den Bedürfnissen der Vertragsparteien neu zu gestalten, ist praktisch sehr sinnvoll. Dieser Vorteil ist gerade für das Lizenzvertragsrecht herauszustreichen. Die Vertragsparteien sind, insbesondere im Hinblick auf ihre getätigten Investitionen, daran interessiert, am Vertrag festzuhalten. Es entspricht ihrem Willen, den Vertrag anzupassen. In Deutschland kann die Vertragsanpassung durch Aufnahme einer entsprechenden Klausel erreicht werden.

5. Unwirksamkeit und Nichtigkeit von Lizenzverträgen

In den USA sind Verträge meist nicht von sich aus nichtig, sondern nur "voidable" (vernichtbar), z.B. bei Vorliegen einer arglistigen Täuschung[279]. Es bedarf also noch einer weiteren Handlung bevor der Vertrag nichtig ist[280].

Lizenzverträge können aber ungültig und undurchsetzbar sein, wenn sie gegen das "Statute of Frauds"[281], die gesetzlichen Betrugsvorschriften des einzelstaatlichen Rechts, verstoßen, in dem sie vereinbart worden sind.

Am häufigsten kommen diese Vorschriften bei mündlich abgeschlossenen Lizenzverträgen zur Anwendung, die nicht innerhalb eines Jahres ausgeführt worden sind[282]. Für die Wirksamkeit solcher Verträge genügt es auch nicht, daß der Vertrag teilweise erfüllt wurde[283]. Ein mündlich abgeschlossener Lizenzvertrag, der unter dem

---

276 Westinghouse Electric & Mfg. v. Tri-City Radio E. Supply Co., 23 F.2d., 628 (632).
277 Vgl. Westinghouse Electric & Mfg. v. Tri-City Radio E. Supply Co., 23 F.2d., 628 (632).
278 Lipscomb, § 20:42.
279 Vgl. 1. Teil, D. II. 3. a) cc).
280 Vgl. auch zur Kritik an der Möglichkeit Verträge für nichtig zu erachten, Van Gerven, Festschrift für Rheinstein, 405 ff.
281 Vgl. allgemein zum Statute of Frauds, Farnsworth, Vol. 2, § 6.1.
282 Schick Service, Inc. et al. v. Jones, 173 F2d., 969 ff. (977).
283 Radio Corporation v. Cable Radio Tube Corporation, 66 F.2d., 778 (785).

"Statue of Frauds" eines Einzelstaates als unzulässig erklärt wurde, wurde als nicht durchsetzbar erachtet, obwohl gleichzeitig ein schriftlicher Vertrag vorlag[284].

---

[284] Radio Corporation v. Cable Radio Tube Corporation, 66 F2d., 778 (785).

5. KAPITEL

E. Pflichten des Lizenznehmers

I. DEUTSCHLAND

Die Pflichten des Lizenznehmers lassen sich allgemein in Pflichten, die sich aus der Natur des Lizenzvertrages ergeben und Pflichten, die vertraglich vereinbart werden, unterteilen.

Daneben können die Hauptpflichten des Lizenznehmers von seinen Nebenpflichten unterschieden werden[1]. Die Frage, ob es sich um eine Hauptpflicht oder Nebenpflicht handelt, richtet sich primär nach dem Parteiwillen[2], im übrigen nach den Umständen des Einzelfalls[3]. Eine Hauptpflicht liegt vor, wenn die Leistung eine so wesentliche Bedeutung hat, daß der Gläubiger sie unter allen Umständen erhalten soll[4]. Neben den grundsätzlichen Nebenpflichten, die sich aus dem Lizenzvertrag ergeben, können sich im konkreten Fall i.S.d. § 242 BGB stillschweigend besondere Nebenpflichten zu Leistungen und Unterlassungen ergeben, z.B. daß jeder Vertragsteil den Interessen des anderen Rechnung zu tragen und jede Benachteiligung des anderen zu vermeiden hat. In der Regel dienen die Nebenpflichten der Erfüllung der Hauptpflicht[5].

Während der Vertragszeit kann eine Hauptpflicht zu einer Nebenpflicht werden, wenn sich die Sachlage ändert[6].

Weiterhin richten sich die Pflichten danach, ob es sich um eine einfache oder ausschließliche Lizenz handelt.

Sowohl die Hauptpflicht des Lizenznehmers als auch die Nebenpflichten müssen auf ihre kartellrechtliche Zulässigkeit überprüft werden.

Bezüglich der Pflichten des Lizenznehmers und auch seiner Haftung ist zu berücksichtigen, daß der Lizenzvertrag ein Dauerschuldverhältnis ist[7], welches,

---

1 Die Unterteilung ist z.B. bedeutsam für die Anwendung der §§ 320 ff. BGB (und auch für den Vorwurf des sittenwidrigen Verhaltens nach § 1 UWG, vgl. BGH GRUR 1960, 558 (560) - "Eintritt in Kundenbestellung").

2 RG v. 9.9.1937 GRUR 1937, 1003 (1006); BGH GRUR 1960, 558 (560) - "Eintritt in Kundenbestellung"; Benkard-Ullmann, § 15 Rn. 96.

3 Vgl. BGH GRUR 1961, 466 (469) - "Gewinderollkopf"; RG v. 9.9.1937 GRUR 1937, 1003 (1006); Lüdecke/Fischer, S. 51.

4 RG v. 9.9.1937 GRUR 1937, 1003 (1006).

5 BGH GRUR 1955, 468 (472) - "Schwermetall-Kokillenguß"; Lüdecke/Fischer, S. 52.

6 Vgl. RG v. 9.9.1937, 1003 (1006); Benkard, § 15 Rn. 96.

7 Vgl. 1. Teil, B. I. 2. a).

insbesondere wenn die persönliche Zusammenarbeit der Vertragsparteien noch durch bestimmte Klauseln, z.B. die Verbesserungsklausel, ausgeprägt ist, besondere Rechte und Pflichten der Vertragsparteien und gegenseitiges Vertrauen begründet.

1. Pflichten, die sich aus der Natur des Lizenzverhältnisses ergeben

Aufgrund der in Deutschland herrschenden Auffassung vom positiven Inhalt der Lizenz[8] ergeben sich aus der Natur des Lizenzvertrages eine Vielzahl von Pflichten für den Lizenznehmer, die im folgenden dargestellt werden.

Die anerkannten Pflichten bilden die Grundlage für die Haftung des Lizenznehmers.

a) Hauptpflicht des einfachen Lizenznehmers - Pflicht zur Zahlung der Lizenzgebühr

Grundsätzlich ist einzige Hauptpflicht des Lizenznehmers die Zahlung einer Lizenzgebühr[9]. Dies ergibt sich schon aus der Anwendung der Pachtvertragsvorschriften, § 581 I BGB, auf den Lizenzvertrag[10]. Der Ansicht der Literatur, daß auch die Rechnungslegungspflicht eine Hauptpflicht sei[11], kann nicht gefolgt werden. Zwar ist die Rechnungslegungspflicht als Grundlage der Berechnung der Lizenzgebühr sehr bedeutsam. Es kann aber gerade aus dem Zweck der Rechnungslegung, der Ermöglichung und Vorbereitung der Zahlung entnommen werden, daß die Rechnungslegungspflicht nur eine Hilfspflicht und damit eine Nebenpflicht ist[12].

Da die charakteristische Leistung im Rahmen eines Lizenzvertrages diejenige des Lizenzgebers ist, der im deutschen Recht verpflichtet ist, dem Lizenznehmer die Benutzung der Erfindung zu ermöglichen, stellt die Lizenzzahlungspflicht des Lizenznehmers eine atypische Gegenleistung dar[13]. Die Gegenleistung gilt regelmäßig analog §§ 612 I, 653 I BGB als stillschweigend vereinbart[14]. Handelt es sich aber um

---

8 Vgl. 1. Teil, A. I. 2.

9 Kisch, S. 218, Lüdecke/Fischer, S. 512; Benkard-Ullmann, § 15 Rn. 71; Kraßer/Schmid, GRUR Int. 1982, 324 (332); RG v. 9.9.1937, 1003 (1007); vgl. zu einer Lizenzgebührenklausel 1. Teil, E. I. 2. k).

10 Die Pachtvertragsvorschriften werden auf den einfachen Lizenzvertrag direkt, auf den ausschließlichen Lizenzvertrag analog angewandt, vgl. 1. Teil, B. I. 2. g).

11 Lüdecke/Fischer, S. 554; Stumpf/Groß, Rn. 139.

12 Vgl. dazu näher bei der Rechnungslegungspflicht, 1. Teil, E. I. 1. b) aa) (b).

13 Schulz, S. 41.

14 Kraßer/Schmid, GRUR Int. 1982, 324 (332).

eine unentgeltliche Lizenz (Gratislizenz, Freilizenz), ist eine Gegenleistung nicht geschuldet[15].

Die der positiven Erteilung des Benutzungsrechts gegenüberstehende Gegenleistung besteht in der Regel in der Zahlung eines Entgelts, der Lizenzgebühr. Die Leistung ist aber nicht notwendig eine Geldleistung. Es können auch nichtmonetäre Gegenleistungen vereinbart werden[16]. Z.B. kann die Gegenleistung in der Übertragung von Erfahrungen und Verbesserungen[17] oder in einem Verzicht auf Erhebung einer Nichtigkeitsklage bestehen[18]. Insbesondere Verbesserungsklauseln[19], in denen sich Lizenzgeber und Lizenznehmer gegenseitig verpflichten, kostenlos oder gegen eine Lizenzgebühr Verbesserungen zu lizenzieren, kommen in Lizenzverträgen häufig vor. Im Pharmabereich wird als Gegenleistung teilweise vereinbart, daß der Lizenznehmer sich an den oft sehr hohen Zulassungsgebühren für das Arzneimittel beteiligt. Die Vereinbarung einer nicht in Geld bestehenden Gegenleistung hat den Vorteil, daß diese nicht versteuert zu werden braucht und auch die Buchführung erleichtert wird.

Eine Lizenzgebühr ist für die Zeit, in der die zugesagte Benutzung der Erfindung nicht gewährt wird, nicht zu zahlen[20].

Die Höhe und Art der Lizenzgebühr sind der freien Vereinbarung der Vertragsparteien überlassen. Schwierigkeiten treten dann auf, wenn es an einer vertraglichen Vereinbarung fehlt[21].

Die Bewertungsfaktoren, die bei einer vertraglichen Vereinbarung über die Lizenzgebühr in Betracht gezogen werden, sind zahlreich[22]. Der Umfang des Benutzungsrechts, d.h. die Monopolstellung, die der Lizenznehmer erlangt, ist dabei von besonderer Bedeutung. Es wird auch versucht, die Kosten für den Forschungsaufwand des Lizenzgebers in die Lizenzgebühr einzubeziehen, obwohl es in der Praxis offensichtlich ist, daß eine Amortisierung der Forschungskosten nicht erreicht werden kann[23].

Es ist sehr schwierig, den Wert einer Lizenz zu bestimmen. Der Wert einer Lizenz ist zwar abhängig von den Verhältnissen des Einzelfalls, wobei insbesondere die subjektiven

---

15 Gratislizenzen haben häufig ihren Gegenwert in anderen Abreden, z.B. in der Zurücknahme einer Nichtigkeitsklage oder im Fall gegenseitiger Gewährung von Gratislizenzen.

16 Schulz, S. 43; Benkard-Ullmann, § 15 Rn. 71.

17 BGH GRUR 1955, 468 ff. -"Schwermetall-Kokillenguß" (s.o.).

18 So schon Kisch, S. 218.

19 Siehe zu einer Verbesserungsklausel 1. Teil, E. I. 2. o).

20 RG v. 1.3.1911 RGZ 75, 400 (402); Stumpf/Groß, Rn. 310.

21 Vgl. zu der Problematik der Bestimmung der Höhe der Lizenzgebühr mangels Vereinbarung 1. Teil, E. I. 1. a) bb).

22 Vgl. dazu die Aufstellung bei Stumpf/Groß, Rn. 99.

23 Vgl. auch Vorwerk, GRUR 1976, 64 (70) bezüglich der gerichtlichen Festsetzung der Lizenzhöhe bei der Zwangslizenz; Schulz, S. 77; Vollrath, GRUR 1983, S. 52 ff.

Zukunftserwartungen von Lizenzgeber und Lizenznehmer eine Rolle spielen, dennoch bestimmt sich der Wert von mittels Lizenzverträgen verwerteten Patenten letztlich durch die gleichen Wertbildungselemente wie der Wert anderer Güter oder Leistungen: Kosten-Nutzen-Analyse[24].

Der Lizenznehmer sollte sich bei den Verhandlungen über die Lizenzgebührenvereinbarung darüber bewußt sein, daß er das wirtschaftliche Risiko der Verwertung trägt[25]. Nicht nur die Kosten der Entwicklung bis zur serienreifen Produktion, sondern auch die Kosten für die Einrichtung der Fertigungsanlagen mit sachlichen und personellen Aufwendungen und die Werbungskosten muß der Lizenzgegenstand dem Lizenznehmer wieder einbringen, bevor der Gegenstand wettbewerbsunfähig wird[26]. Die Lizenznahme bedeutet für den Lizenznehmer eine Investition, die in vielen Fällen sehr erheblich ist. Um festzustellen, welchen Wert die betreffende Technologie für den Lizenznehmer hat, ist es für ihn notwendig zu ermitteln, ob der mit der Lizenznahme verbundene Kapitaleinsatz durch die erwartete Nutzleistung gerechtfertigt wird[27].

Die Parteien unterliegen in der Festsetzung der Lizenzgebühren keinen kartellrechtlichen Beschränkungen[28]. Unzulässig ist jedoch eine Verpflichtung des Lizenznehmers auch seine Abnehmer in der Preisgestaltung zu binden[29].

Im Rahmen der Lizenzgebührenzahlungspflicht ist bedeutsam, auf was sich die Lizenzgebühr bezieht, also welche Lizenzgebührenart vereinbart wird, wie hoch sie sein soll, und für welche Benutzungshandlungen (lizenzpflichtige Handlungen) sie zu zahlen ist. Außerdem ist es entscheidend, wie sich die Nichtigkeit des Patents auf die Lizenzgebührenpflicht des Lizenznehmers auswirkt.

aa) Lizenzgebührenart

Bevor die Höhe der Lizenz festgelegt wird, ist die Bezugsgröße und damit die Lizenzgebührenart zu bestimmen. Die Lizenzgebühr kann bestehen:

1. in einer einmaligen Abfindung (Pauschallizenz[30])

---

24 Schulz, S. 73 ff.

25 BGH GRUR 1978, 166 ff. (166) - "Banddüngerstreuer"; BGHZ 83, NJW 1982, 2861 (2862); Ehlers, Anmerkung zu BGH GRUR 1965, 160 (163) - "Abbauhammer"; Benkard-Ullmann, § 15 Rn. 81; Paul, NJW 1963, 2249 (2252).

26 Paul, NJW 1963, 2250 (2252).

27 Vgl. ausführlich zu einer solchen Wirtschaftlichkeitsberechnung, Schulz, S. 196.

28 BGHZ 17, 41 (55) - "Kokillenguß". Siehe auch BGH GRUR 1969, 677 (679) - "Rüben-Verladeeinrichtung", Benkard-Ullmann, § 15, Rn. 157.

29 Dies gilt auch für eine Preisbindung des Lizenzgebers. BGHZ 60, 312 (318 f.) - "Bremsrolle"; BGH GRUR 1973, 331 (333) - "Nahtverlegung".

2. in einer festgesetzten jährlichen Zahlung, die gestaffelt sein kann (Pauschallizenz, Festlizenz)

3. in einer fortlaufenden Zahlung für eine bestimmte Produktionszahl (Stücklizenz)[31]

4. in einer einmaligen Zahlung und einer Stücklizenz

5. in einer Quote vom Umsatz (Umsatzlizenz)

6. in einer Quote vom Geschäftsgewinn (Gewinnlizenz)

Daneben sind weitere Kombinationen von Bezugsgrößen möglich und üblich, z.B. eine laufende Lizenzgebühr in Form einer Umsatzlizenz neben einer Pauschallizenz. Teilweise wird der Lizenznehmer zusätzlich auch zur Zahlung einer Einstandsgebühr, einer einmaligen Zahlung zu Beginn des Vertrages, verpflichtet.

Bei Verfahrenspatenten werden in der Regel die Lizenzgebühren nach dem Wert des durch das geschützte Verfahren gewonnenen Erzeugnisses bemessen. Von dieser Berechnungsart kann aber im Einzelfall abgewichen werden[32].

Die Wahl der Lizenzgebührenart ist primär abhängig von der Lage und Marktposition der Lizenzvertragsparteien. Benötigt der Lizenzgeber z.B. betriebswirtschaftlich noch in diesem Jahr eine Einnahme, so versucht er, eine Pauschallizenzgebühr zu vereinbaren. Dies ebenso dann, wenn der Lizenzgeber bezweckt, den Lizenznehmer kurzfristig an seinen Entwicklungskosten und den Schutzrechtsaufwendungen zu beteiligen[33]. Ist der Lizenzgeber jedoch von dem Erfolg der Patentverwertung überzeugt und will er langfristig an dem Erfolg teilhaben, so versucht er, sich eine laufende Lizenzgebühr auszubedingen. Handelt es sich um ein kleineres Unternehmen, wird dem Lizenznehmer meist keine Pauschallizenzgebühr auferlegt, damit er nicht schon vor der Verwertung mit einer Lizenzgebühr belastet wird.

Die Vereinbarung einer bestimmten Gebührenart ist auch abhängig von dem Gegenstand des Lizenzvertrages. In der Regel wird bei reinen Patentlizenzverträgen eine laufende Lizenzgebühr vereinbart, während bei gemischten Lizenzverträgen, deren

[30] Die Pauschallizenz wird auch häufig "Grundlizenzgebühr", "Eintrittsgebühr" "Einstandszahlung", "lump sum", "Festlizenzgebühr", "Vorwegvergütung", "à-fond-perdu-Zahlung", "down payment", "Abschlußgebühr", "Abschlagszahlung" genannt. An der Bezeichnung "à-fond-perdu-Zahlung" wurde Kritik geübt, LG München, GRUR 1956, 413 ff.

[31] Die Lizenzgebühr, die proportional zur Verwertung steht, ist die eigentliche "royalty". Für den Lizenzgeber ist es hier von Bedeutung, daß er sich einen leistungsstarken Vertragspartner sucht, der in der Lage ist, die Erfindung erfolgreich auszuwerten, siehe dazu auch 1. Teil E. I. 2. a).

[32] BGH GRUR 1967, 655 ff. (656) - "Altix".

[33] Vollrath, GRUR 1983, 53 ff. (53); Henn, S. 141.

Vertragsgegenstand zum größten Teil aus Know-how besteht, eher dem Lizenznehmer eine pauschale Lizenzgebühr auferlegt wird. Grund ist, daß das Know-how pauschal abgegolten wird.

Die Vereinbarung einer laufenden Lizenzgebühr hat den Vorteil, daß der Lizenzgeber sichergehen kann, daß er eine dem wirtschaftlichen Erfolg der Erfindung entsprechende Einnahme erzielt. Auch der Lizenznehmer geht damit nicht das Risiko ein, daß er zur Zahlung einer Lizenzgebühr verpflichtet wird, die den kommerziellen Erfolg des Patents übersteigt.

(a) Pauschallizenzgebühr

Die Pauschallizenzgebühr kennzeichnet sich dadurch, daß sie gesondert, pauschal, vorab zu zahlen, auf die Vertragsdauer bezogen[34], und in der Regel unabhängig von der späteren Entwicklung der Vertragsbeziehungen ist, d.h. nicht zurückgezahlt zu werden braucht[35]. Der Lizenzgeber erhält damit mit Sicherheit einen bestimmten Betrag[36].

Da der Lizenzgeber mit der Vereinbarung einer Pauschallizenzgebühr bezweckt, den Lizenznehmer kurzfristig an seinen Entwicklungskosten und den Schutzrechtsaufwendungen zu beteiligen[37], sind für bestimmte Fallgestaltungen in bestimmten Branchen, in denen erhebliche Entwicklungskosten anfallen, wie z.B. der pharmazeutischen Industrie[38], Pauschallizenzgebühren üblich[39]. Dies darf jedoch nicht darüber hinwegtäuschen, daß der Lizenzgeber durch die Pauschallizenzgebühr lediglich einen geringen Bruchteil seiner Entwicklungskosten amortisieren kann. Die Pauschallizenzgebühr stellt daher eher eine symbolische Zahlung dar, die die Ernsthaftigkeit des Lizenznehmers, das Patent auch wirklich zu benutzen oder seinen anderen Pflichten nachzukommen, zum Ausdruck bringt. Die Bezeichnung als

34 LG München, GRUR 1956, 413 ff. (414).

35 Vollrath, GRUR 1983, 53 ff. (53); siehe zu der Problematik der Auswirkung der Nichtigkeit des Patents auf die Lizenzzahlungspflicht 1. Teil, E. I. 1. a) ff).

36 In der Praxis wird an der Pauschalgebühr Kritik in der Weise geübt, daß mit einer solchen vorab gezahlten Gebühr entweder der Lizenznehmer oder Lizenzgeber betrogen wird, da sie erfolgsunabhängig ist. Erst später stellt sich heraus, ob die Pauschale angemessen war. Aus diesem Grund ist die laufende Lizenzgebühr fairer.

37 Siehe Vollrath, GRUR 1983, 53 ff. (53); Henn, S. 141.

38 In den 70 er Jahren betrug der Forschungs- und Entwicklungsaufwand pro Arzneimittel zwischen 85-100 Mio. DM, bei einem Entwicklungszeitraum von 8-10 Jahren, vgl. Mitt. GRUR 1979, S. 766. Nach Auskunft eines großen pharmazeutischen Unternehmen dauert heute die Entwicklung eines neuen Arzneimittels von der Suche nach dem Wirkstoff bis zur Markteinführung des Medikaments etwa zwölf Jahre und kostet rund 250 Millionen DM, nach Angaben des Vorstandsvorsitzenden der Schering AG sogar zwischen 400 und 500 Millionen DM, Vita, Pharmamarkt weltweit im Wandel, DeuBa Nr. 12/95 und 1/96, S. 1. Auch in der Automobilindustrie gibt es teilweise extrem hohe Entwicklungskosten, z.B. für ein hochentwickeltes Produkt Gesamtkosten von 600 Mio. DM für eine Zeitdauer von zehn Jahren.

39 Vollrath, GRUR 1983, 53 ff. (54).

"Eintrittsgebühr" kommt daher der Praxis am nächsten. Motiv für die Vereinbarung einer Pauschallizenzgebühr kann auch sein, daß dem Lizenznehmer, abgesehen von der Nutzungslizenz, Erfahrungen übermittelt werden, die einen gewissen eigenen Wert haben, oder daß sie eine Entschädigung für die Bindung des Lizenzgebers bis zur Zahlung von Gebühren aufgrund der Entwicklung darstellen[40]. Psychologisch hat die Vereinbarung einer Pauschallizenzgebühr den Effekt, daß der Lizenznehmer dazu angehalten wird, sich den Abschluß des Vertrages genau zu überlegen.

(b) Stücklizenzgebühr

Bei einer Stücklizenz kann vereinbart werden, daß der Lizenznehmer entweder für jedes Produkt, das er aufgrund des Lizenzvertrages hergestellt hat oder das er vertrieben hat, einen festen Betrag zahlt. An vorteilhaften Preissteigerungen nimmt der Lizenzgeber dann nicht teil[41]. Eine Stücklizenz kann bei einer Verfahrenslizenz auf jeden mit dem Verfahren hergestellten Gegenstand berechnet werden[42]. Neben einer Stücklizenz wird in vielen Fällen eine einmalige Zahlung vereinbart.

(c) Umsatzlizenzgebühr

Die häufigste Berechnungsart ist die Koppelung der Lizenzgebühr an den Umsatz. Dadurch nimmt der Lizenzgeber einer erfolgversprechenden Entwicklung am späteren Erfolg der Verwertung teil. Es empfiehlt sich genau festzulegen, was unter "Umsatz" zu verstehen ist. Auch muß bestimmt werden, ob sich der Umsatz aus dem Einzelhandelspreis, dem Listenpreis, Nettoverkaufspreis oder einem anderem Preis zusammensetzen soll und die Nebenkosten einbezogen sind[43]. Soll die Berechnung nach dem Nettoverkaufspreis erfolgen, wie dies in einer Vielzahl von Lizenzverträgen vereinbart wird, so ist es empfehlenswert, eine Definition des Nettoverkaufspreises in den Vertragstext aufzunehmen.

Problematisch ist es, wenn die Berechnung der Lizenzgebühr nach dem Nettoverkaufspreis einer Vorrichtung erfolgt, die sich aus patentrechtlich geschützten und ungeschützten Teilen zusammensetzt. Es stellt sich die Frage, ob eine Lizenzgebühr auch für die nichtgeschützten neutralen Teile gefordert werden kann[44].

---

40 Anmerkung von Heine, 29 zu BGB GRUR 1961, 27 ff. - "Holzbauträger".
41 Stumpf/Groß, Rn. 111.
42 Dies ist bei 65% der Lizenzverträge der Fall, Stumpf/Groß, S. 93.
43 Stumpf/Groß, Rn. 104.
44 BKartA GRUR 1981, 919 (921) - "Rigg für ein Segelbrett"; vgl. im einzelnen 1. Teil, E. I. 1. a) cc).

Oftmals wird in Lizenzverträgen die Gebühr gestaffelt, es wird ein Absinken der Lizenzsätze bei steigenden Umsätzen vereinbart[45]. Die Umsatzlizenzgebühr kann auch durch eine Mindestumsatzlizenzgebühr abgesichert werden[46].

(d) Gewinnlizenzgebühr

Eine Gewinnlizenz[47] wird eher selten vereinbart[48], da Streitigkeiten über die Gewinnermittlungsmethode auftreten können.

Bei der Vereinbarung einer laufenden Lizenzgebühr, im Gegensatz zur Lizenz gegen Festpreis, bringt der Lizenzgeber seinem Vertragspartner ein besonderes Vertrauen entgegen. Sein Interesse an einer möglichst effektiven Auswertung des Patents ist abhängig von der Einsatzfähigkeit und -bereitschaft und bezüglich der Berechnung von dessen Zuverlässigkeit[49].

bb) Höhe der Lizenzgebühr

Nach dem Grundsatz der Vertragsfreiheit[50] steht es den Parteien frei, in welcher Höhe sie die Lizenzgebühr festsetzen wollen. Eine Grenze bildet § 138 BGB, nach der das Rechtsgeschäft nicht sittenwidrig, also insbesondere kein Wuchergeschäft vorliegen darf[51].

Die Gebühren müssen in einem vernünftigen Verhältnis zum Entwicklungsstand, also zum Wert der eingesparten Entwicklungskosten und des verminderten Risikos, stehen. Sie sollen bezüglich des eingeräumten Schutzumfangs des Patents, dem rechtlichen, sachlichen und territorialen Umfang des Lizenzrechts und die durch die Lizenzeinräumung verschaffte Position und den Wettbewerbsvorsprung angemessen sein. Da z.B. der rechtliche Umfang der ausschließlichen Lizenz im Vergleich zur einfachen Lizenz größer ist, schlägt sich dies in der Lizenzgebührenhöhe, meist durch einen

---

45 Vgl. BGH GRUR 1967, 655 (660) - "Altix"; siehe auch die Vergütungsrichtlinie Nr. 11 für Arbeitnehmererfindungen im privaten Dienst von 1959, die lediglich eine Empfehlung der Staffelung besonders hoher Umsätze für Arbeitnehmererfindungen darstellt und die Kritik an dieser Richtlinie von Hellebrand, Wann ist bei der Ermittlung des Erfindungswerts nach der Lizenzanalogie zur Berechnung der Arbeitnehmererfindungsvergütung eine Abstaffelung bei hohen Umsätzen zulässig und geboten?, GRUR 1993, 449 ff.

46 Siehe zur Mindestlizenzgebühr 1. Teil, E. I. 1. a) bb) (a).

47 Vgl. zur Berechnung des Gewinns bei einem Lizenzvertrag, in dem eine Beteiligung des Erfinders am Reingewinn vorgesehen ist, BGH GRUR 1959, 125 ff. - "Pansana".

48 BGH GRUR 1959, 125 (128) - "Pansana".

49 BGH GRUR 1987, 37 (38) - "Videolizenzvertrag".

50 Vgl. 1. Teil, D. I. 1. a).

51 Siehe zur Nichtigkeit des Lizenzvertrages gem. § 138, 1. Teil, D. I. 4. a).

höheren Prozentsatz vom Umsatz, nieder[52]. Zu beachten ist, daß die Höhe der Lizenzgebühr nicht die Wirtschaftlichkeit des Lizenznehmers gefährden darf. Sie darf den Lizenznehmer nicht übermäßig belasten. Schließlich hat der Lizenzgeber auch ein Interesse daran, daß der Lizenznehmer in der Lage ist, die Produktion des patentierten Gegenstandes und den Verkauf der Lizenzprodukte zu fördern, da die Höhe der Einnahme der Lizenzgebühren von dem Erfolg des Lizenznehmers abhängig ist, es sei denn, es wird eine Pauschallizenzgebühr vereinbart. Der Lizenzgeber hat kein Interesse daran, daß der Lizenznehmer bankrott geht.

Die Höhe der Lizenzgebühr variiert nicht nur von Branche zu Branche, sondern kann sogar innerhalb einer Branche sehr unterschiedlich sein, so z.B. ist es möglich, daß Software bei einer Lebensdauer von einem Jahr zu einem Lizenzsatz von etwa 50% des Nettoverkaufspreises lizenziert wird. Es kann aber auch sein, daß aus Werbegründen oder wegen Softwarepiraterie nur sehr geringe Lizenzgebühren verlangt werden[53]. Weder für die Höhe des Lizenzsatzes für eine laufende Gebühr noch für die Höhe der Pauschallizenzgebühr gibt es feste Werte.

Fehlt es an einer Vereinbarung über die Höhe der Lizenzgebühr, so sei sie weder von einer der Vertragsparteien gem. §§ 316, 315 BGB noch nach den Grundsätzen über die Berechnung von Arbeitnehmererfindungen[54] zu bestimmen, sondern im Wege der ergänzenden Vertragsauslegung gem. § 157 BGB festzulegen[55]. Der Auffassung, daß dem Lizenzgeber ein Leistungsbestimmungsrecht gem. §§ 316, 315 BGB zusteht[56], kann nicht gefolgt werden. Zwar wäre der Lizenzgeber verpflichtet, die Höhe nach billigem Ermessen zu bestimmen und einer Billigkeitskontrolle der Gerichte zu unterwerfen[57], jedoch bringe sie dem Lizenzgeber einen unberechtigten Entscheidungsspielraum[58] und damit Vorteil, da er Berechnungsfaktoren seiner Bestimmung zugrunde legen kann, die für den Lizenznehmer undurchsichtig und schwer nachprüfbar sind. Zudem wird § 315 BGB primär im Arbeitsrecht zugunsten des Arbeitgebers angewandt[59]. Die Umstände im Lizenzvertragsrecht sind bezüglich der Berechnung der Gebühr im Vergleich zum Arbeitsrechts aber ganz andere. Weiterhin führt die ergänzenden Auslegung gem. § 157

---

[52] Vgl. im einzelnen zur Höhe der Lizenzsätze, Stumpf/Groß, Rn. 103 ff.; Groß, BB 1995, 886 ff.; vgl. zur Höhe der Pauschallizenzgebühr in einigen Entscheidungen, Vollrath, GRUR 1983, 53 ff.; in einer Entscheidung aus dem Jahr 1994, bei der es um eine Zwangslizenz ging, wurde der Lizenzsatz vom Verkaufspreis des Lizenznehmers für die Pharmazie mit 2-10% angegeben, BGH GRUR 1994, 98 (103) - "Zwangslizenz".

[53] Vgl. Stumpf/Groß, Rn. 103.

[54] Vgl. Nr. 1 ff. der Vergütungsrichtlinie von Arbeitnehmererfindungen für den privaten Dienst.

[55] BGH GRUR 1958, 564 (566) - "Baustützen"; BGH GRUR 1969, 677 (679) - "Rüben-Verladeeinrichtung" (s.o.).

[56] Kraßer/Schmid, GRUR Int. 1982, 324 (332); Benkard-Ullmann, § 15 Rn. 78.

[57] Palandt-Heinrichs, § 315 Rn. 2.

[58] Palandt-Heinrichs, § 315 Rn. 10.

[59] Vgl. die Einzelfallnachweise bei Palandt-Heinrichs, § 315 Rn. 8.

BGB unter Berücksichtigung des Sinnes und Zweckes des Parteiwillens, so wie er in den Vertragsbestimmungen zum Ausdruck gekommen ist, und Treu und Glauben mit Rücksicht auf die Verkehrssitte[60] zu einer für beide Seiten akzeptablen Bemessung der Lizenzgebührenhöhe, da alle Vertragsumstände[61] in die Berechnung miteinbezogen werden. Die Lizenzgebührenhöhe sollte dabei angemessen sein.

Nach der Rechtsprechung rechtfertigt sich eine hohe Lizenz, "wo ständig eine gute Rente erzielt wird"[62]. Die Lizenzgebühr sei naturgemäß auch dann höher, wenn das Patent eine Monopolstellung gewährt, also in Fällen, in denen der Industrie keine anderen patentfreien und doch gleichwertigen Lösungsmöglichkeiten offensteht[63]. Eine ausschließliche Lizenz rechtfertige regelmäßig eine höhere Lizenz als eine einfache Lizenz[64].

Bei der Bemessung der Höhe der Lizenzgebühr ist zu berücksichtigen, daß der Lizenznehmer auch eigene Patente benutzt. Die Lizenzgebühr ist dann niedriger als wenn keine werterhöhenden eigenen Patente verwendet werden[65]. Bei einem Rahmenlizenzvertrag, der mehrere Patente und auch möglicherweise Betriebsgeheimnisse zum Gegenstand hat, ist die Lizenzgebühr in gleicher Höhe immer dann zu zahlen, wenn der Lizenznehmer überhaupt von den Vertragsschutzrechten oder Betriebsgeheimnissen Gebrauch macht[66].

(a) Mindestlizenzgebühr

Im Falle der Umsatz- und Stücklizenz kann im Interesse des Lizenzgebers vereinbart werden, daß der Lizenznehmer unabhängig vom Absatz eine Lizenzgebühr dafür zahlt, daß er die Lizenz erteilt bekommt[67]. Der Lizenznehmer garantiert damit, einen bestimmten Mindestbetrag an Gebühren zu zahlen und übernimmt gleichzeitig die Gefahr, die in der Unsicherheit liegt, ob ein entsprechender Mindestumsatz erreicht wird[68].

Mindestlizenzgebühren können unterschiedlich ausgestaltet werden. Eine "echte" Mindestlizenzgebührenregelung liegt dann vor, wenn der Lizenznehmer auch dann eine Mindestlizenz zu zahlen hat ohne den erforderlichen Mindestumsatz bzw.

---

60 BGH GRUR 1969, 677 679) - "Rüben-Verladeeinrichtung" (s.o.); Palandt-Heinrichs, § 157 Rn. 1 ff.
61 BGH GRUR 1962, 401 (404) - "Kreuzbodenventilsäcke III".
62 RG v. 30.6.1937, 836 ff. (837).
63 RG v. 30.6.1937, 836 ff. (837); BGH GRUR 1962, 401 ff. (404) - "Kreuzbodenventilsäcke III".
64 Vollrath, GRUR 1983, 53 ff. (53).
65 Siehe RG v. 21.3.1934 RGZ 144, 187 (193).
66 Vgl. BGH GRUR 1955, 468 (473) - "Schwermetall-Kokillenguß" (s.o.).
67 Vgl zu einer solchen Klausel 1. Teil, E. I. 2. k).
68 Siehe Storch in Anm. zu BGH GRUR 1978, 166 (168) - "Banddüngerstreuer".

Mindeststückzahl erreicht zu haben. Bei Nichterreichen des Umsatzes steht dem Lizenzgeber ein klagbarer Anspruch auf die Mindestlizenzgebühr zu. Bei einer "unechten" Mindestlizenzgebührenregelung[69] ist der Lizenznehmer bei Nichterreichen des Mindestumsatzes dagegen nicht gleich verpflichtet, die Mindestlizenzgebühr zu zahlen, sondern der Lizenzgeber erhält ein Kündigungsrecht oder ein Konversionsrecht, die ausschließliche Lizenz in eine einfache umzuwandeln[70].

Häufig werden Mindestlizenzgebühren bei ausschließlichen Lizenzen vereinbart, um dem Lizenzgeber, der anderweitig keine Lizenzen mehr vergeben darf, eine Mindesteinnahme zu sichern[71]. Die Vereinbarung einer Mindestlizenz muß ausdrücklich erfolgen[72]. Es ist zu beachten, daß die Vereinbarung einer Mindestlizenz dazu führen kann, daß dem Lizenznehmer der Einwand des Wegfalls der Geschäftsgrundlage oder der Entwertung des Patents abgeschnitten ist[73]. Von der Mindestlizenz zu unterscheiden ist die Vertragsstrafe wegen unzulänglichen Ertrags durch den Lizenznehmer[74].

Die Mindestlizenzgebührenregelung ist kartellrechtlich zulässig, da es sich lediglich um eine Ausgestaltung der Gegenleistung für die Gewährung der Lizenz handelt[75].

(b) Höhe bei der Zwangslizenz

Wird eine Zwangslizenz i.S.d. § 24 PatG[76] erteilt, so ist die Höhe der Lizenz gem. § 287 ZPO unter Würdigung aller Umstände nach freier Überzeugung vom Gericht festzusetzen[77]. Nach der Rechtsprechung und Literatur hat sich die Bemessung der Gebühr in zwei Grenzen zu halten: Der Patentinhaber soll eine angemessene Entschädigung erhalten; dem Lizenznehmer soll die Aufrechterhaltung des Betriebes gestattet werden[78]. Im Zwangslizenzverfahren kann dem Patentinhaber sowohl eine einmalige[79] als auch eine laufende Gebühr[80] zugesprochen werden. Auch bei der

---

69 Vgl. z.B. die Vereinbarung in RG v. 4.1.1936 GRUR 1936, 432 ff. (432).

70 Körner, Ausübungspflichten, BB 1980, 1662 (1664).

71 Siehe Lüdecke/Fischer, S. 538; es kann aber auch vereinbart werden, daß sich die ausschließliche Lizenz in eine einfache verwandelt, wenn die zu zahlende Lizenzgebühr einen bestimmten Betrag nicht erreicht, Stumpf/Groß, Rn. 118.

72 Lüdecke/Fischer, S. 540.

73 Lüdecke/Fischer, S. 541; Stumpf/Groß, Rn. 119; vgl. zu dem Grundsatz des Wegfalls der Geschäftsgrundlage 1. Teil, E. I. 1. ff) (a) und 3. Teil, B. I. 4. b).

74 Kisch, S. 219; Lüdecke/Fischer, S. 538 f.

75 Körner, BB 1980, 1662 (1664) m.w.N.

76 Siehe zur Zwangslizenz 1. Teil, C. I. 4.

77 Der im Patentverletzungsverfahren geltende Grundsatz, siehe 3. Teil, A. I. 1. c), BGH GRUR 1980, 841 (844) - "Tolbutamid", gilt nach der Rechtsprechung auch für das Zwangslizenzverfahren, BGH GRUR 1994, 98 (103) - "Zwangslizenz".

78 BGH GRUR 1994, S. 98 ff. (103) - "Zwangslizenz"; Benkard-Rogge, § 24 Rn. 23.

79 RG v. 29.6.1943 RGZ 171, 227 (229).

80 RG v. 13.11.1941 GRUR 1943, 21 ff. (22); RG v. 14.2.1934 GRUR 1934, 435 (438); BGH GRUR 1994, 98 (103) - "Zwangslizenz".

Festsetzung der Höhe der Zwangslizenz geht es darum, den angemessenen Betrag zu ermitteln, wobei dieser ebenfalls nach der Lizenzanalogie zu berechnen ist[81]. Da die Zwangslizenz eine gewisse Ähnlichkeit mit dem Arbeitnehmererfindungsrecht aufweist[82], können die Richtlinien für die Vergütung von Arbeitnehmererfindungen für den privaten Dienst als Anhaltspunkte gelten.

(c) Höhe bei der Unterlizenz

Bei der Unterlizenz sind die Verhältnisse der Beteiligten auseinanderzuhalten. Zwischen Hauptlizenzgeber und Hauptlizenznehmer können Vereinbarungen bestehen, daß die Einräumung einer Unterlizenz die Zahlung eines zusätzlichen Pauschalbetrages voraussetzt[83]. Hat jedoch der Hauptlizenznehmer eine einmalige Gebühr für die Lizenz gezahlt, so braucht er für die Erteilung einer Unterlizenz grundsätzlich nichts mehr zu bezahlen[84].

Es stellt sich die Frage, wie hoch die Gebühr ist, die der Unterlizenznehmer dem Hauptlizenznehmer gegenüber zu zahlen hat, und ob er auch dem Hauptlizenzgeber gegenüber zur Zahlung verpflichtet ist. In der Regel sind vertragliche Gegenleistungen dem Vertragspartner gegenüber zu erfüllen. Da der Unterlizenzvertrag ein vom Hauptlizenzvertrag zu unterscheidender selbständiger Vertrag ist[85], hat der Unterlizenznehmer dem Hauptlizenznehmer gegenüber die Zahlung vorzunehmen[86]. Andere Vereinbarungen können selbstverständlich getroffen werden.

Auch wenn das Bestehen des Unterlizenzvertrages vom Hauptlizenzvertrag abhängig ist und der Hauptlizenznehmer dem Unterlizenznehmer grundsätzlich die gleichen Verpflichtungen im Vertrag aufzuerlegen hat[87], sind die Vertragsparteien des Unterlizenzvertrages nicht daran gebunden, die gleiche Lizenzgebührenhöhe in ihr Vertragsverhältnis zu übernehmen. Dies unterliegt vielmehr der freien Parteivereinbarung. Die Lizenzgebühr für die Unterlizenz wird im Interesse des Hauptlizenzgebers meist höher sein als für die Hauptlizenz.

---

[81] BGH GRUR 1994, 98 (103) - "Zwangslizenz"; vgl. zu der Berechnung nach der Lizenzanalogie 3. Teil, A. I. 1. c) aa) (b).

[82] Volmer/Gaul, S. 595.

[83] Stumpf/Groß, Rn. 235.

[84] Stumpf/Groß, Rn. 236. Der Hauptlizenznehmer ist aber ansonsten dem Hauptlizenzgeber für die Produktion des Unterlizenznehmers lizenzgebührenpflichtig, Lüdecke/Fischer, S. 518.

[85] Vgl. 1. Teil, C. I. 3.

[86] Dies ist auch bei der Untermiete gem. § 549 BGB, deren Vorschriften hier über § 581 II BGB anwendbar sind (siehe 1. Teil, B. I. 2. g)) der Fall.

[87] Stumpf/Groß, Rn. 239.

cc) Lizenzpflichtige Handlungen

Eine andere Frage ist, für welche Benutzungshandlung eine Lizenzgebühr zu zahlen ist. Fehlt es an einer vertraglichen Bestimmung darüber, so ist im Zweifel die Gegenleistung nur für solche Benutzungshandlungen i.S.d. § 9 PatG geschuldet, die ohne das Benutzungsrecht des Lizenznehmers eine Schutzrechtsverletzung darstellen würden[88]. Die Vertragsparteien können jedoch den lizenzpflichtigen Gegenstand auch im Vertrag festlegen.

Ist vereinbart, daß die Berechnung der Lizenzgebühr nach dem Nettoverkaufspreis einer Vorrichtung erfolgt, die sich aus patentrechtlich geschützten und ungeschützten Teilen zusammensetzt[89], stellt sich die Frage, ob eine Lizenzgebühr auch für die nichtgeschützten neutralen Teile gefordert werden kann. In einer Reichsgerichtsentscheidung wurde die Berechnung der Entschädigungslizenzgebühr auf die gesamte Anlage, hier eine Feldberegnungsanlage, die aus ein Feldleitung und davon abgehenden Zweigleitungen bestand, mit der Begründung bezogen, daß die Anlage üblicherweise als Ganzes geliefert wurde und die Benutzung der Lehre des Klagepatents den Wert der Gesamtanlage und nicht nur einzelne Teile von ihr erhöht[90]. In einer anderen Entscheidung[91] wird klargestellt, daß bei der Frage der Lizenzberechnung alle besonderen Umstände des Einzelfalls zu berücksichtigen sind: erfolgt die Lieferung der Maschine im allgemeinen zusammen mit der Vorrichtung, bilden Maschine und Vorrichtung eine wirtschaftliche Einheit, erhält die Maschine eine Wertsteigerung durch die Vorrichtung, ist Klagegegenstand nach der Patentschrift die gesamte Maschine und nicht nur die Vorrichtung, erhält die Gesamtanlage ihr kennzeichnendes Gepräge durch die Erfindung[92]. Das Bundeskartellamt[93] hat die Erstreckung der Lizenzgebühr auf ungeschützte Teile in einem Fall mit dem Argument abgelehnt, daß es nicht ausreiche, wenn das ungeschützte Teil "erfindungsfunktionell" an das geschützte angepaßt ist[94].

---

88 RG v. 19.7.1935 GRUR 1936, 121 (123); Kraßer/Schmid, GRUR Int. 1982, 324 (332); Lüdecke/Fischer, S. 515; Benkard-Ullmann, § 15 Rn. 73.

89 Vgl. z.B. BKartA GRUR 1981, 919 (921) - "Rigg für ein Segelbrett".

90 RG v. 12.9.1936 GRUR 1937, 531 (533 f.); vgl. auch RG v. 21.3.1934 RGZ 144, 187 (192).

91 BGH GRUR 1962, 401 (403) - "Kreuzbodenventilsäcke III"; ähnlich auch RG v. 17.11.1939 GRUR 1940, 146 (148).

92 Vgl. auch die Anmerkung zu dem Urteil von Heine, 405 f., der darauf aufmerksam macht, daß Grenzfälle durch eine relativ hohe prozentuale Lizenz auf den Teil oder durch eine niedrige Lizenz auf die Gesamtapparatur entschieden werden können.

93 Beschluß vom 30.9.1981 GRUR 1981, 919 (921) - "Rigg für ein Segelbrett".

94 Möglicherweise kann auch die Vergütungsrichtlinie Nr. 8 für Arbeitnehmererfindungen im privaten Dienst, nach der darauf abgestellt wird, ob üblicherweise der patentierte Teil allein oder nur in Verbindung mit der Gesamtvorrichtung bewertet wird, wobei dies davon abhängt, ob durch die Benutzung der Erfindung nur der Teil oder die Gesamtvorrichtung im Wert gestiegen ist, für die Ermittlung herangezogen werden.

Nach der EG-Kommission rechtfertigt sich die Berechnungsmethode auf der Grundlage des Preises eines Gesamtgeräts, in das die Erfindung eingefügt ist, dessen übrige Bestandteile aber nicht vom Schutzumfang des Patents umfaßt sind, wenn "die hergestellten oder verbrauchten Stückzahlen oder ihr Wert sich im einzelnen im Rahmen eines komplexen Produktionsprozesses nur schwer erfassen lassen, oder wenn für den einzelnen patentgeschützten Gegenstand keine Nachfrage besteht, an deren Befriedigung der Lizenznehmer durch eine solche Berechnungsmethode gehindert würde"[95]. Weiter wird ausgeführt, daß diese Gebührenberechnung auch nur dann eine Wettbewerbsbeschränkung darstelle, wenn die Gebühr höher als diejenige ist, die sich für die gesonderte Vergütung der Erfindungsbenutzung ergibt[96].

Bei einem sogenannten Rahmenlizenzvertrag, der mehrere Patente und möglicherweise auch Betriebsgeheimnisse zum Gegenstand hat, sei die Lizenzgebühr unabhängig davon zu zahlen, welche Vertragspatente und Betriebsgeheimnisse im einzelnen benutzt werden[97]. Es empfiehlt sich dennoch, diejenigen Teile oder Verfahren, die als lizenzpflichtig angesehen werden sollen, genau zu bezeichnen.

dd) Entstehen und Dauer der Lizenzgebühr - Gebührenpflicht nach Ablauf des Patents

Der Zeitpunkt der Entstehung des Anspruchs auf die Lizenzgebühr richtet sich nach der Lizenzgebührenart. Ist eine Umsatzlizenzgebühr vereinbart, kommt als Zeitpunkt des Zahlungsanspruchs der Abschluß des Vertrages mit dem Kunden, die Fertigstellung oder die Lieferung der Maschinen, die Rechnungsstellung an den Kunden oder der Eingang der Zahlung an den Kunden in Betracht[98]. Bei einer Stücklizenz wird der Zeitpunkt des Zahlungsanspruchs die Fertigstellung der Maschine sein[99]. Um Klarheit zu schaffen, sollten die Vertragsparteien den genauen Zeitpunkt im Vertrag festlegen.

Eine bedeutende Frage ist, wie lange der Lizenzgeber eine Lizenzgebühr verlangen kann. Es war lange Zeit umstritten, ob der Lizenznehmer verpflichtet werden kann, Lizenzgebühren auch nach Ablauf des Patents zu zahlen.

Entgegen der früheren Rechtsprechung[100] stellt es eine unzulässige Wettbewerbsbeschränkung dar[101] , wenn dem Lizenznehmer über die Laufzeit des

---

95 EuGH GRUR Int. 1986, 635 (639) - "Windsurfing-International".
96 EuGH GRUR Int. 1986, 635 (639) - "Windsurfing-International".
97 BGH GRUR 1955, 468 (473) - "Schwermetall-Kokillenguß" (s.o.).
98 Vgl. Stumpf/Groß, Rn. 110.
99 Stumpf/Groß, Rn. 112.
100 Vgl. z.B. RG v. 9.4.1943 GRUR 1945, 247 ff. (247).
101 Vgl. zu der Frage, ob die Lizenzgebührenpflicht überhaupt eine Beschränkung i.S.d. § 20 GWB ist und daher der wettbewerbsrechtlichen Zulässigkeit unterliegt, oder es dem Patentinhaber generell

Patents hinaus rechtliche Bindungen auferlegt werden, die ihn hinsichtlich der Benutzung des patentfrei gewordenen Gegenstandes schlechter stellen würden als andere Wettbewerber[102]. Damit stellt eine vereinbarte Lizenzgebührenpflicht nach Ablauf des Patents eine unzulässige Beschränkung des Wettbewerbs gem. § 20 I GWB dar[103]. Bezieht sich die Lizenz auf ein Patent, so endet es grundsätzlich mit diesem, sei es, daß das Patent nach seiner regelmäßigen Laufzeit oder vorzeitig, vor der im Lizenzvertrag festgesetzten Zeit, abläuft. Da die Benutzungshandlungen nun "frei" sind und dem Lizenznehmer keine Vorzugsstellung gegenüber Konkurrenten mehr gewährt wird, sind Lizenzgebühren nicht mehr zu zahlen[104].

Die grundsätzliche kartellrechtliche Unzulässigkeit der Einnahme von Lizenzgebühren nach Ablauf des Patents stammt aus dem US-Antitrustrecht der späten 40er und 50er Jahre, wobei es sich dort um eine Frage des Patentmißbrauchs handelte[105].

Nach europäischem Kartellrecht war bisher die automatische Verlängerung der Dauer der Lizenzvereinbarung über die Laufzeit der bei Abschluß der Vereinbarung bestehenden lizenzierten Patente hinaus durch Einbeziehung eines neuen Patents des Lizenzgebers grundsätzlich verboten, es sei denn, der Vertrag sah eine Kündigungsmöglichkeit vor[106]. Die seit dem 1.4.1996 geltende GFVO (Technologietransfervereinbarungen) beinhaltet eine solche Bestimmung nicht mehr. Dagegen wird es für zulässig erachtet, dem Lizenznehmer aufzuerlegen, die Zahlung der Gebühren infolge einer gewährten Zahlungserleichterung über die Geltungsdauer der einzelnen Patente hinaus festzusetzen, vgl. Art 2 I Nr. 7b der GFVO.

ee) Verjährung der Lizenzgebühr

Der Anspruch des Lizenzgebers auf Zahlung der Lizenzgebühr verjährt in vier Jahren, wenn eine regelmäßig wiederkehrende Abrechnungsperiode vereinbart wurde, denn in diesem Fall liegt eine wiederkehrende Leistung gem. § 197 BGB vor[107]. Die Verjährungsfrist beginnt gem. §§ 197, 198, 201 BGB mit dem Schluß des

---

freisteht, welche Vergütung er sich ausbedingt, BGH GRUR 1955, 468 (474) - "Schwermetall-Kokillenguß" (s.o.); Rosenberger, Inhalt des Schutzrechts, GRUR 1982, 600 (603); Fischer, Zahlungsverpflichtung, GRUR 1985, 638 ff. (639).

[102] BGH GRUR 1955, 468 (471 f.) - "Schwermetall-Kokillenguß" m.w.N. (s.o.)

[103] Vgl. auch Stumpf/Groß, Rn. 556.

[104] Siehe Lüdecke/Fischer, S. 590; etwas anderes ergibt sich jedoch dann, wenn neben einem Patent geheimes technisches Wissen Vertragsgegenstand ist, BGH GRUR 1955, 468 (472 f.) - "Schwermetall-Kokillenguß" (s.o.); BGH GRUR 1980, 750 ff. (751) - "Pankreaplex II".

[105] Fischer, Zahlungsverpflichtung, GRUR 1985, 638 (640); vgl. zum Patentmißbrauch im US-amerikanischen Recht 1.Teil, D. II. 1. a) aa) (d).

[106] EuGHE v. 12.5.1989 EuZW 1990, 131 f.; vgl. auch Art. 3 Nr. 2 GFVO (Patente) und Stumpf/Groß, Rn. 647.

[107] Lüdecke/Fischer, S. 554; Stumpf/Groß, Rn. 147 m.w.N.

Kalenderjahres, in dem der Anspruch entstanden ist. Die zweijährige Verjährungsfrist gem. § 196 I Nr. 1 BGB ist dagegen nicht auf den Lizenzvertrag anwendbar, da Lizenzverträge keine Geschäfte des täglichen Lebens i.S.d. § 196 BGB, sondern individuelle Geschäfte sind[108].

Wurde eine Pauschal- oder Stücklizenz vereinbart, so ist die Abrechnung nicht an bestimmte wiederkehrende Abrechnungszeiträume i.S.d. § 197 BGB gebunden mit dem Ergebnis, daß weder die vier- noch die zweijährige Verjährungsfrist für den Lizenzvertrag gilt. Der Lizenzvertrag verjährt dann gem. § 195 BGB in 30 Jahren[109].

ff) Auswirkung der Nichtigkeit des Patents auf Zahlung der Lizenzgebühr

In der deutschen Rechtsprechung und Literatur ist anerkannt, daß im Falle der nachträglichen Nichtigkeit des Patents infolge Nichtigkeitserklärung gem. §§ 21, 22 PatG gezahlte Lizenzgebühren nicht zurückzuzahlen sind[110]. Begründet wird dies damit, daß der Lizenznehmer bis zur Nichtigkeitserklärung eine tatsächliche Nutzungsmöglichkeit und eine günstige, vorteilhafte Stellung gehabt hat, die er ohne den Lizenzvertrag nicht gehabt hätte[111]. Zwar gelten gem. § 21 III PatG die Wirkungen des Patents als von Anfang an nicht eingetreten, so daß das Patent als nicht erteilt anzusehen ist. Der Lizenzvertrag ist aber bis zur Nichtigkeitserklärung rechtsbeständig. Die Einschränkung der Gestaltungswirkung des Nichtigkeitsurteils rechtfertigt sich auch daraus, daß ein öffentliches Interesse an der ex-tunc-Wirkung fehlt[112]. Daß die Pflicht zur Zahlung von Lizenzgebühren erst ab dem Zeitpunkt entfällt, in welchem der Lizenznehmer erstmals die Wirksamkeit des Patents bestreitet, wird auch unter Heranziehung der US-amerikanischen Lear v. Adkins Entscheidung begründet[113].

---

[108] Siehe Stumpf/Groß, Rn. 148.

[109] Stumpf/Groß, S. 103, Rn. 148 m.w.N.

[110] RG v. 17.12.1886 RGZ 17, 53 (55); RG v. 18.8.1937 RGZ 155, 306 (314); BGH GRUR 1957, 595 ff. (596) - "Verwandlungstisch" (s.o.); BGH GRUR 1967, 378 (381) - "Schweißbolzen; BGH GRUR 1969, 409 ff. (410) - " Metallrahmen"; BGH GRUR 1969, 677 ff. (678) - "Rüben-Verladeeinrichtung; BGH GRUR 1977, 107 ff. (108) - "Werbespiegel"; BGH GRUR 1983, 237 (238 f.) - "Brückenlegepanzer"; Möhring, Einfluß der Vernichtung, Mitt. 1969, 296 ff.; Nirk, GRUR 1970, 329 (339); Körner, Auswirkung, GRUR 1974, 441 ff.; Preu, Der Einfluß der Nichtigkeit, GRUR 1974, 623 ff.; Kraßer/Schmid, GRUR Int. 1982, 324 (338); Körner, Der Bestand, GRUR 1982, 341 (345); Poth, Zur Rechtsnatur, Mitt. 1990, 162 (164); Stumpf/Groß, Rn. 73; BGH GRUR 1961, 27 ff. (28) - "Holzbauträger" für den Fall der Zurückzahlung einer Pauschallizenzgebühr; a.A. LG München GRUR 1956, 413 ff. (414), wobei sich hier die Parteien über die rechtswirksame, vorzeitige Beendigung des Lizenzverhältnisses einig waren.

[111] So schon RG v. 3.3.1888 Gareis, Bd. 3, 224 (226).

[112] Schwerdtner, GRUR 1968, 9 (13).

[113] Körner, GRUR 1974, 441 (443). Siehe zu dieser Entscheidung 1. Teil, E. II. b) aa).

Die gesetzliche Rechtsfolge des § 21 III PatG und die Behandlung als ex-nunc-Nichtigkeit ist widersprüchlich. Im folgenden ist eine dogmatische Grundlage für das Ergebnis der Nichtrückzahlung der bereits gezahlten Lizenzgebühren zu untersuchen.

Die Frage, welche Auswirkung die Nichtigkeit des Patents auf die Zahlung der Lizenzgebühr hat, ist für die Haftung des Lizenznehmers von Bedeutung. Beruft sich der Lizenznehmer, der seinen Zahlungspflichten bisher nicht oder nicht ausreichend nachgekommen ist, auf die Nichtigkeit des Patents, obwohl diese nicht offensichtlich ist, so haftet er wegen Vertragsverletzung aufgrund der Nichtzahlung, auch wenn sich später herausstellt, daß das Patent nichtig war.

Um das Ergebnis zu begründen, daß die Lizenzgebühren nicht zurückgezahlt werden müssen, kommen mehrere Lösungsmöglichkeiten in Betracht. Die Rückabwicklung ex tunc führt bei den fehlerhaften Arbeits- und Gesellschaftsverträgen auch zu unbilligen Ergebnissen. Daher wird zu überlegen sein (siehe unter (a)), inwieweit die dort entwickelten Grundsätze auch auf die infolge der Nichtigkeit des Patents notleidenden Situationen angewendet werden können. Daneben stellt sich auch die Frage, ob die Grundsätze der Geschäftsgrundlage geeignet sind eine Rückzahlungspflicht zu vermeiden (siehe unter (b)). Schließlich wird noch auf andere Lösungsvorschläge einzugehen sein (siehe unter (c))

(a) Anwendung der Grundsätze der fehlerhaften Gesellschaft bzw. des fehlerhaften Arbeitsvertrages auf den Lizenzvertrag

Nach der Anwendung der von Rechtsprechung und Literatur anerkannten Grundsätze der fehlerhaften[114] Gesellschaft bzw. des fehlerhaften Arbeitsvertrages[115] auf den Lizenzvertrag wäre ein Lizenzverhältnis, bei dem sich später herausstellt, daß es auf einem von vornherein nichtigen Lizenzvertrag beruht, für die Vergangenheit wie ein wirksames Lizenzverhältnis zu behandeln. Es verlöre nicht ex tunc seine Nichtigkeit. Der Lizenznehmer hätte also die Lizenzgebühren bis zur Rechtskraft des Urteils der Nichtigkeitserklärung des Patents zu zahlen, ohne sie zurückfordern zu können. Sobald das Patent aber für nichtig erklärt sei, bestünde für die Zukunft keine Bindung mehr an

[114] Teilweise wird vom faktischen Verhältnis gesprochen, MüKo-Söllner, § 611 Rn. 294. Der Begriff des fehlerhaft konstituierten, da anfechtbaren oder nichtigen Verhältnisses ist aber genauer, da im Gegensatz zu den faktischen Verhältnissen die Lehre von der fehlerhaften Gesellschaft an der rechtsgeschäftlichen Grundlage der Verträge festhält.

[115] Vgl. zur Entwicklung des Rechtsinstituts für das Arbeits- und Gesellschaftsverhältnis, Hönn, ZfA 1987, 61 (67 ff.) m.w.N., der darauf hinweist, daß es sich bei den Grundsätzen nicht um Gewohnheitsrecht handelt, sondern um richterliche Rechtsfortbildung.

den Lizenzvertrag. Die Lösung vom Vertragsverhältnis bedürfte keiner Kündigung mehr, sondern nur einer formlosen Erklärung[116].

Zu prüfen ist, ob sich diese Übertragung der Grundsätze des fehlerhaften Arbeits- bzw. Gesellschaftsvertrages auf den Lizenzvertrag rechtfertigen läßt.

Im allgemeinen sind fehlerhafte Vertragsverhältnisse Dauerschuldverhältnisse, deren vertragliche Grundlage Mängel aufweist, die nach allgemeinen Grundsätzen zur Nichtigkeit oder Anfechtbarkeit führen[117]. Die Aufrechterhaltung des Vertrages ergibt sich dabei aus einer teleologisch begründeten Reduktion der Nichtigkeits- und Anfechtungsfolgen auf eine ex-nunc-Wirkung[118]. Zu prüfen ist, ob die Übertragung der Grundsätze auf den Lizenzvertrag, der auch ein Dauerschuldverhältnis ist, berechtigt ist.

(aa) Gründe für die Behandlung des fehlerhaften Gesellschafts- und Arbeitsverhältnisses als wirksame Verträge

Gesellschafts- und Arbeitsverhältnisses haben gemeinsam, daß es sich um Dauerschuldverhältnisse handelt, die einen gesteigerten Bestandsschutz genießen[119].

Im Gesellschaftsrecht[120] solle die Berufung auf die Nichtigkeit bzw. Anfechtbarkeit des Gesellschaftsvertrages Dritten gegenüber im Interesse des Verkehrsschutzes nicht statthaft sein[121], da den Gläubigern gegenüber der Rechtsschein einer vollgültig bestehenden Gesellschaft vorliegt[122]. Auch bestehe ein erhöhter Bestandsschutz des Gesellschaftsvertrages zugunsten der Mitglieder der Gesellschaft, der sich aus der werteschaffenden, personenrechtlichen Zusammenarbeit der Gesellschafter ergibt und in der Rechtsprechung anerkannt ist[123]. Weiterhin wird die Unangemessenheit rückwirkender Nichtigkeit des Vertrages mit den tatsächlichen Schwierigkeiten der Rückabwicklung nach §§ 812 ff. BGB begründet[124].

---

116 Übertragung der Grundsätze des fehlerhaften Arbeitsvertrags, MüKo-Söllner, § 611 Rn. 294.
117 MüKo-Kramer, Einl. zu Bd. 2 Rn. 61.
118 Staudinger-Richardi, § 611 Rn. 131; MüKo-Kramer, Einl. zu Bd. 2 Rn. 66; Wiedemann, S. 148
119 Siebert, S. 40.
120 Die Einschränkung der rückwirkenden Vernichtung von Gesellschaftsverträgen ist zunächst für die juristische Person entwickelt und erst allmählich auf Personengesellschaften übertragen worden, vgl. Wiedemann, S. 148 ff.
121 Palandt-Heinrichs, Einf. v. § 145 Rn. 29; MüKo-Kramer, Einl. zu Band 2, Rn. 63; Esser, AcP 157, 86 (94).
122 Siebert, S. 42; Hueck, § 5 I.
123 Wiedemann, S. 149; Hueck, § 6 IV; Siebert, S. 96 m.w.N.
124 Siebert, S. 41; siehe zur fehlerhaften Gesellschaft im einzelnen, Schmidt, GesR., S. 120 ff.

Im Arbeitsrecht[125] stehe der Gedanke des Arbeitnehmerschutzes im Vordergrund, dem wegen der faktisch erbrachten Arbeitsleistung nicht ausreichend Rechnung getragen würde, wenn der Arbeitnehmer Lohn- und Fürsorgeansprüche nur als Posten eines Bereicherungsanspruchs geltend machen könnte[126]. Hinzu kommt, daß das Arbeitsverhältnis eine besonders stark ausgeprägte personenrechtliche Struktur besitze[127]. Es handele sich bei dem Arbeitsvertrag um ein Dauerschuldverhältnis besonderer Prägung mit einer Vielzahl von Pflichten und Leistungen, deren Erfüllung nicht einfach ausgelöscht werden kann[128]. Zudem gestalte sich die bereicherungsrechtliche Rückabwicklung der Leistungen schwierig[129].

Teilweise wird auch versucht, als gemeinsamen Grund der Wirksamkeit fehlerhafter Vertragsverhältnisse der Interessenkonflikt zwischen einem "wirtschaftlich Machtvolleren und einem wirtschaftlich Schwächeren" angegeben, was im Ergebnis auf ein "soziales Vertragsverhältnis" herausläuft[130]. Das fehlerhafte Vertragsverhältnis beruht auf einem Spannungsverhältnis zwischen der formalen rechtlichen Gleichheit und der realen wirtschaftlichen Ungleichheit. Es ist Ausdruck des eingetretenen sozialen Wandels und rechtfertigt somit eine andere Behandlung, nämlich entgegen den Vorschriften des BGB die Wirksamkeit des Vertragsverhältnisses[131].

(bb) Voraussetzungen der Übertragung der Grundsätze des fehlerhaften Gesellschafts- und Arbeitsverhältnisses auf den Lizenzvertrag

Die Anwendung der Grundsätze des fehlerhaften Arbeits- bzw. Gesellschaftsverhältnisses auf den Lizenzvertrag erfordert zunächst einen anfechtbaren oder nichtigen Vertrag. Geht man von der dogmatisch saubersten Lösung aus und behandelt im Einklang mit §§ 21, 22 PatG die Wirkung des Patents als von Anfang an nicht eingetreten, so folgt daraus, daß der Vertrag auf eine anfänglich unmögliche Leistung i.S.d. § 306 BGB gerichtet und damit nichtig ist.

Weiterhin muß der Lizenzvertrag in Vollzug gesetzt worden sein. Schließlich dürfen keine höherrangigen Gesichtspunkte der Anwendung entgegenstehen. Die Anerkennung

---

125 Hier ist Rechtsprechung und Schrifttum zum fehlerhaften Arbeitsverhältnis in neuerer Zeit wieder in Bewegung geraten, vgl. Hönn, ZfA 1987, 61 (63).
126 MüKo-Kramer, Einl. zu Bd. 2 Rn. 70; Zöllner/Loritz, § 11 II 1); Esser, AcP 157, 86 (94).
127 Siebert, S. 97.
128 Zöllner/Loritz, § 11 II 1.
129 Esser, AcP 157. 86 (90).
130 Simitis, S. 533 ff.
131 Simitis, S. 535; an dieser Auffassung wurde in der Literatur Kritik geübt, Ballerstedt, AcP 157, 117 ff.; Esser, AcP 157, 86 (97).

des tatsächlich vorhandenen Zustands darf nicht mit gewichtigen Interessen der Allgemeinheit oder einzelner schutzwürdiger Personen in Widerspruch stehen[132].

Die Tatsache, daß der Lizenzvertrag ein Dauerschuldverhältnis ist, rechtfertigt allein noch nicht die Anwendung des Rechtsinstituts des fehlerhaften Arbeits- bzw. Gesellschaftsverhältnisses auf den Lizenzvertrag, obwohl dies einen wichtigen Anhaltspunkt liefert. Dauerrechtsverhältnisse sind durch zeitlich notwendigerweise andauernde Rechte und Pflichten gekennzeichnet. Beim Lizenzvertrag ist das beispielsweise die Ausübungspflicht des Lizenznehmers und die Aufrechterhaltungspflicht des Lizenzgebers, die sich durch die jährliche Zahlung der Patentgebühren ausdrückt.

Es ist anerkannt, daß der Gesetzgeber bei der Regelung der rückwirkenden Rechtsfolgen, z.B. der Anfechtung, die besondere Interessenlage bei Dauerschuldverhältnissen nicht gesehen, sondern nur an leicht abzuwickelnde Austauschgeschäfte gedacht hat. Insoweit liegt eine ausfüllungsbedürftige Lücke des Gesetzes vor, die danach zu schließen ist, wie der Gesetzgeber die nichtgesehene Interessenlage geregelt haben würde, wenn er sie bemerkt hätte[133]. Der Gesetzgeber hat lediglich dort, wo er die besondere Interessenlage bei den Dauerrechtsverhältnissen gesehen hat (Aktienrecht, Eherecht), interessengemäß eine Auflösung ex nunc angenommen[134]. Aus der Nichtberücksichtigung der Besonderheiten der Dauerschuldverhältnisse durch den Gesetzgeber, im Vergleich zu anderen Schuldverhältnissen ohne Dauerschuldcharakter, wird verständlich, daß dieser Besonderheit des Dauerschuldverhältnisses nun Rechnung getragen werden muß. Alle Dauerschuldverhältnisse den Grundsätzen des fehlerhaften Arbeits- bzw. Gesellschaftsvertrags zu unterstellen, würde jedoch zu weit führen und auf eine ungerechtfertigte und nicht wünschenswerte Ausdehnung des Rechtsinstituts hinauslaufen. Für Arbeits- und Gesellschaftsvertrag als Dauerrechtsverhältnisse ist eine interessengerechte Reduktion der Nichtigkeits- und Anfechtungsfolgen vorgenommen worden, weil andernfalls Schutzgesichtspunkten nicht Rechnung getragen worden wäre und sich Abwicklungsschwierigkeiten ergeben hätten.

Die zu untersuchende Frage ist, ob auch bei einem Lizenzvertrag Gründe vorliegen, die zu einer interessengerechten Aufrechterhaltung des Lizenzvertrages bis zur Nichtigerklärung des Patents führen.

---

[132] Vgl. Wiedemann, S. 150, siehe dazu ausführlich Schwintowski, NJW 1988, 937 ff.; a.A. Schmidt, fehlerhafte Ges., AcP 186, 421 (448 ff.) der auch die Regeln über die fehlerhafte Gesellschaft bei Gesetzesverstoß oder grober Sittenwidrigkeit des Gesetzeszwecks zuläßt.

[133] Siehe Brox, BB 1964, 523 ff. (524); Schmidt-Futterer/Blank, B 88.

[134] Siehe Brox, BB 1964, 523 ff. (525).

(cc) Gründe für die Übertragung der Grundsätze auf den Lizenzvertrag

Durch die Patenterteilung ist der Rechtsschein gesetzt worden, daß ein wirksam erteiltes Patent besteht und damit auch der Rechtsschein eines Lizenzvertrages, wenn ein solcher abgeschlossen wurde. Dritte, primär Konkurrenten des Lizenznehmers haben das Monopol des Patentinhabers und die Lizenz des Lizenznehmers respektiert und sich der Verwertung der Erfindung im Hinblick auf eine drohende Verletzung des Patents enthalten. Dadurch ist ihnen die rechtmäßige Benutzung der Erfindung vorenthalten worden und ein Vorteil entgangen. Sie bedürfen jedoch, anders als beim Gesellschaftsvertrag, keines Schutzes bezüglich dieses Rechtsscheins. Sie wollen vielmehr an der Ausnutzung der Erfindung teilhaben. In ihrem Interesse liegt es, daß das Monopol für nichtig erklärt wird. Dies ist für diejenigen Konkurrenten bedeutsam, die trotz nach außen hin bestehenden Rechtsscheins des Monopols die Erfindung benutzen, damit eigentlich eine Patentverletzung begehen und einer Klage des Patentinhabers oder Lizenznehmers wegen Patentverletzung ausgesetzt sind. Die Aufrechterhaltung des Lizenzvertrages berührt ihre Interessen nicht. Ein wie im Gesellschaftsrecht bestehender vergleichbarer Drittschutz ist beim Lizenzvertrag nicht ersichtlich.

Möglicherweise sind aber Parallelen zum Arbeitnehmerschutz gegeben. Auf den Lizenzvertrag übertragen müßten Gründe vorliegen, das Recht des Lizenzgebers auf die Gegenleistung zu schützen. Durch die Einräumung einer Lizenz am Patent gibt der Lizenzgeber seine Monopolstellung teilweise auf. Er begibt sich damit seiner, von ihm über Jahre erarbeiteten faktischen Rechtsposition. Dies wird besonders bei der Erteilung einer ausschließlichen Lizenz deutlich. Der Lizenzgeber hat in vielen Fällen sehr hohe Entwicklungskosten und Zeitaufwand gehabt. Mit Hilfe der Lizenzierung will er für seine Leistung eine Entschädigung bekommen und die Kosten wieder hereinwirtschaften. Er möchte auf diese Weise für seine Leistung auch belohnt werden. Zudem hat er dem Lizenznehmer in vielen Fällen sein zur Lizenzerteilung gehörendes Know-how mitübertragen, von dem der Lizenznehmer profitiert. Auch kann die Pflicht zur Übertragung von Verbesserungserfindungen vertraglich vereinbart worden sein, so daß der Lizenzgeber dem Lizenznehmer eine Verbesserungserfindung übertragen haben kann, die im Gegensatz zum nachträglich nichtig erklärten Patent auch für die Zukunft bestandskräftigen Patentschutz erzielen kann. Aufgrund seiner erbrachten Leistung erscheint es unbillig, daß er die vom Lizenznehmer erhaltenen Lizenzgebühren wieder zurückzahlen muß. Er ist daher schützenswert.

Auf der anderen Seite ist aber auch der Lizenznehmer zu schützen. Im Vertrauen auf den Bestand des Patents und Lizenzvertrages hat er teilweise enorme Investitionen getätigt und sich damit nicht selten verschuldet. Würde man ihm einen Bereicherungsanspruch gegen den Lizenzgeber zugestehen, so würde er zwar grundsätzlich seine gezahlten

Lizenzgebühren wiederbekommen, er müßte sich jedoch auf seinen Anspruch seine Vorteile - die durch die Verwertung des Patents erzielte Marktstellung etc. - anrechnen lassen, so daß im Endeffekt der Bereicherungsanspruch nur noch geringen Wert hat. Damit ist jedoch noch nicht sichergestellt, daß er durch die vorteilhafte Stellung seine Investitionen amortisieren kann. Gerade im Fall der Nichtigerklärung des Patents nach kurzer Lizenzvertragsdauer würde der Lizenznehmer für seine Kosten keinen Ausgleich erlangt haben. Vor einer solchen Lage ist der Lizenznehmer zu schützen.

Das Vertrauen der Lizenzvertragsparteien auf den Bestand des Lizenzvertrages allein ist nicht ausreichend, den Lizenzvertrag aufrechtzuerhalten[135]. Der Lizenzvertrag beinhaltet aber schützenswerte Gesichtspunkte. Zudem genießt er im allgemeinen Bestandsschutz[136].

Neben Schutzgesichtspunkten, die für eine Reduktion der Nichtigkeitsfolgen des Lizenzvertrages sprechen, ist auch auf die charakteristische Besonderheit des Lizenzvertrages als Risikogeschäft abzustellen. Es kann sich später herausstellen, daß das Patent nichtig ist oder die wirtschaftliche Verwertung des Patents keinen Erfolg verspricht[137]. Nach Risikoverteilungsgesichtspunkten des Lizenzvertragsrechts haftet der Lizenzgeber nicht für den Bestand des Patents, da er nicht die Möglichkeit hat, das Risiko der nachträglichen Vernichtung des Patents zu beeinflussen[138]. Aus diesem Risikogedanken ließe sich folgern, daß der Lizenzvertrag nicht in seinem rechtlichen Bestand abhängig sein soll von der Wirksamkeit des Patents. Trotz Nichtigerklärung des Patents und rückwirkender Wirkung gem. §§ 21, 22 PatG - und der rechtlichen Konsequenz der anfänglichen Unmöglichkeit und damit Nichtigkeit des Lizenzvertrages - muß der Lizenzvertrag schon aus diesem Gesichtspunkt aufrechterhalten werden.

Ein weiterer Grund für die Übertragung der Grundsätze des fehlerhaften Arbeits- und Gesellschaftsvertrages auf den Lizenzvertrag ist das besonders im Arbeitsrecht ausgeprägte personale Verhältnis. Auch im Lizenzvertragsrecht bestehen personale Beziehungen, die sich aufgrund der Pflichten des jeweiligen Lizenzverhältnisses ergeben. So stellt z.B. die Ausübungspflicht und die Pflicht, Verbesserungen vorzunehmen oder Verbesserungserfindungen mitzuteilen, eine dem Arbeitsrecht vergleichbare intensive Leistungsbeziehung der Vertragsparteien dar, die noch dadurch verstärkt wird, daß die

---

[135] Anders Hassold, JuS 1975, 550 (553), der für die Gültigkeit des Mietvertrages das Vertrauen der Vertragsparteien als maßgebend ansieht. Allein das Abstellen auf das Vertrauen würde jedoch auf eine Ausweitung der Vertrauenshaftungsgrundsätze hinauslaufen. Siehe zu den Grundsätzen im einzelnen, Canaris, S. 1 ff. und Anmerkung zu BGH v. 30.5.1975, JZ 1976, 132 ff. m.w.N. Für den Lizenzvertrag, Schwerdtner, GRUR 1968, 9 (14).

[136] Dieser kommt insbesondere in § 15 III PatG zum Ausdruck, in dem der Sukzessionsschutz geregelt ist.

[137] Siehe ausführlich zum Risiko 1. Teil, B. I. 2. a).

[138] Kraßer/Schmid, GRUR Int. 1982, 324 (338).

Bedeutung und der Wert der Möglichkeit der Patentverwertung und die Tatsache, daß der Lizenznehmer durch die Lizenzerteilung an der Monopolstellung des Patentinhabers teilnimmt, sehr hoch sein kann. Auch können gewisse, dem Arbeitsrecht ähnliche Fürsorge- und Mitwirkungspflichten bestehen, die beispielsweise in der Verpflichtung des angestellten Erfinders, nach erfolgter Inanspruchnahme seiner Erfindung von einer Nichtigkeitsklage gegen das vom Arbeitgeber entwickelte Patent abzusehen, oder in der Verpflichtung des Lizenzgebers zum Materialeinkauf und Erzeugnisverkauf zum Ausdruck kommt[139]. Hinzu kommt, daß der Lizenzvertrag teilweise als ein Vertrauensverhältnis angesehen wird, aus dem sich besondere Verpflichtungen ergeben[140], worin wiederum ein personales Verhältnis zum Ausdruck kommt.

Auch ein anderer Gesichtspunkt spricht für die Anwendung des Rechtsinstituts des fehlerhaften Vertrages auf den Lizenzvertrag. Sowohl beim Gesellschafts- als auch beim Arbeitsvertrag treten Schwierigkeiten bei der Rückabwicklung nach §§ 812 ff. BGB auf. Dies ist auch bei dem Lizenzvertrag der Fall.

Gem. §§ 812 ff. BGB sind die auf einen nichtigen Vertrag erbrachten Leistungen herauszugeben. Der Lizenznehmer hätte zunächst gem. § 818 I BGB die Gebrauchsgewährung herauszugeben. Da ihm dies aber nicht möglich ist, müßte er dafür gem. § 818 II BGB Wertersatz leisten. Die in der Vergangenheit geschuldete Nutzungsentschädigung des Lizenznehmers wäre nach objektiven Maßstäben zu berechnen [141]. Grundsätzlich wären dies die vereinbarten Lizenzgebühren. Dies würde jedoch zu unbefriedigenden Ergebnissen führen, wenn der Lizenznehmer zusätzliche Pflichten übernommen hat, die für die Bemessung des Lizenzsatzes bestimmend waren, sich aber - für sich genommen - schwer bewerten lassen.

Zudem ist die in § 818 III BGB geregelte Entreicherung des Bereicherten zu berücksichtigen, nach der im Rahmen der Saldotheorie die Vorteile des Entreicherten auf den Bereicherungsanspruch anzurechnen sind[142]. Der Lizenznehmer müßte sich danach auf seinen grundsätzlich gegen den Lizenzgeber aufgrund der Lizenzgebührenzahlung auf einen nichtigen Lizenzvertrag bestehenden Bereicherungsanspruch seine Vorteile anrechnen lassen. Dies führt wiederum zu Bewertungsschwierigkeiten, denn wie läßt sich eine vorteilhafte Marktposition gegenüber Konkurrenten bewerten? Eine solche Bewertung ist sehr schwierig. Auch das mit der Lizenzerteilung übertragene Know-how ist nicht rückgängig zu machen. Weiterhin stellt sich die Frage, wie die Verpflichtung zu Verbesserungserfindungen und die Übertragung von Verbesserungserfindungen bei einer

[139] Vgl. BGH GRUR 1961, 470 ff. (471) - "Mitarbeiter-Urkunde".
[140] Wertheimer, GRUR 1930, 578 (581).
[141] Palandt-Thomas, § 818 Rn. 19.
[142] Vgl. Palandt-Thomas, § 818 Rn. 28.

Rückabwicklung berücksichtigt werden sollen. Hieraus läßt sich ersehen, daß eine Rückgängigmachung der Dauerleistungen des Lizenzvertrages nicht möglich ist. Hinzu kommt, daß grundsätzlich die Rückabwicklung des vollzogenen Lizenzvertrages sowohl den "rechtsökonomischen Gedanken, Geschaffenes und Bestehendes zu schützen"[143] als auch den Interessen der Vertragsparteien widerspricht. Dies zeigt sich gerade dann, wenn Gegenstand des Lizenzvertrages mehrere Patente und Know-how sind, da die Vertragsparteien an dem Bestand des Lizenzvertrages festhalten wollen. Zudem wird die Rückabwicklung nach Bereicherungsrecht dem Risikocharakter des Lizenzvertrages nicht gerecht[144]. Daß eine Rückabwicklung im Lizenzvertragsrecht nicht das gewünschte Ergebnis ist, zeigt sich auch daraus, daß nach der Rechtsprechung mit Rücksicht auf den Dauerschuldcharakter des Lizenzvertrages im Falle von Leistungsstörungen das Rücktrittsrecht ausgeschlossen und durch ein Kündigungsrecht ersetzt wird[145].

Zusammen mit dem den Lizenzvertrag prägenden Risiko, der Risikoverteilung, des von den jeweiligen Vertragspflichten abhängigen ausgeprägten personalen Verhältnisses der Vertragsparteien, der Unmöglichkeit der bereicherungsrechtlichen Rückabwicklung, und dem Bestandsschutz des Lizenzvertrages rechtfertigt sich schon aus diesen Gründen auch für den Lizenzvertrag eine teleologische Reduktion der Nichtigkeitsfolgen mit dem Ergebnis, daß der Lizenzvertrag mit seinen Rechten und Pflichten, speziell der Zahlung der Lizenzgebühren bis zur Nichtigerklärung gem. §§ 21, 22 PatG, bestehen bleibt.

Auch ein Vergleich mit dem Mietvertragsrecht spricht für die Lösung. Da der einfache Lizenzvertrag nach der hier vertretenen Meinung der Rechtspacht zugeordnet werden kann, der ausschließliche Lizenzvertrag ein Vertrag sui generis ist, sind über § 581 II BGB die Mietvertragsvorschriften[146] und die Grundsätze des Mietvertragsrechts auf den Lizenzvertrag anwendbar. Eine weit verbreitete Ansicht tritt in Anlehnung an die Rechtsgrundsätze zum Arbeitsrecht und zum Gesellschaftsrecht für eine Vertragsbeendigung im Mietvertragsrecht ein, die lediglich ex-nunc-Wirkung haben soll[147]. Als Begründung wird angegeben, daß eine Rückabwicklung nach Bereicherungsvorschriften Schwierigkeiten bereite[148], zu sachfremden Ergebnissen führe[149] oder generell bei Dauerschuldverhältnissen unmöglich[150] sei. Zudem liefe die

---

[143] Siebert, S. 53.
[144] BGH NJW 1982, 2861 (2863).
[145] Vgl. 3. Teil, B. I. 1.
[146] 581 II BGB analog beim ausschließlichen Lizenzvertrag, vgl. 1. Teil, B. I. 2. g) bb).
[147] LG Nürnberg-Fürth MDR 1966, 1003 f. (1004); LG Essen WM 1984, 299 ff. (299); OLG Köln WM 1992, 262 (264); Hassold, JuS 1975, 550 (553); Schmidt-Futterer/Blank, B 88; Kiefersauer-Glaser, MSchG Einl. Rn. 46; Sternel, Rn. 242; Bub/Treier, Rn. 673; MüKo-Voelskow, vor §§ 537-543 Rn. 11. Andere lassen eine Anfechtung erst gar nicht zu, Brox/Elsing, JuS 1976, 3 (5); Roquette, vor §§ 537 bis 542 Rn. 16; Hille, WM 1984, 292 ff. (293).
[148] Vgl. zu den Rückabwicklungsschwierigkeiten im einzelnen, Sternel, Rn. 243; LG Essen WM 1984, 299 ff. (299); Hassold, JuS 1975, 550 (553).
[149] Schmidt-Futterer/Blank, B 88.

rückwirkende Beseitigung des Mietverhältnisses dem schutzwürdigen Interesse des Vermieters zuwider[151] und entspräche im allgemeinen nicht den Interessen der Vertragsparteien[152]. Schließlich wird auf den mietrechtlichen Bestandsschutz für das Wohnraummietverhältnis abgestellt[153].

Zwar sind die Leistungen bei Miet- bzw. Pacht- und Lizenzvertrag nicht identisch, und auch dem Mietvertrag ist nicht ein gesteigertes Risiko immanent. Jedoch sprechen die Eigenschaften des Lizenzvertrages im erhöhten Maße wie beim Mietvertrag für die Anwendung der Grundsätze der fehlerhaften Gesellschaft bzw. des fehlerhaften Arbeitsvertrages: erstens ist dem Lizenzvertrag im Vergleich zum Mietvertrag ein gesteigertes Risiko mit der damit verbundenen Risikoverteilung immanent. Zweitens gestaltet sich die Rückabwicklung beim Lizenzvertrag sehr viel schwieriger, da der Lizenzvertrag sich durch eine Vielzahl von Rechten und Pflichten auszeichnet, die durch vertragliche Vereinbarungen noch erheblich ausgeweitet werden können und einer gesetzlichen Regelung entbehren. Anders als im Mietrecht kompliziert die durch die Lizenzerteilung eingenommene Vorteilsstellung des Lizenznehmers gegenüber Konkurrenten die Rückabwicklung bis zur Unmöglichkeit.

Gegen die Anwendung des Rechtsinstituts des fehlerhaften Arbeits- bzw. Gesellschaftsverhältnisses auf den Lizenzvertrag könnte eingewendet werden, daß es sich bei dem Lizenzvertrag nicht unbedingt, wie Simitis[154] in der Rechtslehre für fehlerhafte Vertragsverhältnisse vertritt, um ein "soziales Vertragsverhältnis" handelt. Die soziale Komponente, entstanden durch einen Interessenkonflikt zwischen einem "wirtschaftlich Machtvolleren und einem wirtschaftlich Schwächeren", wie er gerade im Miet- und Arbeitsvertrag zum Ausdruck kommt, kann zwar auch im Lizenzvertragsrecht vorliegen. Das muß jedoch nicht notwendig der Fall sein. Allein die Rechtfertigung der Reduktion der Nichtigkeitsfolgen bei fehlerhaften Verhältnissen aufgrund der Annahme eines "sozialen Vertragsverhältnisses" ist jedoch nicht ausreichend. Denn andernfalls hätte dies zur Folge, daß auf Verträge mit Interessenkonflikt regelmäßig die Grundsätze des fehlerhaften Verhältnisses angewendet würden, ohne das weitere Gründe vorhanden sein müssen. Da häufig bei Abschluß von Verträgen ein Interessenkonflikt der

---

[150] LG Nürnberg-Fürth MDR 1966, 1003 f. (1003); Roquette, vor §§ 537 bis 542 Rn. 17; Kiefersauer-Glaser, Rn. 46; so auch Fischer, JZ 1954, 426 (428); Brox, BB 1964, 523 ff. (524) allgemein für Dauerschuldverhältnisse.

[151] LG Nürnberg-Fürth MDR 1966, 1003 f. (1004).

[152] Hassold, JuS 1975, 550 (553).

[153] Hille, WuM 1984, 292 ff. (293).

[154] S. 533 ff.

Vertragsparteien vorliegt, würde das Rechtsinstitut des fehlerhaften Verhältnisses mit seinen Rechtsfolgen ungerechtfertigt ausgedehnt[155].

Der Lizenzvertrag weist zu den Gründen, die beim Gesellschafts- und Arbeitsverhältnis im Laufe der Entwicklung der Rechtsprechung die Reduktion der Nichtigkeitsfolgen und damit Aufrechterhaltung der Verträge rechtfertigen, nicht nur Parallelen auf, sondern Eigenschaften, die verstärkt für die Anerkennung des "fehlerhaften Lizenzvertrages" sprechen: Dauerschuldverhältnis, Schutzgesichtspunkte bei den Vertragsparteien, personenrechtliche Struktur des Lizenzverhältnisses, Bedeutung bzw. Wert der Lizenz, Eigenschaft als Risikogeschäft, Unmöglichkeit der Rückabwicklung nach Bereicherungsrecht.

Höherrangige Gesichtspunkte aus §§ 134, 138 BGB stehen der Anerkennung des fehlerhaften Lizenzvertrages nicht entgegen. Auch wird der Lizenzvertrag regelmäßig mit Beginn der Verwertung durch den Lizenznehmer in Vollzug gesetzt.

Aus diesen Gründen sollten die durch die Rechtsprechung entwickelten Grundsätze des fehlerhaften Arbeits- bzw. Gesellschaftsvertrages auf den Lizenzvertrag, der in Vollzug gesetzt wurde, Anwendung finden. Von Vorteil des "fehlerhaften Lizenzvertrages" wäre nicht nur das Ergebnis der Nichtrückzahlung der geleisteten Lizenzgebühren für die Vergangenheit, sondern die auch gegenüber anderen Ergebnissen günstigere Lösung vom Vertragsverhältnis, für die keine Kündigung, sondern nur ein formlose Erklärung Voraussetzung ist. Denn es ist nicht einzusehen, warum der Lizenznehmer im Falle der Nichtigkeit des Patents bei der Lösung vom Vertrag Kündigungsformalitäten einhalten soll.

Ein weiterer Vorteil der Anerkennung des "fehlerhaften Lizenzvertrages" und damit seiner Aufrechterhaltung bis zur rechtswirksamen Nichtigkeitserklärung des Patents wäre, daß im Hinblick auf den oben dargestellten Schutz der Vertragsparteien und deren Vertrauen auf den Bestand des Vertrages möglicherweise ein erhöhter Lizenzaustausch erreicht werden könnte. Das dem Lizenzvertrag immanente charakteristische Risiko könnte verringert werden und damit einen Anreiz schaffen, im erhöhten Maße Lizenzverträge abzuschließen. Langfristig könnte der Lizenzaustausch und Technologietransfer im volkswirtschaftlichen Interesse gefördert werden.

Ergebnis der Grundsätze des fehlerhaften Lizenzvertrages für die Frage der Lizenzgebührenpflicht ist, daß der Lizenznehmer nicht die von ihm in der Vergangenheit vor Nichtigerklärung des Patents nach §§ 21, 22 PatG gezahlten Lizenzgebühren zurückfordern kann. Auch die weiteren Rechte und Pflichten der Vertragsparteien

---

155 An der Auffassung von Simitis wurde auch von anderer Seite Kritk geübt, Ballerstedt, AcP 157, 117 ff.; Esser, AcP 157, 86 (97).

bleiben für die Vergangenheit bestehen. Die Zahlungspflichtigkeit des Lizenznehmers besteht dabei, solange das Patent von den Mitbewerbern respektiert wird[156]. Durch formlose Erklärung kann sich der Lizenznehmer für die Zukunft vom Vertrag lösen.

Die Lösung über den "fehlerhaften Lizenzvertrag" entspricht dem Interesse und Willen der Vertragsparteien und bildet bei Anerkennung eine eindeutige Grundlage für die Nichtrückzahlungspflicht des Lizenzgebers.

Für die Haftungsproblematik bedeutet das, daß der Lizenznehmer eine Vertragsverletzung begeht, wenn er seinen Zahlungspflichten für die Vergangenheit nicht nachgekommen ist, auch wenn das Patent später für nichtig erklärt wird.

Von diesem Ergebnis abzugrenzen ist der Fall der Vernichtbarkeit des Patents. Die bloße Vernichtbarkeit hat keinen Einfluß auf den Lizenzvertrag und die Frage der Zurückzahlbarkeit der Lizenzgebühren[157]. Es ist jedoch anerkannt, daß sich der Lizenznehmer schon dann vom Vertrag lösen kann, "wenn das lizenzierte Patent zwar noch nicht für nichtig erklärt, seine Vernichtbarkeit aber doch offenbar oder zumindest wahrscheinlich geworden ist und das Patent deshalb seine bisherige geschäftliche Wirkung eingebüßt hat"[158].

Um erst gar nicht die Diskussion über die Rechtsgrundlage der Nichtrückzahlungspflicht des Lizenznehmers aufkommen zu lassen, empfiehlt es sich, eine Regelung in den Vertrag aufzunehmen, nach der der Lizenznehmer von der Gebührenzahlung freigestellt wird oder eine Anpassung der Gebühren erfolgt, wenn das Patent für nichtig erklärt wird[159].

Von der Auswirkung der Nichtigkeit des Patents auf die Lizenzgebührenpflicht des Lizenznehmers abzugrenzen ist die Nichtigkeit des Lizenzvertrages selbst[160]. Zwar ist Rechtsfolge der §§ 134, 138 BGB die Nichtigkeit des Lizenzvertrages. Im Gegensatz zur rückwirkenden Nichtigerklärung des Patents rechtfertigt die Nichtigkeit des Lizenzvertrages aufgrund eines Verstoßes gegen ein gesetzliches Verbot oder aufgrund der Sittenwidrigkeit nicht die Anwendung der Übertragung der Grundsätze des fehlerhaften Arbeits- bzw. Gesellschaftsvertrages auf den Lizenzvertrag und damit die

---

[156] BGH GRUR 1969, 409 (411); BGH GRUR 1977, 107 (109) - "Werbespiegel"; BGH GRUR 1983, 237 (239) - "Brückenlegepanzer"; Poth, Offene Patentanmeldung, Mitt. 1990, 162 (164).

[157] BGH GRUR 1957, 595 ff. (595) - "Verwandlungstisch" (s.o.); BGH GRUR 1983, 237 (238 f.) - "Brückenlegepanzer"; Kraßer/Schmid, GRUR Int. 1982, 324 (339).

[158] BGH GRUR 1958, 176 ff. (177) - "Wendemanschette"; BGH GRUR 1969, 409 (411) - "Metallrahmen" m.w.N.

[159] Vgl. zu einer solchen Klausel 1. Teil, E. I. 2. k).

[160] Siehe dazu 1. Teil, D. I. 4.

Anerkennung des "fehlerhaften Lizenzvertrages". Der Lizenzvertrag bleibt nicht für die Vergangenheit bestehen. Die Lizenzgebühren sind zurückzuzahlen.

(b) Anwendbarkeit der Grundsätze des Wegfalls der Geschäftsgrundlage

Die herrschende Lehre gründet ihre Auffassung darauf, daß der Bestand des Patents die Geschäftsgrundlage für den Vertrag bildet[161]. Mit dem Wegfall des Patents entfällt die Geschäftsgrundlage, so daß eine Vertragsanpassung erfolgt oder der Lizenznehmer gem. § 242 BGB den Lizenzvertrag mit Wirkung für die Zukunft kündigen kann. Schadensersatzansprüche stehen dem Lizenznehmer aber nicht zu[162]. Das gleiche gilt für Verträge über noch ungeschützte Erfindungen, wenn beide Parteien von der Möglichkeit und Erwartung ausgehen, daß für sie ein Patentschutz erzielt werden könnte[163]. Rechtsfolge des Wegfalls der Geschäftsgrundlage ist prinzipiell nicht die Auflösung des Vertrages, sondern die Anpassung des Inhalts an die veränderten Umstände[164]. Die Vertragsauflösung und damit das Recht zur Kündigung bei Dauerschuldverhältnissen kommt dann aber in Frage, wenn die Fortsetzung des Vertrages unzumutbar ist[165], was regelmäßig bei Lizenzverträgen der Fall sein soll, die ein Patent zum Vertragsgegenstand haben. Das Prinzip des Wegfalls der Geschäftsgrundlage, das auf alle schuldrechtlichen Verträge Anwendung findet[166], als dogmatische Grundlage für die Nichtrückzahlungspflicht des Lizenznehmers, stützt sich damit auf Billigkeitserwägungen.

Der Lizenznehmer hat durch den Lizenzvertrag eine Vorzugsstellung eingenommen und die Nutzungsmöglichkeit des Patents erhalten. Er hat die Möglichkeit gehabt, ungestört das später für nichtig erklärte Patent zu nutzen, wovon Dritte ausgeschlossen waren, die eine Verletzung des Patents befürchteten. Er war in der Lage, sich einen Markt zu erringen und sich somit Konkurrenten gegenüber eine vorteilhafte Absatzstellung zu verschaffen. Darüber hinaus hat er das zur Patentverwertung zugehörige Know-how erworben und sich dadurch einen Vorsprung vor anderen verschafft, die sich erst nachträglich mit der Erfindung befassen konnten. Aufgrund dieser vorteilhaften Lage des Lizenznehmers kann der Lizenznehmer billigerweise nicht verlangen, daß ihm die

---

161 BGH GRUR 1957, 595 ff. (596) - "Verwandlungstisch" (s.o.); BGH GRUR 1961, 466 ff. (467) - "Gewinderollkopf", Fortfall der Geschäftsgrundlage wenn Patentschutz nicht erzielt wird; Preu, Einfluß der Nichtigkeit, GRUR 1974, 623 ff.

162 BGH GRUR 1957, 595 ff. (596) - "Verwandlungstisch" (s.o.).

163 BGH GRUR 1961, 466 ff. (467) - "Gewinderollkopf", BGH GRUR 1965, 160 ff. (161) - "Abbauhammer" siehe auch BGH NJW 1982, 2861 ff. (1862); Poth, Offene Patentanmeldung, Mitt. 1990, 162 (164).

164 Palandt-Heinrichs, § 242 Rn. 130.

165 Palandt-Heinrichs, § 242 Rn. 132.

166 Palandt-Heinrichs, § 242 Rn. 114.

geleisteten Lizenzgebühren zurückzuzahlen sind. Um dieses Ergebnis zu begründen, bedarf es jedoch nicht der Konstruktion des Wegfalls der Geschäftsgrundlage[167]. Berechtigte Interessen des Lizenznehmers können mit der Lehre vom Wegfall der Geschäftsgrundlage nicht angemessen berücksichtigt werden. Wenn der Lizenznehmer im Vertrauen darauf, daß er das einzige Herstellungsrecht für die vermeintlich patentierten Gegenstände erwirbt, seine Produktionskapazitäten ausbaut und diese später nicht ausnutzen kann, da Konkurrenten an der Ausnutzung der Erfindung nach Feststellung der Nichtigkeit des Patents teilhaben[168].

Es läßt sich nicht eindeutig feststellen, daß der Geschäftswille der Vertragsparteien auf den Bestand des Patents aufbaut. Der Lizenzgeber hat vielmehr eine unerbringliche Leistung versprochen[169]. Daß das Vorhandensein und Bestehenbleiben eines Patents nicht unbedingt die Grundlage des Geschäfts ist, zeigt sich auch, wenn nicht nur ein Patent, sondern mehrere und möglicherweise auch Know-how Vertragsgegenstände sind. Eine Lösung des Lizenznehmers vom Vertrag über das Rechtsinstitut des Wegfalls der Geschäftsgrundlage nach der h.M. entspricht hier nicht dem Willen und Interesse der Vertragsparteien. Weiterhin erscheint es schwierig, die Voraussetzung der Rechtsfolge einer Lösung vom Vertrag über das Institut des Wegfalls der Geschäftsgrundlage zu erfüllen, wonach dies nach ständiger Rechtsprechung und Literatur erst dann möglich ist, wenn die Fortsetzung des Vertrages unzumutbar ist[170], denn nur dies rechtfertigt die Durchbrechung des Grundsatzes "pacta sunt servanda"[171]. Die Unzumutbarkeit der Vertragsfortsetzung verlangt, daß ein unerträgliches Interessenungleichgewicht vorliegt[172]. Andernfalls kommt nur eine Anpassung[173] des Inhalts an die veränderten Umstände in Betracht[174]. Erwirkt man aber mangels Vorliegen der Unzumutbarkeit eine

---

[167] Grundsätzlich zur Anwendbarkeit des Wegfalls der Geschäftsgrundlage vgl. Littbarski, Tendenzen, JZ 1981, 8 ff., siehe auch Littbarski, WGG, S. 1 ff.

[168] Blum, Nachträgliche Nichtigkeit, GRUR Int. 1955, 201 (204).

[169] Stumpf/Groß, Rn. 74; Klauer/Möhring, § 9 Rn. 65.

[170] Die Unzumutbarkeit bildet ein Tatbestandsmerkmal, Palandt-Heinrichs, § 242 Rn. 132; Larenz, Lehrbuch Bd. I, § 21 II; MüKo-Roth, § 242 Rn. 509, 540 m.w.N.; vgl. zur Kritik an dieser "wenig griffigen Formulierung der Rechtsprechung", Littbarski, Tendenzen, JZ 1981, 8 (10).

[171] Preu, Einfluß der Nichtigkeit, GRUR 1974, 623 (628).

[172] MüKo-Roth, § 242 Rn. 540; speziell für den Lizenzvertrag, BGH GRUR 1993, 595 ff. (596) - "Hemingway-Serie".

[173] Die Vertragsanpassung hat zur Voraussetzung, daß das Gleichgewicht von Leistung und Gegenleistung so stark gestört ist, daß die Grenze des übernommenen Risikos überschritten und das Interesse der benachteiligten Partei auch nicht mehr annähernd gewahrt ist; das Äquivalenzverhältnis muß schwerwiegend gestört sein, BGH GRUR 1993, 595 ff. (595) - "Hemingway-Serie".

[174] BGH GRUR 1990, 1007 (1009) - "Salome"; Palandt-Heinrichs, § 242 Rn. 130; MüKo-Roth, § 242 Rn. 544. Benkard-Ullmann, § 15 Rn. 124 weist darauf hin, daß der Grundsatz der Anpassung der Rechte und Pflichten bei einer jeden Störung des Gleichgewichts zwischen Leistung und Gegenleistung für den Lizenzvertrag nicht anerkannt wird.

Anpassung des Vertrages, so ist damit noch nicht gesagt, daß sich auch die Lizenzgebühren vermindern[175].

Ein weiteres wesentliches Argument spricht gegen die Anwendung der Grundsätze über den Wegfall der Geschäftsgrundlage. In der Rechtsprechung und Literatur ist anerkannt, daß die Grundsätze dann nicht heranzuziehen sind, wenn es sich um ein Risikogeschäft handelt und eine Risikozuordnung der Vertragsparteien anerkannt ist[176]. Denn hat eine Partei nach dem Vertragsinhalt bestimmte Risiken übernommen, so können Vorfälle innerhalb des Risikobereichs der Gegenpartei nicht nach der Geschäftsgrundlagenlehre behandelt werden. Die Geschäftsgrundlagenlehre dient gerade der Risikozuordnung[177], so daß im Falle der Risikozuordnung für sie gar kein Raum bleibt. Der Lizenzvertrag ist ein solches Risikogeschäft[178], wobei das Risiko des Bestandes des Schutzrechts nach Risikoverteilungsgesichtspunkten nicht der Lizenzgeber trägt, sondern der Lizenznehmer[179]. Aufgrund dieser anerkannten Risikoverteilung ist die Lehre von der Geschäftsgrundlage, die der Regelung unvorhergesehener Risiken dient, nicht das geeignete Rechtsinstitut, um für die Problematik eine Lösung zu finden.

Hinzu kommt, daß die Gewährleistungsvorschriften der Annahme der Grundsätze des Wegfalls der Geschäftsgrundlage vorgehen[180] und zunächst auch geprüft werden muß, ob die Auslegung nach § 157 BGB ergibt, daß die Parteien den Wegfall der Geschäftsgrundlage vertraglich nicht geregelt haben[181]. Auch ein Vergleich mit dem Pachtrecht macht die Nichtanwendung des Grundsatzes deutlich. Dort ist anerkannt, daß der Wegfall der Nutzungsmöglichkeit aus vom Pächter nicht zu vertretenden Umständen nicht als Wegfall der Geschäftsgrundlage behandelt wird[182]. Schließlich ist zu berücksichtigen, daß die Anwendung der Lehre vom Wegfall der Geschäftsgrundlage eine Rechtsprechung ohne voraussehbare Grenzen zur Folge haben könnte, da die Gefahr besteht, daß eine solche Rechtsprechung die Vertragstreue, die im Vordergrund des

---

[175] Vgl. BGH GRUR 1955, 468 (474) - "Schwermetall-Kokillenguß" für den Fall eines sog. Rahmenvertrages, der mehrere Patente zum Gegenstand hat.

[176] Vgl. MüKo-Roth, § 242 Rn. 541; BGH NJW 1982, 2861 ff. (2862); BGH GRUR 1993, 595 (597) - "Hemingway-Serie".

[177] Nicklisch, BB 1980, 949 ff. (949). Vgl. auch dort zu der Frage, ob die Geschäftsgrundlagenlehre mit dem Institut der ergänzenden Vertragsauslegung verwandt ist und die Kritik von Littbarski, Tendenzen, JZ 1981, 8 (11 ff.).

[178] Vgl. 1. Teil, B. I. 2. a).

[179] BGH NJW 1982, 2861 ff. (2862); Kraßer/Schmid, GRUR Int. 1982, 324 (338). Bei dem Risiko des Bestandes des Schutzrechts handelt es sich zudem um ein vorhersehbares Risiko, was schon aus diesem Grund der benachteiligten Vertragspartei zugerechnet wird, vgl. Nicklisch, BB 1980, 949 (951).

[180] Palandt-Heinrichs, § 242 Rn. 166 für Miete und Pacht.

[181] BGH GRUR 1961, 466 (468) - "Gewinderollkopf".

[182] MüKo-Voelskow, § 581 Rn. 3.

Vertrages steht, unterhöhlen und die Rechts- und Verkehrsunsicherheit erhöhen kann[183]. Die Maxime "pacta sunt servanda" muß gewährleistet sein.

(c) Weitere Lösungsvorschläge

In neuerer Literatur wird teilweise die Nichtigkeitserklärung des Patents mit rückwirkender Wirkung als nachträgliche Unmöglichkeit angesehen, so daß §§ 323-325 BGB als Grundlage für die Nichtrückzahlungspflicht des Lizenzgebers herangezogen werden können[184]. Da es sich bei der Lizenzgebührenpflicht um eine im Gegenseitigkeitsverhältnis stehende Pflicht handelt, finden auch auf den Lizenzvertrag die §§ 323 ff. BGB i.V.m. §§ 581 II, 535 BGB Anwendung[185]. Nach den §§ 323 ff. BGB kommt es maßgeblich darauf an, wer die Unmöglichkeit verschuldet hat. Bei von keiner Vertragspartei zu vertretender Unmöglichkeit verliert der Lizenzgeber den Gebührenzahlungsanspruch als Gegenleistung für die Zukunft nach § 323 BGB. Bis zur Nichtigkeitserklärung des Patents behält der Lizenzgeber aber seinen Anspruch auf Gegenleistung.

Bei dieser Lösung ist jedoch schon fraglich, ob es sich überhaupt um einen Fall der Unmöglichkeit handelt oder nicht vielmehr um einen Rechtsmangel. In diesem Fall wären über §§ 581 II, 541 BGB, die den Rechtsmangel bei einem Pachtvertrag regeln, die Mängelgewährleistungsvorschriften des Mietrechts gem. §§ 537 ff. BGB anwendbar. Diese Vorschriften würden dann sowohl den §§ 323 ff. BGB als auch dem Prinzip des Wegfalls der Geschäftsgrundlage vorgehen[186]. Zu prüfen ist, ob die sich nachträglich herausstellende, rückwirkende Nichtigkeit eines Patents einen Rechtsmangel i.S.d. § 541 BGB darstellt, und ob die Vorschrift auf das Lizenzvertragsrecht anwendbar ist.

Man könnte annehmen, daß die Vernichtung des Bestandes eines gewerblichen Schutzrechts ein Rechtsmangel i.S.d. §§ 581 II, 541 BGB ist[187], denn der vertragsmäßige Gebrauch des Patents wird entzogen. Infolge der Nichtigkeitserklärung des Patents haben andere die Möglichkeit, die Erfindung zu nutzen, so daß die

[183] Mitt. GRUR 1955, S. 570. Dort auch weitere Kritik.

[184] Kraßer/Schmid, GRUR Int. 1982, 324 (339); Körner, Der Bestand, GRUR 1982, 341 (343); vgl. auch zur Unmöglichkeit 2. Teil, B. I. 2. a).

[185] Benkard-Ullmann, § 15 Rn. 95. Bei der einfachen Lizenz finden die Vorschriften direkt, bei der ausschließlichen Lizenz analog Anwendung, vgl. 1. Teil, B. I. 2. g).

[186] Palandt-Putzo, § 537 Rn. 7 und 10, § 541 Rn. 5.

[187] Zwar stellt das i.S.d. § 541 BGB vorausgesetzte Recht eines Dritten ein Problem dar, da als Rechte Dritter nur Privatrechte anderer in Betracht kommen, MüKo-Voelskow, § 541 Rn. 4, jedoch könnte man entweder die Vorschrift analog auf den Lizenzvertrag anwenden, da eine gleiche Rechtslage vorliegt oder man müßte, da es sich um eine öffentlich-rechtliche Einwirkung handelt, einen Sachmangel i.S.d. § 537 BGB annehmen. Ergebnis wäre jeweils die Anwendung der Mängelvorschriften der §§ 537 ff. BGB.

vertraglich gewährte Vorzugsstellung des Lizenznehmers ende. Die Anwendbarkeit der Mängelgewährleistungsvorschriften des Mietvertragsrechts auf den Lizenzvertrag ist jedoch problematisch. Im Lizenzvertragsrecht ist anerkannt, daß § 437 BGB, der die für das Kaufrecht äquivalente Rechtsmangelgewährleistungsvorschrift darstellt, nicht anwendbar ist, denn der Lizenzgeber soll nicht für den künftigen Bestand seines Patents haftbar gemacht werden, da er nicht die Möglichkeit hat, das dem Lizenzvertrag immanente Risiko der nachträglichen Vernichtung des Patents zu beeinflussen[188]. Berücksichtigt man diese Risikoverteilung der Haftung auch bei der Frage der Anwendbarkeit der Gewährleistungsvorschriften des Mietvertragsrechts, so sind §§ 537 ff. BGB auf den Lizenzvertrag nicht anwendbar, mit dem Ergebnis, daß sich die Pflicht des Lizenznehmers zur Zahlung von Lizenzgebühren nicht aus diesen Vorschriften ableiten läßt. Man könnte nun argumentieren, daß aus dieser im Lizenzvertrag bestehenden Risikoverteilung, der Nichthaftung des Lizenzgebers für den Bestand des Patents, folgt, daß der Lizenzvertrag mit seinen Rechten und Pflichten unabhängig vom Bestand des Schutzrechts wirksam bleiben soll, und dem Lizenznehmer nach dem Zeitpunkt der Nichtigkeitserklärung des Patents, welche die Aufhebung seiner Vorzugsstellung zur Folge hat, ein Kündigungsrecht gem. §§ 581 II i.V.m. 542 BGB zusteht. Nach fristloser Kündigung des Lizenzvertrages bräuchte der Lizenznehmer dann keine Lizenzgebühren mehr zu zahlen.

Doch auch dieses Ergebnis, das trotz rückwirkender Nichtigkeitserklärung des Patents gem. §§ 21, 22 PatG an der Aufrechterhaltung des Lizenzvertrages bis zu einem Kündigungsrecht des Lizenznehmers festhält, und auf diese Weise die Nichtrückzahlung der Lizenzgebühren für die gesamte Zeit des Lizenzvertrages begründet, stellt keine eindeutige dogmatische Grundlage dar.

Es stellt sich daher die Frage, ob nicht doch die Unmöglichkeitsregeln als Rechtsgrundlage dienen. Dabei könnte es sich um eine anfängliche oder nachträgliche Unmöglichkeit handeln. Nachträgliche Unmöglichkeit setzt voraus, daß das Leistungshindernis nach Vertragsschluß entstanden ist[189]. Zwar war es dem Lizenzgeber möglich, dem Lizenznehmer durch die Lizenzerteilung und Nutzung des Patents eine tatsächliche Vorzugsstellung zu gewähren. Eine rechtlich wirksame Stellung hat der Lizenznehmer jedoch durch die rückwirkende Unwirksamkeit des Patents gem. §§ 21, 22 PatG nie erlangt. Seit Vertragsschluß war ihm die Ausnutzung des Patents auf rechtlicher

---

188 Vgl. BGH GRUR 1957, 595 ff. (596) - "Verwandlungstisch"; BGH GRUR 1961, 466 (468) - "Gewinderollkopf"; BGH GRUR 1983, 237 ff. (238) - "Brückenlegepanzer"; Kraßer/Schmid, GRUR Int. 1982, 324 (338); Benkard-Ullmann, § 15 Rn. 109.

189 Palandt-Heinrichs, § 275 Rn. 16.

Basis unmöglich. Es handelt sich somit um einen auf eine unmögliche Leistung gerichteten Vertrag i.S.d. § 306 BGB[190].

An der Annahme der anfänglichen Unmöglichkeit des Lizenzvertrages wurde in der Literatur teilweise Kritik geübt, die sich auf die Rechtsfolgen der Nichtigkeit des Vertrages stützt. Es wird ausgeführt, daß die Fiktion der Rückwirkung nicht so weit ausgedehnt werden dürfe, daß sie selbst die Tatsache zerstöre, daß ein Schutz (wenn auch kein gesetzlich begründeter) bestanden habe. Der Lizenzträger könne, der Fiktion der Rückwirkung ungeachtet, nicht bestreiten, daß er bis zur Nichtigkeitserklärung die Erfindung unter dem bestandenen Patentschutz ausgebeutet hatte[191]. Dem Lizenznehmer sei dabei nicht nur ein tatsächliches wirtschaftliches Gut verliehen, sondern es beinhalte auch Rechtswirkungen. Der ausschließliche und möglicherweise auch der einfache Lizenznehmer könne gegen Dritte mit rechtlichen Mitteln vorgehen[192]. Es liege auch kein "Scheinpatent"[193] vor, ebenso wie ein anfechtbarer Verwaltungsakt auch kein "Scheinverwaltungsakt" sei. Die bis zum Nichtigkeitsurteil bestehende Position würde rechtsgestaltend entzogen[194].

Es ist dieser Kritik zuzugestehen, daß die vorteilhafte Position des Lizenznehmers nicht geleugnet werden kann, und daß die Patenterteilung gewisse Rechtswirkungen erzeugte. Dennoch kann nur im Einklang mit der rückwirkenden Nichtigkeit des Patents gem. §§ 21, 22 PatG der Lizenzvertrag als von Anfang an i.S.d. § 306 BGB nichtig angesehen werden. Nur diese Lösung entspricht den patentrechtlichen Bestimmungen.

Folge der anfänglichen Unmöglichkeit ist gem. § 307 BGB, daß der Lizenzgeber, der die Unmöglichkeit der Leistung kennt oder kennen muß, zum Schadensersatz verpflichtet ist. Er muß das negative Interesse ersetzen. Die vom Lizenznehmer erbrachten Leistungen können nach Bereicherungsgrundsätzen gem. § 812 I BGB zurückverlangt werden. Damit hätte der Lizenzgeber grundsätzlich die Pflicht, die Lizenzgebühren zurückzuzahlen, da er bezüglich dieser aufgrund der Nichtigkeit des Vertrages unrechtmäßig bereichert ist. Nach dem in § 818 BGB geregelten Umfang des Bereicherungsanspruchs ist dann aber eine Entreicherung des Bereicherten im Rahmen der Saldotheorie zu berücksichtigen, wonach die Vorteile des Entreicherten auf den Bereicherungsanspruch anzurechnen sind[195]. Der Lizenznehmer müßte sich danach auf seinen grundsätzlich gegen den Lizenzgeber bestehenden Bereicherungsanspruch seine

---

[190] So auch Möhring, Einfluß der Vernichtung, Mitt. 1969, 296 ff.

[191] RG v. 17.12.1886 RGZ 17, 53. (56); ähnlich auch Trüstedt, GRUR 1939, 516 (519).

[192] Trüstedt, GRUR 1939, 516 (519); Preu, Einfluß der Nichtigkeit, GRUR 1974, 623 (626). So auch Kraßer/Schmid, GRUR Int. 1982, 324 (339) gegen die Anwendbarkeit von § 306 BGB.

[193] Möhring, Einfluß der Vernichtung, Mitt. 1969, 296 (298).

[194] Nirk, GRUR 1970, 329 (337 f.); Preu, Einfluß der Nichtigkeit, GRUR 1974, 623 (626).

[195] Vgl. Palandt-Thomas, § 818 Rn. 28.

Vorteile anrechnen lassen. Es ist bei dieser Lösung jedoch zum einen fraglich, ob überhaupt eine Rückabwicklung des Lizenzvertrages nach Bereicherungsrecht möglich ist. Bejaht man diese Frage, so stellt sich das Problem, ob über die Anwendung des Bereicherungsrechts ein interessengerechter Ausgleich möglich ist[196].

b) Nebenpflichten des einfachen Lizenznehmers

Neben der Hauptpflicht des Lizenzvertrages können für die Lizenzvertragsparteien unter Umständen ergänzende Nebenpflichten bestehen, die sich regelmäßig aus der Natur des Lizenzverhältnisses oder im Rahmen einer angemessenen Vertragserfüllung nach Treu und Glauben mit Rücksicht auf die Verkehrssitte gem. § 242 BGB ergeben. Es kann sich dabei um Pflichten auf ein positives Tun, wie z.B. die Ausübungspflicht des Lizenznehmers, oder um Pflichten auf Unterlassen vertragsschädlichen Verhaltens, wie beispielsweise die Wettbewerbsverbotspflicht des Lizenznehmers, handeln.

Diese Nebenpflichten haben nicht unbedingt nur die Aufgabe, die Hauptpflicht vorzubereiten, zu sichern, zu ergänzen und zu fördern (leistungsbezogene Nebenpflichten)[197]. Nebenpflichten können auch selbständigen Charakter haben[198] (Schutzpflichten oder weitere Verhaltenspflichten[199]). Die selbständigen Nebenpflichten verfolgen, im Gegensatz zu den leistungsbezogenen Nebenpflichten, einen eigenen Zweck.

Der Umfang und Inhalt der Nebenpflichten hängt generell von dem jeweiligen Vertragszweck, der Verkehrssitte und den Anforderungen des redlichen Geschäftsverkehrs ab[200]. Im folgenden werden die Nebenpflichten des Patentlizenzvertrages, die sich aus § 242 BGB und der Natur des Lizenzvertrages ergeben, dargestellt.

Auch die Nebenpflichten müssen auf ihre kartellrechtliche Zulässigkeit überprüft werden. Dabei ist davon auszugehen, daß grundsätzlich die Nebenpflichten, die bezwecken, die Treu und Glauben entsprechende Durchführung des Vertrages sicherzustellen und bei denen die Beschränkung der gesicherten Tätigkeit nicht geeignet ist, die allgemeine Marktlage zu beeinflussen, zulässig sind[201].

---

[196] So Möhring, Einfluß der Vernichtung, Mitt. 1969, 296, (298) ohne nähere Erläuterung der Abwicklung nach Bereicherungsrecht; a.A. BGH NJW 1982, 2861 (2863).
[197] Palandt-Heinrichs, Einl. v. § 241 Rn. 6.
[198] BGH GRUR 1961, 470 ff. (471) - "Mitarbeiter-Urkunde".
[199] Larenz, Lehrbuch Bd I., S. 138 f.
[200] Palandt-Heinrichs, Einl. v. § 241 Rn. 6.
[201] BGH GRUR 1955, 468 (472) - "Schwermetall-Kokillenguß".

aa) Handlungspflichten

(a) Ausübungspflicht

Der eigentliche Zweck des Lizenzvertrages, durch den der Lizenzgeber dem Lizenznehmer das Recht auf Benutzung der Erfindung erteilt, ist die Ausübung dieses Nutzungsrechts[202].

Die mögliche Ausübungspflicht[203] des Lizenznehmers, die aus der Fürsorgepflicht der Vertragspartner hergeleitet wird[204], ist jedoch grundsätzlich keine Hauptpflicht. Sie soll vielmehr als Nebenpflicht in erster Linie eine größtmögliche Höhe der als Hauptleistung geschuldeten Lizenzgebühr in den Fällen sicherstellen, in denen sich die Lizenzgebührenhöhe nach den Stückzahlen oder Umsatz richtet[205].

Bezüglich der Ausübungspflicht stellt sich zunächst die Frage, ob den Lizenznehmer überhaupt ohne vertragliche Vereinbarung eine Ausübungspflicht trifft und, wenn dies bejaht wird, welchen Inhalt sie hat.

Die erste Frage ist davon abhängig, welchen Umfang das dem Lizenznehmer erteilte Benutzungsrecht hat, vor allem, ob es sich um eine einfache oder ausschließliche Lizenz handelt. Weiterhin ist die Art der Lizenzgebühr von Einfluß, insbesondere die Vereinbarung einer Stücklizenz.

Dem einfachen Lizenznehmer obliegt, anders als dem ausschließlichen Lizenznehmer[206], ohne ausdrückliche vertragliche Vereinbarung im Zweifel nicht die Pflicht, das Patent auszuüben[207]. Dies ergibt sich schon aus der Anwendung der Pachtvorschriften und den anerkannten Pflichten des Pächters auf den einfachen Lizenzvertrag, der nach der hier vertretenen Meinung als Rechtspacht angesehen wird[208]. Den Pächter trifft grundsätzlich keine Benutzungspflicht[209]. Ein weiterer Grund dafür, daß es dem Lizenznehmer überlassen bleiben soll, von der Lizenz Gebrauch zu machen, ist, daß der Lizenzgeber bei

---

202 Schade, S. 21; vgl. zu einer Ausübungsklausel, 1. Teil, E. I. 2. f).

203 Vielfach wird in Anspielung auf die Ausübungspflicht des Verlegers auch von einer "Verlagslizenz" gesprochen, wenn der Lizenznehmer nicht nur das Recht erhält, sondern auch vertraglich die Pflicht übernimmt, von der Lizenz Gebrauch zu machen, vgl. Spengler, Verlagslizenz, GRUR 1964, 425 ff.

204 BGH GRUR 1961, 470 ff. (471) - "Mitarbeiter-Urkunde"; siehe auch Spengler, Verlagslizenz, GRUR 1964, 425 ff. (426).

205 Paul, NJW 1963, 2249 (2251); vgl. auch Breuer, GRUR 1912, 86 (94), der die Ausübungspflicht als Teil der Hauptleistung ansieht.

206 Siehe zur Ausübungspflicht des ausschließlichen Lizenznehmers, 1. Teil, E. I. 1. c) aa).

207 Stumpf/Groß, Rn. 152; Klauer/Möhring, § 9 Rn. 78; Körner, BB 1980, 1662 ff. (1663); Schade, S. 35.

208 Vgl. 1. Teil, B. I. 2. g).

209 Palandt-Putzo, § 581 Rn. 11; vgl. auch Paul, NJW 1963, 2249 (2251): "Nutzungsüberlassungsverträge berechtigen, aber verpflichten grundsätzlich nicht zum Benutzen"; dies gilt auch für den Lizenzvertrag, m.w.N.; dagegen sieht das BGB für die Landpacht eine Pflicht zur ordnungsgemäßen Bewirtschaftung der Pachtsache vor, § 586 I S. 3 BGB.

der einfachen Lizenz selber tätig werden oder auch andere Lizenznehmer auswählen kann und dadurch die Möglichkeit hat sicherzugehen, daß das Patent verwertet und die Lizenz ausgeübt wird. Der Lizenznehmer soll durch die Lizenzerteilung die Möglichkeit erhalten, ungehindert das Patent zu verwerten, ohne gleichzeitig zur Ausübung verpflichtet zu sein. Die Nichtausübungspflicht entspricht bei der einfachen Lizenz daher regelmäßig dem Parteiwillen[210].

Oft gibt im Zweifel die Auslegung des Parteiwillens unter Berücksichtigung der besonderen Umstände des Einzelfalls Aufschluß darüber, ob die Vertragsparteien von einer Ausübungspflicht ausgegangen sind[211]. So begründet die Vereinbarung einer Stücklizenz[212] in einem einfachen Lizenzvertrag regelmäßig eine Ausübungspflicht[213]. Dieser Auffassung ist entgegen kritischer Stimmen[214] zu folgen. Der Lizenzgeber, der sich eine Stücklizenz versprechen läßt, schließt einen "wirtschaftlichen" Vertrag, der ihm nur dann Erträge bringt, wenn die Erfindung verwertet wird. Die Ausübung der Erfindung entspricht bei dieser Vereinbarung seinem Parteiwillen und materiellem Interesse. Dies ist auch für den Lizenznehmer erkennbar. Die Stücklizenz bildet somit nicht nur ein Indiz für die Ausübungspflicht[215], sondern die Ausübungspflicht ist die logische Konsequenz der Vereinbarung einer Stücklizenz. Andernfalls wäre die Vereinbarung sinnlos. Denn warum sollte man eine Stücklizenz vereinbaren, wenn die Ausübung des Patents nicht zugleich sichergestellt ist? Der Lizenznehmer könnte dem Lizenzgeber indirekt Gewinne aus seiner Erfindung vorenthalten. Im Zweifel zielt daher die Vereinbarung einer Stücklizenzabrede nach Sinn und Zweck des Vertrages auf eine Ausübungspflicht ab. Es ist auch anerkannt, daß die Vereinbarung einer Ausübungspflicht bei einer Stücklizenz rechtlich unbedenklich ist[216]. Weiterhin wird auch

---

210 Lüdecke, Ausübungspflicht, GRUR 1952, 211 (213).

211 RG v. 30.4.1940 MuW 1940, 170 ff. (171); BGH GRUR 1961, 470 (472) - "Mitarbeiter-Urkunde"; Lüdecke, Ausübungspflicht, GRUR 1952, 211 (212 f.); Finger, Ausschließliche Lizenz, WRP 1971, 207 (209); Schade, S. 26; Stumpf/Groß, Rn. 150.

212 Siehe zur Stücklizenz 1. Teil, E. I. 1. a) aa) (b).

213 KG v. 8.5.1935 GRUR 1935, 892 ff. (893); Lüdecke, Ausübungspflicht, GRUR 1952, 211 (215); Breuer, GRUR 1912, 86 (94); Paul, NJW 1963, 2249 (2251); Wertheimer, GRUR 1930, 578 (580); Hesse, Schutzumfang, GRUR 1972, 505 ff. (505); Spengler, Verlagslizenz, GRUR 1964, 425 (426 f.); Finger, Ausschließliche Lizenz, WRP 1971, 207 (209); Klauer/Möhring, § 9 Rn 76, 78; Reimer, § 9 Rn. 55; Schultz, S. 43; Paul, NJW 1963, 2249 (2251); Schade, S. 42 f. m.w.N.

214 Tetzner, Kommentar, § 9 Rn. 20; Rasch, S. 39; Stumpf/Groß, Rn. 152, der die Tatsache, daß eine Stück- oder Umsatzlizenz vereinbart wurde, noch nicht für einen Ausübungspflicht ausreichen läßt; Groß, GRUR 1951, 369 f. (370) verneint die Ausübungspflicht bei der Stücklizenz, "da die Erfahrung zeigt, daß, wenn die Parteien die Ausübungspflicht nicht ausdrücklich vereinbart haben, sie mit ihren weitgehenden Folgen auch nicht gewollt haben". Gegen diese Kritik läßt sich jedoch schon einwenden, daß man sich Pflichten, die sich aus den Vereinbarungen naturgemäß ergeben, nicht mit dem Argument entziehen kann, daß sie nicht dem Interesse einer Vertragspartei entsprechen.

215 So Lüdecke, Ausübungspflicht, GRUR 1952, 211 (214).

216 BGH GRUR 1961, 470 ff. (471) - "Mitarbeiter-Urkunde"; BGH GRUR 1969, 560 ff. (561) - "Frischhaltegefäß"; BGH GRUR 1980, 38 (40) - "Fullplastverfahren"; BGH GRUR 1969, 560 ff. (561) - "Frischhaltegefäß".

im Pachtrecht nach Treu und Glauben eine Ausübungspflicht angenommen, wenn der Pachtzins nach einem Bruchteil des Ertrages bemessen ist[217].

Etwas anderes ergibt sich, wenn zusätzlich zu einer Stücklizenz eine Mindestlizenzgebühr[218] vereinbart wurde. Die durch die Zusage einer Mindestlizenzgebühr angestrebte wirtschaftliche Sicherstellung in Form eines vom Umsatz und Gewinn unabhängigen Betrages, der auf jeden Fall zu zahlen ist, läßt nicht mehr auf eine Ausübungspflicht schließen[219]. Im Gegensatz zur Stücklizenz ohne Mindestlizenzgebühr ergibt die Stücklizenz mit Mindestlizenzgebühr auch ohne Ausübungspflicht des Lizenznehmers Sinn. Der Lizenzgeber erhält unabhängig von einer Auswertung einen Mindestlizenzbetrag. Der Parteiwille ist jedoch auch hier maßgebend und kann zu einem anderen Ergebnis führen.

Weiterhin könnte die Vereinbarung, durch die dem Lizenzgeber ein Anteil an der Produktion zugesagt wird, für eine Ausübungspflicht sprechen, da hierdurch der Lizenznehmer seine Bereitschaft zu produzieren zeigt[220]. Zudem weist ein einfacher Lizenzvertrag mit gesellschaftsrechtlichen Zügen auf eine Ausübungspflicht hin, weil hiermit signalisiert wird, daß Lizenzgeber und Lizenznehmer gemeinsam das Geschäft machen werden, d.h. den gemeinsamen Zweck, die gewerbliche Auswertung des Schutzrechts, fördern[221]. Weitere Indizien sind die Vereinbarung eines Wettbewerbsverbots[222], da dadurch dem Lizenzgeber garantiert werden soll, daß der Lizenznehmer sich mit allen Kräften der Auswertung der Lizenz widmet[223], ferner, wenn der Lizenznehmer einer Bezugspflicht[224] unterworfen ist, um einen bestimmten qualitätsmäßigen Standard sicherzustellen[225]. Erteilt der Lizenzgeber die Lizenz jedoch mit Vorbehalten, z.B. indem er dem Lizenznehmer eine Zeit-, Gebiets- oder Quotenlizenz[226] einräumt, so spricht das gegen eine Ausübungspflicht[227], ebenso das Vorliegen einer Gratislizenz[228].

---

217 Spengler, Verlagslizenz, GRUR 1964, 425 ff. (425); Delbrück, MDR 1949, 280 ff.(281).
218 Siehe zur Mindestlizenzgebühr 1. Teil, E. I. 1. a) bb) (a).
219 Lüdecke, Ausübungspflicht, GRUR 1952, 211 (215); Finger, Ausschließliche Lizenz, WRP 1971, 207 (210); Klauer/Möhring, § 9 Rn. 76.
220 Lüdecke, Ausübungspflicht, GRUR 1952, 211 (215 f.); Finger, Ausschließliche Lizenz, WRP 1971, 207 (209).
221 Wertheimer, GRUR 1930, 578 (580); Lüdecke, Ausübungspflicht, GRUR 1952, 211 (216).
222 Siehe dazu 1. Teil, E. I. 2. q); siehe zur Wettbewerbsverbotspflicht des ausschließlichen Lizenznehmers 1. Teil, E. I. 1. c) ee).
223 Finger, Ausschließliche Lizenz, WRP 1971, 207 (209).
224 Vgl. zu einer Bezugspflichtklausel 1. Teil, E. I. 2. s).
225 Finger, Ausschließliche Lizenz, WRP 1971, 207 (209).
226 Siehe zu den genannten Lizenzarten 1. Teil, C. I. 1. c).
227 Lüdecke, Ausübungspflicht, GRUR 1952, 211 (216); Finger, Ausschließliche Lizenz, WRP 1971, 207 (210); Schade, S. 27.
228 Lüdecke, Ausübungspflicht, GRUR 1952, 211 (214).

Insgesamt gilt, daß je enger die Bindung der Vertragsparteien durch die Vereinbarungen ausgestaltet ist, desto eher die Ausübungspflicht als Fürsorgepflicht begründet werden kann[229].

Von der Ausübungspflicht des Lizenznehmers ist der Ausübungszwang des Patentinhabers zu unterscheiden, der durch das Instrument der Zwangslizenz zum Ausdruck kommt[230]. Bezüglich der Zwangslizenz schließt sich die Frage an, ob der Zwangslizenznehmer zur Ausübung verpflichtet ist[231].

Beinhaltet der einfache Lizenzvertrag nach den dargestellten Grundsätzen eine Ausübungspflicht[232], so knüpft sich daran in der Regel eine Werbepflicht[233].

(b) Rechnungslegungspflicht

Mit der Hauptpflicht des Lizenznehmers, der Zahlungspflicht, ist die Rechnungslegungspflicht[234] eng verbunden. Nach ständiger Rechtsprechung hat der Lizenznehmer auch ohne ausdrückliche Vertragsklausel die Pflicht zur Abrechnung der fällig gewordenen Lizenzgebühren bei Stück- und Umsatzlizenzen[235]. Daneben besteht die Rechnungslegungspflicht des Lizenznehmers als Grundlage der Schadensberechnung[236]. Die Pflicht zur Rechnungslegung wird dabei teilweise aus §§ 666, 675 BGB hergeleitet, indem der Lizenznehmer als von dem Lizenzgeber Beauftragten behandelt wird[237], aus §§ 666 BGB analog[238], aus einem bestehenden Handelsbrauch bei Kaufleuten[239] oder aus § 157 BGB im Wege der ergänzenden Auslegung der Vertragspflichten[240].

---

229 BGH GRUR 1961, 470 ff. (471) -"Mitarbeiter-Urkunde".
230 Siehe zur Zwangslizenz 1. Teil, C. I. 4.
231 Siehe dazu 1. Teil, E. I. 1. e) aa).
232 Vgl. zum Inhalt der Ausübungspflicht 1. Teil, E. I. 1. c) aa).
233 Siehe zur Werbepflicht 1. Teil, E. I. 1. c) bb).
234 Vgl. zu einer solchen Klausel 1. Teil, E. I. 2. 1.
235 RG v. 12.2.1930 GRUR 1930, 430 f. (430); RG v. 13.1.1932 MuW 1932, 199 ff. (200); RG v. 4.1.1936 GRUR 1936, 943 (945); RG v. 9.9.1936 GRUR 1937, 1003 (1006); RG v. 8.11.1938 Mitt. 1939, 12 f. (13); RG v. 17.11.1939 GRUR 1940, 146 (149); BGH GRUR 1961, 466 (469); BGHZ 93, 327 (329) - "Thermotransformator"; BGH GRUR 1969, 409 ff. (410) - "Metallrahmen".
236 Siehe dazu 3. Teil, A. I. 1. e) aa).
237 RG v. 13.1.1932 MuW 1932, 199 ff. (200).
238 RG v. 12.2.1930 GRUR 1930, 430 f. (430); Stumpf/Groß, Rn. 136.
239 Rasch, S. 46.
240 Lüdecke/Fischer, S. 553. Die Pflicht kann sich jedoch nicht, wie teilweise angenommen (RG v. 8.11.1938 Mitt. 1939, 12 f.) aus § 259 BGB ergeben, da diese Vorschrift nur die Art und Weise der Erfüllung der Rechnungslegungspflicht regelt. Beinhaltet der Lizenzvertrag gesellschaftsrechtliche Element, so ergibt sich die Rechnungslegungspflicht direkt aus §§ 713, 666 BGB, vgl. 1. Teil, E. I. 1. b) cc) (c).

Zweck der Rechnungslegung ist es, dem Lizenzgeber eine Prüfung darüber zu ermöglichen, ob und in welcher Höhe ihm Ansprüche gegen den Lizenznehmer zustehen[241].

In Abgrenzung zum Auskunftsverlangen[242] geht die Rechnungslegung inhaltlich über die Erteilung einer Auskunft hinaus. Sie enthält neben der auch mit der Auskunft verbundenen Unterrichtung weitergehende detailliertere Informationen durch die Vorlage der Einnahmen- und Ausgabenaufstellung[243].

Die Beurteilung der Rechnungslegungspflicht unterliegt dem Grundsatz von Treu und Glauben gem. § 242 BGB[244].

Die Pflicht hat gem. § 259 I BGB zum Inhalt, dem Lizenzgeber eine geordnete Zusammenstellung der Einnahmen mitzuteilen und ihm die Möglichkeit der Nachprüfung ihrer Richtigkeit zu geben[245]. Der Inhalt der Pflicht im einzelnen hängt dabei von den Einzelfallumständen und der Verkehrsübung ab, richtet sich also jeweils nach dem Inhalt des Rechtsverhältnisses[246]. Die Rechnungslegung bei einer Stücklizenz gestaltet sich anders als bei einer Umsatzlizenz. Die Mitteilung der Summe der in einem gewissen Zeitabschnitt verkauften lizenzpflichtigen Waren ist dabei im allgemeinen ungenügend, da dadurch die Nachprüfung der Einzelposten auf ihre Richtigkeit nicht möglich ist[247]. Es müsse daher von jeder einzelnen Lieferung Datum und Menge der gelieferten Ware mitgeteilt werden[248].

Die Rechnung könne auch in der Weise gelegt werden, daß der Lizenznehmer darlegt, er habe von der Lizenz keinen Gebrauch gemacht[249].

---

241 RG v. 12.2.1930 GRUR 1930, 430 f. (430).

242 Teilweise werden die Begriffe Auskunftspflicht und Rechnungslegungspflicht fälschlicherweise als Synonym behandelt, BGH GRUR 1953, 114 (118). Eine allgemeine Auskunftspflicht ist dem BGB unbekannt, Palandt-Heinrichs, § 261 Rn. 3. Die Pflicht zur Auskunftserteilung kann sich aber aus dem BGB ergeben, wenn die zwischen den Parteien bestehenden Rechtsbeziehungen es mit sich bringen, daß der Berechtigte in entschuldbarer Weise über Bestehen oder Umfang seines Rechts im Ungewissen ist und der Verpflichtete die zur Beseitigung der Ungewißheit erforderliche Auskunft unschwer geben kann, Palandt-Heinrichs, § 261, Rn. 8.

243 BGHZ 93, 327 (330) - " Thermotransformator" m.w.N. Siehe zu der Frage, ob bei Wettbewerbsverstößen regelmäßig nur ein Auskunftsanspruch, so BGH GRUR 1978, 52 ff. (53) - "Fernschreibverzeichnisse", oder auch ein Rechnungslegungsanspruch besteht, Schulze zur Wiesche, Anmerkungen zu BGH GRUR 1978, 52 ff. (53 f.) - "Fernschreibverzeichnisse".

244 RG v. 12.2.1930 RGZ 127, 243 (245); BGH GRUR 1961, 466 (469) - "Gewinderollkopf"; BGH GRUR 1974, 53 ff. (54) - "Nebelscheinwerfer". Dies gilt auch für die Auskunftspflicht, BGH GRUR 1978, 52 ff. (523) - "Fernschreibverzeichnisse".

245 RG v. 4.1.1936 GRUR 1936, 943 (945); RG v. 12.2.1930 GRUR 1930, 430 f. (431) m.w.N.

246 RG v. 12.2.1930 GRUR 1930, 430 f. (430); RG v. 17.11.1939 GRUR 1940, 146 (149).

247 RG v. 4.1.1936 GRUR 1936, 943 (945).

248 RG v. 4.1.1936 GRUR 1936, 943 (945).

249 RG v. 13.1.1932 MuW 1932, 199 ff. (200). Dies wird auch häufig in Verträgen mit der Klausel vereinbart, daß für Abrechnungszeiträume, in denen keine lizenzpflichtigen Umsätze erzielt werden, der Lizenznehmer eine Fehlmeldung übersendet.

In einigen Großunternehmen auf der Lizenzgeberseite wird die Rechnungslegungspflicht dadurch erfüllt, daß der Lizenznehmer vom Lizenzgeber vorgegebene Abrechnungsformulare ausfüllt. Dies erleichtert nicht nur die Buchführung des Lizenzgebers, sondern auch die Erfüllung der Pflicht des Lizenznehmers durch präzis aufgeführte Rechnungsposten.

Aus Treu und Glauben ergeben sich auch die Grenzen der Rechnungslegungspflicht. Der Lizenzgeber darf nicht mehr Angaben verlangen, als er zur Bezifferung seines Anspruchs benötigt[250]. Im Falle der Rechnungslegungspflicht zur Schadensberechnung ist der Lizenznehmer nicht verpflichtet, einem Konkurrenten seine geschäftlichen Verhältnisse zu offenbaren, z.B. Informationen über seine Abnehmer zu geben[251]. Die Offenlegung der Geschäftsbücher des Lizenznehmers stellt einen zu weitgehenden Eingriff dar, der nicht aus § 242 gerechtfertigt ist[252]. Denn in diesem Fall besteht eine Kollision zwischen dem Abrechnungs- und Nachprüfungsinteresse des Verletzten und dem schutzwürdigen Interesse des Lizenznehmers an der Geheimhaltung seiner Geschäftsunterlagen, besonders der Kundenliste. Die Kollision ist zugunsten des Lizenznehmers zu entscheiden. Der Lizenznehmer braucht daher bei Gefahr wettbewerblichen Mißbrauchs und in den Fällen, in denen die Aufdeckung der Geschäftsbeziehungen so schwerwiegende Nachteile mit sich bringen würde, daß sie das Interesse an einer lückenlosen Rechnungslegung überwiegen, seine Angaben lediglich einem neutralen, zur Verschwiegenheit verpflichteten Sachverständigen mitzuteilen[253].

Überträgt der Hauptlizenznehmer die Benutzungserlaubnis auf einen Dritten, so habe der Hauptlizenznehmer dafür zu sorgen und einzustehen, daß die ihm obliegende Rechnungslegungspflicht insoweit erfüllt wird[254]. Ist die Rechnungslegung bereits einmal erfolgt, so sei die Verurteilung zu weiterer Rechnungslegung regelmäßig nur dann zulässig, wenn der Rechnungslegungspflichtige die Rechnung auf falscher Grundlage erteilt hat[255]. Die Feststellungsklage auf Rechnungslegung sei zulässig, wenn der Rechnungslegungsanspruch sich überwiegend auf die Zukunft bezieht[256].

Der Lizenznehmer ist mangels Abrede grundsätzlich verpflichtet, in angemessener Zeit Rechnung zu legen. Die Bestimmung der Angemessenheit richtet sich dabei wiederum

---

250 Vgl. BGH GRUR 1974, 53 ff. (54) - "Nebelscheinwerfer"; BGH GRUR 1976, 579 (583) - "Tylosin".

251 Siehe RG v. 12.2.1930 GRUR 1930, 430 f. (431); BGH GRUR 1978, 52 ff. (53) - "Fernschreibverzeichnisse".

252 Siehe BGH GRUR 1961, 466 (469) - "Gewinderollkopf".

253 BGH GRUR 1957, 336 - "Rechnungslegung"; BGH GRUR 1962, 354 (357) - "Furniergitter", mit zustimmender Anmerkung von Friedrich, 358; BGH GRUR 1976, 579 (583) - "Tylosin"; in BGH GRUR 1961, 466 (469) - "Gewinderollkopf" stellt sogar diese Möglichkeit einen zu weitgehenden, nicht nach § 242 BGB gerechtfertigten Eingriff dar.

254 BGH GRUR 1953, 114 (118); vgl. dazu 1. Teil, E. I. 1. d) aa).

255 RG v. 17.11.1939 GRUR 1940, 146 (149); BGH GRUR 1974, 53 ff. (54) - "Nebelscheinwerfer".

256 RG v. 8.11.1938 Mitt. 1939, 12 f. (13).

nach den Umständen des Einzelfalls und dem Grundsatz von Treu und Glauben[257]. Der Lizenznehmer muß zu üblichen, zumutbaren Zeitpunkten Rechnung legen, wobei dies meist die quartalsweise Abrechnung ist[258].

Streitig ist, ob die Pflicht zur Rechnungslegung eine Haupt- oder eine Nebenpflicht des Lizenznehmers darstellt. Aus der Bedeutung der Rechnungslegung für den Umfang der Zahlungspflicht wird teilweise gefolgert, daß es sich um eine Hauptpflicht handelt[259]. Andererseits wird gerade aus dem Zweck der Rechnungslegung, der Ermöglichung und Vorbereitung der Zahlung, entnommen, daß die Rechnungslegungspflicht eine Nebenpflicht ist[260].

Nach richtiger Auffassung kann nicht pauschal festgelegt werden, die Rechnungslegungspflicht als Haupt- oder Nebenpflicht einzuordnen. Vielmehr entscheide darüber in erster Linie der Parteiwille[261], wobei es darauf ankommt, ob der Leistung eine so wesentliche Bedeutung beigemessen wird, daß sie unter allen Umständen erfüllt werden soll[262]. Daneben seien die Umstände des Einzelfalls ausschlaggebend[263]. Wie bereits erwähnt, dienen die Nebenpflichten in der Regel der Erfüllung, Ergänzung oder Förderung der Hauptpflicht[264]. Sie können jedoch auch selbständigen Charakter haben[265].

Nach diesen Grundsätzen ist jeweils zu fragen, ob die Parteien die Pflicht zur Rechnungslegung als wesentlich angesehen haben. In den meisten Fällen wird sich aus dem Parteiwillen und den Umständen ergeben, daß die Zahlungspflicht im Vordergrund steht und die Rechnungslegungspflicht, sozusagen als Hilfspflicht zur Erfüllung des Zahlungsanspruchs, nur sekundären Charakter hat[266] und damit Nebenpflicht ist. Die Rechnungslegungspflicht wird dabei im Zweifel nur dann Nebenpflicht sein, wenn die Rechnungslegung lediglich die Bedeutung und Aufgabe hat, die Kontrolle des vollständigen Eingangs der vorher zahlbaren Lizenzvergütungen zu ermöglichen[267].

---

[257] Stumpf/Groß,Rn. 138; Lüdecke/Fischer, S. 555.
[258] Lüdecke/Fischer, S. 555.
[259] Lüdecke/Fischer, S. 554; Stumpf/Groß, Rn. 139.
[260] BGH GRUR 1961, 466 (469) - "Gewinderollkopf".
[261] RG v. 9.9.1937 GRUR 1937, 1003 (1006); BGH GRUR 1960, 558 (560) - "Eintritt in Kundenbestellung"; Benkard-Ullmann, § 15 Rn. 96.
[262] RG v. 9.9.1937 GRUR 1937, 1003 (1006).
[263] BGH GRUR 1961, 466 (469) - "Gewinderollkopf"; RG v. 9.9.1937 GRUR 1937, 1003 (1006); Lüdecke/Fischer, S. 51.
[264] Lüdecke/Fischer, S. 52.
[265] Vgl. BGH GRUR 1961, 470 ff. (471) - "Mitarbeiter-Urkunde".
[266] Ähnlich auch RG v. 17.11.1939 GRUR 1940, 146 (149).
[267] RG v. 9.9.1936 GRUR 1937, 1003 (1006).

Neben dem Recht auf Rechnungslegung hat der Lizenzgeber kein Recht auf Einsichtnahme in die Geschäftsbücher des Lizenznehmers, dies auch dann nicht, wenn der Lizenznehmer seiner Rechnungslegungspflicht nicht nachkommt[268].

Bestehen im Einzelfall Zweifel darüber, wer die Kosten der Buchprüfung grundsätzlich zu tragen hat, so trifft diese den Lizenzgeber[269]. Über die Kostentragungspflicht werden üblicherweise im Lizenzvertrag Vereinbarungen getroffen[270].

(c) Verbesserungspflicht

Dem Lizenznehmer trifft eine Verpflichtung zur Vornahme von Verbesserungen grundsätzlich nur bei vertraglicher Vereinbarung[271]. Gleiches gilt für die Pflicht, dem Lizenzgeber die Rechte an den verbesserten Erfindungen zu übertragen oder ihm daran Benutzungsrechte einzuräumen[272]. Er ist aber befugt, von sich aus Verbesserungen vorzunehmen und den Lizenzgegenstand in verbesserter Weise auszuführen[273].

Nach einer Entscheidung vom Kammergericht vom 31.5.1930[274] bedeutet Verbesserung:

> "die Merkmale in der vom Hauptpatent angestrebten Richtung besser zur Wirkung zu bringen, also entweder die Wirkung weitergehend zu erreichen oder neben derjenigen des Hauptpatents eine andere Wirkung zu erzielen oder die Wirkung einfacher zu erreichen".

Die Pflicht des Lizenznehmers zur Vornahme von Verbesserungen, also zur Weiterentwicklung der Erfindung[275], die teilweise aus der Ausführungspflicht des Lizenznehmers abgeleitet wird[276], kann jedoch nicht generell verneint werden. Nach

---

268 Schade, S. 75 m.w.N.; Stumpf/Groß, Rn. 142. Etwas anderes könnte sich aus §§ 716, 717 ergeben, wenn es sich um ein Lizenzvertrag mit gesellschaftsrechtlichen Elementen handelt vgl. 1. Teil, E. I. 1. b) cc) (c).

269 Vgl. Stumpf/Groß, Rn. 144.

270 Vgl. 1. Teil, E. I. 2. l).

271 Siehe Lüdecke/Fischer, S. 134; Zeller, S. 97; Schade, S. 73; Benkard-Ullmann, § 15 Rn. 86; Stumpf/Groß, Rn. 171; Henn, S. 165; einschränkend Rasch, S. 40, der bezüglich der Art der Verbesserung differenziert. Danach besteht keine Pflicht zu "Verbesserungen im eigentlichen Sinn" (solche, die gegenüber der bei Vertragsschluß von den Parteien zugrunde gelegten Erfindung einen eigenen Erfindungsgedanken darstellen, S. 28), jedoch zur Vornahme sonstiger Verbesserungen, die "lediglich die vorausgesetzte Ausführbarkeit der Erfindung betreffen"; a.A. Wertheimer, GRUR 1930, 578 (581), der die Verbesserungspflicht auf das Wesen des Lizenzvertrages als ein Vertrauensverhältnis stützt. Vgl. zu einer Verbesserungsklausel 1. Teil, E. I. 2. o).

272 Vgl. zur wettbewerbsrechtlichen Problematik solcher Vereinbarungen 1. Teil, E. I. 2. o), und zur Mitteilungspflicht des Lizenznehmers bezüglich Verbesserungen 1. Teil, E. I. 1. b) aa) (g) (aa).

273 Isay, S. 317; Wertheimer, GRUR 1930, 578 (581); Lüdecke, Ausübungspflicht, GRUR 1952, 211 (217); Benkard-Ullmann, § 15 Rn. 86. Will der Lizenzgeber verhindern, daß der Lizenznehmer Verbesserungen vornimmt, kann er z.B. vereinbaren, daß Änderungen oder Verbesserungen seiner Einwilligung bedürfen, Stumpf/Groß, Rn. 170.

274 GRUR 1931, 754 ff. (754); vgl. auch RG v. 5.4.1938 GRUR 1938, 766 ff.

275 Davon abzugrenzen ist die Pflicht, die "Erfindung verwertungsreif zu machen und Verfahrensmängel sowie Kinderkrankheiten zu beseitigen", Schade, S. 73.

276 Schade, S. 73; Lüdecke/Fischer, S. 134.

Lage des Einzelfalls und unter der Berücksichtigung des Grundsatzes von Treu und Glauben könne eine solche Pflicht angenommen werden[277]. Insbesondere wenn ein enges Verhältnis zwischen Lizenzgeber und Lizenznehmer vorliegt, z.B. durch die Vereinbarung von Mitwirkungspflichten, könne man die Pflicht zur Vornahme von Verbesserungen bejahen[278]. Weiterhin sei es möglich Verbesserungen und damit verbunden auch die Beseitigung von Fehlern vom Lizenznehmer dann zu verlangen, wenn dieser die betrieblichen Möglichkeiten dazu hat[279]. Auch spreche die vertragliche Auferlegung einer Ausübungspflicht und die, die sich aus den Umständen des Vertrages ergibt, für die Verbesserungspflicht des Lizenznehmers[280]. Die Verbesserungspflicht des Lizenznehmers sollte jedoch generell zurückhaltend angenommen werden, da die Verbesserung der Erfindung nicht selten mit einem beträchtlichen finanziellen und zeitlichen Aufwand verbunden ist.

Nimmt man jedoch bei Vorliegen der genannten Umstände eine Verbesserungspflicht des Lizenznehmers an, so geht diese aber nicht so weit, daß die Verbesserung auch Neuerungen mit selbständigem Erfindungswert umfaßt[281]. Die Verbesserungen beziehen sich nur auf das Gebiet des Vertragsgegenstandes[282].

Fraglich ist, ob die Anwendung von Verbesserungen, die vom Lizenznehmer stammen, Einfluß auf die Höhe der Lizenzgebühr hat. Nach Treu und Glauben wird man hier annehmen müssen, daß die ursprünglich vereinbarte Lizenzgebühr weiter zu zahlen ist, da der Lizenznehmer weiterhin das Patent benutzt und er seine Verbesserung nicht ohne den Erfindungsgedanken und patentierten Gegenstand hätte verwenden können. [283]. Unter Umständen, insbesondere im Falle einer bedeutenden Verbesserung, oder einer Umgestaltung insoweit, daß man vom einem "anderen Verfahren" sprechen kann, könne jedoch nach Treu und Glauben eine Herabsetzung der Lizenzgebühr für die Zeit seit Verwendung der Verbesserung gerechtfertigt sein[284].

---

277 So auch Lüdecke, Ausübungspflicht, GRUR 1952, 211 (217); Lüdecke/Fischer, S. 134.

278 RG v. 14.7.1934 Mitt. 1934, 236 ff. (237); Lüdecke, Ausübungspflicht, GRUR 1952, 211 (217); Reimer, S. 405; Stumpf/Groß, Rn. 171; so auch Wertheimer, GRUR 1930, 578 (581), der von der grundsätzlich bestehenden Verbesserungspflicht ausgeht, da er annimmt, daß Teil des Wesens des Lizenzvertrages die Entstehung eines Vertrauensverhältnis ist.

279 Lüdecke, Ausübungspflicht, GRUR 1952, 211 (217).

280 Wertheimer, GRUR 1930, 578 (581); Schade, S. 72; Lüdecke/Fischer, S. 134.

281 RG v. 14.6.1940 GRUR 1940, 439 (440); Lüdecke/Fischer, S. 135.

282 RG v. 14.6.1940 GRUR 1940, 439 ff. (440).

283 RG v. 14.7.1934 Mitt. 1934, 236 (238); Lüdecke/Fischer, S. 461.

284 Siehe RG v. 14.7.1934 Mitt. 1934, 236 (238).

Benutzt der Lizenznehmer Verbesserungen des Lizenzgebers, so erhöht sich dadurch die Lizenzgebühr nicht, da die Zustimmung des Lizenzgebers zur kostenlosen Mitbenutzung unterstellt werden kann[285].

Eine weitere Frage, die auch von den Umständen des Einzelfalls und Treu und Glauben zu beantworten ist, besteht darin, ob dem Lizenznehmer die Verpflichtung trifft, vom Lizenzgeber gefundene Verbesserungen anzuwenden. Da dies in den meisten Fällen im Interesse der Vertragsparteien an der Verwertung einer bestmöglichen, weiterentwickelten Erfindung liegt, wird dies wohl zu bejahen sein.

(d) Kennzeichnungspflicht

Aus der Natur des Lizenzverhältnisses ergibt sich grundsätzlich keine Pflicht und Berechtigung des Lizenznehmers, die aufgrund des Lizenzvertrages hergestellten Produkte zu markieren[286]. Sollte die Kennzeichnung der Produkte mit dem Namen oder Zeichen des Lizenzgebers im Interesse der Vertragsparteien liegen, z.B. für den Lizenzgeber, damit sein Name oder Zeichen nicht in Vergessenheit gerät, so muß eine solche Pflicht vertraglich vereinbart werden[287].

(e) Aufrechterhaltungs- und Verteidigungspflicht des Patents

Dem einfachen Lizenznehmer trifft nach h.M. keine Pflicht, das Patent durch Zahlung der Patentgebühren gem. §§ 17, 20 I Nr. 3 PatG aufrechtzuerhalten[288]. Daß dies die Aufgabe des Lizenzgebers ist, ergibt sich schon aus der Anwendung der Pachtvertragsvorschriften[289], wonach der Verpächter gem. §§ 581, 535, 536 BGB zur vertragsgemäßen Gebrauchsgewährung und damit zur Aufrechterhaltung des Vertragsgegenstandes verpflichtet ist[290]. Die Erhaltungspflicht des Verpächters bzw. Lizenzgebers ist zwar abdingbar[291], sie muß aber vertraglich vom Lizenznehmer

---

285 Lüdecke, Ausübungspflicht, GRUR 1952, 211 ff. (217); Lüdecke/Fischer, S. 462. Dies ergibt sich auch daraus, daß eine Vereinbarung mit dem Inhalt, daß die Lizenzgebühr sich bei Verbesserungserfindungen des Lizenzgebers erhöht, kartellrechtlichen Bedenken unterliegt.

286 Siehe Schricker, WRP 1980, 121 ff.; Oppenhoff, GRUR Int. 1973, 433 (435) der darauf hinweist, daß es nach deutschem Recht, im Vergleich zu anderen Rechtsordnungen nicht notwendig ist, die aufgrund der Lizenz hergestellten Produkte zu kennzeichnen. Stumpf/Groß, Rn. 195; Henn, S. 167; Benkard-Ullmann, § 15 Rn. 86; Lüdecke/Fischer, S. 490.

287 Vgl. zur Vereinbarung einer Kennzeichnungsklausel und zur wettbewerbsrechtlichen Zulässigkeit 1. Teil, E. I. 2. m).

288 Benkard-Ullmann, § 15 Rn. 87; Stumpf/Groß, Rn. 201; Henn, S. 155 m.w.N. Vgl. zu einer Klausel bezüglich der Aufrechterhaltung des Patents 1. Teil, E. I. 2. p).

289 Auf den einfachen Lizenzvertrag sind die Pachtvorschriften direkt anzuwenden 1. Teil, B. I. 2) g).

290 Palandt-Putzo, § 581 Rn. 6 i.V.m. § 535 Rn. 8.

291 Vgl. Palandt-Putzo, § 536 Rn. 3, MüKo-Voelskow, §§ 535, 536 Rn. 68.

übernommen werden. Daraus folgt, daß zumindest dem einfachen Lizenznehmer grundsätzlich nicht die Pflicht trifft, das Patent aufrechtzuerhalten[292].

Auch die Verteidigung des Patents ist grundsätzlich Pflicht des Lizenzgebers[293]. Sie kann wiederum aus der Gebrauchsgewährungspflicht des Verpächters hergeleitet werden.

(f) Geheimhaltungspflicht

Sind nicht nur Patente Gegenstand des Lizenzvertrages, sondern auch Know-how, wie dies häufig vorkommt, so ist es für den Lizenzgeber von Interesse, daß dieses Know-how geheimgehalten wird. Da beim Lizenzieren eines Patents das angebotene Produkt eine Position darstellt, d.h. ein nicht materielles Gut und auch keine Dienstleistung, stellt das begleitende Know-how zum Zeitpunkt des Abschlusses des Lizenzvertrages den gegenwärtigen Wert der offerierten Position dar[294]. Daraus wird die Bedeutung der Geheimhaltung dieses Know-hows deutlich. Die Pflicht des Lizenznehmers bezüglich anvertrauter Geheimnisse ergibt sich gem. § 242 BGB aus dem Grundsatz von Treu und Glauben mit Rücksicht auf die Verkehrssitte[295] und aus § 18 UWG[296], wonach derjenige bestraft wird, der die ihm im geschäftlichen Verkehr anvertrauten Vorlagen oder Vorschriften technischer Art, insbesondere Zeichnungen, Modelle, Schablonen, Schnitte, Rezepte, zu Zwecken des Wettbewerbs oder aus Eigennutz unbefugt verwertet oder an jemanden mitteilt[297]. Anvertraut sind dabei Vorlagen oder Vorschriften, die vertraglich oder außervertraglich mit der ausdrücklichen oder aus den Umständen folgenden Verpflichtung überlassen sind, sie nur im Interesse des Anvertrauenden zu verwerten[298], was regelmäßig bei Lizenzverträgen der Fall sein wird.

Da der Lizenzgeber ein bedeutendes Interesse an der Geheimhaltung von Betriebsgeheimnissen[299] hat, sollte über die Geheimhaltung eine Bestimmung in den Vertrag aufgenommen werden[300].

---

292 Vgl. zu der umstrittenen Aufrechterhaltungspflicht des ausschließlichen Lizenznehmers 1. Teil, E. I 1. c) cc).

293 Siehe BGH GRUR 1965, 591 (594) - "Wellplatten" mit zustimmender Anmerkung von Fischer, 596; Benkard-Ullmann, § 15 Rn. 87; Lüdecke, Lizenzverträge, NJW 1968, 1358 (1360). Vgl. zu einer Klausel bezüglich der Verteidigung des Patents 1. Teil, E. I. 2. p).

294 Vgl. Müller, S. 165 (167).

295 Lüdecke, Ausübungspflicht GRUR 1952, 211 (218); Henn, S. 167; Kraßer/Schmid, GRUR Int. 1982, 324 (333) m.w.N.

296 Gesetz gegen den unlauteren Wettbewerb vom 7.6.1990 (BGBl. 499).

297 Vgl. dazu im einzelnen 2. Teil, B. I. 5. c).

298 Baumbach/Hefermehl, § 18 Rn. 4.

299 Betriebsgeheimnisse sind in Abgrenzung zu Geschäftsgeheimnissen solche Informationen, die zur technischen Seite eines Betriebes gehören, nicht offenkundig sind und an denen der Inhaber ein objektives Geheimhalungsinteresse und Geheimhaltungswillen hat, Heil/Roos, GRUR 1994, 26 (30).

300 Vgl. zu einer Geheimhaltungsklausel 1. Teil, I. E. 2. t).

(g) Mitteilungs- und Auskunftspflichten

Die anerkannte Rechnungslegungspflicht des Lizenznehmers[301] ist eine Auskunftspflicht zur genauen Bezifferung des Zahlungsanspruchs des Lizenzgebers oder zur Schadensberechnung. Sie wird von Rechtsprechung und Literatur aus unterschiedlichen Vorschriften des BGB hergeleitet[302]. Fraglich ist, ob es daneben noch andere Auskunfts- oder Mitteilungspflichten gibt.

(aa) Mitteilungspflicht bezüglich Verbesserungen

Den Lizenznehmer könnte die Pflicht treffen, dem Lizenzgeber Verbesserungen mitzuteilen. In der Literatur wird dies teilweise abgelehnt[303], teilweise wird dies auch ohne Bestehen einer Verbesserungspflicht und vertraglichen Vereinbarung aus § 242 BGB und dem lizenzvertraglichen Vertrauensverhältnis gefolgert, ohne eine Begründung dafür anzugeben[304]. Es ist zu untersuchen, ob sich eine solche Pflicht aus den Vorschriften des BGB für das Lizenzverhältnis ergibt.

Das BGB kennt keine allgemeine Auskunftspflicht. Es ist eine besondere Rechtsgrundlage für den Auskunftsanspruch erforderlich, z.B. ein Auskunftsvertrag, der auch stillschweigend abgeschlossen werden kann[305]. Nach Treu und Glauben, § 242 BGB, bestehe eine Auskunftspflicht, wenn die zwischen den Parteien bestehenden Rechtsbeziehungen es mit sich bringen, daß der Berechtigte in entschuldbarer Weise über das Bestehen oder Umfang seines Rechtes im Ungewissen ist und der Verpflichtete die zur Beseitigung der Ungewißheit erforderliche Auskunft unschwer geben kann[306]. Die Auskunft über das Bestehen und die Anwendung von Verbesserungen seitens des Lizenznehmers trägt jedoch nicht zur Beseitigung von etwaigen Ungewißheiten über das Bestehen oder Umfang des Rechtes des Lizenzgebers bei. Der Lizenzgeber ist sich auch ohne Mitteilung von Verbesserungen über seinen Hauptanspruch, der Zahlung der Lizenzgebühren, insbesondere über dessen Höhe, im klaren, denn die Höhe ist nicht abhängig davon, ob Verbesserungen am Lizenzgegenstand vorgenommen wurden[307]. Es gibt also keinen Grund, warum er berechtigt sein soll, einen Anspruch auf Auskunft über Verbesserungen des Lizenznehmers zu haben. Die Mitteilungspflicht über

[301] Vgl. 1. Teil, E. I. 1. b) aa) (b).
[302] Vgl. die Nachwiese 1. Teil, E. I. 1. b) aa) (b). Siehe auch RG v. 9.3.36, GRUR 1937, 1003 (1006) und BGH GRUR 1978, 52 (53).
[303] Benkard-Ullmann, § 15 Rn. 86.
[304] Henn, S. 167.
[305] Palandt-Heinrichs, § 261 Rn. 3, 4 m.w.N.
[306] Palandt-Heinrichs, § 261 Rn. 8, dieser Rechtsgrundsatz ist inzwischen zu Gewohnheitsrecht erstarkt; vgl. auch Schade, S. 75.
[307] Siehe 1. Teil, E. I. 1. b) aa) (c).

Verbesserungen ist daher grundsätzlich zu verneinen[308]. Es könne sich jedoch aus den Umständen des Einzelfalls eine Mitteilungspflicht ergeben, besonders dann, wenn eine Verbesserungsklausel im Vertrag aufgenommen wurde[309] oder es sich wiederum um ein enges Vertragsverhältnis zwischen Lizenzgeber und Lizenznehmer handelt, und der Lizenzgeber ein besonderes Interesse an der Mitteilung von Verbesserungen hat[310].

(bb) Mitteilungspflicht bezüglich Patentverletzungen

Weiterhin ist fraglich, ob im deutschen Recht eine Pflicht zur Unterrichtung über Patentverletzungen durch Dritte besteht. Mangels Vertragsvereinbarung und allgemeiner Auskunftspflicht im BGB ist für einen Anspruch des Lizenzgebers gegen den Lizenznehmer auf Mitteilung von Patentverletzungen wiederum eine Rechtsgrundlage erforderlich. Die Herleitung des Anspruchs aus § 242 BGB scheitert - wie schon beim Mitteilungsanspruch über Verbesserungen - daran, daß der Lizenzgeber ohne den Mitteilungsanspruch nicht über seine sonstigen Ansprüche im Ungewissen ist.

Möglicherweise bilden §§ 581, 545 BGB[311], in der die Obhutspflicht und Mängelanzeige des Mieters bzw. Pächters geregelt ist, die Rechtsgrundlage. Nimmt man eine dem Mieter vergleichbare Obhutspflicht des Lizenznehmers bezüglich des lizenzierten Patents an[312], so folgt daraus noch nicht, daß der Lizenznehmer verpflichtet ist, dem Lizenzgeber Patentverletzungen durch Dritte mitzuteilen. Nach der auf den Lizenzvertrag anwendbaren und übertragenen Regelung der §§ 581, 545 BGB hätte der Lizenznehmer die Pflicht, Mängel am lizenzierten Patent, die sich in seinem Einflußbereich befinden, mitzuteilen. Für Mängel außerhalb des Bereichs, also insbesondere diejenigen, die durch Patentverletzungen durch Dritte hervorgerufen werden, würde ihn jedoch keine Mängelanzeigepflicht treffen. Es ist aber zu berücksichtigen, daß der Lizenzgeber grundsätzlich verpflichtet ist, den Gebrauch der Lizenzsache zu gewähren und aufrechtzuerhalten, §§ 581, 535, 536 BGB[313], und somit auch gegen Patentverletzungen durch Dritte Maßnahmen zu treffen. Zwar ist die Erhaltungspflicht abdingbar[314], sie muß aber vertraglich vom Lizenznehmer übernommen werden. Daraus folge, daß zumindest dem Lizenznehmer grundsätzlich nicht die Pflicht obliegt, Patentverletzungen durch

---

[308] So im Ergebnis auch Benkard-Ullmann, § 15 Rn. 86; dies entspricht auch der Literatur und Rechtsprechung, die die ausdrücklich vereinbarte Pflicht zur Mitteilung von Verbesserungen eng auslegen, vgl. Schade, S. 72.
[309] Siehe zur Verbesserungsklausel 1. Teil, E. I. 2. o).
[310] Henn, S. 166 f.
[311] Die Vorschriften sind auf den einfachen Lizenzvertrag direkt anwendbar, 1. Teil, B. I. 2. g).
[312] Auch für den Pächter ist eine Obhutspflicht anerkannt, Palandt-Putzo, § 581 Rn. 11.
[313] Siehe 1. Teil, E. I. 1. b) aa) (e).
[314] Vgl. Palandt-Putzo, § 536 Rn. 3, MüKo-Voelskow, §§ 535, 536 Rn. 68.

Dritte dem Lizenzgeber mitzuteilen[315]. Etwas anderes kann sich aber wiederum aus den Umständen des Einzelfalls, möglicherweise für den ausschließlichen Lizenznehmer und bei enger vertraglicher Bindung, ergeben[316].

Im allgemeinen wird der Lizenznehmer regelmäßig von sich aus dem Lizenzgeber Patentverletzungen durch Dritte mitteilen, da es auch in seinem Interesse ist, daß das dem Lizenzvertrag zugrundeliegende Patent Bestand hat. Insbesondere ist ihm daran gelegen, daß Konkurrenten daran gehindert werden, das Patent zu benutzen, ohne in einen Lizenzvertrag eingebunden zu sein und einer Zahlungspflicht nachkommen zu müssen.

Dem Lizenznehmer können aber Auskunftsansprüche, insbesondere im Wege des Schadensersatzes, treffen[317].

bb) Unterlassungspflichten

(a) Nichtangriffspflicht

Die Nichtigkeitsklage gem. § 22 I PatG, die auf die Nichtigerklärung des Patents zielt, ist im deutschen Recht als Popularklage ausgestaltet[318]. Sie kann von jedermann erhoben werden, ohne daß es des Nachweises eines berechtigten Interesses an der Vernichtung des angegriffenen Patents bedarf[319]. Die Möglichkeit der Erhebung der Nichtigkeitsklage rechtfertigt sich aus der Erwägung, daß die Beseitigung eines zu Unrecht erteilten Patents und der damit verbundenen Vorzugsstellung im Interesse der Allgemeinheit liegt[320].

Fraglich ist, ob die Erhebung der Nichtigkeitsklage gegen das lizenzierte Patent den Pflichten des Lizenznehmers aus dem Lizenzvertrag widerspricht, d.h. den Lizenznehmer eine Nichtangriffspflicht allein aufgrund des Lizenzvertrages auch ohne vertragliche Vereinbarung trifft[321]. Der Lizenzvertrag könnte für den Lizenznehmer einen stillschweigenden Verzicht auf das Recht enthalten, das Patent durch eine Nichtigkeitsklage anzugreifen. In Deutschland ist es anerkannt, daß der Lizenzvertrag keinen solchen Verzicht beinhaltet. Dies ergibt sich schon daraus, daß es der

315 Kraßer/Schmid, GRUR Int. 1982, 324 (334); so auch schon Kent, S. 673; im Schweizer Recht wird die Pflicht dagegen "als Korrelat zur Aufrechterhaltungspflicht des Lizenzgebers" bejaht, Pedrazzini, Die zivilrechtlichen Probleme, GRUR Int. 1982, 283 (287).

316 Siehe 1. Teil, E. I. 1. c) cc).

317 Vgl. Benkard-Ullmann, § 15 Rn. 85.

318 Vgl. BGH GRUR 1953, 385 (386); Schippel, GRUR 1955, 322 ff. (322); Benkard-Rogge, § 22 Rn. 21.

319 Siehe BGH GRUR Int. 1969, 31 ff. (32) - "Gewindeschneideapparat".

320 BGH GRUR 1953, 385 ff. (386); Schippel, GRUR 1955, 322 ff. (322).

321 Vgl. zu einer Nichtangriffsklausel und ihrer wettbewerbsrechtlichen Zulässigkeit 1. Teil, E. I. 2. r).

kartellrechtlichen Freistellung von Nichtangriffsvereinbarungen nicht bedurft hätte, wenn die Nichtangriffspflicht dem Lizenzvertrag immanent wäre[322]. Der einfache oder ausschließliche Lizenznehmer ist daher grundsätzlich berechtigt, gegen das Patent die Nichtigkeitsklage zu erheben[323].

Es kann jedoch in Ausnahmefällen auch ohne vertragliche Abrede eine Nichtangriffspflicht bestehen. Die Nichtangriffspflicht des Lizenznehmers ergibt sich aus dem Gesichtspunkt der unzulässigen Rechtsausübung in den Fällen, in denen der Lizenznehmer als Kläger gegen den Grundsatz von Treu und Glauben verstößt[324].

Wann ein Verstoß gegen Treu und Glauben vorliegt, richtet sich nach den Umständen des Einzelfalls und muß nach dem Vertragsinhalt beurteilt werden[325]. Die Nichtangriffspflicht besteht nicht schon dann, wenn das subjektive Interesse des Lizenznehmers, von seiner Lizenzzahlungspflicht loszukommen, im Vordergrund steht. Aus der Rechtsprechung haben sich aber Fallgruppen entwickelt, nach denen sich regelmäßig die Nichtangriffspflicht aus Treu und Glauben ergibt. Zum einen handele es sich um den Fall, daß der Lizenznehmer die Lizenz als Gegenleistung für die Unterlassung einer Nichtigkeitsklage oder Zurücknahme einer Nichtigkeitsklage[326] erteilt bekommt[327]. Dabei ist zu berücksichtigen, daß die Möglichkeit der Erhebung der Nichtigkeitsklage nicht als Machtmittel mißbraucht werden darf, um eine Gratislizenz zu erzwingen.

Eine Nichtangriffspflicht bestehe auch in den Fällen, in denen die Vertragsparteien durch die Aufnahme besonderer Pflichten oder Rechte, z.B. enge Zusammenarbeit durch Austausch von Verbesserungserfindungen oder Konstruktionszeichnungen[328], ein besonderes Vertrauens- oder Gesellschaftsverhältnis begründet haben[329]. Grund dafür ist,

---

322 § 20 II Nr. 4 GWB.

323 RG v. 22.1.1921 GRUR 1921, 187; BGH GRUR 1957, 482 ff. (483) - "Chenillefäden"; Schippel, GRUR 1955, 322 (325); Lüdecke, Ausübungspflicht, GRUR 1952, 211 (220); Benkard-Ullmann, § 15 Rn. 83; Benkard-Rogge, § 22 Rn. 21. Ausdrücklich für den ausschließlichen Lizenznehmer, BGH GRUR Int. 1969, 31 (33) - "Gewindeschneideapparat".

324 Siehe BGH GRUR 1953, 385 ff.; BGH GRUR 1956, 264 ff. (264); BGH GRUR 1958, 177 ff. (178) - "Aluminiumflachfolien"; BGH GRUR 1971, 243 ff. (244) - "Gewindeschneidevorrichtung"; BGH GRUR Int. 1969, 31 (32 f.) - "Gewindeschneideapparat"; BGH GRUR 1989, 39 ff. (40) - "Flächenentlüftung"; Krausse/Kathlun/Lindenmaier, S. 319; Lüdecke, Ausübungspflicht, GRUR 1952, 211 (220); Benkard-Rogge, § 22 Rn. 21; Schippel, GRUR 1955, 322 (326) m.w.N. So jetzt auch BPatG GRUR 1996, 480 f. (480) - "Nichtangriffsabrede".

325 RG v. 22.1.1921 GRUR 1921, 187; BGH GRUR 1957, 482 ff. (483) - "Chenillefäden"; Schippel, GRUR 1955, 322 (326).

326 Sog. negative Lizenz, Lizenz als Mittel zur Beilegung von Patentstreitigkeiten, vgl. 1. Teil, C. I. 5.

327 Schippel, GRUR 1955, 322 (327); Kirchhartz, S. 41; Rasch, S. 44.

328 Siehe 1. Teil, B. I. 2. f).

329 BGH GRUR 1957, 482 ff. (483) - "Chenillefäden"; BGH GRUR 1957, 485 (487) - "Chenillemaschine"; BGH GRUR 1958, 177 ff. (178) - "Aluminiumflachfolien"; BGH GRUR 1965, 135 (137 f.) - " Vanal-Patent"; BGH GRUR Int. 1969, 31 (33) - "Gewindeschneideapparat"; BGH

daß sich aus dem Vertrauensverhältnis die Pflicht ergibt, alles zu unterlassen, was den Interessen des anderen Vertragsteils zuwiderlaufen könnte[330]. Handele es sich bei dem Lizenznehmer um eine GmbH, so ist nach der Rechtsprechung auch deren alleiniger Gesellschafter gehindert, das Patent anzugreifen, solange nicht die Gesellschaft dazu berechtigt ist[331]. Zudem gelte die Nichtangriffspflicht für einen ausgeschiedenen Arbeitnehmer gegenüber seinem früheren Arbeitgeber und für den Verkäufer[332].

Umstritten ist, ob auch dann ein Verstoß gegen Treu und Glauben vorliegt und damit die Nichtangriffspflicht verbunden ist, wenn sich der Lizenznehmer vertraglich zur Verteidigung des Patents gegen Angriffe Dritter verpflichtet hat. Es liegt hier kein Widerspruch vor, wenn der Lizenznehmer das Patent selber angreift, da zwischen der Verteidigung im Außenverhältnis und dem Innenverhältnis differenziert werden muß[333]. Der Lizenznehmer soll im eigenen Interesse berechtigt sein festzustellen, ob dem Lizenzvertrag ein wirksames Patent zugrundeliegt, während die Verteidigung des Patents nach außen hin primär dem Interesse des Lizenzgebers dient.

Besteht für den ausschließlichen Lizenznehmer eine Aufrechterhaltungspflicht des Patents durch Zahlung der Lizenzgebühren[334], so stellt sich auch in diesem Fall die Frage, ob dieser die Pflicht immanent ist, das Patent nicht anzugreifen. Hier muß differenziert werden zwischen den Pflichten. Die Aufrechterhaltungspflicht des Lizenznehmers, die diesen nur aufgrund vertraglicher Vereinbarung trifft[335], zielt darauf ab, auf diesen die Lizenzgebührenzahlungspflicht abzuwälzen, da bei der ausschließlichen Lizenz primär der ausschließliche Lizenznehmer an der Aufrechterhaltung des Patents interessiert ist. Abgesehen von dieser Pflicht, möchte der Lizenznehmer aber nicht gleichzeitig sein ihm grundsätzlich zustehendes Recht aufgeben, das Patent anzugreifen, um festzustellen, ob es rechtswirksamen Bestand hat. Will der Lizenzgeber daher sichergehen, daß der Lizenznehmer die Patentgebühren zahlt und das Patent nicht angreift, so muß er mit dem Lizenznehmer zusätzlich eine Nichtangriffspflicht vertraglich vereinbaren.

GRUR 1971, 243 (245) - "Gewindeschneidevorrichtung"; BGH GRUR 1989, 39 ff. (40) - "Flächenentlüftung"; Krausse/Kathlun/Lindenmaier, S. 320.

330 Vgl. BGH GRUR 1957, 482 ff. (483) - "Chenillefäden", mit den Treuepflichten würde der Lizenznehmer in Widerspruch treten, wenn er das Patent angreift; BGH GRUR 1971, 243 (245) - "Gewindeschneidevorrichtung"; BGH DB 1988, 700 ff. (701). So auch BPatG GRUR 1996, 480 f. (480) - "Nichtangriffsabrede".

331 BGH GRUR 1957, 482 (485) - "Chenillefäden".

332 BGH DB 1988, 700 (701 f.) m.w.N.; BGH GRUR 1989, 39 ff. (40) - "Flächenentlüftung"; BGH DB 1990, 1510 f. (1511).

333 So auch Schippel, GRUR 1955, 322 (326); a.A. Krausse/Kathlun/Lindenmaier, S. 320; Klauer/Möhring, § 9 Rn. 80; kritisch auch BGH 1957, 482 (485) - "Chenillefäden"; BGH GRUR 1965, 264 ff. (265).

334 Vgl. zu der umstrittenen Frage, ob dem ausschließlichen Lizenznehmer eine solche Pflicht trifft 1. Teil, E. I. 1. c) cc).

Kein Verstoß gegen Treu und Glauben liegt grundsätzlich dann vor, wenn der Lizenznehmer nach Beendigung des Lizenzvertrages die Nichtigkeitsklage gegen das Patent erhebt[336]. Hiervon kann es jedoch Ausnahmen geben, wenn sich aus dem Vertragsverhältnis fortwirkende Treuepflichten für die Zeit nach Beendigung des Vertragsverhältnisses ergeben[337]. Eine Nichtangriffspflicht ergibt sich auch nicht aus einem vereinbarten Exportverbot[338].

Zusammenfassend ist festzustellen, daß sich für den Lizenznehmer aus dem Lizenzvertrag grundsätzlich nicht die Pflicht ergibt, sich des Angriffs auf das Patent zu enthalten. Es kann jedoch eine Nichtangriffsklausel nach deutschem Recht wirksam vereinbart werden, nach der der Angriff auf das Patent ausgeschlossen wird[339]. Nach dem am 12.4.1995 ergangenen Beschluß des BPatG kann eine Nichtangriffsabrede "nur insoweit wirksam sein, als sie sich auf das konkrete vertragsgegenständliche Schutzrecht bezieht"[340].

(b) Wettbewerbsverbotspflicht

Die Wettbewerbsverbotspflicht steht im engen Zusammenhang mit der Ausübungspflicht des Lizenznehmers. Der einfache Lizenznehmer, der nicht zur Ausübung der Lizenz verpflichtet ist[341], es sei denn, es ergibt sich etwas anderes aus dem Vertragstext, ist grundsätzlich nicht verpflichtet, Wettbewerbshandlungen zu unterlassen[342]. Er darf daher auch andere, mit dem Lizenzgegenstand konkurrierende Erzeugnisse vertreiben und andere Verfahren anwenden[343]. Da die Wettbewerbsverbotspflicht an die

---

335 Vgl. 1. Teil, E. I. 1. b) aa) (e).

336 BGH GRUR 1956, 264 ff. (265); BGH GRUR 1965, 135 (137) - "Vanal-Patent"; BGH GRUR Int. 1969, 31 (33) - "Gewindeschneideapparat"; BGH GRUR 1971, 243 (245) - "Gewindeschneidevorrichtung".

337 BGH GRUR 1956, 264 f. (265); BGH GRUR 1965, 135 (137) - "Vanal-Patent"; BGH GRUR Int. 1969, 31 (33) - "Gewindeschneideapparat"; BGH GRUR 1989, 39 ff. (40) - "Flächenentlüftung".

338 Das Exportverbot würde sich andernfalls zu einem Konkurrenzverbot ausdehnen, BGH GRUR Int. 1969, 31 (34) - "Gewindeschneideapparat". Die Frage, ob auch für den Lizenznehmer eines ausländischen Patents eine Nichtangriffspflicht in bezug auf das deutsche Parallelpatent des Lizenzgebers ergibt wurde in der Entscheidung offengelassen.

339 Siehe zur Zulässigkeit einer solchen Klausel nach deutschem und europäischem Wettbewerbsrecht 1. Teil, E. I. 2. r).

340 BPatG GRUR 1996, 480 f. (480) - "Nichtangriffsabrede". Siehe zur Zulässigkeit einer in einem außergerichtlichen Vergleich vereinbarten Nichtangriffsabrede, BPatG GRUR Int. 1997, 631 ff. - "Nichtangriffspflicht".

341 Vgl. 1. Teil, E. I. 1. b) aa) (a).

342 Lüdecke/Fischer, S. 462 f.; Klauer/Möhring, S. 501; Benkard-Ullmann, § 15 Rn. 86. Vgl. zu einer Wettbewerbsverbotsklausel 1. Teil, E. I. 2. q).

343 Lüdecke/Fischer, S. 462.

Ausübungspflicht gebunden ist, könnte sie entweder den ausschließlichen Lizenznehmer oder den Lizenznehmer, aus dessen Vertrag sich eine Ausübungspflicht ergibt, treffen[344].

(c) Pflicht zur Unterlassung der Lizenzübertragung und Unterlizenzierung

Der einfache Lizenznehmer ist nach h.M. nicht zur Übertragung der Lizenz befugt[345], da sie als schuldrechtliche Erlaubnis personen- und betriebsgebunden ist[346]. Eine Ausnahme davon besteht für den Inhaber einer Betriebslizenz[347].

Auch das Recht zur Vergabe einer Unterlizenz steht dem einfachen Lizenznehmer nicht zu, soweit sich dies nicht aus dem Vertragstext ergibt[348].

Diese Unterlassungspflichten gelten nicht für den ausschließlichen Lizenznehmer. Allgemein anerkannt ist, daß der ausschließliche Lizenznehmer das Recht zur Vergabe von Unterlizenzen hat[349], ihn also ein Verbot zur Unterlassung der Unterlizenzierung nicht trifft. Es ist zwar umstritten, ob die ausschließliche Lizenz veräußerbar und der ausschließliche Lizenznehmer zur Lizenzübertragung berechtigt ist. Das Recht muß ihm jedoch grundsätzlich zugestanden werden[350]. Aus den Umständen, insbesondere aus einem engen Vertragsverhältnis, kann sich aber ergeben, daß auch der ausschließliche Lizenznehmer zur Unterlassung der Lizenzübertragung verpflichtet ist[351]. Da es sich um eine umstrittene Frage handelt, ist zu empfehlen, im Vertrag eine Regelung bezüglich der Übertragbarkeit aufzunehmen. Die Übertragbarkeit braucht dabei nicht ausgeschlossen zu werden, sondern kann von der Zustimmung des Lizenzgebers abhängig gemacht werden.

(d) Pflicht zur Unterlassung der Klage gegen Dritte

Dem einfachen Lizenznehmer steht keine Klagebefugnis gegen Dritte auf Unterlassung oder Schadensersatz zu[352]. Er ist daher verpflichtet, von einer Klage gegen Dritte abzusehen. Dies entspricht der schuldrechtlichen Natur des einfachen Lizenzvertrages[353],

---

344 Vgl. zur Wettbewerbsverbotspflicht des ausschließlichen Lizenznehmers und deren Zulässigkeit nach Kartellrecht 1. Teil, E. I. 1. c) ee).

345 Vgl. zu einer Klausel bezüglich der Übertragung der Lizenz 1. Teil, E. I. 2. h).

346 Kraßer/Schmid, GRUR Int. 1982, 324 (332); Benkard-Ullmann, § 15 Rn. 58.

347 Siehe 1. Teil, C. I. 1. b) aa).

348 Siehe 1. Teil, C. I. 3. Vgl. zu einer Unterlizenzklausel 1. Teil. E. I. 2. g).

349 Siehe 1. Teil, C. I. 3.

350 Benkard-Ullmann, § 15 Rn. 58; Henn, S. 93 ff.; Lüdecke/Fischer, S. 85; a.A. Stumpf/Groß, Rn. 228.

351 Spengler, Rechtsprechung, GRUR 1950, 199 (204); Lüdecke/Fischer, S. 85.

352 Fischer, Schadensersatz, GRUR 1980, 374 ff. (374); Benkard-Ullmann, § 15 Rn. 57, Benkard-Rogge, § 139 Rn. 17; Stumpf/Groß, Rn. 409.

353 Vgl. 1. Teil, B. I. 1. a).

dessen Wesen es ist, daß Ansprüche nur gegen den Vertragspartner entstehen, nicht aber gegenüber Dritten[354]. Grund für die Unterlassungspflicht bezüglich der Klageerhebung ist auch, daß die Erhebung von Klagen mehrerer einfacher Lizenznehmer zu Verwirrungen führt. Der Verletzer könnte unter Umständen wegen derselben Verletzungsform von mehreren Lizenznehmern aus eigenem Recht nebeneinander bei verschiedenen Gerichten verklagt werden[355]. Insbesondere würde sich auch die Schadensfeststellung und Schadensabgrenzung der einzelnen Lizenznehmer sehr schwierig gestalten[356]. Der einfache Lizenznehmer kann daher nicht selbständig gegen Dritte vorgehen. In diesem Zusammenhang stellt sich die Frage, ob der Patentinhaber den Schaden des einfachen Lizenznehmers geltend machen kann[357].

Für den ausschließlichen Lizenznehmer ergibt sich etwas anderes. Hier entspricht es dem praktischen Bedürfnis, ein Klagerecht des Lizenznehmers anzunehmen, denn gerade der ausschließliche Lizenznehmer hat nicht nur das "überwiegende, sondern sogar das alleinige Interesse daran, daß Patentverletzungen unterbleiben oder durch Ersatz des entstandenen Schadens ausgeglichen werden"[358]. Dies steht auch im Einklang mit der dinglichen Natur der ausschließlichen Lizenz[359].

cc) Besondere Pflichten aufgrund gesellschaftsähnlichen Verhältnisses

Aus dem gesellschaftsähnlichen Charakter eines Lizenzvertrages[360] und der damit im Zusammenhang bestehenden engen Bindung der Vertragsparteien können sich bestimmte Treuepflichten ergeben[361]. Das durch die gesellschaftsrechtlichen Merkmale entstehende Vertrauensverhältnis begründet im allgemeinen die Pflicht, alles zu unterlassen, was den Interessen des Vertragspartners zuwiderlaufen könnte[362].

Diese Treuepflichten können auch über die Vertragsbeendigung hinaus bestehen[363]. Abgesehen von einzelnen Pflichten, die sich aus dem gesellschaftsrechtlichen Einschlag des Lizenzvertrages herleiten, gilt für diesen Lizenzvertrag nichts Besonderes, denn insbesondere ein Kündigungsrecht aus wichtigem Grund, das gem. § 723 BGB im

---

354 Stumpf/Groß, Rn. 409.
355 Bueb, GRUR 1938, 470 ff. (470).
356 Bueb, GRUR 1983, 470 ff. (470); Stumpf/Groß, Rn. 411.
357 Vgl. Bueb, GRUR 1938, 470 (472); Fischer, Schadensersatz, GRUR 1980, 374 (375 ff.) m.w.N.; Stumpf/Groß, Rn. 411.
358 RG v. 17.9.1913 RGZ 83, 93 ff. (95); ähnlich Bueb, GRUR 1938, 470 (474); vgl. auch Benkard-Rogge, § 139 Rn. 17.
359 Vgl. 1. Teil, B. I. 1. b) bb).
360 Vgl. zu den gesellschaftsrechtlichen Merkmalen eines Lizenzvertrages 1. Teil, B. I. 2. f).
361 Vgl. BGH GRUR 1961, 470 ff. (471) - "Mitarbeiter-Urkunde"; BGH GRUR 1955, 286 (288).
362 BGH GRUR 1957, 482 ff. (483) - "Chenillefäden".
363 BGH GRUR 1965, 135 ff. (136) - "Vanal-Patent".

Gesellschaftsrecht verankert ist, läßt sich auch aus anderen Rechtsgrundsätzen ableiten[364].

(a) Ausübungspflicht

Aufgrund der den Lizenzverträgen mit gesellschaftsrechtlichem Charakter immanenten Treuepflicht ergibt sich ausnahmsweise für den einfachen Lizenznehmer die Ausübungspflicht. Lizenzgeber und Lizenznehmer signalisieren bei solchen Verträgen regelmäßig, daß sie gemeinsam das Geschäft machen werden und den gemeinsamen Zweck, die gewerbliche Verwertung des Schutzrechts, fördern[365].

(b) Nichtangriffspflicht

Den einfachen Lizenznehmer trifft grundsätzlich nicht die Pflicht, von Angriffen auf das Patent abzusehen[366]. Eine Ausnahme besteht in den Fällen, in denen die Vertragsparteien durch die Aufnahme besonderer Rechte oder Pflichten ein besonderes Vertrauens- oder Gesellschaftsverhältnis begründet haben[367]. Für den Lizenznehmer eines gesellschaftähnlichen Lizenzvertrages besteht daher die Nichtangriffspflicht.

(c) Rechnungslegungspflicht

Bei einem gesellschaftsähnlichen Lizenzverhältnis wird die Rechnungslegungspflicht direkt aus §§ 716, 666 BGB hergeleitet. Im Rahmen der Rechnungslegungspflicht ergibt sich für den Lizenznehmer die Besonderheit, daß durch Anwendung der §§ 716, 717 BGB die Pflicht begründet werden kann, Einsicht in die Geschäftsbücher und die Papiere gestatten zu lassen[368]. Der Anspruch des Lizenzgebers geht dabei grundsätzlich nicht auf Auskunftserteilung, sondern auf Gewährenlassen[369].

---

[364] RG v. 9.9.1936 GRUR 1937, 1003 (1005); BGH GRUR 1955, 338 (340); Stumpf/Groß, Rn. 485; vgl. auch 3. Teil, B. I. 4. a).
[365] Wertheimer, GRUR 1930, 578 (580); Lüdecke, Ausübungspflicht, GRUR 1952, 211 (216).
[366] Vgl. 1. Teil, E. I. 1. b) bb) (a).
[367] Vgl. 1. Teil, E. I. 1. b) bb) (a).
[368] Schade, S. 75 m.w.N.
[369] Palandt-Thomas, § 716 Rn. 1.

(d) Mitteilungspflichten

Mitteilungspflichten des einfachen Lizenznehmers bezüglich Verbesserungen und Patentverletzungen sind grundsätzlich zu verneinen[370]. Etwas anderes könnte sich im Einzelfall aufgrund der engen Vertragsbeziehungen bei einem gesellschaftsähnlichen Vertragsverhältnis i.V.m. § 242 BGB oder aus der Anwendung gesellschaftsrechtlicher Vorschriften ergeben.

dd) Nachwirkende Vertragspflichten

Es ist in der Rechtsprechung anerkannt, daß sich aus einem Vertragsverhältnis auch nach seiner Beendigung fortwirkende Treuepflichten ergeben[371].

(a) Lizenzzahlungspflicht

Grundsätzlich wird der Lizenznehmer nach Beendigung des Lizenzvertrages bei Ablauf des Patents von seiner Lizenzzahlungspflicht frei[372]. Da dem Lizenznehmer einerseits das sogenannte Auslaufrecht zuerkannt wird, d.h., er berechtigt ist, die Gegenstände, die während der Vertragszeit vertragsgemäß hergestellt wurden, zu veräußern und in den Verkehr zu bringen[373], hat er andererseits Lizenzgebühren auch für solche Aufträge zu zahlen, die zwar vor Patentablauf hereingekommen, aber erst nach Ablauf des Patents ausgeführt worden sind[374]. Begründet wird dies damit, daß der Lizenznehmer nicht nur eine Vorzugsstellung gegenüber anderen Wettbewerbern bis zum Ablauf des Patents einnahm, sondern auch für die vor Ablauf bestellten Gegenstände, die erst nach Ablauf angefertigt und geliefert werden[375].

(b) Geheimhaltungspflicht

Hat der Lizenzvertrag neben Patenten zugleich Betriebsgeheimnisse zum Gegenstand, so kann der Lizenzgeber nach Beendigung des Lizenzvertrages dem Lizenznehmer die

---

370 Vgl. 1. Teil, E. I. 1. b) aa) (g).
371 BGH GRUR 1956, GRUR 1956, 264 ff. (265); BGH GRUR 1965, 135 (137).
372 Benkard-Ullmann, § 15 Rn. 117.
373 Vgl. zum Auslaufrecht 1. Teil, C. I. 1. c) aa).
374 RG v. 9.4.1943 GRUR 1943, 247 ff. (248); BGH GRUR 1955, 87 (89); Benkard-Ullmann, § 15 Rn. 118.
375 RG v. 9.4.1943 GRUR 1943, 247 ff. (248); nach BGH GRUR 1955, 87 (88 f.) entpricht dies auch dem Grundsatz von Treu und Glauben.

Benutzung der Betriebsgeheimnisse untersagen[376], wenn sie nicht offenkundig geworden sind[377], oder er kann weiterhin eine Lizenzgebühr verlangen[378]. Diese Geheimhaltungspflicht ist kartellrechtlich zulässig, denn die durch ein Betriebsgeheimnis begründete Vorzugsstellung ist nicht an das Bestehen eines rechtlichen Monopols geknüpft, sondern eine Folge der Geheimhaltung, und sie bleibt erhalten, solange das Geheimnis gewahrt bleibt[379]. Aufgrund der Bedeutung der Geheimhaltung auch über die Vertragsdauer hinaus empfiehlt sich, hierüber im Vertrag eine Regelung zu treffen[380].

(c) Herausgabepflicht von Unterlagen

Der Lizenznehmer hat nach Beendigung des Lizenzvertrages alle ihm überlassenen Unterlagen zur Herstellung und Verwertung des lizenzierten Gegenstandes zurückzugeben, sofern sie ihm nicht übertragen, sondern ihm lediglich ein Nutzungsrecht daran eingeräumt wurde[381]. Die Rückgabepflicht der Unterlagen dient dabei der Absicherung der Geheimhaltungspflicht[382]. Die Pflicht zur Herausgabe entfällt jedoch dann, wenn mit Beendigung des Lizenzvertrages der Lizenzgegenstand gemeinfrei wird, ihn also jeder benutzen darf[383].

Zur Vermeidung von Meinungsverschiedenheiten empfiehlt es sich, über den Inhalt der Herausgabepflicht in Verbindung mit der Geheimhaltungspflicht eine Vereinbarung zu treffen[384].

(d) Wettbewerbsverbotspflicht

Ergibt sich die Pflicht des Lizenznehmers, Wettbewerbshandlungen zu unterlassen - sei es aus der Ausübungspflicht des Lizenznehmers[385], aus den Vertragsumständen, oder einer vertraglichen Vereinbarung[386] - so begründet sich für den Lizenznehmer ein nachvertragliches Wettbewerbsverbot bei Fortbestand des Schutzrechts aus dessen

---

376 BGH GRUR 1955, 468 (572) -"Schwermetall-Kokillenguß" (s.o.); Ohl, Wegfall, GRUR 1992, 77 (82); Baumbach/Hefermehl, § 18 Rn. 8; Pagenberg/Geissler, S. 120; Benkard-Ullmann, § 15 Rn. 118; Lüdecke/Fischer, S. 598.

377 Vgl. zum Begriff der Offenkundigkeit BGH GRUR 1980, 750 ff. (751) - "Pankreaplex II".

378 BGH GRUR 1980, 750 ff. (751) - "Pankreaplex II"; Ohl, Wegfall, GRUR 1992, 77 (81).

379 BKartA GRUR 1965, 499 (501); BGH GRUR 1980, 750 ff. (751) - "Pankreaplex II".

380 Siehe zu einer solchen Klausel 1. Teil, E. 2. t).

381 Kraßer/Schmid, GRUR Int. 1982, 324 (341); Stumpf/Groß, Rn. 219; Pagenberg/Geissler, S. 122, Benkard-Ullmann, § 15 Rn. 114.

382 Pagenberg/Geissler, S. 122; vgl. zur Geheimhaltungspflicht 1. Teil, E. I. 1. b) aa) (f).

383 Benkard-Ullmann, § 15 Rn. 118.

384 Vgl. zu einer solchen Klausel 1. Teil, E. I. 2. t).

385 Vgl. 1. Teil, E. I. 1. c) aa).

386 Vgl. 1. Teil, E. I. 2. q).

Schutzbereich[387]. Nach der Rechtsprechung besteht auch insbesondere dann eine Wettbewerbsverbotspflicht, wenn das Vertragsverhältnis infolge Kündigung beendet wurde und der Vertrag eine Umsatzbeteiligung des Lizenzgebers vorsah[388].

Es ist darauf hinzuweisen, daß allgemein bei der Annahme nachwirkender Vertragspflichten Zurückhaltung geboten ist, da die Pflichten nicht auf eine Verlängerung der Patentdauer hinauslaufen dürfen[389]. Aus diesem Grunde sind vertragliche Vereinbarungen, die für die Zeit nach Ablauf des Patents getroffen werden und die Freiheit des Lizenznehmers beeinträchtigen, nicht wirksam, da sie gegen § 20 GWB verstoßen[390].

c) Besondere Pflichten des ausschließlichen Lizenznehmers

aa) Ausübungspflicht

Es ist anerkannt, daß der ausschließliche Lizenznehmer regelmäßig auch ohne ausdrückliche Vereinbarung die Pflicht hat, das Patent auszuüben[391]. Die Ausübungspflicht des ausschließlichen Lizenznehmers gründet sich darauf, daß der Lizenzgeber für die Dauer des Lizenzvertrages sein Recht, weitere Lizenzen zu vergeben und das Patent selbst wirtschaftlich zu verwerten, mit der Lizenzerteilung aus der Hand gibt. Die Ausübungspflicht stellt sich insgesamt als Gegenleistung dar, da sich der Lizenzgeber seiner Rechte begibt. Dem verbleibenden Erfinderinteresse an der Verbreitung kann nunmehr nur durch die Pflicht zur Ausübung Rechnung getragen werden[392]. Interesse an der Auswertung hat der Erfinder und Lizenzgeber nicht nur, um die Durchsetzung seiner Erfindung sicherzustellen und zu verfolgen, sondern auch, um seinem Namen[393] auf dem Markt einen Bekanntheitsgrad zu verschaffen oder aufrechtzuerhalten[394]. Zudem will er sicherstellen, daß der ausschließliche Lizenznehmer

---

387 Benkard-Ullmann, § 15 Rn. 160; v. Gamm, § 20 Rn. 14.

388 BGH GRUR 1956, 93 (96), die Wettbewerbsverbotspflicht erstreckt sich aber nicht auf andersartige Mittel.

389 Pedrazzini, Die zivilrechtlichen Probleme, GRUR Int. 1982, 283 (290).

390 BGH GRUR 1955, 468 (471 f.) - "Schwermetall-Kokillenguß"; BGH GRUR 1975, 206 ff. (207) - "Kunststoffschaum-Bahnen"; vgl. dazu im einzelnen auch bei den jeweiligen Pflichten. Vgl. für das europäische Wettbewerbsrecht auch Art. 2 I Nr. 7 GFVO (Technologietransfervereinbarungen).

391 KG v. 3.9.1938 GRUR 1939, 66 ff. (66); Lüdecke, Ausübungspflicht, GRUR 1952, 211 (213); Hesse, Schutzumfang, GRUR 1972, 505 ff. (505); Körner, Ausübungspflichten, BB 1980, 1662 ff. (1662); Isay, S. 331; Pietzcker, § 9 Rn. 20; Stumpf/Groß, Rn. 151; Klauer/Möhring, § 9 Rn. 78; einschränkend Schade, S. 34, der in der Ausschließlichkeit der Lizenz lediglich ein Indiz für die Ausübungspflicht sieht.

392 Lüdecke, Ausübungspflicht, GRUR 1952, 211 (213).

393 Dies setzt voraus, daß der Lizenznehmer verpflichtet ist den Namen des Lizenzgebers auf den Erzeugnissen anzubringen; siehe zu dieser Kennzeichnungspflicht 1. Teil, E. I. 1. b) aa) d).

394 Sogenanntes Erfinderpersönlichkeitsrecht "in dessen Rahmen es für den Erfinder wertvoll ist, daß er als Schöpfer des Patents und damit als überdurchschnittlicher Fachmann einer bestimmten

die Lizenz nicht lediglich dazu benutzt, andere Wettbewerber an der Ausübung des Patents zu sperren.

An der Annahme der grundsätzlich bestehenden Ausübungspflicht des ausschließlichen Lizenznehmers wurde teilweise Kritik geübt. Der Kritik, daß dem Interesse der Öffentlichkeit an der Ausbeutung der Erfindung durch die Möglichkeit der Zwangslizenz Genüge getan ist, und der Lizenzgeber sich durch Vereinbarung einer Mindestlizenz gegen finanzielle Benachteiligung sichern kann und daher den ausschließlichen Lizenznehmer keine Ausübungspflicht trifft[395], ist nicht zuzustimmen. Das Instrument der Zwangslizenz[396] ist nicht geschaffen worden, um eine Ausübungspflicht in Form eines Ausübungszwangs für den Lizenznehmer im Interesse der Öffentlichkeit zu begründen. Dies zeigt sich schon daran, daß dem Zwangslizenznehmer nach allgemeiner Meinung keine Ausübungspflicht obliegt[397]. Es ist auch schwierig, überhaupt die Voraussetzungen für die Zwangslizenzerteilung zu erfüllen. Zudem würde dies auf eine nicht gewollte Häufung der Zwangslizenzerteilungsverfahren hinauslaufen. Die Ausübungspflicht ist im Interesse der Allgemeinheit, an neuen Technologien teilzuhaben, grundsätzlich für den ausschließlichen Lizenznehmer zu bejahen. Gegen das Argument der Absicherungsmöglichkeit durch Vereinbarung einer Mindestlizenz spricht, daß der häufig unerfahrene Lizenzgeber benachteiligt wird, wenn er in Unkenntnis die Vereinbarung einer Mindestlizenz unterläßt[398].

Um die Verwertung der Erfindung sicherzustellen, empfiehlt es sich, im Lizenzvertrag eine Ausübungspflicht ausdrücklich zu vereinbaren.

Der Inhalt der Ausübungspflicht, die dem in § 242 BGB niedergelegten Grundsatz von Treu und Glauben unterliegt[399], ist nach Sinn und Zweck des Vertrages unter Berücksichtigung aller Umstände zu bestimmen[400]. Besonders die allgemeine wirtschaftliche Lage, die branchenspezifischen Aussichten, die technischen Möglichkeiten und auch die Kaufkraft des Lizenznehmers sind für den Inhalt der Ausübungspflicht bestimmend[401]. Der Lizenznehmer ist nicht berechtigt, die Erfindung in verschlechterter Form auszuführen. Er muß sich bestmöglich um die Ausübung der Lizenz bemühen[402]. Dies umfaßt die Verpflichtung zur unverzüglichen Produktionsaufnahme, die Einhaltung

technischen Sparte anerkannt und bekannt zu werden", Spengler, Verlagslizenz, GRUR 1964, 425 (427); Finger, Ausschließliche Lizenz, WRP 1971, 207 (210); Stumpf/Groß, Rn. 149.

395 Rasch, S. 55.

396 Siehe zur Zwangslizenz 1. Teil, C. I. 4.

397 Vgl. zur Ausübungspflicht des Zwangslizenznehmers 1. Teil, E. I. 1. e) aa).

398 Lüdecke, Ausübungspflicht, GRUR 1952, 211 (213).

399 KG v. 8.6.1935 GRUR 1935, 892 ff. (893); BGH GRUR 1978, 166 ff. (166) - "Banddüngerstreuer" mit zustimmender Anmerkung von Storch, 168.

400 Lüdecke, Ausübungspflicht, GRUR 1952, 211 (217).

401 Wertheimer, GRUR 1930, 578 (580); Lüdecke, Ausübungspflicht, GRUR 1952, 211 (217).

402 RG v. 30.4.1940 MuW 1940, 170 ff. (171); Körner, Ausübungspflichten, BB 1980, 1662 ff. (1663).

der technischen Qualitätsmerkmale[403] und die kaufmännische Absatzförderung, die Werbung[404]. Er darf auch während der Vertragsdauer nichts unternehmen, was die Erfindung wirtschaftlich entwerten könnte[405]. Er muß grundsätzlich patentgemäß arbeiten und die Benutzungsarten des Herstellens, Anbietens und Inverkehrbringens gem. § 9 PatG ausschöpfen[406], wobei er die Erfindung nicht genau so auszuführen braucht, wie sie im Patent beschrieben ist, sondern er auch Verbesserungen anbringen kann[407]. Stehen dem Lizenznehmer mehrere Ausführungsformen zur Verfügung, so bleibt es ihm überlassen, die Ausführungsform zu wählen, wenn diesbezüglich keine Vereinbarung getroffen wurde[408].

Die Ausübungspflicht besteht grundsätzlich für die gesamte Dauer des Lizenzvertrages. Sie kann jedoch unter bestimmten Umständen vorzeitig enden. Da die Beurteilung der Ausübungspflicht in besonderem Maß nach § 242 BGB erfolgt, entfällt sie im Rahmen der Grundsätze von Treu und Glauben dann, wenn es dem Lizenznehmer billigerweise nicht zugemutet werden kann, ihr nachzukommen. Dies ist dann der Fall, wenn sich herausstellt, daß der Lizenzgegenstand durch den Fortschritt der Technik überholt ist[409]. Unzumutbarkeit liegt aber auch dann vor, wenn aus wirtschaftlichen Gründen der Lizenznehmer nicht in der Lage ist, den Lizenzgegenstand herzustellen und zu vertreiben[410] und der Lizenznehmer den Herstellungsbetrieb aufgibt[411]. Auch der Vertragszweck kann den Fortfall der Ausübungspflicht erfordern[412]. Eine nachträglich eintretende Verteuerung reicht jedoch für die Einstellung der Verwertung des Lizenzgegenstandes allein nicht aus[413].

Im allgemeinen ist ein Erlöschen der Ausübungspflicht dann zu verneinen, wenn subjektive Unzumutbarkeit (Stichwort: wirtschaftliche Unmöglichkeit,

---

[403] Die Einhaltung bestimmter Qualität der Erzeugnisse kann für den Lizenzgeber besonders dann von Bedeutung sein, wenn die Lizenzgebühr sich nach Umsatz oder Stückzahl bemißt. Es empfiehlt sich daher genaue Vereinbarungen über die Qualitätserfordernisse zu treffen, vgl. 1. Teil, E. I. 2. n).

[404] Körner, Ausübungspflichten, BB 1980, 1662 ff. (1663); siehe zur Werbepflicht 1. Teil, E. I. 1. c) bb).

[405] RG v. 4.1.1936 GRUR 1936, 432 ff. (433); Reimer, § 9 Rn. 55.

[406] Lüdecke, Ausübungspflicht, GRUR 1952, 211 (217).

[407] Vgl. 1. Teil, E. I. 1. b) aa) (c).

[408] Reimer, § 9 Rn. 55; BGH GRUR 1953, 114 (118).

[409] KG v. 8.6.1935 GRUR 1935, 892 ff. (893); Paul, NJW 1963, 2249 (2252); Reimer, § 9 Rn. 55; einschränkend Lüdecke, Ausübungspflicht, GRUR 1952, 211 (218 f.) mit Hinweis auf Pietzcker, S. 357, der nur dann eine technische Überholung annimmt, wenn der ganze Industriezweig erlöscht. Vgl auch Körner, Ausübungspflichten, BB 1980, 1662 (1666).

[410] BGH GRUR 1978, 166 ff. (166) - "Banddüngerstreuer", wonach die Grenze der Zumutbarkeit dann überschritten ist, wenn der Lizenznehmer bei fortgesetzter Ausübung der Lizenz nur "mehr oder weniger unverkäuflichen Schrott produzieren" und "sehenden Auges des Ruin entgegenwirtschaften würde".

[411] KG v. 8.5.1935 GRUR 1935, 892 ff. (893) Das Erlöschen der Ausübungspflicht bringt in diesem Fall für den Lizenzgeber keine untragbaren Ergebnisse, da dieser wiederum die Möglichkeit hat das Schutzrecht anderweitig zu verwerten.

[412] KG v. 8.5.1935 GRUR 1935, 892 ff. (893).

[413] Reimer, § 9 Rn. 55.

überobligationsmäßige Schwierigkeit[414]) auf Seiten des Lizenznehmers vorliegt[415]. Dabei ist jedoch zu berücksichtigen, daß es nicht selten auch im Interesse des Lizenzgebers liegt, die Ausübungspflicht des Lizenznehmers zum Erlöschen zu bringen, damit er die ausschließliche Lizenz einem anderen Lizenznehmer erteilen kann, der in der Lage ist, die Lizenz effektiver und erfolgreicher zu verwerten. Letztlich kann er dadurch selber höhere Lizenzeinnahmen im Falle der Vereinbarung einer Stücklizenz erzielen.

Liegt beim Lizenznehmer ein Erlöschensgrund für die Ausübungspflicht vor, so kann er sich durch Kündigung nach dem Grundsatz des Wegfalls der Geschäftsgrundlage vom Vertrag lösen[416].

Es ist anerkannt, daß die Ausübungspflicht, sofern sie überhaupt als eine "Beschränkung" des Lizenznehmers anzusehen ist, jedenfalls nicht i.S.d. § 20 GWB über den Inhalt des Schutzrechts hinausgeht und damit kartellrechtlich zulässig ist[417]. Dies wird auch durch die GFVO (Technologie) bestätigt (Art. 2 II Nr. 9,17).

bb) Werbepflicht

Die Ausübungspflicht, die zur bestmöglichen Ausübung der Erfindung verpflichtet[418], umfaßt grundsätzlich die Pflicht zur Werbung, um den Absatz des patentierten Gegenstandes zu fördern[419]. Der ausschließliche Lizenznehmer ist nach der Rechtsprechung "nach allgemeinen Grundsätzen des Lizenzrechts nicht nur herstellungs- und vertriebspflichtig, sondern auch werbepflichtig"[420].

Die Werbung ist nicht nur dann unumgänglich, wenn der patentierte Gegenstand längere Zeit nicht vertrieben wurde, sondern auch, wenn er bereits in den Markt eingeführt und bekannt ist[421]. Es besteht also grundsätzlich die Pflicht, ständig für das Produkt zu werben, damit auch neue Abnehmer gewonnen werden. Die Werbepflicht darf jedoch

---

414 Vgl. Palandt-Heinrichs, § 275 Rn. 12.

415 Lüdecke, Ausübungspflicht GRUR 1952, 211 (218), vgl. auch die Beispiele auf S. 219.

416 Vgl. dazu 3. Teil, B. I. 4. b); vgl. zum Kündigungsrecht des Lizenzgebers bei Verletzung der Ausübungspflicht, 2. Teil, B. I. 5. a).

417 BGH GRUR 1969, 560 ff. (561) - "Frischhaltegefäß"; Hesse, Schutzumfang, GRUR 1972, 505 ff. (505); Körner, Ausübungspflichten, BB 1980, 1662 ff. (1663); Schricker, WRP 1980, 121 (126) m.w.N.; Spengler, Verlagslizenz, GRUR 1964, 425 (425, 426 ff) m.w.N.; Klauer/Möhring, Anhang zu § 9 Rn. 17. Dies gilt auch für das europäische Wettbewerbsrecht, vgl. Art. 2 I Nr. 9 GFVO (Technologietransfervereinbarungen).

418 Siehe zum Inhalt der Ausübungspflicht 1. Teil, E. I. 1. c) aa).

419 KG v. 3.9.1938 GRUR 1939, 66 ff. (66); Groß, GRUR 1951, 368 f. (370); Lüdecke, Ausübungspflicht, GRUR 1952, 211 (218); Körner, Ausübungspflichten, BB 1980, 1662 ff. (1663); Reimer, § 9 Rn. 55; Tetzner, Kommentar, § 9 Rn. 2; Krausse/Kathlun/Lindenmaier, § 9 Rn. 53; Lüdecke/Fischer, S. 465; Stumpf/Groß, Rn. 162; Benkard-Ullmann, § 15 Rn. 86; einschränkend Klauer/Möhring, § 9 Rn. 78; Schade, S. 73 f.

420 KG v. 3.9.1938 GRUR 1939, 66 ff. (66).

421 KG v. 3.9.1938 GRUR 1939, 66 ff. (66).

nicht zu weit ausgedehnt werden, denn dies würde auf ein dem Lizenznehmer unzumutbares "Höchstleistungs-Pflichtprinzip" hinauslaufen[422]. Daher ist es dem Lizenznehmer zuzugestehen, nach pflichtgemäßem Ermessen den zeitlichen und mengenmäßigen Umfang der Werbepflicht zu bestimmen[423] und den Werbeeinsatz nach den wirtschaftlichen Erfordernissen auszurichten[424]. Als Kriterium dient die sich aus § 347 HGB ergebende Sorgfaltspflicht des ordentlichen Kaufmanns[425]. Der Lizenznehmer "handelt dann pflichtgemäß, wenn er den Werbeeinsatz nach den Erfordernissen einer wirtschaftlich-gesunden Geschäftsführung ausrichtet"[426]. Dem Lizenznehmer ist mit steigendem Vertragsrisiko ein geringerer Kapitaleinsatz für die Werbung zuzumuten[427]. Da die Werbepflicht von der Ausübungspflicht umfaßt wird, hat der Lizenznehmer auch bezüglich dieser Pflicht sein Bestmögliches zu tun und sich "mit aller Kraft" um den Absatz zu bemühen[428]. Er kann sich dabei nicht auf Kapitalmangel berufen, sondern hat das erforderliche Kapital notfalls zu beschaffen[429].

Die Werbepflicht kann in den Fällen entfallen, in denen sich Werbung als sinnlos erweist, z.B. wenn wegen Rohstoffmangels der Lizenznehmer keine Möglichkeit zur Produktion des patentierten Gegenstands hat[430] oder wenn der Absatz unmöglich ist[431].

Um eine angemessene Werbung und damit Absatz der patentierten Produkte sicherzustellen, empfiehlt es sich, bei der ausschließlichen Lizenz den Umfang der Werbepflicht vertraglich genau festzulegen. Beispielsweise kann vorgesehen werden, daß ein bestimmter Betrag oder feststehender Prozentsatz vom Verkaufswert für die Werbung zu verwenden ist.

cc) Aufrechterhaltungs- und Verteidigungspflicht des Patents

Im Gegensatz zur Aufrechterhaltungspflicht bei der einfachen Lizenz, die den einfachen Lizenznehmer nicht trifft[432], ist die Frage der Aufrechterhaltungspflicht des ausschließlichen Lizenznehmers umstritten. Dies resultiert daraus, daß der

---

422 So kritisch zur Werbepflicht, Schade, S. 74.
423 Vgl. beispielsweise zum zumutbaren Umfang der Anzeigen-, Vertreterwerbung und Werbedrucksachen KG v. 3.9.1938 GRUR 1939, 66 ff.
424 Schade, S. 74 f.
425 Lüdecke, Ausübungspflicht, GRUR 1952, 211 (218); vgl. im einzelnen zur Sorgfaltspflicht, Baumbach/Duden/Hopt, § 347 Rn. 1 ff. Für den Werbeeinsatz in handelsüblicher Weise auch BGH GRUR 1970, 40 (42) -"Musikverleger", mit zustimmender Anmerkung von Bappert, 45, allerdings für einen Verlagsvertrag.
426 Schade, S. 75.
427 Lüdecke, Ausübungspflicht, GRUR 1952, 211 (217).
428 RG v. 4.1.1936 GRUR 1936, 432 ff. (433).
429 KG v. 3.9.1938 GRUR 1939, 66 ff. (67).
430 Lüdecke, Ausübungspflicht, GRUR 1952, 211 (218); Lüdecke/Fischer, S. 465.
431 KG v. 3.9.1938 GRUR 1939, 66 (68).
432 Vgl. 1. Teil, E. I. 1. b) aa) (e).

ausschließliche Lizenznehmer, falls sich der Lizenzgeber nicht seine Verwertungsbefugnis vorbehält, die alleinige Verwertung der Erfindung vornimmt. Der Lizenzgeber behält also lediglich das Formalrecht an der Erfindung, während der Lizenznehmer als einziger die "wirtschaftliche und tatsächliche Inhaberstellung" einnimmt[433]. Anknüpfend an diese Stellung des Lizenznehmers, vertritt die noch h.M. die Auffassung, daß dem ausschließlichen Lizenznehmer die Aufrechterhaltungspflicht des Patents trifft[434]. Er ist insbesondere verpflichtet, die Jahresgebühren zu zahlen.

An der Aufrechterhaltungspflicht, die zwar nicht den einfachen, aber den ausschließlichen Lizenznehmer treffen soll, ist berechtigte Kritik geübt worden[435]. Die Kritik gründet sich darauf, daß trotz der wirtschaftlichen Stellung des ausschließlichen Lizenznehmers als allein Verwertungsbefugter immer noch der Lizenzgeber Patentinhaber bleibt. Daher fällt weiterhin ihm die Aufgabe der Aufrechterhaltung seines Schutzrechts zu[436]. Es muß also zwischen der wirtschaftlichen und formalen Rechtsstellung der Vertragsparteien differenziert werden.

Auch aus einem anderen Grunde muß den Lizenzgeber die Aufrechterhaltungspflicht treffen: Sind mehrere ausschließliche Lizenzen für verschiedene Gebiete[437] erteilt worden, so stellt sich die Frage, welcher Lizenznehmer hier verpflichtet ist, für die Aufrechterhaltung des Patents zu sorgen. Eine eindeutige Antwort erzielt man nur dann, wenn die dem Lizenzgeber für die einfache Lizenz bestehende Aufrechterhaltungspflicht auch für die ausschließliche Lizenz anerkannt wird.

Die Anwendung der pachtrechtlichen Vorschriften, aus denen sich grundsätzlich die Aufrechterhaltungspflicht des Lizenzgebers ergibt[438], rechtfertigen sich damit auch bei der ausschließlichen Lizenz[439] mit dem Ergebnis, daß auch den ausschließlichen Lizenznehmer keine Aufrechterhaltungspflicht des Patents trifft.

Oft wird bezüglich der Aufrechterhaltungspflicht im Lizenzvertrag eine Regelung getroffen. Dies ist im Hinblick darauf, daß es über die Pflicht geteilte Meinungen gibt, auch empfehlenswert[440]. Dabei wird häufig die Aufrechterhaltungspflicht des Lizenznehmers ausgeschlossen.

---

433 Vgl. 1. Teil, B. I. 1. b).
434 Reimer, § 9 Rn. 59; Klauer/Möhring, § 9 Rn. 79; Henn, S. 155 m.w.N.
435 Kraßer/Schmid, GRUR Int. 1982, 324 (334); Stumpf/Groß, Rn. 201; Benkard-Ullmann, § 15, Rn. 87.
436 Kraßer/Schmid, GRUR Int. 1982, 324 (330).
437 Vgl. zur Gebietslizenz 1. Teil, C. I. 1. c) bb).
438 Siehe 1. Teil, E. I. 1. b) (e).
439 Die Pachtvorschriften werden hier analog angewandt, da der ausschließliche Lizenzvertrag nach der hier vertretenen Meinung als Vertrag sui generis angesehen wird, siehe 1. Teil, B. I. 2. g) bb).
440 Vgl. zu einer solchen Klausel 1. Teil, E. I. 2. p).

Mit der Aufrechterhaltungspflicht des ausschließlichen Lizenznehmers wird in Lizenzverträgen oft die Verteidigungspflicht verbunden. Sie läßt sich ebensowenig wie die Aufrechterhaltungspflicht begründen[441], da die Pflicht zur ordnungsgemäßen Gebrauchsgewährung, die die Verteidigung des Schutzrechts beinhaltet, dem Lizenzgeber grundsätzlich nach den Pachtvorschriften obliegt und er sich seiner Pflicht nicht durch Erteilung einer ausschließlichen Lizenz entledigen kann. Er ist auch weiterhin i.S.d. §§ 581, 535, 536 BGB analog verpflichtet, das Patent aufrechtzuerhalten und zu verteidigen. Etwas anderes ergibt sich auch nicht daraus, daß der ausschließliche Lizenznehmer Patentverletzungen durch Dritte möglicherweise eher realisiert als der Lizenzgeber, der sich der Verwertung enthält. Seine Verteidigungspflicht kann er nur vertraglich auf den Lizenznehmer übertragen, was sehr häufig in Lizenzverträgen vereinbart wird. Zudem muß dem Lizenzgeber die Verteidigungspflicht obliegen, da andernfalls die Zahlung der Lizenzgebühren des Lizenznehmers nicht mehr gerechtfertigt wäre.

Da dem ausschließlichen Lizenznehmer jedoch die Klagebefugnis bezüglich Patentverletzungen Dritter zugestanden wird[442], wird er selber das Schutzrecht aus eigenem Interesse verteidigen.

Bezüglich einer erhobenen Klage des Lizenznehmers gegen einen Verletzer ist anzumerken, daß bei vorzeitiger Beendigung des Lizenzvertrages der ausschließliche Lizenznehmer ab dem vorzeitigen Ende des Lizenzvertrages in bezug auf diesen Rechtsstreit und die Zwangsvollstreckung den Weisungen des Patentinhabers unterliegt[443].

dd) Mitteilungspflicht bezüglich Patentverletzungen

Da dem ausschließlichen Lizenznehmer ohne vertragliche Vereinbarung keine Verteidigungspflicht des Patents trifft[444], könnte ihm möglicherweise die Pflicht, den Lizenzgeber über Patentverletzungen zu unterrichten, obliegen. Eine solche Pflicht läßt sich jedoch wie bei der einfachen Lizenz mangels Rechtsgrundlage nicht begründen[445]. Die Ausschließlichkeit und damit im Zusammenhang stehende Ausübungspflichtigkeit ändert daran nichts.

Die Mitteilungspflicht des Lizenznehmers erübrigt sich auch regelmäßig, da er aufgrund der Befugnis, gegen Patentverletzer vorzugehen, in der Regel selber daran interessiert ist,

---

[441] Vgl. auch Henn, S. 179; Lüdecke, Lizenzverträge, NJW 1968, 1358 (1360).
[442] Siehe 1. Teil, E. I. 1. b) bb) (d).
[443] Ohl, Wegfall, GRUR 1992, 81 ff. (82).
[444] Siehe 1. Teil, E. I. 1. c) cc).
[445] Siehe dort 1. Teil, E. I. 1. b) aa) (g).

gegen Patentverletzungen Dritter einzuschreiten und daher entweder selber Klage erheben wird oder zumindest freiwillig Patentverletzungen dem Lizenzgeber mitteilen wird.

ee) Wettbewerbsverbotspflicht

Die Wettbewerbsverbotspflicht, die häufig in Lizenzverträgen vereinbart wird, wird als eng an die Ausübungspflicht des Lizenznehmers gebunden angesehen[446]. Nach früherer Rechtsprechung - noch vor Erlaß der Kartellgesetze[447] - und Literatur[448] wurde es dem ausübungspflichtigen, ausschließlichen Lizenznehmer grundsätzlich, auch ohne vertragliche Vereinbarung, verboten, Wettbewerbshandlungen vorzunehmen. Die Wettbewerbsverbotspflicht wurde aus Treu und Glauben und daraus gefolgert, daß der ausübungspflichtige Lizenznehmer keine Handlungen vornehmen darf, die dem Interesse des Lizenzgebers zuwiderlaufen[449] und das Patent wirtschaftlich entwerten kann[450]. Würde man dem Lizenznehmer, den eine Ausübungspflicht trifft, einen eigenen Wettbewerb gestatten, so widerspricht das wirtschaftlich der Verpflichtung zur vertragsgemäßen Produktion, der Verwertung[451]. Weiterhin wurde das Wettbewerbsverbot bei Verträgen angenommen, die eine Umsatzbeteiligung des Lizenzgebers vorsehen, da wettbewerbsrechtliche Handlungen und der gleichzeitige Vertrieb von Konkurrenzprodukten eine Beeinträchtigung des Absatzes der Lizenzwaren zur Folge hat[452]. Nach der Auffassung der Annahme eines Wettbewerbsverbots führt ein schuldhafter Verstoß gegen dieses Wettbewerbsverbot dazu, daß dem Lizenzgeber ein Schadensersatzanspruch dahingehend zusteht, daß auch die konkurrierenden Erzeugnisse der Lizenzgebührenpflicht unterworfen werden[453].

Auch unter kartellrechtlichen Aspekten wurde das Wettbewerbsverbot teilweise als unbedenklich und "damals durchaus lizenzrechtlich üblich" anerkannt[454], obwohl sie aus anderer Sicht grundsätzlich schon nach den alliierten Dekartellierungsgesetzen[455] für unzulässig gehalten wurden, da sie den Lizenznehmer in seiner Betätigung auf

[446] Benkard-Ullmann, § 15 Rn. 160; Körner, Ausübungspflichten, BB 1980, 1662 ff. (1662).
[447] RG v. 4.1.1936 GRUR 1936, 432 f. (433).
[448] Schade, S. 78; Lüdecke, Ausübungspflicht GRUR 1952, 211 (218); Möhring, Dekartellisierung, GRUR 1950, 496 (506); Lüdecke/Fischer, S. 462 f.; einschränkend Klauer/Möhring, § 9 Rn. 78.
[449] Lüdecke/Fischer, S. 463, 717.
[450] RG v. 4.1.1936 GRUR 1936, 432 f. (433).
[451] Lüdecke/Fischer, S. 463.
[452] BGH GRUR 1956, 93 (96); Klauer/Möhring, Anhang zu § 9 Rn. 18.
[453] Hesse, Schutzumfang, GRUR 1972, 505 ff. (505).
[454] BGH GRUR 1955, 468 (471) - "Schwermetall-Kokillenguß"; vgl. auch BGHZ 3, 193 (199); BGH GRUR 1959, 293 ff. (293) - "Bremsmotoren"; OLG Nürnberg, GRUR 1963, 97 (99) - "Bürkle-Treppe"; Lüdecke/Fischer, S. 718; Möhring, Dekartellisierung, 496 (506).
[455] Vgl. dazu schon 1. Teil, D. I. 1. a) aa) (a) und Lampert, Patente, GRUR 1950, 1 ff.

patentfreiem Gebiet beschränkt[456]. Begründet wurde das damit, daß Absprachen mit dem Inhalt, keine ungeschützten Erzeugnisse herzustellen und zu vertreiben, die mit dem lizenzierten Gegenstand konkurrieren, im Einzelfall dann gerechtfertigt sind, wenn eine anderweitige Regelung in beträchtlichem Umfange die Interessen des Lizenzgebers beeinträchtigen würde[457].

An der Annahme des für den ausübungspflichtigen Lizenznehmer bestehenden Wettbewerbsverbots und der Zulässigkeit von Vereinbarungen über Wettbewerbsverbote, sowohl vor als auch nach Erlaß der Dekartellierungsgesetze, wurde zahlreiche Kritik geübt[458]. Es muß überprüft werden, ob auch heute unter Geltung des GWB eine solche Wettbewerbsverbotspflicht als Ausfluß der Ausübungspflicht für den Lizenznehmer angenommen werden kann.

Die Frage des Wettbewerbsverbots für den ausschließlichen Lizenznehmer ist dabei nur im Hinblick auf die kartellrechtliche Wirksamkeit von Wettbewerbsverboten zu beantworten. Denn sind Wettbewerbsverbote nach dem Kartellrecht unwirksam, so können sie nicht aus der Ausübungspflicht zu Lasten des Lizenznehmers hergeleitet und ohne vertragliche Vereinbarung als generell bestehend angenommen werden.

Unter Geltung des GWB werden Wettbewerbsverbote generell als wettbewerbsrechtlich unwirksam angesehen[459]. Es muß jedoch für die rechtliche Unzulässigkeit nach dem Inhalt der Wettbewerbsverbote differenziert werden. Sie dürfen nicht als pauschal unwirksam eingestuft werden. Nach der allgemeinen Meinung sind Wettbewerbsverbote mit dem Inhalt, außer den lizenzierten Gegenständen keine sonstigen Erzeugnisse herzustellen, die in das Schutzrecht eingreifen, wirksam. Dagegen werden Wettbewerbsverbote, mit welchem die Herstellung oder der Vertrieb von Waren verboten werden soll, die nicht in den Schutzbereich des lizenzierten Patents fallen, als unwirksam angesehen. Sie verstoßen gegen § 20 II GWB, da sie nicht vom Inhalt des Schutzrechts gedeckt sind[460].

Das Bundeskartellamt nimmt bei der Prüfung, ob der Lizenznehmer durch das Wettbewerbsverbot in seiner wirtschaftlichen Bewegungsfreiheit eingeschränkt wird, eine

---

456 BGHZ 3, 193 (196); Lampert, Patente, GRUR 1950, 1 (4 f.); Tetzner, Kommentar, § 9 Rn. 59; Magen, S. 176.

457 Möhring, Dekartellisierung, GRUR 1950, 496 (506); Schade, S. 78.

458 Heine, GRUR 1949, 431f. (432); Spengler, Verlagslizenz, GRUR 1964, 425 (432).

459 Kellermann, Einfluß des GWB, GRUR 1959, 569 (575); ders. Gewerbliche Schutzrechte, WuW 1960, 603 (606); Magen, S. 176.

460 Klauer/Möhring, Anhang zu § 9 Rn. 15, 18; Benkard-Ullmann, § 15 Rn. 160; BGH GRUR 1963, 207 (210) - "Kieselsäure"; BKartA GRUR 1965, 499 (502); BGH GRUR 1969, 701 ff. (702) - "Auto-Lok"; Körner, Ausübungspflichten, BB 1980, 1662 (1665); Reimer, § 9, Rn. 152; Spengler, Verlagslizenz, GRUR 1964, 425 (432); Pagenberg/Geissler, S. 164.

Abwägung der berechtigten Interessen des Lizenzgebers und des Lizenznehmers vor[461]. In einigen Entscheidungen wurden für Wettbewerbsverbote, die unter § 20 II GWB fallen, eine Erlaubnis nach § 20 III GWB erteilt[462].

Auch nach europäischem Kartellrecht wird ein Wettbewerbsverbot des Lizenznehmers als Verstoß gegen Art. 85 I EWG-Vertrag[463] und als nicht freistellungsfähig nach der Gruppenfreistellungsverordnung angesehen[464], da Wettbewerbsverbote ihrer Natur nach geeignet sind, den Wettbewerb zu verfälschen und dadurch die zwischenstaatlichen Handelsbeziehungen zu beeinträchtigen[465]. Dies ergibt sich auch aus Art. 3 Nr. 2 GFVO (Technologie).

Aus der nach deutschem Recht wettbewerbsrechtlichen Unwirksamkeit von Vereinbarungen über Wettbewerbsverbote, die über den Inhalt des Schutzrechts hinausgehen und aus dem generellen Verstoß von Wettbewerbsverboten gegen das europäische Kartellrecht, kann gefolgert werden, daß sich eine solche Wettbewerbsverbotspflicht nicht für den ausschließlichen Lizenznehmer aus seiner Ausübungspflicht ohne vertragliche Vereinbarung herleiten läßt[466]. Doch auch für das nach der deutschen Rechtsprechung kartellrechtlich wirksame Wettbewerbsverbot kann die Wettbewerbsverbotspflicht als Ausfluß der Ausübungspflicht für den ausschließlichen Lizenznehmer nicht anerkannt werden.

Ein Wettbewerbsverbot als Mittel zur Absicherung der Ausübungspflicht, wie dies von den Befürwortern der Wettbewerbsverbotspflicht des ausschließlichen Lizenznehmers als Argument benutzt wird, ist nicht unbedingt erforderlich, denn dieses kann auch auf andere Weise geschehen, beispielsweise durch Rücktritts- und Kündigungsrechte und der Vereinbarung einer Mindestlizenzgebühr[467]. Für die Annahme der Wettbewerbsverbotspflicht besteht also schon keine Notwendigkeit. Zudem erscheint es nicht gerechtfertigt und zulässig, eine stillschweigende Treuepflicht in Form des Wettbewerbsverbots anzunehmen, obwohl generell keine kartellrechtliche Bedenken gegen ein solches Verbot bestehen[468].

---

461 Kellermann, Gewerbliche Schutzrechte, WuW 1960, 603 (607); BGH GRUR 1959, 252 ff. (253).

462 BKartA GRUR 1959, 252 ff. (253); Kellermann, Einfluß des GWB, GRUR 1959, 569 (572).

463 BKartA 1959, 252 (254); EG-Kommission GRUR Int. 1986, 116 (120) - "Velcro/Aplix"; vgl. die Nachweise bei Körner, Ausübungspflichten, BB 1980, 1662 (1666).

464 EG-Kommission GRUR Int. 1977, 130 (133) - "Reuter/BASF"; vgl. auch Spengler, Verlagslizenz, GRUR 1964, 425 (432).

465 Spengler, Verlagslizenz, GRUR 1964, 425 (432) m.w.N.

466 Reimer, § 9 Rn. 60; Benkard-Ullmann, § 15 Rn. 86.

467 Körner, Ausübungspflichten, BB 1980, 1662 (1666). Vgl. zur Mindestlizenzgebühr 1. Teil, E. I. 1. a) bb) (a).

468 Vgl. auch Körner, Ausübungspflichten, BB 1980, 1662 (1665).

Auch im Interesse der Förderung der Lizenzierung von Patenten darf für den Lizenznehmer eine Wettbewerbsverbotspflicht als dem Lizenzvertrag in Anknüpfung an die Ausübungspflicht immanent nicht angenommen werden. Bei Bestehen einer solchen Pflicht würde der Lizenznehmer in vielen Fällen von der Lizenznahme absehen.

Aus dem Nichtbestehen eines Wettbewerbsverbots weder für den einfachen noch für den ausschließlichen Lizenznehmer läßt sich folgern, daß sich insbesondere auch ein Forschungsverbot, das ein intensiviertes Wettbewerbsverbot darstellt, nicht als Ausfluß der Ausübungspflicht des ausschließlichen Lizenznehmers ergibt.

ff) Besondere Pflicht des ausschließlichen Lizenznehmers bei gesellschaftsähnlichem Lizenzverhältnis

Im Gegensatz zum einfachen Lizenznehmer ist der ausschließliche Lizenznehmer nicht gehindert, die Lizenz zu übertragen[469]. Er ist sowohl zur Unterlizenzierung als auch zur Lizenzübertragung befugt. Etwas anderes kann sich jedoch für den ausschließlichen Lizenznehmer aus den Umständen ergeben, insbesondere dann, wenn es sich um ein enges Vertragsverhältnis handelt, wie dies bei einem gesellschaftsähnlichen Lizenzvertrag der Fall ist[470].

d) Besondere Pflichten des Unterlizenznehmers

Die Unterlizenz ist grundsätzlich eine einfache Lizenz[471], deren Pflichten sich nach denen des einfachen Lizenznehmers richten. Ist die Unterlizenz ausnahmsweise eine ausschließliche Lizenz, so treffen den Lizenznehmer zusätzlich die Pflichten, die sich aus dem Charakter der ausschließlichen Lizenz ergeben[472].

Der Unterlizenzvertrag zwischen Hauptlizenznehmer und Unterlizenznehmer ist vom Hauptvertrag zwischen Lizenzgeber und Hauptlizenznehmer zu unterscheiden. Die Rechtsbeziehungen sind streng auseinanderzuhalten.

Im Hauptlizenzvertrag wird zwar häufig vereinbart, daß sich der Unterlizenzvertrag nach den im Hauptvertrag getroffenen Vereinbarungen richtet, jedoch wird dadurch nicht allen sich aus dem Vorliegen von zwei Rechtsverhältnissen ergebenden Besonderheiten Rechnung getragen.

---

[469] Vgl. 1. Teil, E. I. 1. b) bb) (c).
[470] Spengler, Rechtsprechung, GRUR 1950, 199 (204).
[471] Vgl. 1. Teil, C. I. 3.
[472] Siehe 1. Teil, E. I. 1. c).

aa) Rechnungslegungspflicht des Haupt- und Unterlizenznehmers

Eine Frage, die sich stellt, ist, ob der Unterlizenznehmer dem Lizenzgeber zur Rechnungslegung verpflichtet ist und somit der Hauptlizenznehmer von seiner Rechnungslegungspflicht loskommt oder ob der Unterlizenznehmer diese Pflicht nur gegenüber seinem Vertragspartner, dem Hauptlizenznehmer, zu erfüllen hat.

In der Literatur ist anerkannt, daß der Hauptlizenznehmer seinem Lizenzgeber auch nach Vergabe einer Unterlizenz zur Rechnungslegung verpflichtet bleibt[473]. Er kann den Lizenzgeber diesbezüglich nicht an den Unterlizenznehmer verweisen. Um seiner Pflicht nachzukommen, hat er dafür zu sorgen, daß der Unterlizenznehmer ihm gegenüber sorgfältig Rechnung legt, denn diese Rechnungslegung dient als Grundlage für seine Rechnungslegung an den Lizenzgeber. Dies ergibt sich schon daraus, daß man die Rechtsbeziehungen auseinanderhält, denn jeder hat seinem Vertragspartner gegenüber die Vertragspflichten zu erfüllen.

Ergeben sich also daraus Schwierigkeiten, daß der Hauptlizenznehmer in zwei Rechtsbeziehungen eingebunden ist, so kommt man immer dann zum richtigen Ergebnis, wenn zwischen den Rechtsbeziehungen differenziert wird.

bb) Aufrechterhaltungspflicht des Patents

Auch auf eine andere sich stellende Problematik ist hinzuweisen: Grundsätzlich trifft sowohl bei einfacher als auch bei der ausschließlichen Lizenz dem Lizenzgeber die Aufrechterhaltungspflicht des Patents[474]. Daran ändert auch die Vergabe einer Unterlizenz nichts. Fraglich ist jedoch, ob für den Fall, daß der Lizenzgeber im Lizenzvertrag mit dem Hauptlizenznehmer seine Aufrechterhaltungspflicht auf den Lizenznehmer übertragen hat, der Hauptlizenznehmer diese Pflicht wiederum auf dem Unterlizenznehmer abwälzen darf mit dem Ergebnis, daß dem Unterlizenznehmer die Aufrechterhaltungspflicht trifft.

Bedenklich ist die weitere Übertragung der Aufrechterhaltungspflicht deshalb, weil für die Zukunft der Bestand des Patents in die Hände eines Dritten gelegt wird, auf den der Lizenzgeber keinerlei Einfluß hat, da keine Rechtsbeziehungen mit ihm bestehen. An wen kann sich dann der Lizenzgeber halten, wenn der Unterlizenznehmer das Patent verfallen läßt[475]?

---

473 Lüdecke/Fischer, S. 551; Benkard-Ullmann, § 15 Rn. 59.
474 Vgl. 1. Teil, E. I. 1. b) aa) (e); 1. Teil, E. I. 1. c) cc).
475 Auf diese Problematik hat insbesondere Lüdecke/Fischer, S. 260, aufmerksam gemacht.

Dem Lizenzgeber, insbesondere bei der Vergabe einer ausschließlichen Lizenz, die die Befugnis zur Unterlizenzerteilung einschließt[476], ist zu empfehlen, eine eindeutige Regelung über die Aufrechterhaltungspflicht für den Fall der Unterlizenzvergabe zu treffen.

e) Besondere Pflichten des Zwangslizenznehmers

Die Zwangslizenz ist eine einfache Lizenz, auf die grundsätzlich die Pflichten des einfachen Lizenznehmer zutreffen. Aus der Besonderheit, daß die Zwangslizenz nicht auf einem freiwilligen Lizenzvertragsschluß beruht, sondern im öffentlichen Interesse durch gerichtliches Gestaltungsurteil erteilt wird[477], können sich für die Pflichten des Zwangslizenznehmers Besonderheiten ergeben.

aa) Ausübungspflicht

Fraglich ist, ob die Zwangslizenz eine Ausübungspflicht begründet. Da Zwangslizenzen einfache Lizenzen sind und für diese regelmäßig keine Ausübungspflicht besteht[478], liege es nach allgemeiner Meinung nahe, auch für die Zwangslizenz eine Ausübungspflicht zu verneinen[479].

Diese Auffassung ist jedoch mit Sinn und Zweck des Instruments der Zwangslizenz nicht zu vereinbaren[480]. Die Zwangslizenz ist in das deutsche Patentgesetz eingeführt worden, um dem Interesse der Öffentlichkeit an der Nutzung neuer Technologien Rechnung zu tragen[481]. Dieses Interesse kann aber regelmäßig nur dann erfüllt werden, wenn durch das Zwangslizenzerteilungsverfahrens dem Lizenznehmer nicht nur ein Benutzungsrecht an der Erfindung eingeräumt wird, sondern wenn ihm gleichzeitig die Pflicht zur Ausübung der Erfindung auferlegt wird. Andernfalls liegt es im Ermessen des Lizenznehmers, ob er ohne Rücksicht auf das Allgemeininteresse, das für die Erteilung seiner Lizenz ausschlaggebend war, die Technologie nutzt. Dies steht auch im Widerspruch zu Art. 14 I 1 GG, da ohne Ausübungsverpflichtung eine Substanzminderung des Patents erfolgt,

---

[476] Siehe 1. Teil, C. I. 3.
[477] Vgl. 1. Teil, C. I. 4.
[478] Siehe 1. Teil, E. I. 1. b) aa) (a)
[479] So RG v. 17.11.1917 RGZ 91, 188 (192); Benkard-Ullmann, § 24 Rn. 29; Bernhardt-Kraßer, S. 618; Krausse/Kathlun/Lindenmaier, § 15 Rn. 17; Klauer/Möhring, § 15 Rn. 26; Reimer, § 15 Rn. 16; kritisch, aber der allgemeinen Meinung folgend, Schade, S. 64 ff.
[480] Ähnlich auch Lüdecke/Fischer, S. 447 mit Hinweis darauf, daß die Zwangslizenz durch die Novelle vom 6.6.1911 als Ersatz für die gesetzliche Ausübungspflicht des Patentinhabers eingeführt worden ist; kritisch auch Vorwerk, GRUR 1976, 64 (70 f.).
[481] Siehe 1. Teil, C. I. 4.

ohne daß der Umstand des Eingriffs in das Patent gerechtfertigt wird[482]. Das Argument, daß durch Festsetzung einer Mindestlizenzgebühr ein Anreiz zur Ausübung der Lizenz geschaffen wird[483], ist nicht ausschlaggebend, denn Ziel ist die Ausübung selbst. Ein Anreiz zur Ausübung der Erfindung genügt dem Interesse der Öffentlichkeit nicht. Der Zwangslizenznehmer kann, auch wenn er durch die Festsetzung einer Mindestlizenzgebühr und Nichtausübung finanzielle Verluste erleidet, die Verwertung der Erfindung immer noch blockieren.

Weiterhin spricht für eine Ausübungspflicht des Lizenznehmers, daß regelmäßig Zwangslizenzen als Stücklizenzen erteilt werden. Blockiert nun der Zwangslizenznehmer durch Nichtausübung die Verwertung der Lizenz, so erhält der Lizenzgeber, in dessen Monopolstellung durch die Erteilung der Zwangslizenz ohnehin schon ohne seine Zustimmung eingegriffen wurde, keinen Gegenwert[484].

Verneint man die Ausübungspflicht, so kann die Zwangslizenz dem Zwangslizenznehmer mehr Freiheit gewähren als eine vertragsmäßige Lizenz[485]. Ob dies gerechtfertigt ist, erscheint zweifelhaft.

Gegen die Nichtausübungspflicht des Zwangslizenznehmers spricht auch, daß sich aus ihr weitere Schwierigkeiten ergeben[486]. Z.B. ist nicht klargestellt, welche Möglichkeiten der Patentinhaber hat, im Falle der Nichtausübung gegen den Zwangslizenznehmer vorzugehen.

Der allgemeinen Auffassung, daß den Zwangslizenznehmer generell keine Ausübungspflicht trifft, ist aus diesen Gründen nicht vorbehaltlos zuzustimmen.

bb) Rechnungslegungspflicht

Auch der Zwangslizenznehmer ist dem Patentinhaber gegenüber zur pünktlichen Rechnungslegung bezüglich der im Erteilungsverfahren festgesetzten Benutzungsvergütung verpflichtet[487]. Der Patentinhaber kann den Anspruch vor dem ordentlichen Gericht einklagen[488].

---

482 Vorwerk, GRUR 1976, 64 (71).
483 Benkard-Rogge, § 24 Rn. 29.
484 Lüdecke/Fischer, S. 448.
485 RG v. 17.11.1917 RGZ 91, 188 (192).
486 Darauf hat Lüdecke, Ausübungspflicht, GRUR 1952, 211 (216) hingewiesen, der sich für eine generelle Ausübungspflicht des Zwangslizenznehmers ausspricht.
487 RG v. 12.2.1930 GRUR 1930, 430 f. (430); Benkard-Ullmann, § 24 Rn. 29.
488 Benkard-Ullmann, § 24 Rn. 29.

cc) Nichtangriffspflicht

Dem Zwangslizenznehmer trifft keine Nichtangriffspflicht. Er kann damit, anders als der einfache und ausschließliche Lizenznehmer, bei denen sich bei Vorliegen bestimmter Umstände eine Nichtangriffspflicht ergeben kann, jederzeit gegen das Patent vorgehen und sich auf diese Weise von seiner Zahlungspflicht befreien[489].

f) Besondere Pflichten des Lizenznehmers bei zum Patent angemeldeter Erfindung

Ist die Erfindung zum Patent angemeldet, aber noch nicht erteilt, so ergeben sich für den Lizenznehmer einer angemeldeten Erfindung besondere Pflichten.

aa) Stellung des Prüfungsantrags

Nach dem im deutschem Patentrecht bestehenden "System der aufgeschobenen Prüfung" ist nach der Anmeldung für die Patenterteilung als Voraussetzung erforderlich, daß die sachliche Prüfung auf Patentfähigkeit durch einen gesondert zu stellenden, gebührenpflichtigen Antrag gem. § 44 PatG in Gang gesetzt wird[490].

Der Prüfungsantrag kann nach § 44 II PatG vom Anmelder und jedem Dritten gestellt werden. Wurde für die angemeldete Erfindung schon eine Lizenz erteilt, was jederzeit möglich ist[491], so stellt sich die Frage, ob der Lizenznehmer verpflichtet ist, den Antrag zu stellen und die Gebühren dafür zu übernehmen.

Nach einer Meinung in der Literatur ist im Zweifel bei Lizenzen an zum Patent angemeldete Erfindungen der Lizenzgeber und nicht der Lizenznehmer verpflichtet, den Prüfungsantrag zu stellen und auch die Antragsgebühr zu zahlen[492]. Eine weitergehende Meinung tritt für die Verpflichtung des Lizenzgebers ein, unverzüglich nach Abschluß des Lizenzvertrages den Prüfungsantrag auf eigene Kosten zu stellen, wobei es einer ausdrücklichen Willenserklärung diesbezüglich des Lizenznehmers nicht bedarf[493]. Der angestrebte Patentschutz ist wesentlicher Vertragsbestandteil und wird durch die Zahlung der Lizenzgebühren des Lizenznehmers honoriert[494]. Daher ist der Lizenzgeber

---

489 Benkard-Ullmann, § 24 Rn. 29; a.A. Schatz, Ausübungszwang, GRUR Int. 1968, 273 (279).

490 Vgl. ausführlich Benkard-Schäfers, Einl. PatG Rn. 38 und vor § 35 Rn. 29.

491 Siehe zu der Lizenz an einer angemeldeten Erfindung 1. Teil, C. I. 5.

492 Lüdecke, Lizenzverträge, NJW 1968, 1358 ff. (1359); anderes gilt für den Rechercheantrag nach § 43 PatG, da die Einholung der Recherche nicht Bestandteil des Prüfungsverfahrens ist. Siehe dort auch zur Frage, ob dem Lizenznehmer ein Mitverschulden (254 BGB) trifft, wenn er gegen den Lizenzgeber Schadensersatzansprüche wegen Versäumung der Antragsfrist erhebt.

493 Wiede, GRUR 1969, 203 ff. (204); Lüdecke, Lizenzverträge, NJW 1968, 1358 ff. (1359).

494 Wiede, GRUR 1969, 203 ff. (203).

verpflichtet, die ihm zur Verfügung stehenden rechtlichen Mittel auszunutzen, um dem Lizenznehmer die Vorteile des Patentschutzes zu verschaffen[495].

Weder der einfache noch der ausschließliche Lizenznehmer ist damit verpflichtet, den Prüfungsantrag zu stellen.

bb) Geheimhaltungspflicht

Bei einem Lizenzvertrag über eine noch nicht veröffentlichte Patentanmeldung hat der Lizenznehmer die Pflicht zur Geheimhaltung[496].

Auch die Pflichten des Lizenznehmers bei zum Patent angemeldeter Erfindung unterliegen § 20 GWB[497], da dem Lizenznehmer für die Dauer seines einstweiligen Schutzrechts die gleichen Verpflichtungen auferlegt werden können wie dem Lizenznehmer eines erteilten Patents. Die kartellrechtliche Beurteilung des Vertrages hängt dabei nicht davon ab, ob und in welchem Maße die Aussicht auf Erteilung des Patents vor oder nach Abschluß des Vertrages zweifelhaft gewesen ist und ob der einstweilige Patentschutz gegenüber Verletzern tatsächlich durchgesetzt wird[498].

2. Pflichten aufgrund vertraglicher Vereinbarung / Typische Vertragsklauseln

Neben den Pflichten, die sich aus der Natur des Lizenzvertrages für den Lizenznehmer ergeben, können weitere Pflichten aus vertraglicher Vereinbarung für die Vertragsparteien entstehen, die entweder die sich aus der Natur des Vertrages ergebenden Pflichten ergänzen oder ganz neue Pflichten begründen.

Im folgenden werden typische Vertragsklauseln, die immer wieder in der Lizenzvertragspraxis vorkommen[499], dargestellt und Vorschläge für ihre Formulierung unterbreitet. Bei der Formulierung ist zu beachten, daß der Grundsatz der Vertragsklarheit zu wahren ist. Die Klauseln sollen nicht ein Muster für einen Patentlizenzvertrag bilden. Die Praxis zeigt, daß es unmöglich ist, der Vielgestaltigkeit

---

495 Wiede, GRUR 1969, 203 ff. (204); Lüdecke, Lizenzverträge, NJW 1968, 1358 ff. (1359).

496 Lüdecke, Lizenzverträge, NJW 1968, 1358 ff. (1369); Kraßer/Schmid, GRUR 1982, 324 (333); BGH GRUR 1955, 338 ff. (339).

497 BGH GRUR 1965, 160 (162) - "Abbauhammer" mit zustimmender Anmerkung von Ehlers, 162; Kellermann, Gewerbliche Schutzrechte GRUR 1958, 581 (587).

498 BGH GRUR 1965, 160 (162) - "Abbauhammer"; vgl. auch Benkard-Ullmann, § 15 Rn. 114.

499 Es wurden ca. 50 "typische" Patentlizenzverträge, die von Großunternehmen der Branchen Automobilindustrie, Chemie, Elektroindustrie, Maschinenbau, Pharma, abgeschlossen wurden untersucht und Interviews mit Lizenzspezialisten in folgenden Unternehmen durchgeführt: Bayer, BASF, BMW, Boehringer Mannheim, Bosch, Henkel, Hoechst, IBM, Mannesmann, Mercedes Benz, Merck, Porsche, Schering, Siemens. Weiterhin wurden Patent- und Rechtsanwälte zur Lizenzvertragspraxis befragt.

der Verhältnisse gerecht zu werden. Sowohl die Verhandlungspositionen der Vertragsparteien als auch der Gegenstand, über den ein Lizenzvertrag abgeschlossen werden soll, sind niemals gleich. Musterverträge können bei Verträgen, die jeweils den Interessen und Bedürfnissen des Einzelfalls angepaßt werden, nur ganz allgemeine Hinweise geben. Aus diesem Grunde sollen die Klauseln bei Vertragsverhandlungen als Checkliste dienen. Auch in der Praxis wird immer wieder deutlich gemacht, daß es keinen Standardvertrag gibt. Es ist zwar einerseits einfacher, einen Standardvertrag als Vorlage für die Formulierung eines neuen Vertrags zu nehmen, andererseits aber auch gefährlich, da jeder Fall seine Spezifika aufweist und der Blick auf die Gegebenheiten des Einzelfalls nicht durch die Ausfüllung von Lücken der Standardvorlage versperrt werden darf.
Bei der Ausgestaltung der Klauseln ist darauf zu achten, daß sie zulässig sind. Die Berührungspunkte der Klauseln mit dem deutschen und europäischen Kartellrecht sind daher kurz dargestellt.

Der Vollständigkeit halber erschöpft sich die folgende Darstellung nicht in der Angabe von Klauseln bezüglich der Pflichten des Lizenznehmers, sondern auch diejenigen des Lizenzgebers sind aufgeführt und weitere Bestimmungen, die in deutschen Lizenzverträgen üblich sind. Der Übersichtlichkeit halber sind die "typischen" Vertragsbestimmungen in getrennten Klauseln aufgeführt. Die Bestimmungen können und werden auch häufig in einer Klausel zusammengefaßt.

a) Allgemeine Hinweise zur Vertragsgestaltung

Im Lizenzgeschäft ist man sich bewußt darüber, daß die Vertragsparteien voneinander leben. Die Vertragsparteien versuchen immer, eine gleichberechtigte Regelung zu erzielen, da sie auch in Zukunft noch miteinander - vielleicht in der umgekehrten Position - Geschäfte machen wollen. Dementsprechend "fair" werden die Klauseln ausgestaltet[500]. Oft legt die Vertragspartei dem Vertrag die gleichen Klauseln zugrunde, die sie im Rahmen eines anderen Lizenzgeschäfts mit dem gleichen Vertragspartner nur auf der anderen Vertragsseite abgeschlossen hat. Hinzu kommt, daß die Vertragsparteien im Lizenzgeschäft eher Nachteile haben, wenn die andere Vertragspartei in Zahlungsschwierigkeiten gerät. Man will sich auch gegenseitig nicht das Geschäft kaputtmachen.

Auffällig ist, daß in Lizenzverträgen Klauseln über Pflichten aufgenommen sind, die sich schon von selbst ohne Vereinbarung aus der Natur des Rechtsverhältnisses ergeben. Die

[500] Es gilt daher: "Man verlangt vom anderen nichts, was man selber nicht geben kann".

Klauseln dienen zum einen nur der Klarstellung - im allgemeinen ist es immer besser, wenn man sich bei Meinungsverschiedenheiten auf eine vertragliche Regelung berufen kann, auch wenn dies eine unnötige Bestimmung darstellt, die den Vertragstext erweitert -, zum anderen werden die Pflichten aber oft inhaltlich näher ausgestaltet.

Generell ist daher zu empfehlen, eine möglichst klare vertragliche Regelung über die Punkte zu treffen, über die später Streit auftreten kann. Oft wird gerade über einen Punkt Streit entstehen, der während der Vertragsverhandlungen überhaupt nicht angesprochen wurde.

Die Vertragsverhandlungen sind meist von strategischen Überlegungen geprägt. Es muß versucht werden, die betriebswirtschaftlich orientierten Ziele mit Hilfe von taktischen Vorgehensweisen durchzusetzen[501]. Dabei muß im Vorfeld der Verhandlungen die juristische Problematik, speziell die wettbewerbsrechtliche Zulässigkeit bestimmter Klauseln, geklärt sein. Auch während der Vertragsverhandlungen sollte der rechtlichen Problematik Aufmerksamkeit geschenkt werden, ein Jurist sollte also immer konsultiert werden. Es ist aber nicht unbedingt erforderlich, daß er bei den Vertragsverhandlungen teilnimmt. Es hat sich gezeigt, daß sich die Anwesenheit eines Juristen nicht immer vorteilhaft auf die Vertragsverhandlungen auswirkt. Es ist hier dem Amerikaner Mark H. Mc Cormack, Jurist und Lizenzspezialist im Bereich des Sportmarketing, zu folgen, der aus langjähriger Erfahrung sagt:

> "I am a firm believer in keeping the lawyers out of the early stages of a deal[502]...there are certain things which, by their nature, have to be left and should be left to trust, goodwill and common sense".[503]

Diese Ansicht, die die Bedeutung des gegenseitigen Vertrauens der Vertragsparteien in den Vordergrund hebt, hat nicht nur Gültigkeit für US-amerikanische Vertragsverhandlungen, sondern auch für deutsche. Um diesem Vertrauensgrundsatz im Vertrag Ausdruck zu verleihen, kann man zusätzlich eine Klausel in den Vertragstext oder besser in die Präambel aufnehmen[504].

Bei Abschluß von Verträgen mit ausländischen Vertragspartnern ist zu berücksichtigen, daß die Herkunft des Vertragspartners, der fremde Rechtskreis, dem er entstammt, auf den Verlauf der Verhandlungen Einfluß hat. In bezug auf den Abschluß von

---

501 Strategie des Lizenzgebers ist es beispielsweise dadurch eine "höhere Lizenzgebühr" zu erzielen, daß zusätzlich eine Bezugspflicht vereinbart wird oder der Lizenznehmer sich auf eine Nichtangriffsklausel einläßt, um eine für ihn vorteilhafte Klausel zu erhalten. Auch wird oft die Diskussion der rechtlichen Problmatik strategisch dazu eingesetzt andere Verhandlungspunkte durchzusetzen.

502 McCormack, S. 107.

503 McCormack, S. 95. Nicht zu vergessen ist jedoch, daß man bei der Wahl des Vertragspartners, vor allem, wenn es sich um ein Unternehmen handelt, mit der man noch keine Geschäfte gemacht hat, vorsichtig sein soll. Es gilt hier "gesundes" Vertrauen dem Vertragspartner entgegenzubringen.

504 Siehe 1. Teil, E. I. 2. b).

Lizenzverträgen mit US-Amerikanern ist zu beachten, daß sie detaillierte Bestimmungen vorziehen. Der amerikanische Vertragspartner versucht, möglichst alle Punkte zu regeln, über die später Meinungsverschiedenheiten auftreten könnten. Demgegenüber ist der deutsche Vertragspartner eher geneigt, die vertragliche Regelung auf die Punkte zu konzentrieren, die ihm auf dem Hintergrund vorhandener gesetzlicher Regelungen wesentlich erscheinen.

Für den Fall, daß der Vertrag nicht zustande kommt, ist es ratsam, Vereinbarungen über die Vorverhandlungen, wie z.B. über die Geheimhaltung vertraulicher Informationen und Unterlagen, zu treffen.

b) Präambel

Es empfiehlt sich, eine Präambel in den Vertrag aufzunehmen, in der der Zweck des Vertrages, seine wirtschaftliche Zielsetzung[505] und seine Vorgeschichte fixiert wird. Dadurch werden Schwierigkeiten bei der späteren Auslegung des Vertrages vermieden[506].

Die Niederlegung des Vertragszwecks gilt als deutlichste Quelle für die Rechte und Pflichten der Vertragsparteien[507]. Auch die Bestimmung des Vertragsgegenstandes kann mangels Vereinbarung erleichtert werden. Wie oben dargelegt, kann weiterhin auch das Vertrauen der Parteien als den den Vertrag beherrschenden Grundsatz und das Bemühen um eine gütliche Einigung in der Präambel festgelegt werden:

Vorschlag:

Der Vertrag ist auf gegenseitiges Vertrauen gestützt. Die Vertragspartner werden bemüht sein, sich über etwaige Meinungsverschiedenheiten gütlich zu einigen.

Es ist daneben vorteilhaft, die wichtigsten Definitionen entweder in der Präambel oder in einer gesonderten Klausel festzuhalten[508].

c) Klausel bezüglich des Vertragsgegenstandes

Zunächst ist im Vertrag der Vertragsgegenstand und die Rechtslage hinsichtlich der lizenzierten Patente festzuhalten (bloße Anmeldung, Offenlegung, Bekanntmachung,

---

505 Auch die Geschäftsgrundlage des Vertrages kann bestimmt werden, um im Falle des Wegfalls der Grundlage eine Vertragsanpassung zu erreichen.

506 Insbesondere in den USA ist die Fixierung der wirtschaftlichen Zielsetzung am Vertragsanfang von Bedeutung, da sie für die Frage, ob ein Antistrustverstoß vorliegt entscheidend ist, vgl. 1. Teil, E. II. 2. b).

507 Pedrazzini, Die zivilrechtlichen Probleme, GRUR Int. 1982, 283 (286).

508 Vgl. dazu 1. Teil, E. II. 2. b) cc).

Erteilung, Erteilungsland, Aktenzeichen, Nummer)[509]. Es ist auch auf Vorbenutzungsrechte Dritter (§ 7 PatG) und die Erklärung der Lizenzbereitschaft (§ 23 PatG)[510] sowie, wenn der Vertragsgegenstand eine Patentanmeldung ist, auf Schutzrechte Dritter, von denen das Patent abhängig sein könnte, hinzuweisen.

Der Lizenzgeber haftet dafür, daß er uneingeschränkt befugt ist, die Lizenz einzuräumen und daß das Patent nicht mit Rechten Dritter belastet ist. Die Haftung gilt auch dafür, daß das Schutzrecht zur Zeit des Vertragsschlusses besteht[511].

Hat er eine ausschließliche Lizenz erteilt, darf er keine weiteren Lizenzen vergeben[512].

Vorschlag:

§ 1 Vertragsschutzrechte

Der Lizenzgeber ist Inhaber und Verfügungsberechtigter über die Patente:..angemel det beim...am......................

Der Lizenzgeber hat noch keine Lizenzen für die genannten Patente erteilt.

Ist daneben Know-how Vertragsgegenstand, wie dies häufig in Verträgen vorkommt, so ist auch dies im Vertrag festzuhalten:

Der Lizenzgeber verfügt außerdem über das in der Anlage.................. niedergelegte Know-how.

d) Klauseln bezüglich des sachlichen Lizenzbereichs, Vertragsgebiets und Umfangs der Lizenz

Soll die Lizenz gegenständlich beschränkt werden, ist der Anwendungsbereich genau abzugrenzen. Auch das Vertragsgebiet ist zu umschreiben[513] und der Umfang der Lizenz darzustellen, insbesondere sind Beschränkungen festzuhalten.

---

509 Die Definition der zu lizenzierenden Technologie steht am Anfang der Verhandlungen zwischen den Parteien im Vordergrund. Aus diesem Grund werden die Lizenzverträge bei vielen Unternehmen von der Patentabteilung und nicht von der Rechtsabteilung ausgehandelt. Erst nach der Bestimmung und klaren Abgrenzung der Technologie beginnt die eigentliche Vertragsformulierung und die Bestimmung der Bedingungen.

510 Mit der Erklärung der Lizenzbereitschaft verzichtet der Patentinhaber auf sein Recht zur alleinigen Benutzung der Erfindung, auf sein Recht zur Erteilung einer ausschließlichen Lizenz und auf sein Verbotsrecht gegenüber solchen Benutzern, die bereit sind, ein angemessenes Entgelt für die Benutzung zu zahlen, vgl. Benkard-Rogge, § 23 Rn. 4. Vorteil an der Lizenzbereitschaftserklärung ist, daß über sie die Vermittlung von Lizenzen auf einfache Weise zustandekommt. Sie hat aber auch Nachteile, vgl. die Angaben bei 1. Teil, D. I. 1. a).

511 Er haftet dagegen nicht für den Bestand des Patents während der ganzen Vertragsdauer. Diese Risiko trägt der Lizenznehmer, vgl. 1. Teil, E. I. 1. a) ff).

512 1. Teil, B. I. 1. b).

Generell versucht der Lizenzgeber so wenig wie möglich zu lizenzieren, um sich eine eigene Verwertung offenzuhalten. Dies ist jedoch abhängig von der Erfindung und deren Bedeutung für das Unternehmen.

Vorschlag:

§ 2 Sachlicher Bereich der Lizenz

Die Lizenz erstreckt sich auf den gesamten Anwendungsbereich der Erfindungen, die in den in § 1 genannten Patenten beschrieben sind.

oder

Die Lizenz ist auf folgende Anwendungsarten beschränkt:..

§ 3 Vertragsgebiet

Die Lizenz gilt für die Gebiete:...

§ 4 Umfang der Lizenz

Die Lizenz erstreckt sich auf die Herstellung, den Gebrauch und den Verkauf der Lizenzerzeugnisse.

oder

Der Lizenznehmer ist auf den Gebrauch (oder *Herstellung* oder *Verkauf) der Lizenz beschränkt.*

e) Lizenzartklausel, Meistbegünstigungsklausel

Am Anfang der Überlegungen einer Lizenzvergabe steht die Frage nach der Lizenzart. Die Wahl der geeigneten Lizenzart, primär, ob eine einfache oder ausschließliche Lizenz Vertragsgegenstand wird, richtet sich nach wirtschaftlichen Kriterien[514]. Häufig ist es Unternehmenspolitik, grundsätzlich keine ausschließlichen Lizenzen zu erteilen. Der Lizenzgeber will sich die Vergabe von Lizenzen an andere Lizenznehmer offenhalten und auch sichergehen, daß der gesamte Markt abgedeckt werden kann. Die Unternehmen sind auch eher geneigt, eine ausschließliche alleinige Lizenz zu erteilen, um sich nicht von der Verwertungsmöglichkeit des Patents für die Zukunft auszuschließen. Ausschließliche Lizenzen werden ausnahmsweise aber für Patente in Bereichen erteilt, in denen das Unternehmen keine Aktivität mehr beabsichtigt, und für Produkte, die nicht mehr in das

[513] Territoriale Beschränkungen werden häufig bei ausschließlichen Lizenzen vereinbart, vgl. 1. Teil, E. I. 2. e). Vgl. zur Zulässigkeit territorialer Beschränkungen nach der GFVO (Technologie), Art. 1 I Nr. 3.

[514] Vgl. dazu 1. Teil, B. I. 1. a) (einfache Lizenz) 1. Teil, B. I. 1. b) (ausschließliche Lizenz).

Produktportefeuille des Unternehmens passen. Sie werden dann aber häufig territorial begrenzt. Für den Lizenznehmer, der oft versucht, eine ausschließliche Lizenz zu bekommen, steht meist der finanzielle Aspekt im Vordergrund. Auch wenn die ausschließliche Lizenz teurer ist, lohnen sich Investitionen in einem Bereich für einen Lizenznehmer nur, wenn er eine solche erhält.

Wird eine einfache Lizenz eingeräumt, so wird zum Schutz des Erstlizenznehmers gegen wirtschaftliche Benachteiligung und aus Gründen der Fairneß häufig eine Meistbegünstigung eingeräumt, damit er dieselben Rechte erhält, wie sie andere Inhaber einer einfachen Lizenz erteilt bekommen. Meistbegünstigungsklauseln treten in positiver Form auf, daß der Lizenzgeber zwar anderen günstigere Bedingungen einräumen darf, diese dann aber auch seinem Vertragspartner einräumen muß[515]. Es gibt sie auch in negativer Form mit dem Inhalt, daß der Lizenzgeber verspricht, anderen keine günstigeren Bedingungen zu gewähren[516].

Eine Meistbegünstigungsklausel ist für den Lizenznehmer äußerst erstrebenswert. Häufig schreckt der Lizenzgeber aber von der Einräumung einer solchen Klausel zurück, da sie sehr schwer zu administrieren ist. Folge der Meistbegünstigung ist, daß der bestehende Lizenzvertrag die neuen Bedingungen ab dem Zeitpunkt des Vertragsabschlusses mit dem neuen Lizenznehmer erhält. Eine Rückabwicklung findet nicht statt.

Vorschlag:

§ 5 Art der Lizenz

Dem Lizenznehmer wird eine ausschließliche Lizenz erteilt.

oder

Die Lizenz ist ausschließlich. Der Lizenzgeber ist aber weiterhin berechtigt, in dem genannten Gebiet die unter die Lizenz fallenden Gegenstände selbst herzustellen, zu gebrauchen und zu vertreiben[517].

oder

Der Lizenzgeber erteilt dem Lizenznehmer das nicht exklusive Recht zur Benutzung der Vertragspatente gem. § 1.

Der Lizenzgeber ist verpflichtet, anderen Lizenznehmern keine günstigeren Bedingungen einzuräumen als dem Lizenznehmer oder *Räumt der Lizenzgeber Dritten im wesentlichen die gleichen Rechte zu günstigeren Bedingungen ein, so gelten diese günstigeren Bedingungen automatisch auch für den Lizenznehmer. Der Lizenzgeber*

---

[515] Die Meistbegünstigungsklausel ist wettbewerbsrechtlich zulässig, da sie gem. Art. 2 Nr. 10 GFVO (Technologie) freigestellt ist. Vgl. aber zu den kartellrechtlichen Bedenken, BGH NJW 1965, 1861 f.; BKartA BB 1975, 1359 ff.; BGH GRUR 1981, 605 ff. - "Garant-Lieferprogramm"; Klemp, DB 1977, 1301 ff.; Brandi-Dohrn, Meistbegünstigungsklausel BB 1982, 1083 ff.

[516] Die negative Meistbegünstigungsklausel mit dem Inhalt jemanden genauso schlecht zu stellen wie dem neuen Lizenznehmer ist nicht zulässig.

[517] Alleinige Lizenz, vgl. dazu auch 1. Teil, B. I. 1. b).

muß den Lizenznehmer automatisch über die Lizenzvergabe informieren. ***(Meistbegünstigungsklausel).***

f) Ausübungsklausel

Der einfache Lizenznehmer ist grundsätzlich nicht zur Ausübung der Lizenz verpflichtet[518]. Eine diesbezügliche Pflicht muß ihm im Vertrag auferlegt werden. Wird keine Ausübungspflicht vereinbart, versucht der Lizenzgeber, sich durch eine Mindestlizenzklausel abzusichern[519]. Häufig werden bezüglich der Ausübung auch gestaffelte Kapazitäten, die der Lizenznehmer erfüllen muß, vereinbart (sog. "Milestone-Konzept"). In der Praxis bereitet die Auferlegung einer Ausübungspflicht meist keine Probleme, denn der Lizenznehmer übt im eigenen Interesse die Lizenz aus, es sei denn, es handelt sich um eine überholte Technologie. Da den ausschließlichen Lizenznehmer auch ohne Vereinbarung eine Ausübungspflicht trifft, ist diese ausdrücklich auszuschließen, wenn sie nicht Vertragsinhalt werden soll.

Die Ausübungsklausel, die die Betriebskapazität und Leistungsfähigkeit des Lizenznehmers zu Lasten der neben den Lizenzgegenständen hergestellten Wettbewerbsprodukte ganz oder teilweise ausschöpft, stellt kartellrechtlich keine Bedenken dar, da die Ausübungspflicht nicht über den Inhalt der Schutzrechte hinausgeht[520].

Vereinzelt wird die Ausübungspflicht mit einer Werbepflicht verbunden. Die Werbungsklausel mit der Bestimmung, daß ein bestimmter Prozentsatz der Verkaufshöhe für Werbezwecke zu verwenden ist, ist eine Verpflichtung, die dem Interesse beider Parteien entspricht, die lizenzierten Produkte durch gezielte Werbung marktbekannt zu machen.[521] Nach der seit 1.4.1996 geltenden GFVO (Technologie) gehört es zu den wettbewerbsrechtlich zulässigen Klauseln den Lizenznehmer zu verpflichten die bestmöglichen Anstrengungen bei der Herstellung und Vermarktung des Lizenzerzeugnisses zu unternehmen, vgl. Art. 1 I Nr. 9.

Vorschlag:

§ 6 Ausübungspflicht

Der Lizenznehmer ist verpflichtet, das Lizenzrecht auszuüben.

oder

---

518 Vgl. 1. Teil, E. I. 1. b) aa) (a).

519 Vgl. 1. Teil, E. I. 2. k).

520 BGH GRUR 1969, 560 ff. (561) - "Frischhaltegefäß"; Klauer/Möhring, Anhang zu § 9 Rn. 20.

521 Vgl. zu der Frage, ob die Vereinbarung der Werbekostenhöhe wettbewerbsrechtlich relevant, und falls die Relevanz gegeben ist, ob diese wettbewerbsrechtlich zulässig ist, Klauer/Möhring, Anhang zu § 9 Rn. 13; BKartA GRUR 1965, 499 ff. (500).

Der Lizenznehmer verpflichtet sich nicht, das Lizenzrecht auszuüben.

g) Unterlizenzklausel

Im Gegensatz zum einfachen Lizenznehmer ist der ausschließliche Lizenznehmer zur Vergabe von Unterlizenzen befugt[522]. Soll daher die Befugnis zur Vergabe von Unterlizenzen ausgeschlossen werden, muß dies bei der ausschließlichen Lizenz vereinbart werden. Dies gilt auch für die Einräumung der Befugnis zur Unterlizenzvergabe bei der einfachen Lizenz. Der Lizenznehmer sollte bestrebt sein, wenigstens die Befugnis zu erhalten, seinen mit ihm verbundenen Unternehmen Unterlizenzen zu erteilen. Üblich ist es, die Vergabe von Unterlizenzen von der Zustimmung des Lizenzgebers abhängig zu machen. Es ist bei diesem Zustimmungsvorbehalt darauf zu achten, daß die Zustimmung nicht aus nicht nachvollziehbaren Gründen verweigert werden darf. Die Verpflichtung des Lizenznehmers keine Unterlizenzen zu erteilen ist nach europäischem Wettbewerbsrecht zulässig, vgl. Art. 2 I Nr. 2 GFVO (Technologie).

Es ist nochmals darauf hinzuweisen, daß, wirtschaftlich betrachtet, die Unterlizenz zu einer stärkeren Konkurrenz der übrigen Lizenznehmer führt, was eine indirekte Einschränkung des Lizenzgebers bedeutet und man deshalb sehr vorsichtig mit der Befugnis zur Unterlizenzvergabe umgehen sollte. Der Lizenzgeber sollte bestrebt sein, die Entscheidung zu treffen, wer die Befugnis zur Nutzung seines Patents erhält. Hinzu kommt, daß mit der unkontrollierten Vergabe von Unterlizenzen die Gefahr besteht, daß die vom Hauptlizenzgeber vorgegebene Qualität nicht gewährleistet wird. Für den Fall einer Unterlizenzvergabe kann vorgesehen werden, daß ein Teil der and den Hauptlizenznehmer zu zahlenden Lizenzgebühr an den Hauptlizenzgeber abzuführen ist.

Vorschlag:

§ 7 Unterlizenz

Der Lizenznehmer darf keine Unterlizenzen vergeben.

oder

Der Lizenznehmer ist berechtigt, Unterlizenzen zu vergeben.

oder

Der Lizenznehmer darf Unterlizenzen nur mit Zustimmung des Lizenzgebers vergeben. Sie darf nur versagt werden, wenn ein wichtiger Grund vorliegt.

[522] 1. Teil, B. I. 1. b), vgl. auch 1. Teil, C. I. 3.

h) Klausel bezüglich der Übertragung der Lizenz

Der Lizenzgeber hat ein Interesse daran, daß die Lizenz nicht ohne weiteres auf andere übertragen wird. Aus diesem Grund wird häufig bestimmt, daß die Lizenz nicht übertragbar ist[523] oder die Übertragbarkeit von der Zustimmung des Lizenzgebers abhängig gemacht wird. Insbesondere, wenn der Lizenznehmer ein Konzern ist, ist es für den Lizenzgeber von Bedeutung zu regeln, ob die Übertragung auf ein anderes Konzernunternehmen zulässig sein soll.

Vorschlag:

§ 8 Übertragung der Lizenz

Die Lizenz ist nicht übertragbar.

oder

Die Übertragung der Lizenz oder die Einbringung in ein mit dem Lizenznehmer unmittelbar oder mittelbar verbundenes Unternehmen bedarf der schriftlichen Zustimmung des Lizenzgebers.

i) Klausel über die Haftung des Lizenzgebers

Im Lizenzvertragsrecht ist es anerkannt, daß der Lizenzgeber für die technische Ausführbarkeit und Brauchbarkeit der Erfindung haftet und auch für die Beeinträchtigungen des Lizenzrechts durch Rechte Dritter, die bei Abschluß des Vertrages bestehen und die der Lizenzgeber kennt oder fahrlässig nicht kennt[524]. Die Verwertbarkeit der Erfindung und die Fabrikationsreife liegt dagegen im Risikobereich des Lizenznehmers[525].

Da die Haftung des Lizenzgebers von großer Bedeutung ist und sich aus ihr einschneidende Folgen ergeben können, wird in fast allen Lizenzverträgen diesbezüglich eine Klausel vereinbart. Der Lizenzgeber schließt dabei immer jegliche Haftung aus. Dieser Haftungsausschluß wird vom Vertragspartner in der Lizenzvertragspraxis auch akzeptiert. Für den Lizenznehmer ist es ratsam, für die für ihn ausschlaggebenden Eigenschaften ausdrückliche Zusicherungen zu verlangen und die Eigenschaft genau zu definieren.

Zusätzlich erfolgt in einigen Verträgen auch ausdrücklich der Haftungsausschluß dafür, daß keine Patentverletzungen Dritter vorliegen, und daß keine Abhängigkeit von Rechten Dritter besteht.

---

523 Diese Bestimmung ist nach eruopäischem Recht zulässig, Art. 2 I Nr. 2 GFVO (Technologie).

524 Siehe Malzer, GRUR 1970, 107 (109); Stumpf/Groß, Rn. 292; Benkard-Ullmann, § 15 Rn. 102; Henn S. 188 f. m.w.N.

525 Vgl. zum Risikocharakter des Lizenzvertrages und zur Risikoverteilung 1. Teil, B. I. 2. a).

Vorschlag:

§ 9 Haftung für Mängel

Der Lizenzgeber übernimmt für die Neuheit der Erfindung sowie für Inhalt und Rechtsbeständigkeit der Patente keine Gewähr.

Weiterhin haftet der Lizenzgeber weder dafür, daß die Erfindung industriell hergestellt werden, noch dafür, daß die Erfindung kaufmännisch verwertet werden kann. Das Risiko der kaufmännischen Verwertung geht ausschließlich auf den Lizenznehmer über.

j) Klausel über die Haftung des Lizenznehmers

Meist wird weder die Patent- noch die Vertragsverletzung des Lizenznehmers und seine Haftung in deutschen Patentlizenzverträgen geregelt. Auch ohne vertragliche Vereinbarung kann die Pflichtverletzung des Lizenznehmers einen wichtigen Kündigungsgrund bilden[526]. In der Rechtsprechung zum Lizenzvertragsrecht ist es noch ungeklärt, welche Rechtsfolgen bei welcher Pflichtverletzung eintreten sollen; es lassen sich nur allgemeine Regeln aufstellen[527].

Es ist fraglich, ob es ratsam ist, eine Haftungsklausel des Lizenznehmers in den Vertrag aufzunehmen. Einerseits wird dem Vertragspartner durch die Regelung seiner Haftung Mißtrauen entgegengebracht, was grundsätzlich vermieden werden sollte[528]. Andererseits wird durch die Fixierung der Haftung im Vertrag der Bedeutung bestimmter Pflichten des Lizenznehmers Ausdruck verliehen und die Rechtsfolgen einer Pflichtverletzung eindeutig geregelt. Der Lizenzgeber hat daher zu entscheiden, ob er zugunsten der Klarheit und zulasten des Vertrauens eine Haftungsklausel in den Vertrag aufnimmt. Entscheidet er sich für eine Regelung, so empfiehlt sich, insbesondere eine Regelung über die Rechtsfolgen der Verletzung der Ausübungspflicht des Lizenznehmers zu treffen, da die Ausübung der Erfindung für den Lizenzgeber oft sehr wichtig ist, und er im Falle der Nichtausübung daran interessiert ist, sich vom Vertrag zu lösen und einen anderen Lizenznehmer zu suchen, der die Erfindung erfolgversprechend verwerten kann. Weiterhin sollte aufgrund ihrer Bedeutung im Vertrag eine Rechtsfolge der Verletzung der Geheimhaltungspflicht aufgeführt werden. Die Klausel sollte auch eine Abmahnung beinhalten, wenn die Pflicht noch nachholbar ist.

Anstelle der Kündigung kann auch eine Vertragsstrafe oder Schadensersatz vorgesehen werden[529]. Die Rechtsfolgen können auch miteinander verknüpft werden. Wird jedoch ein Kündigungsrecht des Lizenzgebers vereinbart und kündigt der Lizenzgeber

[526] 3. Teil, B. I. 4.

[527] Vgl. 2. Teil, A. I., B. I. und 3. Teil, A. I., B. I.

[528] Vgl zur Bedeutung des gegenseitigen Vertrauens der Vertragsparteien 1. Teil, E. I. 2. a).

[529] Häufig wird für die Verletzung der Geheimhaltungspflicht eine Schadensersatzpflicht vorgesehen.

vertragsgemäß, muß sich der Lizenznehmer darüber bewußt sein, daß er bei Nutzung des Patents zum Patentverletzer wird.

Vorschlag:

§ 10 Haftung des Lizenznehmers

Verletzt der Lizenznehmer die im folgenden aufgezählten Pflichten (nach Ablauf einer Frist von............), kann der Lizenzgeber durch einfache schriftliche Mitteilung den Vertrag kündigen. Schadensersatz kann verlangt werden, wenn den Lizenznehmer bei folgenden Pflichtverletzungen ein Verschulden trifft: (z.B.)

- *Ausübungspflicht*

- *Geheimhaltungspflicht*

- *Mindestlizenzgebührenpflicht*

- *Rechnungslegungspflicht*

- *Lizenzierungspflicht von Verbesserungserfindungen*

- *Aufrechterhaltungspflicht des Patents*[530]

- *Nichtangriffspflicht*[531]

oder

Stellt der Lizenznehmer die Lizenzerzeugnisse außerhalb des vereinbarten Lizenzgebiets her, hat er eine Vertragsstrafe von ....an den Lizenzgeber zu zahlen.

oder allein für den Fall der Nichtausübung

Gelingt es dem Lizenznehmer nicht, die Erfindung innerhalb einer Frist von ....industriell herzustellen, kann der Lizenzgeber den Vertrag kündigen und Schadensersatzansprüche geltend machen, es sei denn, es liegen nachvollziehbare Gründe für die Nichtausübung vor.

k) Lizenzgebührenklausel, Mindestlizenzklausel, Anpassungsklausel

Bestimmungen über die Zahlung von Lizenzgebühren müssen mit Klarheit und Sorgfalt formuliert werden, da diese aufgrund ihrer Wichtigkeit mehr als andere Anlaß zu späteren Streitigkeiten bilden. Die Bedeutung der Lizenzgebühr, die meist den entscheidenden Punkt bei den Lizenzverhandlungen bildet, ist nochmals hervorzuheben. Gleichbedeutend ist nur noch die Frage der Rechtsbeständigkeit des Schutzrechts. Aus diesem Grund ist es zu empfehlen, Definitionen in den Vertrag aufzunehmen, so z.B. über den Nettoverkaufspreis, wenn die laufende Lizenzgebühr sich auf ihn bezieht.

---

[530] Die Aufrechterhaltungspflicht des Patents muß dem Lizenznehmer durch vertragliche Vereinbarung auferlegt werden, da die Pflicht grundsätzlich den Lizenzgeber trifft, vgl. 1. Teil, E. I. 1. b) aa) (e).

[531] Die Auflistung der Pflichten, die die angegebenen Rechtsfolgen festlegen ist hier nur beispielhaft und davon abhängig, auf welche Pflichten der Lizenzgeber besonderen Wert legt.

Welche Berechnungsmethode vereinbart werden soll[532], hängt von der betriebswirtschaftlichen Lage der Vertragsparteien und deren Einschätzung über die erfolgversprechende Verwertung des Patents ab. Allgemeingültige Hinweise dazu gibt es nicht. Am häufigsten sind die Umsatz- und Stücklizenz. Bei der Pauschallizenz entfällt die Abrechnung und Kontrolle, eine Rechnungslegungsklausel[533] ist nicht erforderlich. Bei der Stücklizenzgebühr ist die Rechnungslegung einfacher als bei den anderen laufenden Lizenzgebühren. Wird eine laufende Lizenzgebühr vereinbart, ist an abzugsfähige Nebenkosten zu denken.

Die laufende Lizenzgebühr kann auch bei einer Lizenz über ein Patent, das sich noch in einem frühzeitigen Entwicklungsstadium befindet, eine "Milestone"-Regelung enthalten, bei der die Fälligkeit der Teilzahlungen von dem Erreichen vereinbarter "milestones" - abhängig gemacht wird. Eine solche Klausel kommt oft im Pharmabereich vor. Grund ist, daß bei etwaigem Auftreten von Nebenwirkungen und Nichterreichen des nächsten "milestones" die Lizenzgebühr nicht gezahlt zu werden braucht.
Auch hier ist darauf hinzuweisen, daß eine Kombination der Berechnungsarten möglich ist und in der Praxis sehr häufig vorgenommen wird. Es wird auch die Lizenzgebühr mit einer Bezugspflichtklausel verbunden, um sich als Lizenzgeber weitere Einnahmen zu sichern[534].

In dem Vertrag kann vereinbart werden, daß die Lizenzgebühr über das vorzeitige Vertragsende hinaus zu zahlen ist. Die Zulässigkeit dieser Vereinbarung ergibt sich aus Art. 2 I Nr. 7b GFVO (Technologie), wenn die Voraussetzung erfüllt ist, daß die Lizenzgebühr aus Gründen der Zahlungserleichterung über den Gesamtzeitraum des Vertrages kalkuliert ist[535].

Häufig wird bei Lizenzen eine gestaffelte Mindestlizenzgebühr vereinbart, die dem Lizenzgeber eine Mindestlizenzgebühr unabhängig vom Erfolg des Lizenznehmers garantiert. Mit der Auferlegung einer Mindestlizenzgebühr bezweckt der Lizenzgeber u.a. wenigstens seine Patentkosten, also die Kosten für die Aufrechterhaltung des Patents, abzudecken. Die Mindestlizenzgebühr ist wettbewerbsrechtlich zulässig, vgl. Art. 2 I Nr. 9 GFVO (Technologie).

Da es noch keine zufriedenstellende, gesetzliche Grundlage für die Nichtrückzahlungspflicht des Lizenzgebers im Falle der nachträglichen Nichtigkeit des Patents gibt[536], empfiehlt es sich, hierüber eine Bestimmung in den Vertrag aufzunehmen.

---

[532] Vgl. zu den Möglichkeiten der Festlegung der Bezugsgröße Teil, E. I. 1. a) aa).
[533] 1. Teil, E. I. 2. l).
[534] Siehe zur Bezugspflichtklausel und deren wettbewerbsrechtliche Zulässigkeit 1. Teil, E. I. 2. s).
[535] Vgl. dazu 1. Teil, E. I. 2. k).
[536] Vgl. zu der Problematik und der hierzu vorgeschlagenen Lösung 1. Teil, E. I. 1. a) ff).

Eine solche Anpassungsklausel ist sehr vorteilhaft bezüglich der Dynamisierung an die wirtschaftliche und rechtliche Entwicklung.

Vorschlag:

§ 11 Lizenzgebühr

Der Lizenznehmer verpflichtet sich, ..% des seinen Abnehmern für die Lieferung ab Werk ohne Verpackung in Rechnung gestellten Entgelts (oder *Herstellungspreises) für die Lizenzerzeugnisse abzüglich Verkaufssteuern und etwaiger Rabatte als Lizenzgebühr an den Lizenznehmer zu zahlen. Von den Entgelten sind die den Kunden gesondert berechneten Nebenkosten, wie ....,abzuziehen*[537].

oder

Der Lizenznehmer verpflichtet sich, einen Betrag von .... DM für jedes verkaufte Lizenzerzeugnis zu zahlen[538]. (Stücklizenzgebühr)

oder

Der Lizenznehmer verpflichtet sich eine Lizenzgebühr in Höhe von .... DM am .... als einmalige Zahlung zu leisten[539]. (Pauschallizenzgebühr)

Der Lizenznehmer hat bis zum Ende jedes Kalendervierteljahres (oder -monats/ -halbjahres/ -jahres), erstmals zum................abzurechnen. Die Zahlung hat bis zum 15. des auf die Abrechnung folgenden Monats zu erfolgen.

Mindestlizenzgebühr[540]

Die Höhe der zu zahlenden Lizenzgebühr darf unabhängig vom tatsächlichen Absatz der Lizenzgegenstände (oder *Umsatz) nicht niedriger sein als ....DM im ersten Jahr, ...DM im zweiten Jahr,.......DM im dritten und den folgenden Jahren.*

Anpassung der Lizenzgebühren

Sollten sich während der Dauer dieses Vertrages neue Tatbestände ergeben, die eine Beeinträchtigung der an den Lizenznehmer erteilten Lizenz in solchem Umfang zur Folge haben (insbesondere Nichtigerklärung des Patents), daß die Herstellung von Vertragsprodukten unter Benutzung der Erfindung auch durch Dritte ohne Verletzung von Vertragsschutzrechten unter gleichen Wettbewerbsbedingungen möglich ist, so ist der Lizenznehmer zu einer angemessenen Minderung der Lizenzgebühren (oder *zur Einstellung der Lizenzgebühr) ab dem Zeitpunkt berechtigt, an welchem sich die Beeinträchtigung auf die vertragsgemäße Betätigung auswirkt.*

---

537 Bei internationalen Lizenzverträgen empfiehlt sich zu regeln, in welcher Währung die Gebühr zu zahlen ist und welcher Umrechnungskurs zugrundegelegt wird.

538 Vgl. zur Stücklizenzgebühr 1. Teil, E. I. 1. a) aa) (b).

539 Vgl. zur Pauschallizenzgebühr 1. Teil, E. I. 1. a) aa) (a). Die Pauschallizenzgebühr kann auch mit einer Verrechnung ausgestattet werden.

540 Vgl. auch 1. Teil, E. I. 1. a) bb) (a).

l) Rechnungslegungsklausel

Die für den Lizenznehmer bestehende Abrechnungspflicht wird in Lizenzverträgen, in denen eine laufende Lizenzgebühr vereinbart wurde, immer durch eine Klausel konkretisiert. Die Klausel hat dabei oft zum Inhalt, daß der Lizenznehmer über alle lizenzgebührenpflichtigen Erzeugnisse gesonderte Aufzeichnungen zu führen hat, aus denen für die Abrechnung alle erforderlichen Einzelheiten ersichtlich sind.

Daneben wird auch ein Buchprüfungsrecht vereinbart. Teilweise wird auch vereinbart, daß der Lizenzgeber das Recht zur Einsichtnahme bezüglich Aufzeichnungen grundsätzlich auf eigene Kosten hat. Übersteigt jedoch infolge der Prüfung und Einsichtnahme die Höhe der Nachzahlung einen bestimmten Prozentsatz des von dem Lizenznehmer für den gleichen Zeitraum bezahlten Lizenzgebührenbetrags, so wird der Lizenznehmer zur Kostenübernahme verpflichtet[541]. Es kommt relativ selten vor, daß der Lizenzgeber von seinem Recht zur Buchprüfung Gebrauch macht, da er auf die Angaben des Lizenznehmers vertraut. Dies gilt insbesondere für die Vertragspraxis bei Großunternehmen[542].

Es sollte schon bei der Vereinbarung der Berechnungsart der Lizenzgebühr darauf geachtet werden, daß Probleme bei der Rechnungslegung ausgeschaltet werden.

Die Rechnungslegung des Lizenznehmers kann für ihn dadurch erleichtert werden, daß er ein vom Lizenzgeber vorgegebenes Abrechnungsformular ausfüllt. Dies hat auch eine Erleichterung der Buchführung des Lizenzgebers zur Folge.

Vorschlag:

§ 12 Buchführung und Buchprüfung

Der Lizenznehmer ist verpflichtet, über die genaue Anzahl der von ihm aufgrund dieses Vertrages hergestellten Erzeugnisse und über alle sonstigen Angaben, die für die Berechnung der Lizenzgebühr von Bedeutung sind, gesondert Buch zu führen. Er hat insbesondere Eintragungen zu machen über:...

Der Lizenzgeber ist jederzeit berechtigt, diese Bücher und ihre Übereinstimmung mit der allgemeinen Buchführung des Lizenznehmers durch einen zur Verschwiegenheit verpflichteten Buchprüfer prüfen zu lassen. Die Kosten der Prüfung trägt der.................................

---

541 Vgl. dazu auch den seit 1.7.1990 gesetzlich bestehenden Anspruch, 3. Teil, A. I. 1. e) aa).

542 Dies bestätigt die Aussage von McCormack zur Bedeutung des Vertrauens der Vertragsparteien, vgl. 1. Teil, E. I. 2. a).

m) Kennzeichnungsklausel

Die Vereinbarung der Pflicht des Lizenznehmers zur Kennzeichnung der aufgrund des Lizenzvertrages hergestellten Produkte erfolgt häufig im Interesse beider Vertragsparteien. Der Lizenzgeber und Zeicheninhaber hat Interesse an Bestand und Aufrechterhaltung des Zeichenrechts[543]. Die Zeichenbenutzung erhöht den Wert des Zeichens als eines Wirtschaftsguts. Somit hat der Zeicheninhaber ein legitimes Interesse daran, die wirtschaftlichen Vorteile in Form von Erhaltung und Steigerung der Bekanntheit und Wertschätzung des Zeichens für sich zu vereinnahmen. Ferner ermöglicht ihm die Identifizierung der Ware durch Kennzeichnung, Qualität, Menge und Absatzgebiet zu kontrollieren[544]. Für den Lizenznehmer steht das Interesse an dem Vertrieb bekannter Namen oder Zeichen aufgrund des damit verbundenen Qualitätsstandards und Rufes des auf dem Markt bereits eingeführten Produkts im Vordergrund[545]. Auch kann die Klarstellung der markenrechtlichen Beziehungen zwischen den Vertragsparteien durch Anbringen eines Kennzeichens auf den Lizenzprodukten unter den Aspekten der Sicherstellung, daß der Gebrauch der Marke durch den Lizenznehmer dem Markeninhaber tatsächlich zugerechnet wird, der Vermeidung von Herkunftstäuschungen des Publikums und der Verhinderung, daß die Unterscheidungskraft und damit der Schutz der lizenzierten Marke beeinträchtigt wird, notwendig und zweckmäßig sein[546]. Nachteilig ist die Kennzeichnung lediglich unter dem Gesichtspunkt der Produkthaftung, da dadurch eindeutig erkennbar ist, wer für das Produkt verantwortlich ist. Abgesehen von diesen Vorteilen, die die Kennzeichnung den Parteien bringt, wird in der Praxis häufig von einer Kennzeichnung des Produkts abgesehen, da die Kontrolle über die Kennzeichnung für den Lizenzgeber einen großen Aufwand darstellt.

Die Kennzeichnungspflicht kann auf verschiedene Weise ausgestaltet sein[547]. Zunächst kann die Verpflichtung im Anbringen eines Patentvermerks liegen. Der Lizenznehmer wird dadurch lediglich verpflichtet, die Patentnummer und das Schutzland auf dem Patent zu markieren. Eine darüber hinausgehende Vereinbarung, die sich noch im Rahmen eines Patent- oder Lizenzvermerks[548] hält, ist der Hinweis auf das Bestehen eines Lizenzverhältnisses oder der Hinweis auf den Lizenzgeber durch Kennzeichnung seiner Firma oder seines Namens. Nach der Rechtsprechung ist es irreführend, eine

---

543 Schricker, WRP 1980, 121 (127).

544 EG Kommission GRUR Int. 1972, 172 f. (173).

545 Stumpf/Groß, Rn. 195.

546 Beier, Rechtsprobleme, RIW/AWD 1974, 1 (7); vgl. auch Schricker, WRP 1980, 121 (127).

547 Vgl. dazu ausführlich, Schricker, WRP 1980, 121 ff. (121 f.).

548 Der Lizenzvermerk hat nach Körner, Produzentenhaftung, NJW 1985, 3047 (3049) eine doppelte Funktion: Hinweis von Drittkonkurrenten auf die Schutzrechtslage, Dokumentation des "Urheberpersönlichkeitsrechts" und der "Erfinderlehre".

Vorrichtung als international patentiert zu bezeichnen, wenn sie nur durch ausländische Patente geschützt ist oder wenn sich die ausländischen Patente und das inländische Patent auf verschiedene Teile der Vorrichtung beziehen[549].

Die in Lizenzverträgen häufig anzutreffende Kennzeichnungsklausel hat die Pflicht zur Benutzung der Marke oder Firma des Lizenzgebers zum Inhalt. Weiterhin kann die Pflicht zum Gebrauch einer bestimmten Ausstattung Inhalt sein. Die Vereinbarung kann dabei so weit gehen, daß der Lizenznehmer nicht mehr befugt ist, daneben eigene Firmen, Marken oder Ausstattung anzubringen. Auch kann dem Lizenznehmer jeglichen Einfluß auf die Kennzeichnung der Produkte entzogen werden, indem ihm diesbezüglich ein Weisungsrecht des Lizenzgebers auferlegt wird.

Nach der Rechtsprechung und Literatur ist die Verpflichtung des Lizenznehmers zum Anbringen eines Lizenzvermerks auf dem Produkt wettbewerbsrechtlich zulässig[550]. Darüber hinausgehende Kennzeichnungen, z.B. die Verpflichtung, die hergestellten Gegenstände mit dem Namen des Lizenzgebers zu versehen, werden zwar als obligatorische Beschränkungen im Geschäftsverkehr angesehen, die über § 20 I GWB hinausgehen, es kann jedoch die Erlaubnismöglichkeit nach § 20 III GWB für die Klausel gegeben sein[551]. Die Vorschriften der §§ 20, 21 GWB gelten nicht nur für reine Lizenzverträge, sondern auch für gemischtrechtliche Verträge, wenn diese lizenzvertragliche Elemente enthalten[552].

Auch nach europäischem Kartellrecht ist die Kennzeichnungsvereinbarung zulässig, Art. 1 I Nr. 7 GFVO (Technologie), solange dem Lizenznehmer nicht auch ein Verbot der Kennzeichnung mit einem eigenen Warenzeichen, Handelsnamen oder einer bestimmten Aufmachung auferlegt wird. Der EuGH hat klargestellt, daß eine Kennzeichnungsklausel nur dann wettbewerbsrechtlich mit Art. 85 I EWG-Vertrag vereinbar ist, wenn sich der

549 OLG Stuttgart, NJW 1991, 169.

550 BKartA GRUR 1959, 252 ff. (253); BKartA GRUR 1965, 499 (500 f.); vgl. zur Wirksamkeit nach EG-Recht, Kommission der EG GRUR Int. 1972, 172 f. (173); EuGH GRUR Int. 1986, 635 (640) - "Windsurfing International". Völp, BB 1960, 761 (764); Benkard-Ullmann, § 15 Rn. 86; Klauer/Möhring, Anhang zu § 9 Rn. 19 vgl. die Entwicklung der Rechtsprechung zur Zulässigkeit nach Wettbewerbsrecht ausführlich bei Schricker, WRP 1980, 121 ff. m.w.N.

551 BKartA GRUR 1959, 252 (254). Die Zulässigkeit der Kennzeichnungspflicht wird teilweise damit begründet, daß die dem Warenzeicheninhaber vom Warenzeichengesetz eingeräumte Befugnis zum zweckentsprechenden Gebrauch der Warenzeichen Dritten gegenüber, also der Kennzeichnung der Ware, vom Zeichenrecht gedeckt ist. Ferner wird dies durch die namensrechtlichen Befugnisse des Lizenzgebers und dadurch gerechtfertigt, daß der Lizenznehmer mit der Kennzeichnung den Vorteil hat vom "Goodwill" der im Geschäftsverkehr eingeführten, werbewirksamen und verkaufserprobten Packungen zu profitieren, Schricker, WRP 1980, 121 (123 ff.), BKartA GRUR 1965, 499 (501). Auch das Weisungsrecht des Lizenzgeber und die Pflicht des Lizenznehmers bezüglich der Verpackung der Produkte verstößt nicht gegen das GWB, BKartA GRUR 1965, 499 ff. (500).

552 Schricker, WRP 1980, 121 ff. (122); BKartA GRUR 1965, 499 ff. (500). Aus diesem Grund ist auch die Kennzeichnungspflicht, die eine innere Beziehung sowohl zum Patent, als auch zum Warenzeichen aufweist, nach diesen Vorschriften kartellrechtlich zu prüfen.

Hinweis nur auf den vom Patent umfaßten Elementen befindet, denn andernfalls wird der unrichtige Eindruck hervorgerufen, daß der gesamte Gegenstand patentrechtlich geschützt ist[553].

Die Berechtigung oder Verpflichtung zur Kennzeichnung der Lizenzprodukte besteht so lange, wie Benutzungshandlungen gestattet sind[554].

Vorschlag:

§ 13 Kennzeichnung

Der Lizenznehmer verpflichtet sich, an allen Erzeugnissen, die aufgrund der Lizenz hergestellt werden und die er an Kunden liefert, mit fortlaufenden Nummern und dem deutlichen Hinweis: "Hergestellt unter Lizenz von..........................." zu versehen[555].

n) Qualitätsklausel

Die Kennzeichnungsklausel wird häufig oder schon fast notwendigerweise mit einer Qualitätsklausel verbunden, in der festgelegt wird, daß die lizenzierten Produkte einen bestimmten Qualitätsstandard erfüllen müssen. Zusätzlich wird dann meist noch vorgesehen, daß der Lizenzgeber das Recht zur Qualitätskontrolle hat. Die Qualitätsklausel hat den Zweck sicherzustellen, daß das unter der Lizenz hergestellte Produkt, das mit dem Namen oder Warenzeichen des Lizenzgebers gekennzeichnet ist, auch die Qualität aufweist, die ein Kunde durch das Produkt des Lizenzgebers gewöhnt ist. Um spätere Streitigkeiten zu vermeiden, sollte genau vereinbart werden, welche Überwachungsmaßnahmen der Lizenzgeber vornehmen darf. Für den Fall, daß der Lizenzgeber Mängel feststellt, kann auch ein Kündigungsrecht vorgesehen werden.

Nach Art. 2 I Nr. 5 GFVO (Technologie) ist die Verpflichtung des Lizenznehmers, Vorschriften über die Mindestbeschaffenheit des Lizenzerzeugnisses, soweit sie im Interesse einer technisch einwandfreien Benutzung der Erfindung notwendig sind, einzuhalten und auch die Duldung von Kontrollen wettbewerbsrechtlich zulässig[556].

Vorschlag:

§ 14 Qualität des Lizenzgegenstandes

*Der Lizenznehmer hat den Lizenzgegenstand in der im Anhang .. niedergelegten Qualität (*oder *in der gleichen Qualität wie der Lizenzgeber) herzustellen.*

Der Lizenzgeber ist berechtigt, die Einhaltung der Qualität zu überwachen.

---

553 Siehe auch EuGH GRUR Int. 1986, 635 (640) - "Windsurfing-International".

554 Ohl, Wegfall, GRUR 1992, 77 (81).

555 Die Klausel kann auch auf die Kennzeichnung von, vom Lizenznehmer in Verkehr gebrachten Prospekten, Firmenkatalogen etc. erweitert werden.

556 Vgl. dazu auch EuGH GRUR Int. 1986, 635 (638) - "Windsurfing-International".

o) Verbesserungsklausel, Mitteilungspflichtklausel über Verbesserungen

Häufig wird in Lizenzverträgen vereinbart, daß beide Vertragsparteien zum Erfahrungsaustausch und zur Gewährung von Verbesserungen[557], die mit dem lizenzierten Patent im Zusammenhang stehen, verpflichtet sind. Die Vereinbarung einer solchen Lizenzierungspflicht von Verbesserungen[558] im Lizenzvertrag hat für beide Seiten den Vorteil, daß der patentierte Gegenstand bzw. das Verfahren immer technisch auf dem neuesten Stand gehalten wird und damit wettbewerbsfähig ist[559]. Damit verbunden ist die Begünstigung des Absatzes. Sie dient daher letztlich dem technischen Fortschritt[560].

Die Vereinbarung einer Verbesserungsklausel ist auch unter dem Gesichtspunkt, daß naturgemäß jedes Verfahren oder jeder Gegenstand im Laufe der technischen Entwicklung verbessert wird[561], empfehlenswert. Zu berücksichtigen ist, daß nach der Rechtsprechung und Literatur Vereinbarungen über Verbesserungen eng auszulegen sind[562], so daß die Grenze einer Verbesserung bei einer echten patentfähigen Weiterentwicklung gesehen werden muß[563]. Dies muß jedoch nach Lage des Einzelfalls jeweils entschieden werden.

Die Aufnahme einer Verbesserungsklausel in einen Lizenzvertrag hat nach der Rechtsprechung zur Folge, daß die Vertragsparteien in einem besonderen Maße dem Gebot von Treu und Glauben unterliegen[564].

Verpflichtungen bezüglich Erfahrungsaustausch und Verbesserungen sind im GWB geregelt, und zwar als über den Inhalt des Schutzrechts hinausgehende, aber zugelassene Beschränkungen. Gemäß § 20 II Nr. 3 GWB ist eine Verpflichtung zur Lizenzgewährung zu Lasten des Lizenznehmers zulässig, wenn auch der Lizenzgeber eine entsprechende Verpflichtung eingeht. Auch die Lizenzbedingungen müssen dann einander entsprechen, also entweder für beide unentgeltlich oder für beide entgeltlich sein[565]. Die Verpflichtung muß dabei wirtschaftlich gleichartig, aber nicht inhaltsidentisch sein[566].

---

557 Vgl. zum Begriff der Verbesserung 1. Teil, E. I. 1. b) aa) (c).

558 In Verbindung mit einer solchen Klausel wird häufig auch geregelt, wer im Falle des Entstehens von schutzfähigen Erfindungen die Schutzrechtsanmeldung vorzunehmen hat.

559 RG v. 5.10.1927 GRUR 1927, 907 ff. (908); BGH GRUR 1955, 468 (474) - "Schwermetall-Kokillenguß".

560 BGH GRUR 1955, 468 (474) - "Schwermetall-Kokillenguß".

561 RG v. 8.11.1938 Mitt. 1939, 12 ff. (12).

562 BGH GRUR 1957, 485 (487) - "Chenillemaschine" m.w.N.; Schade, S. 72; Zeller, S. 96.

563 Dafür, daß auch patentfähige Verbesserungen regelmäßig Inhalt der Vereinbarungen sind, BGH GRUR 1957, 485 (487) - "Chenillemaschine"; vgl. auch Isay, S. 316.

564 BGH GRUR 1957, 485 (487) - "Chenillemaschine".

565 Pagenberg/Geissler, S. 156.

566 Reimer, § 9 Rn. 146; Klauer/Möhring, § 9 Rn. 36; Immega/Mestmäcker-Emmerich, § 20 Rn. 266.

Die Zulässigkeit beruht u.a. auf der Erwägung, daß das Entgelt für den Lizenzgeber nicht nur in Geld, sondern auch in anderen Leistungen, also z.B. in der Übertragung von Verbesserungen und technische Informationen, bestehen kann[567]. Unzulässig ist es, den Lizenznehmer dahingehend zu binden, Schutzrechte für Verbesserungserfindungen an den Lizenzgeber zu übertragen[568]. Er kann nur verpflichtet werden, dem Lizenzgeber eine Lizenz einzuräumen[569].

Auch nach europäischem Kartellrecht ist es zulässig zu vereinbaren, daß die Vertragspartner gegenseitig verpflichtet sind, sich eine Lizenz an Verbesserungserfindungen zu gewähren[570].

Die Verpflichtung eines Lizenznehmers, seine Rechte an Verbesserungserfindungen im Ausland an den Lizenzgeber zu übertragen, stellt aber in der Regel eine ungerechtfertigte Ausweitung der lizenzierten Patente dar, da hier vom Lizenzgeber Patente verwertet werden, um sich bestimmte ausländische Verbesserungspatente anzueignen, die dem Lizenznehmer zu verdanken sind[571].

Die gegenseitige Verpflichtung zum Erfahrungsaustausch und zur Gewährung von Lizenzen für Verbesserungserfindungen ist auf die Laufzeit des lizenzierten Patents beschränkt[572].

Ist die Vereinbarung nicht nach § 20 II Nr. 3 GWB zulässig, so kann dennoch eine Erlaubnis nach § 20 III GWB erteilt werden. Es ist darauf hinzuweisen, daß bei der Prüfung der Voraussetzungen des § 20 III GWB insbesondere darauf geachtet wird, ob die Gefahr besteht, daß sich Patente in der Hand des Lizenzgebers häufen, Patentpools entstehen und damit auf bestimmten Gebieten eine Monopolisierung droht[573].

Umstritten ist, ob sich die Lizenzgebührenpflicht auch auf Verbesserungen bezieht, die vom Lizenznehmer stammen, und ob sich die Lizenzgebührenhöhe entsprechend der

---

567 BGH GRUR 1955, 468 (474) - "Schwermetall-Kokillenguß"; Möhring, Dekartellisierung, GRUR 1950, 496 (505); Stumpf/Groß, Rn. 553. Die Zulässigkeit erstreckt sich jedoch nicht auf Parallelerfindungen, so daß der Lizenznehmer sich nicht zur Überlassung aller Weiterentwicklungen oder aller eigenen vorhandenen oder zukünftigen Erfindungen verpflichten kann, Benkard-Ullmann, § 15 Rn. 163; Klauer/Möhring, Anhang zu § 9 Rn. 33; Stumpf/Groß, Rn. 550 m.w.N.

568 RG v. 19.6.1935, 57 ff. (58); BGH GRUR 1955, 468 (474) - "Schwermetall-Kokillenguß"; BKartA GRUR 1959, 252 ff. (253); OLG Düsseldorf WuW 1963, 360 ff. (361); Benkard-Ullmann, § 15 Rn. 163; Pagenberg/Geissler, S. 156; Immenga/Mestmäcker-Emmerich, § 20 Rn. 257. Dies gilt auch für die Zulässigkeit nach Art. 85 III EWG-Vertrag, EG-Kommission GRUR Int. 1986, 116 (121) - "Velcro/Aplix" (s.o.).

569 RG v. 19.6.1935 GRUR 1936, 57 ff. (58). Die Lizenzen werden dann "Rücklizenzen" genannt.

570 EG-Kommission GRUR Int. 1972, 374 (376) - "Raymond/Nagoya" (s.o.); vgl. auch Art. 2 I Nr. 4 GFVO (Technologie).

571 EG-Kommission GRUR Int. 1986, 116 (121) - "Velcro/Aplix" (s.o.).

572 Benkard-Ullmann, § 15 Rn. 163..

573 Kellermann, Einfluß des GWB, GRUR 1959, 569 (575); ders., Gewerbliche Schutzrechte II., WuW 1960, 603 (616).

Anzahl und Bedeutung der Verbesserungserfindungen verringert. Nach h.M. erstreckt sich die Lizenzgebührenpflicht nicht auf Verbesserungserfindungen des Lizenznehmers, vermindert sich also mit Zunahme von Verbesserungserfindungen[574]. Nach anderer Ansicht haben Verbesserungserfindungen des Lizenznehmers keinen Einfluß auf die Lizenzhöhe, da der Lizenzgeber dem Lizenzgeber es durch die Erteilung der Lizenz überhaupt erst ermöglicht hat, Verbesserungserfindungen zu machen[575].

Dieser Ansicht ist grundsätzlich zuzustimmen. Andernfalls wäre die Lizenzgebührenhöhe abhängig vom Entwicklungsaufwand und Erfolg von Verbesserungserfindungen des Lizenznehmers. Der Lizenznehmer könnte auf diese Weise die Höhe der Lizenzgebühr beeinflussen und sich der Gebührenzahlungspflicht entziehen, obwohl der Wert der Benutzungsbefugnis für das Patent gleichbleibt. Es erscheint daher nicht gerechtfertigt, daß sich die Lizenzgebühren im Laufe der Zeit verringern[576]. Dies entspricht auch nicht dem Interesse des Lizenzgebers bei Vertragsschluß an einer gleichbleibenden Lizenzgebühr. Da der Lizenzgeber bei jeder Lizenzerteilung davon ausgehen kann und muß, daß Verbesserungserfindungen jederzeit vom Lizenznehmer gemacht werden können, wird er von der Lizenzerteilung absehen oder nur an denjenigen Lizenznehmer eine Lizenz erteilen, der nicht in der Lage ist, Verbesserungserfindungen zu erzielen, um nicht eine Verringerung der Lizenzgebühren befürchten zu müssen. Ein solches Vorgehen würde aber nicht nur der Konkurrenzfähigkeit der Lizenzprodukte entgegenstehen, sondern auch nicht dem Interesse der Allgemeinheit an der Förderung technischen Fortschritts.

Auch aus praktischen Erwägungen muß die ursprünglich vereinbarte Höhe der Lizenzgebühr bei Verbesserungserfindungen des Lizenznehmers aufrechterhalten bleiben. Sowohl die nach jeder Verbesserungserfindung anzustellende Berechnung und Wertermittlung der Erfindung selbst als auch ihre Inbezugnahme zur Haupterfindung gestalten sich sehr schwierig und aufwendig.

Unabhängig davon ist jedoch nicht ausgeschlossen, daß sich unter Umständen nach Treu und Glauben eine Herabsetzung der Lizenzgebühr rechtfertigt, insbesondere dann, wenn es sich um eine wesentliche Erfindung handelt und dem Vertragswillen der Parteien entspricht[577].

---

574 Reimer, § 9 Rn. 146; differenzierend nach abhängigen und unabhängigen Verbesserungserfindungen, Lüdecke, Ausübungspflicht, GRUR 1952, 211 (217).

575 RG v. 14.7.1934 Mitt. 1934, 236 (238); Klauer/Möhring, § 9 Rn. 35; ähnlich auch Stumpf/Groß, Rn. 170.

576 So auch Klauer/Möhring, § 9 Rn. 35.

577 RG v. 14.7.1934 Mitt. 1934, 236 (238); ähnlich auch Lüdecke, Ausübungspflicht, GRUR 1952, 211 (218).

Eine im Zusammenhang der Pflicht des Lizenznehmers zur Gewährung von Verbesserungen stehende Frage ist, ob der Lizenznehmer verpflichtet ist, die vom Lizenzgeber gefundenen Verbesserungen anzuwenden. Dies wird in der Literatur grundsätzlich verneint[578], es wird aber auf den Einzelfall abzustellen sein[579]. Häufig wird die Einbeziehung der Verbesserung in die Ausübung der Lizenz im Interesse des Lizenznehmers liegen, so daß er automatisch die Verbesserungen anwendet.

Es ist darauf hinzuweisen, daß der Lizenznehmer sittenwidrig handelt, wenn er ein ihm im Rahmen der Verbesserungsklausel unentgeltlich zur Benutzung überlassenes Patent mit der Nichtigkeitsklage angreift[580].

Anstelle der Pflicht zur gegenseitigen Lizenzierung von Verbesserungserfindungen findet man vereinzelt in Verträgen die Pflicht des Lizenzgebers, dem Lizenznehmer Schutzrechtsanmeldungen und Schutzrechte auf Verbesserungen mitzuteilen.

Vorschlag:

§ 15 Verbesserungserfindungen

Die Vertragsparteien sind verpflichtet, sich einander auf Verbesserungserfindungen gegen Zahlung einer angemessenen Gebühr (oder *kostenlos) Lizenzen zu gewähren.*

Die Vertragsparteien sind verpflichtet, sich gegenseitig über Verbesserungserfindungen ohne Verzögerung Mitteilung zu machen.

p) Klausel bezüglich der Verteidigung und Aufrechterhaltung des Patents

Grundsatz ist, daß der Patentinhaber und Lizenzgeber sich um die Aufrechterhaltung des Patents und auch dessen Verteidigung kümmern muß[581]. Da es aber bei der ausschließlichen Lizenz nicht ganz eindeutig ist, welchen Vertragspartner die Aufrechterhaltungspflicht trifft, wird hierüber oft eine Vereinbarung getroffen. Dabei schließt der Lizenzgeber in vielen Fällen die Gewährleistung für die Aufrechterhaltung des Patents aus. Gleiches gilt für die Verteidigung des Schutzrechts. Es ist sinnvoller, dem ausschließlichen Lizenznehmer die Verfolgung der Patentverletzungen zu überlassen, da er sich aufgrund seiner Nähe zum Markt besser auskennt.

Zusätzlich vereinbaren die Parteien häufig, daß beide Vertragspartner verpflichtet sind, sich gegenseitig von etwaigen Verletzungen Dritter zu unterrichten und bei der Verteidigung zu unterstützen. Da es umstritten ist, ob eine solche Pflicht schon aus dem

---

[578] Isay, S. 317 m.w.N.; vgl. auch Rasch, S. 40.
[579] Lüdecke, Ausübungspflicht, GRUR 1952, 211 (217).
[580] Palandt-Thomas, § 826 Rn. 44; vgl. zur Nichtangriffsklausel 1. Teil, E. I. 2. r).
[581] 1. Teil, E. I. 1. b) aa) (e).

Lizenzvertrag selbst hergeleitet werden kann[582], ist eine entsprechende Klausel empfehlenswert. Die Auferlegung der Mitteilungspflicht, insbesondere für einen ausschließlichen Lizenznehmer, ist für den Lizenzgeber von Vorteil und hat auch für den Lizenznehmer keine einschneidenden Folgen. Oft ist es für den Lizenznehmer sehr viel einfacher, Patentverletzungen festzustellen, und es bedeutet keine Schwierigkeit, dem Lizenzgeber davon Mitteilung zu machen. Die Verpflichtung des Lizenznehmers gegen eine unrechtmäßige Nutzung oder eine Patentverletzung gerichtlich vorzugehen oder dem Lizenzgeber Beistand zu leisten ist nach europäischem Wettbewerbsrecht zulässig[583].

Vorschlag:

§ 16 Verteidigung- und Aufrechterhaltung der Patente

Der Lizenzgeber übernimmt keine Gewähr für die Rechtsbeständigkeit oder Aufrechterhaltung der Schutzrechte oder Verteidigung gegen Angriffe Dritter.

oder

Der Lizenzgeber (oder *Lizenznehmer) ist verpflichtet, auf seine Kosten alle dem Lizenzvertrag zugrundeliegenden Patente aufrechtzuerhalten.*

oder

Der Lizenzgeber ist nicht verpflichtet, die Patente aufrechtzuerhalten. Will er ein Patent aufgeben, muß er dies dem Lizenznehmer mindestens sechs Monate, bevor die zur Aufrechterhaltung des Schutzrechts erforderlichen Maßnahmen vorzunehmen sind, mitteilen. Der Lizenznehmer ist dann berechtigt, das Patent kostenlos zu übernehmen.

Die Vertragspartner sind verpflichtet, sich gegenseitig alle in Erfahrung gebrachten Verletzungen der Patente im Vertragsgebiet unverzüglich mitzuteilen und bei deren Bekämpfung in jeder erforderlichen Weise zu unterstützen.

Bezüglich der Verteidigung der Schutzrechte bietet sich auch diese für beide Seiten faire und vorteilhafte[584] Lösung an:

Verletzungen der Patente verfolgt der Lizenzgeber nach freiem Ermessen. Der Lizenznehmer kann gegen etwaige Verletzer auch auf eigene Kosten vorgehen, wobei der Lizenzgeber die erforderlichen Vollmachten gibt und den Lizenznehmer unterstützt. Etwaige Ersatzleistungen Dritter stehen in diesem Fall dem Lizenznehmer zu. Vereinbaren die Vertragsparteien die gemeinsame Führung des Prozesses, so werden etwaige Ersatzleistungen Dritter aus der Verfolgung von Verletzungen zwischen den Vertragsparteien im Verhältnis ihrer Beteiligung an den Kosten der Verfolgung aufgeteilt.

---

582 Vgl. 1. Teil, E. I. 1. b) aa) (e).

583 Vgl. Art. 2 I Nr. 6b GFVO (Technologie).

584 Beide Parteien haben die Möglichkeit, gegen die Verletzung vorzugehen, jede Partei kann ohne den anderen vorgehen, die Aufteilung der Kosten senkt die Kosten für beide Parteien.

q) Wettbewerbsverbotsklausel[585]

Wettbewerbsverbote werden häufig zur Sicherung des Vertragszwecks, insbesondere auch zur Absicherung der Ausübungspflicht des Lizenznehmers, abgeschlossen. Der Lizenzgeber hat aus diesem Grund ein großes Interesse an der Vereinbarung einer Wettbewerbsverbotsklausel; sie ist aber nur begrenzt zulässig. Wettbewerbsverbote sind generell nach § 20 I GWB unwirksam, da sie über den Schutzumfang der Lizenz hinausgehen. Sie können jedoch nach § 20 III GWB von der Kartellbehörde erlaubt werden[586]. Dies gilt sowohl für Vereinbarungen in einfachen als auch in ausschließlichen Lizenzverträgen[587].

Insbesondere Wettbewerbsverbote, die für die Zeit nach Beendigung des Lizenzvertrages und für die Zeit nach Erlöschen des Patents vereinbart werden, sind kartellrechtlich nicht zulässig[588]. Eine Ausnahme gilt für Patentlizenzverträge, deren Gegenstand auch Geheimnisse sind und in denen zusätzlich Erfahrungen mitgeteilt werden[589].

Auch die Vereinbarung von Forschungs- und Entwicklungsverboten ist kartellrechtlich unzulässig, da das Verbot der Forschung und Entwicklung im Vorfeld der Herstellung ein intensiviertes, nicht zu rechtfertigendes Wettbewerbsverbot darstellt[590].

Da die Vereinbarung über ein Wettbewerbsverbot eine nach europäischem Recht unzulässige Wettbewerbsverbotsvereinbarung darstellt[591], und nach deutschem Recht für sie eine Erlaubnispflicht besteht, wird von dem Vorschlag einer Klausel abgesehen. Es hängt vom Einzelfall ab, ob im deutschen Recht eine Erlaubnis für die Klausel erteilt werden kann.

r) Nichtangriffsklausel

Früher wurde in Lizenzverträgen sehr häufig eine Vereinbarung getroffen, daß der Lizenznehmer von der Erhebung der Nichtigkeitsklage ausgeschlossen ist. Diese Nichtangriffsabrede sichert nicht nur den Bestand des Schutzrechts, sondern auch den

---

585 Die Wettbewerbsverbotsklausel wird häufig auch Konkurrenzklausel genannt

586 Siehe auch zur Wirksamkeit nach europäischem Kartellrecht 1. Teil, E. I. 1. c) ee).

587 Siehe 1. Teil, E. I. 1. b) bb) (b) und 1. Teil, E. I. 1. c) ee).

588 BKartA GRUR 1959, 252 ff. (253); vgl. auch BGH GRUR 1956, 93 (96); für das europäische Kartellrecht, EG-Kommission GRUR Int. 1986, 116 (121) - "Velcro/Aplix".

589 Siehe 1. Teil, E. I. 1. b) dd) (b).

590 Körner, Ausübungspflichten, BB 1980, 1662 (1666); Klauer/Möhring, Anhang zu § 9 Rn. 20; für die Unzulässigkeit nach europäischen Kartellrecht, EG-Kommission GRUR Int. 1977, 130 (134) - "Reuter/BASF"; vgl. Art. 3 Nr. 2 GFVO (Technologie); siehe auch die GFVO für Forschungs- und Entwicklungsvereinbarungen.

591 Eine Ausnahme davon liegt dann vor, wenn die Vereinbarung nicht geeignet ist den Handel zwischen den Mitgliedstaaten der EU zu beeinträchtigen.

des Lizenzvertrages selbst[592]. Daneben fördert sie die Bereitschaft des Patentinhabers zur Erteilung von Lizenzen[593]. Sie wirkt damit zum einen durch Aufrechterhaltung der Monopolstellung des Patentinhabers wettbewerbsbeschränkend und zum anderen wettbewerbsfördernd[594]. Aus Sicht des Patentinhabers und Lizenzgebers ist die Nichtangriffsabrede äußerst sinnvoll und erstrebenswert, insbesondere wenn eine Patentverletzung droht.

Der patentrechtliche Zweck der Nichtangriffsabrede besteht darin, daß der Patentinhaber im Falle eines Einspruchs- oder einer Nichtigkeitsklage seines Lizenznehmers die Einrede der "exceptio pacti" geltend machen kann. Dies hat die Folge, daß der Einspruch oder die Klage des Lizenznehmers ohne Sachprüfung als unzulässig abgewiesen wird[595].

Die Nichtangriffsabrede, die den Verzicht des Lizenznehmers auf ein Klage- oder Einspruchsrecht beinhaltet, ist eine Beschränkung im Geschäftsverkehr, die über den Inhalt des Schutzrechts i.S.d. § 20 GWB hinausgeht. Ihre Zulässigkeit nach deutschem Patent- und Kartellrecht ist jedoch in § 20 II Nr. 4 GWB anerkannt[596]. Die Nichtangriffsabrede wird als eine "übliche, unbedenkliche" Klausel angesehen[597]. Der Patentinhaber hat ein berechtigtes Interesse daran, daß nicht gerade der Lizenznehmer oder Erwerber des Patents mit der Nichtigkeitsklage das Patent angreift, da er durch die Verwertung des Patents die besonderen technischen und patentrechtlichen Probleme kennt und diese Kenntnis leicht zur Begründung der Klage verwenden kann[598]. Die Zulässigkeit der Nichtangriffsabrede rechtfertigt sich auch daraus, daß weiterhin für jeden anderen die Möglichkeit besteht, das Patent wirksam anzugreifen[599]. Da es sich bei § 20 II Nr. 4 GWB um eine Ausnahmevorschrift handelt, sind Nichtangriffsvereinbarungen eng auszulegen[600].

Die Nichtangriffspflicht kann jedoch nicht über Patentanmeldungen wirksam mit dem Inhalt vereinbart werden, daß der Lizenznehmer weder einen Prüfungsantrag stellen (§ 44 PatG) noch Einspruch gegen die Patenterteilung einlegen darf (§ 59 PatG), da es nicht

---

592 Preu, Nichtangriffsabreden, Festschrift für Wendel, 115 (117 f.).
593 Preu, Nichtangriffsabreden, Festschrift für Wendel, 115 (119).
594 OLG Karlsruhe WRP 1968, 409 (410).
595 Vgl. aber zur Unwirksamkeit der Nichtangriffsabrede im Einspruchsverfahren, Pitz, Mitt. 1994, 239 ff.
596 Vor Aufnahme des § 20 II Nr. 4 GWB 1957 war die Zulässigkeit zwar umstritten, vgl. z.B. BGH GRUR 1953, 385 ff., jedoch auch mit den Dekartellierungsvorschriften als vereinbar angesehen, BGH GRUR 1955, 468 (473) - "Schwermetall-Kokillenguß" (s.o.).
597 Preu, Nichtangriffsabreden, Festschrift für Wendel, 115 (118).
598 BGH GRUR 1955, 468 (471) - "Schwermetall-Kokillenguß" (s.o.); EuGH GRUR Int. 1989, S. 56 ff. (58) - "Nichtangriffsklausel"; Fritze, GRUR 1969, 218 ff. (219); Preu, Nichtangriffsabreden, Festschrift für Wendel, 115 (119).
599 Vgl. zur Kritik an der Zulässigkeit der Nichtangriffsabrede nach deutschem Recht, Pitz, Mitt. 1994, 239 (242).
600 Peetz, S. 78.

Ziel und Zweck kartellrechtlicher Regelungen ist, den Erwerb einer Monopolstellung zu erleichtern oder sichern[601]. Nichtangriffsvereinbarungen können daher nur als Bestandsschutz, nicht aber als Erwerbsschutz wirksam sein.

Nicht freigestellt von der Unwirksamkeit gem. § 20 II Nr. 4 GWB sind allgemein gehaltene Klauseln, die unbestimmt sind oder weitergehen, als den Angriff auf das Patent auszuschließen, z.B. eine Klausel, alle Handlungen zu untersagen, die das Lizenzpatent gefährden können[602].

Der Nichtangriff kann bei einer kürzeren Vertragszeit bis zum Erlöschen des Patents vereinbart werden[603]. Eine Nichtangriffsabrede, die über die Laufzeit des Patents hinausgeht, ist jedoch nicht von § 20 II Nr. 4 GWB gedeckt[604]. Sie ist für die Zeit vor Ablauf des Schutzrechts, aber nach Beendigung des Lizenzvertrages gültig[605]. Für die Vertragspraxis ist die Vereinbarung einer Nichtangriffsabrede bei kurzer Laufzeit des Lizenzvertrages für die gesamte Dauer des Schutzrechts im Interesse des Lizenzgebers zu empfehlen.

Die Auferlegung der Nichtangriffsabrede durch den Lizenzgeber ist nach deutschem Recht rechtsmißbräuchlich und nach § 138 BGB nichtig, wenn sie in positiver Kenntnis der Vernichtbarkeit seines Patents erfolgt[606]. Patentinhaber und Lizenznehmer dürfen nicht kollusiv zusammenwirken, um durch den äußeren Schein des Bestehens des Patents andere Wettbewerber fernzuhalten[607].

Nach EG-Recht wurden bisher Nichtangriffsvereinbarungen wegen Verstoßes gegen Art. 85 I des EWG-Vertrages als unwirksam angesehen, wenn sie geeignet waren den Handel zwischen Mitgliedsstaaten "spürbar" zu beeinträchtigen[608]. Die Zulässigkeit von Nichtangriffsklauseln wurde danach generell verneint[609]. Daher konnten Lizenzverträge,

---

601 Preu, Nichtangriffsabreden, Festschrift für Wendel, 115 (126).

602 Preu, Nichtangriffsabreden, Festschrift für Wendel, 115 (125).

603 Dies ergibt sich schon aus dem Wortlaut des § 20 II Nr. 4 GWB. Preu, Nichtangriffsabreden, Festschrift für Wendel, 115 (125).

604 OLG Karlsruhe WRP 1968, 409 ff. (410); Fritze, GRUR 1969, 218 (220); kritisch Preu, Nichtangriffsabreden, Festschrift für Wendel, 115 (126); Benkard-Ullmann, § 15 Rn. 83.

605 OLG Karlsruhe WRP 1968, 409 ff. (410); Ohl, Wegfall, GRUR 1992, S. 77 ff. (82); vgl. dazu auch BGH GRUR 1989, 39 (42) - "Flächenentlüftung".

606 BGH GRUR 1953, 385 ff. (386); BGH GRUR 1969, 409 (411) - "Metallrahmen"; Lüdecke, Die Ausübungspflicht, GRUR 1952, 211 (220); Preu, Nichtangriffsabreden, Festschrift für Wendel, 115 (124); v. Gamm, § 20 Rn. 18; Benkard-Ullmann, § 15 Rn. 83.

607 BGH GRUR 1969, 409 (411) - "Metallrahmen".

608 EG-Kommission GRUR 1976, 182 ff. (183) - "AOIP/Beyrard"; EuGH GRUR Int. 1989, 56 ff. - "Nichtangriffsklausel" aufgrund einer Vorlagefrage des BGH mit Beschluß vom 4.2.1986; BGH GRUR 1989, 39 (41) - "Flächenentlüftung" m.w.N.; EuGH GRUR Int. 1986, 635 (640) - "Windsurfing International"; EG-Kommission GRUR Int. 1972, 374 (376) - "Raymond-Nagoya" (s.o.); v. Gamm, Art. 85 Rn. 18.

609 OLG Karlsruhe GRUR Int. 1982, 752 ff. (753) - "Rollwagen" (s.o.); EG-Kommission GRUR Int. 1976, 182 (183 f.) - "AOIP/Beyrard" (s.o.).

die Nichtangriffsklauseln enthielten, nicht in den Genuß der Gruppenfreistellungsverordnung kommen[610]; sie zählten zu den verbotenen Klauseln der sogenannten schwarzen Liste, vgl. Art. 3 Nr. 1 GFVO (Patente). Ausnahmen bestanden für Nichtangriffsvereinbarungen bei unentgeltlichen Lizenzverträgen (Gratislizenzen) und bei Lizenzverträgen, die sich auf ein technisch überholtes Verfahren bezogen, da diese nicht den Wettbewerb beschränken[611]. Die Zulässigkeit der Nichtangriffsabrede im Rahmen eines Vergleichs rechtfertigte sich aus der Erwägung, daß die Nichtangriffsabrede typischerweise eine Nebenabrede ist, im Rahmen des Vergleichs aber zur zentralen Verpflichtung wird, so daß der Vergleich die Nichtangriffsabrede selbst ist[612]. Ausdrücklich klargestellt wurde, daß die Berufung des Lizenzgebers auf den im öffentlichen Interesse ergangenen Art. 85 I EWG-Vertrag und die daraus folgende Nichtigkeit einer Nichtangriffsabrede nicht gegen Treu und Glauben verstößt[613].

Von diesem strikten Verbot der Nichtangriffsklausel ist der Europäische Gerichtshof (EuGH) in einer Entscheidung abgewichen[614]. Danach hing die kartellrechtliche Zulässigkeit von dem rechtlichen und wirtschaftlichen Zusammenhang ab, in dem die Nichtangriffsklausel steht[615].

Im Gegensatz zur deutschen, ging damit nach der Rechtsprechung des EuGH im allgemeinen das öffentliche Interesse an einem grundsätzlich freien Wettbewerb und an der Beseitigung einer dem Lizenzgeber möglicherweise zu Unrecht eingeräumten Monopolstellung jeder anderen Erwägung, insbesondere der Vertragsfreiheit, vor. Auch das im deutschen Recht für die Anerkennung der Nichtangriffsklausel sprechende Argument, daß der Lizenznehmer der einzige ist, der Kenntnis von der patentrechtlichen und technischen Problematik hat und diese im Nichtigkeitsverfahren leicht ausnutzen könne, wurde von der EG-Kommission gegen deren Zulässigkeit mit dem Hinweis verwandt, daß der Lizenznehmer auch der einzige ist, der die Vernichtbarkeit im öffentlichen Interesse erkennen kann.

---

610 EuGH GRUR Int. 1989, 56 ff. (57) - "Nichtangriffsklausel"; BGH GRUR 1991, 558 ff. (559) - "Kaschierte Hartschaumplatten"; Kraßer, Wirkungen der Nichtigkeit, GRUR Int. 1990, 611 ff. (611).

611 EuGH GRUR Int. 1989, 56 ff. (57) - "Nichtangriffsklausel"; BGH GRUR Int. 1989, 689 (691) - "Süllhöfer/Bayer"; BGH GRUR 1991, 558 ff. (559) - "Kaschierte Hartschaumplatten".

612 Bericht über Vortrag von v. Maltzahn, GRUR 1990, 996.

613 BGH GRUR 1991, 558 ff. (559) - "Kaschierte Hartschaumplatten".

614 EuGH GRUR Int. 1989, 56 ff. - "Nichtangriffsklausel" (Rechtsstreit zwischen Kaufmann Süllhöfer als Kläger und Bayer AG und Maschinenfabrik Hennecke als Beklagte um die Gültigkeit des Lizenzvertrages, in dem sich der Lizenznehmer u.a. verpflichtet, Angriffe auf den Rechtsbestand einzelner in mehreren Mitgliedstaaten der EG erteilter inhaltsgleicher technischer Schutzrechte des Lizenzgebers zu unterlassen, sowie um die Verpflichtung des Beklagten zur Rechnungslegung und zur Zahlung von Schadensersatz). Vgl. auch die Anmerkung zum Urteil von Schaub, RIW 1989, 216 ff.

615 EuGH GRUR Int. 1989, 56 (59) - "Nichtangriffsklausel".

Der Kritik an der Rechtsprechung des EuGH zur Unzulässigkeit der Nichtangriffsabrede, daß der Patentinhaber und Lizenzgeber von der Erteilung einer Lizenz absehen könnte, um dem Lizenznehmer nicht Informationen zu liefern, die dieser später in einem Nichtigkeitsverfahren gegen ihn verwenden könnte und die Tatsache, daß die europäische Haltung nicht den Lizenzaustausch fordert, wurde in der neuen GFVO (Technologie) Rechnung getragen. Seit dem 1.4.1996 zählt eine Nichtangriffsvereinbarung nicht mehr zu den verbotenen Klauseln. Zwar wird die Vereinbarung als kartellrechtlich bedenklich eingestuft, jedoch besteht die Möglichkeit eine Freistellung der Klausel nach Art. 4 I Nr. 2b bei der Europäischen Kommission zu beantragen.

Da auch die Nichtangriffsabrede eine Beschränkung im Geschäftsverkehr darstellt, die in Deutschland gem. § 20 II Nr. 4 GWB zulässig ist, ist zu ihrer formellen Wirksamkeit Schriftlichkeit erforderlich (§ 34 GWB)[616].

Sollte sich die Nichtangriffsklausel als unzulässig und eine daraufhin erhobene Nichtigkeitsklage des Lizenznehmers als erfolgreich erweisen, so ist die gesetzliche Rechtsfolge des Nichtigkeitsurteils zwar die Unwirksamkeit des Patents von Anfang an, der Lizenzvertrag mit seinen Rechten und Pflichten bleibt aber nach Übertragung der Grundsätze des fehlerhaften Gesellschafts- bzw. Arbeitsvertrages auf den Lizenzvertrag bestehen[617].

Aufgrund der kartellrechtlichen Bedenken gegen die Zulässigkeit solcher Nichtangriffsklauseln ist man in Deutschland bisher in der Praxis, nicht erst seit der europäischen Kartellrechtsprechung, sondern schon seit der auch in Deutschland bekannten Lear v. Adkins-Entscheidung in den USA[618], dazu übergegangen, dem Lizenzgeber ein Kündigungsrecht für den Fall einzuräumen, daß der Lizenznehmer das Patent angreift oder auch andere beim Angriff auf das Patent unterstützt[619]. Nur in wenigen rein deutschen Verträgen findet man die Nichtangriffsklausel nach wie vor.

Für Lizenzverträge, die eine nach europäischem Recht eigentlich unzulässige Nichtangriffsklausel enthalten, bestand in der Praxis eine sog. Anstandsregel, daß man sich nicht auf die Kartellrechtswidrigkeit beruft. Diese Regel wurde auch eingehalten und als "Handelsbrauch" angesehen. Die neue Haltung der europäischen Kommission

---

616 BGH GRUR 1967, 676 (680); v. Gamm, § 20 Rn. 6.
617 Siehe 1. Teil, E. I. 1. a) ff).
618 Siehe zu der Entscheidung, 1. Teil, E. II. 1. b) aa).
619 Siehe zu einer Kündigungsklausel 1. Teil. E. I. 2. u).

bezüglich der Zulässigkeit der Nichtangriffsklausel ist zu begrüßen. Der Praxis ist zu empfehlen eine Freistellung der Vereinbarung bei der Kommission zu beantragen[620].

s) Bezugspflichtklausel

Der Lizenzgeber versucht oft, in Lizenzverträgen aus strategischen Gründen den Lizenznehmer zu verpflichten, bestimmte Teile zu beziehen. Dadurch versucht er zum einen, indirekt höhere Lizenzeinnahmen zu erzielen und zum anderen, sich neue Absatzmärkte zu schaffen. Solche Vereinbarungen sind jedoch nur begrenzt zulässig.

Nach § 20 II Nr. 1 GWB sind Bezugspflichten des Lizenznehmers nur insoweit zulässig, als sie durch das Interesse des Lizenzgebers an der technisch einwandfreien Ausnutzung des Lizenzgegenstandes gerechtfertigt sind. Das ist z.B. dann der Fall, wenn nur durch den Bezug vom Lizenzgeber eine gute Qualität der Rohstoffe gewährleistet werden kann[621]. Eine weitergehende Verpflichtung, die in keinem technischen Zusammenhang mit den lizenzierten Gegenstand steht, ist durch § 20 II Nr. 1 GWB nicht gedeckt; eine Erlaubnis nach § 20 III GWB ist erforderlich[622].

Es ist zu empfehlen, gleich einen Antrag auf Erlaubnis nach § 20 III GWB zu stellen, da dies den Vorteil hat, daß nach der Erteilung der Genehmigung die Zulässigkeit der Bezugsverpflichtung nicht mehr angezweifelt werden kann.

Nach europäischem Kartellrecht (Art. 2 I Nr. 5 GFVO (Technologie)) ist die Verpflichtung des Lizenznehmers, vom Lizenzgeber oder einem von diesem benannten Unternehmen Erzeugnisse zu beziehen oder Dienstleistungen in Anspruch zu nehmen, wettbewerbswidrig, wenn diese Erzeugnisse oder Dienstleistungen für eine technisch einwandfreie Benutzung der Erfindung nicht notwendig sind oder um sicherzustellen, daß die Produktion des Lizenznehmers den Qualitätsvorschriften entspricht, die für den Lizenzgeber und die anderen Lizenznehmer gelten, und dem Lizenzgeber zugestehen entsprechende Kontrollen durchzuführen[623]. In Art. 3 Nr. 9 GFVO (Technologie) ist klargestellt, daß der Lizenznehmer nicht dazu verpflichtet werden kann, für weitere für ihn unerwünschte Patente, Erzeugnisse oder Dienstleistungen Lizenzen zu nehmen, es sei denn, die Patente, Erzeugnisse oder Dienstleistungen sind für eine technisch einwandfreie Benutzung unerläßlich.

---

620 Es ist darauf hinzuweisen, daß das Widerspruchsverfahren nach Art. 4 der GFVO (Technologie) vereinfacht worden ist. Siehe dazu McMcKenna, Intellectual Property Publication, 1 ff. (7) und Linklaters & Paines, S. 1ff. (4).

621 Kellermann, Einfluß des GWB, GRUR 1959, 569 (573).

622 Vgl. dazu auch BGH GRUR 1956, 273 (276); Völp, Patentlizenzverträge, BB 1960, 761 (763).

623 Entscheidung der EG-Kommission, GRUR Int. 1986, 116 (122) - "Velcro-Aplix"; vgl. auch EWS 1990, 28 ff. (29).

Vorschlag:

§ 19 Bezugspflicht

Der Lizenznehmer ist verpflichtet, folgende zur Herstellung des Lizenzgegenstandes notwendige Gegenstände nach den beigefügten allgemeinen Lieferbedingungen zu beziehen:..

t) Geheimhaltungsklausel

Es ist ratsam, im Hinblick auf das Nichtzustandekommen des Vertrages Vereinbarungen über die Vorverhandlungen, wie z.B. über die Geheimhaltung vertraulicher Informationen, zu treffen. Häufig wird über die Geheimhaltung von Betriebs- und Fabrikationsgeheimnissen während der Vertragsverhandlungen sowie über die Rückgabe von Unterlagen für den Fall, daß die Vertragsverhandlungen scheitern, ein gesonderter Geheimhaltungsvertrag geschlossen.

Wird von dem Abschluß eines solchen gesonderten Geheimhaltungsvertrag abgesehen, sollte jedoch eine Klausel darüber in den Patentlizenzvertrag mitaufgenommen werden. Insbesondere empfiehlt es sich, auch eine Regelung über die Geheimhaltung nach Beendigung des Vertrages zu treffen. Eine solche Bestimmung ist auch nach europäischem Kartellrecht zulässig, vgl. Art. 2 I Nr. 1 GFVO (Technologie).

Vorschlag:

§ 20 Geheimhaltung

Der Lizenznehmer verpflichtet sich, auch nach Beendigung des Vertrages Dritten weder Betriebs- und Fabrikationsgeheimnisse noch sonstige aufgrund dieses Vertrages mitgeteilte geheime Informationen mitzuteilen, soweit sie nicht offenkundig sind. Nach Vertragsbeendigung darf der Lizenznehmer sie nicht mehr weiterverwerten und hat unverzüglich alle die Herstellung des Lizenzerzeugnisses betreffenden Unterlagen an den Lizenzgeber zurückzugeben.

Eine weitere Geheimhaltungsklausel kann sich auf die Geheimhaltung der Bestimmungen des Vertrages beziehen:

Der Lizenznehmer wird die Bestimmungen des Vertrages nicht ohne schriftliche Zustimmung des Lizenzgebers Dritten mitteilen oder zur Kenntnis bringen, soweit aufgrund behördlicher oder gerichtlicher Anordnung erforderlich.

u) Kündigungsklausel

Kündigungsklauseln kommen in Lizenzverträgen zahlreich und mit unterschiedlichstem Inhalt vor.

Da z.B. die Nichtangriffsverpflichtung kartellrechtlichen Bedenken unterliegt[624], ist man bisher in der Praxis dazu übergegangen, dem Lizenzgeber ein Kündigungsrecht für den Fall einzuräumen, daß der Lizenznehmer das Patent angreift oder auch andere beim Angriff auf das Patent unterstützt. Ein Kündigungsrecht wird auch für den Fall eingeräumt, daß ein Vertragspartner seinen Verpflichtungen nicht nachgekommen ist und nach Aufforderung oder Mahnung eine bestimmte Zeit fruchtlos verstrichen ist, beispielsweise wenn eine im Vertrag vereinbarte Mindestjahresstückzahl unterschritten wird.

In der Regel wird der Vertrag mit einem allgemeinen Kündigungsrecht ausgestattet. Die Vertragspartner werden berechtigt, aus wichtigem Grund[625] zu kündigen. Dieses Kündigungsrecht ergibt sich schon aus der Anwendung der allgemeinen Vorschriften auf den Lizenzvertrag[626]. Das Kündigungsrecht sollte mit einer vorhergehenden Abmahnung verbunden werden.

Besondere Aufmerksamkeit ist im Rahmen der Kündigung auf die Haftungsklausel des Lizenznehmers, § 10, zu richten, die ein Kündigungsrecht für bestimmte Fälle regelt.

Als Alternative zur Kündigung kann auch zur Sicherung rechtlich zulässiger Pflichten eine Vertragsstrafe vorgesehen werden. Diese ist kartellrechtlich zulässig[627]. Die Vereinbarung einer Vertragsstrafe anstelle der Kündigung hat den Vorteil, daß die Auflösung des Vertrages infolge einer Kündigung im allgemeinen nicht im Interesse der Vertragsparteien liegt, da die Lizenz meist mit erheblichen Investitionen verbunden ist[628]. Zudem entspricht die Vertragsauflösung nicht dem Willen der Parteien, da sich im Laufe der Vertragszeit eine enge Kooperation entwickelt hat und beide Parteien von Verbesserungserfindungen profitieren. Übt der Lizenzgeber sein Kündigungsrecht aus, so muß sich der Lizenznehmer darüber bewußt sein, daß er zum Patentverletzer wird, wenn er das Patent weiterhin benutzt.

Vorschlag:

§ 21 Kündigung

Über die im Vertrag geregelten Kündigungsgründe hinaus kann dieser aus wichtigem Grund gekündigt werden, wenn das auf den Vertrag anwendbare Recht es gestattet.

Der Vertragspartner, der die Kündigung aussprechen will, hat dem anderen Teil unter Androhung der Kündigung eine angemessene Frist zur Beseitigung des Kündigungsrechts zu gewähren.

---

624 Vgl. 1. Teil, E. I. 2. r).

625 Vgl. die Fälle bei 3. Teil, B. I. 4. a). Es empfiehlt sich die wichtigsten Gründe, die zur Kündigung berechtigen sollen, in der Klausel aufzuführen.

626 Siehe 3. Teil, B. I. 4.

627 Klauer/Möhring, Anhang zu § 9 Rn. 19; BGH GRUR 1969, 560 ff. (561) - "Frischhaltegefäß".

628 Vgl. dazu auch 1. Teil, B. I. 2. a).

v) Laufzeitklausel, Längstlaufzeitklausel

Grundsätzlich gilt der Vertrag für die Dauer des Patents als geschlossen[629]. Es kann aber auch eine andere Laufzeit vorgesehen werden. In einigen Verträgen befindet sich die Klausel, daß der Vertrag eine bestimmte Laufzeit hat, die sich automatisch um ein Jahr verlängert, wenn keiner der Parteien den Vertrag vorher unter einer bestimmten Kündigungsfrist kündigt. Grund der Aufnahme einer solchen Klausel für den Lizenzgeber ist, daß er sich die Entscheidung offenhalten will, vorzugsweise mit anderen Lizenznehmern, die möglicherweise eine höhere Kapazität haben, einen Vertrag zu schließen, und den Vertrag mit dem jetzigen Lizenznehmer aufzugeben. Zudem will er sich für die bestimmte Mindestlaufzeit - meist zehn Jahre, obwohl die Technologie bereits nach drei Jahren veraltet sein kann - Gebühreneinnahmen sichern, um auf diese Weise ein Teil der Entwicklungs- und Investitionskosten zu amortisieren. Der Lizenznehmer hat Interesse an einer solchen Klausel, da er sich offenhalten will, aus den ihm obliegenden Leistungspflichten, z.B. der Ausübungs- oder Verbesserungspflicht, und insgesamt aus der Abhängigkeit herauszukommen.

Häufig wird versucht, den Lizenznehmer auch über die Laufzeit des Vertrages hinaus durch Liefervereinbarungen zu binden; der Lizenzvertrag wandelt sich dann nach Ende seiner Laufzeit in einen Liefervertrag.

Es kann eine Bestimmung in den Vertrag aufgenommen werden, die die Weiterzahlung der Lizenzgebühr über das vorzeitige Vertragsende hinaus vorsieht. Die Vereinbarung ist unter der Voraussetzung des Art. 2 I Nr. 7b GFVO (Technologie) zulässig, daß die Lizenzgebühr aus Gründen der Zahlungserleichterung über den Gesamtzeitraum des Vertrages kalkuliert ist. Entgegen früherer Rechtsprechung[630] ist die Vereinbarung über eine Weiterzahlung der Lizenzgebühr über das Vertragsende hinaus und auch nach Erlöschen des Patents zulässig und kein Verstoß gegen Art. 85 I EWGV, wenn der Lizenznehmer den Vertrag innerhalb einer angemessenen Frist kündigen kann[631].

Bei einem Patentlizenzvertrag, der mehrere Schutzrechte zum Gegenstand hat, kann eine sog. Längstlaufklausel vereinbart werden. Der Lizenznehmer verpflichtet sich damit, bis zum Ablauf des letzten Schutzrechts die Lizenzgebühr zu zahlen. Er kann also bei Wegfall einzelner Schutzrechte keine Minderung der Lizenzgebührenhöhe verlangen. Gegen eine solche Klausel bestehen keine kartellrechtlichen Bedenken[632].

---

629 1. Teil, C. I. 1. c) aa).

630 Die Vereinbarung stellt nach ihr einen Verstoß gegen § 20 GWB dar, BGH GRUR 1955, 468 (471 f.) - "Schwermetall-Kokillenguß" (s.o.); BGH GRUR 1975, 206 ff. (207) - "Kunststoffschaum-Bahnen"; vgl. auch Art. 3 I Nr. 4 der alten GFVO (Patente).

631 EuGHE v. 12.5.89 EuZW 1990, 131 f.

632 Klauer/Möhring, Anhang zu § 8 Rn. 14; BGH GRUR 1955, 468 (471 ff.) - "Schwermetall-Kokillenguß" (s.o.).

Vorschlag:

§ 22 Laufzeit des Vertrages

Der Vertrag tritt mit Unterzeichnung und Erteilung aller für seine Durchführung erforderlichen Genehmigungen in Kraft.

Der Vertrag läuft am .... aus.

oder

Der Vertrag hat eine Laufzeit von zehn Jahren. Er verlängert sich automatisch um ein Jahr, sofern er nicht vorher gekündigt wird.

w) Schiedsgerichtsklausel

Häufig wird in Lizenzverträgen vereinbart, daß Streitigkeiten vor ein Schiedsgericht kommen (Schiedsvertrag). Die Klauseln über die Vereinbarung eines Schiedsgerichts sind teilweise sehr ausführlich gestaltet, indem sie z.B. genau vorgeben, wieviel Schiedsrichter es geben soll und welche Partei sie zu bestimmen hat.

Die Möglichkeit zu vereinbaren, daß die Entscheidung einer Rechtsstreitigkeit durch Schiedsrichter erfolgen soll, ergibt sich in Deutschland aus dem Grundsatz der Vertragsfreiheit[633] und § 1025 ZPO. In § 1028 ZPO ist die Ernennung der Schiedsrichter geregelt. Danach wird von jeder Partei ein Schiedsrichter ernannt, wenn die Parteien die Zusammensetzung der Schiedsrichter nicht geregelt haben. Im schiedsgerichtlichen Verfahren sind die Parteien verpflichtet, alles zu tun, um das Schiedsverfahren zu fördern[634].

Vorteile eines Schiedsgerichtsverfahrens sind, daß sie schneller durchgeführt werden[635], die Kosten dafür geringer sind und die Publizität fehlt[636]. Gerade der letzte Punkt hat große Bedeutung, denn es kann sich auf ein Unternehmen sowohl auf der Lizenzgeber- als auch auf der Lizenznehmerseite negativ auswirken, wenn der Öffentlichkeit bekannt wird, daß das Unternehmen in einen Rechtsstreit verwickelt ist. Zudem werden durch einen Rechtsstreit vertragliche Bindungen öffentlich bekannt und können Wettbewerbern Auskunft darüber geben, was im Markt vor sich geht. Ein weiterer Vorteil ist, daß die Schiedsrichter eine spezielle Sachkunde haben[637]. Diesem Vorteil steht der Nachteil gegenüber, daß keine Garantie für die Objektivität und Rechtskenntnis der Schiedsrichter gegeben ist[638].

---

633 Siehe zu dem Grundsatz 1. Teil, D. I. 1. a).

634 Zöller-Geimer, § 1025, Rn. 4.

635 Das Schiedsgerichtsverfahren kennt in der Regel nur eine Instanz, Baur/Grunsky, S. 244.

636 Zöller-Geimer, § 1025, Rn. 2.

637 Zöller-Geimer, § 1025, Rn. 2; Baur/Grunsky, S. 244.

638 Baur/Grunsky, S. 244.

Die Vereinbarung einer - insbesondere internationalen - Schiedsgerichtsbarkeit bei internationalen Verträgen ist aus den genannten Vorteilen empfehlenswert. Sie bietet den Unternehmen Lösungen ohne Prestigeverlust. In der Lizenzpraxis sind bisher im allgemeinen - wenn auch nicht ausnahmslos - gute Erfahrungen mit dem schiedsgerichtlichen Verfahren gemacht worden, speziell mit der Vereinbarung eines Schweizer Schiedsgerichts.

Da ausländische Schiedssprüche ebenso wie ausländische Urteile der Anerkennung bedürfen, um im Inland Wirkungen entfalten zu können, § 1044 ZPO, ist darauf hinzuweisen, daß die Vorteile des Schiedsgerichtsverfahrens nur für die Länder gelten, in denen die Durchsetzbarkeit des Schiedsspruchs keine Probleme bereitet. Schiedsgerichtsvereinbarungen in Lizenzverträgen zwischen USA und Deutschland sind diesbezüglich in der Regel unproblematisch.

Vorschlag:

§ 23 Gerichtsstand/Schiedsgericht

Alle Streitigkeiten zwischen den Parteien, die sich aus dem Vertrag oder im Zusammenhang damit ergeben und die nicht einvernehmlich beigelegt werden können, werden unter Ausschluß des ordentlichen Gerichts durch ein Schiedsgericht entschieden, das wie folgt gebildet wird:..

oder

Alle sich ergebenden Streitigkeiten kommen vor ein Schiedsgericht. Das Schiedsgericht besteht aus drei Schiedsrichtern. Jede Partei benennt einen Schiedsrichter, und der Dritte mit der Funktion des Vorsitzes wird gemeinsam von den ersten beiden Schiedsrichtern benannt.

Die Entscheidung des Schiedsgerichts ist endgültig und für beide Parteien bindend.

x) Klausel bezüglich des anzuwendenden Rechts

Bei allen internationalen Verträgen ist es im Hinblick auf die Rechtssicherheit sehr wichtig zu bestimmen, welches Recht auf den Vertrag Anwendung findet. Die Aushandlung des anzuwendenden Rechts ist sehr häufig ein Problempunkt, da der Vertragspartner, der einem unterschiedlichen Rechtskreis entstammt, dem Rechtskreis seines Gegenübers mißtrauisch gegenüber eingestellt ist. Es gilt hier, das Mißtrauen der Vertragspartner zu beseitigen versuchen.

Für deutsche Vertragspartner empfiehlt es sich, deutsches Recht zu vereinbaren, wenn sich der Vertragspartner darauf einläßt, da sich z.B. im deutschen Lizenzvertragsrecht, im Gegensatz zum US-amerikanischen Recht, bestimmte Rechte und Pflichten aus der Natur des Lizenzvertrages ergeben und man sich nicht mit einer Vielzahl von

Bestimmungen auseinandersetzen muß[639]. Zudem ist es vorteilhaft, das mit sehr hohen Kosten verbundene US-Prozeßrecht auszuschließen. Wird US-amerikanisches Recht vereinbart, wird das Recht auf einen Staat beschränkt.

Es ist darauf hinzuweisen, daß sich die Wahl des anzuwendenden Rechts nur auf den schuldrechtlichen Teil des Vertrages bezieht. Die Patente als Gegenstand des Lizenzvertrages sind zwingend dem Recht des Schutzlandes unterstellt[640].

Vorschlag:

§ 24 Anzuwendendes Recht

Auf den Vertrag findet ausschließlich...............Recht Anwendung.

y) Vertragsspracheklausel

Es ist auch bedeutend festzulegen, welcher Vertragstext bei internationalen Verträgen maßgeblich sein soll. Häufig wird der Vertrag in zwei Sprachen ausgefertigt, und es können Meinungsverschiedenheiten bezüglich einer Übersetzung auftreten.

Vorschlag:

§ 25 Vertragssprache

Der vorliegende Vertrag wurde in deutscher und...................Sprache in je........Exemplaren ausgefertigt. In Zweifelsfällen ist der deutsche Text maßgebend.

z) Schlußklausel, Teilnichtigkeitsklausel

Da es in der Literatur geteilte Meinungen darüber gibt, ob der Vertrag im Falle der Nichtigkeit einer Klausel bestehen bleibt[641], ist hierüber eine Vereinbarung zu treffen.

In Verbindung mit der Teilnichtigkeitsklausel ist auch häufig die Schlußbestimmung zu finden, daß der Vertrag alle vorhergehenden Vereinbarungen ersetzt.

Vorschlag:

§ 26 Schlußbestimmungen

Sind einzelne der Klauseln nichtig oder zum Teil nichtig, so bleibt der Vertrag im übrigen wirksam. Die Parteien verpflichten sich für diesen Fall, an der Schaffung einer Bestimmung mitzuwirken, die rechtlich zulässig ist und in ihrem wirtschaftlichen Gehalt der ursprünglichen Bestimmung am nächsten kommt.

Dieser Vertrag ersetzt alle zwischen den Parteien mündlich oder schriftlich getroffenen Vereinbarungen. Änderungen und Ergänzungen bedürfen der Schriftform.

---

[639] Vgl. 1. Teil, E. II. 2. a).
[640] Siehe dazu auch Ohl, Wegfall, GRUR 1992, 77 ff. (78) m.w.N.
[641] Vgl. 1. Teil, D. I. 4. c).

Über die dargestellten Klauseln hinaus gibt es noch eine Vielzahl von Klauseln, die mehr oder weniger häufig in Patentlizenzverträgen vorkommen. So findet man in den Verträgen z.B. häufig eine Steuerklausel, die die Lastentragung der Steuern regelt oder vorsieht, daß die Zahlungen steuerfrei erfolgen. Weiterhin ist dem Lizenznehmer in Verbindung mit der Bestimmung des Vertragsgebiets gelegentlich ein Exportverbot auferlegt[642]. Für den Lizenzgeber wird häufig eine Anbietungspflicht bezüglich Schutzrechtsanmeldungen, die er nicht weiterverfolgt, oder bezüglich Schutzrechte, die er nicht mehr aufrechterhalten will, zu angemessenen Bedingungen vereinbart.

Zudem gibt es in bestimmten Branchen typische Klauseln, z.B. in der Pharmaindustrie Klauseln über die gegenseitige Mitteilungspflicht über Nebenwirkungen oder bezüglich der Zulassung eines Arzneimittels.

Es ist hier noch einmal darauf hinzuweisen, daß der Vertragsfreiheit bei der Aushandlung von Klauseln Grenzen gesetzt sind. Die Klauseln müssen wettbewerbsrechtlich zulässig sein. Sind einzelne Klauseln unzulässig oder nichtig, so ist im einzelnen die Auswirkung der Nichtigkeit auf den gesamten Lizenzvertrag von Bedeutung. Um hier nicht den Bestand des Lizenzvertrages aufs Spiel zu setzen, empfiehlt es sich diesbezüglich, wie unter § 26 vorgesehen, eine Bestimmung in den Vertrag aufzunehmen[643].

---

[642] Es ist hierbei zu beachten, daß das Exportverbot kartellrechtlich bedenklich ist, vgl. BGH GRUR 1971, 243 ff. "Gewindeschneidevorrichtung" (s.o.); EG-Kommsission GRUR Int. 1976, 182 ff. (183) "AOIP/Beyrard" (s.o.); EG-Kommision GRUR Int. 1972, 374 ff. - "Raymond/Nagoya" (s.o.).

[643] Vgl. zu der Problematik auch 1. Teil, D. I. 4. c).

1. Pflichten des Lizenznehmers, die als von der Rechtsordnung impliziert ("implied by law") gelten

Die Auffassung, daß die Lizenz ihrem Wesen nach nur ein Verzicht des Patentinhabers auf die Geltendmachung seines Verbietungsrechts ist, beeinflußt auch den Kreis der Pflichten, die als von der Rechtsordnung impliziert gelten[644]. Im Vergleich zum deutschen Recht, in der der positive Inhalt der Lizenz anerkannt ist[645], ergeben sich aus dem in den USA anerkannten negativen Inhalt der Lizenz naturgemäß weniger Pflichten für die Vertragsparteien als nach deutschem Recht[646].

Aus der Theorie, daß der Patentinhaber durch die Lizenzerteilung lediglich auf sein Recht verzichtet, sein Ausschließungsrecht gegenüber dem Benutzer des Patents geltend zu machen und dem Lizenzvertrag damit einen negativen Inhalt zumißt, könnte gefolgert werden, daß den Lizenzvertragsparteien ohne vertragliche Vereinbarungen keine weiteren Pflichten obliegen. Dies ist aber nicht so. Auch wenn die Lizenz einen negativen Inhalt hat und der Grundsatz aufgestellt werden kann, daß die Rechte und Pflichten der Vertragsparteien vereinbart werden müssen, ist es in der Rechtsprechung anerkannt, daß ein Mindestmaß an Pflichten für die Vertragsparteien auch ohne vertragliche Vereinbarung besteht. Der Lizenzgeber wird daher verpflichtet, dem Lizenznehmer die Rechte einzuräumen, die zur sinnvollen Benutzung der Erfindung notwendig sind:

> "As a general rule a licensee carries with it whatever further license may be necessary in order to render the granted license effective".[647]

Ähnliches gilt für den Lizenznehmer. Auch ihn treffen gewisse "Mindestpflichten", damit der Patentinhaber und Lizenzgeber sichergehen kann, daß z.B. das Patent verwertet wird.

Anders als im deutschen Recht können die Rechte und Pflichten der Vertragsparteien generell nicht geschriebenem Recht entnommen werden. Grund ist das US-amerikanische Rechtssystem, dem auch, wie bereits dargestellt, die Vertragstypologie fremd ist[648].

Wie im deutschen Recht hängt die Begründung von Pflichten und deren Umfang primär davon ab, ob es sich um eine einfache oder ausschließliche Lizenz handelt.

---

644 Zur Begründung von Lizenzverträgen durch Stillschweigen, vgl. 1. Teil, C. II. 3. b). .
645 Vgl. 1. Teil, A. I. 2.
646 Vgl. 1. Teil, E. I. 1.
647 69 C.J.S., § 250, S. 776. Auf diese Weise werden eine Vielzahl von Rechten und Pflichten als "implied" begründet.
648 Vgl. 1. Teil, B. II. 2.

Die weiteren Pflichten der Lizenzvertragsparteien ergeben sich bei der "express license" aus den Bestimmungen des Lizenzvertrages[649]. Die Pflichten des Lizenznehmers einer "implied license" werden aufgrund der Umstände, aus denen sie entsteht, ermittelt[650].

Es ist darauf hinzuweisen, daß häufig die Vertragsparteien verpflichtet werden, ihre Pflichten "reasonable", also angemessen, in vernünftiger Weise, auszuführen. Auch im Zusammenhang mit den Schadensersatzansprüchen taucht der Begriff "reasonable" auf[651]. Was damit im Einzelfall gemeint ist, muß durch Auslegung unter Berücksichtigung aller Umstände ermittelt werden. Nach der Rechtsprechung ist die Benutzung des Wortes durch die Vertragsparteien ein Anzeichen dafür, daß im Falle von Streitigkeiten das Gericht und die Jury, also ein Dritter, nach Berücksichtigung der Einzelfallumstände entscheiden soll, was im einzelnen unter "reasonable" zu verstehen ist[652].

Die Pflichten der Vertragsparteien können in Handlungs- und Unterlassungspflichten unterteilt werden. Auch wenn dies keine unterschiedlichen Rechtsfolgen mit sich bringt, dient die Einteilung der Übersichtlichkeit und dem besserem Vergleich mit den Pflichten im deutschen Recht. In den USA besteht die Besonderheit zwischen "primary obligations", also den primären Pflichten, und "secondary obligations", den sekundären Pflichten, zu unterschieden. Die primären Pflichten sind die vertraglichen Erfüllungspflichten der Parteien, wie man sie auch im deutschen Recht kennt. Als sekundäre Pflicht, die durch die primären Pflichten der Vertragsparteien entsteht, wird in den USA die Pflicht, Schadensersatz zu leisten, angesehen[653].

Bezüglich der nachfolgenden Ausführungen ist darauf hinzuweisen, daß aufgrund der Tatsache, daß das Vertragsrecht einzelstaatliches Recht und nicht wie das Patentrecht Bundesrecht ist, die Rechtsprechung in den Einzelstaaten voneinander abweichen kann und daher einige Grundsätze keine Allgemeingültigkeit haben. Es ergeben sich jedoch zwischen den Einzelstaaten bezüglich der Rechtsprechung des Lizenzvertrages keine großen Abweichungen.

---

649 Vgl. dazu 1. Teil, E. II. 1. d).

650 Vgl. dazu 1. Teil, E. II. 1. c).

651 Vgl. 3. Teil, A. II. 1. b) aa) (c).

652 Worthington v. Beeman, 91 F., 232 (235): "The use of the word "reasonable" indicates an intention that if a dispute on the point should arise it should be determined by a standard outside of the minds of the contracting parties, according to the judgment of a court or jury upon the facts and circumstances proved".

653 Corbin, Discharge, Yale Law Journal, Vol. 22, 513 ff. (513). Die "secondary obligations" werden unter 3. Teil, B. II. 1. b) behandelt.

a) Handlungspflichten des einfachen Lizenznehmers einer "express license" - "Perfor-mance obligation" (Ausführungspflicht)

Bevor auf die einzelnen spezifischen Pflichten des Lizenznehmers eingegangen wird, ist auf die dem allgemeinen Vertragsrecht eigentümliche Pflicht hinzuweisen, den Vertrag auszuführen ("perform"). Wie bereits dargestellt[654], liegt das Wesen des Vertrages in den USA in dem Austausch von Versprechen in der Erwartung, daß sie hinterher ausgeführt werden. Zweck dieses Grundsatzes ist es, die Erwartung der einen Vertragspartei in die Erfüllung des Versprechens vor einem Fehlschlag zu schützen. Es besteht zwar generell die Möglichkeit, für die Nichtausführung einen Schadensersatzanspruch zu erhalten. Dies entspricht aber nicht dem Interesse der anderen Vertragspartei. Sie hat den Vertrag abgeschlossen, damit die Pflichten ausgeführt werden und ist nicht daran interessiert, im Rahmen eines Verletzungsstreits Schadensersatz zu erlangen[655]. Die für beide Vertragsparteien obliegende Pflicht in den USA ist damit generell die Ausführung der Versprechen. Diese Ausführungspflicht ist aber streng von der im Lizenzvertragsrecht entweder durch stillschweigende Unterstellung ("implied") begründeten oder durch ausdrückliche Vereinbarung bestehenden Ausübungspflicht zu unterscheiden, die unter der Bezeichnung "best-efforts obligation" bekannt ist[656].

aa) "Royalty obligation" (Lizenzzahlungspflicht)

Der Begriff "royalty" bedeutet in den USA die Lizenzzahlungspflicht des Lizenznehmers und das Recht zur Einnahme der Lizenzgebühren des Patentinhabers für die Benutzung des Patents:

> "The term `royalty` ordinarily envisages a duty to make and a corresponding right to receive payments proportionate to the use of patented methods or machines".[657]

Neben dem Begriff "royalty" findet man häufig auch den Begriff "rental". Er wird von den Vertragsparteien oft dem Begriff "royalty" gleichgesetzt, ist jedoch in seiner Bedeutung weiter gefaßt und muß sich nicht unbedingt auf die Gebühr für den Gebrauch von Patenten beschränken[658]. Ist in einem Lizenzvertrag von einer "rate of royalty" die Rede, so ist damit nicht eine Lizenzgebühr gemeint, die sich nach dem Prozentsatz berechnet, sondern nach der Stückzahl ("amount per unit")[659].

---

654 Vgl. 1. Teil, D. II. 1. a).
655 Farnsworth, Vol. 2, S. 343.
656 Vgl. dazu im einzelnen 1. Teil, E. II. 1. a) bb) und 1. d) aa).
657 Eastman Oil Well Survey Corp. v. Lane-Wells Co., 57 USPQ, 420 ff. (421); Western Union Tel. Co., v. American Bell Tel. Co., 125 F., 342 (348).
658 Western Union Tel. Co., v. American Bell Tel. Co., 125 F., 342 (349).
659 Hazeltine Corporation v. Zenith Radio Corporation, 100 F.2d., 10 (16).

Die Zahlung der Lizenzgebühren steht dem Verzicht des Lizenzgebers auf die Ausübung seines Ausschlußrechts durch die Lizenzerteilung gegenüber und stellt damit die "Consideration" dar[660]. Wie im deutschen Recht ist sie daher grundsätzlich die Hauptpflicht des Lizenznehmers:

> "Generally speaking, a license agreement divides itself into two heads: First, the right to practise the invention; second, compensation for this right. The other conditions group themselves subsequent to and under these two main rights or obligations".[661]

Wie im deutschen Recht kann anstelle der Gegenleistung in Form einer Zahlung die Gegenleistung auch in anderen Handlungen bestehen, z.B. in dem Austausch von Lizenzen durch die Vereinbarung eines "cross-licensing" (Kreuzlizenzierung)[662] oder durch die Vereinbarung über die Beilegung einer gerichtlichen Streitigkeit. Auch wenn keine Vereinbarung über die Gegenleistung des Lizenznehmers getroffen wurde, wird angenommen, daß grundsätzlich die Verpflichtung besteht, angemessene Lizenzgebühren zu zahlen[663]. Dies gilt auch schon für die Lizenz an einer angemeldeten Erfindung[664]. Die angemessene Lizenzgebühr bestimmt sich in diesem Fall nach dem Gebrauch, Wert und der Nachfrage der Erfindung unter der Hypothese, daß das Patent wirksam ist[665]. Aus den Umständen kann sich aber ergeben, daß eine unentgeltliche Lizenz Gegenstand des Vertrages ist[666].

Das Wesen der Lizenzgebühr wird in der Literatur als "dreidimensional" bezeichnet; einmal im Hinblick auf die Dauer, dann bezüglich des Schutzumfanges und der Höhe[667]. Die Vertragsparteien können nach dem Grundsatz der Vertragsfreiheit[668] die Bemessung der Lizenzgebühren frei vereinbaren[669]. Grenze bildet generell das "ordre public", also die öffentliche Sicherheit und Ordnung und andere zwingende Normen. Grundsätzlich beschränkt auch in den USA das Antitrust-Recht und die Regeln vom Patentmißbrauch nicht die Vereinbarungen der Parteien über die Lizenzgebühr[670]. Jedoch sind einige

---

660 United States v. Studiengesellschaft Kohle, m.b.H., 1122 (1127).

661 Sie wird der Pflicht des Lizenzgebers auf sein Ausschließungsrecht zu verzichten als gleichwertig angesehen, Hazeltine Research Corp. v. Freed-Eisemann Radio Corp., 3 F.2d., 172 (178).

662 Vgl. zur Kreuzlizenz im US-amerikanischen Recht 1. Teil, C. II. 6. b).

663 Milligan v. Lalance & Grosjean Manuf g Co., 21 F., 570 (572): "The price was not expressly agreed upon but the law will imply a reasonable price"; Dysart v. Remington Rand, Inc. 40 F.Supp., 596 (601). Für die Entstehung der Pflicht zur Lizenzgebührenzahlung ist keine formelle Lizenzurkunde erforderlich. Der Lizenznehmer kann daher seine Pflicht nicht mit der Begründung verweigern, daß er noch keine formelle Lizenzurkunde erhalten hat; 69 CJS Patents, § 264, S. 806.

664 Rein v. Clayton, 37 F., 354 (357).

665 General Motors Corporation v. Dailey, 93 F.2d., 938 (942).

666 De Forest Radio Teleph. & Teleg. Co., v. United States, 273 U.S. 236, 71 L.ed., 625 (628).

667 Ellis, Licenses, S. 118.

668 Vgl. 1. Teil, D. II. 1. a).

669 United States v. General Electric, 82 F.Supp., 753 (876).

670 Brulotte v. Thys Co., 379 U.S. 29, 13 L.ed.2d., 99 (103): "A patent empowers the owner to exact royalities as high as he can negotiate with the leverage of that monopoly"; vgl. auch W. L. Gore & Associates, Inc. v. Carlisle Corporation, 381 F.Supp., 680 (700).

Zahlungsformen durch diese wettbewerbsrechtlichen Bestimmungen begrenzt. So kann die Vereinbarung einer unterschiedlichen Lizenzgebühr bezüglich der gleichen Patente u.U. "diskriminierend" und wettbewerbsrechtlich unzulässig sein, wenn der Wettbewerb unzulässig eingeschränkt wird[671]. Es gilt aber generell, daß die Lizenzgebühr dann nicht unzulässig ist, wenn sie gerechtfertigt werden kann[672]. Ausnahmsweise kann eine übermäßige Höhe der Lizenzgebühr unzulässig sein[673].

In den USA sind sehr viele Entscheidungen auf dem Gebiet der Lizenzzahlungspflicht ergangen. Als im deutschen Recht selbstverständliche Grundsätze, die sich teilweise aus dem allgemeinen Vertragsrecht ergeben, muß in den USA die Rechtsprechung die Leitsätze für jedes einzelne Problem vorgeben. Im folgenden sind die wichtigsten Entscheidungen dargestellt.

(a) Lizenzgebührenarten

Wie in Deutschland gibt es in den USA verschiedene Möglichkeiten der Berechnung der Lizenzgebühr[674]. Es kann zunächst zwischen einer "lump sum" (Pauschallizenzgebühr) oder einer "running royalty" (laufenden Lizenzgebühr) unterschieden werden, wobei auch eine Kombination beider Arten möglich ist, und sie jeweils auch gestaffelt vorgenommen werden können ("ascending" oder "decending royalty").

Die am weitesten verbreitete Zahlungsart ist die laufende Lizenzgebühr. Untersuchungen haben in den USA gezeigt, daß bis zu 94% der untersuchten Musterverträge eine laufende Lizenzgebühr enthalten[675]. Dabei stellt die häufigste Art die Stücklizenzgebühr vom Verkaufspreis dar. Es wird ausdrücklich davor gewarnt, nicht den Einzelhandelspreis zu vereinbaren, da der Lizenznehmer eine Scheingesellschaft ("dummy sales corporation") gründen, also einen Strohmann einschalten kann, der die Produkte vom Lizenznehmer zu einem sehr niedrigen Preis kauft[676]. Der Begriff des Verkaufs wird weit ausgelegt. Es ist entschieden worden, daß es einem Verkauf gleichsteht, wenn die hergestellten Artikel durch ein Feuer zerstört wurden und die Versicherung des Lizenznehmers den Schaden ersetzt hat[677]. Oft wird auch die

---

671 LaPeyre v. F.T.C., 366 F.2d., 117 ff.; Peelers Company v. Wendt, 260 F.Supp., 193 ff.

672 Congoleum Industries, Inc. v. Armstrong Cork Company, 366 F.Supp., 220 ff. (231 f.); siehe auch Bela Seating Company v. Poloron Products, 297 F.Supp., 489 ff.

673 Vgl. z.B. American Photocopy Equipment Co. v. Rovico, Inc. 359 F.2d., 745 ff. Siehe auch zur wettbewerbsrechtlichen Zulässigkeit der Vereinbarung der Lizenzgebühr nach Ablauf des Patents, 1. Teil, E. II. 1. a) aa) (d).

674 Bezüglich der Arten wird auf die Darstellung im deutschen Recht verwiesen, 1. Teil, E. I. 1. a) aa).

675 Die letzte Untersuchung dazu stammt aus dem Jahre 1978, Finnegan/Mintz, LLBR. 1978, Vol. 1, 13 ff. (14).

676 Ellis, Licenses, S. 148; vgl. auch dort zu Schutzmaßnahmen des Lizenzgebers in diesem Fall, S. 157.

677 Reizenstein v. Koopman, 178 F.,546 (548).

Lizenzgebühr nach der hergestellten ("per unit of goods produced") und nicht nach der verkauften Stückanzahl berechnet[678].

Die Vereinbarung einer Gewinnlizenzgebühr ist nicht sehr verbreitet, da die Bestimmung des Begriffes "Profit" (Gewinn) als sehr kompliziert angesehen wird und oft zum Betrug führen kann. Zudem wird der Lizenznehmer damit verpflichtet, dem Lizenzgeber seine Geschäftsbücher in einem weiten Maß offenzulegen. Auch erschwert diese Berechnungsart die Rechnungslegung unnötig.

Da bei diesen Lizenzgebührenarten die Höhe der Lizenzgebühr vom Erfolg des Lizenznehmers abhängig ist, wird oft, insbesondere bei ausschließlichen Lizenzen, eine Mindestlizenzgebühr vereinbart[679]. Dies entspricht der deutschen Lizenzvertragspraxis.

Es kann auch eine Pauschallizenzgebühr, also eine festgesetzte, meist jährlich zu zahlende Gebühr, vereinbart werden. Der Lizenznehmer ist in diesem Fall auch dann verpflichtet, die Lizenzgebühr zu zahlen, wenn er von dem Patent keinen Gebrauch gemacht hat[680]. Teilweise kommt es auch vor, daß der Lizenznehmer neben der pauschal, jährlich wiederkehrenden Leistung oder einer laufenden Lizenzgebühr, zur Zahlung einer Einstandsgebühr ("initial down payment"), einer einmaligen Zahlung zu Beginn des Lizenzvertrages, verpflichtet wird.

Es ist für zulässig erklärt worden, daß der Lizenzgeber dem Lizenznehmer eine pauschale Lizenzgebühr für die Lizenzierung mehrerer Patente oder Patentanmeldungen, unabhängig von ihrem Gebrauch im einzelnen, auferlegt[681]. Dies ist im Hinblick auf die erleichterte Abrechnung auch sinnvoll. Die Vereinbarung stellt auch keinen Versuch des Lizenznehmers dar, sein Monopol auf unpatentierte Gegenstände zu erstrecken[682].

Häufig wird in Lizenzverträgen vereinbart, daß der Lizenzgeber das Recht zur Kündigung hat, wenn die Lizenzgebühr nicht zu einer bestimmten Zeit bezahlt wird.

(b) Höhe der Lizenzgebühr

US-amerikanische Untersuchungen haben ergeben, daß bei einer Betrachtung aller Industrien die am häufigsten vorkommende Lizenzgebührenrate zwischen fünf und sechs Prozent, bezogen auf den Nettoverkaufspreis, pro Stück liegt[683]. Natürlich ist dieser

[678] Vgl. z.B. Wadsworth v. Pressed Prism Plate Glass Co., 239 F., 507 ff.
[679] Vgl. dazu 1. Teil, E. II. 1. a) (b).
[680] Automatic Radio Mfg. Co. v. Hazeltine Research, 176 F.2d., 799 (804).
[681] Automatic Radio Mfg. Co. v. Hazeltine Research, 176 F.2d., 799 (804).
[682] Automatic Radio Mfg. Co. v. Hazeltine Research, 176 F.2d., 799 (804); vgl. dazu auch Ellis, Licenses, S. 155.
[683] Vgl. Goldschneider/Marshall, Les Nouvelles 1971, Vol. 4, 166 ff.; vgl. auch Andonian, Les Nouvelles 1991, 58 ff.

Absatz angemessen ist, aber durch hohe Verkaufszahlen schnell eine sehr bedeutende Höhe erreichen kann, wird in Lizenzverträgen oft eine gestaffelte Lizenzgebühr vereinbart. Erreichen die Verkaufszahlen eine bestimmte Größe, steigt die Lizenzgebühr. Es kann auch eine maximale Lizenzgebührenhöhe vereinbart werden.

Ist in einem Vertrag vereinbart worden, daß der Lizenznehmer eine Gebühr von $ 1 pro Stück bezahlen soll, bis der Patentinhaber eine Summe von $ 50.000 erhält, bedeutet das lediglich, daß der Lizenznehmer Gebühren für die tatsächlich hergestellten Stücke bezahlen soll, nicht aber eine Mindestlizenzgebühr von $ 50.000 zu zahlen hat[700]. Die Vereinbarung stellt im Gegensatz eine maximale Lizenzgebühr dar.

Die Auferlegung einer Mindestlizenzgebühr verpflichtet nicht gleichzeitig, die lizenzierten Gegenstände herzustellen, um die Mindestlizenzgebühr zu erreichen. Der Lizenznehmer ist lediglich verpflichtet, die Gebühr in Höhe der Vereinbarung zu zahlen[701].

(c) Lizenzpflichtige Handlungen

Es kann vereinbart werden, daß die Lizenzgebühren für den Schutzumfang des Patents oder der Patentanmeldung ("coextensive with patent or patent application") gezahlt werden müssen oder die Lizenzgebührenpflicht sich auf einen kleineren oder größeren Bereich bezieht[702]. Grundsätzlich bestimmt sich die Lizenzgebührenpflicht nach dem Umfang des Patents, welchen im Streitfall die Gerichte zu bestimmen haben[703].

Der Lizenznehmer ist wie in Deutschland nicht verpflichtet, für die Benutzung von unpatentierten Gegenständen Lizenzgebühren an den Lizenzgeber zu zahlen[704].

Handelt es sich um eine Lizenz an einem angemeldeten Patent, muß der Bereich der Lizenzgebührenpflicht genau beschrieben werden, da der Schutzumfang des Patents noch nicht feststeht. Es kann vereinbart werden, daß die Lizenzgebühr für den in der Anmeldung bestimmten Schutzumfang zu dem Zeitpunkt, zu dem die Lizenz gewährt wurde, für den Schutzumfang des später erteilten Patents oder unabhängig von dem Schutzumfang für einen bestimmten Bereich zu zahlen ist[705]. Ist keine Vereinbarung

---

[700] Tesra Co. v. Holland Furnace Co., 73 F.2d., 553 ff. (554).
[701] Ellis, Licenses, S. 161.
[702] Ellis, Licenses, S. 130.
[703] Vgl. Motor Wheel Corporation v. Rubsam Corporation, 92 F.2d., 129 (131).
[704] 69 C.J.S., § 258, S. 795 m.w.N.
[705] Ellis, Licenses, S. 131; vgl. dazu Noonan v. Chester Park Athletic Club Co., 99 F., 90 ff.; Miami Cycle & Mfg. Co. v. Robinson, 245 F., 556 ff.

getroffen worden, gilt generell, daß sich die Lizenzgebühren nach dem Umfang des später erteilten Patents richten[706].

Die Rechtsprechung ist nicht einheitlich bezüglich der Frage, ob der Schutzumfang im Zweifel zugunsten oder zu Ungunsten des Lizenznehmers auszulegen ist[707]. Es empfiehlt sich daher, den Schutzumfang genau festzulegen.

(d) Entstehung und Dauer der Zahlungspflicht - Gebührenpflicht nach Ablauf des Patents

Die Vertragsparteien können grundsätzlich die Zahlungspflicht für jede bestimmte Dauer vereinbaren. Es kann sogar bestimmt werden, daß die Zahlungspflicht vor Patenterteilung fällig wird[708]. Die für den Vertrag erforderliche "consideration" liegt darin, daß dem Lizenznehmer versprochen wird, daß der Lizenzgeber nach Patenterteilung keine Klage gegen den Lizenznehmer wegen Patentverletzung erhebt[709]. Zudem ist der Lizenzgeber auch schon vor Patenterteilung Inhaber eines Rechtes, das er übertragen kann[710]. Die Lizenzgebührenpflicht ende in diesem Fall grundsätzlich dann, wenn die Patentanmeldung endgültig abgewiesen wurde und Rechtsmittel nicht mehr eingelegt werden können, es sei denn, es ist etwas anderes im Vertrag vereinbart. Eine Ausnahme davon liege dann vor, wenn die Erfindung als ein Geschäftsgeheimnis behandelt wird[711].

Nach früherer Rechtsprechung war es in den USA zulässig, zu vereinbaren, daß die Lizenzzahlungspflicht auch nach Ablauf des Patents besteht[712]. Ist dies jedoch nicht vereinbart worden, müssen die Lizenzgebühren, die versehentlich nach dem Ablauf des Patents gezahlt wurden, zurückgezahlt werden[713]. Nach neuerer Rechtsprechung stellt die Weiterzahlungspflicht nach Ablauf des Patents einen Patentmißbrauch dar, da durch die Vereinbarung das Ausschließungsrecht des Patentinhabers unzulässigerweise ausgedehnt wird, sog. "Brulotte rule"[714]. Die Vereinbarung ist per se unzulässig[715].

Ist Gegenstand der Lizenz eine Patentanmeldung und wird später die Patenterteilung versagt, wird der Lizenznehmer aus der Verpflichtung der Lizenzgebührenzahlung

---

[706] Vgl. Ellis, Licenses, S. 131 ff.
[707] Vgl. die Fälle in Ellis, Licenses, S. 131 ff.
[708] Ellis, Licenses, S. 118.
[709] Ellis, Licenses, S. 119.
[710] Vgl. Ellis, Licenses, S. 120.
[711] Ellis, Licenses, S. 120.
[712] Pressed Steel Car Co. v. Union Pac. R. Co., 270 F., 518 (525).
[713] E. R. Squibb & Sons v. Chemical Foundation, 93 F.2d., 475 (477).
[714] Brulotte v. Thys Co., 379 U.S. 29, 13 L.ed.2d., 99 (103); Ar-Tik Systems, Inc. v. Dairy Queen, Inc. 302 F.2d., 496 (510) m.w.N.; vgl. auch ausführlich, Reilley/Pula, LLBR 1984, Vol. 7, 183 (184 f.)
[715] Brulotte v. Thys Co., 379 U.S. 29, 13 L.ed.2d., S. 99 ff. (103); die "Brulotte Rule" ist inzwischen auch auf andere Fälle ausgedehnt worden, vgl. Brunsvold, Les Nouvelles 1986, Vol. 21, 203 ff.

entlassen[716]. Der Lizenznehmer kann erfolgreich gegen eine Zahlungsklage des Patentinhabers einwenden, daß das Patent nicht erteilt worden ist.

(e) Auswirkung der Nichtigkeit des Patents bzw. Entziehung der Benutzungsmöglichkeit des Patents auf die Zahlung der Lizenzgebühr

Sowohl im Lizenzvertragsrecht in Deutschland als auch in den USA ist anerkannt, daß der Lizenzgeber nicht für den Bestand des Patents garantiert[717].

Im Zusammenhang mit diesem Grundsatz stellt sich auch im US-amerikanischen Recht die Problematik, ob der Lizenznehmer Lizenzgebühren zu zahlen hat, auch wenn das Patent nichtig ist.

Die US-amerikanische Rechtsprechung hat anerkannt, daß die Nichtigkeit des Patents grundsätzlich nicht als Verteidigung gegen die Lizenzgebührenklage hervorgebracht werden kann, wenn der Lizenznehmer eine Lizenz gegen Lizenzgebühr bekommen und von der Erfindung Gebrauch gemacht hat[718]. Grund ist, daß der Lizenznehmer damit einverstanden war, eine Lizenzgebühr dafür zu zahlen, daß er die Erfindung benutzen darf und er dadurch einen Vorteil erlangt hat:

> "he (der Lizenznehmer) agreed to pay them for the privilege to practise the invention. He had that privilege, which was exactly what he agreed to pay for. There was no eviction"[719].

Die Argumentation und Lösung der Auswirkung der Nichtigkeit des Patents ist damit die gleiche wie in Deutschland. Rechtsfolge der Nichtigkeit des Patents ist, daß es widerrufen wird und erlischt[720]. Die Lizenzgebühren können vom Lizenzgeber nicht mehr zurückgefordert werden[721]. Häufig findet man diesbezüglich auch eine Klausel in Lizenzverträgen, in der entweder bestimmt wird, daß der Lizenzgeber die

[716] Schutte & Koerting Co. v. Wheeler Condenser & E. Co., 295 F., 158 (161 f.).

[717] 69 C.J.S., § 249, S. 773 m.w.N.; Barber Asphalt Paving Co. v. Headley Good Roads, 284 F., 177 ff (178).

[718] Milligan v. Lalance & Grosjean Manuf g Co., 21 F., 570 (572); M'Kay v. Jackman, 17 F., 641 (643); White v. Lee, 14 F., 789 (790 f.); North Drive-In Theatre v. Park-In Theatres, Inc., 114 USPQ, 473 ff. (476).

[719] M'Kay v. Jackman, 17 F., 641 (643); vgl. auch Milligan v. Lalance & Grosjean Manuf g Co., 21 F., 570 (572).

[720] Barber Asphalt Paving Co. v. Headley Good Roads Co., 284 F., 177 ff. (178).

[721] So ausdrücklich, M'Kay v. Jackman, 17 F., 641 (643); M. Nirenberg Sons, Inc. v. Trubenizing Process Corporation, 49 USPQ, 464 (466).

Lizenzgebühren behalten darf[722] oder die Lizenzgebühren neu verhandelt werden sollen[723].

Von der Frage der Auswirkung der Nichtigkeit des Patents auf die Zahlung der Lizenzgebühr ist die Auswirkung der Entziehung der Benutzungsmöglichkeit des Patents auf die Zahlung der Lizenzgebühr zu unterscheiden. Für die Lösung dieser Problematik ist aufgrund der Vergleichbarkeit der Rechtsbeziehungen zwischen Vermieter und Mieter mit denen zwischen Lizenzgeber und Lizenznehmer die sog. Eviktionstheorie vom Mietrecht auf das Lizenzvertragsrecht übertragen worden[724].

Die Eviktionstheorie, die ausdrücklich sowohl für die einfache als auch ausschließliche Lizenz Geltung hat[725], besagt, daß im Falle der Besitzentziehung des Lizenznehmers der Anspruch des Lizenzgebers auf die Mietzahlung erlischt[726]. Dem Lizenznehmer ist damit der Nachweis erlaubt, daß ihm die durch den Vertrag eingeräumten Vorteile entzogen worden sind. Der Lizenznehmer ist nicht mehr verpflichtet, die Gebühren zu zahlen, wenn er nicht mehr vollständig das Patent benutzen kann, ihm also das Nutzungsrecht infolge eines Nichtigkeitsurteils entzogen wird.

Wann im Einzelfall eine solche "Entwehrung" des Lizenznehmers vorliegt, geht aus der Rechtsprechung nicht eindeutig hervor. Teilweise wird es als ausreichend angesehen, daß das Patent in einem Rechtsstreit zwischen Patentinhaber und einem Dritten für nichtig erklärt wird[727]. Nach anderer Auffassung gilt dies jedoch nur für den ausschließlichen Lizenznehmer[728]. Teilweise wird bestimmt, daß die Lizenzgebühren bis zu dem Zeitpunkt gezahlt werden müssen, bis zu dem der Lizenznehmer ausdrücklich erklärt, die Lizenz zu beenden[729].

Auf den ersten Blick mag die unterschiedliche Lösung der Probleme widersprüchlich erscheinen, denn muß nicht die Nichtigkeit des Patents mit seiner teilweisen Entziehung der Benutzungsmöglichkeit gleich behandelt werden? Bei näherem Auseinandersetzen

---

722 Beispiel: *If the patent underlying this AGREEMENT is revoked at the instance of a third party, LICENSOR shall be entitled to retain any royalities already paid to it and to recover any royalities due but unpaid at the date of revocation.*

723 Beispiel: *In the event that the patent which is subject to this AGREEMENT is revoked by a third party, the parties shall agree to renegotiate in good faith a reduction in the royalities.*

724 Wyne v. Allen, 112 USPQ, 405 (411); vgl. auch North Drive-in Theatre v. Park-In Theatres, 114 USPQ, 474 (476); White v. Lee, 14 F., 789 (790 f.); Mudgett et al. v. Thomas, 55 F., 645 (648 f.); Touchett v. E Z Paintr Corporation, 150 F.Supp., 384 (390); Barber Asphalt Paving Co., v. Headley Good Roads, 284 F., 177 ff. (178).

725 North Drive-In Theatre v. Park-In Theatres, Inc. 114 USPQ, 473 (476).

726 Touchett v. E Z Paintr Corporation, 150 F.Supp., 384 (390).

727 Dracket Chemical Co. v. Chamberlain Co., 63 F.2d., 853 ff. (854); National Foam System v. Urquhart, 103 F.Supp., 433 (434 f.).

728 Appleton Toy & Furniture Co. v. Lehman Co., 165 F.2d., 801 (803) m.w.N.

729 North Drive-In Theatre Corp. v. Park-In Theatres, 248 F.2d., 232 (235).

mit der Problematik wird der Grund für die unterschiedliche Behandlung deutlich: Stellt sich heraus, daß das Patent nichtig ist, hat der Lizenznehmer dennoch die Möglichkeit gehabt, das Patent vollständig zu benutzen. Er hatte den Vorteil der Benutzung des Patents so gehabt, als sei der Bestand des Patents nie bestritten worden:

> "...but, if a patent is void, still the licensee may have had all the benefit of a valid patent, because his exclusive title may never has been disputed"[730].

Dies gilt natürlich nur dann, wenn das Patent nicht von anderen Dritten benutzt wurde, die sich auf seine Nichtigkeit verlassen haben. In diesem Fall wäre der Lizenznehmer wiederum "evicted" mit der Folge, daß er bezüglich der Entziehung der Benutzung keine Lizenzgebühren zu zahlen braucht[731].

Die von der Rechtsprechung entwickelte und anerkannte Lösung der Problematik steht auch im Einklang mit der "Bargain Theory of Consideration"[732], die wichtige rechtliche Konsequenzen hat. Fehlt die "consideration", d.h., hat der Lizenzgeber dem Lizenznehmer eine Lizenz für ein unwirksames Patent erteilt, ist also die Leistung des Lizenzgebers gegenstandslos, braucht der Lizenznehmer keine Lizenzgebühren zu zahlen, weil die Gegenleistung fehlgeschlagen ist[733]. Der Lizenznehmer braucht nicht für etwas zu zahlen, für das er keine Gegenleistung erhält[734]. Wird dem Lizenznehmer jedoch eine Lizenz für ein Patent erteilt und wird das Patent später für nichtig erklärt, hat er eine Gegenleistung erhalten - er genießt den tatsächlichen Vorteil der Benutzung des Patents - wofür er auch Lizenzgebühren zu zahlen hat. Kann der Lizenznehmer nur teilweise von dem Patent Gebrauch machen, da sein Benutzungsrecht teilweise entzogen wurde, ist er nicht verpflichtet, für den entzogenen Teil eine Lizenzgebühr zu zahlen.

Erhebt der Lizenznehmer den Einwand der Nichtigkeit des Patents, greift er also das Patent an, so kann er seit der Lear v. Adkins-Entscheidung[735] die Fortzahlung der Lizenzgebühren bis zur rechtskräftigen Entscheidung über den Einwand der Patentnichtigkeit verweigern[736]. Wird das Patent für nichtig erklärt, wird der Lizenznehmer endgültig von seiner Lizenzgebührenpflicht befreit. Verpflichtet der Lizenznehmer sich aber in einem Vergleich, in einem Patentverletzungsverfahren,

---

[730] White v. Lee, 14 F., 789 (791).
[731] White v. Lee, 14 F., 789 (791).
[732] Vgl. 1. Teil, D. II. 1.
[733] Ellis, Licenses, S. 356; Victory Bottle Capping Mach. Co. v. O. & J. Mach. Co., 280 F., 753 (759).
[734] 69 C.J.S. § 264, S. 806.
[735] 395 U.S. 653, 23 L.ed.2d., 610 (624); vgl. zu der Entscheidung ausführlich 1.Teil, E. II. 1. b) aa).
[736] Horvitt v. Movado Watch Agency, Inc., 364 F.Supp., 687 (689).

Lizenzgebühren auch dann zu zahlen, wenn das Patent später für nichtig erklärt werden sollte, bleibt er daran gebunden, wenn der Fall eintritt[737].

bb) "Best-Efforts Obligation" (Ausübungspflicht)

Im US-amerikanischen Recht ist es wie im deutschen Recht anerkannt, daß dem einfachen Lizenznehmer grundsätzlich nicht die Pflicht trifft, das Patent zu gebrauchen, sein Benutzungsrecht auszuüben[738]. Dies resultiert aus der Tatsache, daß die einfache Lizenz im US-amerikanischen Recht nur den Schutz vor einer Patentverletzung zum Inhalt hat[739]. Zudem begründen die US-amerikanischen Gerichte immer nur dann eine Verpflichtung zur Ausübung durch stillschweigende Unterstellung, wenn der wirtschaftliche Erfolg des Lizenzgebers allein von der Handlung des Lizenznehmers abhängig ist[740].

Eine Ausnahme von dem Grundsatz, daß dem einfachen Lizenznehmer keine Ausübungspflicht obliegt, besteht jedoch dann, wenn gerade die Ausübung des Patents für den Lizenzgeber für den Abschluß des Lizenzvertrages ausschlaggebend war und dies bewiesen werden kann[741]. Ist ein solcher Fall gegeben und hat der Lizenznehmer von Anfang an beabsichtigt, die Lizenz nicht auszuüben, handelt es sich um eine "misrepresentation" (Darstellung falscher Tatsachen)[742], die zum Rücktritt vom Vertrag berechtigen kann[743].

In den USA gibt es zahlreiche Entscheidungen, in denen die Ausübungspflicht des Lizenznehmers stillschweigend unterstellt wird. Es handelt sich dann um eine "implied obligation". Hauptanwendungsfall ist die ausschließliche Lizenz[744].

cc) "Reporting obligation" (Rechnungslegungspflicht)

Anders als in Deutschland, wo sich die Rechnungslegungspflicht des Lizenznehmers aus gesetzlichen Vorschriften ergibt[745], ist zur Begründung der Rechnungslegungspflicht in den USA eine ausdrückliche Vereinbarung erforderlich.

---

737 Hemstreet v. Spiegel Inc., 7 USPQ2d., 1502 (1504), Übersetzung in GRUR Int. 1990, 160 f.
738 Ellis, Licenses, S. 252; 69 C.J.S. § 250, 778; Jobbins v. Kendall Mfg. Co., 196 F., 216 (217 f.).
739 Vgl. 1. Teil, B. II. 1. a).
740 Vgl. dazu 1. Teil, E. II. 1. a) bb).
741 Globe Steel Abrasive Co. v. National Metal A. Co., 101 F.2d., 489 (491).
742 Globe Steel Abrasive Co. v. National Metal A. Co., 101 F.2d., 489 (491).
743 69 C.J.S. § 256, S. 789 m.w.N.; vgl. auch Hartford-Empire Co. v. Glenshaw Glass Co., 47 F. Supp., 711 (716 f.); Globe Steel Abrasive Co. v. National Metal A. Co., 101 F.2d., 489 ff. (489).
744 Vgl. dazu 1. Teil, E. II. 1. d) aa).
745 Vgl. 1. Teil, E. I. 1. b) aa) (b).

Es ist auch üblich, eine Klausel in den Vertrag aufzunehmen, die besagt, daß der Lizenznehmer in bestimmten Intervallen zur Rechnungslegung verpflichtet ist und der Lizenzgeber das Recht hat, die Bücher des Lizenznehmers zu normalen Geschäftszeiten zu kontrollieren.

dd) "Confidentiality obligation" (Geheimhaltungspflicht)

Durch den Abschluß des Lizenzvertrages wird in den USA grundsätzlich kein vertrauensvolles Verhältnis ("confidential relationship") zwischen Lizenzgeber und Lizenznehmer begründet[746]. Folge davon ist, daß der Lizenznehmer von den Informationen während des Bestehens der Lizenz uneingeschränkt Gebrauch machen kann, es sei denn, im Lizenzvertrag ist etwas anderes vereinbart worden:

> "There is nothing inherently confidential in the relationship between a licensor and a licensee under a patent, and, unless so provided by the contract, a licensee is not under trust or obligation as to the information he has received by reason of the license and is not restricted in the use of such information to the life and purpose of the license".[747]

Es muß aber immer geprüft werden, ob nicht ausnahmsweise ein "confidential relationship" begründet wurde[748].

ee) "Defense Obligation" (Verteidigungspflicht des Patents)

Da der Lizenzgeber grundsätzlich die Aufrechterhaltungs- und Verteidigungspflicht des Patents hat[749], muß dem Lizenznehmer ausdrücklich die Pflicht auferlegt werden, das Patent im Falle von Verletzungsklagen zu verteidigen[750].

Der Lizenznehmer hat aber generell kein Recht, sich selbständig gegen eine Patentverletzung zu verteidigen. Sowohl der einfache als auch der ausschließliche Lizenznehmer hat aufgrund der lediglich obligatorischen Natur der Lizenz in den USA nicht das Recht, Klage gegen einen Patentverletzer zu erheben. Der ausschließliche Lizenznehmer hat lediglich die Möglichkeit, am Verletzungsstreit des Patentinhabers teilzunehmen. Falls sich der Patentinhaber weigert, Klage zu erheben, kann der ausschließliche Lizenznehmer im Namen des Patentinhabers Klage erheben[751]. Behält sich der Patentinhaber bei Vergabe der ausschließlichen Lizenz das Recht vor, das Patent

[746] 69 C.J.S. § 249, S. 773.
[747] 69 C.J.S. § 249, S. 773 m.w.N.
[748] Vgl. 1. Teil, E. II. 1. e).
[749] Robinson, Law of Patents Vol. 2, S. 605; Einhorn, § 2.12.
[750] Einhorn, § 2.12.
[751] Western Electric Co. v. Pacent Reproducer Corporation, 42 F.2d, 116 (119).

weiterhin selber zu verwerten (alleinige Lizenz), so kann er im Verletzungsstreit als Mitkläger ("co-plaintiff") auftreten[752].

b) Unterlassungspflichten des einfachen Lizenznehmers einer "express license"

aa) "No-Contest Obligation" (Nichtangriffspflicht)

Seit der Entscheidung Lear v. Adkins im Jahre 1969[753] ist die Vereinbarung einer Nichtangriffspflicht nichtig. Der Lizenznehmer hat wie jeder Dritte das Recht, die Gültigkeit des Patents zu bestreiten. Die Lehre vom "Estoppel"[754] wird aufgegeben:

> "The doctrine that a licensee under a patent licensing agreement is estopped to challenge the validity of the licensed patent in a suit for royalities due under the contract violates the strong federal policy favoring the full and free use of ideas in the public domain".

Die Aufgabe der "Estoppel" gilt ausdrücklich nicht nur für einfache Lizenzen, sondern auch für ausschließliche Lizenzen und Unterlizenzen[755].

Die Entscheidung ist in der Literatur heftig kritisiert worden[756]. Vor der Entscheidung war der Lizenznehmer "estopped", d.h., es war ihm während der Vertragsdauer verwehrt, das Patent anzugreifen[757]. Erst nach Ablauf des Vertrages konnte er die Nichtigkeit des Patents geltend machen[758]. Grund dafür war eine Theorie, die besagt, daß, solange ein Lizenznehmer das Patent nach dem Lizenzvertrag verwertet, er gehindert ist, die Gültigkeit des Patents seines Lizenzgebers in einem Prozeß um die vertraglichen Lizenzgebühren zu bestreiten. Dem Lizenznehmer soll nicht erlaubt sein, den vertraglichen Vorteil zu genießen und gleichzeitig geltend zu machen, daß das Patent, welches dem Vertrag zugrunde liegt, nichtig sei[759].

Auch wenn durch die Lear v. Adkins-Entscheidung die Nichtangriffsabrede für unzulässig erklärt wurde, so bedeutet das noch nicht, daß die Verletzung eines solchen

---

[752] Western Electric Co. v. Pacent Reproducer Corporation, 42 F.2d, 116 (120).

[753] 395 U.S. 653, 28 L.ed 2d., 610 ff.; siehe zum Sachverhalt, 1. Teil, E. II. 1. b) aa).

[754] Die "Estoppel Doctrine", auch genannt "Licensee Estoppel" oder einfach "Estoppel" ist die staatliche Lehre von der Rechtsverwirkung, die in den Grundprinzipien des Vertragsrecht wurzelt. Vgl. auch zur Entwicklung der Estoppellehre, Soltysinki, GRUR Int. 1974, 387 (388 ff.).

[755] Beckman Instruments, Inc. v. Technical Development Corp., 1970 Trade Cases § 73, 312 ff. (312); Milton G. Waldbaum Co. v. Roberts Dairy Co., 1971 Trade Cases § 73, 495 ff. (496).

[756] Vgl. die Nachweise bei Soltysinki, GRUR Int. 1974, 387 ff. (387).

[757] Vgl. z.B. Eskimo Pie Corporation v. National Ice Cream Co., 20 F.2d., 1003 (1005) m.w.N.

[758] Bucky v. Sebo, 208 F.2d., 304 ff. (305).

[759] United States v. Harvey Steel Co., 196 U.S. 310, 49 L.ed., 492 ff. (493); Automatic R. MFG. Co. v. Hazeltine Research, 339 U.S. 827, 94 L.ed., 1312 (1320).

bundesrechtlich aufgestellten Grundsatz einen per se-Verstoß gegen das Antitrust-Recht darstellt[760].

Gegenstand der für das Lizenzvertragsrecht bedeutenden Entscheidung war der Nichtigkeitseinwand im Prozeß auf Zahlung der Lizenzgebühr. Bezüglich der Verpflichtung zur Zahlung der Lizenzgebühren während des Prozesses hat der Supreme Court entschieden, daß der Lizenznehmer bei Erhebung des Einwands der Patentnichtigkeit die Fortzahlung der Lizenzgebühren bis zur rechtskräftigen Entscheidung über den Einwand der Patentnichtigkeit verweigern kann[761]. In Lear v. Adkins wurde damit der Grundsatz aufgestellt, daß die Beseitigung von Beschränkungen der Wirtschaft durch zu Unrecht bestehende Patente gegenüber der Durchsetzung vertraglicher Verpflichtungen Vorrang haben sollte. Wie nach der Rechtsprechung des EuHG zur Zulässigkeit der Nichtangriffsklausel, nach der eine Nichtangriffsklausel gegen Art. 85 I EWG-Vertrag verstößt[762], wird nach der Lear-Entscheidung dem Allgemeininteresse durch die Möglichkeit des Patentlizenznehmers zum Angriff gegen das Patent und damit der Befreiung von nichtigen Patenten Rechnung getragen. Die zu Unrecht eingeräumte Monopolstellung wird beseitigt, der Wettbewerb gefördert.

Die an der europäischen Rechtsprechung geäußerte Kritik, daß die bisher als unzulässig gehaltene Nichtangriffsabrede[763] dazu führen könnte, daß der Patentinhaber und Lizenzgeber von einer Lizenzvergabe abgehalten werden könnte, damit der Lizenznehmer nicht die durch die Lizenzerteilung eingeräumten Information später gegen ihn im Rahmen einer Nichtigkeitsklage verwenden könnte, gilt auch für die US-amerikanische Rechtsprechung. Der Lizenznehmer ist oft der einzige, der ein wirkliches Interesse am Angriff auf die Gültigkeit des Patents hat.

bb) "No-Competition Obligation"(Wettbewerbsverbotspflicht)

Für den einfachen Lizenznehmer besteht auch im US-amerikanischen Recht grundsätzlich nicht die Pflicht, Wettbewerbshandlungen zu unterlassen. Er kann also grundsätzlich auch neben den patentierten Gegenständen von konkurrierenden Produkten Gebrauch

---

760 Zenith Radio Corp. v. Hazeltine Research, 395 US. 100, 23 L.ed., 129 (158); Transparent-Wrap M. Corp. v. Stokes & Smith Co., 329 U.S. 637, 91 L.ed., 563 (568); Morton Salt Co. v. G. S. Suppinger Co., 314 U.S. 488, 86 L.ed., 363 (366); Panther Pumps & Equipment v. Hydrocraft, Inc., 1972 Trade Cases, § 74, 217 ff. (217).

761 Vgl. auch die Übersetzung der Entscheidung "Gyro" GRUR Int. 1970, 44.

762 Vgl. die deutsche und europäische Rechtsprechung zur Nichtangriffsabrede 1. Teil, E. I. 1. b) bb) und 1. Teil, E. I. 2. r).

763 Nach der seit dem 1.4.1996 geltende GFVO (Technologie) gehört die Nichtangriffsklausel nicht mehr zu den verbotenen Klauseln der sogenannten "schwarzen Liste". Gem. Art. 4 Nr. 2b der GFVO ist jetzt eine Freistellung der Vereinbarung möglich.

machen, solange nicht etwas anderes im Vertrag vereinbart wurde[764]. Eine generelle Wettbewerbsverbotspflicht ergibt sich schon aus dem Grund nicht, daß die Pflicht, keine konkurrierenden Produkte herzustellen, unter Umständen einen Fall des Patentmißbrauchs oder Verstoßes gegen das Antitrust-Recht darstellen kann[765]. Etwas anderes ergibt sich aber für den ausschließlichen Lizenznehmer[766].

Es ist ausdrücklich bestimmt, daß der Grundsatz der Anwendung der zumutbaren Sorgfalt bei der Lizenz den Lizenznehmer nicht dazu verpflichtet, einen "hoffnungslosen" Vertrag abzuschließen, der einen Vertragsabschluß über andere Patente ausschließt:

> "Due business deligence would not require it to enter into a hopeless contest, and would not prevent it from avoiding such a contest by purchase (of other patents)".[767]

c) Pflichten des einfachen Lizenznehmers einer "implied license"

Die Pflichten einer Lizenz, die durch stillschweigende Unterstellung begründet wurden, ergeben sich aus den Umständen, aus denen die Lizenz entstanden ist[768]. So bestimmt sich beispielsweise auch der Umfang der Lizenz aus den Umständen der Entstehung:

> "That the scope of an implied license to make and sell is fixed by the circumstances out of which the license arises".[769]

Die einzelnen Rechte und Pflichten des Lizenznehmers einer "implied license" entsprechen denen des Lizenznehmers einer "express license", bei dem im Lizenzvertrag darüber keine Vereinbarung getroffen ist[770]. Auch ihn treffen grundsätzlich die bereits dargestellten Mindestpflichten, es sei denn aus den Umständen ist auf etwas anderes zu schließen[771].

Es ist zu beachten, daß die stillschweigend unterstellten Pflichten gleichzeitig neben den ausdrücklichen Pflichten bestehen können und teilweise von ihrer Existenz abhängig sind.

Ändert sich daher das Lizenzverhältnis und auch ausdrücklich die Pflichten der Vertragsparteien, kann das Auswirkungen auf die sich aus dem Lizenzverhältnis ergebenden stillschweigenden Pflichten haben[772].

---

764 Clancy v. Troy Belting & Supply Co., 157 F., 554 (554 f.); American Sealcone Corp. v. Sylvan Seal Milk, 42 F.Supp., 480 (482); 69 C.J.S. § 250, S. 778.

765 Vgl. 1. Teil, E. II. 1. b) bb).

766 Vgl. 1. Teil, E. II. 1. d) bb).

767 Eclipse Bicycle Co. v. Farrow, 199 U.S. 581, 50 L.ed., 317 (321).

768 Robinson, Law of Patents Vol. 2, S. 84.

769 So schon Montross v. Marbie, 30 F., 234 ff.; vgl. auch 1. Teil, C. II. 3. b) aa).

770 Robinson, Law of Patents, Vol. 3, S. 84: "If the license is implied, the duties and obligations of the parties are defined by law".

771 Vgl. zu den Pflichten des Lizenznehmers einer "express license" 1. Teil, E. 1. a) und b).

772 Wakefield v. Northern Telecom, Inc., 796 F.2d., 109 ff. (112); vgl. auch Zilg v. Prentice-Hall, Inc., 717 F.2d., 671 ff.

d) Besondere Pflichten des ausschließlichen Lizenznehmers einer "express license"

aa) "Best-Efforts obligation" (Ausübungspflicht)

Die Ausübungspflicht des Lizenznehmers wird meist durch stillschweigende Unterstellung begründet, es sei denn, sie ist schon von den Parteien ausdrücklich im Vertrag vereinbart worden. Grundsätzlich gilt, daß die Ausübungspflicht immer dann unterstellt wird, wenn der wirtschaftliche Erfolg des Lizenzgebers allein von der Handlung des Lizenznehmers abhängig ist[773]. Hauptanwendungsfall ist der ausschließliche Lizenzvertrag, da die Ausübungspflicht notwendig ist, um dem Vertrag einen Sinn zu geben[774]. Es ist anerkannt, daß generell der ausschließliche Lizenznehmer die Pflicht hat, das Patent zu verwerten:

> "...it has been held that in the case of an exclusive license there is an implied obligation reasonably to exploit..."[775].

Diese Rechtslage entspricht dem deutschen Recht. Die Ausübungspflicht wird für den Lizenznehmer insbesondere dann stillschweigend unterstellt, wenn im Lizenzvertrag keine Mindestlizenzgebühr vereinbart wurde[776]. Dies braucht jedoch nicht unbedingt so zu sein[777]. Wurde die Minimumlizenzgebühr jedoch mit einem Recht des Lizenzgebers verknüpft, auch weiterhin lizenzierte Gegenstände zu verkaufen, spricht dies gegen die Annahme einer ausschließlichen Lizenz[778]. Auch dann, wenn die Lizenz eine der folgenden Bestimmungen enthält, wird keine Ausübungspflicht angenommen: eine nicht zurückzahlbare Einstiegsgebühr, das Recht des Lizenzgebers zur Beendigung des Lizenzvertrages im Fall, daß der Lizenznehmer das Produkt nicht innerhalb von 18 Monaten vermarktet, das Recht zur Beendigung des Vertrages im Falle der Nichtzahlung der Mindestlizenzgebühr[779]. Andererseits wurde dann, wenn es sich um eine Rechtsübertragung[780] handelte, aber keine Mindestlizenzgebühr vereinbart wurde, nicht

---

[773] Das Gericht wird für das Maß der Abhängigkeit des Erfolgs den gesamten Vertragstext und auch die Vertragsverhandlungen berücksichtigen, vgl. Payne/Sokal, LLBR 1979, Vol. 1, 77 ff. (78).
[774] Bellows v. E. R. Squibb & Sons, Inc., 184 USPQ, 473 f. (473) m.w.N.; vgl. auch Payne/Sokal, LLBR. 1979, Vol. 1, 77 ff. (78).
[775] 69 C.J.S. § 250, S. 778; siehe auch Bellows v. E. R. Squibb & Sons, Inc., 184 USPQ, 473 f. (473); Vacuum Concrete Corp., v. American Machine & Fdry. Co., 311 F.Supp., 771 (774).
[776] Willis Bros., Inc. v. Ocean Scallops, Inc., 356 F.Supp., 1151 (1156); Perma Research & Development Co. v. Singer Co., 402 F.Supp., 881 ff.
[777] Vgl. Einhorn, § 2.09 mit Verweis auf Driver-Harris Co v. Industrial Furnace Corp., 12 F.Supp., 918 ff.; siehe auch Brawly v. Crosby Research Foundation, Inc., 68 USPQ, 406 (410); Mechanical Ice Tray Corp. v. General Motors Corp., 62 USPQ, 397 (403).
[778] Vacuum Concrete Corp. v. American Mach. & Foundry Co., 169 USPQ, 287 (289).
[779] Einhorn, § 2.09; vgl. auch Bellows v. E. R. Squibb & Sons, Inc., 184 USPQ, 473 ff.; vgl. ausführlich Payne/Sokal, LLBR. 1979, Vol. 1, 77 (79).
[780] Vgl. dazu in Abgrenzung zur ausschließlichen Lizenz 1. Teil, B. II. 1. d).

nur eine Ausübungspflicht, sondern auch eine Pflicht, die Erfindung zu perfektionieren ("perfect"), angenommen[781].

Der ausschließliche Lizenznehmer ist verpflichtet, jede zumutbare Sorgfalt anzuwenden, um die Lizenz zu verwerten. Andernfalls kann dies zur Folge haben, daß die Lizenz aufgehoben wird:

> "In the case of exclusive license there is considerable authority for the proposition that the licensee must use reasonable deligence or else render himself liable to have his license rescinded".[782]

Im Einzelfall können unter Umständen bestimmte Tatsachen und andere Verpflichtungen im Vertrag auch den ausschließlichen Lizenznehmer vor der stillschweigende Unterstellung der Ausübungspflicht bewahren[783]. Das Gericht berücksichtigt für die Rechtfertigung der Ausübungspflicht alle Einzelfallumstände.

Der Umfang der Ausübungspflicht ergibt sich oft aus den Umständen des Falles. In der Entscheidung Tesra Co. v. Holland Furnance Co.[784] gab es beispielsweise keine Klausel, die besagte, daß die Lizenz mit Sorgfalt auszuüben war. Es wurde jedoch bestimmt, daß die Stücklizenzgebühr insgesamt nicht höher als US$ 50.000 sein durfte. Das Gericht befand, daß dies keine Verpflichtung für den Lizenznehmer war, so viele Gegenstände in angemessener Zeit im Gegenwert von US$ 50.000 zu produzieren und daher kein Vertragsbruch gegeben war[785].

Doch auch wenn im Vertrag bestimmt ist, daß der Lizenznehmer verpflichtet wird, "reasonable efforts to exploit"[786] oder "to exploit the subject matter with due diligence"[787] zu verwenden, bleibt unklar, wie der Lizenznehmer seiner Pflicht im Einzelfall nachzukommen hat. Dies gilt auch für die häufig in Entscheidungen zum Ausdruck gebrachte Pflichtausübung in "good faith", also nach Treu und Glauben[788], da andernfalls sich das Verhalten des Lizenznehmers als unangemessen und unbillig darstellen würde:

> "Whatever may be left of the rule of implied convenant of an exclusive licensee to exploit the licensed device in good faith rests, as the doctrine has always rested, upon the ground that not

---

781 Perma Research v. Singer, 402 F.Supp., 881 ff.

782 Ellis, Licenses, S. 254; vgl. zu den Rechtsfolgen der Verletzung der Ausübungspflicht 3. Teil, B. II. 3.

783 Vgl. Payne/Sokal, LLBR. 1979, Vol. 1, 77 ff. (78); Ellis Inc. v. Denis, 106 USPQ, 124 f. (124).

784 73 F2d., 553 ff. (Klage auf Lizenzgebühren und Feststellung, daß es sich bei der Klausel "Zahlung von US$ 1 pro Stück bis zum Erreichen der Zahlung von US$ 50000" um eine Mindestlizenzgebühr mit der unterstellten Verpflichtung handelt, daß Produkte bis zum Betrag von US$ 50000 innerhalb einer angemessenen Zeit hergestellt und verkauft werden müssen).

785 Tesra Co. v. Holland Furnance Co., 73 F.2d., 553 (555).

786 Vgl. Caron Nickel Processing Corp., 106 USPQ, 124 ff.

787 Vgl. Willis Bros., Inc. v. Ocean Scallops, Inc., 356 F.Supp., 1151 ff.

788 Mechanical Ice Tray Corp. v. General Motors Corp., 144 F.2d., 720 (725).

to hold the licensee to that standard of conduct would be unfair and inequitable as between the parties to the license".[789]

Da diese generelle Umschreibung des Umfanges und Inhalts der Ausübungspflicht nur eine geringe Aussagekraft hat, und es keinen objektiven Standard gibt[790], muß das Gericht eine Auslegung vornehmen, um festzustellen, welche Form der Ausübung im Einzelfall mit den Erfordernissen der zumutbaren Sorgfalt und des guten Glaubens im Einklang steht. Die Gerichte haben in einigen Entscheidungen für die Auslegung ein "practical business sense test" angewendet[791].

Die von der Rechtsprechung auf diese Weise getätigte Auslegung variiert sehr stark, und es hat sich herausgestellt, daß die Auslegung oft zu Ergebnissen führte, die nicht voraussehbar waren[792]. Um diese unbefriedigende Situtation zu vermeiden, ist es zu empfehlen, im Lizenzvertrag ausdrücklich zu vereinbaren, welchen Inhalt und Umfang die Ausübungspflicht haben soll[793]. Auch ist es aus Sicht des Lizenzgebers ratsam, die Ausübung der Lizenz durch eine Mindestlizenzgebühr abzusichern[794].

Anerkannt ist aber, daß die Pflicht zur Ausübung nicht mit derjenigen verbunden ist, mit besten Kräften die Nachfrage zu befriedigen und durch Werbung für eine solche Nachfrage zu sorgen[795]. Diese Werbepflicht muß ausdrücklich vereinbart werden[796]. Hiervon gibt es jedoch auch Ausnahmen[797].

Im Falle der Vereinbarung einer Stücklizenzgebühr ist entschieden worden, daß aufgrund der Tatsache, daß die Produktivität und die Höhe der Lizenzgebühr allein in der Hand des Lizenznehmers liegt, der Lizenznehmer verpflichtet ist, nicht nur das Patent nach Treu und Glauben zu verwerten, sondern ihn auch die Pflicht trifft, alles zu unterlassen, was sich negativ auf die Lizenzgebührenhöhe auswirkt[798].

In bezug auf den Wettbewerb, mit dem der ausschließliche Lizenznehmer konfrontiert wird, ist es anerkannt, daß der Lizenznehmer den lizenzierten Gegenstand wettbewerbsfähig machen muß, wenn der vom Wettbewerber auf den Markt gebrachte

---

789 Mechanical Ice Tray Corp. v. General Motors Corp., 144 F.2d., 720 (725).

790 Vgl. auch Wernick, LLBR 1992, Vol. 14, 61 ff. (62).

791 Carbo-Frost, Inc. v. Pure Carbonic, Inc., 103 F.2d, 210 (222); Eclipse Bicycle Co. v. Farrow, 199 U.S., 581, 50 L.ed., 317 (321).

792 Payne/Sokal, LLBR. 1979, Vo. 1, 77 (80).

793 Vgl. als Beispiel für eine solche Ausübungsklausel 1. Teil, E. II. 2. f) aa).

794 Vgl. zu einer solchen Mindestlizenzklausel 1. Teil, E. II. 2. f) dd).

795 In Re Waterson, Berlin & Synder Co., 48 F.2d., 704 (707).

796 Vgl. 1. Teil, E. II. 1. a) bb).

797 Perma Research v. Singer, 402 F.Supp., 881 ff, die Pflicht wurde sogar auf eine Forschungs- und Entwicklungspflicht, die erforderlich war, um das Produkt in den Markt einzuführen, ausgedehnt. Es handelte sich bei diesem Fall jedoch um eine Rechtsübertragung. Vgl. auch die abweichende Meinung von District Judge Kevin Thomas Duffy im Anschluß an die Entscheidung.

798 Mechanical Ice Tray Corp. v. General Motors Corp., 144 F.2d., 720 (725).

Gegenstand nicht in einem kommerziell besseren Zustand ist[799], d.h., der Lizenznehmer ist nicht verpflichtet, Produkte herzustellen, die nicht wettbewerbsfähig sind[800].

In einigen Entscheidungen kommt zum Ausdruck, daß zweideutig formulierte Klauseln zugunsten des Lizenznehmers ausgelegt werden[801].

bb) "No-Competition obligation" (Wettbewerbsverbotspflicht)

Wie im deutschen Recht ist es im US-amerikanischen Recht anerkannt, daß den ausschließlichen Lizenznehmer im allgemeinen die Pflicht trifft, Wettbewerbshandlungen zu unterlassen[802]. Dies wird als eine Pflicht in der ausschließlichen Lizenz, "implied obligation", angesehen. Ausdrücklich bestimmt ist das für den Fall, daß die Konkurrenzerzeugnisse nicht in besserer Qualität auf den Markt gebracht werden dürfen als die lizenzierten. Der ausschließliche Lizenznehmer ist verpflichtet, die lizenzierten Produkte vorzuziehen[803].

Eine Ausnahme besteht jedoch dann, wenn der Lizenznehmer allein durch die Verwertung der lizenzierten und patentierten Gegenstände nicht in der Lage ist, wettbewerbsfähig zu sein. Der Lizenzgeber hat dann ausdrücklich das Recht, andere Patentrechte zu erwerben und davon Gebrauch zu machen, ohne dadurch gleichzeitig die ihm obliegende Ausübungspflicht zu verletzen[804]. Es ist auch anerkannt, daß allein der Besitz und Gebrauch von konkurrierenden Patenten nicht notwendigerweise eine Verletzung darstellt[805].

Der Lizenznehmer darf mit der Wettbewerbsverbotspflicht nicht so weit eingeschränkt werden, daß er generell keine konkurrierenden Produkte herstellen oder verkaufen darf, da ansonsten ein Verstoß gegen das Antitrust-Recht oder ein Patentmißbrauch vorliegen kann[806]. Die Einschränkung des Wettbewerbs auf diese Art unterdrückt den Wettbewerb und den Anreiz an neuen und besseren Produkten und widerspricht damit dem

---

[799] Vgl. Einhorn, § 2.09.

[800] Western Geophysical Co. of America v. Bolt Associates, Inc., 402 F.Supp., 881 ff. ;Willis Bros., Inc. v. Ocean Scallops, Inc., 356 F. Supp., 1151 (1157); siehe auch ausführlich Payne/Sokal, LLBR. 1979, Vol. 1, 77 (83).

[801] Vgl. Krantz v. Van Dette, 165 F.Supp., 776 (779) m.w.N.

[802] Mechanical Ice Tray Corp. v. General Motors Corp., 144 F.2d., 720 (725 f.), 324 U.S. 844, 89 L.ed., 1406; 69 C.J.S., § 250, S. 778 f. m.w.N.; vgl. auch Payne/Sokal, LLBR. 1979, Vol. 1, 77 (83).

[803] Mechanical Ice Tray Corp. v. General Motors Corp., 144 F.2d., 720 (725 f.).

[804] Mechanical Ice Tray Corp. v. General Motors Corp., 144 F.2d., 720 (726) m.w.N.

[805] Dwight & Lloyd Sintering Co. v. American Ore Reclamation Co., 44 F.Supp., 391 (393).

[806] Stewart v. Mo-Trim, Inc., 192 USPQ, 410 ff. (411) m.w.N.; vgl. dazu ausführlich, Payne/Sokal, LLBR. 1979, Vol. 1, 77 (85). Siehe auch die 1995 Antitrust Guidelines des DOJ, S. 27.

öffentlichen Interesse und Allgemeinwohl an der Entstehung und Nutzung neuer konkurrierender Erfindungen[807].

e) Besondere Pflichten aufgrund "confidential relationship"

Da in den USA durch den Abschluß des Lizenzvertrages grundsätzlich kein vertrauensvolles Verhältnis ("confidential relationship") zwischen Lizenzgeber und Lizenznehmer begründet wird, besteht auch keine Geheimhaltungspflicht[808].

Im Einzelfall kann aber ein solches Verhältnis begündet werden. Nach der Rechtsprechung ist dies beispielsweise dann der Fall, wenn sich die Vertragsparteien darüber einigen, daß sie zusammenarbeiten und die Erfindung gemeinsam entwickeln und vermarkten werden[809].

Ist ein solches Verhältnis begründet worden, ist es in der Rechtsprechung anerkannt, daß die Vertragsparteien dazu verpflichtet sind, es zu unterlassen, Rechte zu erwerben, die den Interessen des Vertragspartners zuwiderlaufen[810]. Der Lizenznehmer kann das Verhältnis dadurch verletzen, indem er z.B. Geschäftsanteile am Unternehmen eines Patentverletzers erwirbt[811].

f) "Post-Termination obligations" (Nachwirkende Vertragspflichten)

Die Erfahrung in der Lizenzpraxis zeigt, daß die Vertragsparteien zwar detailliert die Rechte und Pflichten während der Vertragszeit regeln, aber nicht die Rechte und Pflichten nach Vertragsende[812]. Insbesondere dann, wenn es sich nicht um einen reinen Patentlizenzvertrag handelt, sondern auch Know-how Gegenstand des Vertrages ist, ist es bedeutsam, eine Regelung über die nachvertraglichen Rechte und Pflichten zu treffen.

Die Beendigung des Lizenzvertrages hat zur Folge, daß die Vertragsparteien ihren Status, der vor Eingehen des Lizenzverhältnisses bestand, wieder einnehmen[813]. Der Lizenznehmer muß daher nach Vertragsende das Patent wie ein Dritter respektieren und begeht dann eine Patentverletzung, wenn er auch weiterhin das Patent benutzt. Der Patentinhaber hat dann die Wahl, den ursprünglichen Lizenznehmer wegen

---

807 McCullough v. Kammerer Corp., 166 F.2d., 759 (764).
808 Vgl. 1. Teil, E. II. 1. a) dd).
809 Saco-Lowell Shops v. Reynolds, 141 F.2d., 587 (597); Baker Oil Tools v. Burch, 71 F.2d., 31 (37).
810 Moto Meter Co. v. National Gauge & Equipment Co., 31 F.2d., 994 (996); Baker Oil Tools v. Burch, 71 F.2d., 31 (37); vgl. auch Allen-Qualley Co. v. Shellmar Products Co., 31 F.2d., 293 ff.
811 Moto Meter Co. v. National Gauge & Equipment Co., 31 F.2d., 994 (997).
812 Mann, Les Nouvelles 1992, 134 ff. (134).
813 Stimpson Computing Scale Co. v. W. F. Stimpson Co., 104 F., 893 (895); Demco, Inc. v. Doughnut Mach. Corporation, 62 F.2d., 23 (26).

Patentverletzung zu verklagen oder eine Klage auf Zahlung der Lizenzgebühren zu erheben, wenn das Patent noch nicht abgelaufen ist[814]. Insbesondere ist es dem Lizenznehmer untersagt, auch weiterhin die patentierten Gegenstände zu kennzeichnen, wenn eine solche Kennzeichnung im Lizenzvertrag bestimmt war, da ansonsten der Schein erweckt wird, daß ein Lizenzvertrag besteht[815].

Seit Lear v. Adkins ist der Lizenznehmer nicht erst nach Vertragsende befugt, das Patent anzugreifen; er kann die Nichtigkeit des Patents auch schon vorher geltend machen[816].

Ob der Lizenznehmer auch nach Vertragsende noch befugt ist, die unter der Lizenz hergestellten Gegenstände zu verkaufen, hängt von den Einzelfallumständen ab[817].

aa) Lizenzzahlungspflicht

Nach der neueren Rechtsprechung gilt nach der sog. "Brulotte rule", daß der Lizenznehmer eines reinen Patentlizenzvertrages nach Vertragsende und Ablauf des Patents nicht mehr verpflichtet werden kann, Lizenzgebühren zu zahlen[818].

Ist Gegenstand des Lizenzvertrages neben Patenten auch Know-how und will der Lizenzgeber für dieses auch nach Vertragsende und Ablauf des Patents Lizenzgebühren einnehmen, ist das grundsätzlich möglich[819]. Der Lizenzgeber sollte jedoch darauf achten, daß er im Lizenzvertrag zwei verschiedene Klauseln über die Lizenzzahlungspflicht einfügt, um sicherzugehen, daß die Zahlungspflicht des Lizenznehmers für das Know-how nicht auch unter die "Brulotte rule" fällt[820].

bb) Geheimhaltungspflicht

Besteht ein besonderes Vertrauensverhältnis, "confidential relationship", zwischen den Vertragsparteien[821], ist der Lizenznehmer verpflichtet, nach Vertragsende die vertraulichen Informationen geheimzuhalten[822].

---

814 Deller, Walker on Patents, S. 1506 m.w.N.; Lipscomb, S. 140; vgl. auch zur Lizenzgebührenpflicht nach Ablauf des Patents 1. Teil, E. II. 1. f) aa).
815 Deller, Walker on Patents, S. 1508; Lipscomb, S. 141.
816 Siehe dazu ausführlich 1. Teil, E. II. 1. b) aa).
817 Lipscomb, S. 141.
818 Vgl. dazu schon 1. Teil, E. II. 1. f) aa).
819 Vgl. Mann, Les Nouvelles 1992, Vol. 27, 134 (137 f.) zu der Frage, wie lange der Lizenznehmer verpflichtet werden kann für das Know-how Lizenzgebühren zu zahlen.
820 Mann, Les Nouvelles 1992, Vol. 27, 134 (140).
821 Vgl. 1. Teil, E. II. 1. e).
822 Pickren v. United States, 378 F.2d., 595 (600); Smith v. Dravo Corp., 203 F.2d., 369 (375 f.); vgl. auch Aktiebolaget Borofs v. United States, 194 F.2d., 145 ff.

2. Die Gestaltung des Lizenzvertrages in den USA - Die wichtigsten Vertragsklauseln in den USA in Gegenüberstellung zu denen in Deutschland

a) Die Gestaltung des Lizenzvertrages in den USA

In der in den USA zahlreich vorhandenen Literatur zu Verhandlungsstrategien und zur Anleitung der Aufsetzung eines Lizenzvertrages wird immer wieder deutlich, daß der Lizenzvertrag letztlich so konzipiert sein muß, daß beide Vertragsparteien einen Vorteil aus dem Vertrag ziehen ("mutual benefits") und Fairneß das oberste Gebot ist. Nur wenn dieses gewährleistet ist, kann nach US-amerikanischer Auffassung ein erfolgreiches, dauerhaftes Lizenzverhältnis erreicht werden. Ein wesentlicher Aspekt, der immer wieder in der Literatur deutlich wird, ist, daß an die Lizenzvertragsparteien appelliert wird, im Falle von Meinungsstreitigkeiten zu versuchen, den Vertrag zu ändern oder anzupassen. Dies ist im US-amerikanischen Recht besonders wichtig, da die gerichtliche Auseinandersetzung mit - aus deutscher Sicht - sehr hohen Kosten verbunden ist[823]. Dennoch kann dies als Vorbild für die deutsche Lizenzvertragspraxis gelten. Auch wenn die Gerichtskosten sich noch in einem vernünftigen Rahmen halten mögen, sollte die gerichtliche Auseinandersetzung auf jeden Fall vermieden werden[824]. Flexibilität und Verständnis für die Situation des Vertragspartners sollten das Vertragsverhältnis daher prägen:

> "Fairness and mutual advantages are the necessary lubricants to make the wheels turn. Thus, if circumstances arise which create unfair hardships or windfalls to either party, both should be prepared to consider amending and adjusting the agreement accordingly. Otherwise, even the best agreement will resemble a suit of armor with nothing inside".[825]

Vor Abschluß des Lizenzvertrages sollten die Vertragsparteien die vereinbarten Klauseln noch einmal auf ihre Zulässigkeit, vor allem nach wettbewerbsrechtlichen Gesichtspunkten, prüfen und auch die Vereinbarkeit des Gesamtvertrages mit der Marktpostition beleuchten[826].

Es ist zu beachten, daß es in der Rechtsprechung anerkannt ist, daß der Lizenzvertrag dann zu Lasten des Lizenzgebers ausgelegt wird, wenn er von ihm aufgesetzt wurde[827].

Die folgende Darstellung eines "typischen" US-amerikanischen Patentlizenzvertrages soll einen Eindruck von der Struktur und dem Inhalt eines US-amerikanischen Lizenzvertrages vermitteln und die Unterschiede zu dem bereits dargestellten deutschen Patentlizenzvertrag hervorheben.

---

[823] Vgl. 3. Teil, F. II.

[824] Für den Fall, daß es zu einer Streitigkeit kommt, wird in den USA immer häufiger eine Schiedsgerichtsklausel vereinbart vgl. 1. Teil, E. 2. h).

[825] Ecktrom, Licensing Vol. 5, II-5.

[826] Vgl. dazu auch Finnegan/Mintz, LLBR. 1978, Vol. 1, 13 ff. (14).

[827] Lewis Invisible Stitch Mach. Co. v. Popper, 33 F.Supp., 812 ff. (813).

Der generelle Inhalt eines US-amerikanischen Lizenzvertrages ist darauf ausgelegt, daß später über verschiedene Punkte Streitigkeiten auftreten können. Es wird versucht, möglichst alle diese Punkte zu regeln. Eine Vielzahl der Klauseln kommen daher erst zum Tragen, wenn Streitigkeiten entstehen. Der Lizenzvertrag hat aus diesem Grund oft einen pessimistischen Ton.

Dies ist ein wesentlicher Unterschied zu einem von deutschen Vertragsparteien aufgesetzten Lizenzvertrag, der auf die Verschiedenheit der Rechtssysteme zurückzuführen ist. Der deutsche Lizenzvertrag beinhaltet meist nur die notwendigsten Klauseln, die sich auf die Einräumung und den Inhalt von Rechten und die wichtigsten Rechte und Pflichten der Vertragsparteien konzentrieren. Oft dienen die Klauseln aber auch nur der Klarstellung. Die Regelung bestimmter Punkte, insbesondere die Rechte und Pflichten der Vertragsparteien, ergeben sich schon aus der Natur des Lizenzvertrages oder aus dem allgemeinen Vertragsrecht. Selten kommt es vor, daß versucht wird, über mögliche zukünftige Streitpunkte, wie eben die Haftung des Lizenznehmers, Regelungen zu treffen. US-amerikanische Verträge sind im Vergleich zu den deutschen Verträgen sehr viel ausführlicher gestaltet und länger[828]. Dies liegt daran, daß sich die Beteiligten nicht bezüglich einzelner Rechte und Pflichten der Vertragsparteien und der Rechtsfolgen der Verletzung auf geschriebenes Recht berufen können.

Anders als für den deutschen Teil, in dem Klauselvorschläge unterbreitet wurden, werden für den US-amerikanischen Lizenzvertrag nur Klauselbeispiele gegeben und keine Vorschläge[829]. Die nachfolgend dargestellten Klauseln dienen daher nicht als eine Checkliste, sondern sollen nur ein Verständnis für die US-amerikanische Lizenzvertragspraxis und die Formulierung einzelner Klauseln geben. Aufgrund der Komplexität US-amerikanischer Lizenzverträge ist es auch im Rahmen der Arbeit nicht möglich, Klauselvorschläge zu unterbreiten, die alle Bereiche abdecken, die von einem gewöhnlichen US-amerikanischen Patentlizenzvertrag berührt werden und als Grundlage für einen Vertrag dienen können. Es werden vielmehr die Klauseln, die in deutschen Lizenzverträgen üblich und für die bereits Vorschläge unterbreitet worden sind, den inhaltlich gleichen Klauseln in den USA gegenübergestellt.

Ziel der Gegenüberstellung ist es zunächst, der deutschen Lizenzvertragspraxis ein Verständnis für die US-amerikanische Vertragsgestaltung zu geben und darüber hinaus

---

828 Deutschland liegt bezüglich der Ausführlichkeit der Regelung und der Vertragslänge zwischen USA und Japan. In Japan beschränkt sich der Vertrag auf einen Minimalbestand.

829 Die Klauselbeispiele sind verschiedenen "typischen" Lizenzverträgen entnommen worden. Es wurden ca. 50 Patentlizenzverträge untersucht, die größtenteils von US-amerikanischen Anwaltskanzleien oder von Lizenzabteilungen einiger Großunternehmen zur Verfügung gestellt wurden.

auch Anregungen, wie einzelne Klauseln in deutschen Lizenzverträgen besser gestaltet werden können. Es werden die Vereinbarungen, die die Pflichten des Lizenznehmers betreffen, dargestellt.

Aufgrund der Komplexität des Lizenzvertrages und zur besseren Darstellung des Inhalts eines solchen Vertrages wird der Lizenzvertrag in verschiedene Abschnitte unterteilt, unter die die einzelnen Klauseln fallen. Die Reihenfolge der Klauseln ist in den Lizenzverträgen nicht einheitlich. Es wurde aber aus der Untersuchung der Lizenzverträge eine Reihenfolge zusammengestellt, die als üblich bezeichnet werden kann. Die äußere, typische Form eines US-amerikanischen Lizenzvertrages ist beibehalten worden.

b) Einleitungsteil

Die unterschiedliche Struktur des US-amerikanischen und deutschen Lizenzvertrages ist gerade am Anfang des Lizenzvertrages zu erkennen. Der US-amerikanische Lizenzvertrag besitzt einen Einleitungsteil, der generell aus der Präambel ("Preamble"), der "Whereas Clauses", der Definitionen ("Definitions") und der Darstellung der Gegenleistung ("Statement of Consideration") besteht. Die Präambel und die "Whereas Clauses" werden als solche nicht mit einer Überschrift gekennzeichnet. Erster Punkt des Lizenzvertrages sind die Definitionen. Anders als in deutschen Verträgen werden die einzelnen Punkte nicht mit Paragraphen oder Artikel gekennzeichnet, sondern einfach fortlaufend numeriert.

aa) "Preamble" (Präambel)

Während in deutschen Lizenzverträgen nur selten am Anfang des Lizenzvertrages eine Präambel zu finden ist, beginnen US-amerikanische Lizenzverträge häufig mit einer Präambel. In der Präambel werden die Vertragsparteien identifiziert und das Vertragsdatum festgehalten. In den USA wird immer wieder auf die Bedeutung der Präambel hingewiesen. Nicht nur der Name der Vertragsparteien, sondern auch ihre Gesellschaftsform und der Staat, in dem die Gesellschaft gegründet wurde, soll in der Präambel aufgeführt werden. Oft stellt sich bei der Aufsetzung der Präambel heraus, daß die Vertragspartei, mit der man Verhandlungen geführt hat, gar keine Rechtspersönlichkeit, sondern nur ein Teil eines Unternehmens ("corporate division"). Die Präambel enthält meist auch eine abgekürzte Version der Namen der Vertragsparteien, um die Bezugnahme im Vertrag zu erleichtern. Diese sollte, um Verwirrungen zu vermeiden, im Vertragstext durchgehend beibehalten werden.

Die Präambel enthält generell auch die Angabe des Datums, an dem der Vertrag in Kraft treten soll. Dieses Datum muß nicht mit dem Zeitpunkt des Vertragsabschlusses übereinstimmen und kann entweder schon vorher von den Vertragsparteien vereinbart oder bis zum Abschluß des Vertrages offengelassen werden.

Der Formulierung der Präambel ist besondere Aufmerksamkeit zu schenken, da es im US-amerikanischen Recht für die Auslegung der Vertragsklauseln üblich ist, die Präambel zu betrachten[830].

Beispiel:

This Technology Transfer License Agreement ("Agreement"), effective as of the 1st day of January, 1997, is made by and between ....(Name des Unternehmens des Lizenzgebers) *a corporation organized and existing under the laws of the State of* .... *and having its principal place of business at* ....(Adresse des Lizenzgebers) *(hereinafter referred to as....or "licensor") and*..........................(Name des Unternehmens des Lizenznehmers), *a corporation organized and existing under the laws of the State of*............................ *and having its principal place of business at*..................(Adresse des Lizenznehmers) *(hereinafter referred to as....or "licensee").*

bb) "Whereas Clauses"[831]

Der Präambel folgt meistens eine Reihe von "Whereas clauses", die den Hintergrund und die Grundsätze des Vertrages allgemein wiedergeben. Auch wenn inzwischen in den USA die Tendenz festzustellen ist, diese Klauseln zu verringern oder ganz abzuschaffen, ist man sich darüber einig, daß sie sehr hilfreich sind, da sie den Willen und die Absicht der Vertragsparteien zum Ausdruck bringen, was für die Vertragsauslegung von Bedeutung sein kann. Die Klauseln beinhalten daher die Zielsetzung der Parteien und den Grund für den Vertragsabschluß und stellen nicht selten eine kurze Zusammenfassung der Transaktion dar, die andernfalls aufgrund der Komplexität des Vertrages nicht leicht zu erkennen ist.

In den "Whereas clauses" wird weiterhin oft festgehalten, daß der Lizenzgeber der Patentinhaber ist und das Recht zu ihrer Lizenzierung hat. Die Klausel soll sehr genau formuliert werden, da sonst der Lizenznehmer sich später auf die Unwahrheit der Klausel

---

830 Good Humor Corporation v. Popsicle Corporation, 59 F.2d., 344 (346); Baldwin Rubber Co. v. Paine & Williams Co., 107 F.2d., 350 (353 f.).

831 "Whereas Clauses" kennzeichnen in den USA die Einleitung des Vertrages. Teilweise findet man auch die Bezeichnung als "Recitals" (Vertragsgrundlagen).

berufen kann und auf dieser Basis z.B. einen Rücktrittsgrund wegen Betrugs geltend machen kann[832].

Da die Gerichte die Klauseln für die Willensauslegung der Vertragsparteien heranziehen, um unbeabsichtigte Darstellungen und Zusicherungen zu vermeiden, wird empfohlen, die wichtigsten Zusicherungen entweder im Vertragstext festzuhalten oder sowohl im Vertragstext als auch in den "Whereas clauses"[833]. Darüber hinaus wird es als günstig angesehen, die Vertragsgrundsätze allgemein in den "Whereas clauses" festzuhalten und sie später ausführlich in den einzelnen Klauseln des Vertrages auszuführen[834]. Beispielsweise ist oft zu finden, daß in den "Whereas clauses" der Vertragsgegenstand ganz allgemein als "bestimmte Patente" umschrieben wird, die dann im einzelnen in einer anderen Klausel aufgeführt sind.

Beispiel:

WHEREAS, LICENSOR (oder Name des Lizenzgebers) *owns certain patent rights relating to making windscreens.*(Angabe zu welcher Herstellung das Patent geeignet ist*);*

WHEREAS, LICENSEE (oder Name des Lizenznehmers) *desires to enter the field of making windscreens and desires to obtain from the LICENSOR a license under said patent rights owned by the LICENSOR;*

Now, therefore, in consideration of the mutual covenants herein contained and intending to be legally bound hereby, the parties agree as follows:

cc) "Definitions" (Definitionen)

Nach der Präambel und den "Whereas clauses" werden unter Punkt 1 meist die wichtigsten Definitionen festgehalten. Dies dient zum einen der Verkürzung des Vertrages und läßt den Vertrag einfacher lesen. Zum anderen dient die Definition der Vermeidung von Meinungsverschiedenheiten über die Bedeutung von Begriffen. Die Begriffe, die am häufigsten definiert werden, sind folgende: "Licensed Patents" (lizenzierte Patente), "Licensed Territory" (Lizenzgebiet), "Licensed Field" (Lizenzbereich), "Product" (Produkt), "Net Sales Price" (Nettoverkaufspreis, falls es sich um eine laufende Lizenzgebühr handelt), und "Related Company" (verbundenes Unternehmen).

---

[832] Gerade bei einer Lizenznahme einer Erfindung einer Universität, sollte der Lizenznehmer darauf achten, daß der Lizenzgeber die vollen Rechte an der Erfindung hat, denn meist wurde die Erfindung mit Unterstützung der Regierung (U.S. Government funding) entwickelt, die sich an der Erfindung Rechte vorbehält oder die Lizenzierung beschränkt.

[833] Siehe Eckstrom, Licensing Vol. 1, § 3.02(2).

[834] Es können beispielsweise auch einzelne Pflichten, wie die Ausübungspflicht des Lizenznehmers, in diesen Klauseln festgehalten werden, um ihrer Bedeutung Ausdruck zu verleihen.

Die definierten Begriffe werden in Lizenzverträgen durch die Schreibweise in Großbuchstaben gekennzeichnet.

Beispiel:

(1) Definitions

As used in this agreement, the following terms may have the meanings indicated:

a. "LICENSED PATENTS" shall mean that certain United States Letter Patents No.., issued on........, 19.., and any reissues, reexaminations or extensions thereof.

b. "LICENSED PRODUCT" shall mean .... machines or apparatus created by LICENSEE with or using LICENSED PATENTS.

c. "LICENSED TERRITORY" shall mean Germany.

d. "RELATED COMPANY" shall mean an entity of which more than fifty percent (50 %) of the voting stock is controlled or owned directly or indirectly by another entity.

d. "NET SALES" shall mean gross sales of "LICENSED PATENTS", including components thereof, after deducting actual allowances for returned or defective good, less trade discounts.

c) "Granting Clause" (Klauseln über die Einräumung von Rechten)

In der "Granting Clause" wird bestimmt, welche Rechte der Lizenznehmer eingeräumt bekommt. Inhalt ist daher prinzipiell die Lizenzart, einfache oder ausschließliche Lizenz und der Lizenzgegenstand, also die Einräumung von Patenten oder anderen Schutzrechten[835]. Die "Granting Clause" enthält auch territoriale Beschänkungen oder solche des sachlichen Anwendungsbereichs.

Da es nicht ganz eindeutig ist, ob die Einräumung einer ausschließlichen Lizenz das Recht des Patentinhabers zur Verwertung ausschließt und ob der ausschließliche Lizenznehmer das Recht zur Erteilung von Unterlizenzen hat[836], sollte dies im Vertrag bestimmt werden. Die Einräumung von Unterlizenzen wird auch häufig in einer getrennten Klausel vereinbart, da sie zugleich auch Regelungen bezüglich der Unterlizenzgebühren und den Fall der Beendigung des Hauptlizenzvertrages enthält[837].

Folgende Klausel soll ein Beispiel für die Einräumung einer einfachen Lizenz an den Lizenznehmer und seinen verbundenen Unternehmen ohne die Befugnis zur Übertragung

---

[835] Im Folgenden sind nur Patente Gegenstand des Lizenzvertrages. In den USA werden häufig auch in einem Lizenzvertrag verschiedene Schutzrechte und Know-how lizenziert.

[836] Vgl. dazu 1. Teil, B. II. 1. b).

[837] Vgl. die Unterlizenzklausel 1. Teil, E. II. 2. e).

der Lizenz geben[838]. Auch wenn es anerkannt ist, daß die Befugnis zur Übertragung der Lizenz eindeutig eingeräumt werden muß, da grundsätzlich die Lizenz nicht übertragbar ist[839], wird die Übertragbarkeit fast immer ausdrücklich ausgeschlossen. Es ist zu beachten, daß es Lizenzpraxis einiger Unternehmen in den USA ist, grundsätzlich nur einfache Lizenzen zu vergeben[840].

Beispiel:

(2) Grant

LICENSOR grants to LICENSEE and its RELATED COMPANIES a non-exclusive license in the LICENSED TERRITORY (excluding LICENSOR) to manufacture, use and sell LICENSED PRODUCTS under LICENSED PATENTS.

LICENSEE will not have the right to assign this AGREEMENT.

d) Klauseln bezüglich der Lizenzgebühren und Rechnungslegung

Die Aushandlung der Lizenzgebühr steht auch in den USA bei den Vertragsverhandlungen im Vordergrund[841]. Die Bestimmung einer für beide Vertragsparteien angemessenen Lizenzgebühr ("reasonable royalty") stellt den erfolgreichen Abschluß der Vertragsverhandlungen, die von Vertrauen und Fairneß geleitet sind, dar[842]. Bei der Festlegung der Lizenzgebühr und zunächst der ersten Aufstellung als Basis für die Verhandlungen müssen eine Reihe von Faktoren berücksichtigt werden, die strategisch eingesetzt werden können[843]. Hat der Lizenzvertrag beispielsweise mehrere Patente zum Gegenstand, die zu einem unterschiedlichen Zeitpunkt auslaufen, muß darauf geachtet werden, daß die Lizenzgebühr sich in Relation zum Ablauf der einzelnen Patente verringert. Bezüglich der Höhe der Lizenzgebühr ist den Parteien zu raten, sich an den angemessenen Lizenzgebühren zu orientieren, die in einem vergleichbaren Fall von einem Gericht entschieden wurden[844]. Bezüglich der Ausbedingung der Höhe der Lizenzgebühr ist im

838 Häufig wird die Befugnis zur Übertragung der Lizenz auch in einer getrennten Klausel ausgeschlossen oder unter den Vorbehalt der schriftlichen Zustimmung des Lizenzgebers gestellt.

839 Vgl. 1. Teil, B. II. 1. d)

840 Dies gilt z.B. für IBM. Hauptgrund dafür ist, daß IBM 1952 von der Regierung der Vereinigten Staaten mit dem Vorwurf verklagt wurde das amerikanische und ausländische Tabelliermaschinengeschäft zu monopolisieren. Nach langen Verhandlungen, aber ohne vorausgehende Gerichtsverhandlung erging ein "Consent-Degree", in der sich IBM zu verschiedenen Schritten verpflichtete, um nicht mehr dem Vorwurf der Monopolisierung ausgesetzt zu sein. Aufgrund dieses "Consent-Degrees" wurde es zur Geschäftspolitik, nur einfache Lizenzen zu vergeben. Dieser Grundsatz ist auch in den Geschäftsgrundsätzen von IBM enthalten. Es werden generell einfache Nutzungsrechte zu weltweit gleichen Bedingungen vergeben.

841 Vgl. Finnegan/Mintz, LLBR. 1978, Vol. 1, 13 ff.

842 Finnegan/Mintz, LLBR. 1978, Vol. 1, 13 (15).

843 Vgl. ausführlich Finnegan/Mintz, LLBR. 1978, Vol. 1, 13 (16 ff.).

844 Finnegan/Mintz, LLBR. 1978, Vol. 1, 13 (23).

Hinblick auf die Erzielung eines dauerhaften und vertrauensvollen Lizenzverhältnisses, darauf hinzuweisen, daß eine angemessene oder geringere Lizenzgebühr anstelle einer erhöhten Lizenzgebühr, die das Verhältnis der Vertragsparteien negativ beeinflussen kann, empfehlenswert sein kann. Auch kann es vorteilhaft sein, im Lizenzvertrag festzuhalten, daß die Lizenzgebühr in bestimmten Abschnitten noch einmal überprüft wird, um sich ändernde Umstände zu berücksichtigen.

Wie bereits dargestellt braucht die Gegenleistung ("consideration")[845] auch im US-amerikanischen Lizenzvertragsrecht nicht in einer monetären Leistung bestehen, sondern die Gegenleistung kann beispielsweise auch in der Vereinbarung der Beilegung einer gerichtlichen Streitigkeit bestehen. In den meisten Fällen wird jedoch eine Gebühr vereinbart. Wird die Lizenz infolge einer gerichtlichen Streitigkeit erteilt, wie dies häufig in den USA vorkommt, kann die Gegenleistung zusätzlich noch in einer Gebührenzahlung bestehen. Ist dies der Fall, wird zusätzlich noch festgehalten, daß der Lizenznehmer aus jeglicher Haftung wegen vergangener, gegenwärtiger und zukünftiger Patentverletzung entlassen wird ("release for infringement").

Nachfolgend wird ein Beispiel für die Kombination einer Pauschallizenzgebühr, hier in Form einer Eintrittsgebühr und einer laufenden Lizenzgebühr, gegeben. Auch die Regelung einer Mindestlizenzgebühr und deren Rechtsfolgen bei Nichterreichen ist dargestellt ((3)c.)[846]. Die Mindestlizenzgebühr wird, da sie sehr häufig vorkommt und für den Lizenznehmer eine einschneidende Pflicht ist, auch oft in einer getrennten Klausel aufgeführt.

Weiterhin ist die Rechnungslegungspflicht des Lizenznehmers festgelegt ((3)d.). Dies geschieht meist sehr detailliert und beinhaltet auch z.B. die Art und Weise der Pflicht des Lizenznehmers, nach Beendigung des Vertrages Rechnung zu legen und regelt den Fall, was bei einer Lizenz für ein angemeldetes Patent passiert, wenn das Patent nicht erteilt wird. Die Rechnungslegungspflicht in US-amerikanischen Lizenzverträgen ist meist umfangreicher. Es wird in den USA besonders Wert auf die exakte Formulierung der Rechnungslegungspflicht gelegt, um den Lizenzgeber zu schützen, da es sich herausgestellt hat, daß in mehr als 80% der Fälle, in denen die Lizenzgebühr genauer untersucht wurde, Diskrepanzen auftraten, die oft auf Nachlässigkeit und falsche Auslegung zurückzuführen waren[847].

Beispiel:

(3) Royalities und Reports

---

[845] Zur "Consideration" vgl. die Ausführungen unter 1. Teil, D. II. 1.

[846] Vgl. zur Mindestlizenzgebühr auch 1. Teil, E. II. 2. f) dd).

[847] Axelrod, Les Nouvelles 1987, Vol. 22, 41 ff. (42); vgl. auch Rattner, LLBR. 1991, Vol. 14, 25 ff.

a. In partial consideration of the license granted in this AGREEMENT, LICENSEE will pay to LICENSOR, on the date of execution of this AGREEMENT, an initial royalty of fifty thousand dollars ($ 50,000).

b. LICENSEE will pay LICENSOR a running royalty in the amount of 8 % of NET SALES.

c. Should the running royalty payable for the first calendar year fall below a minimum of fifty thousand dollars ($ 50.000), and the running royalty payable for any subsequent calender year during the TERM OF THIS AGREEMENTS, as specified below, fall below a minimum of one hundred thousand dollars ($ 100.000), LICENSOR may, by written notice to LICENSEE, terminate this AGREEMENT.

d. LICENSEE shall furnish LICENSOR with a Quarterly Report on or before the last day of March, June, September and December of each calender year, setting forth in detail, for the last preceding three calender months, by specific product, the LICENSED PRODUCTS manufactured, and sold or otherwise disposed of by LICENSEE, the NET SALES, and the royalities payable on the NET SALES. The December report shall additionally be an Annual Report for the last preceding complete calendar year.

e. LICENSEE shall keep accurate records and books of account as will show in detail the number and type of LICENSED PRODUCTS manufactured, and sold or otherwise disposed of by LICENSEE, the NET SALES, and such other records or books of account as well as other records relating to materials procurement, manufacturing, inventory, and sales as will permit verification of the records and books of account. LICENSEE shall permit LICENSOR or its duly authorized representative or accountant to inspect all such records and to make copies of or extracts from such records during regular business hours throughout the term of this AGREEMENT and for a reasonable period of no less than three (3) years thereafter. Such inspections shall be at the expense of LICENSOR unless a variation or error exceding one thousand U.S. dollars (U.S. $ 1,000).

e) Unterlizenz

Die Vergabe der Befugnis zur Unterlizenzierung an den Lizenznehmer wird in den USA für den Lizenzgeber in vielen Fällen als vorteilhaft angesehen. Mit der Befugnis zur Vergabe von Unterlizenzen und der Ausweitung des Gebrauchs der Erfindung bezweckt der Patentinhaber, zukünftige, zusätzliche Gewinne zu erwirtschaften. Die Entscheidung zur Befugnisvergabe von Unterlizenzen ist oft eine praktische, z.B. wenn der Patentinhaber keine kaufmännischen Kenntnisse zur Vermarktung seiner Erfindung hat. Durch die Lizenzvergabe an den Hauptlizenznehmer mit der Befugnis zur Vergabe von Unterlizenzen überläßt der Patentinhaber seinem Hauptlizenznehmer, der über das zur Vermarktung erforderliche Know-how verfügt, die Vermarktung und weitere Lizenzvergabe. Die im Vergleich zu Deutschland sehr positive Einstellung, dem Lizenznehmer die Befugnis zur Vergabe von Unterlizenzen zu geben, liegt an dem in beiden Ländern unterschiedlichen Wesen der Lizenz. Während in Deutschland der

Unterlizenzvertrag zwischen Hauptlizenznehmer und Unterlizenznehmer zustandekommt[848], handelt der Hauptlizenznehmer nach US-amerikanischem Recht lediglich als Vertreter des Patentinhabers mit dem Ergebnis, daß der Unterlizenzvertrag zwischen Patentinhaber und Unterlizenznehmer direkt zustandekommt[849]. Der Patentinhaber in den USA hat also weiterhin die Kontrolle über die Unterlizenzen und kann notfalls direkt gegen den Unterlizenznehmer vorgehen und beispielsweise Unterlizenzgebühren einfordern.

Das unterschiedliche Wesen der Unterlizenz kommt im Vertragstext zum Ausdruck, in dem bestimmt wird, daß der Lizenznehmer nicht die Befugnis für die Unterlizenzvergabe, sondern ihm die Verantwortung dafür auferlegt wird. Es handelt sich also eher um eine Pflicht als um ein Recht. Auswirkung hat dies auf die Frage, wann eine Pflichtverletzung des Lizenznehmers vorliegt, wenn er der Pflicht nicht nachkommt und welche Rechtsfolgen sich daraus ergeben.

Da der Hauptlizenznehmer die Lizenzgebühren behalten darf[850], ist es wichtig, im Vertrag zu bestimmen, daß der Lizenznehmer verpflichtet ist, die Lizenzgebühren entweder ganz oder teilweise an den Patentinhaber weiterzugeben[851]. Dies wird in der Unterlizenzklausel auch oft bestimmt[852]. Weiterhin wird festgelegt, daß den Unterlizenznehmer eine Mindestlizenzgebührenpflicht trifft, wie es für den Hauptlizenznehmers vorgesehen ist.

Dem Unterlizenznehmer ist zu raten, daß er den Hauptlizenzvertrag nach Bestimmungen untersucht, die er in seinem Vertrag nicht haben will[853], da die Unterlizenz mangels Vereinbarung die gleichen Bedingungen wie die Hauptlizenz erhält[854].

Hat der Patentinhaber kein Interesse an einer Unterlizenzierung, räumt er dem Lizenznehmer aber dennoch die Befugnis zur Unterlizenzvergabe ein, ist zu berücksichtigen, daß Unterlizenzen auch "implied" entstehen können. Es ist daher empfehlenswert, im Hauptlizenzvertrag eindeutig zu bestimmen, wann Unterlizenzen vergeben werden dürfen, um solche "implied sublicences" zu vermeiden[855].

Es wird in der Unterlizenzklausel auch oft eine Bestimmung für den Fall der Beendigung des Hauptlizenzvertrages oder der Umwandlung der ausschließlichen Lizenz in eine einfache Lizenz vorgesehen.

---

848 Vgl. zur Unterlizenz im deutschen Recht 1. Teil, C. I. 3.
849 Vgl. zur Unterlizenz im US-amerikanischen Recht 1. Teil, C. II. 4.
850 Vgl. 1. Teil, C. II. 4. b).
851 Jennings, LLBR. 1979, Vol. 2, 135 (138), vgl. dort den Fall.
852 Jennings, LLBR. 1979, Vol. 2, 135 ff. (135).
853 Jennings, LLBR. 1979, Vol. 2, 135 (137).
854 Vgl. 1. Teil, C. II. 4. b).
855 Jennings, LLBR. 1979, 135 (138).

Beispiel:

(4) Sublicensing

a. Sublicensing shall be the responsibility of LICENSEE so long as and to the extend this license remains exclusive. Sublicenses shall be non-exclusive licenses.

b. The royalty for sublicenses shall be no less than that set forth for LICENSEE in Article..

c. LICENSEE shall pay to LICENSOR fifty percent (50 %) of any and all income received from sublicensing.

d. If this agreement becomes non-exclusive or terminated for any reason, LICENSEE shall immediately assign all of its rights, title and interest to all sublicenses to LICENSOR, including the right to receive income.

f) Bestimmungen zum Schutz des Lizenzgebers

Nach der Festlegung der Lizenzgebühr und der Rechnungslegung folgen in US-amerikanischen Lizenzverträgen meist eine Reihe von Klauseln, die dem Schutz des Lizenzgebers dienen und daher Pflichten für den Lizenznehmer begründen.

aa) "Best-Efforts Clause" (Ausübungsklausel[856])

Eine der wichtigsten Klauseln, die die Haftung des Lizenznehmers beeinflußt und bestimmt, ist die Verpflichtung zur Ausübung der Lizenz nach "besten Bemühungen" ("best efforts"). Was damit im einzelnen gemeint ist, sollte eindeutig im Lizenzvertrag bestimmt werden. Die Vielzahl der Entscheidungen, die auf diesem Gebiet ergangen sind und die sich mit der Auslegung der Klausel beschäftigen, bringen zum Ausdruck, daß die Frage, wann eine Pflichtverletzung vorliegt, teilweise sehr schwierig zu bestimmen ist[857].

Soll dem Lizenznehmer eine Ausübungspflicht auferlegt werden, ist dies im Vertrag festzulegen. Auch wenn er nicht zur Ausübung verpflichtet werden soll, ist es ratsam, dies im Vertrag zu bestimmen, da es sehr häufig vorkommt, daß die Ausübungspflicht durch "implied license" begründet wird[858]. Es ist zu empfehlen, den Umfang ("scope") und die Qualität der Ausübung ("level of effort") genau zu bestimmen. Bezüglich des Umfanges kann die Bestimmung alle Bereiche und Aktivitäten vorsehen, die für eine erfolgreiche Vermarktung des Produkts notwendig sind, z.B. Aufbau eines

856 Die "Best Effort Clause" beschreibt zwar die Art und Weise der Ausübungspflicht, also der "perfomance obligation"; in Deutschland wird eine Klausel solchen Inhalts aber als "Ausübungsklausel" bezeichnet.

857 Vgl. 2. Teil, B. II. 3. b).

858 Dies stellt keine unfaire Vereinbarung dar und ist daher erlaubt, vgl. Eastern Electric, Inc. v. Seeburg Corp., 310 F.Supp., 1126 (1150 f.).

Vertriebssystems und Verkaufspersonals, Erstellung von Marktstudien, Werbung und sonstige Verkaufsförderung, Errichtung von Herstellungsanlagen, Expansion in andere Märkte oder auch die Bemühung zur Unterlizenzierung. Bezüglich der Qualität der Ausübung kann die Bestimmung Angaben bezüglich der Anzahl des Personals, der Erfahrungen des Personals enthalten oder es können sogar die Namen bestimmter Arbeiter angegeben werden. Schließlich können spezielle Aktivitäten, wie z.B. die Werbung, zu bestimmten Zeitpunkten in bestimmten Zeitschriften zu einem bestimmten Preis oder die Ausstellung des lizenzierten Produkts auf einer bestimmten Messe, aufgezählt werden[859]. Der Lizenznehmer sollte darauf achten, daß er sich eine Bestimmung ausbedingt, die ihn von der Pflicht entläßt, wenn die Marktbedingungen die Ausübung der Lizenz in der vereinbarten Art und Weise unpraktisch erscheinen lassen und der Ausübung entgegenstehen[860]. Auch empfiehlt es sich zu bestimmen, welche Rechtsmittel der Lizenzgeber bei einer Verletzung der Klausel geltend machen kann.

Beispiel:

(5) Best-Efforts

The LICENSEE shall allocate sufficient of its resources, capital equipment, material and labour as to make the product readily available and LICENSEE shall advertise and promote the sale of products in all countries of the LICENSED TERRITORY in the manner best calculated to yield the maximum benefit to both parties hereto in the light of prevailing circumstances and to the extend to which the product is at the relevant time competitive with other articles within the field of this agreement in the relevant part of the LICENSED TERRITORY.[861]

bb) "Confidentiality Clause" (Geheimhaltungsklausel)

Auch in den USA wird die Geheimhaltung bestimmter Fabrikationsgeheimnisse oder sonstiger technischer Daten, die über die Vertragsdauer hinausgeht, vereinbart, es sei denn, die geheimzuhaltenden Informationen sind offenkundig geworden[862].

Beispiel:

(6) Confidentiality

Licensee shall not disclose any unpublished technical information furnished by LICENSOR to third parties during the term of this AGREEMENT, or any time thereafter, provided, however, that disclosure may be made of any such technical information at any time.

---

[859] Vgl. Payne/Sokal, LLBR 1979, Vol. 1, 77 (82).
[860] Vgl. Payne/Sokal, LLBR. 1979,. Vol. 1, 77 (86).
[861] Die Klausel ist entnommen aus Wray, Les Nouvelles 1983, 46 ff. (46).
[862] Vgl. zu der "Geheimhaltungsklausel" in Deutschland 1. Teil, E. I. 2. t).

cc) "Grant Back Clause" (Verbesserungsklausel[863])

Grundsätzlich ist jeder Vertrag über die Lizenzierung von gewerblichen Schutzrechten erfolgreich, weil jeder Vertragsteil gewisse Vorteile erzielt. Ein interessanter Vorteil für den Lizenzgeber ist die Ausbedingung, daß der Lizenznehmer ihm seine Verbesserungen oder sogar weitere Erfindungen zur Verfügung stellt. Es ist darauf hinzuweisen, daß ohne eine solche Vereinbarung keine solche Pflicht, insbesondere nicht für den ausschließlichen Lizenznehmer, entsteht[864]. Die Lizenz umfaßt also keine zukünftigen Erfindungen.

Da auch in den USA die vorbehaltlose Übertragung aller Verbesserungen an den Lizenzgeber wettbewerbsrechtliche Bedenken hervorruft und teilweise sogar als per se-Verstöße gegen das Antitrust-Recht angesehen wurden[865], sollte die Klausel nur die "Rücklizenzierung" von gebührenfreien, einfachen Verbesserungen bestimmen. Es ist zu beachten, daß "reasonable", also vernünftige Klauseln dieser Art, als zulässig anerkannt sind[866], insbesondere dann, wenn die Vereinbarung keine nachteilige Wirkung auf den Wettbewerb gezeigt hat, keinem potentiellen Lizenznehmer eine Lizenz verweigert und er nur bezüglich derjenigen Patente zur Rücklizenzierung verpflichtet wurde, die nicht ohne das Risiko der Verletzung des Patents, auf dem sie basieren, verwertet werden konnten[867]. Der Patentinhaber darf aber durch die Klauseln nicht versuchen, sein Patentrecht auszuweiten[868].

In den "grantback clauses" ist meist nicht nur die Rücklizenzierung selber bestimmt, sondern es wird vereinbart, daß der Lizenznehmer zunächst den Lizenzgeber von der Verbesserung[869] unterrichten und ihm anzeigen muß, ob er die Erfindung oder Verbesserung zum Patent anmelden will. Lehnt der Lizenznehmer dies ab, wird dem Lizenzgeber das Recht gegeben, die Patentanmeldung vorzunehmen.

Es ist darauf aufmerksam zu machen, daß auf die genaue Formulierung der Klausel Wert gelegt werden soll, da die Klauseln bisher generell sehr eng ausgelegt worden sind[870].

---

863 Zwar bedeutet "Grant back" die Rücklizenzierung. In Deutschland ist eine Klausel mit dem Inhalt der Lizenzierung von Verbesserungen aber bekannt unter der Bezeichnung "Verbesserungsklausel".

864 Einhorn, § 2.11; Monsanto Chemical Works v. Jaeger, 31 F.2d., 188 (192).

865 Vgl. dazu schon 1. Teil, C. II. 6. c).

866 Vgl. z.B. United States v. Geberal Elec. Co., 82 F.Supp., 735 ff.; Transparent-Wrap Mach. v. Stokes & Smith Co., 329 U.S. 637, 91 L.ed., 563 ff. m.w.N.

867 Vgl. Einhorn, § 2.11

868 Transparent-Wrap M. Corp. v. Stokes & Smith Co., 329 U.S. 637, 91 L.ed., 563 (567 ff.).

869 Es sollte im Vertrag auch festgelegt werden, was unter Verbesserungen zu verstehen ist. Vgl. zur Frage, wann eine patentierbare Verbesserung vorliegt, Sbicca-Del Mac, Inc. v. Milius Shoe Co., 145 F.2d., 389 (393 f.).

870 Jenkins Petroleum Process Co. v. Sinclair Refining Co., 32 F.2d., 247 (251 f.); siehe auch Barlow v. United States, 28 USPQ, 499 ff. In dieser Entscheidung wird Verbesserung (improvement) als eigenständige Erfindung, die auf einem Original basiert, definiert. Vgl. dazu auch Einhorn, § 2.11.

Zudem ist zu beachten, daß die Klausel wettbewerbrechtliche Bedenken hervorrufen kann[871]

Beispiel für eine verkürzte Klausel:

(7) Improvements and Grantbacks

a. LICENSEE shall notify LICENSOR in writing of any improvements in the field of the invention in which LICENSEE is entitled to claim any proprietary right. Within a period of forty-five (45) days after each such notification, LICENSEE shall elect by notifying in writing whether or not LICENSEE intends to file for protection on such improvements.

b. In the event LICENSEE shall elect not to file for patent protection on any improvements in any country or to file on any improvements only in certain countries, LICENSOR shall have the right to file for patent protection in any and all countries which LICENSEE has not elected to file in.

c. As to any countries which LICENSEE elects to file in for patent protection on any improvements and in which countries LICENSEE obtains patents, LICENSEE, at the election of LICENSOR, shall grant to LICENSOR an irrevocable, royalty-free, non-exclusive license to make, use or sell under such patents within such countries for the life of the patents.

dd) "Minimum Royalty Clause" (Mindestlizenzgebührenklausel)

In den USA werden Vereinbarungen über Mindestlizenzgebühren hauptsächlich auf drei verschiedene Arten getroffen: 1. Vereinbarungen von Lizenzen mit einer Mindestlizenzgebühr, die von dem Lizenzgeber kündbar sind, wenn die vereinbarte Mindestlizenzgebühr nicht bezahlt werden kann[872]. Eine Modifizierung dieser Art ist, daß sich in diesem Fall die ausschließliche in eine eimfache Lizenz umwandelt. 2. Vereinbarungen von Lizenzen mit einer Mindestlizenzgebühr, die automatisch enden, wenn der Lizenznehmer die Gebühr nicht zahlen kann. 3. Vereinbarungen von Lizenzen mit einer Mindestlizenzgebühr, die vom Lizenznehmer gekündigt werden können, wenn er die vereinbarte Mindestlizenzgebühr nicht zahlen will[873]. Es kann aber auch vereinbart werden, daß der Lizenznehmer zwar das Recht zur Beendigung des Vertrages hat, dies aber keine Auswirkungen auf die Zahlungspflicht, einschließlich der Mindestlizenzgebühr, hat[874].

---

[871] Vgl. DOJ, 1995 Antitrust Guidelines, S. 30 f.

[872] Vgl. z.B. American Delinting Co. v. Pomeraning, 274 F., 212 ff.; siehe auch die Mindestlizenzgebührenklausel 1. Teil, E. II. 2. f) dd).

[873] Vgl. Standard Appliance Co. v. Standard Equipment Co., 296 F., 456 (457 f.). Bei dieser Entscheidung wurde die Rechtsstellung von Lizenzgeber und Lizenznehmer mit der von Vermieter und Mieter verglichen. Siehe auch American Radiator Co. v. Foster, 98 F.2d., 135 ff.

[874] McEvoy Co. v. Kelley, 171 F.2d., 837 ff. (838) wobei ausdrücklich entschieden wurde, daß sich der Begriff "any royalty" sich auch auf die Mindestlizenzgebühr bezieht.

Eine übliche Mindestlizenzgebührenklausel, die häufig in Lizenzverträgen bei der Lizenzgebührenklausel zu finden ist, ist dort bereits dargestellt[875].

ee) "Patent Markings Clause" (Kennzeichnungsklausel)

Die Pflicht zur Kennzeichnung hat in den USA eine besondere Bedeutung. Wird der Lizenznehmer nicht zur Kennzeichnung der patentierten Produkte verpflichtet, kann der Patentinhaber keinen Schadensersatz wegen Patentverletzung bezüglich der nicht gekennzeichneten Produkte geltend machen, wenn er nicht dem Verletzer die Patentverletzung mitteilt[876]. Ausnahme davon ist, daß bei einer Verletzung durch die Regierung der Vereinigten Staaten diese auch dann haftet, wenn keine Markierung bestand[877]. Dies beruht auf dem im Patentgesetz zum Ausdruck kommenden Grundsatz, daß die Tatsache, daß ein Patent besteht, der Öffentlichkeit mitgeteilt werden muß. Die Kennzeichnung muß dem Erfordernis des Patentgesetzes entsprechen, wonach auf dem patentierten Artikel entweder die Markierung "patent" oder die Abkürzung "pat." zusammen mit der Patentnummer angebracht werden muß. Kann das Produkt auf diese Weise nicht markiert werden, muß ihm oder der Verpackung ein Etikett mit der Markierung beigefügt werden, 35 U.S.C. § 287.

Der Lizenznehmer, der die hergestellten Gegenstände, wie im Vertrag vorgesehen, markiert, kann nicht mehr einwenden, daß die hergestellten Gegenstände nicht die Merkmale des markierten Patents umfassen. Dies wird als "Doctrine of Estoppel by Marking" bezeichnet[878]. Der Lizenznehmer kann sich der Haftung auch nicht dadurch entziehen, daß er versucht, die Markierung zu beseitigen[879].

Aus diesem Grunde wird in US-amerikanischen Lizenzverträgen häufig bestimmt, daß die hergestellten Produkte so gekennzeichnet werden sollen, daß deutlich wird, daß es sich um patentierte Produkte handelt. Gleichzeitig wird in Lizenzverträgen aber bezüglich der Werbung teilweise ausdrücklich ausgeschlossen, daß der Lizenznehmer die Produkte in Verbindung mit dem Lizenzgeber bringen darf[880].

---

[875] Vgl. 1. Teil, E. II. 2. d).

[876] 35 U.S.C. § 287.

[877] Vgl. Einhorn, § 2.10.

[878] Einhorn, § 2.10. Der Lizenznehmer ist aber weiterhin befugt, die Gültigkeit des Patents anzugreifen, Beckaman Instruments, Inc. v. Technical Develop. Corp., 433 F.2d., 55 (58 f.); Crane Co v. Aeroquip Corporation, 356 F.Supp., 733 (741).

[879] Giridron Steel Co. v. Jones & Laughlin Steel Corp., 361 F.2d., 791 (797); vgl. auch Kant-Skore Piston Co. v. Sinclair Mfg. Corporation, 32 F.2d., 882 (885 f.); siehe zur Verletzung der Kennzeichnungspflicht 2. Teil, B. II. 3. c).

[880] Beispiel: *Publicity: In publicizing anything made, used or sold under this AGREEMENT, LICENSEE shall not use the name of LICENSOR or otherwise refer to any organization related to LICENSOR, except by the written approval of LICENSOR..*

Beispiel:

(8) Marking

LICENSEE agrees to mark each LICENSED PRODUCT manufactured under this license with a patent notice in accordance with the patent laws of the United States, i.e., the patent number shall be marked on the cartons of each LICENSED PRODUCT.

ff) "Quality Standards Clause" (Qualitätsklausel)

Wie in deutschen Lizenzverträgen[881] wird häufig auch in US-amerikanischen Lizenzverträgen die Einhaltung bestimmter Qualitätsstandards festgeschrieben. Es wird dabei auch meist dem Lizenzgeber die Befugnis eingeräumt, die Produktionsanlagen des Lizenznehmers und seiner für ihn herstellenden Vertragspartner zu inspizieren. Diese Klausel ist in deutschen Lizenzverträgen nicht üblich. Daneben finden sich auch häufig Regelungen über die Pflicht des Lizenznehmers bei Kenntnisnahme etwaig auftretende Fehler in den lizenzierten Produkten sofort zu beseitigen.

Beispiel:

(9) Quality Standards and Controls

a. The LICENSED PRODUCTS manufactured and sold by LICENSEE shall be of the same quality and meet the same standards as the equivalent products manufactured by LICENSOR in the United States of America.

b. LICENSOR shall have the right to inspect the premises of LICENSEE and those of any of LICENSEE'S subcontractors at which LICENSED PRODUCTS are being manufactured.

c. LICENSEE will correct, as promptly as possible, any faults in LICENSED PRODUCTS and /or manufacture thereof that are braught to LICENSEE'S attention.

gg) "No-Competition Clause" (Wettbewerbsverbotsklausel)

Da die Auferlegung einer Wettbewerbsverbotspflicht einen Verstoß gegen das Antitrust-Gesetz oder einen Patentmißbrauch begründen kann, ist die Wettbewerbsverbotspflicht, wenn unbedingt eine solche vorgesehen werden soll, sehr vorsichtig zu formulieren. Der Lizenznehmer darf nicht generell von Herstellung, Gebrauch und Verkauf konkurrierender Produkte ausgeschlossen werden[882].

[881] Vgl. 1. Teil, E. I. 2. n).
[882] Vgl. dazu 1. Teil, E. II. 1. b) bb).

Es ist darauf hinzuweisen, daß teilweise schon allein die Existenz einer Wettbewerbsverbotsklausel wettbewerbsrechtlich unzulässig sein kann[883].

Aus diesem Grund wird, wie im deutschen Recht, von einem Beispiel abgesehen.

hh) "Post-Termination Clause" (Klausel bezüglich der nachvertraglichen Pflichten)

Es wird teilweise bestimmt, daß verschiedene Rechte und Pflichten, z.B. die Rechnungslegungspflicht des Lizenznehmers und auch seine Zahlungspflicht, nach Beendigung weiter bestehen. Dies ist auch zu empfehlen, da die Praxis zeigt, daß sich die Vertragsparteien nur wenige Gedanken über ihre Rechte und Pflichten nach Ablauf des Vertrages machen. Die Bestimmung, daß Lizenzgebühren nach Beendigung des Lizenzvertrages bis zum Ablauf des Patents weiter vom Lizenznehmer zu zahlen sind, ist zulässig[884]. Auch ist es ratsam das Weiterbestehen der Ansprüche bezüglich einer Pflichtverletzung der Vertragsparteien und der Geheimhaltung zu vereinbaren. Stellt der Lizenzgeber dem Lizenznehmer Unterlagen, Zeichnungen und weitere Informationen zur Verfügung, empfiehlt es sich, über die Rückgabepflicht nach Vertragsende eine Vereinbarung zu treffen[885].

Beispiel:

(10) Rights and duties after termination

The following rights and obligations shall survive termination:

a. LICENSOR'S right to receive or recover and LICENSEE'S obligation to pay royalties (including minimum royalities) accrued or accruable for payment at the time of termination.

b. Any cause of action or claim by either party, accrued or to accrue, because of any breach or default by the other party.

c. Any obligation of confidentiality or secrecy.

g) Bestimmungen zum Schutz des Lizenznehmers

Neben den Bestimmungen zum Schutze des Lizenzgebers gibt es auch Regelungen, die dem Schutz des Lizenznehmers dienen. Dazu gehört beispielsweise die "Most-Favored-

---

883 Vgl. Park-In Theatres v. Paramount-Richards Theatres, 90 F.Supp., 730 (735); siehe auch Columbus Automotive Corp. v. Oldberg Manufacturing Co., 264 F. Supp., 779 (783); Payne/Sokal, LLBR. 1979, Vol. 1, 77 (86).

884 Vgl. dazu 1. Teil, E. II. 1. f) aa).

885 Vgl. zu einer solchen Vereinbarung, deren Verletzung und Rechtsfolgen, Sims. v. Western Steel Company, 403 F.Supp., 450 ff.

Nations Clause" (Meistbegünstigungsklausel)[886], "Warranties" (Klauseln über Zusicherungen des Lizenzgebers), Klauseln über die Aufrechterhaltung und Verteidigung des Patents[887] und häufig auch Klauseln über das Erlöschen früherer Verletzungen ("release to past infringement"). Daneben gibt es noch eine Vielzahl weiterer Klauseln, auf die nicht eingegangen wird. Es wird im folgenden nur eine Gewährleistungsklausel dargestellt. Bezüglich der weiteren Klauseln zum Schutz des Lizenznehmers wird auf die Literatur verwiesen[888].

Die "Warranties", die Klauseln bezüglich der Zusicherungen des Lizenzgebers, sind in den Lizenzverträgen sehr ausführlich gestaltet und aus deutscher Sicht teilweise unverständlich. Der Lizenzgeber versucht, sich jeglicher Gewährleistung zu entziehen, wobei im US-amerikanischen Recht die einfache Klausel, daß der Lizenzgeber jegliche Gewährleistung ausschließt, nicht ausreichend ist[889].

Beispiel:

(11) No Warranties

LICENSOR makes no warranty or representation that the use or the LICENSED PATENTS will not infringe the rights of a third party. LICENSOR makes no warranty or representation, express or implied, concerning the quality of any results to be achieved by the use of the LICENSED PATENTS, or to any matter whatsoever, including, but not limited to, the condition of the LICENSED PATENTS, its merchantability or fitness for any particular purpose. It is expressly understood by the parties that LICENSOR shall bear no liability with respect to any claims or damages caused by any alleged defects in the condition of the LICENSED PATENTS or any products derived therefrom.

LICENSOR does not warrant that the invention is capable of commercial exploitation. The risk of such exploitation shall be assumed solely by the LICENSEE.

h) Bestimmungen über das Verfahren im Streitfall

Da der US-amerikanische Lizenzvertrag, wie bereits dargestellt, auf die Regelung aller möglichen Punkte, über die später Streit entstehen kann, ausgelegt ist, befindet sich im Lizenzvertrag generell eine Bestimmung über das Verfahren im Streitfall. Immer häufiger

[886] Die Klausel wird in den USA teilweise auch als "Most-Favored-Licensee Clause" bezeichnet. Sie wird aus den gleichen Gründen wie in Deutschland, u. a. Schutz des Lizenznehmers vor wirtschaftlichen Benachteiligungen gewährt. Sie hat den Inhalt, daß dem Erstlizenznehmer die gleichen Bedingungen "even terms" eingeräumt werden, wie anderen weiteren Lizenznehmern. Vgl. dazu folgenden sehr guten und ausführlichen Aufsatz: O'Reilley, LLBR 1986, Vol. 8, 49 ff.

[887] Beispiel: *(Maintenance in force of the patent) LICENSOR shall keep in force the patent on which license is based at LICENSOR'S expense. (Protection of the patent). The LICENSOR shall take all reasonable steps to protect the patents and prevent their infringement in the territories for which the license is granted.* Vgl. auch Verteidigung und Aufrechterhaltung des Patents, Einhorn, § 212.

[888] Vgl. z.B. Epstein/Politano, § 7.02.

[889] Siehe auch Epstein/Politano, § 7.02 (6).

wird bestimmt, daß Streitigkeiten vor ein Schiedsgericht kommen. Die US-Amerikaner sind auch sehr um den Ausbau des Schiedsgerichtsverfahrens bemüht[890]. Dies liegt daran, daß auch in den USA Vorteile in einem Schiedsgerichtsverfahren gesehen werden, wobei diese nach eigenen Angaben insbesondere in der im Vergleich zu normalen Prozessen kürzeren Verfahrensdauer[891], der Kostengünstigkeit[892], und der Kompetenz der Schiedsrichter gesehen werden [893]. Dabei wird die Bedeutung der richtigen Auswahl der Schiedsrichter und das Vertrauen in einen Schiedsrichter betont, um ein effektives Verfahren zu gewährleisten[894]. Auch gerade bei internationalen Verträgen ist man sich der Vorteile des Schiedsgerichtsverfahrens bewußt: Die Möglichkeit, vor einem Gericht in einem fremden Land zu stehen, dessen Verfahren oft unbekannt und schwierig zu verstehen ist, kann dadurch ausgeschieden werden[895]. Auch aus deutscher Sicht ist es vorteilhaft, gerade mit US-amerikanischen Vertragspartnern eine Schiedsgerichtsklausel zu vereinbaren, um der Möglichkeit zu entgehen, einer Jury die Entscheidung zu überlassen. Dennoch hat das Schiedsgerichtsverfahren auch Nachteile[896].

Es ist zu beachten, daß in den USA nicht uneingeschränkt eine Schiedsgerichtsklausel vereinbart werden kann. Patentlizenzverträge, die Abreden beinhalten, die unter das Antitrust-Recht fallen, sind generell vom Schiedsgerichtsverfahren ausgeschlossen[897]. Dies bedeutet jedoch nach Meinung der Literatur nicht unbedingt, daß dies für alle Verträge zutrifft, die wettbewerbsrechtlich relevante Vereinbarungen enthalten[898]. Dagegen ist es seit 1982 möglich, Streitigkeiten bezüglich der Patentverletzung und Gültigkeit des Patents einem Schiedsgericht zu unterstellen[899]. Der Schiedsrichter hat in

---

[890] Nach einer Studie im Jahre 1983 haben lediglich 25 % aller befragen Unternehmen von der Möglichkeit einer Schiedsgerichtsklausel Gebrauch gemacht. Die Tendenz ist aber steigend, vgl. dazu Cooley, Les Nouvelles 1983, Vol. 18, 163 ff. (164).

[891] Vgl. die Nachweise der Fälle, in denen die lange Verfahrensdauer kritisiert wurde, Henderson, Interimstagung der ICCA, Wien 1976, 24 ff. (25).

[892] In der Literatur wird die Auffassung vertreten, daß durch eine exakt formulierte Schiedsgerichtsklausel und ein gut vorbereitetes Schiedsverfahren die Hälfte der normalerweise benötigten Kosten gespart werden kann und lediglich 15 % der Zeit in Anspruch nimmt, vgl Arnold, Les Nouvelles 1993, Vol. 28, 24 ff.; siehe auch Ackermann, LLBR. 1993, Vol. 16, 145 ff.

[893] Henderson, Interimstagung der ICCA, Wien 1976, 24 (26 f.); Jarvin, Les Nouvelles 1988, Vol. 23, 15 ff. (15): "...the need to find a quick solution at limited costs, rendered by unbiased and independent judges". Daneben ist auch die Tatsache von Bedeutung, daß es nur eine Instanz gibt, Thomsen, Les Nouvelles 1981, Vol. 16, 153 (157).

[894] Henderson, Interimstagung der ICCA, Wien 1976, 24 ff. (25); Jarvin, Les Nouvelles 1988, Vol. 23, 15 ff. (15).

[895] Jarvin, Les Nouvelles 1988, Vol. 23, 15 ff. (15), vgl. dort auch ausführlich zum ICC Court (Court of Arbitration of the International Chamber of Commerce) und zu Erfahrungen dieses Verfahrens in Lizenzstreitigkeiten.

[896] Vgl. Thomsen, Les Nouvelles 1981, Vol. 23, 153 (156); Cooley, Les Nouvelles 1983, Vol. 18, 163 ff. (164); siehe auch zu Problemen, die sich im Zusammenhang mit dem Schiedsgerichtsverfahren ergeben, Henderson, Interimstagung der ICCA, Wien 1976, 24 (30).

[897] Jarvin, Les Nouvelles 1988, Vol. 23, 15 (21).

[898] Henderson, Interimstagung der ICCA, Wien 1976, 24 (28 f.).

[899] 35 U.S.C. § 294.

den USA folgende vier Grundsätze zu berücksichtigen: Fairneß, Genauigkeit, Wirtschaftlichkeit und Effektivität. Das Prinzip der Fairneß besagt, daß der Schiedsrichter nicht voreingenommen sein darf. Grund dafür ist, daß das Schiedsgericht Vertrauen gewinnen muß, wie dies beim öffentlichen Gericht der Fall ist [900]. Die Genauigkeit jeder Entscheidung hängt von der Kompetenz des Gerichts ab. Sie ist oft wichtiger als eine schnelle und technisch inkorrekte Entscheidung. Wirtschaftlichkeit als weiterer Grundsatz wird dann erreicht, wenn alle Parteien zusammenarbeiten, um die Streitsache zu erledigen. Schließlich wird die Effektivität dadurch begründet und erzielt, daß die Tatsachenfindung im Vergleich zu einem öffentlichen Gericht nicht so detalliert ist[901].

Neben der Möglichkeit einer Schiedsgerichtsvereinbarung soll noch auf andere, alternative Methoden zur Streitbeilegung hingewiesen werden, die bestimmte Vorteile bringen können und einer Vereinbarung wert sind: "Minitrial", "Summary Jury Trial", "Private Judge", "Rent-a-Judge", "Voluntary Settlement Conferences", und "Private Organizations"[902]. Besondere Bedeutung kommt dabei dem "Minitrial" zu, bei der ein oder mehrere ausgewählte "Mediatior" (neutrale Vermittler) versuchen, eine Kompromißlösung zu finden.

Beispiel für eine dem deutschen Lizenzvertrag[903] ähnlichen Klausel:

(12) Arbitration

All disputes, controversies or differences which may arise between the parties, out of or in connection with this contract, or for breach of hereof, shall be finally settled by arbitration. Each party has to appoint an arbitrator, and the two thus selected have to designate a third. If either party fails to appoint an arbitrator for ten (10) days after the one party has appointed an arbitrator and has notified the other party in writing of the appointment and of the matter in dispute to be dealt with, the decision of the arbitrator appointed by the first parties will be final and binding on both parties hereto.

i) Bestimmungen bezüglich der Beendigung des Lizenzvertrages

In den USA sind häufig Bestimmungen zu finden, die die Beendigung des Lizenzvertrages regeln. Grundsätzlich wird im Vertrag festgehalten, daß der Vertrag mit Ablauf des letzten Patents endet. Daneben gibt es eine Vielzahl von Regelungen, die die Beendigung des Vertrages vorsehen, beispielsweise, wenn die angemeldeten Patente

---

900 Henderson, Interimstagung der ICCA, Wien 1976, 24 (31).

901 Henderson, Interimstagung der ICCA, Wien 1976, 24 (32). Der Schiedsrichter hat generell die Pflicht zum Verhalten in "good faith", Jarvin, Les Nouvelles 1988, Vol. 23, 15 (23).

902 Siehe Cooley, Les Nouvelles 1983, Vol. 18, 163 ff., der in diesem Zuammenhang auf die steigende Zahl von gerichtlichen Verfahren hinweist.

903 Vgl. 1. Teil, E. I. 2. w). Diese Klausel entspricht auch teilweise der Standardklausel des ICC.

zurückgewiesen werden (13 b.), wenn die vom Lizenznehmer zu zahlende laufende Lizenzgebühr nicht die vorgeschriebene Mindestgebühr erreicht (13 c.) oder einer der Vertragsparteien in Konkurs geht. Gegenstand der Klausel sind auch zahlreiche Kündigungsgründe, die dem Vertragspartner meist ein Kündigungsrecht geben, wobei die Kündigung dem anderen innerhalb einer bestimmten Frist mitgeteilt werden muß, die dann wiederum in einer bestimmten Zeit wirksam wird, wenn der andere den Kündigungsgrund nicht beseitigt.

Beispiel:

(13) Term and Termination

a. Unless terminated as provided elsewhere in this AGREEMENT, the term of this AGREEMENT shall run from the effective date until the expiration of the last to expire of the LICENSED PATENTS.

b. This AGREEMENT may be terminated at the option of LICENSEE, if no LICENSED PATENTS are granted, at the time the last application of LICENSED PATENTS is finally rejected without possibility of appeal.

c. This AGREEMENT may be terminated at the option of the LICENSOR if the running royalty paid does not exceed the minimum royalty in any three (3) consecutive years as stated in the Annual reports of those years.

Hier sind üblicherweise auch die Kündigungsrechte festgelegt, z.B. für den Fall einer Pflichtverletzung, wenn nicht schon ein Kündigungsrecht jeweils bei den einzelnen Klauseln vorgesehen wurde oder für den Fall der Übernahme des Lizenznehmers durch ein anderes Unternehmen[904]. Bezüglich der Beendigung im Falle der Pflichtverletzung wird oft vereinbart, daß die Parteien ihre Pflichtverletzung in einer bestimmten Zeit, die nach der Art der Pflichtverletzung variieren kann, heilen können. Folgend ist ein Klauselbeispiel für die Beendigung des Lizenzvertrages bei Pflichtverletzung des Lizenznehmers dargestellt.

d. If Licensee fails to comply with any provisions of this AGREEMENT, each of which is considered to be the essence of this AGREEMENT, LICENSOR may serve written notice of breach of LICENSEE and, unless such breach is cured within thirty (30) days from the receipt of notice by LICENSEE, LICENSOR may thereupon, at its option, serve notice of cancellation on LICENSEE, whereupon this AGREEMENT shall immediately terminate[905].

---

[904] Beispiel: *(Aquisition of LICENSEE). In the event that LICENSEE is aquired by or sells all or substantially all of its assets to a third party, LICENSOR may, at his option, cancel the AGREEMENT and all licenses granted thereunder, or renegotiate the terms and conditions of this AGREEMENT.*

[905] Die Kündigung ist auch häufig bezüglich der Vertragsverletzung beider Vertragsparteien vorgesehen: *In case either party breaches any provisions of this AGREEMENT, the other party can immediately give notice of intention to terminate within ninety (90) days thereof and, unless the breaching party remedies the breach and notifies the other of the correction of that breach within that period, this AGREEMENT will automatically terminate at the expiration thereof. If the breach,*

Eine Klausel in einen Patentlizenzvertrag in den USA, die eine Kündigungsmöglichkeit des Patentinhaber für den Fall vorsieht, daß der Lizenznehmer den Bestand des Patents gerichtlich angreift, verstößt gegen das öffentliche Interesse[906].

j) Weitere übliche Bestimmungen

Am Ende des Lizenzvertrages werden unter der Bezeichnung "Miscellaneous Clauses" (Verschiedenes), häufig auch "boiler plate provisions" genannt, einzelne nicht zusammenhängende Vereinbarungen getroffen, deren Bedeutung nicht unterschätzt werden sollte. Hier ist oft die Bestimmung zu finden, daß beiden Vertragsparteien die Pflicht obliegt, einander im Falle von Patentverletzungen Mitteilung zu machen und sich gegenseitig zu unterstützen. In diesem Zusammenhang oder unter einer getrennten Klausel wird auch bestimmt, wer das Recht zur Verfolgung der Patentverletzung hat[907].

Beispiel:

(14) Miscellaneous Clause

a. Each party shall notify the other party in writing of any suspected infringement of LICENSED PATENTS in the TERRITORY. In the event of such infringement, the parties shall fully cooperate to resolve the dispute with all expenses, including legal fees, and awards of or settlement payments being devided equally among the parties.

b. LICENSEE shall have the first right to institute suit for infringement in the licensed field and the LICENSED TERRITORY so long as this agreement remains exclusive.

Daneben findet man auch oft die Bestimmung, daß im Falle höherer Gewalt keine Vertragspartei eine Vertragsverletzung begeht.

Beispiel:

c. Neither party will be in breach hereof by reason of its delay in the perfomance of or failure to perform any of its obligations hereunder, if that delay or failure is caused by strikes, acts of God or the public enemy, riots, incendiaries, interference by civil or military authorities, compliance with governmental priorities for materials, or any fault beyond its control or without its fault or negligence.

---

however, consists of failure of LICENSEE to pay any amount owing to LICENSOR under this AGREEMENT, the period of notice of intention to terminate, and that of expiration will be thirty (30) days.

906 Texas Instruments Inc. v. Tandy Corp., No. 12166 Del. Chancery Ct., New Castle Co., MLR 1992, 26 f. (26).

907 Dies ist meist abhängig davon, ob eine einfache oder ausschließliche Lizenz Vertragsgegenstand ist. Vgl. dazu auch Brunsvold/Paul, Les Nouvelles 1994, Vol. 21, 111 f.

Auch wird hier, entsprechend der in deutschen Lizenzverträgen üblicherweise vereinbarten "Teilnichtigkeitsklausel"[908], eine Vereinbarung für den Fall, daß Teile des Lizenzvertrages nichtig sind, getroffen. Wie im deutschen Recht wird bestimmt, daß der restliche Lizenzvertrag bestehen bleibt.

Beispiel:

d. In the event that any provision of this AGREEMENT, or any part hereof, is found invalid or unenforceable, the remainder of this AGREEMENT will be binding on the parties hereto, and will be construed as if the invalid or unenforceable provision or part hereof had been deleted from this AGREEMENT.

Schließlich wird bestimmt, daß der Vertrag alle vorhergehenden Vereinbarungen ablöst und welches Recht auf den Lizenzvertrag anwendbar ist. Gerade diese Klausel ist, obwohl sie meist am Ende eines Lizenzvertrages erscheint, nicht zu vernachlässigen[909].

Beispiel:

e. This AGREEMENT represents the entire understanding between the parties, and supersedes all other agreements, express or implied, between the parties.

f. This AGREEMENT shall be construed in accordance with the laws of the State of New York of The United States of America and in the English language.

Neben den hier angegebenen Beispielen der häufig vorkommenden Klauseln in US-amerikanischen Patentlizenzverträgen gibt es eine Vielzahl weiterer Vereinbarungen, die für bestimmte Branchen charakteristisch sind. Für den Bereich der pharmazeutischen Industrie oder Biotechnologie ist es beispielsweise wichtig zu bestimmen, wer von den Vertragsparteien verpflichtet sein soll, bestimmte erforderliche Genehmigungen einzuholen.

Abschließend ist darauf hinzuweisen, daß in Lizenzverträgen vereinbarte Beschränkungen des Lizenznehmers häufig zu seinen Gunsten ausgelegt werden[910]. Grund ist, daß die Rechte des Lizenznehmers geschützt werden sollen[911].

---

908 Vgl. 1. Teil, E. I. 2. z).

909 Vgl. dazu Thomsen, Les Nouvelles 1981, 152 ff.

910 Ruckstell Sales & Mfg. Co. v. Perfecto Gear Differential Co., 28 F.2d., 407 (411 f.).

911 St. Joseph Iron Works v. Farmers Mfg. Co., 106 F.2d., 294 (298).

ZWEITER TEIL

DIE HAFTUNG DES LIZENZNEHMERS

6. KAPITEL

A. Die Haftung wegen Patentverletzung

I. DEUTSCHLAND

Die Frage der Haftung des Lizenznehmers ist bisher nur selten Gegenstand von Entscheidungen im deutschen Recht gewesen, und auch die Literatur hat sich mit ihr nur am Rande beschäftigt. Die Untersuchung der Lizenzverträge zeigt, daß sich die Vertragsparteien in Deutschland über die Haftung des Lizenznehmers nur in seltenen Ausnahmefällen Gedanken machen und dies höchstens im Rahmen einer Kündigungsklausel[1]. Auf die Auswahl des Vertragspartners wird von vornherein sehr viel Wert gelegt[2]. Dem Lizenznehmer kommt es darauf an seinen Ruf nicht aufs Spiel setzen; ihm ist in der Regel an weiteren zukünftigen Vertragsabschlüssen gelegen.

Als eine Patentverletzung durch den Lizenznehmer findet in erster Linie eine Überschreitung der territorialen Beschränkung statt. Die patentrechtlichen Befugnisse aus der Lizenz wird der Lizenznehmer aus den genannten Gründen nicht vorsätzlich überschreiten, es sei denn, er versucht eine Erweiterung seiner Befugnisse zu forcieren, beispielsweise eine Ausweitung des Vertragsgebiets[3]. Eine fahrlässige Patentverletzung kann dagegen öfter in Betracht kommen.

Kommt es zu einer Verletzung der Pflichten oder versucht der Lizenznehmer, von einer ihm auferlegten Vertragspflicht loszukommen, beispielsweise von seiner Ausübungspflicht, wird häufig eine gütliche Einigung erzielt. Es liegt grundsätzlich im Interesse beider Parteien, sich zusammenzusetzen und gemeinsam eine für beide Parteien akzeptierbare Lösung zu finden, denn eine Vertragsauflösung ist weder vom Lizenzgeber noch vom Lizenznehmer gewollt. Man bemüht sich daher um eine Vertragsanpassung[4]. Der Lizenzgeber hat sich für die Verwertung des Patents durch den Lizenznehmer entschieden, den er sorgfältig ausgesucht, Vertrauen entgegengebracht und seine

---

1 Vgl. dazu 1. Teil, E. I. 2. u).

2 Vgl. zur Auswahl des Lizenznehmers nach bestimmten Kriterien 1. Teil, E. I. 2. a).

3 In den USA kommt eine Patentverletzung zur Erzwingung einer Ausdehnung der Lizenz dagegen öfter vor, vgl. 2. Teil, A. II. 1. a) aa).

4 Es sollte sich gütlich darüber geeinigt werden. Um dies zu unterstreichen, kann eine dementsprechende Bestimmung in der Präambel festgehalten werden 1. Teil, E. I. 2. b).

Lizenzgebühren oft durch Vereinbarung einer laufenden Lizenzgebühr[5] vom Erfolg der Verwertung des Lizenznehmers abhängig gemacht hat. Der Lizenznehmer hat erheblich investiert, um den Erfolg der Patentverwertung sicherzustellen und den Umsatz seines Unternehmens zu steigern. Zudem hat er das Risiko der Rentabilität der Erfindung auf sich genommen und sich unternehmenspolitisch für die Verwertung der Erfindung entschieden. Eine Verletzung der Vertragspflichten will er daher vermeiden.

Die Haftung des Lizenznehmers bestimmt sich grundsätzlich nach den allgemeinen zivilrechtlichen Vorschriften[6]. Im Patentlizenzvertragsrecht ergeben sich jedoch Besonderheiten aus der Tatsache, daß der Lizenznehmer, zunächst wie bei allen Vertragsarten des BGB, aus Vertrag haften, daneben aber auch eine Patentverletzung begehen kann. Die Haftung wegen Patentverletzung und Vertragsverletzung ist voneinander zu unterscheiden. Es ergeben sich auch unterschiedliche Rechtsfolgen.

Der allgemeine Grundsatz, daß gem. § 242 BGB der Schuldner seine Leistung so bewirken muß, wie Treu und Glauben es mit Rücksicht auf die Verkehrssitte erfordern, und daß die Erreichung des Vertragszwecks nicht gefährdet oder unmöglich gemacht werden darf[7], gilt auch im Patentlizenzvertragsrecht.

Für die Haftung des Lizenznehmers ist die Rechtsstellung der Vertragsparteien und das dem Lizenzvertrag immanente Risiko zu berücksichtigen. Der Lizenznehmer trägt das mit der Verwertung des Lizenzgegenstandes verknüpfte wirtschaftliche Risiko grundsätzlich allein[8]. Der Lizenzgeber haftet nämlich nach h.M. in Rechtsprechung und Literatur weder für die Wettbewerbsfähigkeit noch für die Rentabilität der Erfindung. Er hat lediglich für die technische Ausführbarkeit und Brauchbarkeit einzustehen[9].

Im folgenden wird die Patent- sowie die Vertragsverletzung des Lizenznehmers behandelt und der Tatsache, daß der Vertragspartner des Patentinhabers und Lizenzgebers die Verletzung begeht, Rechnung getragen. Auswirkung hat dies teilweise auf die Beweisführung des Lizenzgebers und insbesondere auf die Rechtsfolgen.

Es ist dabei nicht nur die Haftung des direkten Vertragspartners des Patentinhabers und Lizenzgebers dargestellt, sondern auch die Haftung von Unterlizenznehmer und Zwangslizenznehmer.

Für die folgenden Ausführungen wird unterstellt, daß die Vertragsparteien keine Vereinbarung über die Haftung des Lizenznehmers getroffen haben, wie dies in der Lizenzvertragspraxis üblich ist. Die Haftung richtet sich daher nach den allgemeinen patentrechtlichen und vertragsrechtlichen Vorschriften.

---

5 Vgl. zu den verschiedenen Arten von Lizenzgebühren 1. Teil, E. I. 1. a) aa).
6 Vgl. 2. Teil, B. I.
7 RG v. 7.7.1930 RGZ 129, 357 (376).
8 Siehe ausführlich zu den Risiken des Lizenznehmers 1. Teil, B. I. 2. a).
9 Vgl. 1. Teil, B. I. 2. a).

In diesem Zusammenhang ist noch einmal darauf hinzuweisen, daß eine Aufnahme einer Haftungsklausel im Vertrag - mit Einschränkungen - empfehlenswert ist[10].

1. Haftung wegen Patentverletzung nach dem Patentgesetz

Patentverletzung ist nach § 139 PatG die Benutzung einer Erfindung entgegen den §§ 9-13 PatG. Nach § 9 I 2 PatG ist es jedem Dritten verboten, ohne Zustimmung des Patentinhabers das Patent in der dort festgelegten Weise zu benutzen.

Das Patentrecht ist ein absolutes Recht, das wie das Eigentum und andere absolute Rechte auch nach den §§ 823, 1004 BGB geschützt ist und damit Abwehr-, Unterlassungs- und Schadensersatzansprüche gewährt[11]. § 139 PatG i.V.m. §§ 9, 10, 15 PatG stellt somit lediglich nur eine spezialgesetzliche Regelung dar, die jedoch inhaltlich nicht wesentlich von der Regelung der §§ 823, 1004 BGB abweicht.

Ein Patent kann dann nicht mehr verletzt werden, wenn der Patentinhaber oder ein mit seiner ausdrücklichen Zustimmung handelnder Dritter den patentierten Gegenstand oder das Erzeugnis eines patentierten Verfahrens in der Bundesrepublik Deutschland in den Verkehr gebracht hat, da dadurch die Gegenstände bzw. das Verfahrenserzeugnis patentrechtlich gemeinfrei geworden sind[12]. In diesem Fall ist jeder befugt, das Patent ohne Zustimmung des Patentinhabers zu verwerten.

Mit der Einräumung einer Lizenz stimmt der Patentinhaber grundsätzlich der Benutzung des Patents i.S.d. § 9 PatG zu[13]. Der Lizenznehmer verletzt aber dann das Patent i.S.d. § 139 PatG, wenn er gem. § 15 II 2 PatG eine ihm im Vertrag auferlegte patentrechtliche[14] Beschränkung überschreitet.

Aufgrund der auch im Lizenzvertragsrecht herrschenden Vertragsfreiheit[15] können die Vertragsparteien Beschränkungen der Benutzungsart, des Benutzungsgegenstands oder des Anwendungsgebiets (Herstellungs-, Vertriebs-, Gebrauchslizenz)[16], Beschränkungen bezüglich der zur Benutzung Berechtigten (Persönliche Lizenz, Betriebs-, Konzernlizenz)[17] und zeitliche, räumliche und mengenmäßige Beschränkungen (Zeit-, Gebiets-, Quotenlizenz)[18] frei vereinbaren. Sie können aber auch andere Beschränkungen, die meist wirtschaftlicher Art sind, in den Vertrag aufnehmen, indem

---

10 Vgl. 1. Teil, E. I. 2. j).
11 Palandt-Thomas, § 823 Rn. 15.
12 RG v. 16.6.1915 RGZ 86, 436 (440); RG v. 10.2.1932 RGZ 135, 145 (148); vgl. auch 1. Teil, C. I. 1. a) bb) (a).
13 Osterloh, GRUR 1985, 707 (710).
14 Die Beschränkung wird teilweise auch als "dinglich" bezeichnet.
15 Vgl. 1. Teil, D. I. 1. a).
16 Vgl. 1. Teil, C. I. 1. a).
17 Vgl. 1. Teil, C. I. 1. b).
18 Vgl. 1. Teil, C. I. 1. c).

beispielsweise dem Lizenznehmer eine Pflicht zur Kennzeichnung der Produkte[19] oder eine Bezugspflicht[20] auferlegt wird.

Grundsätzlich wird eine Lizenz unbeschränkt erteilt. Eine territoriale Beschränkung der Lizenz ist nur in bestimmten Branchen üblich. Zeitlich beschränkt wird die Lizenz bei Patenten, die schnell veralten und durch neue Entwicklungen abgelöst werden, und auch des öfteren bei ausschließlichen Lizenzen.

Im Gegensatz zur Patentverletzung liegt eine Vertragsverletzung[21] vor, wenn der Lizenznehmer jede Beschränkung, sei sie patentrechtlicher oder schuldrechtlicher Art, überschreitet.

Um festzustellen, ob das Verhalten des Lizenznehmers eine Patentverletzung darstellt, sind die Vereinbarungen der Vertragsparteien danach zu untersuchen, ob sie schuldrechtlich oder auch patentrechtlich sind.

Die Unterscheidung ist nicht nur von Bedeutung für die Feststellung einer Patentverletzung des Lizenznehmers, sondern auch für die Abnehmer des Lizenznehmers. Nach § 9 PatG begeht derjenige bei schuldhaftem Verhalten ebenfalls eine Patentverletzung i.S.d. § 139 PatG, der einen vom Lizenznehmer unter Überschreitung seiner Befugnisse in den Verkehr gebrachten Gegenstand ohne Zustimmung des Patentinhabers benutzt (§ 9 S. 2 PatG). Grund ist, daß die von dem Lizenznehmer in den Verkehr gebrachten Gegenstände nicht patentfrei geworden sind, wenn der Lizenznehmer seine ihm eingeräumte Nutzungsbefugnis überschreitet[22].

Eine Vertragsverletzung berührt dagegen die Rechtsstellung der Abnehmer nicht, da diese nur Wirkung im Vertragsverhältnis zwischen Lizenzgeber und Lizenznehmer entfaltet. Der Patentinhaber kann in diesem Fall nur dann ausnahmsweise gegen Dritte vorgehen, wenn sie eine sittenwidrige Beteiligung am Vertragsbruch des Lizenznehmers begangen haben[23].

Die Grenze zwischen einer patentrechtlichen und schuldrechtlichen Beschränkung kann im Einzelfall schwierig zu bestimmen sein. Als typische patentrechtliche Beschränkungen werden in der Literatur anerkannt: alle räumlichen, zeitlichen, mengenmäßigen Beschränkungen. Ferner solche, die sich auf eine bestimmte Person, Betrieb oder Konzern als Berechtigten oder auf eine Benutzungsart, einen Benutzungsgegenstand oder ein Anwendungsgebiet beziehen[24]. Da diese Beschränkungen die

19 Vgl. zu einer solchen Kennzeichnungsklausel 1. Teil, E. I. 2. m).
20 Vgl. zu einer solchen Bezugspflichtklausel 1. Teil, E. I. 2. s).
21 Siehe dazu im einzelnen 2. Teil, B. I.
22 BGH GRUR 1959, 200 (202) - "Der Heiligenhof".
23 Siehe dazu unter 2. Teil, B. I. 8.
24 Tetzner, Erschöpfung des Patentrechts, NJW 1962, 2033 (2036); Isay, § 6 Rn. 29; Rasch, S. 89 ff.; Lüdecke/Fischer, S. 380; Klauer/Möhring, § 9 Rn. 50-56; Bernhardt/Kraßer, S. 696; vgl. auch BGH

Benutzungserlaubnis abgrenzen, sind Handlungen, die über die Begrenzung hinausgehen, dem Lizenznehmer schon durch die Wirkung des Patents untersagt[25]. Nimmt er die Handlungen vor, so verletzt er das Patent, § 15 II 2 PatG. Der Lizenzgeber kann insoweit Unterlassung und bei Verschulden Schadensersatz fordern[26].

Im Gegensatz zu den patentrechtlichen Beschränkungen bestimmen rein schuldrechtliche Beschränkungen nicht den Rahmen des Benutzungsrechts, sondern die Art und Weise der Benutzung[27].

Bezüglich einzelner Vereinbarungen, insbesondere hinsichtlich des Vertriebs, z.B. die Festlegung oder Ausschließung einer bestimmten Art des Absatzweges, ist im deutschen Recht fraglich, ob sie eine schuldrechtliche oder auch patentrechtliche Beschränkung darstellt[28].

Anerkannt ist, daß aufgrund der Vertragsfreiheit patentrechtliche Beschränkungen durch Vereinbarung in lediglich schuldrechtliche Beschränkungen umgewandelt werden können[29], so daß der Lizenznehmer bezüglich der Beschränkung keine Patentverletzung begeht, sondern nur noch vertraglich haftet. Fraglich ist dies für den umgekehrten Fall[30].

Es ist zu beachten, daß Patent- oder Vertragsverletzungen bei Verstoß des Lizenznehmers gegen die Beschränkungen nur dann vorliegen, wenn die Vereinbarungen rechtlich wirksam sind. Es ist daher zu prüfen, ob die Vertragsbestimmungen nicht nach § 138 BGB wegen Sittenwidrigkeit oder nach § 134 BGB wegen Verstoßes gegen ein gesetzliches Verbot nichtig sind[31]. Als gesetzliche Verbote i.S.d. § 134 BGB kommen insbesondere die Bestimmungen des Gesetzes gegen Wettbewerbsbeschränkungen (GWB) und des europäischen Kartellrechts (EWG-Vertrag) in Betracht, wobei die Gruppenfreistellungsverordnung der EG berücksichtigt werden muß[32]. Die Klauseln müssen kartellrechtlich zulässig sein. In Art. 20 I 2. Halbsatz GWB ist ausdrücklich bestimmt, daß Beschränkungen hinsichtlich Art, Umfang, Menge, Gebiet oder Zeit der Ausübung des Schutzrechts nicht über den Inhalt des Schutzrechts hinausgehen und rechtlich zulässig sind. Kartellrechtlich bedenkliche Klauseln, wie beispielsweise eine Wettbewerbsverbotsklausel, sollten jedoch auf ihre Wirksamkeit überprüft werden[33].

GRUR 1959, S. 200 ff. (202) - "Der Heiligenhof" für patentrechtliche Beschränkungen, speziell im Urheberrecht.

25 Lichtenstein, Lizenzvertrag im engeren Sinne, NJW 1965, 1839 (1943); Bernhardt/Kraßer, S. 696.

26 Vgl zu den Rechtsfolgen der Patentverletzung im deutschen Recht 3. Teil, A. I.

27 Lichtenstein, Lizenzvertrag im engeren Sinne, 1839 (1843). Siehe dazu im einzelnen 2. Teil, B. I. 1.

28 2. Teil, B. I. 1.

29 Lüdecke/Fischer, S. 380; Reimer, § 9 Rn. 15.

30 Siehe 2. Teil, B. I. 1.

31 Vgl. 1. Teil, D. I. 4. a), b).

32 Siehe dazu 1. Teil, D. I. 1. a) aa).

33 Siehe zu einer Wettbewerbsklausel im deutschen Recht 1. Teil, E. I. 2. q).

a) Die Haftung des einfachen und ausschließlichen Lizenznehmers

aa) Haftung wegen Überschreitung der patentrechtlichen Befugnisse nach § 9 PatG

Der Lizenznehmer erfüllt den Tatbestand der Patentverletzung nach § 9 PatG, wenn er seine ihm eingeräumten patentrechtlichen Befugnisse überschreitet[34]. Vorbereitungshandlungen des Lizenznehmers, die die zukünftige Benutzung der geschützten Erfindung in der Art zum Ziel hat, für die der Lizenznehmer noch keine Benutzungsbefugnis hat, werden vom Patentschutz nicht erfaßt und stellen daher keine Patentverletzung dar. Dazu zählt z.B. die Anfertigung von Werkstattzeichnungen[35].

Der Lizenznehmer begeht auch eine Patentverletzung, wenn er eine das Benutzungsrecht einschränkende Bedingung verletzt[36]. Er verletzt weiterhin das Schutzrecht, wenn er nach Beendigung des Vertrages das Patent weiter verwertet, da seine Benutzungsbefugnis nach Vertragsende nicht mehr besteht[37].

bb) Haftung bei Nichtigkeit des Lizenzvertrages

Neben der Haftung wegen Patentverletzung bei Überschreitung der patentrechtlichen, durch Vertrag auferlegten Befugnisse, kann das Patent auch auf andere Weise verletzt werden. Die Nichtigkeit des Lizenzvertrages könnte den Lizenznehmer und möglicherweise auch etwaige Unterlizenznehmer rückwirkend zu Patentverletzern machen. Es handelt sich um den Fall, daß die Lizenz vorzeitig während der Schutzdauer des Patents wegfällt.

Teilweise wird in der Literatur die Meinung vertreten, daß der Lizenznehmer bei Nichtigkeit des Lizenzvertrages im allgemeinen nicht ohne Zustimmung des Patentinhabers und somit nicht rechtswidrig gehandelt habe. Schadensersatzansprüche des Lizenzgebers nach § 139 BGB sind damit nicht gegeben. Er könne jedoch vom Lizenznehmer für die Vergangenheit einen angemessenen Ausgleich aus allgemeinem Vertragsrecht oder nach Bereicherungsgrundsätzen verlangen. Daneben stünden ihm Unterlassungsansprüche für die Zukunft zu[38]. Die Zustimmung des Patentinhabers zur Benutzung des Patents habe auch nach rückwirkender Nichtigkeit des Lizenzvertrages

---

34 BGH GRUR 1967, 676 (680) - "Gymnastiksandale"; vgl. zur Befugnis des Lizenznehmers bei den einzelnen Benutzungsarten 1. Teil, C. I. 1. und zu Fällen, die eine Überschreitung der Befugnisse darstellen, ausführlich Benkard-Bruchhausen, § 9 Rn. 26 ff. Vgl. auch Ullmann, GRUR 1988, 333 ff. Siehe auch speziell zur Problematik der Patentverletzung bei teilweiser Aufgabenerfüllung, Reimer, GRUR 1977, 384 ff. und speziell zu § 9 Nr. 3, Bruchhausen, Endprodukte, GRUR 1979, 743 ff.

35 Vgl. die Beispiele bei Benkard-Bruchhausen, § 9 Rn. 29.

36 Vgl. zu dem Fall einer aufschiebenden Bedingung, BGH GRUR 1967, 304 (306) - "Siroset".

37 Stumpf/Groß, Rn. 216.

38 Benkard-Rogge, § 139 Rn. 10; Bruchhausen, GRUR 1963, 561 f. (562); Osterloh, GRUR 1985, 707 (710).

Bestand, da sie weder als Willenserklärung noch als geschäftliche Handlung eingestuft wird und damit auch die Vorschriften der Nichtigkeit auf sie keine Anwendung finden[39].

Nach anderer Ansicht macht die rückwirkende Nichtigkeit des Lizenzvertrages die Benutzung der patentierten Erfindung rückwirkend zur Patentverletzung[40]. Die Wirksamkeit der Zustimmung des Patentinhabers sei von der Wirksamkeit des Lizenzvertrages abhängig. Mit der rückwirkenden Nichtigkeit des Lizenzvertrages entfalle damit auch rückwirkend die Zustimmung des Patentinhabers zur Benutzung des Patents. Der Lizenznehmer habe also von Anfang an ohne Zustimmung des Patentinhabers das Patent verwertet. Die Zustimmung wird dabei nicht als eine solche i.S.d. § 182 BGB angesehen, sondern als Einwilligung in den Eingriff in eine geschützte Rechtsposition. Da sie aber einen Bestandteil des Lizenzvertrages bildet, ist sie eine rechtsgeschäftliche Willenserklärung mit dem Ergebnis, daß die Vorschriften über die Nichtigkeit auf sie angewandt werden können[41].

Die Frage, ob eine Patentverletzung vorliegt, wenn der Lizenzvertrag nichtig ist, wird damit in der Literatur davon abhängig gemacht, wie die Zustimmung des Patentinhabers zur Benutzung i.S.d. §§ 9, 10 PatG rechtlich eingeordnet wird. Ist sie eine Einwilligung i.S.d § 182 BGB, hat die rückwirkende Nichtigkeit des Lizenzvertrages auch die rückwirkende Nichtigkeit der Einwilligung zur Folge. Wird die Zustimmung weder als rechtsgeschäftliche Willenserklärung noch als etwas anderes angesehen, auf den § 182 BGB keine Anwendung findet, so berührt die Nichtigkeit des Lizenzvertrages nicht die Zustimmung des Patentinhabers, womit eine Patentverletzung nicht gegeben ist.

Für die Beantwortung der Frage, ob eine Patentverletzung bei rückwirkender Nichtigkeit des Lizenzvertrages gegeben ist, ist unabhängig von der rechtlichen Einordnung der Zustimmung des Patentinhabers grundsätzlich zu berücksichtigen, daß die Zustimmung rechtswirksam erteilt wurde und dem Lizenznehmer einen tatsächlichen Vorteil verschafft hat. Der Lizenzgeber hat für die Einräumung der Benutzungserlaubnis eine Gegenleistung in Form der Lizenzgebühr erhalten.

Die rechtliche Einordnung der Zustimmung kann dahingestellt bleiben. Nach der hier vertretenen Meinung finden auf den Lizenzvertrag bei Nichtigkeit des Patents die Grundsätze der fehlerhaften Gesellschaft, bzw. des fehlerhaften Arbeitsverhältnisses, Anwendung[42]. Ergebnis ist, daß der Lizenzvertrag, auch wenn er auf einem nichtigen Patent beruht, mit allen seinen Rechten und Pflichten als wirksam behandelt wird ("fehlerhafter Lizenzvertrag"). Gleich zu behandeln ist der Fall, daß nicht das Patent nachträglich mit Rückwirkung für nichtig erklärt wird, sondern sich herausstellt, daß der Lizenzvertrag nichtig ist. Auch hier sind die Grundsätze anwendbar. Die einmal erteilte

---

39 Osterloh, GRUR 1985, 707 (710).
40 Ohl, Wegfall, GRUR 1992, 77 (79).
41 Vgl. im einzelnen, Ohl, GRUR 1992, 77 (78 f.).
42 Vgl. 1. Teil, E. I. 1. a) ff) (b).

Zustimmung zur Benutzung des Patents wird damit, unabhängig von ihrer rechtlichen Einordnung, für die Lizenzvertragszeit als bestehend angenommen, da der Lizenzvertrag auch bei seiner Nichtigkeit als wirksam behandelt wird.

Der Lizenznehmer begeht daher keine Patentverletzung. Auch Bereicherungsanprüche scheiden bei Nichtigkeit des Lizenzvertrages aus[43]. Da der Lizenzgeber für die Erteilung der Benutzungsbefugnis eine Gegenleistung in Form von Lizenzgebühren erhalten hat, erscheint es nicht gerechtfertigt, ihm einen Bereicherungsanspruch bezüglich der eingeräumten Verwertungsbefugnis zu geben. Auch dem Lizenznehmer stehen keine Bereicherungsansprüche bezüglich der gezahlten Lizenzgebühren zu, da er durch die Zustimmung und Benutzungsbefugnis einen wirtschaftlichen Vorteil erlangt hat[44]. Der Lizenzgeber hat aber für die Zukunft Unterlassungsansprüche[45].

Dieses Ergebnis ist auch billig, denn der Lizenznehmer, der aufgrund des Charakters des Lizenzvertrages erheblichen Risiken ausgesetzt ist[46], darf Patentverletzungsansprüchen aus dem Patentrecht, die Schadensersatz und Unterlassung zur Folge haben können[47], nicht ausgesetzt werden, wenn sich nachträglich die Nichtigkeit des Vertrages herausstellt. Der Lizenzgeber hat schließlich seine Zustimmung zur Benutzung des Patents rechtswirksam erteilt, und der Lizenzvertrag mit seinen Rechten und Pflichten ist zumindest teilweise vollzogen worden. Nimmt man, wie ein Teil der Literatur[48], den Patentverletzungstatbestand als gegeben an, so kann dies auch für den Unterlizenznehmer nicht zu rechtfertigende Konsequenzen haben. Ist der Lizenzvertrag zwischen Hauptlizenznehmer und Unterlizenznehmer wirksam, der Lizenzvertrag zwischen Lizenzgeber und Hauptlizenznehmer jedoch nichtig, so stellt sich das Problem, ob auch der Unterlizenznehmer einer Patentverletzung begeht. Geht man von der Akzessorietät der Unterlizenz von der Hauptlizenz aus[49], so erlischt der Unterlizenzvertrag bei Unwirksamkeit des Hauptlizenzvertrages mit dem Ergebnis, daß der Unterlizenznehmer, der häufig weder Kenntnis vom Inhalt des Hauptvertrages noch von dessen Wirksamkeit hat, das Patent verletzt.

Die Bejahung der Patentverletzung für den Lizenznehmer und möglicherweise auch für den Unterlizenznehmer steht auch dem Ziel der Förderung des Lizenzaustausches und dem öffentlichen Interesse an der Verwertung technisch fortschrittlicher Neuerungen entgegen. Der Lizenznehmer würde möglicherweise von der Lizenznahme absehen, wenn

---

43 Siehe zu der Schwierigkeit der Abwicklung von Bereicherungsanprüchen im Lizenzvertragsrecht, 1. Teil, E. I. 1. a) ff) (b).
44 1. Teil, E. I. 1. a) ff).
45 Vgl. zu dem Unterlassungsanspruch wegen Patentverletzung 3. Teil, A. I. 1. a).
46 Vgl. 1. Teil, B. I. 2. a).
47 Siehe 3. Teil, A. I. 1. a) und c).
48 Vgl. Ohl, GRUR 1992, 77 ff.
49 Siehe 1. Teil, C. I. 3. c).

er sich bewußt darüber wäre, welche Konsequenzen die Nichtigkeit des Lizenzvertrages, die sich aus vielfältigen Gründen ergeben kann[50], für ihn haben würde.

Noch einmal zeigt sich, daß durch die Anwendung der Grundsätze der fehlerhaften Gesellschaft, bzw. des fehlerhaften Arbeitsverhältnisses, ein für die Vertragsparteien plausibles und vor allem gerechtes Ergebnis herbeigeführt werden kann. Höherrangige Gesichtspunkte sprechen auch hier nicht gegen die Anwendung der Grundsätze. Die Anerkennung eines "fehlerhaften Lizenzvertrages" liegt daher nahe.

cc) Haftung bei Nichtbestehen des Sukzessionsschutzes

Benutzt der einfache Lizenznehmer das Patent, obwohl das Patent inzwischen auf einen anderen übergegangen ist, so liegt eine Patentverletzung bei den einfachen Lizenznehmern vor, bei denen der Rechtsübergang bis zum 1.1.1987 erfolgte. Grund ist, daß bis zu diesem Zeitpunkt der Sukzessionsschutz des einfachen Lizenznehmers zu verneinen ist[51] und damit das Benutzungsrecht des Lizenznehmers bei einem Rechtsübergang des Patents nicht fortbestand.

Dies gilt jedoch nicht mehr für einfache Lizenzverträge, bei denen ein Rechtsübergang nach dem 1.1.1987 stattfand. In § 15 III PatG ist der Sukzessionsschutz, der den Fortbestand des Benutzungsrechts des Lizenznehmers garantiert, geregelt worden, so daß der Lizenznehmer nach der neuen Regelung keine Patentverletzung begeht, wenn das Patent auf einen anderen übergeht, und er von der ihm erteilten Benutzungsbefugnis weiterhin Gebrauch macht.

Für den ausschließlichen Lizenznehmer stellte sich das Problem der Patentverletzung in diesem Fall nicht, da die ausschließliche Lizenz mit dinglicher Wirkung ausgestattet ist, damit auch gegenüber Dritten wirkt und bei Rechtsübergang fortbesteht[52].

dd) Haftung bei unbefugter Unterlizenzierung

Wurde dem Hauptlizenznehmer vertraglich verboten, eine Unterlizenz zu erteilen und nimmt er eine solche dennoch vor, so stellt sich die Frage, ob sich der Hauptlizenznehmer einer Patentverletzung oder lediglich einer Vertragsverletzung schuldig gemacht hat[53].

---

50 Vgl. 1. Teil, D. I. 4.
51 Vgl. 1. Teil, B. I. 1. a).
52 Vgl. 1. Teil, B. I. 1. b) bb).
53 Vgl. zu der Frage, ob sich der Unterlizenznehmer eine Patentverletzung begeht, 2. Teil, A. I. 1. b).

Nach der Rechtsprechung und Literatur hat der Ausschluß des Rechtes zur Vergabe von Unterlizenzen nicht nur schuldrechtliche, sondern auch dingliche Wirkung[54]. Die unbefugte Vergabe einer Unterlizenz ist damit eine Patentverletzung. Auch die unbefugte Vergabe einer Unterlizenz, der ein Lizenzvertrag zugrundelag, in dem die Befugnis zur Unterlizenzvergabe unter einen Zustimmungsvorbehalt gestellt wurde, stellt eine Patentverletzung dar, da nach der Rechtsprechung der Zustimmungsvorbehalt dingliche Wirkung hat[55].

Erteilt der Lizenznehmer heimlich unter Vertrauensbruch eine Unterlizenz und gestaltet sich dadurch das Vertragsverhältnis völlig um, indem anstelle des bisherigen Hauptlizenznehmers praktisch ein ausschließlicher Unterlizenznehmer tritt, so bildet dies einen wichtigen Grund zur Kündigung. Der Lizenzgeber kann gem. §§ 626, 723 I 1, III BGB kündigen[56].

Ebenso wie im Falle der unbefugten Unterlizenzvergabe haftet der Lizenznehmer wegen Patentverletzung, wenn er einem Unterlizenznehmer zwar befugterweise eine Unterlizenz vergibt, diese jedoch mehr Befugnisse für den Unterlizenznehmer enthält, als der Hauptlizenznehmer vom Lizenzgeber eingeräumt bekommen hat. Der Hauptlizenznehmer kann nicht mehr Befugnisse übertragen, als er selber hat[57].

ee) Haftung des Lizenznehmers für den Unterlizenznehmer

Nach der Rechtsprechung und Literatur muß der Hauptlizenznehmer sich um die sorgfältige Rechnungslegung des Unterlizenznehmers kümmern, da er dieser Pflicht in seinem Rechtsverhältnis mit dem Lizenzgeber nachkommen muß. Er haftet dem Lizenzgeber gegenüber für die ordnungsgemäße Rechnungslegung, für die durch die Auswertung durch den Unterlizenznehmer anfallende Lizenzgebühr und allgemein für ein Verschulden des Unterlizenznehmers[58]. Dies ergibt sich schon aus der Anwendung von §§ 581 II i.V.m. 549 III BGB[59]. Damit erübrigt sich die Diskussion, ob der Unterlizenznehmer möglicherweise als Erfüllungsgehilfe des Hauptlizenznehmers i.S.d. § 278 BGB anzusehen ist[60].

---

54 RG v. 26.9.1936 GRUR 1937, 627 (630); BGH GRUR 1987, 37 (39) - "Videolizenzvertrag", vgl. auch die Anmerkung von Hubmann, S. 41; Benkard-Ullmann, § 15 Rn. 59.

55 RG v. 21.3.1934 RGZ 146, 187 (190); BGH GRUR 1987, 37 (39) - "Viedeolizenzvertrag".

56 Benkard-Ullmann, § 15 Rn. 126; vgl. zum Kündigungsrecht aus wichtigem Grund 3. Teil, B. I. 4. a).

57 Behrendt, GRUR 1933, 199 (201). Da der Unterlizenznehmer die Rechte auch nicht gutgläubig erworben haben kann, hat er lediglich einen Schadensersatzanspruch gegen den Hauptlizenznehmer.

58 BGH GRUR 1953, 114 (118); Stumpf/Groß, Rn. 234; Benkard-Ullmann, § 15 Rn. 59.

59 Die Vorschriften werden auf den einfachen Lizenzvertrag, der nach der hier vertretenen Meinung der Rechtspacht zugeordnet wird, direkt, und auf den ausschließlichen Lizenzvertrag, der nach der hier vertretenen Meinung ein Vertrag sui generis ist, analog angewandt, siehe 1. Teil, B. I. 2. g) bb).

60 Vgl. BGH GRUR 1964, 326 (331) - "Subverleger" für den Verlagsvertrag.

b) Haftung des Unterlizenznehmers

Auch der Unterlizenznehmer begeht eine Patentverletzung, wenn er seine ihm durch die Lizenz eingeräumten patentrechtlichen Befugnisse überschreitet.

War der Hauptlizenznehmer nicht zur Vergabe einer Unterlizenz befugt[61], so begeht der Unterlizenznehmer einer Patentverletzung, wenn er das Patent benutzt. Das vertragliche Verbot zur Vergabe einer Unterlizenz erzeugt über die rein schuldrechtliche Wirkung hinaus patentrechtliche Wirkungen, so daß eine gleichwohl erteilte Unterlizenz patentrechtlich unwirksam ist[62].

Eine Patentverletzung des Unterlizenznehmers liegt aber dann nicht vor, wenn er das Patent aufgrund des mit dem Hauptlizenznehmer wirksamen Lizenzvertrages benutzt, der Hauptlizenzvertrag zwischen Lizenzgeber und Hauptlizenznehmer aber nichtig ist. Zwar ist die Wirksamkeit der Unterlizenz von der Hauptlizenz abhängig[63], dies würde aber zu der unbilligen Konsequenz der Patentverletzung des Unterlizenznehmers führen. Wendet man auf den unwirksamen Hauptlizenzvertrag die Grundsätze des fehlerhaften Gesellschafts- bzw. Arbeitsverhältnisses an[64], so wird der Hauptlizenzvertrag als wirksam behandelt, mit dem Ergebnis, daß auch der Unterlizenzvertrag wirksam ist und eine Patentverletzung des Unterlizenznehmers ausscheidet.

Es ist darauf hinzuweisen, daß der Patentinhaber seine Einwilligung in die Benutzung seines Patents durch die Unterlizenznehmer jederzeit widerrufen kann[65], so daß er sich von dem Zeitpunkt des Widerrufs einer Patentverletzung schuldig machen kann, wenn er das Patent fortlaufend benutzt.

c) Haftung des Zwangslizenznehmers

Gem. § 24 I 3 PatG kann die Zwangslizenz eingeschränkt erteilt und von Bedingungen abhängig gemacht werden. Das Benutzungsrecht kann daher, je nach dem, was das öffentliche Interesses gebietet, beispielsweise zeitlich und räumlich, beschränkt werden[66]. Unter Bedingungen werden Auflagen verstanden, insbesondere gehört die Festsetzung der Lizenzgebühr dazu.

Für die Haftung des Zwangslizenznehmers ist die Rechtsnatur des Erteilungsakts der Zwangslizenz zu beachten. Durch die Erteilung der Zwangslizenz wird dem Lizenzsucher unmittelbar ein Nutzungsrecht am Patent erteilt. Es wird dagegen nicht die Verpflichtung

---

61 Vgl. zu der Haftung des Hauptlizenznehmers in diesem Fall 2. Teil, A. I. 1. a) dd).

62 BGH GRUR 1987, 37 (39) - "Videolizenzvertrag"; Benkard-Ullmann, § 15 Rn. 59; a.A. Bernhardt/Kraßer, S. 696.

63 Siehe 1. Teil, C. I. 3. c).

64 Vgl. 1. Teil, E. I. 1. a) ff) (b) und 2. Teil, A. I. 1. a) bb).

65 Osterloh, GRUR 1985, 707 (711).

66 Benkard-Rogge, § 24 Rn. 22.

des Patentinhabers zum Abschluß eines Lizenzvertrages ausgesprochen[67]. Zwischen Patentinhaber und Lizenznehmer kommt daher kein Vertrag zustande.

Aufgrund des Erteilungsakts ist der Zwangslizenznehmer berechtigt, das Patent im Rahmen der erteilten Lizenz zu benutzen. Fraglich ist jedoch, welche Rechte dem Patentinhaber zustehen, wenn der Lizenznehmer seine Pflichten aus der Zwangslizenz verletzt, d.h. seine ihm eingeräumten Befugnisse überschreitet, und wie sich die Haftung des Zwangslizenznehmers gestaltet.

In der Literatur ist diese Frage zwar gesehen[68], aber noch nicht ausreichend beantwortet worden. Es wird lediglich darauf hingewiesen, daß z.B. die vom Patentgericht festgesetzte Vergütung noch keinen gegen den Zwangslizenznehmer vollstreckbaren Titel gibt[69] und Streitigkeiten über die Vergütung und Rechnungslegung vor die ordentlichen Gerichte gehören[70]. Der Patentinhaber muß die Erfüllung der Verpflichtungen des Lizenznehmers durch Klage und Vollstreckung zu erzwingen suchen[71].

Da die Zwangslizenzerteilung keinen Vertrag zwischen Patentinhaber und Zwangslizenznehmer begründet, stellt sich die Überschreitung der dem Zwangslizenznehmer eingeräumten Beschränkungen als Patentverletzung i.S.d. § 139 PatG dar[72]. Der Zwangslizenznehmer macht sich daher schadensersatzpflichtig. Eine Vertragsverletzung scheidet aus.

Eine sich in diesem Zusammenhang stellende und umstrittenen Frage ist, ob der Patentinhaber, insbesondere, wenn der Lizenznehmer seiner Lizenzgebührenpflicht nicht nachkommt, ein Recht zur Kündigung hat und sich dadurch von der Zwangslizenz befreien kann[73]. Der Forderung des Patentinhabers nach einer Beendigung der Zwangslizenz durch Kündigung, neben der Möglichkeit der vertraglichen Einigung darüber, ist zuzustimmen. Der durch die Zwangslizenzerteilung erfolgte ungewollte Eingriff in die Monopolstellung des Patentinhabers rechtfertigt es, diesem eine im Vergleich zur Kündigung des freiwillig zustandegekommenen Lizenzvertragsverhältnisses erleichterte Kündigungsmöglichkeit zu geben. Begründet werden kann dies durch das öffentliche Interesse, das u.a. die Voraussetzung für die Zwangslizenzerteilung bildet. Es liegt auch im öffentlichen Interesse, daß der

67 Benkard-Rogge, § 24 Rn. 21.
68 Schatz, Ausübungszwang, GRUR Int. 1968, 273 (279); Ohl, Wegfall, GRUR 1992, 77 (80).
69 Benkard-Rogge, § 24 Rn. 26.
70 Benkard-Rogge, § 24 Rn. 29.
71 Benkard-Rogge, § 24 Rn. 31.
72 So auch Klauer/Möhring, § 15 Rn. 26; Reimer, § 15 Rn. 15.
73 Vgl. dazu Reimer, § 15 Rn 21; Krausse/Kathlun/Lindenmaier, § 15 Rn. 19; Klauer/Möhring, § 15 Rn. 27; Benkard-Rogge, § 24 Rn. 31.

Zwangslizenznehmer seinen Vertragspflichten nachkommt und damit eine Verwertung des Patents sichergestellt ist[74].

d) Haftung des Lizenznehmers einer zum Patent angemeldeten Erfindung

In § 33 PatG ist geregelt, daß der Anmelder eines Patents nach der Veröffentlichung der Patentanmeldung gegen denjenigen, der den Gegenstand der Anmeldung benutzt hat, obwohl er wußte oder wissen mußte, daß die von ihm benutzte Erfindung Gegenstand der Anmeldung war, einen Entschädigungsanspruch hat. Durch § 33 PatG wird klargestellt, daß der Lizenzgeber an einer offengelegten Patentanmeldung im Falle einer unbefugten Benutzung der Erfindung weniger Rechte hat als der Lizenzgeber eines erteilten Patents, dem Unterlassungs- und Schadensersatzansprüche nach § 139 PatG zustehen können[75] [76].

2. Haftung wegen mittelbarer Patentverletzung nach § 10 PatG

Gem. § 10 PatG, der § 9 PatG ergänzt, kann das Patent auch mittelbar verletzt werden, indem ohne Zustimmung des Patentinhabers anderen als zur Benutzung der patentierten Erfindung berechtigten Personen Mittel zur Erfindungsbenutzung angeboten und geliefert werden.[77]

§ 10 II PatG bestimmt, daß die Mittel, die allgemein im Handel erhältlich sind, nicht eine mittelbare Patentverletzung begründen. § 10 III PatG bezeichnet die Personen, die nicht i.S.d. § 10 I PatG als benutzungsberechtigt gelten.

Auf Patente, deren Anmeldung vor dem Inkrafttreten der Vorschrift am 1.1.1981 eingereicht wurde, ist § 10 PatG nicht anwendbar. Für diese Patente ist auf die Literatur zur mittelbaren Patentverletzung nach früherem Recht hinzuweisen[78]. Das Rechtsinstitut der mittelbaren Patentverletzung entwickelte sich als deutsches Richterrecht und wurde in den 50 Jahren vor Inkrafttreten des § 10 als besondere Teilnahme zu einer Patentverletzung angesehen[79]

---

[74] Damit steht auch im Einklang, daß die Zwangslizenz eine Ausübungspflicht des Zwangslizenznehmers begründet vgl. 1. Teil, E. I. 1. e) aa).

[75] Vgl. zu den Rechtsfolgen des § 139 PatG, 3. Teil, A. I. 1. a) und c).

[76] Vgl. zu den Rechtsfolgen des § 33 PatG, 3. Teil, A. I. 4. f).

[77] Siehe die Beispiele bei Mes, GRUR 1998, 281 ff.

[78] Vgl. Preu, Benutzung, GRUR 1980, 697 ff.; Klauer/Möhring, § 6 Rn 1 ff.; vgl. auch Villinger, GRUR 1981, 541 ff.; siehe auch RG v. 14.10.1931 RGZ 133, 326 (330), Klaka GRUR 1977, 337 (338f.).

[79] Klaka, GRUR 1977, 337 (338).

§ 10 PatG bezieht sich auf Verfahrens-, Verwendungs- und Kombinationspatente. Er normiert einen Gefährdungstatbestand und bezweckt, die unberechtigte Benutzung der geschützten Erfindung bereits im Vorfeld zu verhindern[80].

Auch der Lizenznehmer, der durch die Lizenzerteilung bezüglich eines Verfahrenspatents (§ 9 Nr. 2 und Nr. 3 PatG i.V.m. § 15 II PatG) die Befugnis zum Anwenden oder zum Anbieten zur Anwendung des Verfahrens eingeräumt bekommen hat, kann eine mittelbare Patentverletzung gem. § 10 PatG begehen. Sowohl die Befugnis zur Anwendung des Verfahrens i.S.d. § 9 Nr. 2 PatG i.V.m. § 15 II PatG als auch die Befugnis, daß durch ein Verfahren, das Gegenstand des Patents ist, unmittelbare Erzeugnis anzubieten, in den Verkehr zu bringen oder zu gebrauchen oder zu den genannten Zwecken entweder einzuführen oder zu besitzen, umfaßt nicht gleichzeitig auch die Berechtigung zum Anbieten und Liefern von Mitteln zur Erfindungsbenutzung.

Ein Verfahren wird dadurch angewendet, daß die zur Ausübung des Verfahrens dienende Vorrichtung oder die dazu erforderlichen Hilfsmittel in verfahrensgemäßer Weise benutzt werden[81]. Die Hilfsmittel dürfen damit zwar benutzt werden, sie dürfen jedoch nicht vom Lizenznehmer an nicht zur Benutzung berechtigte Personen angeboten oder geliefert werden. Auch die Berechtigung, die durch das Verfahren hergestellten Erzeugnisse in Verkehr zu bringen oder zu gebrauchen, umschließt nicht die Befugnis, die sich auf ein wesentliches Element der Erfindung beziehende Mittel an nicht zur Benutzung berechtigte Personen anzubieten oder zu liefern.

Die Lizenz deckt daher nicht das Anbieten oder Liefern von Mitteln an nicht zur Benutzung der patentierten Erfindung berechtigte Personen.

Typischer Anwendungsbereich der mittelbaren Patentverletzung ist zwar nicht der der Haftung des Lizenznehmers, sondern der des Lieferanten. Der Lizenznehmer kann jedoch auch Mittel an Dritte liefern und diese in den Stand setzen, die ungeschützte Erfindung unberechtigt zu benutzen.

Nimmt der Lizenznehmer eine unmittelbare Patentverletzung vor, hat dies Auswirkungen auf die Erfüllung des subjektiven Tatbestands des § 10 PatG und die Beweislastvorschriften.

Der Lieferant kann wegen mittelbarer Patentverletzung nur dann in Anspruch genommen werden, wenn er positiv weiß, daß die von ihm angebotenen oder gelieferten Mittel zwei Voraussetzungen erfüllen: Sie müssen dazu geeignet und dazu bestimmt sein, für die Benutzung der Erfindung verwendet zu werden[82]. Der Nachweis der Voraussetzungen ist dabei vom Patentinhaber zu führen. Für ihn ist die Beweisführung in der Regel nicht

---

80 Benkard-Bruchhausen, § 10 Rn. 2.

81 Benkard-Bruchhausen, § 10 Rn. 49.

82 Benkard-Bruchhausen, § 10 Rn. 19. Vgl. zur Kritik an den subjektiven Tatbestandsmerkmalen, Hesse, mittelbare Patentverletzung, GRUR 1982, 191 ff.

einfach[83]. Der subjektive Tatbestand ist auch erfüllt, wenn der Dritte Mittel zur Benutzung der Erfindung anbietet oder liefert und aufgrund der Umstände offensichtlich ist, daß die Mittel dazu geeignet und bestimmt sind, für die Benutzung der Erfindung verwendet zu werden.

Ist nun der Nehmer einer Lizenz, gleichgültig, ob es sich um ein Patent oder Verfahrenspatent handelt, gleichzeitig Lieferant der Mittel i.S.d. § 10 I PatG, so erleichtert die Tatsache, daß der Lieferant ein Lizenznehmer ist, die Beweisführung des Patentinhabers im bedeutenden Maße. In diesem Fall ist es meist offensichtlich, daß der Lizenznehmer positiv weiß, daß die von ihm angebotenen oder gelieferten Mittel geeignet und vom Empfänger dazu bestimmt sind, für die Benutzung der geschützten Erfindung verwendet zu werden.

Unabhängig von dem Begehen einer mittelbaren Patentverletzung nach § 10 PatG kann sich der Lizenznehmer, wie jeder andere, auch eine Beihilfe zur mittelbaren Patentverletzung begeht, wenn er die Patentverletzung eines anderen unterstützt. Dies setzt eine vorsätzliche Mitwirkung an einer vorsätzlichen rechtswidrigen Patentverletzung voraus. Er kann aber auch Anstifter sein, wenn er vorsätzlich einen anderen zu einer Patentverletzung bestimmt[84]. Der Lizenznehmer wird jedoch meist keine Veranlassung haben, über den "Umweg" der Anstiftung oder Beihilfe zur Patentverletzung das Patent anzugreifen, denn ihm konnte bisher nach der europäischen Rechtsprechung zum Wettbewerbsrecht eine Nichtangriffspflicht nicht wirksam auferlegt werden. Nach Art. 4 I Nr. 2b der am 1.4.1996 in Kraft getretenen GFVO (Technologie) besteht die Möglichkeit bei der Europäischen Kommission eine Freistellung der Vereinbarung zu beantragen. Im deutschen Recht hat der Lizenzgeber die Möglichkeit, sich vor einem Angriff auf das Patent durch eine Nichtangriffsvereinbarung zu schützen[85].

Zu seiner Verteidigung gegen die Patentverletzung kann der Lizenznehmer, der vom Patent Gebrauch macht, nicht mit Erfolg geltend machen, daß das Patent im Stande der Technik neuheitsschädlich vorweggenommen wurde[86].

Neben den patentrechtlichen Ansprüchen bestehen bei Patentverletzungen keine Ansprüche aus dem Wettbewerbsrecht. Besteht jedoch kein Patent- oder anderer Sortenschutz, so kann die Handlung eines Mitbewerbers in bezug auf einen technischen Gegenstand eines anderen einen Verstoß gegen den lauteren Wettbewerb oder die guten

---

83 Vgl. zur Beweiserleichterung des Patentinhabers, Preu, Benutzung, GRUR 1980, 679 (699). Siehe auch Hesse, mittelbare Patentverletzung, GRUR 1982, 191 (193).

84 Benkard-Bruchhausen, § 11 Rn. 28 f.; vgl. dort auch zu einem Fall der mittelbaren Täterschaft.

85 Vgl. zur Zulässigkeit der sog. Nichtangriffsklausel im deutschen und europäischen Wettbewerbsrecht 1. Teil, E. I. 2. r); vgl. auch 1. Teil, E. I. 1. b) bb) a).

86 Hesse, Schutzumfang, GRUR 1972, 505 ff. (505).

Sitten darstellen und Ansprüche aus dem Wettbewerbsrecht oder dem bürgerlichen Recht auslösen[87].

Die patentrechtlichen Ansprüche aus dem Patentgesetz können durch zivilrechtliche Ansprüche bei Patentverletzung ergänzt werden.

3. Haftung aus böswilliger Eigengeschäftsführung gem. § 687 II BGB

Überschreitet der Lizenznehmer seine patentrechtlichen Befugnisse und verletzt damit das Patent, kommt eine Haftung aus böswilliger Eigengeschäftsführung gem. § 687 II BGB in Betracht.

Eine böswillige Eigengeschäftsführung liegt dann vor, wenn jemand in ein fremdes Recht in Kenntnis seiner Nichtberechtigung hierzu in eigennütziger Absicht eingreift[88].

Der böswillige Eingriff in ein fremdes Recht ist keine Geschäftsführung i.S.d. § 677 BGB, sondern bildet den kontradiktorischen Gegensatz zur Geschäftsführung für einen anderen[89]. Es fehlt der Wille des Geschäftsführers, ein objektiv fremdes Geschäfts zu besorgen; er besorgt das Geschäft vielmehr angemaßt als eigenes[90].

Voraussetzung für einen Anspruch des Patentinhabers gegen den die Befugnisse aus dem Patent überschreitenden Lizenznehmer gem. § 687 II BGB ist der Eingriff in ein fremdes Recht und damit das Vorliegen eines objektiv fremden Geschäfts.

Bei der Überschreitung der patentrechtlichen Befugnisse handelt es sich um ein objektiv fremdes Geschäft, denn nach dem Patentgesetz hat das Patent die Wirkung, daß nur der Patentinhaber befugt ist, die patentierte Erfindung zu benutzen, § 9 PatG. Durch Erteilung einer Lizenz kann der Patentinhaber zwar anderen die Befugnis zur Benutzung der Erfindung einräumen, diese Benutzungsbefugnis braucht jedoch nicht uneingeschränkt erteilt zu werden. Wird sie beschränkt erteilt und hält sich der Lizenznehmer nicht an die Beschränkungen, führt der Lizenznehmer ein objektiv fremdes Geschäft, nämlich die Benutzung der Erfindung in einem Bereich, in dem nur der Patentinhaber befugt ist.

Der Tatbestand des § 687 II BGB ist auch dann erfüllt, wenn in eigennütziger Absicht und in Kenntnis der Nichtberechtigung in ein absolutes Recht i.S.d. § 823 I BGB eingegriffen wird, das zugleich ein Vermögensrecht oder ein Persönlichkeitsrecht mit wirtschaftlichem Zuweisungsgehalt ist[91]. Der Verletzer eines Patents greift in einen

---

[87] Benkard-Bruchhausen, vor §§ 9-14 Rn. 4.

[88] Staudinger-Wittmann, §§ 677 ff. Rn. 14.

[89] Staudinger-Wittmann, § 687 Rn. 1.

[90] Palandt-Thomas, Einf. v. § 677 Rn. 4.

[91] Da das Patent ein derart absolutes Recht ist, kann die Frage, ob in lediglich schuldrechtlich geschützte Interessensphären eingegriffen werden dahingestellt bleiben, Staudinger-Wittmann, § 687 Rn. 6 f.

absolut geschützten Rechtskreis ein[92] und erfüllt die Voraussetzungen der böswilligen Eigengeschäftsführung. Eine solche Haftung des Patentverletzers ist auch in der Rechtsprechung und Literatur anerkannt[93]. Das Bestehen des Anspruchs bei Patentverletzung wird häufig schon daraus gefolgert, daß die anerkannte Schadensberechnungsart der Herausgabe des Verletzergewinns i.S.d. § 139 PatG auf der analogen Anwendung der Bestimmungen über die unberechtigte Geschäftsführung gem. §§ 686 II i.V.m. 667 BGB beruht[94]. Rechtspolitisch wird der Anspruch für die Verletzung von gewerblichen Schutzrechten damit begründet, daß Immaterialgüterrechte leichter verletzbar sind und daher einen wirksamen Schutz verlangen[95]. Auch der Lizenznehmer, der seine Befugnisse aus dem Patent überschreitet, greift in eigennütziger Absicht in das Patent ein.

Genehmigt der Patentinhaber im nachhinein die Befugnisüberschreitung, wird dadurch der Anspruch aus § 687 II BGB nicht ausgeschlossen, da es anerkannt ist, daß für den Anspruch keine Genehmigung nach § 684 S. 2 BGB möglich ist[96].

Daneben haftet der Lizenznehmers nach den Regeln der unberechtigten Geschäftsführung ohne Auftrag. Derjenige, der sich nicht an den Vertrag mit dem Geschäftsherrn hält und seine vertraglichen Befugnisse überschreitet, handelt ohne Auftrag oder sonstige Berechtigung gegenüber dem Geschäftsherrn. Trotz des vertraglichen Verhältnisses zwischen Lizenznehmer und Patentinhaber, bzw. Lizenzgeber, ist der Lizenznehmer bei Überschreitung seiner vertraglichen Befugnisse zur Geschäftsführung nicht berechtigt[97].

4. Haftung aus ungerechtfertigter Bereicherung nach § 812 I S.1 2. Alt. BGB (Eingriffskondiktion)

Neben den dargestellten Ansprüchen ist es anerkannt, daß der Patentverletzer auch nach den Bereicherungsvorschriften haften kann. Die Möglichkeit der Haftung nach § 812 I S.1 2. Alt. BGB ist deshalb im allgemeinen bei Patentverletzungen wichtig, weil für sie kein Verschulden des Verletzers erforderlich ist. Praktische Bedeutung hat dies aber weniger für die Haftung des Lizenznehmers, bei dem regelmäßig aufgrund seiner Kenntnis vom Vertrag ein Verschulden anzunehmen ist[98].

---

92 Palandt-Thomas, § 687 Rn. 5; Müko-Seiler, § 687 Rn. 22 f.; Erman-Hauß, § 687 Rn. 11.

93 RG v. 7.3.1900 RGZ 46, 14 (18); RG v. 3.2.1909 RGZ 70, 249 (251); RG v. 4.5.1923, RGZ 108, 1 (6 f.); RG v. 22.10.1930 RGZ 130, 108 (110); BGH NJW 1962, 1507 f. (1508); Müko-Seiler, § 687 Rn. 22; Palandt-Thomas, § 687 Rn. 5.

94 Vgl. zu der Berechnungsmethode 3. Teil, A. I. 1. c) aa) (c).

95 Staudinger-Wittmann, § 687 Rn. 21; Müko-Seiler, § 687 Rn. 22.

96 Palandt-Thomas, § 687 Rn. 1

97 Vgl. dazu auch Müko-Seiler, § 677 Rn 42; Palandt-Thomas, § 677 Rn. 11; vgl. auch BGH DB 1989, 1762 ff. (1763) bei dem es darum ging, daß der Geschäftsführer einer GmbH die dienstvertraglich gezogenen Grenzen seiner Geschäftsführungsbefugnis mißachtet hat.

98 Vgl. dazu schon 3. Teil, A. I. 3. und 3. Teil, C. I.

Ob bei schuldloser Verletzung eines Patents ein Bereicherungsanspruch gewährt wird, war lange Zeit umstritten. Insbesondere die Rechtsprechung des Reichsgerichts hat einen solchen Anspruch stets abgelehnt[99]. An der Rechtsprechung wurde jedoch immer wieder Kritik geübt mit dem Erfolg, daß inzwischen die Gewährung eines solchen Anspruchs anerkannt ist[100]. Begründet wird das damit, daß sich aus den Verjährungsvorschriften der Patentverletzung, § 141 PatG, und der entsprechenden Vorschrift des § 852 II BGB nicht folgern läßt, daß eine abschließende sondergesetzliche Regelung besteht. Gleiches gilt für die Regelung des § 139 PatG, nach der bei leicht fahrlässigen Verletzungen eine Entschädigung festgesetzt werden kann[101].

Voraussetzung für den Bereicherungsanspruch des Patentinhabers aus § 812 I S.1 2. Alt. BGB ist, daß der Lizenznehmer einen Vermögensvorteil erlangt hat, der nicht auf die zweckgerichtete Leistung des Patentinhabers zurückzuführen ist[102]. Dies ist regelmäßig der Fall, wenn der Lizenznehmer seine patentrechtlichen Befugnisse überschreitet, da er höhere Einnahmen durch die erweiterte Patentnutzung erzielt.

5. Die Haftung aus unerlaubter Handlung nach § 823 I BGB

Grundsätzlich ist anerkannt, daß für die Ansprüche wegen Patentverletzung ergänzend auf die Bestimmungen des allgemeinen bürgerlichen Rechts zurückgegriffen werden kann[103]. Ausdrücklich ist das für die Ansprüche auf Rechnungslegung und Nutzungsherausgabe bestimmt[104]. Daneben ist aber auch anerkannt, daß weitere zivilrechtliche Ansprüche, wie beispielsweise nach den Geschäftsführungsregeln, bestehen können[105].

Nach einhelliger Meinung in Literatur und Rechtsprechung werden aber über den durch § 139 PatG geregelten Bereich hinaus keine Unterlassungs- oder Schadensersatzansprüche wegen Patentverletzung nach anderen Bestimmungen zugelassen[106]. Die allgemeine Deliktshaftung nach § 823 BGB tritt damit hinter der spezialgesetzlichen Regelung des § 139 PatG zurück. Die Deliktshaftung ist durch die spezielle Vorschrift des § 139 II PatG, die eine eingeschränkte Haftung vorsieht, ersetzt.

---

99 Vgl. z.B. RG v. 31.12.1898 RGZ 43, 56 (58); RG v. 11.1.1902 RGZ 50, 111 (115); RG v. 3.2.1909 RGZ 70, 249 (253); RG v. 9.6.1928 RGZ 121, 258 (261).

100 BGHZ 77, S. 16 ff. (25); BGH GRUR 1977, S. 250 ff. (253) - "Kunststoffhohlprofil" m.w.N.; Staudinger-Wittmann, § 687 Rn. 4; Palandt-Thomas, Einf v § 812 Rn. 18; Erman-Westerman, vor § 812 Rn. 15; Soergel-Mühl, vor § 812 Rn. 15.

101 Vgl. Staudinger-Wittmann, § 687 Rn. 4.

102 Palandt-Thomas, § 812 Rn. 10.

103 Benkard-Rogge, § 139 Rn. 14.

104 RG v. 3.2.1909 RGZ 70, 249 (252); RG v. 24.1.1906 RGZ 62, 320 ff. (321).

105 Vgl. 2. Teil, A. I. 3.

106 RG v. 31.1.1928 RGZ 120, 94 (97); RG v. 7.3.1900 RGZ 46, 14 (17); RG v. 31.12.1898 RGZ 43, 56 (58); BGH GRUR 1977, 250 (253 f.) - "Kunststoffhohlprofil"; Benkard-Rogge, § 139 Rn. 14.

Für einen Anspruch aus § 823 I BGB besteht aufgrund des § 139 PatG auch keine Notwendigkeit. Vielmehr würde sich bei Zulassung des Anspruchs aus § 823 I BGB die Frage stellen, ob die in § 139 II 2 PatG vorgesehene Haftungsmilderung auch für den deliktischen Anspruch aus § 823 I BGB gilt, was letztendlich wohl zu bejahen wäre.

Es ist auch anerkannt, daß es für Patentverletzungen für die Zeit vor Erteilung des Patents keine Ansprüche aus § 823 I BGB gibt[107]. Es kommen aber möglicherweise Ansprüche aus § 826 BGB in Betracht[108].

6. Die Haftung wegen sittenwidriger vorsätzlicher Schädigung nach § 826 BGB

Der Lizenznehmer kann unabhängig von der Patent- und Vertragsverletzung wegen einer unerlaubten Handlung deliktisch haften. Die Verletzung von Vertragspflichten als solche stellt keine unerlaubte Handlung i.S.d. §§ 823 ff. BGB dar. Sie kann aber, wenn sie zugleich den Tatbestand des § 826 BGB erfüllt, zugleich eine unerlaubte Handlung sein und eine Haftung nach den für diese maßgebenden Rechtssätzen begründen[109].

Anders als für § 823 BGB[110] ist es, wie in den folgenden Entscheidungen zum Ausduck kommt, anerkannt, daß § 826 BGB als Anspruchsgrundlage für Verletzung in Betracht kommt[111]. Grund ist, daß im Patentgesetz für einen solchen Anspruch keine Spezialregelung existiert.

Gem. § 826 BGB haftet der Lizenznehmer, der in einer gegen die guten Sitten verstoßenden Weise einem anderen vorsätzlich Schaden zufügt. Ein Verstoß gegen die guten Sitten liegt allgemein dann vor, wenn ein Handeln gegen das Anstandsgefühl aller billig und gerecht Denkenden verstößt[112]. Nach der Rechtsprechung handelt der Lizenznehmer z.B. dann sittenwidrig, wenn er ein ihm im Rahmen der Verbesserungsklausel unentgeltlich zur Benutzung überlassenes Patent mit der Nichtigkeitsklage angreift[113]. Ein anderer Fall der Sittenwidrigkeit aufgrund Mißbrauchs der Rechtsstellung liegt dann vor, wenn jemand, der in Verhandlung mit einem Unternehmen steht, das ein Verfahren entwickelt und als Patent angemeldet, aber noch nicht ein Warenzeichen für das Verfahren angemeldet hat, die Warenzeichenanmeldung unbefugt vornimmt, um das Unternehmen zur Einräumung eines Alleinvertriebsrechts zu

---

[107] RG v. 25.9.1911 RGZ 77, 81 (83); RG v. 28.3.1944 GRUR 1944, 137 (140); RG v. 2.10.1944 GRUR 1951, 278 (281); Hans. OLG Hamburg v. 3.11.1949 GRUR 1959, 82 (84); Benkard-Rogge, § 139 Rn. 14.

[108] Vgl. 2. Teil, I. F.

[109] Palandt-Thomas, Einf. v. § 823 Rn. 4.

[110] Vgl. 2. Teil, A. I. 5.

[111] A.A. RG v. 6.5.1934 RG GRUR 1934, 657 (664).

[112] Palandt-Thomas, § 826 Rn. 2.

[113] Palandt-Thomas, § 826 Rn. 44.

bestimmen[114]. Die Schädigung des Unternehmens liegt darin, daß es in der Auswertung seines Rechts gehindert wird[115].

Neben den angegebenen Fällen kann der Lizenznehmer, der die Erfindung in der Zeit vor Erteilung des Patents benutzt, aus § 826 BGB haften[116]. Es handelt sich dabei um Ansprüche aus § 826 BGB i.V.m. § 1 UWG, die bei Erfüllung der Voraussetzungen Schadensersatz und Unterlassung der Erfindungsbenutzung zur Folge haben.

II. USA

Anders als im deutschen Recht, in der eine Vielzahl von Entscheidungen über die Patentverletzung durch einen Dritten ergangen ist, es aber kaum Entscheidungen zu der Patentverletzung durch einen Lizenznehmer gibt, ist die Frage der Patentverletzung durch einen Lizenznehmer im US-amerikanischen Recht bisher Gegenstand einiger Entscheidungen gewesen. Auch die US-amerikanische Literatur beschäftigt sich im weiteren Umfang mit der Haftung des Lizenznehmers, als dies im deutschen Recht der Fall ist. Die erhöhte Aufmerksamkeit, die der Haftungsfrage des Lizenznehmers in den USA geschenkt wird, spiegelt sich auch in den vertraglichen Vereinbarungen der Vertragsparteien wieder. In den Lizenzverträgen finden sich sehr oft Klauseln, die die Haftung des Lizenznehmers bei bestimmten Verletzungen regeln[117].

Wie im deutschen Recht wird zwischen der Haftung des Lizenznehmers wegen Patentverletzung und wegen Vertragsverletzung unterschieden, wobei der Lizenznehmer auch für beide Verletzungen gleichzeitig haften kann:

> "The remedy of complainant may be a double one, for liability may rest either upon the broken contract, or for the tortious use of the invention[118]".

Wie im deutschen Recht ist die Verletzung des Patents zugleich eine Vertragsverletzung, da gleichzeitig auch die vertraglichen Grenzen überschritten werden. Die Verletzung der rein schuldrechtlichen Bestimmungen des Vertrages ist hingegen keine Patentverletzung:

> "The breach by a licensee of obligations in a patent license to perform as to a subject not within the claims of the patent itself is not an "infringement" of the patent[119]".

---

114 BGH GRUR 1967, 304 (305 f.) - "Siroset".
115 BGH GRUR 1967, 304 (306) - "Siroset".
116 RG v. 2.10.1944 GRUR 1951, 278 (281); Hans. OLG Hamburg v. 3.11.1949 GRUR 1959, 82 (85); BGH GRUR 1952, 562 ff. (563); a.A. RG v. 6.5.1934, 657 (664) nach der generell die Möglichkeit nach § 826 BGB, Anspruch zu erheben, ausschlossen wird.
117 Vgl. dazu 1. Teil, E. II. 2. j).
118 Heaton-Peninsular Button-Fastener Co. v. Eureka Speciality Co., 77 F., 288 (291).
119 L. L. Brown Paper Co. v. Hydroiloid, Inc., 118 F.2d., 674 (677).

Während das Patentrecht bei einer Patentverletzung grundsätzlich eine Zivilrechtsklage vor dem Bundesgericht als Rechtsmittel vorsieht[120], hat der Patentinhaber eine andere Alternative, wenn der Patentverletzer sein Lizenznehmer ist. Anstelle der Patentverletzungsklage kann er eine Klage wegen Vertragsverletzung vor dem einzelstaatlichen Gericht erheben[121]. Dem Lizenzgeber wird damit ein Wahlrecht zwischen Klage aufgrund des Patents wegen Patentverletzung oder Klage auf Basis des Vertrages wegen Vertragsverletzung oder beides zugestanden[122]. Die Zuständigkeit bleibt beim einzelstaatlichen Gericht, auch wenn die Verteidigung wegen Patentnichtigkeit zusätzlich geltend gemacht wird[123]. Dies gilt jedoch nur, wenn das Patent verletzt wurde, denn die Überschreitung der patentrechtlichen Befugnisse stellt immer auch gleichzeitig eine Vertragsverletzung dar.

Handelt es sich aber lediglich um eine Vertragsverletzung, d.h. hat der Lizenznehmer nur eine schuldrechtliche Verpflichtung aus dem Vertrag gebrochen, nicht aber auch die patentrechtlichen Beschränkungen verletzt, kann der Lizenzgeber seine Klage nur auf den Vertrag stützen. Für diese Vertragsverletzung sind die Gerichte der Einzelstaaten zuständig[124]. Das einzelstaatliche Gericht ist auch dann zuständig, wenn ein Patentinhaber Klage auf Zahlung der Lizenzgebühren, Rechnungslegung und Aufhebung des Vertrages erhebt, nebenbei aber auch Schadensersatz für die Patentverletzung begehrt[125]. Anderes gilt jedoch dann wiederum, wenn der Lizenzgeber gegen den Lizenznehmer eine Klage auf Zahlung der Lizenzgebühren erhoben hat, die während der Dauer des Lizenzvertrages fällig waren, er den Lizenzvertrag aber beendet, und der Lizenznehmer nun die Nichtigkeit des Patents geltend macht. Kompetenz hat hier das Bundesgericht; die Beendigung des Lizenzvertrages ändert die Zuständigkeit des einzelstaatlichen Gerichts[126].

Um zu entscheiden, ob eine patentrechtliche Streitigkeit vorliegt, müssen alle Umstände des Einzelfalls geprüft werden[127]. Um herauszufinden, welches einzelstaatliche Gericht zuständig ist, wird ein "Test of place of contract" durchgeführt. Danach bestimmt sich

---

120 28 U.S.C.A. § 1338 (a); Amburn v. Harold Forster Industries, Ltd., 423 F.Supp., 1302 ff. (1303).

121 Henry v. A. B. Dick Co., 224 U.S. 1, 56 L.ed., 645 (649).

122 Henry v. A. B. Dick Co., 224 U.S. 1, 56 L.ed., 645 (649).

123 Eckstrom, Licensing Vol. 1, § 1.03 (3) (a); Lear v. Adkins, 162 USPQ, 1 ff.

124 Vgl. 28 U.S.C. § 1338, 185, 178; Hartell v. Tilghman, 99 U.S. 547, 25 L.ed., 357 (359).

125 Luckett v. Delpark, 270 U.S., 496, 70 L.ed., 703 (709) m.w.N.

126 28 U.S.C.A. § 1338 (a); Thiokol Chemical Corp. v. Burlington Industries, Inc., 448 F.2d., 1328 (1331). Macht der Lizenzgeber in einer Klage einmal eine Patentverletzung geltend und erhebt zusätzlich noch Ansprüche bezüglich der Zahlung von Lizenzgebühren, ist es nicht immer eindeutig, ob die Klage wegen Lizenzgebührenzahlung abgewiesen wird, vgl. De Cew v. Union Bag & Paper Corporation, 57 F. Supp., 388 (401); 69 C.J.S., § 266, S. 820; vgl. auch C.R. Bard, Inc. v. Schwartz, 219 USPQ, 197 ff.; Diematic Mfg. Corp. v. Packaging Industries, Inc., 381 F.Supp., 1057 (1060).

127 C.R. Bard, Inc. v. Schwartz, 219 USPQ, 197 (203).

der Ort des Vertrages danach, wo die letzte Handlung von einer der Parteien, die für den Abschluß des Vertrages wesentlich war, vorgenommen wurde[128].

In den USA gibt es keine dem § 242 BGB entsprechende Generalklausel. Es ist jedoch anerkannt, daß im modernen US-amerikanischen Vertragsrecht die Vertragsparteien verpflichtet sind, den Vertrag "in good faith" (im guten Glauben) auszuüben. Dies ist ausdrücklich im Uniform Commercial Code, eines der wichtigsten kodifizierten Gebiete[129], in Sec. 1.203 festgehalten:

> "Every contract or duty within this Act imposes an obligation of good faith in its performance or enforcement".

"Good faith" wird dabei generell als "honesty in fact in the conduct or transaction concerned", also getreu den Tatsachen, des Verhaltens oder des betreffenden Geschäfts definiert[130]. Auch im Lizenzvertragsrecht kommt die Geltung des Grundsatzes in einigen Entscheidungen zum Ausdruck, so z.B. bezüglich der Verwertung des lizenzierten Patents im guten Glauben[131]. In der Literatur wird bestätigt, daß in jedem Lizenzvertrag eine stillschweigende Vereinbarung besteht, daß keiner der Vertragsparteien die Ausführung des Lizenzvertrages verhindert oder versucht zu verhindern[132].

Für die Haftung ist es im allgemeinen wichtig, daß die Rechtsprechung die Beschränkungen des Lizenznehmers grundsätzlich zu seinen Gunsten auslegt[133]. Die Rechte des Lizenznehmers sollen geschützt werden[134].

Es ist anerkannt, daß grundsätzlich nur in drei Fällen gegen den Lizenznehmer ein Verletzungsvorwurf wegen Patentverletzung erhoben werden kann[135]:

(a) wenn die angeblich verletzenden Vorrichtungen nicht von der Lizenz erfaßt werden;

(b) wenn die Lizenz abgelaufen ist;

(c) wenn der Lizenznehmer die Erfüllung des Lizenzvertrages endgültig verweigert.

Der erste Fall stellt die Patentverletzung durch Überschreitung der patentrechtlichen Befugnisse dar[136]. Daneben kann das Patent auch mittelbar verletzt werden[137]. Der zweite Fall, die Patentverletzung nach Ablauf der Lizenz, ergibt sich aus der Erwägung,

---

128 Willis Bros., Inc. v. Ocean Scallops, Inc., 356 F.Supp., 1151 (1155) m.w.N., der Fall bezog sich auf das Recht des Staates North Carolina; der Test gilt jedoch generell in den Einzelstaaten.

129 Vgl. dazu bereits 1. Teil, A. II. 2.

130 Vgl. dazu auch Stone, S. 6.

131 Mechanical Ice Tray Corp. v. General Motors Corp., 144 F.2d., 720 (726): "The exercise of good faith in exploiting licensed patents, assuming obligation to do so was implicit in exclusive license, did not require licensee to refrain from doing whatever licensors hat expressly agreed it might do".

132 Ellis, Licenses S. 17.

133 Ruckstell Sales & Mfg. Co. v. Perfecto Gear Differential Co., 28 F.2d., 407 (411 f.).

134 St. Joseph Iron Works v. Farmers Mfg. Co., 106 F.2d., 294 (298).

135 Thiokol Chemical Corp. v. Burlington Industries, Inc., 313 F.Supp., 253 (255); Ski Pole Specialist, Inc. v. McDonalds, 159 USPQ, 709 (711); vgl. auch Bucky et al. v. Sebeo, 208 F.2d., 304 ff.

136 Die sog. direkte Patentverletzung wird unter 2. Teil, A. 1. behandelt.

137 Siehe zur mittelbaren Patentverletzung 2. Teil, A. 2.

daß der Lizenznehmer die gleiche Stellung hat wie ein Dritter, der das Patent verletzt und bei dem zu keiner Zeit ein Lizenzvertrag bestand. Drittens ist anerkannt, daß eine Patentverletzung vorliegt, wenn der Lizenznehmer die Erfüllung des Lizenzvertrages endgültig verweigert. Hierzu zählen die Fälle der Lizenzaufgabe ("abandonment") und die Verweigerung der Ausführung des Lizenzvertrages ("repudiation")[138].

Vertragsverletzungen liegen dann vor, wenn eine Patentverletzung gegeben ist, da damit gleichzeitig die vertraglichen Vereinbarungen gebrochen und sonstige schuldrechtliche Vereinbarungen nicht eingehalten werden.

Wie sich zeigen wird, entsprechen sowohl die Tatbestände der Patentverletzung als auch die der Vertragsverletzung im US-amerikanischen Recht überwiegend derjenigen im deutschen Recht.

Auch im US-amerikanischen Recht ist zu beachten, daß der Lizenznehmer nur dann haftet, wenn die ihm auferlegten Beschränkungen wirksam sind, insbesondere also nicht gegen das Antitrust-Recht verstoßen.

1. Haftung wegen Patentverletzung nach dem US-amerikanischen Patentgesetz

Durch die Patenterteilung wird dem Patentinhaber ein Ausschließlichkeitrecht verliehen[139]. Das Patentgesetz erklärt, daß der Patentinhaber ein zum beweglichen Vermögen gehörendes Eigentumsrecht erlangt, 35 U.S.C. § 261 I. Inhalt des Patentmonopols ist nach dem US-amerikanischen Patentrecht das Recht, andere von der Herstellung, Benutzung und Veräußerung der Erfindung im Gebiet der Vereinigten Staaten auszuschließen, 35 U.S.C. § 154, mit dem Ergebnis, daß nach dem Patentgesetz die Vornahme dieser Handlungen, während der Patentlaufzeit[140] ohne Ermächtigung eine Patentverletzung darstellt, 35 U.S.C. § 271 (a):

> "Whoever without authority makes, uses or sells any patented invention, within the United States during the term of the patent therefor, infringes the patent."

Andere Handlungen als die Herstellung, Benutzung und Veräußerung sind keine Patentverletzungen, auch wenn sie den Wert des Patents beeinflussen und verringern[141]. Derjenige, der zur Benutzung des Patents befugt ist, begeht keine Patentverletzung. Der Lizenznehmer bekommt wie im deutschen Recht durch die Lizenzerteilung eine solche Befugnis eingeräumt. Nach US-amerikanischer Auffassung ist Grundsatz des Patentsystems zum einen die Einräumung des Ausschließungsrechts für den

---

[138] Siehe hierzu 2. Teil, A. II. 3.

[139] 35 U.S.C. § 145; Cammeyer v. Newton, 94 U.S. 225, 94 L.ed., 72 ff. (72); die Berechtigung des Patentinhaber stellt aber kein Monopol dar, vgl. dazu 1. Teil, A. II. 3.

[140] Die Patentlaufzeit betrug in den USA bisher 17 Jahre. Nach GATT, 8.6.1995 beträgt die Laufzeit 20 Jahre nach Einreichung der Patentschrift.

[141] Chisum, Treatise Vol. 4, § 16.02; Paper Converting Machine v. Magna-Graphics, 745 F.2d., 11 (16).

Patentinhaber und zum anderen die Kontrolle der Ausnahmen der Ausschließung von der Benutzung durch die Lizenzvergabe:

> "The conceptual basis of a patent system is that patentee has certain bundle of rights, i.e., to exclude others from making, using or selling the patented invention, and to control at first stage the exceptions to that exclusion by granting of licenses[142]."

Das Ausschließungsrecht des Patentinhabers ist jedoch nicht unbeschränkt gewährt, sondern der Patentinhaber muß gewisse Beschränkungen hinnehmen. Im US-amerikanischen Recht ist z.B. anerkannt, daß die Herstellung oder der Gebrauch einer patentierten Erfindung zugelassen ist, wenn sie allein für experimentelle oder andere "non-profit" Zwecke dienen, ("Experimental purpose doctrine")[143]. Der Patentinhaber kann also sein Ausschließungsrecht nicht geltend machen. Die Benutzung des Patents ist zwar eigentlich eine Patentverletzung, sie ist jedoch entschuldigt[144]. Dagegen ist aber der einfache Gebrauch eines patentierten Produkts oder Verfahrens zum persönlichen Vorteil keine entschuldigte Verletzungshandlung[145]. Wie bereits dargestellt, erschöpft sich das Monopol des Patentinhabers, wenn das erste patentierte Produkt verkauft wird ("Exhausion Doctrine")[146].

Die Patentverletzung stellt wie im deutschen Recht auch nach US-amerikanischer Auffassung eine unerlaubte Handlung ("tort") dar[147]:

> "Infringement whether direct or contributory, is essentially a tort, and implies invasion of some right of the patentee."

Da die Frage, ob die Handlung eines Lizenznehmers eine Patentverletzung ist, ist wie im deutschen Recht davon abhängt, ob die ihm auferlegten Beschränkungen patentrechtlicher Art sind, ist der Charakter der einzelnen Beschränkungen zu bestimmen.

Besonders im US-amerikanischen Recht ist die Abgrenzung der patentrechtlichen zu den schuldrechtlichen Beschränkungen von großer Bedeutung. Während die Zuständigkeit für die Verletzung einer patentrechtlichen Beschränkung sowohl bei dem Bundesgericht

---

142 Griffin v. Keystone Mushroom Farm, Inc., 453 F.Supp., 1283 (1285).

143 Chesterfield v. Unites States, 159 F.Supp., 371 (375 f.); Bonsack Mach. Co. v. Underwood, 73 F., 206 (211); Ruth v. Stearns-Roger Mfg. Co., 13 F.Supp., 697 (703). Die "Experimental purpose doctrine" wird auch teilweise als ein Ausdruck der Maxime "de minimis non curat lex" angesehen, vgl. Chisum, Treatise Vol. 4, § 16.03 (1). Die "de minis" Maxime ist eine Verteidigung, die darauf basiert, daß die Verletzungshandlung unbedeutend ist und in dem Stadium des "de minimis" beendet war, vgl. Collis & Aikman Corp. v. Stratton Industries, 728 F.Supp., 1570 (1577 f.) m.w.N.

144 Chisum, Treatise Vol. 4, § 16.03 (1).

145 Polysius Corp. v. Fuller Co., 709 F.Supp., 560 (574).

146 Siehe 1. Teil, C. I. 1. a) bb) (a).

147 Amburn v. Harold Forster Industries, Ltd., 423 F.Supp., 1302 (1303); Griffin v. Keystone Mushroom Farm, Inc., 453 F.Supp., 1283 (1285); Mercoid Corp. v. Mid-Continent Invest Co., 320 U.S. 661, 88 L.ed., 376 (387).

als auch bei dem einzelstaatlichen Gericht liegt, wie bereits dargestellt[148], sind für den Fall, daß lediglich eine Vertragsverletzung vorliegt, gewöhnlich die Gerichte der Einzelstaaten zuständig.

Nach US-amerikanischer Auffassung sind die Beschränkungen bezüglich der Herstellung, des Gebrauchs und der Veräußerung patentrechtlicher Art[149]. Andere Handlungen sind grundsätzlich keine Patentverletzungen, also lediglich schuldrechtlicher Art, auch wenn sie den Wert des Patents beeinflussen und verringern[150].

Die Zahlung der Lizenzgebühren ist eine rein schuldrechtliche Verpflichtung[151]. In diesem Zusammenhang hat auch die Preisbeschränkung des Lizenznehmers schuldrechtliche Wirkung[152]. Weiterhin rein schuldrechtlich wirkt die Pflicht zur Rechnungslegung[153], Ausübung des Patents[154], Werbung[155], Verpflichtung zur Übertragung von Verbesserungserfindungen[156] und die Kennzeichnung[157]. Grundsätzlich gilt, daß es sich dann um eine lediglich schuldrechtliche Vereinbarung handelt, wenn die Vereinbarungen keinen direkten Bezug zu dem Patent haben[158].

Damit ist auch in den USA anerkannt, daß die Art und Weise der Ausübung der Benutzung innerhalb der patentrechtlichen Beschränkungen lediglich schuldrechtliche Wirkungen haben, und der Lizenznehmer diesbezüglich nur wegen Vertragsverletzung haften kann.

---

148 Vgl. 2. Teil, A. II. 1.; siehe auch die Einführung in das US-amerikanische Rechtssystem 1. Teil, A. II. 1.

149 George Close Co. v. Ideal Wrapping Mach Co. et al., 28 F.2d., 533 (535); Reynolds Metals Co. v. Continental Group, Inc., 525 F.Supp., 950 (972); Merry Manufacturing Company v. Burns Tool Company, 206 F.Supp., 53 (62); W.R. Grace Co. v,. Park Manufacturing, 378 F.Supp., 976 (978); Stiegele v. Jacques Kreisler Manufacuring Corp., 213 F.Supp., 494 (496); Scaramucci v. FMC Corporation, 258 F.Supp., 598 (600); Amburn v. Harold Forster Industries, Ltd., 423 F.Supp., 1302 ff. (1303); Philips Elec. & Pharm. Ind. Corp. v. Thermal & Elec. Ind., Inc., 311 F.Supp., 17 (39); vgl. auch Heaton-Pensinsular Button-Fastener Co. v. Eureka Speciality Co., 77 F., 288 (291); Henry v. A. B. Dick, 224 U.S. 1, 56 L.ed., 645 (648) m.w.N.

150 Chisum, Treatise Vol. 4, § 16.02; Paper Converting Machine v. Magna-Graphics, 745 F.2d., 11 (16).

151 De Cew v. Union Bag & Paper Corporation, 57 F.Supp., 388 (401); 69 C.J.S., § 266, S. 820; International Burr Corporation v. Wood Grinding Service, Inc., 34 F.2d., 905 (909); Seibert Cylinder Oil-Cup Co. v. Detroit Lubricator, 34 F., 216 (221); Robinson, Law of Patents Vol. 3, § 915, S. 86; Hartell v. Tilghman, 99 U.S. 547, 25 L.ed., 357 (359); Consolidated Middlings Purifier Co v. Wolf, 28 F., 814 ff. (815).

152 Indiana Mfg. v. Nichols & Shapard Co., 190 F., 579 (583); vgl. auch Boston Store v. American Graphophone, 246 U.S. 8, 62 L.ed., 8 ff.; Wird im Lizenzvertrag jedoch bestimmt, daß die Produkte zu einem bestimmten Preis verkauft werden sollen und die Nichteinhaltung des Preises eine Patentverletzung darstellt, so handelt es sich um eine patentrechtliche Bedingung, die eine Patentverletzung darstellt, wenn sie zulässig ist, Luckett v. Delpark, 270 U.S., 70 L.ed., 703 (707).

153 Luckett v. Delpark, 270 U.S., 70 L.ed., 703 ff. (704).

154 L. L. Brown Paper Co. v. Hydroiloid, Inc., 118 F.2d., 674 (677).

155 Luckett v. Delpark, 270 U.S., 70 L.ed., 703 (705).

156 Transparent-Wrap M. Corp. v. Stokes & Smith Co., 329 U.S. 637, 91 L.Ed., 563 (567).

157 Chisum, Treatise Vol. 4, § 16.03 (2); Lisle Corp. v. Edwards, 777 F.2d., 693 (695).

158 Hartell v. Tilghman, 99 U.S. 547, 25 L.ed.. 357 (359).

a) Die Haftung des einfachen und ausschließlichen Lizenznehmers einer "express license"

Für die Frage der Patentverletzung des Lizenznehmers einer "express license" sind die Beschränkungen, die der Lizenzgeber dem Lizenznehmer mit der Lizenzerteilung auferlegt hat, entscheidend. Der Lizenzvertrag bestimmt die Grenzen der patentrechtlichen Befugnisse des Lizenznehmers:

> "The license defines the boundaries of a lawful use, and estops the licensor from the assertion of his monopoly contrary to its terms".[159]

Hält sich der Lizenznehmer innerhalb seiner Befugnisse, verletzt er das Patent nicht. Überschreitet er aber die ihm auferlegten patentrechtlichen Beschränkungen, stellen seine Handlungen eine Patentverletzung dar. Dazu gehört auch der Fall, daß der Lizenznehmer ein anderes Patent benutzt, was nicht durch die Lizenz abgedeckt war. Eine Patentverletzung ist zudem dann gegeben, wenn die Lizenzerteilung unter eine Bedingung gestellt wurde und diese Bedingung noch nicht eingetreten ist[160].

Ausdrücklich klargestellt ist, daß der Wettbewerb eines Lizenznehmers mit einem anderen keine Patentverletzung darstellt[161].

Bezüglich der Haftung wegen Überschreitung der patentrechtlichen Befugnisse muß zwischen der Haftung des Lizenznehmers, einer "express license", und des Lizenznehmers, einer "implied license", unterschieden werden. Während sich die patentrechtlichen Befugnisse bei der "express license" direkt aus der entweder schriftlichen oder mündlichen Vereinbarung der Vertragsparteien ergibt, muß der Umfang der "implied license" aus den Umständen, die zur Entstehung der "implied license" geführt haben, ermittelt werden.

Im Rahmen der Patentverletzung ist es bedeutsam, wie der Umfang der Patentansprüche im Zweifel auszulegen ist. Insbesondere stellt sich die Frage, ob der Lizenznehmer den Stand der Technik geltend machen kann. Patentansprüche können entweder zugunsten des Lizenznehmers eng ausgelegt werden oder eine weite Auslegung zu seinen Lasten haben. Die US-amerikanische Rechtsprechung ist zu dieser Frage nicht einheitlich.

Wie im allgemeinen bei der Auslegung[162] gilt auch für den Umfang des Patents, daß für die Auslegung kein Raum bleibt, wenn der Vertragstext klar und bestimmt ist[163]. In einigen Entscheidungen und in der Literatur kommt zum Ausdruck, daß im Falle der ungenauen Beschreibung des Patentumfangs, es dem Lizenznehmer erlaubt ist, sich auf den Stand der Technik zu berufen, um eine enge Auslegung des Umfanges zu

[159] Heaton-Peninsular Button-Fastener Co. v. Eureka Speciality Co., 77 F., 288 (291).
[160] Robinson, Law of Patents Vol. 3, § 915, S. 85.
[161] Western Telegraph Co. v. Magnetic Telegraph Co., 62 U.S. 456, 16 L.ed., 189 f. (190).
[162] Vgl. zur Auslegung des Lizenzvertrages in den USA 1. Teil, D. II. 2.
[163] White v. Dunbar, 119 U.S. 47, 30 L.ed., 303 (305); Bracewell v Passaic Print Works, 107 F., 467 (480) m.w.N.

erreichen[164]. Eine enge Auslegung in Patentverletzungsstreitigkeiten in Hinsicht auch auf den Stand der Technik gründet sich darauf, daß das Patent im Falle einer weiten Auslegung für nichtig gehalten werden muß[165]. Der Grund für die enge Auslegung zugunsten des Lizenznehmers in Lizenzverträgen ist die Vermutung, daß hinsichtlich des Standes der Technik nicht angenommen werden kann, daß die Regierung dem Erfinder mehr erteilt hat, als ihm der beschränkte Anspruch eigentlich geben würde[166].

Im Gegensatz dazu steht die Entscheidung Loose et al. v. Bellows Falls Pulp Plaster Co.[167], nach der das Patent gegen den Lizenznehmer weit auszulegen ist[168]. Dagegen steht jedoch wieder die Aussage, daß generell unbestimmte Vereinbarungen zugunsten des Lizenznehmers ausgelegt werden:

> "Any question of uncertainty respecting the exact limits of rights described in license must be resolved in favor of the licensee".[169]

Aufgrund dieser widersprüchlichen Entscheidungen stellt sich die Frage, ob die dargestellten Grundsätze sich wieder neutralisieren[170].

Daß der Lizenznehmer, der seine patentrechtlichen Befugnisse überschreitet, das Patent verletzt, ist bisher in vielen US-amerikanischen Entscheidungen zum Ausdruck gekommen[171]. Die Überschreitung hat zur Folge, daß die Lizenz den Lizenznehmer nicht mehr vor einer Patentverletzungsklage schützt, d.h., der Verzicht des Lizenzgebers auf die Geltendmachung seines Ausschließungsrechts als Inhalt der Lizenz besteht nicht mehr:

> "...In doing this he is not acting under the license, whatever its terms are, which are in dispute, but is acting in defiance of the patent and outside the license. Under these circumstances the license is no protection against suit for infringement".[172]

Entschieden wurde im einzelnen beispielsweise, daß die Überschreitung der Anzahl der hergestellten Gegenstände[173], des Verkaufs in ein bestimmtes Gebiet[174], der

---

164 M'Bride v. Kingman, 97 F., 217 ff.; White v. Dunbar, 119 U.S. 47, 30 L.ed., 303 (305); Pressed Steel Car Co. v. Union Pac. R. Co., 270 F., 518 (524); Standard Plunger Elevator Co. v. Stokes, 212 F., 941 (943); Ellis, Licenses, S. 135.

165 Brown v. Guild, 90 U.S. 181, 23 L.ed., 160 (173 f.).

166 Siemens-Halske Electric Co v. Duncan Electric Mfg. Co., 142 F., 157 (159).

167 266 F., 81 (84) (Klage gegen Lizenznehmer auf Rechnungslegung und Zahlung von Lizenzgebühren nachdem Lizenznehmer die Zahlung eingestellt hat mit der Begründung, daß der Patentinhaber und Lizenzgeber den Lizenznehmer nicht vor verletzenden Wettbewerber auf seinem Gebiet schützt); siehe auch Hewitt v. American Telephone & Telegraph Co., 392 (395).

168 Siehe auch Western Electric Co. v. Robertson, 142 F., 471 (472 ff.).

169 Ruckstell Sales & Mfg. Co., v. Perfecto Gear Differential Co., 407 (411).

170 Ellis, Licenses, S. 137.

171 Fetter v. Newhall, 17 F., 841 (844); Aspinwall Manuf g Co. v. Gill, 32 F., 697 ff. (698); Willis v. M'Cullen, 29 F., S. 641; Hatch v. Hall, 30 F., 613 ff. (614); In re Certain Fluidized Supporting Apparatus, 225 USPQ, 1211 (1215).

172 Fetter v. Newhall, 17 F., 841 (844).

173 Aspinwall Manuf g Co. v. Gill, 32 F., 697 ff. (698).

174 Hatch v. Hall, 30 F., 613 ff. (614); siehe auch L. E. Waterman Co. v. Kline, 234 F., 891 (893).

Zeitbegrenzung[175], des Gebrauchs in einer anderen Weise[176], des Austausches eines Teils der patentierten Erfindung[177], das Patent verletzt.

Auch der Lizenznehmer einer Lizenz, die ihm den Verkauf bestimmten Materials, das für ein patentiertes Verfahren verwendet wird, an bestimmte Lizenznehmer dieses patentierten Verfahrens erlaubt, das Material an andere verkauft, die nicht zu den Lizenznehmern gehören, verletzt das Patent[178].

Von selbst versteht sich, daß die Benutzung des Patents nach Beendigung des Lizenzvertrages eine Patentverletzung darstellt. Der Lizenznehmer ist in diesem Fall wie ein Dritter, der keine Vertragsbeziehungen zu dem Patentinhaber gehabt hat, zu behandeln[179].

Die gleichen Grundsätze der Patentverletzung im deutschen Recht gelten damit auch im US-amerikanischen Recht.

Herstellung, Gebrauch und Veräußerung des patentierten Gegenstands über die Befugnisse des Lizenznehmers hinaus stellen Verletzungshandlungen dar, ohne daß dafür die Kenntnis oder Absicht des Lizenznehmers erforderlich ist:

> "It is, of course, elementary, that an infringement may be entirely inadverent and unintentional and without knowledge of the patent. In this respect the law of patents is entirely different from the law of copyright."[180]

Wichtig ist, daß die Kenntnis oder die Absicht die Schadensersatzhöhe der Patentverletzung beeinflussen kann[181]. Das Vorliegen der Kenntnis des Verletzers ist auch für die Haftung wegen "contributory infringement" nach 35 U.S.C. § 271 (c) relevant[182].

b) Die Haftung des einfachen und ausschließlichen Lizenznehmers einer "implied license"

Die stillschweigende Unterstellung spielt, wie bereits dargestellt, in den USA eine große Rolle[183].

---

175 L. E. Waterman Co. v. Kline, 234 F., 891 (893).
176 Indiana Mfg. Co. v. Nichols & Shepard Co., 190 F., 579 (582); Heaton-Peninsular Button-Fastener Co. v. Eureka Speciality Co., 288 (294).
177 Reliance Molded Olastics, Inc. v. Jiffy Products, 215 F.Supp., 402 (409).
178 Willis v. M'Cullen, 29 F., 641.
179 Robinson, Law of Patents Vol. 3, S. 87 m.w.N. aus der älteren Literatur.
180 Blair v. Westinghouse Electric Corporation, 291 F.Supp., 664 (670); siehe auch Thurber Corporation v. Fairchild Motor Corporation, 269 F.2d., 841 (845); Eastman Oil Well Survey Co. v. Sperry-Sun Well Sur. Co., 131 F.2d., 884 (887); vgl. auch Chisum, Treatise Vol. 4, § 16.02 (2).
181 Vgl. dazu 3. Teil, A. II. 1. b).
182 Vgl. 2. Teil, A. II. 2.
183 Vgl. 1. Teil, C. II. 3. b).

Auch der Lizenznehmer einer "implied license" kann wegen Überschreitung seiner patentrechtlichen Befugnisse haften. Generell gilt bezüglich des Vorliegens einer Patentverletzung des Lizenznehmers, daß eine solche dann gegeben ist, wenn der Lizenznehmer sich außerhalb seiner gewöhnlichen ("customary") Benutzung des Patents bewegt[184]. Der Patentinhaber, der durch sein Verhalten zum Ausdruck bringt, daß derjenige, der das Patent benutzt, auch dazu befugt ist, kann jedoch nicht im nachhinein geltend machen, daß die Handlung des Benutzers und Lizenznehmers eine Patentverletzung ist.

Die Problematik bei der "implied license" besteht darin zu bestimmen, welchen Umfang sie hat, um zu wissen und festzustellen, wann der Lizenznehmer seine patentrechtlichen Befugnisse überschreitet. Anders als bei der "express license", die durch mündliche oder schriftliche Vereinbarung begründet wird und bei der sich der Umfang aus der Vereinbarung ergibt, liegt der "implied license" keine Vereinbarungen zugrunde, da sie sich aus den Umständen ergibt[185]. Die Auslegung des Umfanges kann sich daher nicht auf einen Vertragstext stützen.

Wie bereits dargestellt, wird der Umfang der Lizenz durch die Umstände bestimmt, aus denen sie auch begründet wird, wobei die Beziehung der Vertragsparteien zueinander, ihr Verhalten und ihre Absichten maßgebend sind[186].

Jede Überschreitung des festgelegten Umfanges stellt eine Patentverletzung dar.

Eine Patentverletzung liegt dann aber nicht vor, wenn jemand vor Patenterteilung den später patentierten Gegenstand mit Erlaubnis des Patentinhabers benutzt. Die Benutzung nach Patenterteilung wird durch die "implied license" gedeckt[187]. Dies gilt auch für den Fall einer Patentbenutzung nach einer Wiederausgabe einer Patentschrift. Derjenige, der das fehlerhafte Patent benutzt hat, ist automatisch nach erneuter Ausgabe des Patents zu seiner Benutzung befugt. Er muß aber die Benutzung, die er vor der Wiederausgabe des Patents vornahm, einhalten und darf sie nicht, z.B. durch den Gebrauch anderer patentierter Gegenstände, ausdehnen[188].

Als Anwendungsbereich der "implied license" und der Haftung bei Überschreitung seiner Befugnisse sei noch einmal der Bereich des "shop right", also die Lizenz des Arbeitgebers an der Erfindung des Arbeitnehmers, zu erwähnen. Der Arbeitgeber darf das Patent auch hier nur in der Weise und in dem Umfang benutzen, wie es der Arbeitnehmer getätigt hat[189].

---

184 Robinson, Law of Patents Vol. 3, § 917, S. 88; vgl. auch Montross v. Mavie, 30 F., 234 ff.
185 Vgl. zur Entstehung der "implied license" 1. Teil, C. II. 3. b).
186 Vgl. 1. Teil, C. II. 3. b) aa).
187 Robinson, Law of Patents Vol. 3, § 917, S. 88; vgl. auch Brickhill v. The Mayor, etc., of New York, 7 F., 479 (481).
188 Robinson, Law of Patents Vol. 3, § 917, S. 89.
189 Vgl. zum "shop right" 1. Teil, C. II. 6. a).

c) Die Haftung des Unterlizenznehmers

Erhebt der Patentlizenzgeber gegen einen Unterlizenznehmer Klage wegen Patentverletzung, ist in einem Fall entschieden worden, daß er nicht auch geltend machen kann, daß der Unterlizenznehmer nicht das Patent angreifen darf. Diese Regelung war zwar in dem Unterlizenzvertrag zwischen Hauptlizenznehmer und Unterlizenznehmer erhalten, jedoch konnte sich nicht der Patentinhaber auf die Klausel berufen[190]. Grund dafür ist, daß nur der Hauptlizenznehmer vertragliche Beziehungen zu dem Unterlizenznehmer hat und die Unterlizenz als Gegenleistung für die Zusage, das Patent nicht anzugreifen, in einem Rechtsstreit zwischen Hauptlizenznehmer und Unterlizenznehmer vereinbart wurde. Die besondere Beurteilung des Falles liegt daran, daß der Hauptlizenznehmer nicht als Vertreter des Lizenzgebers einen Unterlizenzvertrag abgeschlossen hat, sondern eigenständig in Vertragsbeziehungen zu dem Unterlizenznehmer getreten ist. Der Patentinhaber und Lizenzgeber hatte keinerlei Beziehungen zu dem Unterlizenznehmer und konnte daher nicht auch für sich die im Unterlizenzvertrag gegebene Zusage des Nichtangriffs auf das Patent in Anspruch nehmen.

Auch wenn seit der Lear v. Adkins-Entscheidung im Jahre 1969 die Nichtangriffsvereinbarung in einem Lizenzvertrag unzulässig ist[191], zeigt die Entscheidung, daß auch in den USA stark zwischen den bestehenden Vertragsbeziehungen abgegrenzt wird. Der Grundsatz, daß eine Partei nur die Rechte aus dem eigenen Vertragsverhältnis geltend machen kann, gilt damit auch in den USA.

d) Haftung des Lizenznehmers einer angemeldeten Erfindung

Zwar stellt die angemeldete Erfindung ein Anwartschaftsrecht, aber noch kein vollständiges Ausschließlichkeitsrecht dar[192], so daß im Falle einer Verletzung keine Patentverletzung nach dem Patentgesetz gegeben ist, jedoch kann die Verletzung des Anwartschaftsrechts auch Schadensersatzansprüche auslösen[193]. Der Schadensersatzanspruch des Inhabers einer zum Patent angemeldeten Erfindung ergibt sich nicht aus dem Patentgesetz, sondern aus den Grundsätzen, daß sich jemand nicht auf Kosten eines anderen ungerechtfertigt bereichern darf; der Lizenznehmer haftet also aus ungerechtfertigter Bereicherung:

---

190 Good Humer Corporation v. Bluebird Ice Cream & C. R., 1 F.Supp., 850 (852) (Patentverletzungsverfahren über die Erfindung des Einsetzen des Stils am Eis. Während der Patentinhaber sein Patent, welches ein Einsetzen des Stils im halbgefrorenen Zustand zum Gegenstand hat, verletzt sah, wurde eine Patentverletzung abgelehnt, da der Beklagte das Einsetzen des Stils im gefrorenen Zustand vornahm).

191 Vgl. zum Sachverhalt 1. Teil, E. II. 1. b) aa).

192 Tepper v. Toss, 25 F.Supp., 92 f. (93); Patton v. United States, 75 F.Supp., 470 (473).

193 Tepper v. Toss, 25 F.Supp., 92 f. (93); Newell v. O. A. Newton & Son, 95 F.Supp., 355 (359); vgl. auch Kierulff v. Metropolitan Stevedore Co., 137 USPQ, 195 (200).

"...such person should be liable for the profits and damages resulting therefrom, not under the patent statutes, but upon the principle that equity will not permit one to unjustly enrich himself at the expense of another"[194].

Die frühere Rechtsprechung dagegen verneinte jeweils Ansprüche des Erfinders mit dem Argument, daß eben noch kein Ausschließlichkeitsrecht besteht[195]. Nach heutiger Auffassung kann es für die Entstehung eines Schadensersatzanspruchs keinen Unterschied machen, ob der Umfang der Erfindung, wie er in der Patentanmeldung beschrieben und später in der Patenterteilung bestätigt wird, nach der Patenterteilung oder schon vorher verletzt wird[196].

2. Haftung wegen mittelbarer Patentverletzung - "Doctrine of Contributory Infringement"

Auch im US-amerikanischen Recht ist gesetzlich bestimmt, daß das Patent mittelbar verletzt werden kann. Negativ definiert ist die mittelbare Patentverletzung eine Handlung, die eine Verletzung darstellt, aber keine direkte Verletzung ist:

"It is any act a court can be persuaded to say is a violation of the patent right which is not a direct infringement".[197]

Zweck der Lehre von der mittelbaren Patentverletzung ist es zu verhindern, daß in bestehende Patentrechte von denjenigen eingegriffen wird, die, ohne das Patent direkt zu verletzen, sich so verhalten, daß die Verletzung durch andere vereinfacht wird[198].

In den USA gibt es zwei Arten von "Contributory infringement". Zum einen handelt es sich um die mittelbare Patentverletzung der Art, wie es sie auch ähnlich im deutschen Recht gibt[199], 35 U.S.C. § 271 (c). Unter das Stichwort fällt in den USA zum anderen auch die aktive Verleitung zur Patentverletzung ("active inducement of infringement"), 35. U.S.C. § 271 (b). Der Begriff "Contributory infringement" als Gegensatz zur sog. direkten Patentverletzung hat teilweise Kritik erfahren[200]. Beide Vorschriften ergänzen sich und bilden zusammen die Grundsätze der mittelbaren Patentverletzung[201].

---

194 Tepper v. Toss, 25 F.Supp., 92 f. (93).

195 Gayler et al v. Wilder, 10 How. 477, 13. L.ed., 504 (511); Dable Grain Shovel Company v. Flint, 137 U.S. 41, 34 L.ed., 618 (619 f.) m.w.N.

196 Newell v. O. A. Newton & Son, 95 F.Supp., 355 (359).

197 Rich, Infringement, JOPOS 1953, Vol. 35, 476 (485).

198 Dawson Chemical Co. v. Rohm and Haas Co., 448 U.S. 176, 65 L.ed.2d., 696 (702).

199 Vgl. 2. Teil, A. I. 2.

200 Vgl. Richter Frankfurter in Mercoid Corp. v. Mid-Continent Invest. Co., 320 U.S. 661, 88 L.ed., 376 (387), der den Begriff als "shorthand statement of complicated ideas" bezeichnete; siehe auch Rich, Infringement, JOPOS 1953, 476 (492).

201 Chisum, Treatise Vol. 4, § 17.04 (3).

a) Mittelbare Patentverletzung nach 35. U.S.C. § 271 (c)

Die Lehre von der mittelbaren Patentverletzung, die auf einer Analogie der deliktsrechtlichen Grundsätze der Unterstützung ("aid") und Anstiftung ("abet") beruhen[202], kann eine lange Entwicklung vorweisen, die durch Phasen der Anerkennung und Aufgabe geprägt ist[203]. Auf dem Weg zur Kodifizierung des 35 U.S.C. § 271 (c) bilden die Entscheidungen Wallace v. Homes[204], Heaton-Peninsular Button-Fastener Co. v. Eureka[205] und Henry v. A. B. Dick Co.[206], wichtige Voraussetzungen[207].

Wallace v. Holmes ist die erste Entscheidung, in der es anerkannt wird, daß jemand das Patent verletzen kann, wenn er einen unpatentierten Gegenstand herstellt oder verkauft, der für einen Gebrauch in einer patentierten Kombination oder Verfahren geeignet ist. In Henry v. Dick wurde eine mittelbare Patentverletzung in dem Fall bejaht, in dem ein Kunde von einer Firma mit einer unpatentierten Tinte beliefert wurde und es voraussehbar war, daß der Kunde die Tinte nur zusammen mit einer bestimmten patentierten Maschine verwenden würde. Durch die Entscheidungen wurde dem Patentinhaber das Recht gegeben, Lizenzbeschränkungen aufzuerlegen, die sich auf den Gebrauch unpatentierten Materials und die Lieferung patentierter Produkte oder Verfahren beziehen.

Diese Art der Beschränkung von Lizenzverträgen wurde jedoch als "tying" (fesselnd) angesehen und vom Supreme Court kritisiert[208], mit der Folge, daß die Henry v. Dick-Entscheidung fünf Jahre später in einer 6:3 Entscheidung in Motion Picture Patents Co. v. Universal Film Mfg. Co. verworfen ("overruled") wurde. Die Entscheidung hatte eine Lizenzbeschränkung zum Gegenstand, die dem Lizenznehmer auferlegte von ihm hergestellten Filmprojektoren mit einer Markierung ("license notice") mit dem Inhalt zu versehen, daß die Projektoren nur mit Filmen benutzt werden dürfen, die vom Lizenznehmer des Patentinhabers und Klägers geleased werden. Als ein Unternehmen einen solchen Filmprojektor kaufte, jedoch andere Filme zum Abspielen gebrauchte und damit gegen diese Beschränkung verstieß, wurden sie vom Patentinhaber wegen Patentverletzung verklagt. Das Gericht entschied jedoch, daß der Film "offensichtlich" kein Teil der patentierten Erfindung war. Daraufhin entstand die "Doctrine of Patent Misuse" (Patentmißbrauch)[209], um die Kontrolle der Patentinhaber über unpatentierte Gegenstände zu begrenzen. Durch die Lehre von der mittelbaren Patentverletzung nach

[202] Chisum, Treatise Vol. 4, § 17.02.
[203] Vgl. ausführlich zur Entwicklung, Rich, Contributory Infringement, JOPOS 1949, Vol. 33, S. 449 (452 ff.); siehe auch Rich, Infringement, JOPOS 1953, Vol. 35, 476 (481 ff.) und Bryson Bill, Harvard Law Review, Vol. 66, 909 ff.
[204] 29 F.Cas., 74 ff.
[205] 77 F., 288 ff.; vgl. zu der Entscheidung ausführlich, Chisum, Treatise Vol. 4, § 17.02 (4).
[206] 224 U.S. 1, 56 L.ed., 645 ff. Die Entscheidung bestätigte die vorgenannten Entscheidungen.
[207] Erstmals wurde der Begriff "Contributory infringement" in der Entscheidung Snyder v. Bunnell, 29 F., 47 ff. benutzt.
[208] Chisum, Treatise Vol. 4, § 17.02 (4).
[209] Vgl. dazu, 1. Teil, D. II. 1. a) aa) (d).

US-amerikanischem Recht war nämlich etwas geschützt, was sich streng genommen nicht innerhalb des Patentanspruchs hielt, sondern darüber hinaus sich auch auf unpatentierte Gegenstände erstreckte:

> "Contributory infringement within its proper bounds was always, by its very nature, given protection to something strictly within the claim, and in this sense alone unpatented".[210]

In Konsequenz der Lehre vom Patentmißbrauch wurde die "Doctrine of Contributory Infringement" ausgehöhlt. Der Patentschutz wurde mit Rücksicht auf die Antitrust-Gesetzgebung eingeengt[211]. Es wurde entschieden, daß ein Patentinhaber nicht gegen den Lieferanten einer unpatentierten Ware wegen mittelbarer Patentverletzung vorgehen kann, wenn er sein Patent dazu mißbraucht, daß er Lizenzen für die Benutzung der Erfindung nur unter der Bedingung erteilt, daß unpatentierte Waren, die der Lizenznehmer für die Anwendung des Erzeugnisses oder Verfahrens benötigte, ausschließlich von ihm selbst oder von bestimmten Firmen bezogen werden sollen[212].

Richter Douglas war sich der Auswirkung der Entscheidung auf die Lehre von der mittelbaren Patentverletzung durchaus bewußt:

> "The result of this decision, together with those which have preceeded it, is to limit substantially the doctrine of contributory infringement. What residuum may be left we need not stop to consider".[213]

Die "Doctrine of Contributory Infringement" wurde damit zwar nicht abgeschafft, jedoch wurde ihre Anwendung durch die Entscheidungen erheblich erschwert[214].

Diese Aushöhlung der Lehre von der mittelbaren Patentverletzung wurde von vielen Seiten kritisiert[215], und es wurde gefordert, dieser Entwicklung entgegenzuwirken. Gesetzesvorschläge zur Kodifizierung des Grundsatzes wurden unterbreitet[216]. Schließlich wurde zur Klarstellung des Bestehens der mittelbaren Patentverletzung 35 U.S.C. § 271 (c) 1952 in das Patent aufgenommen[217]. Nach dieser Vorschrift begeht jemand eine mittelbare Patentverletzung, der einen Bestandteil einer Maschine, eines Fabrikates, einer Kombination oder Stoffverbindung oder eines Materials oder Apparates zwecks Verwendung bei einem patentierten Verfahren verkauft, wenn dieser Gegenstand einen wesentlichen Teil der patentierten Erfindung bildet und dem Verkäufer bekannt ist, daß er eigens zur Benutzung bei der Patentverletzung hergestellt oder hierfür besonders

---

[210] Rich, Infringement, JOPOS 1953, Vol. 35, 476 (486).
[211] Vgl. Rich, Contributory Infringement, JOPOS 1949, Vol. 33, 449 (457 ff.).
[212] Mercoid Corp. v. Mid-Continent Invest. Co., 320 U.S. 661, 88 L.ed., 376 ff.; Carbice Corp. v. American Patents Develop. Corp., 283 U.S. 27, 75 L.ed., 819 ff.; vgl. auch B. B. Chemical Co. v. Ellis, 117 F.2d., 829 (834).
[213] Mercoid Corp. v. Mid-Continent Invest. Co., 320 U.S. 661, 88 L.ed., 376 (383).
[214] Rich, Infringement, JOPOS 1953, Vol. 35, 476 (489).
[215] Vgl. z.B. die abweichende Meinung von Richter Frankfurter in dem Mercoid Fall, Mercoid Corp. v. Mid-Continent Invest. Co., 320 U.S. 661, 88 L.ed., 376 (387).
[216] Rich, Contributory Infringement, JOPOS 1949, Vol. 31, 449 (464).
[217] Chisum, Treatise Vol. 4, § 17.02 (6).

angepaßt worden ist. Es darf sich dabei nicht um eine Stapelware oder ein Handelsartikel handeln, die sich für einen erheblichen, nicht patentverletzenden Gebrauch eignen[218].

Damit wird die Existenz der Lehre von der mittelbaren Patentverletzung klargestellt. Nach der Vorschrift sind, ähnlich wie im deutschen Recht (§ 10 II PatG), die Mittel von der Begründung der mittelbaren Patentverletzung ausgenommen, die allgemein im Handel üblich sind.

Der Lizenznehmer erfüllt den Tatbestand der mittelbaren Patentverletzung, wenn er weiß, daß der Bestandteil speziell zur Benutzung bei der Patentverletzung hergestellt oder angepaßt worden ist und es sich nicht um eine Stapelware oder einen Handelsartikel handelt. Im US-amerikanischen Recht ist damit auch die Kenntnis davon entscheidend, daß das Bestandteil geeignet und eigens zur Benutzung bei der Patentverletzung bestimmt ist[219]. Die Bestimmung zur Benutzung bei der Verletzung ist das entscheidende Kriterium. Schon in der Henry v. A.B. Dick-Entscheidung[220] reichte es nicht für eine mittelbare Patentverletzung aus, daß der Verkauf der Tinte, obwohl diese Tinte eigens zur Benutzung bei der Patentverletzung angepaßt wurde, auch für einen zulässigen oder anderen Gebrauch geeignet ist[221].

Für die Kenntnis ist es erforderlich, daß der Beschuldigte weiß, daß die Kombination, für die das Bestandteil speziell angepaßt wurde, patentiert und verletzt ist[222]. Die Kenntnis erfordert aber keine Folgerungen bezüglich des Umfanges und der Gültigkeit des Patents[223]. Weitere Voraussetzung ist, daß eine direkte Patentverletzung vorliegen muß[224]. Aus der neueren Rechtsprechung geht nicht eindeutig hervor, ob die vollständige Erfüllung des Tatbestandes der direkten Patentverletzung erforderlich ist oder ob schon eine drohende Patentverletzung ausreicht[225].

Erfüllt der Lizenznehmer den Tatbestand des 35 U.S.C. § 271 (c), wird bei ihm die weitere Voraussetzung der Kenntnis von der Bestimmtheit zur Benutzung bei der Patentverletzung regelmäßig gegeben sein, da er besser als jeder andere über die Eigenschaften der patentierten Gegenstände Bescheid weiß und Kenntnis von dem Bestehen eines Patents hat. Dies entspricht der Rechtslage im deutschen Recht[226].

---

218 Vgl. dazu auch die Entscheidungen, Robintech, Inc. v. Chemidus Wawin Ltd., 205 USPQ, 873 ff.; Rohm and Haas Co. v. Dawson Chemical Co., 203 USPQ, 1 ff.

219 Vgl. für das deutsche Recht 2. Teil, A. I. 2.

220 224 U.S. 1, 56 L.ed., 645 ff.

221 Henry v. A.B. Dick, 224 U.S. 1, 56 L.ed., 645 (664).

222 Aro Mfg. Co. v. Convertible Top Co., 377 U.S. 476, 12 L.ed.2d., 457 (469); vgl. dazu auch Chisum, Treatise Vol. 4, § 17.03 (2).

223 Nordberg Mfg. Co. v. Jackson Vibrators, Inc., 153 USPQ, 777 (784).

224 Aro Mfg. Co. v. Convertible Top Co., 365 U.S. 336, 5 L.ed.2d., 592 (597); vgl. zu dem Erfordernis auch, Chisum, Treatise Vol. 4, § 17.03 (1).

225 Vgl. Standard Oil v. Nippon Shokubai Kagaku Kogyo Co., 754 F.2d., 345 ff.; Everpure, Inc. v. Cuno, Inc., 875 F.2d., 300 ff.

226 Vgl. 2. Teil, A. I. 2.

In diesem Zusammenhang verdient 35 U.S.C. § 271 (d), der den Patentinhaber von der Haftung der Lehre vom Patentmißbrauch befreit, besondere Beachtung. Die Vorschrift bezieht sich auf die mittelbare Patentverletzung der 35 U.S.C. § 271 (c) und (d) und bezweckt, die Ausnahmen von der Haftung der Lehre vom Patentmißbrauch festzuhalten[227].

Inhalt der Vorschrift ist, daß einem Patentinhaber, der einen Anspruch auf Rechtshilfe wegen mittelbarer oder unmittelbarer Patentverletzung hat, die Rechtshilfe nicht verweigert werden darf und auch nicht des Mißbrauchs oder der unrechtmäßigen Ausweitung seines Patentrechts für schuldig erachtet werden soll, wenn er eine oder mehrere der folgenden Handlungen begangen hat:

a. wenn er aus Handlungen Nutzen gezogen hat, die, wenn sie ohne seine Zustimmung von einem Dritten begangen worden wären, mittelbare Patentverletzung wäre;

b. wenn er einen Dritten zu Handlungen lizenziert oder ermächtigt hat, die, wenn sie ohne seine Zustimmung begangen worden wären, mittelbare Patentverletzungen wären;

c. wenn er versucht hat, seine Patentrechte gegen unmittelbare oder mittelbare Patentverletzung durchzusetzen.

Ausdrücklich festgehalten ist, daß die Lizenzierung zur Herstellung und zum Verkauf von Gegenständen, die keine Teile von allgemein im Handel erhältlichen Erzeugnissen sind, oder von Materialien, die in der patentierten Kombination oder Verfahren gebraucht werden können, erlaubt ist[228].

b) Aktive Verleitung zur Verletzung, 35 U.S.C. § 271 (b)

In den USA kann der Lizenznehmer auch eine mittelbare Patentverletzung[229] dadurch begehen, daß er die Verletzung des Patents durch andere unterstützt, sie dazu bewegt, die Patentgegenstände in Überschreitung der Lizenz zu benutzen und ihnen mit dieser Absicht die Mittel für eine solche Verletzung liefert, 35 U.S.C. § 271 (b)[230]:

> "Whoever actively induces infringement of a patent shall be liable as an infringer."

Diese Vorschrift kodifiziert das Fallrecht, das bis 1952 auf dem Gebiet der mittelbaren Patentverletzung ergangen ist und das sich nicht auf den Verkauf eines Bestandteils bezieht. Die aktive Verleitung zur Verletzung wird zwar auch unter dem Begriff

---

[227] Rich, Contributory Infringement, JOPOS 1949, Vol. 31, 449 (493); Dawson Chemical Company Co. v. Rohm & Hass Co., 448 U.S. 176, 65 L.ed.2d., 696 (702).

[228] Vgl. dazu Chisum, Treatise Vol. 4, § 17.05 (3).

[229] Es wird eingeräumt, daß der Begriff "mittelbare Patentverletzung" nicht ganz passend ist, es jedoch keinen anderen Begriff gibt, der die indirekte Patentverletzung durch Verleitung zur Patentverletzung wiedergibt, Rich, Infringement, JOPOS 1953, Vol. 35, 476 (492).

[230] Vgl. auch Scaramucci v. FMC Corporation, 258 F.Supp., 598 (600); B.B. Chemical Co. v. Ellis, 117 F.2d., 829 (834 f.); Individual Drinking Cup Co. v. Errett, 297 F., 733 (741).

"contributory infringement" eingeordnet, klarzustellen ist aber, daß es sich um eine, im Vergleich zur Erfüllung des Tatbestandes des 35 U.S.C. § 271 (c) verschiedene Handlung handelt[231]. Vergleichbar ist die Vorschrift in etwa mit der im deutschen Recht anerkannten Anstiftung zur Patentverletzung, die eine vorsätzliche Bestimmung eines anderen zu einer Patentverletzung voraussetzt[232].

Voraussetzung für die Patentverletzung ist, daß jemand aktiv und wissentlich einen anderen zur Patentverletzung anstiftet und die Patentverletzung unterstützt[233]. Der andere, der angestiftet wird, muß den Tatbestand der direkten Patentverletzung erfüllen[234]. Wie für den Tatbestand des 35 U.S.C. § 271 (c) ist damit allgemein für die indirekte Patentverletzung eine direkte Patentverletzung erforderlich[235].

Zwar enthält der Tatbestand des 35 U.S.C. § 271 (b), im Vergleich zu dem des 35 U.S.C. § 271 (c), nicht ausdrücklich das Erfordernis der Kenntnis, jedoch wird die Meinung vertreten, daß auch für die aktive Verleitung zur Verletzung Kenntnis vorliegen muß. Das ergibt sich bereits daraus, daß es sich bei beiden Vorschriften um eine mittelbare Patentverletzung handelt[236]. Einen Beweis der Absicht ist nicht erforderlich; es genügt, wenn sie sich aus den Umständen ergibt[237]. In der Entscheidung Hauni Werke Koerber & Co., KG v. Molins Ltd.[238] kommt jedoch zum Ausdruck, daß das Erfordernis der Kenntnis geringer ist als bei 35 U.S.C. § 271 (c).

Diese Entscheidung ist nicht nur bezüglich der Kenntnisvoraussetzung von Bedeutung, sondern ist aufgrund der Tatsache bedeutsam, daß ein deutsches Unternehmen als Inhaber von Patenten in den USA in den Rechtsstreit verwickelt war. Die Hauni Werke beschuldigten ein in England ansässiges Unternehmen, das auch Tochtergesellschaften in den USA hatte, der mittelbaren Patentverletzung durch aktive Verleitung zur Patentverletzung einer US-amerikanischen Tochtergesellschaft. Obwohl die Verleitung nicht in den USA stattfand, sondern in England, entschied der Virginia District Court, daß es ausreichend ist, daß zwischen dem Unternehmen in England und seinen Tochtergesellschaften ein Vertragsverhältnis bestand und der Vertrag in den USA ausgeführt wurde[239].

---

[231] Oak Industries, Inc. v. Zenith Electronics Corp., 726 F. Supp., 1525 (1541).
[232] Vgl. 2. Teil, A. I. 2.
[233] Chisum, Treatise Vol. 4, § 17.04 (1).
[234] Rich, Infringement, JOPOS 1953, Vol. 35, 476 (491); Nordberg Mfg. Co. v. Jackson Vibrators, Inc., 153 USPQ, 777 (783).
[235] Met-Coil Systems Corp. v. Korners Unlimited, Inc. 803 F.2d., 684 (687): "Absent direct infringement of the patent claims, there can be neither contributory infringement".
[236] Chisum, Treatise Vol. 4, § 17.04 (2); Water Technologies Corp. v. Calcao, Ltd., 850 F.2d., 660 (668); vgl. auch Amicus, Inc. v. Alosi, 723 F.Supp., 429 (431); Oak Industries, Inc. v. Zenith Electronics Corp., 726 F.Supp., 1525 (1542).
[237] Amicus, Inc. v. Alosi, 723 F.Supp., 429 (431).
[238] 183 USPQ, 168 (171).
[239] Hanui Werke Koerber & Co., KG v. Molins Ltd., 183 USPQ, 168 (170).

Einen Bereich der aktiven Verleitung zur Patentverletzung ist der der Lizenzierung, da der Lizenzgeber dem Lizenznehmer Pläne, Informationen etc. zur Verfügung stellt, die den Lizenznehmer in die Lage versetzen, das patentierte Produkt oder Verfahren zu benutzen, damit aber auch ein anderes Patent zu verletzen. Voraussetzung ist jedoch, daß eine Verbindung zwischen der Lizenz und der direkten Verletzung durch den Lizenzgeber besteht[240]. Hierbei handelt es sich aber um den Fall der mittelbaren Patentverletzung durch den Lizenzgeber. Auch der Lizenznehmer kann einen anderen zur Patentverletzung verleiten. Wie bei der unmittelbaren Patentverletzung nach 35 U.S.C. § 271 (c) ist auch die Voraussetzung der Kenntnis bei dem Lizenznehmer als Anstifter regelmäßig gegeben.

Es wird aber, wie in Deutschland, auch in den USA für den Lizenznehmer keine Veranlassung bestehen, das Patent anzugreifen, indem er andere zur Patentverletzung anstiftet oder sie bei der Verletzung unterstützt, da auch nach US-amerikanischer Rechtsprechung die Nichtangriffspflicht des Lizenznehmers seit der Lear v. Adkins-Entscheidung unzulässig ist[241]. Der Lizenznehmer ist also nicht daran gehindert, das Patent selber anzugreifen. Der Fall der Anstiftung eines anderen zur Patentverletzung wird daher sehr selten vorkommen.

Abschließend sei nur darauf hingewiesen, daß natürlich umgekehrt auch derjenige neben dem Lizenznehmer, der seine Befugnisse aus dem Patent überschreitet und wegen Patentverletzung haftet, wegen "contributory infringement" haften kann, der die Sachen herstellt und an den Lizenznehmer verkauft[242].

3. Patentverletzung durch endgültige Verweigerung der Ausführung des Lizenzvertrages ("Repudiation") oder Aufgabe der Lizenz ("Abandonment")

Nach US-amerikanischem Recht stellt nicht nur die Überschreitung der patentrechtlichen Befugnisse eine Patentverletzung dar. Es ist auch anerkannt, daß trotz des wirksamen Bestehens eines Lizenzvertrages und Ausübung der Befugnisse, die sich im Rahmen der Lizenz halten, eine Patentverletzung vorliegt, wenn der Lizenznehmer zum Ausdruck bringt, daß er seinen vertraglichen Pflichten nicht nachkommen kann oder will ("repudiation") oder den Lizenzvertrag aufgibt, bzw. verwirft ("abandon")[243]. "Abandonment" wird definiert als freiwillige Aufgabe der Erfindungsverwertung[244].

Ein Fall des "repudiation" ist in der Rechtsprechung dann gegeben, wenn der Lizenznehmer den Vertrag zunächst ausführt und auch die Gebühren für die Benutzung des Patents zahlt, nach einer bestimmten Zeit aber die Ausführung des Vertrages

240 Vgl. Chisum, Treatise Vol. 4, § 17.04 (4), siehe dort auch zu anderen Anwendungsfällen.
241 Siehe zur Nichtangriffsklausel im deutschen und europäischem Recht 1. Teil, E. II. 1. b) aa).
242 Heaton-Pensinsular Button-Fastener Co. v. Eureka Speciality Co., 77 F., 288 (291).
243 Robinson, Law of Patents Vol. 3, 915, S. 85; vgl. auch § 1249, S. 687.
244 Oak Industries Inc. v. Zenith Electronics Corp. 726 F.Supp., 1525 (1533).

aufgibt[245], weiterhin, wenn ein Lizenznehmer die patentierten Gegenstände des Lizenzgebers herstellt, sie anders benennt, obwohl sie grundsätzlich unter das Patent fallen und sich weigert, dafür Lizenzgebühren zu zahlen. Der Lizenzgeber kann entweder Klage auf Zahlung der Lizenzgebühren erheben oder auf Verletzung des Patents[246]. Grund für das Vorliegen einer Patentverletzung in diesen Fällen ist, daß, auch wenn ein Lizenzvertrag besteht, der scheinbare Lizenznehmer in Wirklichkeit wie ein Fremder dem Patent gegenübersteht, also wie ein Dritter zu behandeln ist:

> "Notwithstanding the existence of a license, therefore, the apparent licensee will be in reality a stranger to the patent, and will be guilty of infringement by any act of manufacture, use, or sale, if the license were originally invalid, or through his default never took effect, or being once effective has now ceased to operate".[247]

Ein Fall der "repudiation" liegt nach der Rechtsprechung dann nicht vor, wenn der Lizenznehmer dem Lizenzgeber schriftlich mitteilt, daß er die Erfindung nicht mehr benutzt und den Vertrag nach den Vertragsbestimmungen beenden will. Diese Mitteilung des Lizenznehmers enthält insbesondere auch keinen "anticipatory breach", keinen vorweggenommenen Vertragsbruch[248].

4. Patentverletzung durch unbefugte Unterlizenzierung ("Unauthorized sublicensing")

Eine Unterlizenz liegt dann vor, wenn der Hauptlizenznehmer vom Lizenzgeber dazu befugt war, einem anderen die Befugnis zu erteilen, die patentierte Erfindung zu benutzen[249]. Erteilt der Hauptlizenznehmer unbefugt eine Lizenz, so handelt es sich also weder begrifflich um eine Unterlizenz noch wird die rechtliche Stellung einer Unterlizenz erreicht[250]. Es handelt sich vielmehr um eine "unauthorized sublicense" (unberechtigte Unterlizenz)[251].

Da der Verkauf patentierter Gegenstände eine Patentverletzung ist und auch die Lizenzierung patentierter Gegenstände ohne Berechtigung grundsätzlich eine Patentverletzung darstellt[252], ist auch die unbefugte Unterlizenzierung eine Patentverletzung.

In einem Fall, in dem der Lizenznehmer entgegen der vertraglichen Vereinbarung anderen Unternehmen Unterlizenzen erteilte, wurde entschieden, daß der Lizenzgeber

---

245 Hat Sweat Manuf g Co. v. Porter, 34 F., 745 ff. (746); Robinson, Law of Patents Vol. 3, § 915, S. 85 m.w.N.

246 Starling v. St. Paul Plow-Works, 32 F., 290 ff. (291).

247 Robinson, Law of Patents Vol. 3, S. 85.

248 United States Pipe & Foundry Co. v. James B. Clow & Sons, 145 F.Supp., 380 (382).

249 Jennings, LLBR 1979, Vol. 2, 135 ff. (135).

250 Jennings, LLBR. 1979, Vol. 2, 135 ff. (136).

251 Westinghouse Electric Mfg. v. Tri-City Radio E. Supply Co., 23 F.2d., 628 ff.

252 Chisum, Treatise Vol. 4, § 16.02 (5); Mosely v. United States Appliance Corporation, 155 F.2d., 25 (27); vgl. auch Toppan et al. v. Tiffany Refrigerator Car Co., 39 F., 420 f. (421).

dann keinen Anspruch wegen unbefugter Unterlizenzierung bezüglich der Unternehmen erheben kann, wenn er von der Unterlizenzierung Kenntnis hatte und sie nicht beantstandete; der Lizenzgeber war diesbezüglich "estopped", seine Rechte also verwirkt[253]. Anders hingegen war die Erteilung von Unterlizenzen an die Unternehmen zu beurteilen, die ihm nicht bekannt war. Hier konnte er erfolgreich einen Anspruch auf Schadensersatz geltend machen[254]. Das Gericht entschied auch, daß der Lizenzvertrag nicht aufgehoben werden sollte, da die Unterlizenzierung an die bestimmte Firma nur von kurzer Dauer und damit von untergeordneter Bedeutung war[255].

5. Weitere Einzelfälle der Begründung und Ablehnung der Patentverletzung

Im folgenden werden einige Fälle dargestellt, die nach der Rechtsprechung eine Patentverletzung begründeten oder in denen eine Patentverletzung abgelehnt wurde und die sich auf das Lizenzvertragsrecht beziehen.

Der Lizenznehmer haftet auch dann, wenn andere mit seiner Zustimmung seine Maschinen zu einer patentverletzenden Handlung benutzen[256]. Fraglich ist, ob auch derjenige, der seine Verpflichtung zur Übertragung von Verbesserungserfindungen verletzt, eine Patentverletzung begeht, wenn die Verpflichtung rechtlich zulässig ist[257].

Ausdrücklich klargestellt ist im US-amerikanischen Recht, daß der Wettbewerb eines Lizenznehmers mit einem anderen keine Patentverletzung darstellt[258].

Der Lizenznehmer begeht auch dann keine Patentverletzung, wenn er das Unternehmen nach Treu und Glauben verkauft[259]. Der Verkauf darf jedoch nicht von der Absicht geleitet sein, von seinen Verpflichtungen loszukommen[260].

Da es anerkannt ist, daß ein Dritter das Patent nicht verletzt, wenn er für den patentierten Gegenstand Werbung betreibt[261], wird dies auch für einen Lizenznehmer gelten, der für ein Patent wirbt, das nicht von seiner Lizenz gedeckt wird.

---

253 Westinghouse Electric Mfg. v. Tri-City Radio E. Supply Co., 23 F.2d., 628 (635).

254 Westinghouse Electric Mfg. v. Tri-City Radio E. Supply Co., 23 F.2d., 628 (636); siehe auch 69 C.J.S. § 253.

255 Westinghouse Electric Mfg. v. Tri-City Radio E. Supply Co., 23 F.2d., 628 (635).

256 Vgl. Robinson, Law of Patents Vol. 3, S. 87.

257 Vgl. dazu nicht ganz eindeutig, Luckett v. Delpark, 270 U.S. 496, 70 L.ed., 703 ff.

258 Chisum, Treatise Vol. 4, § 16.02; Paper Converting Machine v. Magna-Graphics, 745 F.2d., 11 (16); Western Telegraph Co. v. Magnetic Telegraph Co., 62 U.S. 456, 16 L.ed., 189 f. (190).

259 Thomson Spot Welder Co. v. National Electric Welder, 260 F., 223 (225 f.).

260 Thomson Spot Welder Co. v. National Electric Welder, 260 F., 223 (226).

261 Ling-Temo-Vought, Inc. v. Kollsman Instrument Corp., 372 F.2d., 263 (270); Merry Manufacturing Company v. Burns Tool Company, 206 F.Supp., 53 ff. (62); vgl. dazu auch Chisum, Treatise Vol. 4, § 16.02 (4).

Auch der Verkauf von Gegenständen bei einer Lizenz, die zur Herstellung und Verkauf berechtigt, nach dem Tod des Lizenznehmers durch einen Vertreter stellt keine Patentverletzung dar[262].

6. Die Haftung wegen Geschäftsführung ohne Auftrag in den USA

Im US-amerikanischen Recht ist eine Haftung bei unbeaufragter Tätigkeit allgemein nicht anerkannt. Dies wird schon durch die Bezeichnung eines auftragslosen Geschäftsführers als "officious intermeddler" oder "mere volunteer" deutlich[263].

Die Gerichte in den USA wenden hier das Instument des "implied-in-law contract"[264] oder "quasi-contract" an, unterstellen also beispielsweise für die unbeauftragte Hilfeleistung des Geschäftsführers einen Vertrag. Der Geschäftsführer kann seine Ausgaben auf Basis dieses unterstellten Vertrages verlangen. Grund für die Unterstellung eines Vertrages in diesen Fällen ist, daß eine Anspruch aus ungerechtfertigter Bereicherung vermieden werden soll[265]. Der "implied-in-law contract" ist in der Terminologie des deutschen Rechts ausgedrückt gar kein Vertrag sondern ein verstragsähnliches gesetzliches Schuldverhältnis. Die Bezeichnung als "quasi-contract" beruht auf der englischen Rechtsprechung zur auftraglosen Hilfeleistung. Früher haben die englischen Gerichte die Fälle der unbeauftragten Hilfestellung durch die Fiktion eines Vertrages gelöst, in dem fiktiv das Versprechen einer Zahlung für die geleisteten Dienste unterstellt wurde[266]. Aus diesem Grund wird auch heute noch der Begriff "quasi-contract" verwendet. Dieser Begriff entspricht der Bezeichnung der GoA als "quasi-contract" im römischen Recht und im romanischen Rechtskreis, ohne daß eine gegenseitige Beeinflussung vorliegt[267].

7. Die Haftung wegen unerlaubter Handlung ("Tort")

Eine angemaßte Eigengeschäftsführung kann dagegen unter das Recht der unerlaubten Handlung ("tort") fallen.

Das US-amerikanische "Law of Torts", das dem im deutschen Recht bekannten Recht der unerlaubten Handlung nach seiner Aufgabenstellung im wesentlichen entspricht, hat in den USA eine viel größere Bedeutung als in Deutschland[268].

---

262 Montross v. Mabie, 30 F., 234 (238).

263 Staudinger-Wittmann, Vorbem. zu §§ 677 ff. Rn. 19.

264 Der "implied-in-law contract" ist abzugrenzen von den "implied-in-fact-contracts", bei denen die Versprechen der Vertragsparteien nicht aus dem Vertragstext, sondern aus dem Verhalten der Parteien abgeleitet werden, vgl. Eisenberg, § 156, S. 40.

265 Vgl. Eisenberg, § 157, S. 41.

266 Vgl. Eisenberg, § 157, S. 41.

267 Bekanntlich wurde das römische Recht in England nicht rezipiert.

268 Drestler, S. 5.

Die Haftung wegen "Tort" wird auch in den USA streng von der Vertragshaftung unterschieden. Während Zweck des "Law of Torts" die Ausgleichsfunktion, also die Kompensierung erlittener Schäden, ist, hat das Vertragsrecht die Funktion, den Vertragspartner zur Ausführung seiner Verpflichtungen anzuhalten[269]. Wie im deutschen Recht gilt das Prinzip des Verschuldens, wobei zwischen Fahrlässigkeits- und Vorsatzhaftung differenziert wird[270].

In den USA ist es anerkannt, daß die Patentverletzung "tortious" ist, also eine unerlaubte Handlung darstellt[271]. Die Haftung und Rechtsfolgen dieser unerlaubten Handlung richten sich nach dem Patentgesetz.

---

269 Farnsworth, Vol. 1, S. 27; Drestler, S. 7; vgl. dazu ausführlich, 2. Teil, B. II. 1. a).
270 Drestler, S. 11.
271 Siehe dazu schon 2. Teil, A. I. II.

7. KAPITEL

B. Die Haftung wegen Vertragsverletzung

I. DEUTSCHLAND

1. Vertragsverletzung

Kommt der Lizenznehmer seinen schuldvertraglichen Pflichten nicht nach, so beurteilt sich seine Haftung grundsätzlich nach den allgemeinen Vorschriften über gegenseitige Verträge (§§ 320 ff. BGB)[1]. Da der Lizenzvertrag ein Dauerschuldverhältnis ist[2], in dem die Beziehung der Vertragsparteien bestimmte Rechte und Pflichten erzeugt und das auf vertrauensvolle Zusammenarbeit beruht[3], können sich für die Anwendung der Vorschriften gewisse Modifikationen ergeben.

Zunächst hat der Lizenzgeber nach § 320 BGB die Möglichkeit, seine Leistung zu verweigern, wenn der Lizenznehmer seiner Gegenleistungspflicht nicht nachkommt. Die praktische Bedeutung dieses Rechtes ist im Lizenzvertragsrecht gering, da der Lizenzgeber mit der Lizenzerteilung keine Leistung im herkömmlichen Sinne erbringt, sondern die Benutzung der Erfindung gestattet. Die Verweigerung der Benutzungsgestattung hat damit zunächst keine tatsächliche Auswirkung, abgesehen davon, daß der Lizenznehmer, der trotz Leistungsverweigerung des Lizenzgebers von dem Patent Gebrauch macht, eine Patentverletzung begehen kann.

Die vertragliche Haftung des Lizenznehmers und ihre Rechtsfolgen richten sich danach, ob der Lizenznehmer eine Hauptpflicht oder eine Nebenpflicht verletzt[4].

Der Lizenznehmer haftet wegen Vertragsverletzung nicht nur, wenn er seine schuldrechtlichen Verpflichtungen verletzt, sondern auch, wenn er seine patentrechtlichen Befugnisse überschreitet. Eine Vertragsverletzung liegt also auch immer dann vor, wenn das Patent verletzt wird. Umgekehrt stellen die vertragsverletzenden Handlungen des Lizenznehmers, die nicht in das Benutzungsrecht eingreifen, nicht zugleich eine Patentverletzung dar.

---

[1] RG v. 25.8.1937 GRUR 1939, 377 (379).

[2] Vgl. 1. Teil, B. I. 2. a).

[3] BGH GRUR 1955, 338 ff. (339); BGH GRUR 1956, 93 (95).

[4] Vgl. 2. Teil, B. I. 2., 3.

Die schuldrechtlichen Pflichten des Lizenznehmers beziehen sich nicht auf die Reichweite der Benutzungserlaubnis. Sie betreffen die Art und Weise der Benutzung[5]. Typische schuldrechtliche Verpflichtungen, die häufig in Lizenzverträgen vorkommen, sind beispielsweise die Verbesserungspflicht und die Aufrechterhaltungs- und Verteidigungspflicht des Patents. Diese Vereinbarungen haben lediglich schuldrechtlichen Charakter. Ansprüche aus ihrer Verletzung können nur dem Vertragspartner gegenüber geltend gemacht werden.

Fraglich ist, ob diese schuldrechtlich wirkenden Vereinbarungen auch mit patentrechtlicher Wirkung ausgestattet werden können mit dem Ergebnis, daß der Patentinhaber auch gegen Dritte vorgehen kann.

Gegen die Annahme, daß lediglich schuldrechtlich wirkende Vereinbarungen mit patentrechtlicher Wirkung getroffen werden können, spricht generell, daß sie das Patentrecht nicht berühren und mit der unmittelbaren Erfindungsbenutzung eigentlich nichts mehr zu tun haben[6]. Sie zielen lediglich auf die Einschränkung der persönlichen Handlungs- und Gewerbefreiheit ab[7].

Würde man die Möglichkeit der Vereinbarung von Beschränkungen mit patentrechtlicher Wirkung zulassen[8], würde es der Parteiwillkür unterliegen, daß Dritte in die Haftung miteinbezogen werden[9]. Potentielle Vertragspartner des Lizenznehmers würden erst nach Kenntnis vom Inhalt des Lizenzvertrages und Feststellung, daß die Pflichten im Verhältnis Lizenzgeber/Lizenznehmer nur schuldrechtliche Wirkungen haben, Vertragsbeziehungen mit dem Lizenznehmer eingehen. Beinhaltet der Lizenzvertrag dagegen Pflichten mit patentrechtlicher Wirkung, so würden sie von einem Vertragsschluß mit dem Lizenznehmer absehen, um sich keiner Haftung des Lizenzgebers auszusetzen. Die jeweilige Feststellung des Inhalts des Lizenzvertrages von Dritten vor dem Abschluß eines Vertrages mit dem Lizenznehmer gestaltet sich praktisch sehr schwierig und ist fast unmöglich. Auch dem praktischen Bedürfnis entspricht es daher grundsätzlich, Beschränkungen im Verhältnis Lizenzgeber/Lizenznehmer nur mit schuldrechtlicher Wirkung zuzulassen.

Die lediglich schuldrechtliche Wirkung vertraglich auferlegter Beschränkung ergibt sich auch aus § 9 PatG, in der die Wirkung des Patents geregelt ist und die patentrechtlichen

---

[5] RG v. 26.3.1902 RGZ 51, 139 (141); vgl. im einzelnen zur Abgrenzung der schuldrechtlichen von den patentrechtlichen Beschränkungen 2. Teil, A. I. 1.

[6] So schon Rasch, S. 91; Strohm, S. 151; dagegen auch grundsätzlich: RG v. 14.10.1931 RGZ 133, 326 (330); RG v. 4.10.1938 GRUR 1939, 184 (187) BGH GRUR 1959, 200 (202) - "Der Heiligenhof" (Klage auf Unterlassung das urheberrechtlich geschützte Werk anzubieten und zu verbreiten); Kohler, S. 526; Lüdecke/Fischer, S. 384; Reimer, § 9 Rn. 16 m.w.N.

[7] Srohm, S. 151.

[8] So RG v. 10.2.1932 RGZ 135, 145 (148).

[9] Rasch, S. 93.

Befugnisse des Patentinhabers festgelegt sind. Die Aufzählung der patentrechtlichen Befugnisse läßt erkennen, daß diese abschließend sein sollen und andere Beschränkungen von der patentrechtlichen Wirkung nicht umfaßt werden. Nur patentrechtliche Beschränkungen haben daher auch patentrechtliche, dingliche Wirkung. Die patentrechtliche Wirkung darf nicht durch vertragliche Vereinbarung ausgeweitet werden. Der Vertragsfreiheit sind damit Grenzen gesetzt[10].

Zudem sind im allgemeinen dingliche Rechte in den Gesetzen auch erschöpfend bestimmt und schreiben den Rechtsinhalt zwingend vor (Typenfixierung)[11]. Sie können also nicht frei vereinbart werden. Grund für die Einschränkung der Vertragsfreiheit ist das Bedürfnis nach Rechtssicherheit[12]. Dieses Bedürfnis ist auch im Patentlizenzvertragsrecht ausgeprägt. Die Vertragspartner der Lizenznehmer wollen sich darauf verlassen, daß sie nicht aufgrund einer Vereinbarung zwischen Lizenzgeber und Lizenznehmer einer Haftung ausgesetzt sind. Der Schutz Dritter ist im Patentrecht auch von besonderer Bedeutung, da das Patentrecht keinen Schutz des guten Glaubens kennt[13].

Eine Ausdehnung der Rechte des Patentinhabers durch die Vereinbarung von patentrechtlich wirkenden Beschränkungen des Lizenznehmers führt daher im Einklang mit der Rechtsprechung und Literatur zu "unerträglichen Belästigungen des Verkehrs"[14].

Fraglich ist, ob für Vertriebsbeschränkungen eine Ausnahme gelten soll, wie dies in der Literatur teilweise angenommen wird[15]. Der Lizenzgeber, der dem Lizenznehmer eine Beschränkung bezüglich des Absatzes auferlegt, ist daran interessiert, daß diese Beschränkungen auch gegenüber den Abnehmern des Lizenznehmers wirken und auch diese an der Belieferung bestimmter Abnehmer gehindert werden. Legt der Lizenznehmer seinen Abnehmern eine solche Beschränkung nicht auf, so kann der Lizenzgeber in der Regel nicht gegen die Abnehmer vorgehen, da die Beschränkung schuldrechtlicher Art ist, weil sie den Inhalt und die Gestaltung der Ausübungshandlung betrifft und nur im Vertragsverhältnis zwischen Lizenzgeber und Lizenznehmer Wirkung entfaltet.

Schon in der früheren Literatur ist darauf hingewiesen worden, daß die Möglichkeit, Vertriebsabreden mit patentrechtlicher Wirkung auszustatten, um dem Lizenzgeber auch den Zugriff auf die Abnehmer zu geben, "dahin führe, daß dem Verkehr unerträgliche

---

[10] Vgl. zur Vertragsfreiheit 1. Teil, D. I. 1. a).
[11] Vgl. Palandt-Bassenge, Einl. v. § 854 Rn. 4, 5.
[12] Palandt-Bassenge, Einl. v. § 854 Rn. 4.
[13] Rasch, S. 93 m.w.N.
[14] RG v. 26.3.1902 RGZ 51, 139 (141).
[15] BGH GRUR 1959, 200 (202) - "Der Heiligenhof" für das Urheberrecht (s.o.); Bernhardt/Kraßer, S. 697 m.w.N., die jedoch nicht die Zulässigkeit der Ausstattung der Vertriebsbindung mit patentrechtlicher Wirkung betreffen, sondern die davon streng zu trennende kartellrechtliche Zulässigkeit.

Fesseln angelegt werden und ganze Gebiete von Handel und Industrie den großen Monopolisten ausgeliefert werden"[16]. Nach a.A. sind Vertriebsbindungen mit patentrechtlicher Wirkung möglich[17].

Zwar schränken Vertriebsbindungen die Freiheit der Lizenznehmer und der Abnehmer nicht im übermäßigen Maße ein[18], dennoch kann der Meinung, daß die Vertriebsbindung ausnahmsweise mit patentrechtlicher Wirkung vereinbart werden kann, nicht zugestimmt werden.

Einerseits steht es dem Ziel, der Förderung des Lizenzaustausches, entgegen, wenn der Patentinhaber zur Absicherung außer den Vereinbarungen, die anerkanntermaßen patentrechtliche Wirkung haben, keine anderen, grundsätzlich nur schuldrechtlich wirkenden Vereinbarungen mit patentrechtlicher Wirkung mit dem Lizenznehmer treffen zu können. Der Lizenzgeber würde sich bei dieser Möglichkeit sicherlich eher zur Lizenzierung bereiterklären. Andererseits darf die Förderung des Lizenzaustausches nicht zu Lasten der Rechtssicherheit und Dritter gehen. Andere, die mit dem Lizenznehmer Vertragsbeziehungen eingehen, müssen sich darauf verlassen können, daß die Vereinbarungen in einem Lizenzvertrag, den der Lizenznehmer mit dem Lizenzgeber geschlossen hat, außer den in § 9 PatG aufgezählten Beschränkungen mit patentrechtlicher Wirkung, nur schuldrechtliche Wirkungen haben. Für die Vertriebsbindung eine Ausnahme zu machen, ist auch nicht aus dem Grund gerechtfertigt, daß sie in besonderer Weise das Patentrecht berührt. Bei der nach der Rechtsprechung anerkannten Möglichkeit der Abrede, über die Festlegung oder Ausschließung einer bestimmten Art des Absatzweges patentrechtliche Wirkung zuzumessen[19], ist auch zu berücksichtigen, daß sie Beschränkungen des Urheberrechts betraf und auf den Büchervertrieb von Buchgemeinschaften Bezug nahm. Die Übertragung dieser Grundsätze auf das Patentrecht erscheint daher schon aus diesem Grunde sehr fraglich[20].

Nimmt man für die Vertriebsbindung im Interesse des Lizenzgebers ausnahmsweise eine patentrechtliche Wirkung an, so stellt sich die Frage, ob nicht auch andere Beschränkungen patentrechtliche Wirkung haben und wo dann im Einzelfall die Grenzen gezogen werden sollen. Um dieser Problematik aus dem Wege zu gehen, soll generell die Möglichkeit der Vereinbarung von Beschränkungen mit patentrechtlicher Wirkung ausscheiden.

---

[16] Pietzcker, § 6 Rn. 26; ähnlich auch RG v. 26.3.1902 RGZ 51, 139 (141).
[17] Strohm, S. 151; Bernhardt/Kraßer, S. 697.
[18] So auch Rasch, S. 93.
[19] BGH GRUR 1959, 200 (202) - "Der Heiligenhof" (s.o.).
[20] So auch Pfennig in der Anmerkung zu BGB GRUR 1959, 200 (204), der aber der Rechtsprechung für das Urheberrecht zustimmt.

Es besteht auch keine Notwendigkeit, einzelnen Vereinbarungen patentrechtliche Wirkung beizumessen. Die Lizenz kann an eine auflösende Bedingung (§ 158 II BGB) geknüpft werden[21], die z.B. den Inhalt hat, daß im Falle der Nichterfüllung der Auferlegung der Vertriebsbindung des Lizenznehmers mit Dritten die Befugnis zur Benutzung des Patents endet oder sie kann mit einem Kündigungsrecht ausgestattet werden. Die auflösende Bedingung gem. § 158 II BGB hat die Wirkung, daß der Lizenzvertrag wirkungslos wird, wenn die Bedingung nicht erfüllt wird. Sowohl Dritte, die mit dem Lizenznehmer einen Vertrag abgeschlossen haben, als auch der Lizenznehmer selber verletzen nun das Patent, wenn sie von der Befugnis weiterhin Gebrauch machen, da die Befugnis zur Benutzung des Patents weggefallen ist. Es ist darauf hinzuweisen, daß die Vereinbarung einer auflösenden Bedingung Unsicherheiten zu Folge haben kann, die darin bestehen, daß der Vertrag automatisch bei Eintritt des zur auflösenden Bedingung gemachten Ereignisses erlischt, ohne daß die Vertragsparteien davon zu dem Zeitpunkt unbedingt Kenntnis haben[22]. Aus diesem Grunde empfiehlt es sich anstelle einer auflösenden Bedingung ein sofortiges Kündigungsrecht zu vereinbaren.

Liegt zwischen dem Lizenznehmer und einem Abnehmer nicht ein Vertriebsvertrag, sondern ein Unterlizenzvertrag vor[23], kann die Vereinbarung zwischen Lizenzgeber und Hauptlizenznehmer bezüglich einer Vertriebsbindung zwar auch Auswirkungen auf den Unterlizenzvertrag haben, da häufig der Unterlizenzvertrag mit dem gleichen Inhalt des Hauptlizenzvertrages ausgestaltet ist. Doch auch in diesem Fall kann der Lizenzgeber nicht gegen den Unterlizenznehmer vorgehen, da es sich lediglich um eine schuldrechtliche Beschränkung aus dem Verhältnis Hauptlizenznehmer/Unterlizenznehmer handelt.

2. Hauptpflichtverletzung

Die Hauptpflichtverletzung des Lizenznehmers kann die Haftung wegen Unmöglichkeit oder Verzuges auslösen. Für die Anwendbarkeit der Unmöglichkeits- und Verzugsvorschriften im Lizenzvertragsrecht ist von Bedeutung, daß es sich um ein Dauerschuldverhältnis handelt, das auf wiederholte oder länger andauernde Leistungen

[21] Kohler, S. 526; Bernhardt/Kraßer, S. 698.
[22] Lüdecke/Fischer, S. 580.
[23] Siehe zur Abgrenzung 1. Teil, C. 1. a) bb) (b).

gerichtet ist[24]. §§ 325, 326 BGB, die die Unmöglichkeit und den Verzug der Gegenleistung regeln, sind grundsätzlich auf den Lizenzvertrag anwendbar[25].

Allgemein ist darauf hinzuweisen, daß derjenige, der Rechte aus einer Vertragsverletzung herleiten will und selbst eine Vertragspflicht verletzt, gegen Treu und Glauben verstoßen kann[26]. Der Lizenzgeber muß sich also grundsätzlich immer selber vertragsgemäß verhalten, um seine Rechte vollständig geltend machen zu können.

a) Haftung wegen Unmöglichkeit

Kommt der Lizenznehmer nach Ausführung des Lizenzvertrages[27] der Erfüllung seiner Hauptpflicht, die grundsätzlich beim Lizenzvertrag in der Zahlung der Lizenzgebühren besteht, aber auch durch Vereinbarung eine andere sein kann[28], nicht nach, so haftet er dem Lizenzgeber gem. § 325 BGB, wenn ihm die Erfüllung infolge eines von ihm zu vertretenen Umstandes dauernd unmöglich geworden ist. Unmöglichkeit liegt dann vor, wenn die Leistung von niemanden, weder vom Schuldner noch von einem Dritten, erbracht werden kann[29]. Die Nichtzahlung der Lizenzgebühren ist keine wirtschaftliche Unmöglichkeit und ist daher nicht wie diese nach den Grundsätzen über den Wegfall der Geschäftsgrundlage zu behandeln, sondern nach § 279 BGB[30]. Die Mittellosigkeit des Schuldners ist aber eine subjektive Unmöglichkeit[31]. Daß der Schuldner für seine finanzielle Leistungsfähigkeit einzustehen hat, ist ein unserer Rechts- und Wirtschaftsordnung immanenter allgemeiner Rechtsgrundsatz, der in dem Prinzip der unbeschränkten Vermögenshaftung zum Ausdruck kommt und verfahrensrechtlich durch das Zwangsvollstreckungs- und Konkursrecht verwirklicht wird[32]. Die Nichtzahlung der Lizenzgebühren ist daher ein Umstand, den der Lizenznehmer zu vertreten hat[33], so daß nicht § 323 BGB, sondern § 325 BGB einschlägig ist.

[24] Siehe 1. Teil, B. I. 2. a).
[25] RG v. 30.4.1940 MuW 1940, 170 ff. (171); RG v. 29.9.1942 GRUR 1943, 78 (80); BGH GRUR 1979, 768 (770) - "Mineralwolle" (s.o.).
[26] BGH NJW 1971, 1747 ff. (1747) m.w.N (Frage der Aerkennung der Schadensersatzforderung bei eigenem nicht vertragsgetreuen Verhalten).
[27] Vgl. zur anfänglichen Unmöglichkeit, die die Nichtigkeit des Vertrages zur Folge hat 1. Teil, D. I. 4. und 1. Teil, E. I. 1. a) ff).
[28] Vgl. 1. Teil, E. I. 1. a).
[29] Palandt-Heinrichs, § 275 Rn. 4.
[30] Vgl. Palandt-Heinrichs, § 275 Rn. 12.
[31] Palandt-Heinrichs, § 275 Rn. 14.
[32] Palandt-Heinrichs, § 279 Rn. 4 m.w.N.
[33] Es beruht in Deutschland auf dem dem BGB immanenten Rechtsgrundsatz und dem Prinzip der unbeschränkten Vermögenshaftung, daß der Schuldner für seine finanzielle Leistungsfähigkeit einzustehen hat, Palandt-Heinrichs, § 279 Rn. 4.

Ist die Ausübung des Lizenzvertrages als Hauptpflicht vereinbart, so ist ausnahmsweise § 323 BGB einschlägig, wenn die dauernde Unmöglichkeit der Ausführung des Lizenzvertrages auf staatlichen Maßnahmen, insbesondere behördlichen oder gesetzlichen Verordnungen, beruht, da damit ein Verschulden des Lizenznehmers ausscheidet[34].

Dem Patentinhaber und Lizenzgeber stehen gem. § 325 BGB grundsätzlich wahlweise die dort aufgezählten Rechte zu (Schadensersatz oder Rücktritt)[35]. Da das Lizenzverhältnis ein Dauerschuldverhältnis ist, sind jedoch für die Rechtsfolgen einige Besonderheiten zu beachten[36].

Es ist anerkannt, daß vor Ausführung des Lizenzvertrages die Rechte aus §§ 325, 326 BGB gegeben sind[37]. Eine teilweise Durchführung des Vertrages ist schon dann gegeben, wenn dem Lizenznehmer Werkzeuge und Material übergeben werden und der Lizenznehmer Werbetätigkeit entfaltet hat[38]. Neben §§ 325, 326 BGB steht dem Lizenzgeber vor Ausführung des Lizenzvertrages das Kündigungsrecht nach § 723 BGB zu[39].

Ist dem Lizenznehmer die Vertragserfüllung nur vorübergehend unmöglich, so fällt diese nach der Rechtsprechung bei Dauerschuldverhältnissen nicht, wie dies bei Schuldverhältnissen mit einmaliger Leistung sein kann, unter den Begriff des Leistungsverzuges[40], sondern sie ist für ihre Dauer der dauernden Unmöglichkeit gleichzustellen[41]. Der Lizenzgeber kann also auch in diesem Fall aus § 325 BGB gegen den Lizenznehmer vorgehen.

Ist die Leistungserfüllung des Lizenznehmers nur teilweise unmöglich, so kann der Lizenzgeber, wenn die teilweise Erfüllung des Vertrages für ihn kein Interesse hat, gem. § 325 I 2 BGB Schadensersatz wegen Nichterfüllung verlangen, wobei sich der Schadensersatzanspruch auf den unmöglich gewordenen Teil beschränkt oder auch sein durch das Rücktrittsrecht ersetzte Kündigungsrecht ausüben.

---

[34] Benkard-Ullmann, § 15 Rn. 604; vgl. auch den Fall von RG v. 12.6.1942 GRUR 1943, 35 ff. (36), in dem das Vorliegen von höherer Gewalt abgelehnt wurde und der Lizenznehmer damit weiterhin die Lizenzgebühren zahlen mußte.

[35] Vgl. 3. Teil, B. I. 1. a).

[36] Siehe ausführlich zu den Rechtsfolgen der Unmöglichkeit 3. Teil, B. I. 1. a).

[37] Benkard-Ullmann, § 15 Rn. 95.

[38] BGH GRUR 1959, 616 ff. (617) - "Metallabsatz" (Klage auf Schadensersatz aufgrund eines mündlich geschlossenen Vertrages zur Herstellung von Schuhen nach Patent).

[39] Benkard-Ullmann, § 15 Rn. 95; vgl. dazu 2. Teil, C. I. 1.

[40] Siehe zum Verzug 2. Teil, B. I. 1. b).

[41] RG v. 29.11.1932 RGZ 146, 60 (66); BGHZ 10, 187 (189); Benkard-Ullmann, § 15 Rn. 96; Kraßer/Schmidt, S. 324 (327).

b) Haftung wegen Verzug

Verzögert der Lizenznehmer schuldhaft[42] die Erfüllung seiner Hauptpflicht, so kann der Lizenzgeber ihn gem. § 286 I BGB auf Ersatz des sog. Verzögerungsschadens oder nach Maßgabe des § 326 BGB auf Schadensersatz wegen Nichterfüllung in Anspruch nehmen[43]. Unter Verzug ist die schuldhafte Nichtleistung im Zeitpunkt der Fälligkeit zu verstehen, wobei die Leistung noch nachholbar, also nicht unmöglich, ist[44]. Zahlt der Lizenznehmer seine Lizenzgebühren nicht, so wird meist ein Fall des Verzuges vorliegen, da die Zahlung noch nachholbar ist, es sei denn, der Lizenznehmer ist mittellos und/oder befindet sich im Konkurs.

Voraussetzung für den nach § 326 BGB grundsätzlich gegebenen Schadensersatzanspruch ist, daß der Lizenznehmer gem. §§ 284 BGB i.V.m. 285 BGB auf eine Mahnung des Lizenzgebers schuldhaft nicht geleistet hat, also z.B. der einfache Lizenznehmer der Lizenzgebührenzahlung oder seiner als Hauptpflicht vereinbarten Ausübungspflicht trotz Mahnung nicht nachgekommen ist. Weiterhin muß der Lizenzgeber dem Lizenznehmer gem. § 326 BGB eine angemessene Frist mit der Erklärung setzen, daß er nach Fristablauf die Annahme der Leistung ablehnt. Der Lizenzgeber muß sich gleichzeitig dabei vertragstreu verhalten[45]. Die Fristsetzung ist dann entbehrlich, wenn der Lizenznehmer die Erfüllung bestimmt, ernsthaft und endgültig verweigert[46] oder der Lizenzgeber infolge des Verzuges das Interesse am Austausch der beiderseitigen Leistungen verloren hat (§ 326 II BGB). Der Lizenznehmer kommt jedoch nicht in Verzug, wenn der Lizenzgeber sein Leistungsverweigerungsrecht nach § 320 BGB ausübt.

Handelt es sich bei der verzögerten Leistungserfüllung des Lizenznehmers um eine vorübergehende Unmöglichkeit, so sind nicht die Verzugs-, sondern die Unmöglichkeitsregeln anzuwenden[47].

Ein verhältnismäßig geringer Rückstand des Lizenznehmers mit den Lizenzzahlungen rechtfertigt dagegen noch keine Kündigung aus wichtigem Grunde[48].

---

[42] Es ist zu beachten, daß der Verschuldensmaßstab bei der Vertragsverletzung nicht so streng ist wie der bei einer Patentverletzung, siehe 3. Teil, A. I. 1. c).
[43] Vgl. zu den Rechtsfolgen des Verzugs 3. Teil, B. I. 1. b).
[44] Palandt-Heinrichs, § 284 Rn. 2.
[45] Palandt-Heinrichs, § 326 Rn. 10.
[46] Palandt-Heinrichs, § 326 Rn. 20.
[47] Siehe RG v. 29.11.1932 RGZ 146, 60 (66).
[48] RG v. 10.6.1933 MuW 1933, 519 ff. (520).

c) Haftung wegen positiver Vertragsverletzung (pVV)

Die pVV ist der eigentliche Grundtatbestand der Vertragsverletzung, der die Schlechtleistung des Lizenznehmers erfaßt. Unter den Begriff der pVV fallen alle Pflichtverletzungen im Rahmen eines bestehenden Schuldverhältnisses, die weder Unmöglichkeit noch Verzug herbeiführen und deren Folgen nicht von den Gewährleistungsvorschriften erfaßt werden[49]. Da sich beim Lizenzvertrag die Gewährleistung nach Pacht- bzw. Mietvertragsrecht richtet[50] und sich diese Vorschriften nur auf die Gewährleistung des Lizenzgebers beziehen (§§ 581 II i.V.m. 537 ff. BGB), richten sich die Folgen der vom Lizenznehmer zu vertretenen Schlechtleistung nach den Grundsätzen über die Haftung aus pVV.

Besteht die Hauptpflicht in der Zahlung der Lizenzgebühren, so richtet sich die Haftung nach den Unmöglichkeits- oder Verzugsvorschriften[51]. Haben die Parteien die Ausübung als Hauptpflicht vereinbart und übt der Lizenznehmer die Lizenz zwar aus, nimmt aber gleichzeitig die Produktion von Konkurrenzerzeugnissen auf und entwertet damit das Patent[52], so liegt eine Schlechtleistung vor, deren Rechtsfolgen nach den Grundsätzen der pVV zu beurteilen ist[53].

Voraussetzung der pVV ist, daß der Lizenznehmer durch ein Handeln oder Unterlassen eine vertragliche Pflicht rechtswidrig und schuldhaft[54] verletzt und dem Lizenzgeber dadurch einen Schaden verursacht hat, z.B. der Lizenznehmer die vorzeitige Kündigung schuldhaft veranlaßt hat[55]. Zwischen dem Verhalten des Lizenznehmers und der Pflichtverletzung sowie der Pflichtverletzung und dem Schaden muß ein adäquater Kausalzusammenhang bestehen. Der Dauerschuldcharakter des Lizenzvertrages, der durch ständiges vertrauensvolles Zusammenarbeiten der Vertragsparteien geprägt ist[56], ist bei der Beurteilung der Vertragsverletzung und des Verschuldens zu berücksichtigen.

---

[49] Palandt-Heinrichs, § 276 Rn. 107.

[50] Vgl. 1. Teil, B. I. 2. g).

[51] Siehe 2. Teil, B. I. 2. a) b).

[52] Vgl. Klauer/Möhring, Anhang zu § 9 Rn. 18.

[53] Stellt der Lizenznehmer das Geschäft jedoch völlig ein, so könnte wiederum Unmöglichkeit vorliegen, wenn ein wesentlicher Teil der Erfüllungshandlungen nicht mehr geleistet werden kann, vgl. RG v. 30.4.1940, 170 ff. (171). Vgl. zu den Rechtsfolgen der pVV, 3. Teil, B. I. 1. c).

[54] Der Verschuldensmaßstab bei der Vertragsverletzung ist nicht so streng ist wie der bei einer Patentverletzung, siehe 3. Teil, A. I. 2. Er richtet sich nach den allgmeinen Grundsätzen des Zivilrechts.

[55] BGH GRUR 1959, 616 ff. (618). Beabsichtigt der Lizenznehmer vor Vertragsschluß den zu schließenden Vertrag nicht ordnungsgemäß zu erfüllen, so kann unter Umständen der Tatbestand der arglistigen Täuschung gegeben sein, BGH GRUR 1956, 93 (95).

[56] Vgl. zum Dauerschuldcharakter 1. Teil, B. I. 2. a).

Anders als bei der Haftung wegen Verzuges oder Unmöglichkeit berührt die eigene Vertragsuntreue des Lizenzgebers den Schadensersatzanspruch nicht[57].

Der Lizenzgeber muß sich jedoch ein eigenes Mitverschulden gem. § 254 BGB auf seinen Schadensersatzanspruch anrechnen lassen[58].

3. Nebenpflichtverletzungen

a) Haftung wegen Unmöglichkeit und Verzug

Kommt der Lizenznehmer seinen Nebenpflichten, z.B. seiner Rechnungslegungs- oder Kennzeichnungspflicht[59], nicht wegen Unmöglichkeit oder nur verzögert nach, sind auch in diesem Fall die Unmöglichkeits- und Verzugsvorschriften des BGB grundsätzlich anwendbar. Da die Nebenpflichten jedoch nicht mit der Hauptforderung des Lizenzgebers im Gegenseitigkeitsverhältnis stehen, scheidet die Anwendung der §§ 320 ff. BGB aus[60]. Die Beurteilung richtet sich nach §§ 275 ff. BGB.

Gem. § 280 BGB hat der Lizenznehmer für die von ihm verschuldete Unmöglichkeit seiner Leistungspflicht Schadensersatz wegen Nichterfüllung zu leisten[61]. Ist dem Schuldner die Erfüllung nur teilweise unmöglich, so kann der Gläubiger Schadensersatz wegen Nichterfüllung der ganzen Verbindlichkeit verlangen, wenn er den noch möglichen Teil der Leistung ablehnt und die teilweise Erfüllung für ihn kein Interesse hat (§ 280 II BGB). An den Interessenfortfall des Gläubigers sind im Lizenzvertragsrecht erhöhte Anforderungen zu stellen, da der Bestand des Lizenzvertrages zu erhalten ist und die gegenseitigen Rechte und Pflichten aufrechterhalten werden sollen[62].

Ist der Lizenznehmer mit der Lizenzzahlung in Verzug, kann der Lizenzgeber mit der Mitteilung von Verbesserungen zurückhalten[63].

---

57 BGH NJW 1971, 1747 ff. (1748) m.w.N. (s.o.). Von diesem Grundsatz sind jedoch Ausnahmen zugelassen. Vgl.auch BGH NJW 1977, 580 f. (581).

58 Dies gilt auch für den umgekehrten Fall. Verletzt z.B. der Lizenzgeber einer zum Patent angemeldeten Erfindung seine Pflicht zur Stellung des Prüfungsantrages, ist beim Schadensersatzanspruch des Lizenznehmers das Mitverschulden des Lizenznehmers zu berücksichtigen, Lüdecke, Lizenzverträge, NJW 1968, 1358 (1360).

59 In der Rechtsprechung gibt es nur sehr wenige Fälle der Nebenpflichtverletzung des Lizenznehmers, z.B. Pflichtverletzung des Lizenznehmers, dem Patentinhaber eine Generalvertretung einzuräumen, BGHZ 2, 261 ff. (267) - "Tauchpumpen".

60 So schon RG v. 9.9.1936, 1003 (1007) ausdrücklich für den Lizenzvertrag.

61 Vgl. zu den Rechtsfolgen der Nebenpflichtverletzung 3. Teil, B. I. 3. a).

62 Vgl. allgemein 1. Teil, D. I. 4. c).

63 RG MuW 30, 441 (442).

b) Haftung wegen pVV

Neben der Schlechtleistung des Lizenznehmers ist die vom Schuldner zu vertretene Verletzung von Nebenpflichten der zweite Hauptanwendungsfall der pVV[64].

Auch hier müssen die Voraussetzungen der pVV erfüllt sein[65]. Eine Nebenpflichtverletzung, die Schadensersatzansprüche aus pVV auslöst, liegt z.B. dann vor, wenn der Lizenznehmer schuldhaft nicht mehr zeitgemäße Technologie auf den Markt bringt[66], seiner ihm obliegenden Ausübungs- oder Werbepflicht nicht nachkommt[67] oder aber er schuldhaft die vorzeitige Kündigung aus wichtigem Grund veranlaßt hat[68].

4. Haftung wegen Verschulden bei Vertragsverhandlungen (culpa in contrahendo[69])

Der Lizenznehmer kann schließlich auch aus c.i.c. haften. Für die Erfüllung der Voraussetzungen der c.i.c. braucht weder ein wirksamer Vertrag vorzuliegen, noch der Tatbestand einer unerlaubten Handlung gegeben zu sein. Rechtsprechung und Lehre haben aus §§ 179, 307, 309, 463 S. 2, 663 BGB den Grundsatz entwickelt, daß bereits durch die Aufnahme von Vertragsverhandlungen oder einem diesen gleichzustellenden geschäftlichen Kontakt - in Abgrenzung zum erfolglosen Versuch zu Vertragsverhandlungen mit vertretungsberechtigten zu kommen[70] - ein vertragsähnliches Vertrauensverhältnis entsteht, das Sorgfalts- und Rücksichtspflichten der Beteiligten begründet[71]. Es handelt sich bei der Haftung wegen c.i.c. nicht um die schuldhafte Verletzung von Nebenpflichten, die sich entweder aus der Natur des Vertrages ergeben oder vertraglich vereinbart werden, sondern um die schuldhafte[72] Verletzung von daneben bestehenden Sorgfaltspflichten während Vertragsverhandlungen.

Fallgruppen sind unwirksame Verträge, das Nichtzustandekommen von Verträgen, inhaltlich nachteilige Verträge und Körper- und Eigentumsschäden, die während der Vertragsverhandlungen entstehen[73]. Für das Lizenzvertragsrecht von Bedeutung sind

[64] Palandt-Heinrichs, § 276 Rn. 113.
[65] Siehe zu den Voraussetzungen 2. Teil, B. I. 2. c).
[66] Stauder, GRUR Int. 1982, 341 (343).
[67] Vgl. dazu speziell 2. Teil, B. I. 5. a).
[68] Siehe 2. Teil, B. I. 5. a).
[69] Nachfolgend c.i.c. abgekürzt.
[70] Vgl. BGH GRUR 1976, 304 ff. (305) - "Siroset".
[71] Vgl. Larenz, Lehrbuch Bd. II., S. 106 ff.
[72] Vgl. zum Verschuldenserfordernis v. Falck, Anmerkung zu BGH GRUR 1975, 616 (619) - "PATRICO" (Klägerin macht Anspruch gegen Beklagten geltend, weil es nicht zu dem von dem Beklagten zugesicherten Abschluß eines Lizenzvertrages gekommen sei).
[73] Palandt-Heinrichs, § 276 Rn. 71 ff.

insbesondere die Fälle, in denen durch Abbruch von Vertragsverhandlungen der Lizenzvertrag nicht zustandekommt[74] und der andere Vertragspartner auf das Zustandekommen vertraut hat[75], weiterhin wenn der Lizenzvertrag unwirksam ist, z.B. durch Verstoß gegen das Kartellrecht oder mangels Einhaltung der Formvorschriften. Auch der Abschluß von Vorverträgen, in denen beispielsweise die Geheimhaltungspflicht vereinbart wurde oder sich aus der Vertragsnatur ergab, begründet die Haftung aus c.i.c. für den Lizenznehmer bei Pflichtverletzung[76].

Voraussetzung der c.i.c. ist, daß der Lizenznehmer seine Sorgfaltspflicht schuldhaft verletzt hat. Der Lizenznehmer hat für das "enttäuschte Vertrauen" Schadensersatz zu leisten[77].

5. Verletzung von einzelnen Pflichten und Klauseln

In der Rechtsprechung ist bisher nur in wenigen Fällen die Pflichtverletzung und die Haftung des Lizenznehmers Gegenstand der Entscheidung gewesen.

Nachfolgend werden die Pflichtverletzungen dargestellt, mit denen sich die Rechtsprechung bisher befaßt hat. Die Fälle weisen keine Besonderheit auf, denn die Verletzung und deren Rechtsfolgen richten sich ausdrücklich nach den allgemeinen Vorschriften.

a) Verletzung der Ausübungspflicht

Verletzt der Lizenznehmer seine Ausübungspflicht[78], indem er überhaupt nicht oder in verschlechterter Form ausübt oder wenn er den Vertrieb und die Produktion von Konkurrenzerzeugnissen aufnimmt[79], da dadurch das Benutzungsrecht wirtschaftlich entwertet wird[80], haftet er nach den Grundsätzen der pVV[81]. Ist die Ausübung des Patents als Hauptpflicht in Lizenzverträgen vereinbart, was häufig vorkommt, stehen dem Lizenzgeber neben der pVV die Ansprüche aus §§ 320 ff. BGB zu. Dem Lizenzgeber ist ein Kündigungsrecht aus wichtigem Grund gegeben, wenn der

---

74 BGH GRUR 1959, 528 (530) - "Autodachzelt" (s.o.); BGH GRUR 1975, 616 ff. (617) - "PATRICO".

75 Hat der Lizenzgeber dem potentiellen Lizenznehmer Unterlagen anvertraut, kommt aber ein Lizenzvertrag nicht zustande, so kann der Lizenzgeber die Rechte nach §§ 1, 18 UWG geltend machen, vgl. 2. Teil, C. I. 2.

76 Henn, S. 195.

77 Vgl. dazu im einzelnen 3. Teil, B. I. 3.

78 Vgl. zur Ausübungspflicht des ausschließlichen Lizenznehmers 1. Teil. E. I. 1. c) aa).

79 Lüdecke, Ausübungspflicht, 211 (220); Klauer/Möhring, Anhang zu § 9 Rn. 18.

80 RG v. 4.1.1936 GRUR 1936, 432 f. (433).

81 Siehe auch RG v. 30.4.1940, RGZ. 170 ff. (170); Lüdecke, Ausübungspflicht, GRUR 1952, 211 (220); Reimer, § 9 Rn. 55.

Lizenznehmer den Lizenzgegenstand dauernd schlecht liefert und dies die Absatzfähigkeit wesentlich beeinträchtigt oder aufhebt[82].

b) Verletzung der Aufrechterhaltungspflicht des Patents

Der Lizenznehmer ist grundsätzlich nicht verpflichtet, das Patent aufrechtzuerhalten und die Patentgebühren zu zahlen[83]. Ist eine solche Pflicht jedoch vertraglich vereinbart, wie dies sehr häufig der Fall ist[84], und wird diese verletzt, so ist der Lizenznehmer für den Verfall des Patents schadensersatzpflichtig. Er haftet aus pVV. Nach der Rechtsprechung hat der Lizenzgeber als Kläger jedoch die praktische Verwertbarkeit des Patents zu beweisen[85].

c) Verletzung der Geheimhaltungspflicht

Verletzt der Lizenznehmer die Geheimhaltungspflicht, indem er die ihm anvertrauten Geheimnisse und Unterlagen unbefugt verwertet, so begründet dies seine Haftung aus pVV.

Hat der Lizenzgeber dem potentiellen Lizenznehmer Unterlagen oder Betriebsgeheimnisse anvertraut und werden diese vom Lizenznehmer verwertet, so können dem Lizenzgeber Schadensersatz- und Unterlassungsansprüche nach §§ 1, 18 UWG (Vorlagenfreibeuterei) zustehen, es sei denn, das in den Unterlagen enthaltene Geheimnis ist offenkundig geworden. Das gleiche gilt auch dann, wenn der Lizenzvertrag nicht zustandekommt[86] oder das Vertragsverhältnis schon beendet ist[87]. § 18 UWG beinhaltet den strafrechtlich konzipierten Schutz von Betriebs- und Geschäftsgeheimnissen, Vorlagen und Vorschriften technischer Art, die teilweise in ihrem Wert den der gewerblichen Schutzrechte übertrifft. Voraussetzung ist, daß der Lizenznehmer die ihm anvertrauten Unterlagen unbefugt zu Zwecken des Wettbewerbs oder aus Eigennutz verwertet oder jemanden mitteilt. Es ist ausreichend, daß der Lizenznehmer den in der Vorlage verkörperten Gedanken in irgendeiner Form gebraucht,

---

[82] Vgl. 2. Teil, C. I. 1. a).
[83] Vgl. 1. Teil, E. I. 1. b) aa) (e), 1. Teil, E. I. 1. c) cc).
[84] Vgl. 1. Teil, E. I. 2. p).
[85] RG v. 11.2.1914 MuW 14, 8 f. (9).
[86] Vgl. BGH GRUR 1960, 554 ff. (555) - "Handstrickverfahren" (Kläger beantragt, die Beklagte zu verurteilen,.es zu unterlassen, Vorlagen oder Vorschriften technischer Art etc. für maßgerechtes Stricken zu verbreiten); vgl. auch BGH GRUR 1964, 31 ff. (32) - "Petromax II" (Klage auf Zahlung aus Aufträgen zur Herstellung und Lieferung von Werkzeugen).
[87] Vgl. 1. Teil, E. I. 1. b) dd) (b).

selbst wenn er sie nur frei bearbeitet[88]. Rechtsfolge des Verstoßes gegen § 18 UWG ist gem. § 19 UWG ein Schadensersatzanspruch.

d) Verletzung der Nichtangriffsklausel

Verletzt der Lizenznehmer eine Nichtangriffsabrede, indem er trotz deren Zulässigkeit eine Nichtigkeitsklage erhebt, so wird diese nach ständiger Rechtsprechung ohne Sachprüfung als unzulässig abgewiesen[89]. In dem Nichtigkeitsverfahren, in dem sich der Patentinhaber und Lizenzgeber auf der einen Seite und der Lizenznehmer auf der anderen Seite des Prozesses als Parteien formell gegenüberstehen, ist der Patentinhaber befugt, Einwendungen aus vertraglichen Beziehungen der Parteien und der Person des Klägers der Nichtigkeitsklage entgegenzuhalten (exceptio pacti)[90].

Es ist jedoch zu berücksichtigen, daß die Erhebung der Nichtigkeitsklage unzulässig sein kann, wenn der Lizenznehmer als Kläger mit seinem Klagebegehren gegen Treu und Glauben verstößt[91].

e) Verletzung der Wettbewerbsverbotspflicht

Der Lizenznehmer verletzt nicht erst dann seine Unterlassungspflicht bezüglich der Vornahme von Wettbewerbshandlungen, wenn er ein Konkurrenzprodukt vertreibt. Eine Verletzung und ein Schaden des Lizenzgebers kann schon gegeben sein, wenn der Lizenznehmer für das Konkurrenzprodukt Werbung betreibt[92].

6. Vertragsverletzung des Unterlizenznehmers

Da die Unterlizenz eine von der Hauptlizenz selbständige einfache Lizenz ist, haftet der Unterlizenznehmer grundsätzlich nur bei Vertragsverletzung gegenüber seinem Vertragspartner, dem Hauptlizenznehmer nach den allgemeinen zivilrechtlichen Vorschriften[93]. Der Patentinhaber kann diesbezüglich grundsätzlich keine Rechte gegen

---

[88] Emmerich, Unlauterer Wettbewerb, S. 143.

[89] BGH GRUR 1965, 135 (137) - "Vanal-Patent"; Preu, Nichtangriffsabreden, Festschrift für Wendel, 115 ff. (116) m.w.N.

[90] BGH GRUR 1953, 385 ff. (386); BGH GRUR 1971, 243 ff. (244) - "Gewindeschneidevorrichtungen"; Benkard-Rogge, § 22 Rn. 25 a; a.A. Schwerdtner, GRUR 1968, 9 (11), der die Verletzung der Nichtangriffsabrede allein nach schuldrechtlichen Grundsätzen beurteilt; vgl. auch ausführlich Peetz, S. 79 ff.; bei der Prüfung der Zulässigkeit einer Nichtigkeitsklage ist auch die Einrede der Arglist zu berücksichtigen; BGH GRUR 1958, 177 ff. (178) - "Aluminiumflachfolien".

[91] Vgl. 1. Teil, E. I. 1. b) bb) (a).

[92] BGH GRUR 1956, 93 (96).

[93] Vgl. 2. Teil, B. I. 1.

den Unterlizenznehmer geltend machen[94]. Es macht dabei keinen Unterschied, ob der Lizenzgeber Kenntnis von der durch den Unterlizenznehmer verletzten Vertragspflicht hat[95].

7. Vertragsverletzung des Lizenznehmers an einer angemeldeten Erfindung

Auch die Haftung des Lizenznehmers einer zum Patent angemeldeten Erfindung richtet sich nach den bereits dargestellten[96] allgemeinen zivilrechtlichen Vorschriften. Nachfolgend sind Fälle aufgeführt, die durch die Rechtsprechung entschieden worden sind:

Grundsätzlich ist der Lizenzgeber bei einer Lizenz an einer angemeldeten Erfindung verpflichtet, die Prüfung auf Patentfähigkeit zu beantragen[97]. Dem Lizenznehmer kann jedoch nach den Umständen des Einzelfalls ein Mitverschulden gem. § 254 BGB treffen, wenn er gegen den Lizenzgeber Schadensersatzansprüche wegen Versäumung der Antragsfrist nach § 44 PatG erhebt, denn er hätte selbst den Prüfungsantrag stellen können[98].

War dem Lizenznehmer vertraglich die Pflicht auferlegt worden, das Verfahren vor dem Patentamt zu betreiben, so macht er sich schadensersatzpflichtig, wenn er dies unterlassen hat und die Patenterteilung durch sein Verschulden versagt wird[99]. Nach der Rechtsprechung kann er sich auf die Versagung und den Wegfall der Geschäftsgrundlage nicht berufen[100].

8. Vertragsverletzung Dritter durch sittenwidrige Beteiligung am Vertragsbruch des Lizenznehmers

Der Vollständigkeit halber sei erwähnt, daß bezüglich der durch den Lizenznehmer begangenen Vertragsverletzung auch Dritte haften können. Eine Vertragsverletzung des Lizenznehmers gegenüber dem Lizenzgeber berührt zwar die Rechtsstellung der Abnehmer nicht, da diese nur Wirkung im Vertragsverhältnis zwischen Lizenzgeber und Lizenznehmer entfaltet. Der Patentinhaber kann aber dann ausnahmsweise gegen Dritte

---

[94] Henn, S. 92; Lüdecke/Fischer, S. 260.
[95] Lüdecke/Fischer, S. 260 f.
[96] 2. Teil, B. I. 2., 3., 4. 5.
[97] Vgl. 1. Teil, E. I. 1. f) aa).
[98] Lüdecke, Lizenzverträge, NJW 1968, 1358 (1360); dies entspricht den oben dargestellten Regeln der Haftung aus pVV, vgl. 2. Teil, B. I. 3. b).
[99] Benkard-Ullmann, § 15 Rn. 114.
[100] BGH GRUR 1957, 595 (597) - "Verwandlungstisch"

vorgehen, wenn sie eine sittenwidrige Beteiligung am Vertragsbruch des Lizenznehmers begangen haben[101].

Daneben können Dritte wegen Verleitung zum Vertragsbruch und Sittenwidrigkeit haften, wenn sie versuchen, den Willen des Lizenznehmers dahin zu beeinflussen, bestehende vertragliche Verpflichtungen zu verletzen[102].

II. USA

Auch im US-amerikanischen Recht und der Lizenzvertragspraxis überwiegen die Fälle einer Vertragsverletzung. Das liegt nicht nur daran, daß gleichzeitig mit jeder Patentverletzung eine Vertragsverletzung gegeben ist[103], sondern hängt auch damit zusammen, daß die schuldrechtlichen Verpflichtungen im Vertrag in den USA teilweise sehr ausgeprägt sind. Eine Patentverletzung wird der Lizenznehmer auch schon im Hinblick auf die hohen Schadensersatzsummen, die nach der US-amerikanischen Rechtsprechung gewährt werden[104], und auf die hohen Prozeßkosten[105] versuchen zu vermeiden, es sei denn, er versucht auf diese Weise ausnahmsweise eine Erweiterung seiner patentrechtlichen Befugnisse zu erzielen. Zudem ist er an der Aufrechterhaltung der vertraglichen Beziehungen mit dem Lizenzgeber interessiert und will auch in Zukunft noch mit ihm Geschäfte abschließen.

1. Allgemeine Vertragsgrundsätze der Haftung - Die Lehre von der "Condition"

Auch in den USA gilt der Grundsatz "pacta sunt servanda"[106]. Kommen die Vertragsparteien ihren Pflichten nicht nach, brechen sie den Vertrag und müssen dafür haften.

---

[101] Bernhardt/Kraßer, S. 697.

[102] Vgl. zu solchen Fällen BGH GRUR 1956, 273 (275) - "Drahtverschluß" (Klage auf Unterlassung der Lieferung von Verpackungsdrähten und Feststellung der Schadensersatzpflicht); BGH GRUR 1969, 474 ff. (474) - "Bierbezug" (Antrag der Klägerin es dem Beklagten zu untersagen Biere, die nicht von Klägerin vertrieben werden, an Abnehmer zu liefern, die der Klägerin gegenüber zum ausschließlichen Bierbezug verpflichtet sind); BGH GRUR 1976, 372 ff. (373) - "Möbelentwürfe" und die Anm. dazu von v. Falck, 375 (Klage auf Schadensersatz gegen Beklagten wegen Wettbewerbsverstoßes und unerlaubter Handlung).

[103] Vgl. 2. Teil, A. II. 1.

[104] Vgl. 3. Teil, A. II. 1. b).

[105] Vgl. 3. Teil, F. II.

[106] Farnsworth, Vol. 2, S. 498.

Ein Vertragsbruch richtet sich wie im deutschen Recht nach Vertragsrecht und nicht nach dem Patentrecht[107]. Die Vertragsverletzung wird nach einzelstaatlichem Recht beurteilt. Das Haftungssystem des Vertragsrechts - Law of Contracts - ist wie im englichen Recht so auch in den USA vom Haftungssystem des Deliktsrechts - Law of Torts - grundsätzlich getrennt. Nur ausnahmsweise kann eine Vertragsverletzung zugleich ein Delikt darstellen[108].

Wann eine Vertragsverletzung im einzelnen vorliegt, kann wie die Bestimmung der Pflichten der Vertragsparteien Gegenstand des Lizenzvertrages sein. Haben die Vertragsparteien dies jedoch nicht im Vertrag festgelegt, gelten die allgemeinen Vertragsgrundsätze, die auch auf den Lizenzvertrag anwendbar sind[109]. Auf Basis dieser allgemeinen Grundsätze hat die Rechtsprechung bestimmte Regelungen für den Lizenzvertrag entwickelt. Die Rechtsprechung bezüglich der Frage, wann eine Vertragsverletzung vorliegt und welche Rechtsfolgen sich daraus ergeben, ist sehr umfangreich. Sie wird hier schwerpunktmäßig behandelt, da die allgemeinen Vertragsgrundsätze für die Behandlung des Lizenzvertrages nur begrenzt aussagekräftig sind.

Bevor auf die Verletzung des Vertrages infolge Nichtausführung des Versprechens[110] eingegangen wird, wird zunächst dargestellt, welche Rechtsfolgen es mit sich bringt, wenn eine Bedingung nicht eintritt. Vertragsgrundsatz in den USA ist, daß eine Pflicht erst dann entsteht, wenn eine bestimmte Bedingung eintritt. Entsteht eine Pflicht also nicht mangels Bedingungseintritts, kann diese Pflicht selbstverständlich nicht verletzt werden.

Allgemeiner vertragsrechtlicher Grundsatz in den USA ist, daß die Vertragsparteien zur Ausführung ("performance") ihrer Versprechen verpflichtet sind[111]. Die Ausführungspflicht, die von der im Lizenzvertragsrecht bekannten Ausübungspflicht zu unterscheiden ist, kann unterschiedliche Rechtsfolgen auslösen, wenn sie nicht eingehalten wird.

Da die Vertragsparteien nicht an einem Schadensersatzanspruch interessiert sind, sondern die Einhaltung der Ausführungspflicht wollen, haben die Gerichte in den USA einige Rechtsgrundsätze entwickelt, um den Vertragspartner, der mit einer

---

107 Heaton-Peninsular Button-Fastener Co. v. Eureka Speciality Co., 77 F. 288 (291).

108 Vgl. beispielsweise für den Staat Alabama, Brown-Marx Associates, Ltd. v. Emigrant Sav. Bank, 703 F.2d., 1361 (1371) m.w.N.

109 Eskimo Pie Corporation v. National Ice Cream, 20 F.2d., 1003 (1005), vg. auch schon 1. Teil, D. II.

110 Siehe dazu 2. Teil, B. II. 3.

111 Vgl. dazu 1. Teil, D. II. 1. und 1. Teil, E. II. 1. a).

Nichtausführung des Versprechens seines Vertragspartners konfrontiert wird, andere Rechte zur Verfügung gestellt. Zusätzlich zum Recht auf Geltendmachung eines Schadensersatzanspruchs hat die Rechtsprechung dem verletzten Vertragspartner zunächst ein Recht zur vorübergehenden Einstellung seiner eigenen Ausführung gegeben und dann, wenn die andere Partei der Ausführung endgültig nicht nachkommt, ein Recht zur Verweigerung der Ausführung[112].

In Weiterführung dieser Grundsätze hat die Rechtsprechung ein Prinzip entwickelt, nach der vor Ausführung einer vertraglichen Pflicht eine Bedingung ("condition") erfüllt sein muß[113]. Die Ausführungspflicht wurde damit von der Bedingung des Eintritts eines bestimmten Ereignisses abhängig gemacht. In Analogie zu diesem Prinzip entstand das Prinzip der "constructive conditions of exchange", nach der die Ausführung des Versprechens der einen Vertragspartei unter die vertraglich unterstellte Bedingung der Ausführung des Versprechens der anderen Vertragspartei gestellt wurde[114]. Der Grund dafür, daß die Pflicht der einen Vertragspartei von der Pflichterfüllung der anderen Vertragspartei in Abhängigkeit[115] gebracht wird und daß das Risiko des Nichteintritts der Bedingung auf seiten der Vertragspartei, die zunächst zur Erfüllung verpflichtet ist, auf diese verlagert wird, ist wiederum, daß die Vertragsparteien dazu angehalten werden sollen, ihre Pflichten zu erfüllen, und daß die Geltendmachung von Schadensersatz kein zufriedenstellendes Rechtsmittel darstellt[116].

In den USA wird der Begriff "condition", also die Bedingung, in unterschiedlichen Zusammenhängen benutzt. Für die "condition" im Sinne der vertraglichen Bedingung ist die Definition des "Restatement Second"[117] ausschlaggebend. Dsnach ist die Bedingung ein Ereignis, deren Eintritt unsicher ist und das, bevor die Ausführung aus dem Vertrag fällig wird, eintreten muß, es sei denn, es ist ein entschuldigender Grund für das Nichteintreten gegeben.

Fast jedes Ereignis kann unter die Bedingung gestellt werden; es braucht sich auch nicht um ein bedeutendes Ereignis zu handeln[118]. Es gibt ausdrückliche Bedingungen, die die Vertragsparteien vereinbaren. Die Gerichte können aber auch Bedingungen in einem

---

[112] Vgl. dazu ausführlich unter a) und b).
[113] Vgl. dazu ausführlich, Corbin, Conditions, Yale Law Journal., Vol. 28, 739 ff., auch in Abgrenzung zur "promise", 744.
[114] Vgl. Farnsworth, Vol. 2, S. 343
[115] Die Schwierigkeit besteht darin zu bestimmen, welche Pflichten der Vertragsparteien in diesem Abhängigkeitsverhältnis bestehen, also "conditional" sind, und welche Pflichten untergeordnete Bedeutung haben und "unconditional" sind, vgl. Corbin, Conditions, Yale Law Journal, Vol. 28, 739 (745).
[116] Farnsworth, Vol.2, S. 347
[117] Contracts 2d., § 224.
[118] Farnsworth, Vol. 2, S. 345; vgl. zur Auslegung, ob eine Pflicht als unter einer Bedingung bestehend angesehen wird oder nicht, Corbin, Conditions, Yale Law Journal, Vol. 28, S. 752, wobei die allgemeinen Auslegungsregeln gelten, vgl. dazu auch 1. Teil, C. II. 2.

Vertrag stillschweigend unterstellen ("implied conditions")[119]. Grenze bildet zum einen die "Doctrine of Unconscionability", nach der generell unbewußte Vereinbarungen keine Geltung haben[120], die Bedingung also nicht unbewußt sein darf. Zum anderen dürfen als Bedingung keine Ereignisse vereinbart werden, die erstens, vor Vertragsschluß eintreten[121], zweitens sicher eintreten[122] und drittens die Pflicht zum Erlöschen bringen, wenn die Ausführung fällig wird[123].

Im folgenden sind die Auswirkungen des Nichteintritts der Bedingung der einen Vertragspartei auf die Vertragspflicht der anderen Partei dargestellt. Es wird dabei zwischen dem vorübergehenden Nichteintritt der Bedingung und dem zu späten Eintritt der Bedingung differenziert.

a) Auswirkung des vorübergehenden Nichteintritts der Bedingung

Solange die Bedingung auf Seiten der einen Vertragspartei nicht eintritt, hat die andere Partei das Recht, die Erfüllung ihrer Verpflichtung zu verweigern. Diese Rechtsfolge ergibt sich aus der Bedingungslehre. Die eine Vertragspartei braucht erst ihren Pflichten nachzukommen, wenn vorher die andere ihre Bedingung erfüllt hat.

Dies entspricht dem in Deutschland bestehenden Leistungsverweigerungsrecht gem. § 320 BGB, nach der die eine Vertragspartei die ihr obliegende Leistung bis zur Bewirkung der Gegenleistung verweigern kann[124].

b) Auswirkung des verspäteten Bedingungseintritts

Die Möglichkeit den Bedingungseintritt herbeizuführen, wird grundsätzlich für eine bestimmte Zeitspanne zugestanden. Ist diese Zeit aber abgelaufen, so hat der Vertragspartner das Recht, seine Verpflichtung als erloschen zu betrachten. Es ist möglich die Zeitspanne, bis zu der der Vertragspartner zwar seine Erfüllung verweigern, sich nicht jedoch schon von seiner Pflicht ganz lösen kann, in einer Vertragsbestimmung

---

119 Corbin, Conditions, Yale Law Journal, Vol. 28, 739 (743 f.).

120 Vgl. dazu ausführlich, Farnsworth, Vol. 1, S. 495 ff.

121 Sog. "precontractual events": Dies ergibt sich schon aus dem Wortlaut des Restatement Second, Contracts 2d., § 224, der auf die Bedingung eines bestehenden Vertrages hinweist.

122 Siehe wiederum den Wortlaut des Restatement Second, Contracts 2d., § 224. Beispiel für solche sicher eintretenden Ereignisse ist der Zeitablauf. Es darf also die Zahlung einer bestimmten Summe nicht unter die Bedingung des Ablaufs von 30 Tagen gestellt werden.

123 Vgl. die Beispiele bei Farnsworth, Vol. 2, S. 349.

124 Vgl. 2. Teil, B. II. 1.

festzuhalten[125]. Wird dieses nicht vorgesehen, wird eine angemessene Zeit durch eine stillschweigend unterstellte Bestimmung ("implied term") angenommen[126].

Die ursprünglich im Bedingungszusammenhang bestehende Pflicht der Vertragspartei wird damit nach Ablauf einer bestimmten Zeit aus dem Abhängigkeitsverhältnis gelöst und kann nach Wahl der Vertragspartei als erloschen betrachtet werden:

> "A total failure to reiceive the agreed exchange of the performance of a promisor's contractual duty discharges that duty."[127]

Die Vertragspartei hat auch die Möglichkeit, eine Rückerstattung von bereits getätigten Zahlungen zu fordern[128].

c) Ausnahmen von dem Erfordernis des Bedingungseintritts ("Excuse of Condition")[129]

In den USA sind einige Fälle anerkannt, in denen vom Erfordernis des Bedingungseintritts eine Ausnahme gemacht wird. Der Nichteintritt der Bedingung wird nach der US-amerikanischen Terminologie als "entschuldigt" betrachtet.

Auch wenn die Pflichterfüllung unter eine Bedingung gestellt wird, können nach Vertragsschluß Ereignisse eintreten, die dazu führen, daß die Erfüllung der Pflicht fällig wird, obwohl die Bedingung überhaupt nicht oder nicht in der bestimmten Zeit eingetreten ist. Dies kann durch Verzicht ("waiver"), Vertragsbruch ("breach") oder durch die Anordnung eines Gerichts in Einzelfällen, um die Auswirkung des Nichteintritts der Bedingung zu vermeiden, erreicht werden. Da durch die Entschuldigung der Bedingung die verletzte Vertragspartei einen Vorteil verliert, ohne dafür entschädigt zu werden, kommt sie relativ selten vor, es sei denn, es handelt sich um einen unwichtigen Teil des Vertrages[130].

Handelt es sich bei dem Eintritt des Ereignisses aber um eine Bedingung, die im Vertrag ausdrücklich festgehalten ist, ist zu berücksichtigen, daß dafür die "Rule of Strict Compliance" gilt. Danach muß der Wille der Vertragsparteien grundsätzlich durchgesetzt werden[131]. Die Gerichte wenden diese Regel eher im Falle der Erfüllungsverweigerung

---

[125] Vgl. beispielsweise Internatio-Rotterdam, Inc. v. River Brand R.M., Inc., 259 F.2d., 137 ff.

[126] Farnsworth, Vol. 2, S. 352.

[127] Restatement, Contracts, Section 399; vgl. auch speziell für den Lizenzvertrag, National Foam System v. Urquhart, 103 F.Supp., 433 (435).

[128] Farnsworth, Vol. 2, S. 352 m.w.N.

[129] Die US-amerikanische Terminlogie ist zum Teil verwirrend, denn richtig müßte es heißen "excuse of nonocurrence of a condition".

[130] Farnsworth, Vol. 2, S. 352.

[131] Vgl. dazu Brown-Marx Associates, Ltd. v. Emigrant Sav. Bank, 703 F.2d., 1361 (1366 f.); Wakefield v. Northern Telecom, Inc., 769 F.2d., 109 ff. (113).

als Folge des vorübergehenden Nichteintritts der Bedingung an, da Verträge meist Vereinbarungen über die Art der Bedingung enthalten und weniger über die Zeitdauer, in der die Bedingung eintreten muß[132].

(a) Ausnahme aufgrund Verzichts ("Excuse of Condition by Waiver")

Einen üblichen Fall, der eine Ausnahme zum Erfordernis des Bedingungseintritts begründet, bildet das nach Vertragsschluß abgegebene Versprechen des Vertragspartners, dem eigentlich ein Erfüllungsverweigerungsrecht zusteht, den Vertrag auch dann auszuführen, wenn die Bedingung nicht oder verspätet eintritt. Nach der Literatur hat die Lehre vom Verzicht zur Folge, daß die Konditionenlehre zunichte gemacht wird[133]. Das Versprechen des Vertragspartners, auf den Bedingungseinritt zu verzichten, wird aber erst dann rechtswirksam, wenn er Kenntnis von den wesentlichen Tatsachen hat[134].

Ein Versprechen dieser Art wird in den USA als "waiver" bezeichnet. Der Begriff wird in der Literatur und auch in der Rechtsprechung unterschiedlich definiert[135]. Eine gängige Definition ist die folgende:

" A waiver is a voluntary and intentional abandonment or relinquishment of a known right."[136]

Danach stellt der Verzicht die absichtliche Aufgabe eines bekannten Rechtes dar. Nach richtiger Auffassung ist der "waiver" jedoch kein Verzicht auf ein Recht, sondern es wird auf die Bedingung verzichtet[137].

Der Vertragspartner, der den Verzicht ausspricht, bevor die Zeit des Bedingungseintritts abgelaufen ist, ist berechtigt, den Verzicht zu widerrufen und damit die Bedingung wieder einzusetzen, es sei denn, der andere hat auf die Weise auf den Verzicht vertraut, daß der Widerruf unbillig wäre. Die widerrufende Partei muß dem Vertragspartner von dem Widerruf Mitteilung machen und ihm eine angemessene Zeit einräumen, den Bedingungseintritt zu ermöglichen[138]. Wurde der Verzicht jedoch nach Ablauf des Bedingungseintritts ausgesprochen, ergibt sich eine andere Rechtslage. Es ist hier das sog. Wahlprinzip ("concept of election") zu beachten. Ist der Bedingungseintritt abgelaufen, hat die Vertragspartei, deren Pflicht unter der Bedingung steht, die folgende

132 Farnsworth, Vol. 2, S. 353.

133 Corbin, Conditions, Yale Law Journal, Vol. 28, 739 (755): "The doctrine of waiver is practically a nullification of the doctrine of consideration in certain cases".

134 Restatement Second, Contracts 2d., § 93.

135 Vgl. Corbin, Conditions in the law of contract, Yale L.J., Vol. 28, S. 739 ff. (754)

136 Aetna Cas. and Sur. Co. v. L. K. Comstock & Co., 488 F.Supp., S. 732 ff. (735); vgl. auch die Definition in Restatement Second, Contracts 2d., § 277 I.

137 Farnsworth, Vol. 2, S. 374; vgl. auch Corbin, Conditions, Yale Law Journal, Vol. 28, 739 (755).

138 Farnsworth, Vol. 2, S. 377.

Wahlmöglichkeit: Sie kann zum einen aufgrund des Nichteintritts der Bedingung ihre vertragliche Verpflichtung als erloschen betrachten. Sie kann aber zum anderen auch den Nichteintritt ungeachtet lassen und die Verpflichtung als nicht unter einer Bedingung stehend ansehen[139]. Die Gerichte vertreten die Auffassung, daß bei der Wahl der zweiten Möglichkeit der Vertragspartner nicht mehr berechtigt ist, den Verzicht zu widerrufen und die Bedingung wieder herzustellen[140].

Das Rechtsinstitut des "waiver" hat dazu geführt, daß die "rule of strict compliance", nach der die Vertragsparteien streng an ihre Pflichten gebunden sind[141], ausgehöhlt wurde. Um die weitere Aushöhlung zu unterbinden oder unter Kontrolle zu halten, ist das Rechtsinstitut des "waiver" nunmehr auf Bedingungen begrenzt worden, die relativ untergeordnete Bedeutung haben[142]. Dem ist zuzustimmen. Die neue Rechtspechung trägt dem Einwand der Literatur Rechnung, daß das Rechtsinstitut dazu geführt hat, daß die "rule of strict compliance" ausgehöhlt wurde.

(b) Ausnahme aufgrund Vertragsbruchs ("Excuse of Condition by Breach")

Eine weitere Ausnahme zum Erfordernis des Bedingungseintritts ist dann gegeben, wenn der Vertragspartner einen Vertragsbruch begeht, der den Nichteintritt der Bedingung herbeiführt[143]. Der Vertragsbruch kann entweder in Form des Unterlassens, durch Verhinderung ("prevention") des Bedingungseintritts oder des Unterlassens der Zusammenarbeit oder in Form der Zurückweisung, Nichtanerkennung ("repudiation") erfolgen. Die im Vertrag enthaltene Pflicht des guten Glaubens und der Fairneß hat u. a. zum Inhalt, daß die Vertragsparteien die Pflicht haben, alles zu unterlassen, was den Eintritt der Bedingung der Pflicht der anderen Partei verhindert. Insbesondere besteht die Pflicht zur Zusammenarbeit:

> "Wherever the cooperation of the promisee is necessary for the performance of the promise, there is a condition implied in fact that the cooperation will be given."[144]

Die Nichteinhaltung der Pflicht begründet einen Vertragsbruch und führt dazu, daß die Verpflichtung "unconditional" (unbedingt) wird[145]. Das gleiche tritt ein, wenn der

---

139 Vgl. dazu Restatement Second, Contracts 2d., § 84.

140 Die Entscheidungen betrafen zumeist Versicherungsfälle, vgl. z.B. Coleman Furniture Corporation v. Home Ins. Co., 67 F.2d., 347 ff.; Phoenix Insurance Company v. Ross Jewelers, Inc., 362 F.2d., 985 ff.; siehe auch National Utility Service, Inc. v. Whirlpool Corporation, 325 F.2d., 779 (781).

141 Vgl. 2. Teil, B. II. 1. a) cc).

142 Rose v. Mitsubishi Intern. Corp., 423 F.Supp., 1162 (1167); vgl. auch National Utility Service, Inc. v. Whirlpool Corporation, 325 F.2d., 779 (781).

143 Restatement Second, Contracts 2d., § 244, 245; vgl. auch Corbin, Conditions, Yale Law Journal, Vol. 28, 739 (757).

144 Vanadium Corporation v. Fidelity & Deposit, 159 F.2d., 105 (108).

145 Vgl. z.B., Anderson v. Golden, 569 F.Supp., 122 ff.

Vertragspartner verpflichtet ist, bestimmte Handlungen zu unternehmen, um den Bedingungseintritt zu gewährleisten[146] oder auch die Erfüllung des Vertrages verweigert ("repudiation"). Im letzteren Fall muß der Vertragspartner zum Ausdruck bringen, daß er auch dann seine Verpflichtung nicht erfüllt, wenn die Bedingung eintritt[147].

Für den Vertragsbruch als Ausnahmefall zur Haftung des anderen Vertragspartners ist erforderlich, daß eine Kausalität zwischen Vertragsbruch und Nichteintritt der Bedingung gegeben sein muß. Es ist dafür ausreichend, daß der Vertragsbruch zum Nichteintritt der Bedingung beiträgt[148].

Im Zusammenhang mit dem Vertragsbruch des einen Vertragspartners als Ausnahme zur Auswirkung des Nichteintritts der Bedingung, mit dem Ergebnis, daß die Pflicht des Vertragsbrechenden dennoch entsteht, ist die "Doctrine of Substantial Performance" zu erwähnen. Sie besagt, daß zur Entstehung der Pflicht der anderen Partei, also zum Herbeiführen des Bedingungseintritts, eine "wesentliche" Ausführung der Pflicht der ersten Partei ausreicht; die Partei braucht ihrer Pflicht nicht vollständig nachzukommen[149]. Die Lehre von der wesentlichen Vertragserfüllung ist aus der unbefriedigenden Situation entwickelt worden, daß nach Pflichtverletzung der verletzenden Vertragspartei die andere Vertragspartei sich weigerte, ihre Pflicht zu erfüllen, da sie geltend machte, daß die Erfüllung mangelhaft oder unvollständig war[150].

Begeht der Lizenznehmer also nur einen geringfügigen Vertragsbruch, tritt dennoch die Bedingung ein, und der Lizenzgeber ist seinerseits zur Pflichterfüllung verpflichtet[151]. Davon bleibt aber die Frage unberührt, ob der Lizenznehmer aufgrund der nicht vollständigen Pflichterfüllung des Lizenzgebers einen Schadensersatzanspruch gegen diesen hat[152], [153]

---

[146] Vgl. die Fälle bei Farnsworth, Vol. 2, S. 380. Teilweise wird damit auch eine "best-efforts-obligation" verbunden.

[147] Farnsworth, Vol. 2, S. 383; vgl. auch Craddock v. Greenhut Construction Company, 423 F.2d., 111 ff.

[148] Farnsworth, Vol. 2, S. 384.

[149] Corbin, Conditions, Yale Law Journal, Vol. 28, 739 (758); Farnsworth, Vol. 2, S. 414 ff.; vgl. auch Wakefield v. Northern Telecom, Inc., 769 F.2d., 109 (113).

[150] Vgl. Farnsworth, Vol. 2, S. 435.

[151] Farnsworth, Vol. 2, S. 414. Die Gerichte haben diese Lehre häufig auf Dienstleistungsverträge und Bauverträge angewandt, S. 415

[152] Corbin, Conditions, Yale Law Journal, Vol. 28, 739 (759).

[153] Es ist darauf hinzuweisen, daß die "Lehre von der wesentlichen Pflichterfüllung" im krassen Gegensatz zu der unter 3. Teil, B. II. 1. cc) behandelten "Doctrine of Strict Compliance" steht.

(c) Vermeidung der Auswirkung des Nichteintritts der Bedingung durch das Gericht ("Excuse of Condition to Avoid Forfeiture")

In den USA besteht die Möglichkeit, daß das Gericht auch die Auswirkungen des Nichteintritts der Bedingung in weiteren Fällen vermeiden kann. Dies wird dann von den Gerichten gehandhabt, wenn der Bedingungseintritt keinen Sinn macht oder unmöglich ist[154]. Die Gerichte machen jedoch dann nicht von ihrem Recht zur Vermeidung der Auswirkung des Nichteintritts der Bedingung Gebrauch, wenn es sich um eine wesentliche Bedingung handelt[155]. Sie versuchen jedoch, auch dann die Folgen des Nichteintritts der Bedingung zu vermeiden, wenn dies unangemessen wäre[156]. Zur Feststellung der Unangemessenheit müssen die Gerichte eine Abwägung zwischen dem Ausmaß des Verlusts, den der Verpflichtete erleiden würde und der Bedeutung des Risikos, von dem der Berechtigte Schutz erwartete, vornehmen[157]. Es muß also immer darauf geachtet werden, daß ein Gleichgewicht zwischen dem Verlust, den die eine Vertragspartei erleiden würde, und dem Interesse der anderen Vertragspartei an dem Schutz besteht.

Diese Möglichkeit des Gerichts stellt ein letztes Mittel des Gerichts dar, um unangemessene Ergebnisse zu vermeiden ("rule of last resort"). Sie wird als eine sehr flexible Methode angesehen.

(d) Unmögliche Bedingungen

In den USA gibt es selbstverständlich auch den Fall, daß die Ausführung unmöglich ("impossible") ist. Ist die Ausführung rechtlich oder physisch zu dem Zeitpunkt, zu dem das Versprechen abgegeben wurde, unmöglich, entsteht nach US-amerikanischer Auffassung weder eine Pflicht noch eine Haftung. Es ist kein Vertrag zustande gekommen. Der Bedingungseintritt ist unmöglich[158]. Tritt die Unmöglichkeit nach Vertragsschluß ein, endet die bestehende, in die Bedingung eingebundene Pflicht. Grund ist, daß das Nichtbestehen der Unmöglichkeit als eine Bedingung angesehen wird, die der Pflicht des Versprechenden zur Ausführung und auch des Versprechens, Schadensersatz

---

[154] Restatement Second, Contracts 2d., § 271; vgl. auch den Fall, Harris v. Pacific Mut. Life Ins. Co. of California, 137 F.2d., 272 ff., in der es um eine Versicherungsklausel ging, in der der Versicherer dazu verpflichtet war, auf eine Versicherungsprämie im Falle der Behinderung zu verzichten, die Verpflichtung aber unter der Bedingung stand, daß die Behinderung nachgewiesen wird, die Behinderung es ihm aber unmöglich machte, einen solchen Beweis zu erbringen.

[155] Vgl. den Wortlaut des Restatement Second, Contracts 2d., § 271: "Impracticability excuses the non-ocurrence of a condition if the ocurrence of the condition is not a material part of the agreed exchange and forfeiture would otherwise result".

[156] Vgl. Burger King Corp. v. Family Dining, 426 F.Supp., 485 ff.

[157] Vgl. ausführlich, Farnsworth, Vol. 2, S. 386 ff.

[158] Corbin, Conditions, Yale Law Journal, Vol. 28, 739 (755).

für einen Vertragsbruch zu zahlen, vorangeht[159]. Die Gerichte in den USA lösen die Frage des Schadensausgleichs für denjenigen, dem aufgrund der Nichteintritts einer Bedingung ein Schaden entstanden ist, mit der Begründung eines "non-contract debt", einer nichtvertraglichen Schuld, durch der dem Geschädigten Schadensersatz zugesprochen wird[160].

Es ist darauf hinzuweisen, daß nur die Ausübung primärer Pflichten unmöglich werden kann. Die sekundäre Pflicht, die Leistung von Schadensersatz, kann niemals unmöglich sein[161]. Dennoch kann die Schadensersatzpflicht des Verletzenden nicht auf dieser Pflicht beruhen, da sie von der Entstehung der primären Pflichten abhängig ist.

In der Praxis scheint es sehr schwierig zu sein, einen Vertrag so aufzusetzen, daß deutlich hervorgeht, daß eine vertragliche Pflicht unter eine Bedingung gestellt wird. Wird nämlich beispielsweise unter der Überschrift "conditions" aufgezählt, welche Pflichten im Bedingungsverhältnis stehen sollen, kann dies leicht dazu führen, daß ein Gericht den Begriff als zu weit ansieht und ihn dahingehend auslegt, daß generell "Vertragsbedingungen" gemeint sind[162].

2. Die Vertragserfüllung

Ist die Bedingung eingetreten und hat der Vertragspartner seine Vertragspflicht auf die vorgesehene Weise ausgeführt ("specific performance"), ist die Pflicht erfüllt. Zugleich ist damit auch der Vertrag erfüllt. Eine solche Erfüllung kann auch eintreten, wenn der Verpflichtete seine Vertragspflicht auf eine andere als im Vertrag vereinbarte Weise ausführt und der Vertragspartner dies akzeptiert, ("substituted performance")[163].

Jedes andere Verhalten des Verpflichteten stellt keine Vertragserfüllung dar, sondern ist ein Vertragsbruch.

159 Siehe ausführlich, Corbin, Discharge, Yale Law Journal, Vol. 22, 513 (519 f.); vgl. auch zu der Frage, ob der Vertrag in diesem Fall nichtig ist, 522.

160 Corbin, Conditions, Yale Law Journal, Vol. 28, 739 (756, 760)) m.w.N.; der Anspruch des Geschädigten wird auch als "quasi-contractual" bezeichnet, vgl. Corbin, Discharge, Yale Law Journal, Vol. 22, 513 (514 f.); vgl. zu diesem Rechtsinstitut im US-amerikanischen Recht auch 2. Teil, A. I. 6.

161 Corbin, Discharge, Yale Law Journal, Vol. 22, 513 (520).

162 Vgl. zu den Schwierigkeiten in der Praxis ausführlich Farnsworth, Vol. 2, 392 ff.

163 Corbin, Discharge, Yale Law Journal, Vol. 22, 513 (528). Die "substitute performance" nennt man auch "accord and satisfaction", wobei der "accord" der Vertrag ist und die "satisfaction", die Befriedigung, die aus der Ausführung resultiert.

3. Die Vertragsverletzung des Lizenznehmers

Der Lizenznehmer verletzt dann den Lizenzvertrag, wenn er die durch Eintritt der Bedingung fällig gewordene Pflicht nicht oder auf eine andere Weise, wie sie im Vertrag vorgesehen ist, ausführt. Der Vertragsbruch hat zur Folge, daß wiederum die Bedingung, deren Eintritt der Verpflichtete mit seiner vertragsmäßigen Pflichterfüllung auslösen würde, nicht eintritt[164].

Eine Vertragsverletzung liegt auch vor, wenn es sich nur um eine untergeordnete Pflichtverletzung handelt oder eine stillschweigend unterstellte Vertragspflicht ("implied obligation"), wenn beispielsweise unter Umständen die Ausübungspflicht des Lizenznehmers, verletzt wird. Die Gerichte in den USA haben aber teilweise von dem Grundsatz "de minimis non curat lex" Gebrauch gemacht und lapidare Pflichtverletzungen unbeachtet gelassen[165].

Wann der Lizenznehmer im einzelnen den Vertrag verletzt, richtet sich nach dem Inhalt und Umfang seiner Pflichten, der, falls er nicht im Vertragstext eindeutig festgehalten ist, durch Auslegung nach den allgemeinen Auslegungsregeln zu ermitteln ist[166].

Da der Lizenzvertrag im allgemeinen ein sehr komplexer Vertrag ist, und die Ausgestaltung der Rechte und Pflichten der Vertragsparteien sehr unterschiedlich sein kann, ist es sehr schwierig, allgemeingültige Grundsätze dafür aufzustellen, wann eine Vertragsverletzung vorliegt. Besondere Bedeutung bekommt hier die Rechtsprechung, die im folgenden dargestellt wird.

Auch in den USA wird zwischen einer Verletzung einer wesentlichen Vertragspflicht ("material breach") und einer untergeordneten Pflichtverletzung differenziert.

a) Verletzung der Lizenzzahlungspflicht

Da die Zahlung der Lizenzgebühren die "consideration", also die Gegenleistungspflicht im Lizenzvertrag, istt[167], wird sie auch in den USA als eine Hauptpflicht des Lizenznehmers angesehen. Es ist daher anerkannt, daß die Verletzung der Lizenzzahlungspflicht im allgemeinen eine Verletzung einer wesentlichen Vertragspflicht ("material breach") darstellt[168]:

---

164 Restatement Second, Contracts 2d., § 237.
165 Farnsworth, Vol. 2, S. 397 m.w.N.
166 Farnsworth, Vol. 2, S. 396.
167 Vgl. 1. Teil, E. II. 1. a) aa).
168 Hazeltine Research Corp. v. Freed-Eisemann Radio Corp., 3 F.2d., 172 (178); Standard Stoker Co., Inc., v. Brewster, 277 F., 783 (784 f.); Ruby v. Ebsary Gypsum Co., 36 F.2d., 244 (246); C. R. Bard, Inc. v. Schwartz, 219 USPQ, 197 (202).

"Under most licensing agreements, as in the present case, withholding of royalty payments constitutes a material breach of the contract. A licensee who wishes to continue using the patented element cannot withold royalty payments without laying himself open to lare potential liability for infringement and an injunction against all future use of the patented substance".[169]

Die Verletzung der Lizenzzahlungspflicht stellt einen Vertragsbruch dar und ist wie im deutschen Recht nicht zugleich eine Patentverletzung, da die Lizenzzahlung eine rein schuldrechtliche Verpflichtung ist[170]. Der Patentinhaber kann Klage auf Zahlung der Lizenzgebühren grundsätzlich nur vor dem einzelstaatlichen Gericht erheben[171].

Teilt der Lizenznehmer mit, daß er keine Lizenzgebühren zahlen wird, begeht er einen "anticipatory breach", einen vorweggenommenen Vertragsbruch bezüglich der zukünftig fälligen Lizenzgebühren[172]. Der Lizenznehmer kann sich auch eines Betruges bezüglich der Lizenzgebühren schuldig machen, wenn er absichtlich die fälligen Lizenzgebühren falsch darstellt[173]. Der Lizenzgeber kann in diesem Fall unter Umständen zwei getrennte Ansprüche, einmal wegen Vertragssbruches und zum anderen wegen Betruges, nach den einzelstaatlichen "Statutes of Frauds" geltend machen[174].

Für die Art der Vertragsverletzung und die Rechtsfolgen, die von der Rechtsprechung daraus abgeleitet werden, muß zwischen der Nichtzahlung der Lizenzgebühren über eine längere Zeitdauer und der einfachen Zahlungsverspätung differenziert werden. Es wird damit auch in den USA zwischen Zahlungsverzug ("default") und genereller Nichtzahlung, bzw. Nichtzahlung über eine längere Zeit, was man im deutschen Recht als Unmöglichkeit der Leistungserbringung einordnet, unterschieden.

Es ist anerkannt, daß nur die Nichtzahlung von gewisser Dauer eine wesentliche Vertragsverletzung ist und dementsprechende Rechtsfolgen, nämlich die Kündigungsmöglichkeit, auslöst[175]. Grund für die Annahme eines schwerwiegenden Vertragsverstoßes in diesem Fall ist, daß dadurch zum Ausdruck gebracht wird, daß die Erfindung nicht ausgeführt wird und damit auch der Vertragszweck verletzt wird[176]. Ein

169 C.R. Bard, Inc. v. Schwartz, 219 USPQ, 197 (201).
170 Vgl. dazu schon 2. Teil, A. II. 1.
171 So schon 2. Teil, A. II. 1.; vgl. auch Milprint, Inc. v. Curwood, 562 F.2d., 418 (420).
172 Skil Corp. v. Lucerne Products, Inc., 489 F.Supp., 1129 (1164) m.w.N.
173 Morrill v. Becton, Dickinson and Co., 564 F.Supp., 1099 (1106).
174 Vgl. zu den Rechtsfolgen im einzelnen 3. Teil, B. II. 1. b).
175 Hazeltine Research Corp. v. Freed-Eisemann Radio Corp., 3 F.2d., 172 (178); Standard Stoker Co., Inc., v. Brewster, 277 F., 783 (784 f.); Ruby v. Ebsary Gypsum Co., 36 F.2d., 244 (246); vgl. auch American Street Car Advertising Co. v. Jones, 122 F., 803 ff.
176 Hazeltine Research Corp. v. Freed-Eisemann Radio Corp., 3 F,2d., 172 (178 f.); vgl. auch Warner-Jenkinson Co. v. Allied Chemical Corp., 567 F.2d., 184 (187).

Zahlungsverzug genügt dafür nicht[177], es sei denn, im Lizenzvertrag ist eine Kündigungsmöglichkeit für den Fall vorgesehen[178].

Ist im Vertrag vorgesehen, daß der Lizenzvertrag die Nichtigkeit zur Folge hat, wenn der Lizenznehmer bestimmten Zahlungspflichten nicht nachkommt, ist es ein anerkannter Vertragsgrundsatz, daß der Lizenznehmer nicht von dieser Regelung Gebrauch machen kann, um sich durch Nichtzahlung vom Vertrag zu lösen[179].

Verletzt möglicherweise der Unterlizenznehmer seine Zahlungspflicht, oder kommt der Lizenznehmer seiner Pflicht nicht nach, die Unterlizenzgebühren an den Lizenzgeber weiterzuleiten, kann der Lizenzgeber generell direkt gegen seinen Lizenznehmer die Zahlungspflicht geltend machen[180].

b) Verletzung der Ausübungspflicht

Für die Verletzung der Ausübungspflicht muß zwischen der generell bestehenden vertraglichen Pflicht, den Vertrag auszuführen ("performance"), und der dem Lizenzvertrag eigentümlichen Pflicht, das Patent auszuüben, d.h. die patentierte Erfindung zu verwerten, unterschieden werden[181]. Es ist anerkannt, daß auch ohne Begründung einer Ausübungspflicht im Lizenzvertrag durch ausdrückliche vertragliche Vereinbarung oder stillschweigende Unterstellung, allein schon die Unterbrechung der Tätigkeit des Lizenznehmers einen Vertragsbruch in Form der generellen Nichtausführung der vertraglichen Pflicht ("failure to perform") darstellt und einen ausreichenden Grund für einen Rücktritt bildet[182].

Die davon abzugrenzende Ausübungspflicht hat generell die Pflicht des Lizenznehmers zum Inhalt, jede Sorgfalt anzuwenden, um das Patent zu verwerten. Er muß sich nach besten Kräften ("best-efforts") um die Verwertung des Patents bemühen[183]. Sie ist eine dem Lizenzvertrag eigentümliche Pflicht. Ähnliche Ausübungspflichten kennt man in den USA, aber auch in anderen Verträgen, z.B. in Immobilienmaklerverträgen oder in Verträgen über den Warenverkauf nach dem Unifom Commercial Code (U.C.C.)[184].

---

177 Standard Stoker Co., Inc., v. Brewster, 277 F., 783 (784 f.); Ruby v. Ebsary Gypsum Co., 36 F.2d., 244 (246); Rowland v. Biesecker, 185 F., 515 (518); Crane Co. v. Aeroquip Corporation, 356 F.Supp., 733 (738).

178 Ellis, Licenses, S. 336.

179 Ellis, Licenses, S. 339.

180 Ar-Tik System, Inc. v. McCoullough, 133 F.Supp., 807 (810); vgl. dazu auch ausführlich, Jennings, LLBR. 1979, Vol. 2, 135 ff.

181 Vgl. dazu 1. Teil, E. II. 1. a).

182 Willis Bros., Inc. v. Ocean Scallops, Inc., 356 F.Supp., 1151 (1157).

183 Vgl. 1. Teil, E. II. 1. d) aa).

184 Vgl. Einhorn, § 2.09.

Welchen Inhalt und Umfang die Ausübungspflicht für den Lizenznehmer im einzelnen hat, muß durch Auslegung ermittelt werden[185]. Es ist noch einmal darauf hinzuweisen, daß eine Ausübungspflicht durch stillschweigende Unterstellung, also "implied", entstehen kann[186] und der Lizenznehmer auf diese Weise wegen Vertragsverletzung haftbar gemacht werden kann[187]. Eine auf diese Art begründete Ausübungspflicht besteht dann meist darin, das Patent in einem angemessenen, vernünftigen Maße zu verwerten[188].

Die Bestimmung, wann der Lizenznehmer im einzelnen seine Pflicht zur Verwertung nach "best efforts" verletzt, ist abhängig von den Umständen des Einzelfalls[189].

Der Lizenznehmer verletzt generell dann seine Pflicht, wenn er seiner Pflicht zur Verwertung des Patents nicht oder verspätet nachkommt. Auch mit der Ausübungspflicht kann der Lizenznehmer in Verzug kommen[190]. Eine Ausübungspflichtverletzung liegt in diesem Sinne dann vor, wenn die Ausübung durch den Lizenznehmer mißlingt ("failure"), er seiner Ausübungspflicht gar nicht nachkommt oder er sich weigert auszuüben ("refusal")[191].

Beispielsweise begeht der Lizenznehmer dann einen Vertragsbruch durch Verletzung seiner Ausübungspflicht, wenn er nicht die im Vertrag bestimmte, angemessene Menge an Produkten produziert. Der Lizenzgeber kann in diesem Fall sogar berechtigt sein, vom Vertrag zurückzutreten ("rescind"), wenn die Herstellung der Menge vorsätzlich unterlassen wurde[192]. Auch dann, wenn er über einen längeren Zeitraum seiner Ausübungspflicht überhaupt nicht nachkommt, kann die Pflichtverletzung ein Rücktrittsrecht begründen[193]. Steht der Lizenznehmer einem Wettbewerb gegenüber, verletzt er seine Ausübungspflicht, wenn er versucht, von einem Wettbewerber das Recht zur Herstellung des wettbewerbfähigeren, besseren Gegenstandes zu erlangen, anstelle sich zu bemühen, den lizenzierten Gegenstand zu verwerten. Er ist jedoch nicht verpflichtet, die Lizenz nach bestem Bemühen auszuüben, wenn dies keinen Erfolg verspricht:

---

185 Farnsworth, Vol. 2, S. 396.

186 Vgl. dazu 1. Teil, C. II. 3. b).

187 Vgl. z.B. für einen solchen Fall, Bellows v. E.R. Squibb & Sons, Inc., 362 F.Supp., 778 ff. (779); siehe auch Robb Container Corp. v. Sho-Me Co., 566 F.Supp., 1143 (1150).

188 Bellows v. E.R. Squibb & Sons, Inc., 362 F.Supp., 778 ff. (779) mit Bezug auf das Vertragsrecht des Staates Bew Jersey.

189 Caron v. Nickel Processing Corp., 106 USPQ, 124 f. (125); Eclipse Bicycle Co. v. Farrow, 199 U.S., 581, 50 L.ed., 317 (321).

190 Willis Bros., Inc. v. Ocean Scallops, Inc., 356 F.Supp., 1151 (1157).

191 Willis Bros., Inc. v. Ocean Scallops, Inc., 356 F.Supp., 1151 (1157); vgl. auch International Aluminum Window Corp. v. Ferri, 101 USPQ, 131 ff. (132).

192 Dies gilt jedenfalls nach dem Vertragsrecht des Bundesstaates New York, Parev Products Co. v. Rokeach & Sons, 36 F.Supp., 686 (694) m.w.N.

193 Vgl. im einzelnen 3. Teil, B. II. 1. a).

"Where an exclusive licensee cannot meet outside competition with reasonable chance of success with licensed articles, licensee may obtain and exercise right to make or use competing article without violating any obligation to exploit licensed article".[194]

Der Lizenznehmer verletzt also dann nicht die Ausübungspflicht, wenn er durch die Ausübung der Lizenz einem hoffnungslosen Wettbewerb gegenübersteht. Verkauft der Lizenznehmer jedoch konkurrierende Produkte, die nicht weit von den lizenzierten Produkten abweichen und auch nicht besser sind, verletzt der Lizenznehmer seine Ausübungspflicht[195]. In diesem Sinne ist anerkannt, daß der Lizenzgeber Lizenzgebühren für den Gebrauch der im Wettbewerb stehenden Produkte verlangen kann, wenn der Lizenznehmer nicht beweisen kann, daß die Produkte überlegen sind oder sie sich wesentlich voneinander unterscheiden[196].

Eine Ausübungspflichtverletzung liegt nach der Rechtsprechung aber dann nicht vor, wenn es gar nicht möglich ist, die Technologie des Lizenzgebers zu verwerten, und der Lizenznehmer die konkurrierende Technologie verwertet[197]. Der Lizenznehmer macht sich auch keiner Ausübungspflichtverletzung schuldig, wenn er sich nach bestem Bemühen um die Verwertung des Patents kümmert, dies jedoch während der Vertragsdauer keinen Erfolg hat, der Erfolg sich aber nach Vertragsende einstellt[198].

c) Verletzung der Kennzeichnungspflicht

Der Lizenznehmer verletzt dann seine ihm vertraglich auferlegte Kennzeichnungspflicht, wenn er keine der unter der Lizenz hergestellten Gegenstände markiert. Der Lizenzgeber ist in diesem Fall aber noch nicht berechtigt, den Lizenzvertrag zu beenden. Dies gilt insbesondere dann, wenn der Lizenznehmer die Vertragsverletzung heilt, indem er die noch nicht verkauften Gegenstände in einer bestimmten Zeit markiert. Daran ändert die Tatsache nichts, daß der Lizenznehmer nicht mehr in der Lage ist, die bereits verkauften Gegenstände zu markieren[199]. Fraglich kann teilweise sein, welches das angemessene Rechtsmittel bezüglich der Pflichtverletzung darstellt[200].

Abzugrenzen von der vertraglichen Kennzeichnungsverletzung, aber dennoch erwähnenswert sind in bezug auf die Kennzeichnung folgende Regeln:

---

194 Mechanical Ice Tray Corp. v. General Motors Corp., 144 F.2d., 720 (725 f.); vgl. auch schon 1. Teil, E. II. 1. b) bb).
195 Carbo-Frost, Inc. v. Pure Carbonic, Inc., 103 F.2d., 210 ff.
196 Carbo-Frost, Inc. v. Pure Carbonic, 103 F.2d., 210 (223).
197 Dwight & Lloyd etc. v. American Ore Reclamation Co., 44 USPQ, 106 (110).
198 Vgl. dazu Wray, Les Nouvelles 1983, Vol. 18, 46 (49).
199 Vgl. Lisle Corp. v. Edwards, 777 F.2d., 693 (695); siehe auch Chisum, a.a.O., § 16.03 (2).
200 Vgl. dazu Indiana Mfg. Co. v. Nichols & Shepard Co., 190 F., 579 (584 f.).

Wie jeder andere, kann auch der Lizenznehmer wegen falscher Markierung eines Artikels mit den Worten "patent" oder "patent applied for" in der Absicht des Betruges haften. Für jede falsche Markierung kann der Verletzer zur Zahlung einer Strafe in Höhe bis zu US$ 500 verpflichtet werden[201]. Jeder ist zur Geltendmachung der Strafe befugt, wobei derjenige, der die Strafe geltend macht, die Hälfte der Summe behalten darf. Die andere Hälfte bekommt der Staat, 35 U.S.C. § 292.

Es ist noch einmal darauf hinzuweisen, daß der Lizenznehmer sich seiner Haftung wegen Patentverletzung nicht dadurch entziehen kann, daß er versucht, die Markierung zu beseitigen. Er kann, wenn er seiner vertraglich vereinbarten Markierungspflicht, die mit den Erfordernissen des Patentgesetzes in Einklang steht, nachgekommen ist, nicht mehr im nachhinein einwenden, daß die hergestellten Gegenstände nicht die Merkmale des markierten Patents umfassen[202].

d) Verletzung der Wettbewerbsverbotspflicht

Enthält der Vertrag zumindest eine stillschweigend unterstellte Verpflichtung, nicht mit den lizenzierten Gegenständen in Wettbewerb zu treten, also generell keine Konkurrenzprodukte herzustellen, außer, um den Wettbewerb zu befriedigen, kann die Herstellung und der Verkauf einiger, mit dem lizenzierten Produkt des Lizenznehmers fast identischer Produkte, unter Umständen diese Klausel verletzten. Es ist jedoch zu berücksichtigen, daß die Wettbewerbsverbotspflicht nicht so weit geht, daß der Lizenznehmer jegliche weitere Handlung unterläßt[203]. Dies ergibt sich aus dem Grundsatz des "guten Glaubens", der dem Lizenzvertrag wie jedem Vertrag immanent ist:

> "The exercise of good faith in exploiting the licensed patents did not require defendants to refrain from doing whatever the plaintiffs had expressly agreed that it might do."[204]

Der Lizenzgeber darf den Handlungsspielraum des Lizenznehmers auch nicht zu weit einschränken, da dies ansonsten zu einem Verstoß gegen das Antitrustrecht oder einen Patentmißbrauch führen kann[205].

---

[201] Channel Master Corp. v. JFD Electronics Corp., 260 F.Supp., 568 (573).
[202] Vgl. 1. Teil, E. II. 2. f) ee).
[203] Mechanical Ice Tray Corp., v. General Motors Corp., 144 F.2d., 720 (726).
[204] Mechanical Ice Tray Corp., v. General Motors Corp., 144 F.2d., 720 (726).
[205] Vgl. dazu 1. Teil, E. II. 2.

e) Verletzung der Geheimhaltungspflicht

Macht der Lizenznehmer die geheimen Informationen oder das Know-how bekannt, verletzt der Lizenznehmer seine Geheimhaltungspflicht.

Auch wenn der Lizenznehmer die geheimen Informationen zu anderen Zwecken, die außerhalb des Lizenzvertrages liegen, benutzt, verletzt er den Vertrag. Er macht sich nach der Rechtsprechung jedoch nicht einer unerlaubten Handlung ("tort") schuldig[206].

Dem Lizenznehmer muß in den USA die Pflicht zur Geheimhaltung und auch zur Rückgabe von Unterlagen nach Vertragsende grundsätzlich im Vertrag auferlegt werden. Hat der Lizenzgeber den Lizenznehmer im Lizenzvertrag ausdrücklich verpflichtet, die ihm zur Verfügung gestellten Zeichnungen, Unterlagen und sonstigen Informationen nach Vertragsende zurückzugeben, und verweigert der Lizenznehmer die Rückgabe und verkauft die Unterlagen an einen Wettbewerber des Lizenzgebers, kann dem Lizenzgeber Schadensersatz in Form des entgangenen Gewinns wegen Vertragsverletzung, Schadensersatz für die Offenbarung der Geschäftsgeheimnisse und zusätzlich "punitive damages", Schadensersatz mit Strafcharakter, zugesprochen werden[207].

---

[206] Aktiebolaget Bofors v. United States, 194 F.2d,.145 (148).

[207] Vgl. Sims v. Western Steel Company, 403 F.Supp., 450 ff., die Schadensersatzanprüche richteten sich nach dem Recht des Staates Utah. Vgl. zu diesem Schadensersatzanspruch, 3. Teil, A. II. 1. b).

8. KAPITEL

C. Beweislast

I. DEUTSCHLAND

Den Kläger trifft grundsätzlich die Beweislast für die Verletzung seines Patents[1]. Dies folgt aus der allgemeinen Beweilslastregel, daß der Kläger die anspruchsbegründenden Tatsachen beweisen muß, während der Beklagte die Beweislast für Ausschlußgründe und für die Voraussetzungen von Einreden trägt. Er braucht indessen nur die Verletzungshandlung darzulegen und zu beweisen. Die Widerrechtlichkeit des Eingriffs braucht er nicht zu beweisen, da sie bei einer Verletzung eines absoluten Rechs vermutet wird[2]. Grundsätzlich braucht der Beklagte dem Verletzten nicht die Führung des Beweises zu erleichtern[3]. Fraglich ist, ob dies auch für den Lizenznehmer als Patentverletzer gilt. Da zwischen ihm und dem Patentinhaber ein Lizenzverhältnis besteht, folgt es aus seiner vertraglichen Treuepflicht, daß er dem Lizenzgeber und verletzten Patentinhaber bei der Beweisführung hilft. Die Tatsache, daß die Erleichterung der Beweisführung natürlich nicht in seinem Interesse liegt, ist nicht von Bedeutung. Läßt er sich in ein Vertragsverhältnis mit dem Patentinhaber ein und verletzt das Patent, so hat er die Konsequenzen, die sich aus dem Vorliegen eines Vertragsverhältnis ergeben, zu tragen[4].

Abgesehen davon wird dem Verletzten jedoch dadurch geholfen, daß bezüglich der Schadensfeststellung und Schadenshöhe das Gericht gem. § 287 ZPO die zu zahlende Lizenz unter Würdigung aller Umstände nach seiner freien Überzeugung bemessen kann[5]. Der Patentinhaber muß aber den Beweis konkreter Tatsachen, auf das sich das Gericht für seine Entscheidung stützen kann, beibringen. Dem Patentinhaber wird dabei in der Weise geholfen, daß er gegen den Verletzer einen Anspruch auf Rechnungslegung und Auskunft hat[6].

---

1 Zöller-Stephan, vor § 284, Rn. 17 ff.; Benkard-Ullmann, § 139 Rn. 115.

2 Palandt-Thomas, § 823, Rn. 167 ff.; Zöller-Stephan, vor § 284, Rn. 17 ff. Der Verletzer muß nun den Ausschluß der Widerrechtlichkeit behaupten und beweisen, Benkard-Ullmann, § 139 Rn. 115.

3 Benkard-Ullmann, § 139 Rn. 116.

4 Lüdecke/Fischer, S. 422 folgert aus dem Vorliegen eines Vertragsverhältnis zwischen Verletzer und Verletzten, daß das Gericht berechtigt ist, aus dem Verhalten des Lizenznehmers, der jede Auskunft verweigert, Schlüsse zuungunsten des Lizenznehmers zu ziehen.

5 BGH GRUR 1962, 401 ff. (402) - "Kreuzbodenventilsäcke III"; BGH GRUR 1980, 842 (844) - "Tolbutamid"; Pietzcker, S. 343 (345).

6 Vgl. dazu 3. Teil, A. I. 5. a).

Daneben wird dem Patentinhaber auch durch den inzwischen für ihn anerkannten Anspruch nach § 809 BGB geholfen, mit dem er sich Kenntnis über die patentverletzende Beschaffenheit eines Gegenstandes verschaffen kann[7].

Gem. § 139 III PatG gilt eine Beweislastumkehr bei Verfahrenspatenten. Danach gilt das gleiche Erzeugnis, das von einem anderen hergestellt worden ist, als nach dem patentierten Verfahren hergestellt, bis der Beweis des Gegenteils erbracht wird.

Wie bei der Patentverletzung ist grundsätzlich auch dem Gläubiger die Beweislast für die Vertragsverletzung auferlegt[8]. Er muß beweisen, daß der Lizenznehmer die Verletzung zu verschulden hat.

Für das Vertretenmüssen der Unmöglichkeit in §§ 280, 325 BGB regelt § 282 BGB eine Beweislastumkehr, so daß der Lizenznehmer zu beweisen hat, daß er die Unmöglichkeit nicht zu vertreten hat. Kommt der Lizenznehmer seiner ihm obliegenden Ausübungspflicht beispielsweise nicht oder nicht vollständig nach, muß der Lizenzgeber beweisen, daß im Falle der Ausübung höhere und länger dauernde Umsätze als die erzielten erreichbar gewesen wären[9].

Auch im Falle des Verzuges hat der Lizenznehmer das Nichtvertretenmüssen zu beweisen, da das BGB das Vertretenmüssen nicht als Voraussetzung des Verzuges, sondern das Nichtvertretenmüssen als Befreiungsgrund ansieht[10].

Der Bundesgerichtshof hat für die pVV die Beweislastverteilung nach Verantwortungsbereichen entwickelt, die für alle Vertragstypen gilt[11]. Danach trägt der Gläubiger die Beweislast dafür, daß der Schuldner objektiv eine ihm obliegende Pflicht verletzt hat. Dabei kann der Schluß von einer Schädigung auf die Pflichtverletzung gerechtfertigt sein[12]. Auch für den Kausalzusammenhang zwischen der Pflichtverletzung und dem Schaden trägt der Gläubiger die Beweislast, wobei es jedoch Ausnahmen gibt[13], die aber im Lizenzvertragsrecht keine Rolle spielen. Hat der Gläubiger den Beweis erbracht, so muß der Schuldner beweisen, daß er die Vertragsverletzung nicht zu vertreten hat[14].

---

7 Vgl. 3. Teil, A. I. 5.
8 Zöller-Stephan, vor § 284, Rn. 17.
9 Vgl. RG v. 30.4.1940 MuW 1940, 170 ff. (171); siehe auch Palandt-Heinrichs, § 282, Rn. 1.
10 Palandt-Heinrichs, § 285 Rn. 1
11 Palandt-Heinrichs, § 282 Rn. 10; siehe zur Entwicklung der Beweislastverteilung Rn. 6-9.
12 Siehe ausführlich Palandt-Heinrichs, § 282 Rn. 11-13.
13 Palandt-Heinrichs, § 282 Rn. 14 f.
14 Palandt-Heinrichs, § 282 Rn. 16 ff.

Die Beweislastumkehr für die vertraglichen Ansprüche gilt nicht für die konkurrierenden deliktsrechtlichen Ansprüche[15]. Der Lizenzgeber muß also das Verschulden des Lizenznehmers beweisen.

II. USA

In den USA gelten ähnliche Beweislastregeln wie in Deutschland.

Wendet der Lizenznehmer bei einer Patentverletzung ein, daß das Patent ungültig ist, muß er die Ungültigkeit beweisen, da das Patentgesetz die Gültigkeit vermutet[16].

Wie in Deutschland hat der Lizenzgeber als Kläger auch in den USA die Beweislast für die Vertragsverletzung des Lizenznehmers[17]. Er muß zunächst beweisen, daß die Pflicht des Lizenznehmers bestand, daß also die Bedingung, die die Pflicht des Lizenznehmers begründete, eingetreten ist[18]. Auch muß er den Beweis erbringen, daß ein wirksamer Vertrag bestand und die Pflicht verletzt wurde[19], denn dies sind anspruchsbegründende Tatsachen.

Hat der Kläger bewiesen, daß die Bedingung eingetreten ist und damit sowohl die "primäre Pflicht" der Erfüllung der vertraglichen Pflicht als auch die weitere, dem Vertrag immanente "sekundäre Pflicht" der Leistung von Schadensersatz[20] entstanden ist, vermuten die Gerichte das Weiterbestehen der Pflichten. Der Beklagte muß nun beweisen, daß er seine Pflichten erfüllt hat[21]. Als Verteidigung kann er beispielsweise auch hervorbringen, daß der Vertrag mangels "consideration" vernichtbar ist[22] oder er kann einwenden, daß der Kläger selber einen Vertragsbruch begangen hat[23].

---

15 Palandt-Heinrichs, § 282 Rn. 24.

16 Skil Corp. v. Lucerne Products, Inc., 489 F.Supp., 1129 (1156) m.w.N. Die Vermutung wird dadurch noch bestärkt, wenn das Berufungsgericht das Patent für gültig hält, 1129 (1157). Vgl. auch Chisum, Treatise Vol. 5, § 16.06.

17 Corbin, Conditions, Yale Law Journal, Vol. 28, 739 (749).

18 Corbin, Conditions, Yale Law Journal, Vol. 28, 739 (748); vgl. auch Corbin, Discharge, Yale Law Journal, Vol. 22, 513 (515).

19 Corbin, Discharge, Yale Law Journal, Vol. 22, 513 (515 f.).

20 Vgl. zu diesen "primary" und "secondary" obligations 1. Teil, E. II. 1. und 3. Teil, B. II. 1. b).

21 Corbin, Discharge, Yale Law Journal, Vol. 22, 513 (516).

22 Vgl. dazu 1. Teil, D. II. 3. a) dd).

23 Corbin, Discharge, Yale Law Journal, Vol. 22, 513 (517 ff.).

DRITTER TEIL

DIE RECHTSFOLGEN DER HAFTUNG

9. KAPITEL

A. Rechtsfolgen der Patentverletzung

I. DEUTSCHLAND

Die Vorschriften über das alleinige Benutzungsrecht und Verbotsrecht des Patentinhabers gem. §§ 9-14 PatG und die Möglichkeit der Lizenzerteilung des Patentinhabers für das Patent gem. § 15 II PatG werden durch die §§ 139 ff. PatG ergänzt, die die Folgen einer Rechtsverletzung regeln.

Der durch den Lizenznehmer verletzte Patentinhaber und Lizenzgeber kann nach deutschem Recht bei Vorliegen der Voraussetzungen grundsätzlich einen Unterlassungs-, Beseitigungs-, Schadensersatzanspruch und weitere Hilfsansprüche gegen den Verletzer geltend machen. Daneben kann nach neuerer Rechtsprechung auch ein Bereicherungsanspruch bestehen[1]. Über den in § 139 PatG geregelten Ansprüchen hinaus besteht kein Schadensersatz- oder Unterlassungsanspruch aus allgemeiner Deliktshaftung nach § 823 BGB, da insoweit die patentgesetzlichen Vorschriften als Sondervorschriften vorgehen[2].

Der Patentinhaber wird gegen den Verletzer in der Regel sowohl den Unterlassungs- als auch den Schadensersatzanspruch geltend machen, den Schadensersatzanspruch für bereits stattgefundene Patentverletzungen und den Unterlassungsanspruch für zukünftige Verletzungshandlungen.

Aus der Tatsache, daß der Verletzer nicht wie in den üblichen Fällen ein unbekannter Dritter, sondern der Vertragspartner des Patentinhabers ist, können sich für die Rechtsfolgen Besonderheiten ergeben[3].

---

1 Siehe dazu 2. Teil, A. I. 4. und 3. Teil, A. I. 6.

2 Vgl. 2. Teil, A. I. 5. Unabhängig davon kann aber ein Schadensersatzanspruch aus § 826 BGB gegeben sein, vgl. 2. Teil, A. I. 6.

3 Vgl. schon zu den Besonderheiten bei der Beweislast 2. Teil, I. C.

1. Rechtsfolgen nach dem Patentgesetz

a) Anspruch auf Unterlassung nach § 139 I PatG

aa) Unterlassungsklage

Der verletzte Patentinhaber kann den Lizenznehmer nach § 139 I PatG auf Unterlassung in Anspruch nehmen und damit künftige rechtswidrige Eingriffe in das Patent abwehren. Voraussetzung für den Anspruch ist, daß entweder eine Beeinträchtigungs- oder Wiederholungsgefahr gegeben ist. Ein Verschulden ist nicht erforderlich. Liegen Tatsachen vor, die die Besorgnis künftiger Verletzungshandlungen rechtfertigen (sog. Beeinträchtigungs- oder Begehungsgefahr), kann der Patentinhaber den Anspruch auf Unterlassung geltend machen, auch wenn noch keine Patentverletzung begangen wurde[4]. Eine Wiederholungsgefahr kann schon dann gegeben sein, wenn eine einmalige Verletzung erfolgt ist. Es genügt eine gewisse Wahrscheinlichkeit der Wiederholung; eine nur abstrakte Möglichkeit hingegen ist nicht ausreichend[5].

Nach der Rechtsprechung kann nach erfolgter Verletzungshandlung die Wiederholungsgefahr regelmäßig nur dadurch beseitigt werden, daß der Patentverletzer eine durch ein Vertragsstrafeversprechen gesicherte Unterlassungserklärung abgibt[6].

Der Anspruch auf Unterlassung[7] patentverletzender Handlungen ist auf die Dauer des Patents begrenzt[8].

Im Gegensatz zur Patentverletzung durch Dritte sind bei der durch den Lizenznehmer begangenen Patentverletzung die Wiederholungsgefahr und insbesondere die Begehungsgefahr als Voraussetzung für den Unterlassungsanspruch seltener gegeben. Denn überschreitet der Lizenznehmer eine patentrechtliche Befugnis, wird er nach einem Hinweis des Lizenzgebers aus eigenem Interesse die Benutzung in der verletzten Weise unterlassen. Eine gewisse Wahrscheinlichkeit der Wiederholung läßt sich nur schwer begründen. Von einer Begehungsgefahr kann bei Vorliegen eines Lizenzverhältnisses kaum ausgegangen werden, denn beide Vertragsparteien sind in ein Vertragsverhältnis eingebunden, das ihnen aus § 242 BGB Treuepflichten auferlegt.

Es ist darauf hinzuweisen, daß die Unterlassungsklage des Patentinhabers, die auf einem nicht rechtsbeständigen Patent beruht, d.h. das Patent später widerrufen oder für nichtig

---

4 Vgl. dazu Benkard-Rogge, § 139 Rn. 28.

5 Benkard-Rogge, § 139 Rn. 29.

6 BGH GRUR 1976, 579 (582) - "Tylosin".

7 Vgl. zum Inhalt des Unterlassungsanspruchs infolge einer mittelbaren Patentverletzung, Klaka, GRUR 1977, 337 (340).

8 Benkard-Rogge, § 139 Rn. 34.

erklärt wurde, einen rechtswidrigen Eingriff in den eingerichteten und ausgeübten Gewerbebetrieb des Lizenznehmers darstellt und einen Schadensersatzanspruch aus unerlaubter Handlung gem. § 823 I BGB zur Folge haben kann[9]. Dies gilt auch für eine ungerechtfertigte Verwarnung des Verletzers[10]. Auch im Fall der ungerechtfertigten Verwarnung wegen Patentverletzung kann dem vermeintlichen Verletzer ein Schadensersatzanspruch gegen den Patentinhaber zustehen[11].

bb) Einstweilige Verfügung

Fraglich ist, ob der Lizenzgeber in Deutschland überhaupt einen Anspruch auf einstweilige Verfügung gegen den Lizenznehmer als Verletzer erheben wird, und wenn er sich dazu entscheidet, ob sie Erfolg haben wird. Aufgrund des vertraglichen Verhältnisses mit dem Lizenznehmer und der Möglichkeit der vertraglichen Einigung wird es für den Lizenzgeber schwierig sein, die Voraussetzung der Glaubhaftmachung eines Verfügungsgrundes[12] (§§ 940, 936, 920 II ZPO), der Dringlichkeit der einstweiligen Regelung, zu erfüllen.

Für eine einstweilige Verfügung kommen folgende Fallgruppen in Betracht:

1. Überschreitung der Befugnisse des Lizenznehmers,

2. Kollusion mit Dritten zum Schaden des Patentinhabers[13].

In Bezug auf eine einstweilige Verfügung in einer Zwangslizenzsache hat der BGH entschieden, daß einstweiglige Verfügungen nur in den Fällen in Betracht kommen, in denen ein längeres Zuwarten beim Erteilen der Benutzungserlaubnis nach § 24 PatG

---

9 BGH GRUR 1963, 255 ff. (257) - "Kindernähmaschinen" (Zur Haftung auf Grund Eingriffs in das Recht am eingerichteten und ausgeübten Gwerbebetrieb begangen durch Verwarnung und Klage auf Unterlassung und Schadensersatz aus einem Gebrauchsmuster, das später rückwirkend gelöscht worden ist); vgl. auch BGH GRUR 1965, 160 (161) - "Abbauhammer" (Kein Eingriff in eingerichteten und ausgeübten Gewerbebetrieb obwohl Patent später versagt wurde, da die Parteien bei Abschluß ihrer Vereinbarung die tatsächliche und rechtliche Schwäche ihres Patentschutzes gekannt hatten); Benkard-Rogge, § 139 Rn. 6, § 9 Rn. 24, 25 mit Rn. 16 ff.

10 Beier/Wieczorek, GRUR 1976, 566 (572).

11 Vgl. BGH GRUR 1974, 290 ff. - "maschenfester Strumpf"; BGH GRUR 1976, 715 (716) - "Spritzgießmaschine".

12 Nach zwei Entscheidungen des Oberlandesgerichts Düsseldorf aus den Jahren 1958 und 1959 durften einstweilige Verfügungen in Patentsachen nur erlassen werden, wenn der Rechtsbestand des Schutzrechts und seine Verletzung über jeden Zweifel erhaben sind. Zur berechtigten Kritik an diesen Entscheidungen und der Tatsache, daß sich die Verhältnisse seitdem geändert haben, siehe Bierbach, GRUR 1981, 458 (464).

13 Zur Bedeutung der Analyse des einstweiligen Rechtsschutzes nach Fallgruppen im Gesellschaftsrecht, vgl. Littbarski, Einstweiliger Rechtsschutz, S. 163 ff.

nicht verantwortet werden kann, um wesentliche Nachteile von der Öffentlichkeit abzuwenden[14].

b) Anspruch auf Beseitigung nach § 140 a PatG

Seit dem 1.7.1990 steht dem Verletzten im deutschen Recht ein Vernichtungsanspruch bezüglich der Erzeugnisse zu, die sich im Besitz oder Eigentum des Verletzers befinden und i.S.v. § 9 S. 2 Nr. 1 i.V.m. § 14 PatG Gegenstand des Patents sind. Nach § 140 a II PatG bezieht sich der Anspruch auch auf Vorrichtungen, die ausschließlich oder nahezu ausschließlich zur widerrechtlichen Herstellung der Erzeugnisse benutzt werden.

Der im Patentgesetz verankerte Vernichtungsanspruch geht über den allgemeinen zivilrechtlichen Beseitigungsanspruch des § 1004 BGB hinaus und ergänzt die patentrechtlichen Vorschriften über die Beschlagnahme- und Einziehungsbefugnisse der Zollbehörde (§ 142 a PatG) und die strafrechtlichen Möglichkeiten der Einziehung von Gegenständen, auf die sich die Straftat bezieht (§ 142 a PatG)[15]. Der Vernichtungsanspruch gem. § 140 a II PatG erfaßt nach der Rechtsprechung auch solche Hilfsmittel, mit denen nahezu ausschließlich zwar noch nicht unmittelbar das geschützte Endprodukt, wohl aber wesentliche, dazu dienende Einzelteile hergestellt werden[16].

Voraussetzung für den Anspruch ist gem. § 140 a I PatG, daß der durch die Rechtsverletzung verursachte Zustand des Erzeugnisses nicht auf andere Weise beseitigt werden kann und die Vernichtung nicht unverhältnismäßig ist[17].

Auch hier ist fraglich, ob sich der Beseitigungsanspruch des Patentinhabers gegen den Lizenznehmer durchsetzen wird, denn die Erzeugnisse werden prinzipiell aufgrund der allgemeinen durch die Lizenz eingeräumten Benutzungsbefugnis, worunter auch die Herstellung fällt[18], produziert. Anwendungsfall bleiben z.B. die Vertriebs- und Gebrauchslizenz, die auf den Vertrieb bzw. Gebrauch beschränkt sind, wobei berücksichtigt werden muß, daß es gegebenenfalls entgegen der vertraglichen Treuepflicht stehen kann, daß vom Vertragspartner die Beseitigung von Erzeugnissen verlangt wird, deren Herstellung im Zusammenhang und prinzipiell auf Basis eines Lizenzvertrages steht, auch wenn die Befugnisse überschritten werden.

---

14 Vgl. Pösentrup/Keukenschrijver/Ströbele, GRUR 1996, 303 (309).
15 Benkard-Rogge, § 140 a Rn. 1
16 BGH BB 1995, 1152 f. (1152).
17 Vgl. dazu BGH GRUR 1995, 338 (340 f.) "Kleiderbügel".
18 Vgl. 1. Teil, C. I. 1) a).

c) Anspruch auf Schadensersatz nach § 139 II 1 PatG

Da auch im gewerblichen Rechtsschutz bei Schadensersatzleistungen der Grundsatz der Verschuldenshaftung gilt[19], ist Voraussetzung für den Schadensersatzanspruch, daß der Lizenznehmer schuldhaft, entweder vorsätzlich oder fahrlässig, handelt. Der Patentinhaber kann den durch die Verletzungshandlung entstandenen Schaden verlangen, § 139 II PatG. Das Maß der anzuwendenden Sorgfalt richtet sich im gewerblichen Rechtsschutz nach den Besonderheiten des Einzelfalls:

> "Der anzuwendende Sorgfaltsmaßstab erfährt seine konkrete Bestimmung danach, ob sich das Vorgehen des Schutzrechtsinhabers oder das Verhalten des Benutzers als rechtswidrig erweist und ob die Verletzung eines Patents oder Gebrauchsmusters zur Erörterung steht."[20]

Nach der Rechtsprechung ist der Sorgfaltsmaßstab aber grundsätzlich sehr streng[21]. Jeder Gewerbetreibende ist verpflichtet, darauf zu achten, daß er nicht in fremde Rechte eingreift. Mangelnde Kenntnis über das Bestehen solcher Rechte schützt ihn nicht[22]. [23] Eine Verwarnung ist für den Anspruch nicht erforderlich.

Abweichend von dem Grundsatz des vollen Schadensersatzes bei Verschulden macht das deutsche Patentgesetz gem. § 139 II 2 PatG eine Ausnahme, wenn der Verletzer nur leicht fahrlässig handelt. Dem Patentinhaber steht dann lediglich ein Entschädigungsanspruch zu[24]. Es handelt sich dabei um eine Billigkeitsregelung, die die Strenge der Schadenshaftung mildert. Der Verletzer soll bei einer Verletzung, die er nur zu einem geringen Maß zu verschulden hat, nicht mit "ungerechter Härte" haften, die zur "Vernichtung seiner Existenz" führen kann[25].

Der verletzende Lizenznehmer wird meist schuldhaft handeln. Er hat zunächst grundsätzlich Kenntnis davon, daß ein Schutzrecht vorliegt, denn andernfalls hätte er von einer Lizenznahme abgesehen. Auch kennt er als Lizenznehmer den Schutzbereich des Patents genau, jedenfalls genauer als Dritte, da der Schutzbereich oft sehr detailliert im Vertrag festgelegt ist.

Dem Patentinhaber steht der Schadensersatzanspruch gegen einen Lizenznehmer, der durch Überschreitung der Befugnisse der Lizenz das Patent verletzt, auch dann zu, wenn

---

19 BGH GRUR 1977, 250 (252) - "Kunststoffhohlprofil".

20 BGH GRUR 1977, 250 (252) - "Kunststoffhohlprofil".

21 BGH GRUR 1976, 579 (583) - "Tylosin".

22 Kraßer, Schadensersatz, GRUR Int. 1980, 259 (260 f.); Lichtenstein, Lizenzvertrag im engeren Sinne, NJW 1965, S. 1839 (1844) weist darauf hin, daß die Haftung des Verletzers "praktisch an eine Gefährdungshaftung grenzt"; vgl. auch zum Sorgfaltsmaßstab beim Umgang mit gewerblichen Schutzrechten, der sich nach den Besonderheiten des Einzelfalls bestimmt, BGH GRUR 1977, 250 (252) - "Kunststoffhohlprofil"; siehe auch Spengler, Verschuldensprinzip, GRUR 1958, S. 212 ff.

23 Bei der Beurteilung, ob eine schuldhafte Patentverletzung vorliegt, wird ein unterschiedlicher Maßstab zwischen Hersteller und Händler angelegt, siehe Link, BB 1983, 1885 (1886).

24 Siehe 3. Teil, A. I. 1) d).

25 BGH GRUR 1977, 250 (253) - "Kunststoffhohlprofil".

der Patentinhaber weitere Lizenzen erteilt hat. Weder die Erteilung einfacher Lizenzen noch die Erteilung einer weiteren ausschließlichen Lizenz[26] schließt den Schadensersatzanspruch aus[27], denn trotz Vergabe weiterer Lizenzen bleibt der Lizenzgeber Patentinhaber, auch wenn ihm nach Erteilung einer ausschließlichen Lizenz praktisch nur noch das formale Nutzungsrecht verbleibt, und der Lizenznehmer bezüglich des Benutzungsrechts an seine Stelle tritt[28].

Weiterhin hat der Inhaber einer daneben bestehenden ausschließlichen Lizenz einen selbständigen Anspruch gegen den Verletzer, soweit auch er geschädigt ist. Patentinhaber und ausschließlicher Lizenznehmer können aber jeweils nur Ersatz des ihm entstandenen Schadens verlangen[29]. Einfachen Lizenznehmern stehen dagegen keine Schadensersatzansprüche zu[30].

aa) Berechnungsmethoden[31]

Die Bemessung des Schadensersatzes richtet sich in Deutschland grundsätzlich nach den allgemeinen zivilrechtlichen Vorschriften des Schadensersatzes, §§ 249 ff. BGB. Es ist anerkannt, daß der Verletzer weder besser noch schlechter gestellt werden darf als ein vertraglicher Lizenznehmer. Fraglich ist, inwieweit die zivilrechtlichen Vorschriften durch gewisse zusätzliche Sondervorschriften modifiziert werden müssen, um den Eigenheiten des Patentwesens Rechnung zu tragen[32].

---

26 Hat der verletzende Lizenznehmer eine ausschließliche Lizenz erteilt bekommen, können z.B. daneben weitere ausschließliche Lizenzen vergeben werden, wenn diese auf ein anderes Gebiet beschränkt sind, sog. Gebietslizenz vgl. 1. Teil, C. I. 1. c) bb).

27 Benkard-Rogge, § 139 Rn. 17.

28 Vgl. 1. Teil, B. I. 1. b).

29 Benkard-Rogge, § 139 Rn. 58; a.A. Lutter, GRUR 1933, 441 ff. (442), der der Meinung ist, daß durch die Vergabe einer ausschließlichen Lizenz nicht nur ein Teil des Benutzungsrechts abgespalten wird, sondern das Recht vollständig auf den Lizenznehmer übergeht (vgl. dagegen schon 1. Teil, B. I. 1. b)). Es empfiehlt sich, zur Vermeidung von Meinungsverschiedenheiten in Lizenzverträgen, die eine ausschließliche Lizenz zum Gegenstand haben, bezüglich der Geltendmachung von Ansprüchen und Klageergebung eine Regelung im Lizenzvertrag zu treffen, vgl. dazu 1. Teil, E. I. 2. p).

30 Benkard-Ullmann, § 15 Rn. 57; siehe zur Frage der Aktivlegitimation des einfachen Lizenznehmers, Fischer, Schadensersatz, GRUR 1980, 374 ff. (374).

31 Siehe die vergleichende Darstellung der Schadensberechnungmethoden einzelner europäischer Länder, Karnell, GRUR Int. 1996, 335 ff.

32 Früher wurde das Patentrecht als ein Sonderrechtsgebiet verstanden, was zur Folge hatte, daß die Gewährung von Schadensersatz eigenen Regeln unterlag. Heute ist das Recht des Schadensersatzes auf dem Gebiet des Patentrechts den bürgerlich-rechtlichen Vorschriften weitgehend angepaßt. Eine Ausnahme bildet noch die Möglichkeit des Gerichts, im Falle nur fahrlässigen Handelns des Verletzers dem Verletzten nicht den vollen Schadensersatz zuzusprechen, sondern einen in seinem Ermessen stehenden geringeren Betrag; vgl. Pietzcker, Richtlinien, GRUR Int. 1979, 343 ff. (343).

Seit den ersten Entscheidungen zum Schadensersatzanspruch im Jahre 1877[33] hat die Rechtsprechung die Schadensberechnung kontinuierlich präzisiert[34]. Im Hinblick auf die Besonderheit der Immaterialgüterrechte, deren im Vergleich zu anderen Rechten leichtere Verletzbarkeit[35], die einen besonders wirksamen Schutz verlangt, und zur Erleichterung der Berechnung des Schadens des schuldhaft und rechtswidrig verletzten Patentinhabers stehen diesem nach ständiger Rechtsprechung wahlweise drei Wege für die Berechnung seiner Entschädigung offen: Er kann sich für die konkrete Berechnungsmethode, die Lizenzanalogie oder die Abschöpfung des Verletzergewinns entscheiden. Daß zusätzlich zu der konkreten Schadensberechnung auch der Verletzergewinn und die hypotethische Lizenzgebühr zugelassen sind, gründet sich auf das neben dem Ausgleichsprinzip für Vermögensschäden bestehende Haftungsprinzip der Sanktion und Prävention zum Schutz der besonders bedrohten Rechte[36]. Der Kläger braucht die Wahl zwischen diesen Berechnungsmethoden erst zu treffen, wenn die Auskunfterteilung und Rechnungslegung vom Verletzer erfolgt ist[37]. Die Berechnungsarten dürfen aber nicht miteinander vermengt werden[38]. Das bedeutete jedoch nicht, daß daneben nicht noch der Schaden, der vom Inhalt und Wesen des Lizenzvertrages nicht erfaßt wird, insbesondere der Marktverwirrungsschaden, geltend gemacht werden kann[39].

(a) Konkreter Schaden

Die konkrete Schadensberechnung entspricht den in den §§ 249-254 BGB vorgesehenen Bestimmungen des Schadensersatzrechts. Nach § 249 S. 1 BGB hat der Schadensersatzpflichtige den Zustand herzustellen, der bestehen würde, wenn der zum Ersatz verpflichtende Umstand nicht eingetreten wäre. Da eine Wiederherstellung in Natur bei der Verletzung von Immaterialgüterrechten regelmäßig aber unmöglich ist, geht der Anspruch gem. § 251 I BGB auf eine Entschädigung in Geld. Danach kann der Verletzte den Unterschied zwischen dem durch die Patentverletzung entstandenen Zustand seines Vermögens und dem Zustand, den sein Vermögen ohne die

---

33 Vgl. ROHG 22, 338 (341).

34 Vgl. zur Entwicklung der Schadensberechnung Däubler, JuS 1969, 49 ff. (49); Heil/Roos, GRUR 1994, 26 (28 f.).

35 Die erhöhte Verletzbarkeit der Immaterialgüterrechte besteht in der Weise, daß der Rechtsinhaber wegen der unkörperlichen Natur des Patentrechts keine Vorkehrungen gegen Rechtsverletzungen treffen kann. Er kann zudem die Verletzung seines Rechtes schwer feststellen. Auch der Nachweis eines bestimmten entgangenen Gewinns gestaltet sich schwierig, Däubler, JuS 1969, 49 ff. (50); vgl. auch Staudinger-Wittmann, § 687 Rn. 21.

36 Loewenheim, JZ 1972, 12 (14).

37 Kraßer, Schadensersatz, GRUR Int. 1980, 259 (261); vgl. zum Anspruch auf Rechnungslegung und Auskunftserteilung 3. Teil, A. I. 1. e) aa).

38 BGH GRUR 1980, 841 (844) - "Tolbutamid".

39 Heil/Roos, GRUR 1994, 26 (28).

Patentverletzung erreicht haben würde, verlangen. Der Schadensersatzanspruch umfaßt auch gem. § 252 BGB den Ersatz des Gewinns, der dem Verletzten selbst durch die Verringerung seines Absatzes infolge der Patentverletzung entgangen ist[40]. Da meist nicht mit Sicherheit gesagt werden kann, ob und vor allem in welcher Höhe ein Gewinn ohne den Eingriff entstanden wäre, genügt es nach § 252 S. 2 BGB, daß ein solcher "nach dem gewöhnlichen Lauf der Dinge oder nach den besonderen Umständen, insbesondere nach den getroffenen Anstalten und Vorkehrungen, mit Wahrscheinlichkeit erwartet werden konnte".

Vorteilhaft ist diese Berechnungsmethode, da alle mit der Verletzungshandlung ursächlich zusammenhängenden Vermögenseinbußen, z.B. ausbleibende Einnahmen, die für den Forschungs- und Entwicklungsaufwand benötigt werden, erfaßt werden.

(b) Hypothetische Lizenzgebühr (Lizenzanalogie)

Der Patentinhaber hat alternativ auch die Möglichkeit, die Zahlung einer angemessenen Lizenzgebühr zu verlangen[41]. Dies stellt die häufigste Berechnungsmethode dar. Es ist für die Berechnungsmethode nach der Lizenzanalogie gleichgültig, ob der Patentinhaber überhaupt bereit gewesen wäre, eine Lizenz zu vergeben und ob es zu einem Lizenzvertrag gerade mit dem Inhalt gekommen wäre[42]. Diese Art der Schadensberechnung beruht auf der Erwägung, daß es nur der Billigkeit entspricht, wenn derjenige, der sich schuldhaft und rechtswidrig die Position des Lizenznehmers anmaßt, nicht besser behandelt werden darf als der rechtmäßig handelnde Lizenznehmer, der vor der Benutzung das Einverständnis des Patentinhabers einholt[43].

Für die Höhe der Lizenzgebühr kommt es darauf an, was bei vertraglicher Einigung über eine Lizenz vernünftige Vertragspartner in Kenntnis der tatsächlichen Entwicklung vereinbart haben würden[44]. Die zuzusprechende Lizenzgebühr hat sich dabei an dem objektiven, sachlich angemessenen Wert der angemaßten Benutzungsberechtigung auszurichten, wobei die Umstände des Einzelfalls zu berücksichtigen sind[45]. In der Gerichtspraxis werden als Maßstab für die Höhe bereits abgeschlossener Lizenzverträge des Patentinhabers oder branchenübliche Lizenzsätze herangezogen[46]. Nach neuerer

---

40 BGH GRUR 1962, 401 ff. (402) - "Kreuzbodenventilsäcke III"; Staudinger-Wittmann, § 678 Rn. 21; Däubler, JuS 1969, 49 (54).

41 BGH GRUR 1980, 841 (843) - "Tolbutamid".

42 Kraßer, Schadensersatz, GRUR Int. 1980, 259 ff. (263).

43 Däubler, JuS 1969, 49 ff. (50).

44 RG v. 13.5.1938 GRUR 1938, 836 ff. (837); BGH GRUR 1962, 401 (404) - "Kreuzbodenventilsäcke III".

45 RG v. 13.10.1942 GRUR 1943, 167 (169); Lindenmaier, Höhe der Lizenzgebühr, GRUR 1955, 359 f. (359) m.w.N.; BGH GRUR 1980, 841 (844) - "Tolbutamid".

46 Pietzcker, Richtlinien, GRUR Int. 1979, 343 ff. (344).

Rechtsprechung kann für die Schadensberechnung im Rahmen der Lizenzanalogie nicht schadensmindernd berücksichtigt werden, daß sich nach dem Zeitpunkt des Abschlusses des fiktiven Lizenzvertrages das Vertragsrisiko, entgegen der auf diesen Zeitpunkt zu beziehenden Prognose der Vertragsparteien, zum Nachteil des fiktiven Lizenznehmers entwickelt hat[47].

Die Berechnungsmethode der Lizenzanalogie hat den Vorteil, daß sie keinen Kausalitätsnachweis zwischen der Verletzungshandlung und dem Schaden erfordert.

Wird dem Verletzten auf sein Verlangen eine angemessene Lizenzgebühr zugesprochen, so wird damit nach der Rechtsprechung nicht die Patentverletzung genehmigt[48].

(c) Herausgabe des Verletzergewinns

Nach dieser Berechnung kann der verletzte Patentinhaber den vom Verletzer erzielten Nettogewinn herausverlangen, den dieser durch die rechtswidrige Patentbenutzung erzielt hat. Es wird fingiert, daß der Verletzte ohne die Rechtsverletzung den gleichen Gewinn erzielt hätte wie der Verletzer[49]. Die Berechnungsart des Verletzergewinns basiert auf der analogen Anwendung der Bestimmungen über die unberechtigte Geschäftsführung (§§ 687 II, 667 BGB)[50]. Der Verletzte muß beweisen, daß die Verletzungshandlung mit Wahrscheinlichkeit bei dem Verletzer einen Gewinn und bei ihm einen Schaden zur Folge hat[51].

Die Berechnungsmethode hat den Vorteil, daß sie von einem wirklich erzielten Gewinn ausgeht und nicht auf den hypothetischen Gewinn abstellt.[52]

---

47 BGH NJW 1992, 2753 (2756) - "Tchibo/Rolex II".

48 RG v. 13.10.1937 RGZ 156, 65 (69).

49 Heil/Roos, GRUR 1994, 26 ff. (27). vgl. zu der Problematik, ob der Patentinhaber, der das Patent nicht selber verwertet (Sperrpatent), Schadensersatz auf Grundlage des entgangenen Gewinns fordern kann, Mitt. zur Diskussion im Anschluß an den Vortrag von Preu, Richtlinien, GRUR 1979, 753 (766); siehe dazu auch Pietzcker, Richtlinien, GRUR Int. 1979, 343 ff. (344).

50 RG v. 13.5.1938 GRUR 1938, 836 (838); RG v. 22.10.1930 RGZ 130, 108 (110); BGH GRUR 1962, S. 401 ff. (402) - "Kreuzbodenventilsäcke III"; Szamatolski, GRUR 1931, 580 ff. (580); vgl. auch Staudinger-Wittmann, § 687 Rn. 21; nicht nur beruht die Berechnungsart auf § 687 II BGB, es kann neben den Ansprüchen aus dem Patentgesetz wegen Patentverletzung auch ein Anspruch aus böswilliger Eigengeschäftsführung gem. § 687 II BGB gegeben sein, vgl. 2. Teil, A. I. 3.

51 Szamatolski, GRUR 1931, 580 ff. (580).

52 Im Vergleich zum Anspruch nach Schadensersatzrecht, das von dem Grundsatz beherrscht ist, daß der Geschädigte durch den Schadensersatzanspruch nicht bessergestellt sein soll, als er gestanden hätte, wenn das schadensstiftende Ereignis nicht eingetreten wäre, kann der Erhalt des Verletzergewinns den Verletzten durchaus besserstellen. Siehe v. der Osten, GRUR 1998, 284 ff.

bb) Kritik an der Schadensberechnung

An der von der Rechtsprechung entwickelten Schadensberechnung ist in der Literatur häufig Kritik geübt worden, die sich primär darauf stützt, daß die Patentverletzung wirtschaftlich günstiger erscheine als die Lizenznahme und damit dem Schutzzweck des Patentrechts widerspreche[53].

Nachteilig für die Feststellung der Höhe des herauszugebenden Verletzergewinns ist, daß die Berechnung von den betriebsinternen Verhältnissen des Verletzers und seiner Kalkulation abhängig ist, so daß manchmal sogar die Feststellung, ob überhaupt ein Gewinn besteht, sehr schwierig ist[54]. Zudem ist es bei der Verletzung von Immaterialgüterrechten schwierig, überhaupt eine nachteilige Vermögensdifferenz nachzuweisen, da das Patent durch eine unbefugte Benutzung keine Substanzbeeinträchtigung erleidet[55]. Auch die Erkennbarkeit und der Nachweis der Wahrscheinlichkeit bestimmter Kausalverläufe ist teilweise unmöglich[56].

Insbesondere stößt die Schadensberechnung der hypothetischen Lizenzgebühr nach wie vor auf Kritik[57]. Die dem Verletzten aufgezwungene Lizenz zerstört die eigenen Ertragsmöglichkeiten, da ihm die freien Verwertungsmöglichkeiten auf dem Markt genommen werden[58]. Zudem handelt es sich in mehrerer Hinsicht um eine reine Fiktion, die ohne wirtschaftlichen Bezug ist, da der Verletzer meist der potentiell schärfste Konkurrent des Patentinhabers ist, dem man nie freiwillig eine Lizenz einräumen würde und auch andere geldwerte Vorteile, die man durch die Auswahl des Lizenznehmers nach wirtschaftlich günstigen Kriterien erzielt, nicht in Betracht gezogen werden[59]. Weiterhin wird bei der Berechnungsart der Verletzer insoweit begünstigt, als er nicht mit dem Risiko konfrontiert wird, daß er möglicherweise die Lizenzgebühren umsonst gezahlt hat, wenn sich nachträglich herausstellt, daß das Patent nichtig ist[60]. Weiterhin kommt der Verletzer um die Kosten der Aufrechterhaltung und Verteidigung des Patents

53 Fischer, Schadensersatz, GRUR 1980, 374 ff. (374); Pietzcker, Schadensersatz, GRUR 1975, 55 ff.; ders., Richtlinien, GRUR Int. 1979, 343 (345); Pagenberg, IIC. 1980. Vol. 11, 723 ff.

54 Pietzcker, Schadensersatz, GRUR 1975, 55 ff. (55); Heil/Roos, GRUR 1994, 26 ff. (27).

55 Kraßer, Schadensersatz, GRUR Int. 1980, 259 (262).

56 Pietzcker, Richtlinien, GRUR Int. 1979, 343 (345); ders. Schadensersatz, GRUR 1975, 55 ff. (55); Loewenheim, JZ 1972, 12 (15).

57 Mitt. über die Diskussion im Anschluß an den Vortrag von Preu, GRUR 1979, 766; Pietzcker, Richtlinien, GRUR Int. 1979, 343 (345).

58 Pietzcker, Schadensersatz, GRUR 1975, 55 ff. (56).

59 Mitt. über die Diskussion im Anschluß an den Vortrag von Preu, GRUR 1979, 766.

60 Pietzcker, Schadensersatz, GRUR 1975, 55 ff. (56); Barth, Anmerkungen zu BGH GRUR 1980, 841 (845) - "Tolbutamid" vgl. zu der Frage der Auswirkung der Nichtigkeit des Patents auf die Zahlung der Lizenzgebühr 1. Teil, E. I. 1. a) ff).

herum[61]. Die Fiktion eines Lizenzvertrages führt ohne die Einbeziehung dieser Kriterien damit nicht zu einer angemessenen Schadensersatzleistung[62].

Als nachteilig wird auch empfunden, daß anders als in der amerikanischen Entscheidungspraxis[63] im deutschen Recht die Sachlage im Zeitpunkt der letzten tatrichterlichen Entscheidung maßgebend ist und damit auf einen Zeitpunkt der hypothetischen Einigung abgestellt wird, in dem Kenntnis über alle für den Patentinhaber nachteiligen Entwicklungen bestehen und diese als Argument für eine geringere Lizenzgebühr verwandt werden können[64].

Zudem bereitet die rechtliche Behandlung der Ansprüche auf Gewinnherausgabe und angemessene Lizenzgebühr Schwierigkeiten[65].

cc) Vorschläge für eine angemessene Schadensersatzhöhe und deren Rechtfertigung für den durch den Lizenznehmer verletzten Patentinhaber

An Vorschlägen, eine angemessene Schadensersatzhöhe zu erzielen, hat es nicht gefehlt[66]. So wird z.B. im Falle der Schadensberechnung nach der hypothetischen Lizenzgebühr eine auf der Grundlage der Marktverhältnisse richterlich geschätzte Gebührenerhöhung vorgeschlagen, um der dem Patentinhaber aufgezwungenen Lizenz des Verletzers und der dadurch veränderten Stellung des Patentinhabers, der nun mit einem weiteren Wettbewerber konfrontiert wird, Rechnung zu tragen[67]. Es soll dem Verletzer auch ein Wahlrecht bezüglich des Zeitpunktes des unterstellten Lizenzverhältnisses, also entweder den des Beginns der Verletzung, wie es in den USA praktiziert wird, oder den der gerichtlichen Entscheidung über die Schadensersatzleistung, zugebilligt werden[68].

---

61 Pietzcker, Schadensersatz, GRUR 1975, 55 ff. (56).

62 Vgl. auch Kraßer, Schadensersatz, GRUR Int. 1980, 259 (263).

63 Vgl. Georgia -Pacific Corp. v. U.S. Plywood-Champion Papers, 166 USPQ, 235 (239); siehe ausführlich dazu 3. Teil, A. II. 1. a) aa) (c).

64 Vgl. Anmerkung von Barth zu BGH GRUR 1980, 841 (845) - "Tolbutamid"; Pitzcker, Schadensersatz, GRUR 1975, 55 (56 f.) m.w.N.

65 So stellt sich z.B. die Frage, ob auch die Grundsätze über die Vorteilsausgleichung zu berücksichtigen sind oder ob die Ansprüche nach den deliktsrechtlichen Vorschriften in drei Jahren verjähren oder nach 30 Jahren nach § 195 BGB. Weiterhin ist fraglich, ob bei Verletzungen mehrerer jeder nach § 840 als Gesamtschuldner haftet oder der einzelne nur das von ihm selbst Erlangte herausgeben muß, vgl. Däubler, JuS 1969, 49 ff. (52).

66 Vgl. auch die Vorschläge einzelner europäischer Länder, AIPPI Anuuaire 1979, 285 ff.

67 Pietzcker, Schadensersatz, GRUR 1975, 55 ff. (56).

68 Pietzcker, Schadensersatz, GRUR 1975, 55 (57); ders. Richtlinien, GRUR Int. 1979, 343 (346).

Zudem wird generell ein Verletzerzuschlag, teilweise in Höhe des doppelten Schadensersatzes, wie dies im Urheberrecht der Fall ist[69], gefordert[70], der jedoch von der Rechtsprechung abgelehnt wird, da er die "gewohnheitsrechtliche Grundlage des nach der Lizenzanalogie zu errechnenden Schadens verlassen und auch sonst keine rechtliche Stütze finden würde"[71]. Weiterhin wurde vorgeschlagen, die Berechnung des dem Verletzten entstandenen Schadens mit dem Schadensersatz der Zahlung einer verkehrsüblichen Lizenzgebühr zu kombinieren. Schließlich wird pauschal ein Schadensersatz in Höhe der doppelten Lizenzgebühr gefordert[72].

In der deutschen Rechtsprechung hat es teilweise zwar den Ansatz gegeben, eine erhöhte Lizenzgebühr zu gewähren, jedoch hat sich dies nicht durchsetzen können[73].

Im Fall "Fersenabstützvorrichtung" wurde beispielsweise vom Berufungsrichter der Umstand lizenzerhöhend berücksichtigt, daß der Verletzer gegenüber einem Lizenznehmer in einem geringeren Maße dem Risiko ausgesetzt war, auch für eine letztlich nicht schutzfähige Erfindung zahlen zu müssen[74]. Zudem wurde die kaufmännische Zinspflicht gem. §§ 352, 353 HGB für die Grundlage einer Verzinsung herangezogen, was wiederum auf einen "Verletzerzuschlag" hinausläuft[75]. Letztlich ist der Bundesgerichtshof dem aber nicht gefolgt und hat von einem "Verletzerzuschlag" Abstand genommen.

Der generellen Kritik an der Schadensbemessung in Deutschland ist zuzustimmen, wenn auch die einzelnen Vorschläge sich nicht alle dazu eignen, einen "fairen Schadensausgleich" zu erzielen. Beispielsweise ist ein pauschaler Zuschlag in doppelter Höhe nicht in der Lage, den Einzelfallumständen gerecht zu werden und das Ziel zu erreichen. Es ist auch fraglich, ob die Vorschläge im deutschen Recht rechtlich begründet werden können[76]. Ein weiterer Vorschlag soll hier dargestellt werden:

---

69 Kraßer, Schadensersatz, GRUR 1980, 259 (264); vgl. dazu aber kritisch für das Urheberrecht, Loewenheim, JZ 1972, 12 ff.

70 BGH GRUR 1980, 841 (844) - "Tolbutamid"; Preu, Richtlinien, GRUR 1979, 753 ff. (753); Pietzcker, Richtlinien, GRUR Int. 1979, 343 (346); vgl. auch die Mitt. zur Diskussion im Anschluß an den Vortrag von Preu, GRUR 1979, 766 in der vorgeschlagen wird, daß sich die Erhöhung der Lizenzgebühr an dem Verschuldensgrad und anderen konkreten Einzelfallumständen orientieren kann. Siehe auch Brandner, GRUR 1980, 359 (362).

71 BGH GRUR 1980, 841 (844) - "Tolbutamid".

72 Vgl. dazu aber kritisch für das Urheberrecht, Loewenheim, JZ 1972, 12 ff.

73 Vgl. insbesondere BGH GRUR 1980, 841 (844) - "Tolbutamid"; BGH GRUR 1982, 286 ff. - "Fersenabstützvorrichtung".

74 BGH GRUR 1982, 286 ff. (287) - "Tolbutamid".

75 BGH GRUR 1982, 286 ff. (288) - "Tolbutamid".

76 Vgl. Preu, Richtlinien GRUR 1979, 753 (761 f.); Heil/Roos, GRUR 1994, 26 ff. (27); Kraßer, Schadensersatz, GRUR Int. 1980, 259 (271 f.).

dd) Erhöhung des Schadensersatzes nach US-amerikanischem Vorbild

In den USA gibt es drei Möglichkeiten der Schadensberechnung: entgangener Gewinn, branchenübliche Lizenzgebühr und angemessene Lizenzgebühr. In dieser Hinsicht unterscheiden sich die Berechnungsmethoden im Vergleich zum deutschen Recht nicht wesentlich.

In den USA besteht zusätzlich die Möglichkeit der Gerichte, den Schadensersatz bis zu einer maximalen Höhe des dreifachen Wertes der Schadensersatzsumme zuzusprechen[77]. Als Kriterium für die Erhöhung der Schadensersatzsumme ist von den Gerichten hauptsächlich die Art des Verschuldens anerkannt. Eine Schadensersatzerhöhung wird in diesem Sinne meist dann gewährt, wenn es sich um eine vorsätzliche Patentverletzung handelte. Daneben wird aber der Umstand, ob der Patentverletzer während des Prozesses ein Verhalten in "bad faith" zeigt, auch berücksichtigt. Zudem kann sich aus den Einzelfallumständen ergeben, daß eine Schadenserhöhung angemessen ist.

Unter Berücksichtigung dieser Kriterien haben die Gerichte in vielen Fällen von ihrem Ermessen Gebrauch gemacht und eine Schadenserhöhung gewährt, auch wenn die maximale dreifache Schadensersatzsumme bisher nicht sehr häufig zugesprochen wurde. Auffällig ist, daß die Gerichte ihr Ermessen nur aus dem Grunde ausgeübt haben, um anderen potentiellen Verletzern nicht einen Anreiz zu geben, das Patent zu verletzen[78]. In den USA wurde das Problem der Gewährung einer Schadensersatzsumme, die in etwa der Höhe einer Lizenzgebühr entspricht und damit nicht davor schützt, daß andere es darauf ankommen lassen, zunächst das Patent zu benutzen und einer Patentverletzungsklage ausgesetzt zu sein, dahingehend gelöst, alle Einzelfallumstände zu berücksichtigen.

Das Kriterium des Vorsatzes in den USA, das dort den Hauptanwendungsfall einer Schadensersatzerhöhung bildet, kennt man, wie bereits dargestellt[79], auch im deutschen Recht. Im Unterschied zum US-amerikanischen Recht wird aber in Deutschland nicht zwischen den Rechtsfolgen einer vorsätzlichen und fahrlässigen Patentverletzung differenziert. Lediglich zur leichten Fahrlässigkeit wird abgegrenzt, um "eine Billigkeitsregelung zur Minderung der strengen Schadensersatzhaftung" zu schaffen. Liegt leichte Fahrlässigkeit vor, kann das Gericht von der Gewährung des Schadensersatzes absehen und eine Entschädigung festsetzen. Das Kriterium des Verhaltens im Prozeß eignet sich nicht für die Zusprechung eines erhöhten Schadensersatzes.

---

77 Vgl. 3. Teil, II. A. 1. b) bb).
78 Vgl. Lightwave Technologies Inc. v. Corning Glass Work, 19 USPQ2d., 1838 (1848).
79 3. Teil, A. I. 1. c).

Um einer Diskussion über den Verschuldensbegriff im gewerblichen Rechtsschutz aus dem Wege zu gehen, ist die Lösung über die Berücksichtigung aller Einzelfallumstände zu suchen. Auf diese Weise kann das Gericht, wie in den USA, in dem Fall, in dem eine Schadensersatzhöhe in Form der hypothetischen Lizenzgebühr eine Anreizfunktion zur Verletzung bildet, diesem Umstand Rechnung tragen und eine höhere Schadensersatzsumme zusprechen. Diese Lösung hat den Vorzug, sehr flexibel zu sein. Dies wird sich gerade bei der Diskussion um die Schadensersatzhöhe einer Patentverletzung durch den Lizenznehmer zeigen.

Die Berücksichtigung der Einzelfallumstände bei der Höhe des Schadensersatzes steht auch im Einklang mit dem Bundesgerichtshof, der in der "Tolbutamid"-Entscheidung zum Ausdruck gebracht hat:

> "...Eine weitere Erhöhung kommt jedoch nicht in Betracht, insbesondere nicht ein von den Umständen des Einzelfalls unabhängiger 'Verletzerzuschlag'."[80]

Der Bundesgerichtshof hat damit offengelassen, daß die Einzelfallumstände unter Umständen eine angemessene Schadensersatzerhöhung rechtfertigen können.

Für eine angemessene, dem Einzelfall Rechnung tragende Schadensersatzhöhe, die anstelle einer Anreizfunktion für Verletzungen eine Abschreckungsfunktion bildet, ist daher die Berücksichtigung aller Einzelfallumstände des Gerichts zu fordern. Dabei sollte die Möglichkeit der Schadensersatzerhöhung, wie es in den USA der Fall ist, in das Ermessen des Tatrichters gestellt werden und nach oben begrenzt werden. Auf diese Weise kann auch in Deutschland die Schadensersatzsumme eine Abschreckungsfunktion haben.

ee) Höhe des Schadensersatzes bei einer Patentverletzung durch den Lizenznehmer

Bei der Patentverletzung durch einen Lizenznehmer stellt sich ferner die Frage, ob für den verletzten Patentinhaber und Lizenzgeber in Anlehnung an die US-amerikanische Gerichtspraxis ein erhöhter Schadensersatz zu rechtfertigen ist. Aufgrund der Tatsache, daß schon ein Lizenzverhältnis zwischen verletztem Patentinhaber und Verletzer besteht, gibt es die Besonderheit, daß der Patentinhaber z.B. nicht einer geänderten Marktsituation ausgesetzt ist, da er den Lizenznehmer durch die Lizenzerteilung grundsätzlich als potentiellen Wettbewerber anerkannt und gebilligt hat. Zwar wird der Lizenznehmer, dem eine territoriale Beschränkung auferlegt ist, bei Überschreitung der Beschränkung ungewollt zum Wettbewerber in einem anderen Gebiet, die Verletzung hat jedoch nicht zur Folge, daß ein anderer Dritter in den Markt als Wettbewerber eintritt,

---

[80] BGH GRUR 1980, 841 (843) (Schadensersatzklage der Patentinhaberin nach Lizenzanalogie wegen fahrlässiger Verletzung ihres Patents).

mit dem der Verletzte grundsätzlich nie in Vertragsbeziehungen getreten wäre. Auch ist der Lizenznehmer, anders als ein Verletzer, der keine vertraglichen Beziehungen zum Patentinhaber hat, gegebenenfalls schon verpflichtet gewesen, für die Aufrechterhaltungs- und Verteidigungskosten des Patents aufzukommen. Weiterhin ist der Lizenznehmer seit der Lizenznahme dem Risiko ausgesetzt, daß er im Falle der nachträglichen Nichtigkeit des Patents die Lizenzgebühren umsonst gezahlt hätte[81].

Dies alles würde gegen die Erhöhung des Schadensersatzes sprechen. Andererseits stellt sich auch hier wiederum die Frage, ob diesmal nicht dem Lizenznehmer durch die Zahlung einer Lizenzgebühr, die den Betrag der hypothetischen Lizenzgebühr entspricht, ein Anreiz gegeben wird, die patentrechtlichen Beschränkungen zu übertreten, und eine Erweiterung der Lizenz zu erzwingen. Da sowieso ein Lizenzvertrag besteht, würde der Lizenzgeber keine weiteren Leistungen, außer einer Lizenzgebühr für den verletzenden Teil, erhalten. Dem Präventions- und Schadensverhütungsgedanken des Schadensersatzes[82] wird damit nicht Rechnung getragen. Zwar besteht auch die Möglichkeit, daß der Lizenzgeber den Verletzergewinn fordert, doch ist die Ermittlung des durch die Überschreitung der Befugnisse erzielten Verletzergewinns sehr schwierig. Sie gestaltet sich noch schwieriger als diejenige bei der Verletzung durch einen Dritten, denn es muß festgestellt werden, ob der Gewinn auf eine spezielle Befugnisüberschreitung des Lizenznehmers zurückzuführen ist oder er sich im Rahmen der durch die Lizenz eingeräumten Befugnisse hält. Ähnliches gilt für die Wahl des Ersatzes des konkreten Schadens.

Die Schadensberechnung für den Patentinhaber ist damit im Falle der Verletzung durch den Lizenznehmer generell unbefriedigend. Will man dem Präventions- und Schadensverhütungscharakter des Anspruchs zum Vorteil des Patentinhabers und Lizenzgebers Rechnung tragen, so ist auch hier grundsätzlich die Möglichkeit der Erhöhung des Schadensersatzes zu fordern. Der Gedanke, daß zwischen Lizenznehmer und Patentinhaber ein Vertrausenverhältnis besteht spricht nicht gegen eine angemessene Erhöhung des Schadensersatzes, da die Vertragsverletzung einen Vertrauensbruch darstellt. Der Haupteinwand gegen einen erhöhten Schadensersatz liegt vielmehr darin, daß dem deutschen Schadensersatzrecht - mit Ausnahme der Genugtuungsfunktion des Schmerzensgeldanspruchs - eine Straffunktion grundsätzlich fremd ist. Im Hinblick auf die besondere Schutzwürdigkeit des Patentinhabers erscheint es jedoch als notwendig, von diesem Grundsatz eine Ausnahme zu machen, denn der Patentinhaber gibt die Verwertung der Erfindung durch die Erteilung der Lizenz aus der Hand; sie liegt nunmehr im Aufgaben- und Verantwortungsbereich des Lizenzenhmers.

---

81 Siehe dazu 1. Teil, E. I. 1. a) ee).

82 Palandt-Heinrichs, Vorbem.v. § 249 Rn. 4.

Die Möglichkeit der Schadensersatzerhöhung nach US-amerikanischem Vorbild führt nicht nur hinsichtlich der Schadensberechnung, sei es von Dritten, die das Patent verletzen, oder vom Lizenznehmer, der das Patent verletzt, zu billigen Ergebnissen, sondern trägt auch dem Gedanken der Förderung des Lizenzaustausches Rechnung. Der Patentinhaber und Lizenzgeber kann ohne Bedenken Lizenzen vergeben, da er bei einer Patentverletzung durch seinen Vertragspartner unter Umständen, je nach den Einzelfallumständen, im Falle einer Patentverletzung einen Ersatzanspruch erhält.

d) Anspruch auf Entschädigung nach § 139 II 2 PatG

Handelt der Verletzer lediglich leicht fahrlässig, kann das Gericht nach § 139 II 2 PatG dem Verletzten einen in sein Ermessen gestellten geringeren Betrag zusprechen, der in den Grenzen zwischen dem Schaden des Verletzten und dem Vorteil bleibt, der dem Verletzer erwachsen ist. Bei der in § 139 II 2 PatG ausgesprochenen Entschädigung handelt es sich um einen Schadensersatzanspruch[83], der aber gegen den vollen Schadensersatzanspruch des § 149 BGB abgegrenzt werden muß. Der Verletzer ist verpflichtet, den Nutzen herauszugeben, den er durch die Verletzungshandlung erzielt hat[84]. Der Richter hat im Rahmen der Billigkeitserwägung alle Umstände des Einzelfalls zu berücksichtigen, insbesondere die Höhe des Schadens, die Auswirkungen der Ersatzleistung auf die wirtschaftliche Lage des Verletzers und den Vorteil, den der Verletzer aus den Verletzungshandlungen gezogen hat[85].

Fahrlässig handelt gem. § 276 I 2 BGB, wer die im Verkehr erforderliche Sorgfalt außer acht läßt. Grobe Fahrlässigkeit liegt vor, wenn die im Verkehr erforderliche Sorgfalt in besonders schwerem Maße verletzt ist und das nicht beachtet wird, was im gegebenen Fall jedem hätte einleuchten müssen. Leichte Fahrlässigkeit ist gegeben, wenn die besonderen Merkmale grober Fahrlässigkeit nicht erfüllt sind[86]. Ein Fall der leichten Fahrlässigkeit im Patentrecht ist die besonders schwierige Abgrenzung zum Stand der Technik[87].

---

83 Vgl. dagegen zum Entschädigungsanspruch nach § 33 PatG, der einer anderen Rechtsnatur ist, 3. Teil, A. I. 1. f).

84 Benkard-Rogge, § 139 Rn. 77.

85 BGH GRUR 1976, 579 (583) - "Tylosin".

86 Palandt-Heinrichs, § 276 Rn. 14.

87 Benkard-Rogge, § 139 Rn. 78.

e) Weitere Hilfsansprüche

aa) Anspruch auf Rechnungslegung und Auskunft

Nach der Rechtsprechung und Literatur hat der Verletzte gegen den Verletzer einen Anspruch auf Auskunft und Rechnungslegung gem. § 242 BGB[88]. Mit Hilfe des Anspruchs kann er sich ein Bild vom Umfang der verletzenden Handlung und der Höhe des erzielten Ertrages verschaffen. Er kann auf diese Weise dem Gericht einen Beweis erbringen, der als Grundlage für die Feststellung und Höhe des Schadens, die gem. § 287 ZPO im Ermessen des Gerichts liegt, dient. Der Verletzte braucht sich im Zeitpunkt der Geltendmachung des Rechnungslegungsanspruchs noch nicht für eine Berechnungsmethode entschieden zu haben[89]. Der Patentverletzer muß nach der Rechtsprechung dem Patentinhaber alle Angaben mitteilen, die für den Verletzten erforderlich sind, um sich für eine Schadensberechnungsart zu entscheiden, die Schadenshöhe konkret zu berechnen und darüber hinaus die Richtigkeit der Rechnung nachzuprüfen[90].

Seit dem 1.7.1990[91] wird dem Verletzten ausdrücklich ein patentrechtlicher Anspruch auf Nennung sämtlicher Hersteller, Lieferanten, Vorbesitzer, Abnehmer und Auftraggeber gegeben, § 140 b II PatG. Diese Vorschrift ist zum Zwecke der wirksamen Bekämpfung der Produktpiraterie in das Patentgesetz eingefügt worden und ergänzt den Rechnungslegungs- und Auskunftsanspruch des Verletzten[92]. Ausdrücklich hervorgehoben wird, daß sich der Auskunftsanspruch gegen alle Patentverletzer i.S.d. §§ 9-13 PatG richtet[93].

Nach der früheren Rechtsprechung war der Verletzer nicht gezwungen, seine geschäftlichen Verhältnisse dem Patentinhaber gegenüber zu offenbaren, z.B. Informationen über seine Abnehmer zu geben[94]. Die Offenlegung der Geschäftsbücher des Lizenznehmers stellte einen zu weitgehenden Eingriff dar, der nicht aus § 242 BGB gerechtfertigt ist[95]. Er konnte seine Angaben daher auch gegenüber einem neutralen, zur

---

88 RG v. 18.2.1938 GRUR 1939, 44 (46); RG v. 31.1.1941 GRUR 1941, 152 ff. (153); BGH GRUR 1957, 336 ff. Rechnungslegung"; BGH GRUR 1962, 354 (356); BGH GRUR 1962, 401 ff. (401) - "Kreuzbodenventilsäcke III"; BGH GRUR 1967, 676 (680); BGH GRUR 1976, 579 (581) - "Tylosin"; BGH GRUR 1978, 52 ff. (53) - "Fernschreibverzeichnisse". Im Falle des Herausgabeverlangens des Verletzergewinns stützt sich der Anspruch auf § 666 BGB.

89 Pietzcker, Richtlinien, GRUR Int. 1979, 343 ff. (344).

90 BGH GRUR 1962, 354 (356) - "Furniergitter"; BGH GRUR 1957, 336 - "Rechnungslegung".

91 BGBl. I. 422 ff.

92 Produktpirateriegesetz vom 7.3.1990 (BGBl. I 422 ff.).

93 BGH GRUR 1995, 338 (340) - "Kleiderbügel"; BGH BB 1995, 1152 f. (1153).

94 RG v. 12.2.1930 GRUR 1930, 430 (431); BGH GRUR 1978, 52 ff. (53) - "Fernschreibverzeichnisse".

95 BGH GRUR 1961, 466 (469) - "Gewinderollkopf".

Verschwiegenheit verpflichteten Sachverständigen machen (sog. Wirtschaftsprüfervorbehalt)[96].

Durch die Verschärfung der Auskunftspflicht durch § 140 b PatG hat der Wirtschaftsprüfervorbehalt kaum praktische Bedeutung mehr; er kommt nach der Rechtsprechung grundsätzlich nicht mehr in Betracht[97]. Die Auskunftspflicht entfällt nach der neuen Regelung allerdings dann, wenn sie unverhältnismäßig ist. Das Interesse des Verletzten an einer Ermittlung weiterer Verletzer und an einem dadurch ermöglichten Vorgehen gegen diese und das Interesse des Verletzers an einer Geheimhaltung seiner Bezugsquellen und Absatzmöglichkeiten ist gegeneinander abzuwägen. Die Darlegungs- und Beweislast dafür trägt der Verletzer[98].

Die Unverhältnismäßigkeit wird jedoch sehr selten bei einem Lizenznehmer als Patentverletzer gegeben sein, da dieser ohnehin schon aus dem Vertrag zur Rechnungslegung verpflichtet ist.

Eine Differenzierung zwischen Auskunfts- und Rechnungslegungsanspruch hat keine rechtlichen Folgen, sondern richtet sich nach dem Umfang. So ist z.B. im Falle der Überschreitung der Befugnisse durch den Lizenznehmer, die auf die Weise geschieht, daß er unbefugterweise die Lizenzgegenstände anbietet, der Lizenznehmer nicht in der Lage, über den Umfang des Anbietens Rechnung zu legen, sondern er kann nur über den Umfang Auskunft geben[99]. Der Anspruch auf Rechnungslegung geht inhaltlich über das Auskunftsverlangen hinaus[100].

bb) Anspruch auf Abgabe einer eidesstaatlichen Erklärung

Wenn Grund zu der Annahme besteht, daß die in der Rechnung des Verletzers enthaltenen Angaben nicht mit der erforderlichen Sorgfalt gemacht worden sind, kann von dem Verletzer nach § 259 II BGB verlangt werden, daß er die Vollständigkeit seiner Angaben zu Protokoll an Eides Statt versichert[101].

---

96 BGH GRUR 1962, 354 (357) - "Furniergitter", mit zustimmender Anmerkung von Friedrich, 358; BGH GRUR 1957, 336 - "Rechnungslegung"; BGH GRUR 1976, 579 (583) - "Tylosin"; in BGH GRUR 1961, 466 (469) - "Gewinderollkopf" stellt sogar diese Möglichkeit einen zu weitgehenden, nicht nach § 242 BGB gerechtfertigten Eingriff dar; siehe dazu auch schon ausführlich 1. Teil, E. I. 1. b) aa) (b).

97 Vgl. dazu BGH GRUR 1995, 338 (341) "Kleiderbügel"; BGH BB 1995, 1152 f. (1153).

98 Benkard-Rogge, § 140 b Rn. 3.

99 BGH GRUR 1960, 423 (426) - "Kreuzbodenventilsäcke".

100 BGHZ 93, 327 (330) - "Thermotransformator" m.w.N.

101 Benkard-Rogge, § 139 Rn. 91.

cc) Anspruch auf Vorlegung und Besichtigung einer Sache

Damit sich der Patentinhaber Kenntnis über die patentverletzende Beschaffenheit eines Gegenstandes verschaffen kann, ist in der Literatur gefordert worden, daß ihm gem. § 809 BGB ein Anspruch auf Vorlegung einer Sache zum Zwecke der Besichtigung gegeben wird[102]. Der Anspruch auf Vorlegung einer angeblich patentverletzenden Sache setzt voraus, daß bereits ein erheblicher Grad an Wahrscheinlichkeit dargetan ist, daß die Sache unter Anwendung der geschützten Lehre hergestellt worden ist[103] Dieser Anspruch ist inzwischen von der Rechtsprechung anerkannt worden[104].

f) Anspruch des Lizenzgebers einer zum Patent angemeldeten Erfindung auf Entschädigung nach § 33 PatG

Der verletzte Lizenzgeber einer angemeldeten Erfindung hat in Deutschland gegen den Lizenznehmer, der seine Befugnisse aus der Lizenz[105] überschreitet, gem. § 33 PatG einen Entschädigungsanspruch. Die subjektive Voraussetzung des Wissens oder Wissenmüssens des Benutzers von der Benutzung des Anmeldegegenstandes wird regelmäßig bei einem Gebrauch der angemeldeten Erfindung durch den Lizenznehmers der Fall sein.

Die Entschädigungshaftung ist keine deliktische Schadensersatzhaftung[106]. In § 33 I 2. HS. PatG ist klargestellt, daß neben dem Entschädigungsanspruch weitere Ansprüche ausgeschlossen sind, da die Benutzung einer offengelegten Patentanmeldung rechtmäßig ist[107]. Die zu dem Schadensersatzanspruch in § 139 PatG entwickelte dreifache Schadensberechnung ist aufgrund des Ausschlusses des Schadensersatzes auf den Entschädigungsanspruch nach § 33 PatG nicht anwendbar. Der verletzte Anmelder soll lediglich eine Nutzungsentschädigung nach der Art einer Benutzungsgebühr erhalten[108]. Die Benutzungsgebühr darf dabei maximal den Betrag einer angemessenen Lizenzgebühr

---

[102] Stauder, Beweisverfahren, GRUR Int. 1978, 230 (236 f.). Dieser Anspruch ist von der Rechtsprechung anerkannt: LG Braunschweig GRUR 1971, 28 f. - "Abkaufpresse"; BGH GRUR 1985, 512 ff. - "Druckbalken"; BGH GRUR 1983, 741 ff. - "Geheimhaltungsinteresse und Besichtigungsanspruch".

[103] BGH GRUR 1985, 512 ff. (515) - "Druckbalken".

[104] Vgl. dazu Benkard-Rogge, § 139 Rn. 117.

[105] Hiermit sind die Befugnisse gemeint, die bei Vorliegen einer Lizenz an einem Patent patentrechtliche Befugnisse darstellen würden, nicht dagegen die schuldrechtlichen Befugnisse. Siehe zur Abgrenzung der patentrechtlichen von den schuldrechtlichen Beschränkungen des Lizenzvertrages 2. Teil, A. I. 1.

[106] BGH GRUR 1975, 430 (434) - "Bäckerhefe"; BGH GRUR Int. 1990, 788 (790) - "Offenendspinnmaschinen"; Lüdecke, Lizenzverträge, NJW 1968, 1358 (1360); a.A. Ohl, Rechtsnatur, GRUR 1976, 557 (564).

[107] OLG Karlsruhe GRUR Int. 1987, 788 (790) - "Offenendspinnmaschine".

[108] Benkard-Schäfers, § 33 Rn. 12.

erreichen, mit dieser aber nicht gleichgestellt werden, da lediglich ein Ausgleich für den Inhaber einer offengelegten, noch nicht bekanntgemachten Anmeldung, die noch kein ausschließliches Benutzungsrecht darstellt, gegeben werden soll. Die Berechnungsart der Lizenzanalogie[109] kann jedoch als Grundlage für die Berechnung der Entschädigung herangezogen werden. Für die Bemessung der angemessenen Entschädigungsgebühr sollen alle Umstände des Einzelfalls berücksichtigt werden. Insbesondere kommt es darauf an, ob der Benutzer die Anmeldung kannte[110]. Die Obergrenze bildet grundsätzlich jedoch wieder die hypothetische Lizenzgebühr.

Aufgrund der Tatsache, daß der Lizenznehmer eine solche Lizenzgebühr schon auf Basis des Lizenzvertrages mit dem Lizenzgeber zu zahlen verpflichtet ist, bildet der Betrag für den Lizenzgeber keine Entschädigung. Nach dem in § 33 PatG zum Ausdruck gekommenen Willen des Gesetzgebers, daß dem Verletzer kein Schadensersatzanspruch zusteht, steht der Lizenzgeber einer zum Patent angemeldeten Erfindung im Falle der Überschreitung der Lizenz durch den Lizenznehmer schlechter dar als der Lizenzgeber einer Lizenz an einem Patent. Der Lizenzgeber hätte hier die Möglichkeit, auf die anderen Berechnungsarten auszuweichen und könnte damit einen höheren Betrag, als dies schon die Lizenzgebühr darstellt, vom Lizenznehmer bekommen[111].

Zur Bemessung des Anspruchs stehen dem Lizenzgeber auch die Hilfsansprüche, insbesondere der Anspruch auf Auskunft und Rechnungslegung, zu[112].

2. Rechtsfolgen der böswilligen Eigengeschäftsführung nach § 687 II BGB

Rechtsfolge der angemaßten Eigengeschäftsführung des § 687 II BGB ist grundsätzlich, daß dem Geschäftsführer ein Wahlrecht bezüglich der in § 687 II 1 BGB genannten Ansprüche zusteht[113]. Er könnte darüber hinaus gem. §§ 687 II 2, 684 1 BGB einen Anspruch auf Herausgabe der Bereicherung geltend machen[114].

Für die rechtswidrige und schuldhafte Verletzung von Immaterialgüterrechten, die durch die angemaßte Eigengeschäftsführung gem. § 687 II BGB gegeben ist, ist es anerkannt, daß der Patentinhaber zwischen den anerkannten und bereits dargestellten Schadensberechnungsmethoden auswählen kann[115].

[109] Vgl. 3. Teil, A. I. 1. c) aa) b).
[110] Benkard-Schäfers, § 33 Rn. 13.
[111] Siehe zur Geltendmachung des Anspruchs, Kühnen, GRUR 1997, 19 ff.
[112] Vgl. 3. Teil, A. I. 1. e).
[113] MüKo-Seiler, § 687 Rn. 9.
[114] MüKo-Seiler, § 687 Rn. 11.
[115] Palandt-Thomas, § 687 Rn. 6; MüKo-Seiler, § 687 Rn. 24; vgl. zu den verschiedenen Arten der Schadensberechnung 3. Teil, A. I. 1. c) aa).

Dabei ist das Mitverschulden des Patentinhabers gem. § 254 BGB zu berücksichtigen[116]. Den Patentinhaber könnte z.B. dann ein Mitverschulden treffen, wenn die Beschränkungen der Benutzungserlaubnis von ihm im Vertragstext unklar formuliert worden sind.

3. Rechtsfolgen der ungerechtfertigten Bereicherung nach § 812 I S.1 2.Alt. BGB

Liegt der Tatbestand der ungerechtfertigten Bereicherung vor, hat der Patentinhaber gegen den Lizenznehmer einen Anspruch auf Herausgabe der Bereicherung[117]. Der Umfang des Anspruchs richtet sich grundsätzlich nach § 818 BGB. Gem. § 818 I BGB hat der Lizenznehmer das durch die Vermögensverschiebung Erlangte in Natur herauszugeben[118]. Das Erlangte stellt bei der Verletzung von Immaterialgüterrechten entweder die dem Inhaber des Rechts vorbehaltene Marktchance oder der Gebrauch des Patents dar[119]. Dagegen ist das Erlangte nicht die Ersparnis für die Nutzungs- oder Verwertungsmöglichkeit[120]. Auch den Verwendungserfolg des Patentgebrauchs als erlangt anszusehen kann mit der Literatur abgelehnt werden, da "mit der Verletzung des Patentrechts als solchem auch zumindest immer der Aufwand von physikalischen Wirkungskräften und gegebenenfalls von Material verbunden ist" und der Verwendungserfolg daher nicht allein durch die Patentverletzung i.S.d. § 812 I S.1 2.Alt. BGB angesehen werden kann[121]. Da der Verletzer weder die Marktchance noch den Patentgebrauch herausgeben kann, hat er dafür Wertersatz zu leisten, § 818 II BGB.

Der Bundesgerichtshof hat in seiner für die Bejahung des Bereicherungsanspruchs wichtigen Entscheidung die Frage offengelassen, ob der bereicherungsrechtliche Herausgabeanspruch auf den Verletzergewinn abzielt oder auf Wertersatz grundsätzlich in Höhe der ersparten Lizenzgebühr hinausläuft[122]. In neuerer Rechtsprechung und Literatur ist anerkannt, daß der Schutzrechtsinhaber bei einer Schutzrechtsverletzung in Höhe der angemessenen Lizenzgebühr entreichert ist, er also in Höhe einer

---

116 MüKo-Seiler, § 687 Rn. 23.

117 Vergleiche zu den Schwierigkeiten der Abwicklung nach Bereicherungsrecht, 1. Teil, E. II. 1. ff) (b) (cc).

118 Palandt-Thomas, § 818 Rn. 5.

119 Dies ist strittig, vgl. Kraßer, Schadensersatz, GRUR Int. 1980, 259 (268); Benkard-Rogge, § 139 Rn. 85; BGH GRUR 1982, 301 (303).

120 So noch Szamatolski, GRUR 1931, 580 ff. (581). Siehe auch Enzinger, GRUR Int. 1997, 96 (99).

121 Falk, GRUR 1983, 488 (489, 492).

122 BGH GRUR 1977, 250 (255) - "Kunststoffhohlprofil (Verletzungsklage des Gebrauchsmusterinhabers auf Unterlassung, Rechnungslegung und Feststellung der Schadensersatzpflicht des Beklagten). Vgl. dazu Kraßer, Schadensersatz, GRUR Int. 1980, 259 (267 ff.) und ausführlich Brandner, GRUR 1980, 359 ff. In der Entscheidung BGH GRUR 1982, 301 (303) - "Kunststoffhohlprofil II" hat der BGH den Wertersatzanspruch nach einer angemessenen Lizenz berechnet und die Gewinnherausgabe als Wertersatz abgelehnt. Siehe auch Barth, Anmerkung zu BGH GRUR 1980, 841 (846) - "Tolbutamid".

angemessenen Lizenzgebühr Ersatz leisten muß[123]. Der Lizenznehmer hat demnach die Einnahmen, die er durch die zusätzliche Nutzung des Patents erzielt, an den Patentinhaber herauszugeben. Im Gegensatz zum schuldhaft handelnden Patentverletzer ist der schuldlose Verletzer nicht zur Gewinnherausgabe verpflichtet[124]. Ein Zinsanspruch zusätzlich zur angemessenen Lizenzgebühr wird in der Literatur mit guten Gründen verneint[125]

Für den Umfang des Bereicherungsanspuchs ist nach § 818 III BGB ein etwaiger Wegfall der Bereicherung zu berücksichtigen. Geht der Bereicherungsanspuch auf die übliche Lizenzgebühr, kann sich diese mindern, wenn der Verletzer beweisen kann, daß er eine Lizenz, wenn er bei Kenntnis der Rechtslage nach einer solchen nachgesucht hätte, billiger als üblich erhalten hätte[126].

Der Bereicherungsanspruch hat im Vergleich zum Schadensersatzanspruch den Nachteil, daß die Frage, ob der Verletzer bei Kenntnis der Umstände eine Lizenz genommen hätte, von Bedeutung ist. Zudem kann beim Schadensersatzanspruch zwischen Lizenzanalogie und Gewinnherausgabe stets der höhere Betrag gewählt werden, wohingegen bereicherungsrechtlich der Anspruch des Verletzten sich auf den niedrigeren Anspruch beschränken kann[127]. Von diesen Nachteilen abgesehen, hat der Bereicherungsanspruch aber den entscheidenden Vorteil, daß er kein Verschulden voraussetzt.

4. Rechtsfolgen der vorsätzlich sittenwidrigen Schädigung nach § 826 BGB

Haftet der Lizenznehmer nach § 826 BGB wegen sittenwidriger vorsätzlicher Schädigung, ist er dem Patentinhaber und Lizenzgeber zum Schadensersatz verpflichtet. Auch hier kommen die Grundsätze der dreifachen Schadensberechnung zur Anwendung[128].

II. USA

[123] BGH GRUR 1943, 288 (293); BGH GRUR 1962, 401 (404) - "Kreuzbodenventilsäcke III"; BGHZ 44, 372 (381); BGHZ 99, 244 (248); Palandt-Thomas, Einf v § 812 Rn. 18; siehe auch Falk, GRUR 1983, 488 (492) und Brandner, GRUR 1980, 359 (360).
[124] Vgl. auch Staudinger-Wittmann, § 687 Rn. 22.
[125] Siehe Falk, GRUR 1983, 488 (491).
[126] Kraßer, Schadensersatz, GRUR Int. 1980, 259 (268).
[127] Kraßer, Schadensersatz, GRUR Int. 1980, 259 (269); vgl. auch Heil/Roos, GRUR 1994, 26 (28).
[128] Heil/Roos, GRUR 1994, 26 (30).

Nach dem US-amerikanischen Patentgesetz steht dem Patentinhaber ein Rechtsmittel in Form der Zivilklage im Falle der Verletzung seines Patents zu, 35 U.S.C. § 281. Wie im deutschen Recht, kann dem Patentinhaber ein Anspruch auf Schadensersatz in Geld ("money damage") (35 U.S.C. §§ 284, 285, 289) und/oder ein Unterlassungsanspruch (35 U.S.C. § 283) zugestanden werden. Es besteht also auch in den USA sowohl ein Rechtsmittel gegen zukünftige Verletzungen als auch ein Rechtsmittel zur Kompensierung vergangener Verletzungen[129]. Wie in Deutschland ist grundsätzlich keine strafrechtliche Sanktion für die Patentverletzung vorgesehen[130].

Zweck des Gesetzes, dem Patentinhaber einen monetären Schadensersatzanspruch zur Verfügung zu stellen, ist die vollständige Kompensierung des Schadens für den Patentinhaber[131]. Sie stellt die beste Möglichkeit dar, um den Patentinhaber in die finanzielle Position zu versetzen, in der er sich vor der Verletzung befand oder die Lage wiederherzustellen, die ohne Verletzung der Patentrechte bestanden hätte. Die Mittel, mit denen das Ziel der vollständigen Kompensierung des Patentinhabers erreicht werden kann, variieren nach den Einzelfallumständen, wie z.B. die Art der Erfindung, die durch das Patent abgedeckt wird, die Art, in der der Patentinhaber die Erfindung verwertet hätte, und die Art und das Ausmaß der Handlungen des Verletzers[132].

Zum Verständnis der heute nach dem Patentgesetz anerkannten Rechtsmittel für eine Patentverletzung ist kurz auf die historische Entwicklung in den USA einzugehen[133].

Die Patentgesetze von 1790, 1793 und 1800 erwähnten lediglich ein Rechtsmittel zur Erlangung von Schadensersatz, das durch eine Klage "on the case" durchgesetzt werden konnte. Dies bedeutete, daß lediglich die Gerichte der Einzelstaaten und nur begrenzt die Bundesgerichte Schadensersatz zusprechen konnten[134]. Das Patentgesetz von 1793 sah vor, daß der Schadensersatz eine Höhe von mindestens dreimal der üblichen Lizenzgebühr betragen soll.

Die auf die Gesetze basierende Rechtsprechung des Bundesgerichts, nach der 1819 im Falle einer Patentverletzung eine Unterlassung verfügt wurde, brachte es mit sich, daß der Patentverletzer dazu verpflichtet werden konnte, seine unberechtigten Gewinne offenzulegen. Der Patentinhaber konnte zu diesem Zeitpunkt jedoch weder den Gewinn herausverlangen noch auf Schadensersatz vor einem Bundesgericht klagen. 1870 wurde

---

129 Flat Slab Patents Co. v. Turner, 285 F., 257 (271).

130 Dowling v. United States, 226 USPQ, 529 (537 f.).

131 Chisum, Treatise Vol. 5, § 20.01.

132 Chisum, Treatise Vol. 5, § 20.01.

133 Vgl. dazu ausführlich, Chisum, Treatise Vol. 5, § 20.02. Im folgenden wird die Entwicklung nur kurz zusammengefaßt.

134 Dies beruhte auf der Unterscheidung zwischen "law" und "equity", vgl. dazu Chisum, Treatise Vol. 5, § 20.02 (1).

dieser Zustand aufgehoben; der Patentinhaber konnte nun eine Klage auf Schadensersatz vor dem Bundesgericht erheben.

Die Zeit von 1870-1946 wurde durch die Schwierigkeit der Bemessung des Schadensersatzes und Gewinns geprägt. Die Schwierigkeit bezüglich des Schadensersatzes lag darin, eine Methode der Schadensberechnung für den Fall zu finden, daß der Patentinhaber weder beweisen konnte, daß ihm Gewinne entgangen sind, noch eine Lizenzgebühr als Anhaltspunkt bestand. Daraus resultierte die Methode der Berechnung nach der "reasonable royalty", also einer vernünftigen, angemessenen Lizenzgebühr, die später in den Gesetzen von 1922 und 1946 kodifiziert wurde. Bei der Bemessung nach dem Gewinn bestand das Problem darin, eine Basis zur Ermittlung des anteiligen Gewinns zu finden, die sich auf die patentierte Erfindung bezog. Diese Problematik konnte nie zufriedenstellend gelöst werden. Der Höhepunkt der Kritik an dieser Art der Schadensberechnung kam insbesondere in zwei Entscheidungen des Supreme Court Anfang des Jahrhunderts zum Ausdruck[135]. Die Kritik stützte sich vor allem darauf, daß der Verletzte dann keinen Schadensersatz erlangen könne, wenn der Verletzer keinen Gewinn erzielt hat[136]. Folge davon war, daß in einer Änderung des Gesetzes von 1946 diese Schadensberechnungsmethode abgeschafft wurde. Auswirkung hat diese Schadensberechnungsart aber weiterhin auf die Ermittlung einer "reasonable royalty", die sich teilweise an der Höhe des vom Patentverletzer erzielten Gewinns orientiert.

1. Rechtsfolgen nach dem Patentgesetz

a) Unterlassungsverfügung, 35 U.S.C. § 283

Nach 35.U.S.C. § 283 besteht die Möglichkeit eine Unterlassungsverfügung zu erhalten. Dem verletzten Patentinhaber kann in den USA dabei eine einstweilige Verfügung ohne Zeitbegrenzung bis zum Hauptzurteil ("permanant injunction") oder eine zeitlich begrenzte einstweilige Verfügung ("preliminary injunction") gewährt werden[137].

[135] Westinghouse Electric E. & M. Co. v. Wagner E. § M. Co., 225 U.S. 604, 56 L.ed., 1222 ff.; Dowagiac Mfg. Co. v. Minnesota Moline plow Co., 235 U.S. 641, 59 L.ed., 398 ff.; vgl. auch schon Birdsall v. Coolidge, 93 U.S. 64, 23 L.ed., 802 (804); Livingston v. Woodworth, 56 U.S. 546, 14 .ed., 809 ff.

[136] Elizabeth v. Am. Nich, Pavement Co., 97 U.S., 126, 24 L.ed., 1000 (1006).

[137] Vgl. ausführlich zu beiden Arten von "injunctions", Chisum, Treatise Vol. 5, § 20.04 (1); Leubsdorf, Harvard Law Review 1978, Vol. 91, 525 ff.; Stickle v. Heublein, Inc., 716 F.2d., 1550 (1563); Illinois Tool Works, Inc. v. Grip-Pak, Inc., 906 F.2d., 679 (682); Foster v. American Machine & Foundry Co., 492 F.2d., 1317 (1324); T.J. Smith & Nephew Lt. v. Consol. Med. Equipment, 821 F.2d., 646 (648); Robb Container corp. v. Shoe-Me Co., 566 F.Supp., 1143 (1151) - zur einstweiligen Verfügung ohne Zeitbegrenzung - ; Chisum, Treatise Vo. 5, § 20.04, Du Pont v.

Ob das Gericht generell eine Unterlassungsverfügung- und/oder einen Schadensersatzanspruch zuspricht, hängt von den Umständen ab und wird im Hinblick auf die Rechtsmittel und deren Beziehung zueinander bestimmt:

"Injunctions and damages must be tailored to the circumstances and be correlatively determined."[138]

aa) Die einstweilige Unterlassungsverfügung ohne Zeitbegrenzung ("Permanent Injunction")

Die "permanent injunction" wird grundsätzlich dann gewährt, wenn der Patentinhaber in der Hauptsache Erfolg hat, es sei denn, das öffentliche Interesse schreibt etwas anderes vor[139]. Generell sieht das Gericht dann von der "permanent injunction" ab, wenn sie nicht angemessen erscheint[140]. Unangemessen ist sie z.B. dann, wenn durch die Unterlassungsanordnung eine größere Gefahr der Entstehung eines nicht wiedergutzumachenden Schadens besteht als ohne[141]. Auch dann wird von der Erteilung einer Unterlassungsverfügung abgesehen, wenn der Verletzte durch einen Schadensersatzanspruch seinen Schaden vollständig kompensieren kann:

"If full compensation and reparation can be afforded the patentee by a money equivalent, why should it not be done instead of resorting to the grave alternatives of closing the plant by injunction with all its needlessly ruinous results?"[142]

Fraglich ist, ob im Falle der Patentverletzung durch den Lizenznehmer der Patentinhaber eine Unterlassungsverfügung erfolgreich beantragen kann. Berücksichtigt man die Wirkung der Unterlassungsverfügung, die bis hin zur ruinösen Zerstörung der Produktionskapazitäten und des Unternehmens führen kann, könnte man meinen, daß US-amerikanische Gerichte von einer Unterlassungsverfügung gegen den Lizenznehmer absehen. Man könnte annehmen, daß die Rechtsmittel des Patentinhabers nicht so weit gehen, seinen Vertragspartner auf diese Weise zu schädigen, auch wenn er seine vertraglich festgehaltenen patentrechtlichen Befugnisse überschritten hat. Die vertragliche Grundlage muß berücksichtigt werden. Zudem sollte der im Lizenzvertragsrecht auch in den USA bestehende Grundsatz, der durch entsprechende

---

Philipps Petroleum Co., 11 USPQ2d., 1081 (1101 f.); Amstar Corp. v. Envirotech Corp., 3 USPQ2d., 1412 (1420) - zur einstweiligen Verfügung mit Zeitbegrenzung.

137 So ausdrücklich Illinois Tool Works, Inc. v. Grip-Pak, Inc., 906 F.2d., 679 (682).

138 Stickle v. Heublein, Inc., 716 F.2d., 1550 (1563); vgl. auch Foster v. American machine & Foundry Co., 492 F.2d., 1317 (1324).

139 Richardson v. Suzuki Motor Co., Ltd., 868 F.2d., 1226 (1247); W. L. Gore & Associates, Inc., 842 F.2d., 1275 (1281); Windsurfing Intern. v. AMF, Inc., 995 (1003).

140 Windsurfing Intern. v. AMF, Inc., 995 (1003); Electric Smelting & Aluminium Co. v. Carborundum Co., 189 F., S. 710 (711).

141 Electric Smelting & Aluminium Co. v. Carborundum Co., 189 F., 710 ff. (711).

142 Electric Smelting & Aluminium Co. v. Carborundum Co., 189 F., 710 (713).

Klauseln in Lizenzverträgen auch sehr oft zum Ausdruck kommt, daß der Vertrag aufrechterhalten bleiben soll, berücksichtigt werden. Die Vertragsparteien haben erhebliche Aufwendungen gehabt und sich entschlossen, einen Vertrag miteinander abzuschließen. Sie wollen an diesem Vertrag auch festhalten. Zudem kann oft letztlich der Lizenzgeber selber durch eine Unterlassung geschädigt werden. Indem er beispielsweise dazu verpflichtet wird, die Produktion bestimmter, nicht von dem Vertrag umfaßter, patentierter Gegenstände zu unterlassen, kann dies Auswirkung auf die Produktionskapazitäten der anderen patentierten Gegenstände haben, zu deren Herstellung er im Rahmen der Lizenz befugt und teilweise sogar durch eine im Vertrag festgehaltene oder sich sonst ergebende Ausübungspflicht im Interesse des Lizenzgebers verpflichtet wird. Auch stellt sich die Frage, ob der Schaden des Lizenzgebers nicht durch einen Schadensersatzanspruch kompensiert werden kann, und die Unterlassungsverfügung generell für den Lizenzgeber ein angemessenes Rechtsmittel darstellt.

Die US-amerikanische Rechtsprechung geht aber bezüglich der Unterlassungsverfügung für den Lizenzgeber gegen seinen Vertragspartner in eine andere Richtung. Zunächst wurde in einigen Fällen, in denen das Patent von Dritten verletzt wurde und der Patentinhaber gerade für dieses Patent an andere Lizenzen vergeben hat, entschieden, daß die Tatsache des Bestehens von Lizenzen die Unterlassungsverfügung nicht ausschließt[143]. Es handelte sich bei dieser Entscheidung jedoch nicht darum, daß ein Lizenzvertrag mit Dritten besteht, sondern zwischen Verletzer und Verletzten.

Nach der Rechtsprechung kann der Patentinhaber auch in Fällen der Patentverletzung eines Lizenznehmers gegen seinen Vertragspartner eine Unterlassungsverfügung beantragen[144]. Auch nach Beendigung des Lizenzvertrages infolge Kündigung kann der Lizenzgeber eine Unterlassungsverfügung gegen weitere Patentverletzung gegen den Lizenznehmer erlangen[145]. Auch kann der Lizenznehmer versuchen gegen den Lizenzgeber eine Unterlassungsverfügung zu erreichen[146].

---

143 DuPont v. Phillips Petroleum Co., 11 USPQ2d., 1081 (1101 f.); B & H Manufacturing v. Owens-Illinois Glass Container, 22 USPQ2d., 1551 ff.; Diematic Mfg. Corp. v. Packaging Industries, Inc., 381 F.Supp., 1057 (1061).

144 Lewis Invisible Stitch Mach. Co. v. Popper, 33 F.Supp., 812 ff. (813), der Patentinhaber hat grundsätzlich auch die Möglichkeit, gegen die Verletzung der Unterlassungsverfügung durch den Lizenznehmers vorzugehen. Siehe auch Ruby v. Ebsary Gypsum Co., 36 F.2d., 244 ff. (245); Parev Products Co. v. Rokeach & Sons, 36 F.Supp., 686 (694); Morrill v. Becton, Dickinson and Co., 564 F.Supp., 1099 ff.; Warner-Jenkinson Co. v. Allied Chemical Corp., 567 F.2d., 184 (187).

145 Ruby v. Ebsary Gypsum, 36 F.2d., 244 ff. (245).

146 Crane Co. v. Aeroquip Corporation, 356 F.Supp., 733 (740); vgl. auch Johnson & Johnson v. Minnesota Min. & Mfg., 715 F.Supp., 110 ff.; Morrill v. Becton, Dickinson and Co., 564 F.Supp., 1099 (1111).

Die Rechtsprechung zeigt, daß bezüglich der Unterlassungsverfügung nicht berücksichtigt wird, daß grundsätzlich ein Vertragsverhältnis zwischen Verletzer und Verletztem besteht. Der Lizenznehmer wird wie ein dritter Verletzer behandelt.

bb) Die einstweilige Verfügung mit Zeitbegrenzung ("Preliminary Injunction")

Die einstweilige Verfügung mit Zeitbegrenzung wird in den USA als ein besonderes, außergewöhnliches Rechtsmittel angesehen[147]. Für deren Gewährung muß der Patentinhaber strenge Voraussetzungen erfüllen, die generell denen anderer Klagen entsprechen[148]. Er muß überzeugend darstellen, daß er in der Hauptsache Erfolg haben kann und ohne das Rechtsmittel einen nicht wiedergutzumachenden Schaden ("irreparable injury") erleidet[149]. Die zeitlich begrenzte einstweilige Verfügung in Patentstreitigkeiten erfordert zusätzlich einen im Vergleich zu anderen Klagen besonders strengen Beweis bezüglich des Erfolgs in der Hauptsache. Einige Entscheidungen machen dies sehr deutlich, indem der Kläger die Fragen der Gültigkeit des Patents und der Verletzung des Patents eindeutig beweisen muß[150]. Erfüllt der Patentinhaber diese Voraussetzungen, so hat das Gericht einen großen Ermessensspielraum bei der Gewährung der "preliminary injunction".

Die "preliminary injunction" des Patentinhabers gegen einen das Patent verletzenden Lizenznehmer wird nicht nur im Hinblick auf die strengen Voraussetzungen einen geringen oder auch gar keinen Anwendungsbereich haben. Aufgrund des Bestehens einer vertraglichen Grundlage, auch wenn diese nicht die Patentbenutzung durch den Lizenznehmer umfaßt, kann der Patentinhaber zwar den Beweis erbringen, daß er in der Hauptsache Erfolg haben wird, jedoch wird es sehr schwierig sein, eindeutig zu beweisen, daß er einen nicht wiedergutzumachenden Schaden erleidet. Im Unterschied zu einer einstweiligen Verfügung gegenüber einem Dritten ist es sehr schwierig zu beweisen, daß der Lizenzgeber einen nicht wiedergutzumachenden Schaden erleidet. Durch die Bewilligung einer Lizenz hat er generell zum Ausdruck gebracht, daß die Benutzung des Patents durch den Abschluß von Lizenzverträgen anderen erlaubt wird, auch wenn dies dann letztlich nicht in der erlaubten Weise geschieht. Anders wäre es, wenn der Patentinhaber überhaupt keine Lizenzen vergeben würde, um sich die Verwertung der Erfindung vorzubehalten und auch gerade zu vermeiden, daß Wettbewerber von der Erfindung Gebrauch machen können. In diesem Fall, besonders

---

[147] Ryan v. Ideal Toy Corp., 260 F. Supp., 828 (831).

[148] Vgl. beispielsweise Robb Container Corp. v. Sho-Me Co., 566 F.Supp., 1143 (1152); siehe auch Leubsdorf, Harvard Law Review 1978, Vol. 91, 525 ff.

[149] Chisum, Treatise Vol. 5, § 20.04 (1).

[150] Atlas Powder Co. v. Ireco Chemicals, 773 F.2d., 1230 (1234) m.w.N.

im Hinblick auf den Wettbewerb, kann der Beweis des "irreparable injury" erbracht werden. Das Bestehen eines Lizenzvertrages ist auch von einigen Gerichten bei der Entscheidung zur Gewährung einer einstweiligen Verfügung berücksichtigt worden:

> "This court believes that in instances where the patent holder has not demonstrated a reasonable likelihood of success on the merits, but has licensed its patent to another, monetary damages can sufficiently compensate the patent holder for infringement occuring to the course of the litigation".[151]

Ein Schadensersatzanspruch wird daher in vielen Fällen den angemessenen Schadensausgleich darstellen.

b) Anspruch auf Schadensersatz ("Damages"), 35 U.S.C. § 284

Nach dem geltenden Patentgesetz hat der Patentinhaber zur vollständigen Kompensation seines Schadens einen monetären Schadensersatzanspruch, 35 U.S.C. § 284 I und II:

> "Upon finding for the claimant the court shall award the claimant damages adequate to compensate for the infringement but in no event less than a reasonable royalty for the use made of the invention by the infringer, together with interest and costs as fixed by the court".
>
> "When the damages are not found by a jury, the court shall assess them.
>
> In either event the court may increase the damages up to three times the amount found or assessed."

Der Schadensersatzanspruch hat den Zweck, den verletzten Patentinhaber finanziell in die Situation zu versetzen, in der er sich ohne die Patentverletzung befinden würde ("monetary relief")[152].

aa) Berechnungsmethoden

In den USA sind durch die Rechtsprechung drei Methoden zur Berechnung des Schadensersatzes entwickelt worden: Gewinnverlust ("lost profit"), branchenübliche Lizenzgebühr ("established royalty") und angemessene Lizenzgebühr ("reasonable royalty"). Eine vierte Berechnungsart, die den unerlaubten Gewinn des Verletzten berechnete, ist inzwischen außer für das Geschmacksmuster abgeschafft worden[153].

Welche Berechnungsmethode im einzelnen angewendet wird, ist abhängig von den Umständen des Einzelfalls[154]. Sie liegt im Ermessen des Gerichts[155].

---

[151] Illinois Tool Works, Inc. v. Grip-Pak, Inc., 725 F.Supp., 951 (959); siehe auch Illinois Tool Works, Inc. v. Grip-Pak, Inc., 906 F.2d., 679 (682); T.J. Smith & Nephew Lt. v. Consol. Med. Equipment, 821 F.2d., 646 (648).

[152] Del Mar Avionics, Inc. v. Quinton Instrument Co., 836 F.2d., 1320 (1326) m.w.N.

[153] Vgl. dazu die Einführung 3. Teil, A. II.

[154] Smithkline Diagnostics v. Helena Laboratories, 926 F.2d., 1161 (1163).

Die Arten der Berechnung gelten sowohl für die unmittelbae als auch für die mittelbare Patentverletzung[156].

(a) Entgangener Gewinn ("Lost Profit")

Voraussetzung für die Schadensberechnungsmethode nach den "lost profits" ist, daß der Patentinhaber beweisen muß, daß er den Gewinn erzielt hätte, wenn sein Patent nicht verletzt worden wäre[157]. Dazu müssen im einzelnen folgende Voraussetzungen gegeben sein: eine Nachfrage für das patentierte Produkt, das Nichtbestehen eines Substitutionsprodukts für das patentierte Produkt, die Fähigkeit zur Herstellung und Vermarktung durch den Patentinhaber, um die Nachfrage für das patentierte Produkt zu befriedigen, und den vom Patentinhaber erwarteten Gewinn, wenn er, anstelle des Verletzers, die Produkte verkauft hätte[158]. Weiterhin muß der Patentinhaber eine Kausalität zwischen der Verletzungshandlung und dem entgangenen Gewinn nachweisen, wobei dafür die Möglichkeit der kausalen Verknüpfung ausreicht. Der Patentinhaber muß zudem den ungefähren Betrag, "reasonable approximation", des entgangenen Gewinns angeben[159].

Ist er nicht in der Lage, diese Beweise und Erfordernisse zu erbringen, kann dem Schadensersatzanspruch nur die Berechnungsmethode der "reasonable royalty" zugrundegelegt werden, die sich grundsätzlich nach der "established royalty" richtet[160]. Dies gilt auch dann, wenn der entgangene Gewinn auf reiner Spekulation beruht[161]. Bringt der Patentinhaber nur zu einem Teil den geforderten Beweis, kann der

---

155 TWM Mfg. Co. v. Dura Corp., 789 F.2d., 895 (898); Trio Process Corp. v. L. Goldstein's Sons, Inc., 533 F.2d., 126 (130). Ein Fehlgebrauch des Ermessens kann nur dann geführt werden, wenn gezeigt werden kann, daß die Gerichtsentscheidung auf einem Fehler beruhte oder einem klaren Fehler in der Tatsachenfindung, Trell v. Marlee Electronics Corp., 912 F.2d., 1443 (1445).

156 Trell v. Marlee Electronics Corp., 912 F.2d., 1443 ff. Im Falle der mittelbaren Patentverletzung wird dem Patentinhaber von dem Zeitpunkt an Schadensersatz zugesprochen, von dem an der Verletzer zuerst von dem Bestehen des Patents Kenntnis hatte, Trell v. Marlee Electronics Corp., 912 F.2d., 1443 (1449).

157 Trell v. Marlee Electronics Corp., 912 F.2d., 1443 (1445); Del Mar Avionics, Inc. v. Quinton Instrument Co., 836 F.2d., 1320 (1326); Hartness Intern. Inc. v. Simplimatic Engineering Co., 819 F2d., 1100 (1112).

158 Panduit Corp. v. Stahlin Bros. Fibre Works, 575 F.2d., 1152 (1159); Smithkline Diagnostics v. Helena Laboratories, 926 F.2d., 1161 (1163); Radio Steel & Mfg. Co. v. Mtd Products, Inc., 788 F. 2d., 1554 (1555); vgl. auch Rite-Hite Corp. v. Kelley Co., Inc., 774 F.Supp., 1514 (1530); vgl. dazu auch ausführlich, Goldschneider, Litigation, Les Nouvelles 1994, 20 ff.

159 Chisum, Treatise Vol. 5, § 20.03 (1) (b) und (d).

160 Hanson v. Alpine Valley Ski Area, Inc., 718 F.2d., 1075 (1078); Trell v. Marlee Electronics Corp., 912 F.2d., 1443 (1445); Hartness Intern. Inc. v. Simplimatic Engineering Co. 819 F.2d., 1100 (1112).

161 Stickle v. Heublein, Inc., 716 F.2d., 1550 (1591).

Schadensersatz auch bezüglich des bewiesenen Teils auf den entgangenen Gewinn und bezüglich des anderen Teils auf die angemessene Lizenzgebühr gestützt werden[162].

Der entgangene Gewinn, beispielsweise in Form von veränderten Verkaufszahlen, Preisverfall oder erhöhten Kosten, wird von der Rechtsprechung und Literatur ausdrücklich als eine angemessene Entschädigung angesehen, wenn der Patentinhaber das Ausschließlichkeitsrecht durch Herstellung, Gebrauch oder Verkauf verwertet[163].

Eine Ausnahme davon gilt jedoch dann, wenn der Patentinhaber seine Erfindung außerhalb der Vereinigten Staaten verkaufte[164].

Auf Basis dieser aufgestellten Grundsätze wurde 1990 im Fall Polaroid Corp. v. Eastman Kodak[165], Polaroid wegen Verletzung von insgesamt sieben Sofortbildkameras über einen Zeitraum von zehn Jahren eine Schadensersatzsumme von insgesamt $909.457.567,00 zugesprochen, die sich zu einer Hälfte aus nachgewiesenem entgangenen Gewinn und zur anderen Hälfte aus Zinsen, die für die Zeit vor dem Urteil gezahlt werden müssen, zusammensetzt. Eine Verdreifachung des Schadens und Ersatz der Anwaltskosten wurde abgelehnt[166].

Bei der Bemessung des Schadensersatzes nach dem entgangenen Gewinn stellt sich das Problem des "apportionment", der gleichmäßigen Zuteilung der geldlichen Entschädigung wegen Patentverletzung, wenn es sich bei dem Patent um eine Verbesserung oder ein kleines Teil eines Produkts handelt. Wie oben dargestellt, bestand diese Problematik schon bei der Bemessung der Gewinne, die der Verletzer vereinnahmt hat[167]. Bezüglich dieses sehr komplexen Problems wird auf die einschlägige Literatur verwiesen[168].

Verwertet der Patentinhaber das Patent aber nicht selber, sondern vergibt er dafür Lizenzen, so stellt die Lizenzgebühr die angemessene Entschädigung dar[169].

162 Chisum. Treatise Vol. 5, § 20.03 (1) (e).
163 Chisum, Treatise Vol. 5, § 20.03; Rite-Hite Corp. v. Kelley Co., Inc., 774 F.Supp., 1514 (1528 ff.); Smithkline Diagnostics v. Helena Laboratories, 926 F.2d., 1161 (1165).
164 Trell v. Marlee Electronics Corp., 912 F.2d., 1443 (1445).
165 16 USPQ2d., 1481 ff. (Klage von Polaroid gegen Eastman Kodak wegen Verletzung von 12 Polaroid Patenten, die sich auf Sofortbildkameras und Filme bezogen. Kodak wurde wegen Verletzung von sieben Patenten verklagt, die verletzt und noch nicht abgelaufen waren).
166 Vgl. zur Möglichkeit der Erhöhung des Schadensersatzes 3. Teil, A. II. 1. b) bb) und zum Ersatz der Anwaltskosten, 3. Teil, A. II. 1. b) dd).
167 Diese Berechnungsmethode ist jedoch abgeschafft worden vgl. 3. Teil, A. II.
168 Chisum, Treatise Vol. 5, § 20.03 (c).
169 Nickson Industries, Inc. v. Rol Mfg. Co., Ltd., 795 (798).

(b) Branchenübliche Lizenzgebühr ("Established Royalty")

Die "established royalty" ist eine einheitliche, bereits ausgehandelte und von mehreren Lizenznehmern bezahlte Lizenzgebühr[170]. Lizenzgebühren, die aufgrund einer Beilegung einer Rechtsstreitigkeit vereinbart wurden, sind dafür jedoch nicht maßgeblich. Die "established royalty" stellt grundsätzlich die minimale Lizenzgebühr dar[171]. Dies bedeutet aber nicht, daß diese Berechnungsart eine Schadensersatzsumme darstellt, die den Verletzten unangemessen kompensiert[172]. Das Bestehen einer solchen branchenüblichen Lizenzgebühr hindert den Verletzten nicht, eine höhere "reasonable royalty" zu verlangen, wenn die in anderen Lizenzverträgen festgesetzte Lizenzgebührenhöhe auf unfaire Weise niedriger angesetzt wurde, weil das Patent noch keine Anerkennung gefunden hat oder wenn es sich um eine umfangreiche Patentverletzung handelt[173]. Der verletzte Patentinhaber kann aber nicht eine höhere Summe als den Betrag, den der entgangene Gewinn ausmacht, fordern, wenn eine branchenübliche Lizenzgebühr besteht[174]. Dies ist die logische Konsequenz daraus, daß ein Patentinhaber, der sein Patent durch die Vergabe von einfachen Lizenzen verwertet, nicht gleichzeitig geltend machen kann, daß ihm ein Gewinn als Hersteller oder Verkäufer entgangen ist.

Daß die bereits festgesetzte Lizenzgebühr, also die durch den Patentinhaber ausgehandelte Lizenzgebühr - und nicht der entgangene Gewinn -, das "einzig wahre Kriterium" für die angemessene Schadensersatzhöhe darstellt, ist in vielen Entscheidungen zum Ausdruck gekommen[175]:

> "Established license fees are the best measure of damages that can be used in patent cases ".[176]

Die Rechtsprechung hat strenge Kriterien für die Bestimmung entwickelt, wann ein Geschäft durch den Patentinhaber ausreicht, um eine branchenübliche Lizenzgebühr zu bilden. In der Entscheidung Rude v. Westcott[177] wurden diese Kriterien aufgestellt. Danach müssen die ausgehandelten Lizenzgebühren vor der Verletzung bezahlt und sichergestellt sein. Sie müssen von einer bestimmten Anzahl von Personen gezahlt sein, um eine Bestätigung der generellen Einwilligung in die Branchenüblichkeit zu erlangen.

---

170 Washington Etc., Steam Packet Co. v. Stickles, 86 U.S. 611, 22 L.ed., 203 ff. (204).

171 Chisum, Tratise Vol. 5, § 20.03 (2) (b). Vgl. dort auch zu der Frage, wann im Einzelfall die "established royalty" eine maximale Schadensersatzgebühr bildet, § 20.03 (2) (d).

172 Del Mar Avionics, Inc. v. Quinton Instrument Co., 836 F.2d , 1320 (1328).

173 Vgl. Tights, Inc. v. Kayser Roth Corp., 442 F.Supp., 159 (165).

174 Seymour et al. v. McCormick, 57 U.S. 480, 14 L.ed., 1024 (1027 f.); Washington Etc., Steam Packet Co. v. Stickles, 86 U.S. 611, 22 L.ed., 203 (204).

175 Vgl. z.B. Washington Etc., Steam Packet Co. v. Stickles, 86 U.S. 611, 22 L.ed., 203 ff. (204); Burdell v. Dening, 92 U.S. 716, 23 L.ed., 764 (766); vgl. auch Rude v. Westcott, 130 U.S. 152, 32 L.ed., 888 (895).

176 Clard v. Wooster, 119 U.S. 322, 30 L.ed., 392 f. (393).

177 130 U.S. 152, 32 L.ed., 888 (895).

Die Lizenzgebühren müssen ferner einheitlich am Ort der Lizenzerteilung und für vergleichbare Rechte oder Handlungen unter dem Patent gezahlt sein. Die Lizenzgebühren dürfen jedoch nicht unter Drohung einer Klage oder zur Beilegung einer Streitigkeit gezahlt worden sein[178].

(c) Angemessene Lizenzgebühr ("Reasonable Royalty")

In 35 U.S.C. § 284 ist ausdrücklich bestimmt, daß dem verletzten Patentinhaber ein Schadensersatz zugesprochen werden soll, der in keinem Fall geringer sein darf als die angemessene Lizenzgebühr. Die Gerichte haben die angemessene Lizenzgebühr als Schadensberechnungsmethode entwickelt, um dem Verletzer ein Mittel zur Schadensberechnung für den Fall zu geben, daß er keinen Beweis für einen entgangenen Gewinn erbringen kann und es keine "established royalty" gibt[179]. Die angemessene Lizenzgebühr ist nach dem Gesetz, 28 U.S.C. § 1498, die Berechnungsart, die für die Verletzung des Patents durch die Vereinigten Staaten gilt[180].

Im folgenden werden die Kriterien, nach denen die angemessene Lizenzgebühr als Untergrenze des Schadensersatzes bestimmt wird, dargestellt. Wie im deutschen Recht wird die angemessene Lizenzgebühr unter der Hypothese bestimmt, daß das Patent gültig ist und von Dritten beachtet und anerkannt ist[181].

Noch einmal ist darauf hinzuweisen, daß sich grundsätzlich die angemessene Lizenzgebühr nach der "established royalty" richtet. Kann der Bemessung jedoch keine solche vereinbarte Lizenzgebühr zugrundegelegt werden, so wird zur Ermittlung der angemessenen Lizenzgebühr nach dem sog. "a willing-buyer/willing-seller concept", auch genannt "hypothetical royalty negotiation"[182], vorgegangen[183]:

> "In fixing damages on a royalty basis against an infringer, the sum allowed should be reasonable and that which would be accepted by a prudent licensee who wished to obtain a license but was not so compelled and a prudent patentee, who wished to grant a license but was not so compelled".[184]

Die angemessene Lizenzgebühr macht danach den Betrag aus, den der zur Lizenzvergabe bereite Patentinhaber mit einem potentiellen Lizenznehmer im Rahmen von Lizenzvertragsverhandlungen ausgehandelt hätte. Es wird also die Situation einer

---

178 Vgl. dazu auch Trell v. Marlee Electronics Corp., 912 F.2d., 1443 ff.; Autographic Register Co. v. Sturgis Register Co., 110 F.2d., 883 (886); Chisum, Treatise Vol. 5, § 20.03 (2) (b).

179 Chsium, Treatise Vol. 5, § 20.03 (3).

180 Vgl. auch Adams v. United States, 330 F.2d., 622 (624).

181 Trio Process Corp. v. L. Goldstein's Sons, Inc., 533 F.2d., 126 (129).

182 Rite-Hite Corp. v. Kelley Co., Inc., 774 F.Supp., 1514 (1530).

183 Hanson v. Alpine Valley Ski Area, Inc., 718 F.2d., 1075 (1079); Panduit Corp. v. Stahlin Bros. Fibre Works, 575 F.2d., 1152 (1159); Trell v. Marlee Electronics Corp., 912 F.2d., 1443 (1445).

184 Horvath v. McCord Radiator & Mfg. Co., 100 F.2d., 326 (335).

Vertragsverhandlung fingiert ("legal fiction")[185]. Dabei wird auf die Lage vor der Verletzung abgestellt[186].

An der Brauchbarkeit dieser Fiktion wurde jedoch gerade in neueren Entscheidungen Kritik geübt, da sie lediglich eine Aussage darüber enthält, wie man die Problematik der Bestimmung der Angemessenheit angeht, jedoch keine konkrete Hilfe zur Bestimmung anhand von Kriterien bietet[187]. Es wird der Vorschlag gemacht, daß für die Bestimmung der angemessenen Lizenzgebühr alle Faktoren berücksichtigt werden sollen, die einen Einfluß auf die Höhe der Lizenzgebühr haben können[188]. Als Faktoren kommen dabei beispielsweise in Frage: die übliche Lizenzgebühr, die der Patentinhaber für die Lizenzierung seines Patents erhalten hat[189], die Lizenzgebühr, die von anderen Lizenznehmern für die Benutzung von anderen, vergleichbaren Patenten gezahlt wird, der Umfang der Lizenz (einfache, ausschließliche Lizenz oder andere Beschränkungen), die geschäftliche Beziehung zwischen Lizenzgeber und Lizenznehmer (Wettbewerber auf dem gleichen Gebiet und Geschäftsbereich), die Laufdauer des Patents und des Lizenzvertrages, die Profitabilität des unter dem Patent hergestellten Produkts, sein wirtschaftlicher Erfolg[190], die Vorteile des Patents gegenüber anderen alten Technologien, die Natur der Erfindung, der Umfang des Gebrauchs der Erfindung des Verletzers, die Gewinne oder der Verkaufspreis, der für das unter dem Patent hergestellte Produkt üblich ist und schließlich der Betrag, den Lizenzgeber und Lizenznehmer vereinbart hätten, wenn sie freiwillig versucht hätten, einen Vertrag abzuschließen[191].

Die "reasonable royalty" kann dabei größer als die "established royalty" sein[192]. Dies trifft beispielsweise dann zu, wenn der Beweis zeigt, daß die weiträumige Verletzung die branchenübliche Lizenzgebühr gering erscheinen läßt[193]. Die Lizenzgebühr wird auch dann höher sein, wenn Verletzer und Verletzter Wettbewerber sind[194]. Die Höhe der gewährten Lizenzgebühr kann schließlich auch dann über einer "reasonable royalty"

---

185 Panduit Corp. v. Stahlin Bros. Fibre Works, 575 F.2d., 1152 (1159).

186 Hanson v. Alpine Valley Ski Area, Inc., 718 F.2d., 1075 (1079); Panduit Corp. v. Stahlin Bros. Fibre Works, 575 F.2d., 1152 (1159); Hartness Intern. v. Simplimatic Engineering Co., 819 F.2d., 1100 (1112). Dies ist ein bedeutender Unterschied zum deutschen Recht vgl. 3. Teil, A. I 1) aa) (b).

187 Vgl. Georgia-Pacific Corp. v. United States Plywood Corp., 318 F.Supp., 1116 ff.

188 Trio Process Corp. v. L. Goldstein's Sons, Inc., 533 F.2d., 126 (130).

189 Nickson Industries, Inc. v. Rol Mfg. Co., Ltd., 795 (798); Hanson v. Alpine Valley Ski Area, Inc., 718 F.2d., 1075 (1078).

190 Panduit Corp. v. Stahlin Bros. Fibre Works, 575 F.2d., 1152 (1159).

191 Vgl. die umfangreiche Aufzählung in Georgia-Pacific Corp. v. United Staes Plywood Corp., 318 F.Supp., 1116 (1120).

192 Nickson Industries, Inc. v. Rol Mfg. Co., Ltd., 795 (798); Bio-Rad Laboratories, inv. v. Nicolet Instrument Corp., 739 F.2d., 604 (617).

193 Trio Process Corp. v. L. Goldstein's Sons, Inc., 533 F.2d., 126 (129).

194 Rite-Hite Corp. v. Kelley Co., Inc., 774 F.Supp., 1514 (1543).

liegen, wenn sie den Patentinhaber i.S.d. 35 U.S.C. § 284 angemessen für seinen Schaden kompensiert[195]:

> "The infringer would have nothing to lose, and everything to gain if he could count on paying only the normal, routine roylity non-infringers might have paid. As said by this court in another context, the infringer would be in a "heads-I-win, tails you-lose" position".[196]

Die Höhe der angemessenen Lizenzgebühr muß bewiesen werden, sie darf keinen rein spekulativen Charakter haben oder auf einer Vermutung beruhen[197]. Zur Beweiserbringung ist durch das Patentgesetz, 35 U.S.C. § 284, ausdrücklich vorgesehen, daß ein Sachverständigengutachten erbracht werden kann[198]. Da es sehr schwierig ist, die Situation von Vertragsverhandlungen nach der "willing-buyer/willing-seller"-Regel nachzuspielen, erlauben die Gerichte auch den Beweis von Vorfällen nach der Patentverletzung, um zu bestimmen, welche Lizenzgebühr die Vertragsparteien zum Zeitpunkt der Verletzung vereinbart hätten[199]. Für das Erfordernis der Beweiserbringung muß differenziert werden bezüglich des Schadens des Patentinhabers, für den kein besonderer Beweis erbracht werden muß, und bezüglich der bestimmten angemessenen Lizenzgebühr, die bewiesen werden muß[200].

bb) Erhöhter Schadensersatz, 35 U.S.C. 284

Anders als im deutschen Recht besteht in den USA die Möglichkeit, den Schadensersatz bis zu einer maximalen Höhe des dreifachen Wertes der Schadensersatzsumme zu erhöhen. Diese sog. "punitive damages"[201], Schadensersatz mit Strafcharakter, sind gesetzlich festgehalten, 35 U.S.C. § 284. Die Erhöhung der Schadensersatzsumme, die sich aus den Berechnungsmethoden ergibt, liegt im Ermessen des Gerichts[202].

Aufgrund der aus deutscher Sicht bestehenden Besonderheit dieser Regelung wird auf die Voraussetzungen und die letztlich zugesprochenen Schadensersatzhöhen näher eingegangen und die Anerkennung dieser Grundsätze für einen Lizenznehmer als Patentverletzer erörtert.

---

195 Stickle v. Heublein, Inc., 716 F.2d., 1550 (1563) m.w.N.

196 Panduit Corp. v. Stahlin Bros. Fibre Works, 575 F.2d., 1152 (1158).

197 Trio Process Corp. v. L. Goldstein's Sons, Inc., 533 F.2d., 126 (130); Devex Corp. v. General Motors Corp., 667 F.2d., 347 (361).

198 Chisum, Treatise Vol. 5, § 20.03 (3) (c) (ii); vgl. auch United States Frumentum Co. v. Lauhoff, 216 F., 610 (617).

199 Vgl. Chisum, Treatise Vol. 5, § 20.03 (3) (c) (iii).

200 Lindemann Maschinenfabrik v. American Hoist, 895 F.2d., 1403 (1406).

201 Malleable Iron Range Co. v. Lee, 263 F., 896 (901).

202 Trio Process Corp. v. L. Goldstein's Sons, Inc., 533 F.2d., 126 (131); American Safety Table Company v. Schreiber, 415 F.2d., 373 (378); Yoder Bros., Inc. v. California-Florida Plant Corp., 537 F.2d., 1347 (1383); Hartford-Empire Co. v. Shawkee Mfg. Co., 163 F.2d., 474 (480), das Berufungsgericht kann die Erhöhung des Schadensersatzes wieder aufheben, wenn das Ermessen mißbraucht wurde.

Grundsätzlich machen die Gerichte von ihrem Ermessen zur Erhöhung des Schadensersatzes nur dann Gebrauch, wenn ein Fall der vorsätzlichen ("willful and wanton") Patentverletzung vorliegt oder es sich um einen Prozeß handelt, der von bösem Glauben ("bad faith") geleitet wird[203]. Eine Erhöhung des Schadensersatzes ist jedoch dann unangemessen und wird vom Gericht nicht vorgenommen, wenn der Verletzer gutgläubig bezüglich der Ungültigkeit des Patents oder des Nichtvorliegens einer Verletzung war[204]. Es handelt sich dann auch um keine vorsätzliche Patentverletzung[205].

Die vorsätzliche Patentverletzung ist der Hauptanwendungsfall für die Schadensersatzerhöhung[206]. "Willfulness" wird als "evil intent" (böse Absicht) und "wrong motive" (unrechtmäßiger Beweggrund) definiert[207]. Voraussetzung für das Vorliegen einer vorsätzlichen Patentverletzung ist der klare und überzeugende Beweis, daß der Verletzer absichtlich das Patent und offenkundig das Patentgesetz mißachtet hat oder keinen vernünftigen Grund dafür hatte zu glauben, daß er auf diese Weise handeln durfte[208]. Für die Frage, ob der Verletzer vorsätzlich handelt, wird in vielen Entscheidungen darauf abgestellt, ob ein Anwalt konsultiert wurde. Dabei wird danach differenziert, ob es sich um einen hauseigenen oder außenstehenden Anwalt handelt, ob der Ratschlag des Anwalts schriftlich oder mündlich abgegeben wurde, ob der Anwalt besonders kompetent im Patentrecht ist, ob der Anwalt Fehler gemacht hat und nicht alle Theorien bezüglich der Verletzung und Gültigkeit des Patents berücksichtigt hat, und ob er ein in den USA zugelassener Anwalt ist[209].

Vorsätzliches Handeln scheidet dann aus, wenn der Verletzer keine Kenntnis von dem Bestehen des Patents hat[210]. Erhöhter Schadensersatz kann in dem Fall nicht gewährt werden. Ausgeschlossen ist die Erhöhung des Schadensersatzes nicht nur, wenn kein Vorsatz ermittelt werden kann, sondern auch, wenn der Verletzer gutgläubig handelte und ehrliche Zweifel an der Gültigkeit des Patents hat[211]:

> "If honestly mistaken as to a reasonable debatable question of validity, an infringer should not be made to smart in punitive damages. Compensatory damages constitute adequate

---

203 Yoder Bros., Inc. v. California-Florida Plant Corp., 537 F.2d., 1347 (1383); Eltra Corp. v. Basic. Inc., 599 F.2d., 745 (757).

204 Eltra Corp. v. Basic. Inc., 599 F.2d., 745 (757); Nickson Industries, Inc. v. Rol Mfg. Co., Ltd., 795 (799); Radio Steel & Mfg. Co. v. Mtd Produkcts, Inc., 788 F.2d., 1554 (1559); H.K. Porter Co. Inc. v. Goodyear tire & Rubber co., 536 F.2d., 1115 (1124).

205 Nickson Industries, Inc. v. Rol Mfg. Co., Ltd., 795 (799); Radio Steel & Mfg. Co. v. Mtd Produkcts, Inc., 788 F.2d., 1554 (1559).

206 Shiley, Inc. v. Bentley Laboratories, 794 F.2d., 1561 (1568).

207 Hartford-Empire Co. v. Shawkee Mfg. Co., 163 F.2d., 474 (480).

208 Stickle v. Heublein, 716 F.2d., 1550 (1565); Polaroid Corp. v. Eastman Kodak Co., 16 USPQ2d., 1481 (1535) m.w.N.

209 Vgl. Chisum, Treatise Vol. 5, § 30.03 (4) (D).

210 Gustafson Inc. v. Intersystems Indus. Products, 897 F.2d., 508 (510); Jurgens v. McKasy, 927 F.2d., 1552 (1562).

211 Eltra Corp. v. Basic Inc., 599 F.2d., 745 (757).

remuneration for invasion of a patentee's property rights, unless the refusal of the infringer to bow to the presumptive validity of an issued patent is consciously wrongful".[212]

Dies gilt besonders dann, wenn es sich um eine sehr schwierige Frage der Gültigkeit eines Patents handelt[213].

Handelt es sich um eine vorsätzliche Patentverletzung, bedeutet dies jedoch nicht zwingend, daß das Gericht eine erhöhte Schadensersatzsumme zuspricht[214].

Abgesehen von dem grundsätzlichen Erfordernis des Vorsatzes des Verletzers ist es fraglich, welche Umstände die maximale dreifache Schadenserhöhung rechtfertigen, und in welchen Fällen die US-amerikanische Rechtsprechung eine geringere Erhöhung der Schadensersatzsumme gewährt hat. In den Entscheidungen bezüglich der Gewährung dieser "punitive damages" kommt zum Ausdruck, daß alle weiteren Umstände des Einzelfalls zu berücksichtigen sind. In der Entscheidung American Safety Table Company v. Schreiber[215] wurde beispielsweise der Tatsache Rechnung getragen, daß der Verletzer aufgrund bestehender Kundenunzufriedenheit einem wirtschaftlichen Druck ausgesetzt war. Obwohl er vorsätzlich handelte, wurde die Schadensersatzsumme lediglich um 25% erhöht:

"The difficult question is, of course to determine what the percentage increase ought to be. In this connection, the Master found that defendant's infringing acts, although deliberate and with knowledge of plaintiff's rights, could not be termed pernicious due to prevailing economic pressure in the form of customer dissatisfaction".[216]

Auch in anderen Fällen lag die Erhöhung der Schadensersatzsumme weit unter der möglichen dreifachen Erhöhung: 50% aufgrund der Tatsache, daß die Verletzung auf Nachlässigkeit bezüglich der Tatsachenfeststellung zurückzuführen war[217], 50% aufgrund der Tatsache, daß der Verletzer während des Prozesses die Herstellung und den Verkauf der verletzenden Patente aufgab[218] und 20% aufgrund der Länge des Fehlverhaltens des Verletzers[219].

Für die Ermittlung der Erhöhung des Schadensersatzes muß immer Augenmerk darauf gerichtet werden, daß der Verletzte zwar einerseits für seinen Schaden vollständig kompensiert werden soll, andererseits aber auch nicht ungerechtfertigt bereichert werden

---

212 Enterprise Mfg. Co. v. Shakespeare Co., 141 F.2d., 916 (921).

213 Yoder Bros., Inc. v. California-Florida Plant Corp., 537 F.2d., 1347 (1383), hier handelte es sich um die Gültigkeit eines Patents nach dem "Plant Patent Act".

214 Modine Mfg. Co. v. Allen Group, Inc., 538 (543) m.w.N.

215 415 F.2d., 373 (379).

216 American Safety table Company v. Schreiber, 415 F.2d., 373 (379).

217 Russell Box Co. v. Grant Paper Box Co., 203 F.2d., 177 (183); vgl. auch Baseball Display Co. v. Star Ballplayer Company, 35 F.2d., 1 (3 f.).

218 Intra Corp. v. Hamar Laser, 4 USPQ, 1337 (1351).

219 Bott. v. Four Star Corp., 229 USPQ, 241 (255).

darf[220]. Auf den Betrag der Erhöhung sollte die Größe und finanzielle Lage des Verletzers und die Sicherheit in der Berechnung des konkreten Schadens Einfluß haben[221].

(a) Zweifacher Schadensersatz ("Double Damages")

Der Betrag des zweifachen Schadensersatzes wurde beispielsweise in einem Fall gewährt, in dem der Patentinhaber vor der Patentverletzung dem Verletzer eine Lizenz zu ähnlichen Bedingungen wie anderen Wettbewerbern angeboten hat, der Verletzer darauf jedoch nicht reagiert hat[222]. Das Gericht hat in einem anderen Fall einen zweifachen Schadensersatz aus dem Grunde gewährt, daß andernfalls bei einer geringeren Summe potentielle Verletzer einen Anreiz hätten, das Patent zu verletzen, da sie dann sowieso nur eine angemessene Lizenzgebühr zu zahlen hätten[223]. Die Problematik ist also auch im US-amerikanischen Recht gesehen und dahingehend gelöst worden, daß vor dieser unbefriedigenden Rechtslage nur eine höhere Schadensersatzsumme schützt.

Der erhöhte Schadensersatz hat damit eine Abschreckungsfunktion. Mit Rücksicht auf die finanzielle Lage des Verletzers wurde aber dem Verletzten lediglich zweifacher anstelle dreifacher Schadensersatz zugesprochen[224].

(b) Dreifacher Schadensersatz ("Treble Damages")

Die maximale dreifache Schadensersatzerhöhung ist generell dann angemessen, wenn es eindeutig ist, daß der Verletzer im Zeitpunkt des Beginns der Verletzung nicht im guten Glauben war, den Rat eines Patentanwalts nicht befolgte und auch während des Prozesses keinen guten Glauben zeigte[225]. Die Überzeugung des Gerichts von der Schuldigkeit des Verletzers muß ein sehr hohes Maß erreichen:

---

220 Chisum, Treatise Vol. 4, § 20.03 (4).

221 Chisum, Treatise Vol. 4, § 20.03 (4); Lightwave Technologies Inc. v. Corning Glass Work, 19 USPQ2d., 1838 (1848); Securities & Exch. Com'n v. Vtr, Inc., 410 F.Supp., 1304 (1309); Bott v. Four Star Corp., 807 F.2d., 1567 (1575); Kori Corp. v. Wilco Marsh Buggies and Draglines, 561 F.Supp., 512 (533).

222 In re Hayes Microcomputers Products Inc., 20 USPQ2d., 1836 (1842 f.).

223 Lightwave Technologies Inc. v. Corning Glass Work, 19 USPQ2d., 1838 (1848).

224 Lightwave Technologies Inc. v. Corning Glass Work, 19 USPQ2d., 1838 (1848); vgl. auch die Gewährung des zweifachen Schadensersatzes in Trio Process Corp. v. L. Goldstein's Sons, Inc., 533 F.2d., 126 (131); Water Technologies Corp. v. Calco, Ltd., 714 F.Supp., 899 ff.

225 Ivac Corp. v. Terumo Corp., 18 USPQ2d., 1637 (1639).

"where the maximum amount is imposed the court's assessment of the level of culpability must be high"[226].

Nach diesen in den einzelnen Fällen aufgestellten Kriterien richtet sich die Entscheidung, ob und in welcher Höhe eine erhöhte Schadensersatzsumme gewährt wird. Eine bestimmte Leitlinie ist aus den Entscheidungen nicht zu ersehen; die Einzelfallumstände sind maßgebend. Die Entscheidung wird dabei vom Gericht getroffen. Auch wenn es sich um ein Juryprozeß handelt, ist die Höhe der von der Jury aufgestellten Schadensersatzsumme nur ein Rat, der vom Gericht nicht befolgt werden muß[227].

Die Berücksichtigung aller Einzelfallumstände für die Schadensersatzhöhe stellt ein angemessenes Mittel dar, um zu billigen Ergebnissen zu kommen. Das machen die Entscheidungen deutlich, auch wenn an der Berücksichtigung einzelner Umstände Kritik geübt werden kann, beispielsweise an der finanziellen Lage des Verletzers.

Der Lizenznehmer kann auch verpflichtet werden, dem Lizenzgeber bestimmte Fragen zu beantworten, die sich auf den kommerziellen Erfolg der Verwertung der Erfindung beziehen[228]. Der Lizenznehmer braucht jedoch Fragen, die vertrauliche Geschäftsinformationen beinhalten, nicht zu beantworten[229].

cc) Höhe des Schadensersatzes bei einer Patentverletzung durch den Lizenznehmer

Es stellt sich die Frage, ob die für eine Patentverletzung durch einen Dritten von der Rechtsprechung entwickelten Kriterien auch für die Bemessung der Schadensersatzhöhe eines Lizenznehmers als Verletzer gelten. In diesem Zusammenhang ist auch die Problematik zu erörtern, ob den Lizenznehmer überhaupt über den ihm auferlegten Schadensersatz eine weitere Schadensersatzsumme treffen soll.

Betrachtet man die aufgestellten Kriterien, kommt man zu dem Ergebnis, daß einige Kriterien auch für die Schadensberechnung im Verhältnis Lizenzgeber und Lizenznehmer herangezogen werden können. Ausschlaggebend ist wohl das bei der "reasonbale royalty" immer im Vordergrund stehende Kriterium, für eine angemessene Lizenzgebühr den Betrag gelten zu lassen, den der Verletzer als Lizenznehmer mit dem Patentinhaber

---

[226] Read Corp. v. Portec Inc., 23 USPQ, 1426 (1436); vgl. dazu auch Crucible, Inc. v. Stora Kopparbergs Bergslags AB, 701 F.Supp, 1157 (1164).

[227] Slater electric, Inc. v. Indian Head, Inc. 223 USPQ, 729 (730); Yoder Bros., Inc. v. California-Florida Plant Corp., 537 F.2d., 1347 (1383); siehe auch 35 U.S.C.A. § 284, S. 454.

[228] Crane Co. v. Aeroquip Corporation, 356 F.Supp., 733 (741 f.) (Beklagte mußte mit der Begründung solche Fragen beantworten, daß es sich im Fall sowohl um eine Vertrags- und Patentverletzung handelte, und daß der wirtschaftliche Erfolg in Frage steht); Burndy Corporation v. U.S. Components, Inc., 208 F.Supp., 707 (Beklagte mußte solche Fragen beantworten, obwohl sie sich auf die noch nicht reife Frage der Höhe des Schadensersatzes bezogen).

[229] Burndy Corporation v. U.S. Components, Inc., 208 F.Supp., 707.

als Lizenzgeber vereinbart hätte, wenn er freiwillig versucht hätte, einen Vertrag abzuschließen. Dies würde darauf hinauslaufen, daß der Lizenznehmer die Summe zu zahlen hätte, die er für den Umfang einer Lizenz in dem Maße, wie er sie überschritten hat, gezahlt hätte, wenn er mit dem Lizenzgeber von vornherein einen Lizenzvertrag mit dem Umfange abgeschlossen hätte. Dies stellt zunächst ein billiges Ergebnis dar und führt zu einer angemessenen Lizenzgebühr.

Fraglich ist, ob dem Lizenzgeber eine erhöhte Schadensersatzsumme gegen den Lizenznehmer zugesprochen werden kann, oder ob die Tatsache, daß ein Lizenzverhältnis zwischen Verletzer und Verletzten besteht, generell eine Schadenserhöhung ausschließt. Die Rechtsprechung in den USA zur Schadenserhöhung bietet hier eine flexible Lösung: Zunächst wird darauf abgestellt, ob der Verletzer vorsätzlich handelte. Ist dies der Fall, kann, wie bereits dargestellt[230], eine Schadenserhöhung gewährt werden, dies muß aber nicht unbedingt sein. Auch der Lizenznehmer kann vorsätzlich seine patentrechtlichen Befugnisse überschreiten, um auf diese Weise eine Erweiterung des Umfanges seiner Lizenz zu forcieren. Wichtiger ist aber, insbesondere im Hinblick auf das vertragliche Verhältnis, daß die Gerichte bei der Schadenserhöhung alle Einzelfallumstände berücksichtigen. Die Gerichte können also von einer Schadenserhöhung absehen, wenn der Verletzer ein Lizenznehmer ist. Es liegt aber dennoch in ihrem Ermessen, auch eine höhere Schadenssumme zuzusprechen, wenn der Lizenznehmer ein Verhalten gezeigt hat, das eine Schadenserhöhung nach den Umständen rechtfertigt, und es keinen Unterschied macht, daß der Verletzer der Vertragspartner des Verletzten ist.

In der Rechtsprechung in den USA hat es bisher sehr wenige Fälle gegeben, die sich mit der Frage beschäftigen, wie die Schadensberechnung aussieht, wenn der Lizenznehmer das Patent durch Überschreitung seiner Befugnisse verletzt hat.

In einer älteren Entscheidung[231] wurde der Tatsache nicht Rechnung getragen, daß ein Lizenzvertrag bestand. Infolge einer Patentverletzung kam es zu einer gerichtlichen Auseinandersetzung, in der der Patentinhaber mit dem Verletzer einen Lizenzvertrag für die Zeit von einem Jahr während des anhängigen Verfahrens abschloß. Die Parteien vereinbarten, daß die geltend gemachten Ansprüche beider Vertragsparteien keinen Einfluß auf den Vertrag haben. Nachdem der Patentinhaber den Rechtsstreit gewonnen hatte, entschied das Gericht, daß der Patentinhaber für die Zeit, in der der Lizenzvertrag mit dem Verletzer bestand, keinen Schadensersatz in Form eines entgangenen Gewinns geltend machen kann, wohl aber für die Zeit vor Abschluß und nach Beendigung des Vertrages. Daß einmal ein Lizenzvertrag zwischen Verletzer und Verletzten bestand,

---

[230] Vgl. 3. Teil, A. II. 1. b) bb).
[231] Schmertz Wire Glass Co. v. Western Glass Co., 203 F., 1006 ff.

hatte damit keine Auswirkungen auf die Schadensersatzsumme des Verletzten. Es ist jedoch zu berücksichtigen, daß es sich hier nicht um einen Normalfall handelte, bei dem grundsätzlich ein Lizenzvertrag bestand, und der Lizenznehmer im Laufe des Vertrages seine patentrechtlichen Befugnisse überschreitet.

Es gibt aber noch andere Anhaltspunkte in der US-amerikanischen Rechtsprechung, aus denen geschlossen werden kann, daß die Tatsache, daß ein Lizenzvertrag zwischen Verletzer und Verletztem besteht, generell nicht berücksichtigt wird. Betrachtet man die Fälle, in denen dem Lizenzgeber gegen einen Lizenznehmer eine Unterlassungsverfügung gewährt oder auch abgelehnt wurde[232], erkennt man, daß die Gerichte auch dort den das Patent verletzenden Lizenznehmer wie einen dritten Verletzer behandelt haben. Die Ablehnung der Unterlassungsverfügung in den einzelnen Fällen beruhte nicht darauf, daß es sich um einen Lizenznehmer handelte, gegen den die Unterlassungsverfügung ausgesprochen wurde.

Es kann also generell davon ausgegangen werden, daß die US-amerikanischen Gerichte keinen Unterschied machen, daß es sich bei dem Verletzer um einen Lizenznehmer handelt. Dies hält die Gerichte jedoch nicht ab, im Einzelfall alle Umstände zu berücksichtigen und im Hinblick auf den bestehenden Vertrag mit dem Verletzten von einer Erhöhung des Schadensersatzes abzusehen, auch wenn der Lizenznehmer möglicherweise seine Befugnisse absichtlich überschreitet.

dd) Erstattung weiterer Kosten

Dem verletzten Patentinhaber können unter Umständen auch weitere Kosten in Form von Schadensersatz für die Zeit vor der gerichtlichen Festsetzung zugesprochen werden, wenn der Verletzte ein "prejudgement interest" darlegen kann und dies einer vollständigen Kompensation seines Schadens dient[233]. Bezüglich der Höhe dieses "interests" kann das Gericht nach Ermessen die gesetzliche oder eine höhere Zinsrate ansetzen[234].

Daneben kann der im Rechtsstreit unterlegenden Partei gem. 35 U.S.C. § 285 die Anwaltsgebühren auferlegt werden, wenn es sich um einen außergewöhnlichen Fall ("exceptional case") handelt[235].

---

[232] Vgl. dazu 3. Teil, A. II. 1. a) aa).
[233] Vgl. dazu Craft, Prejudgement Interest under 35 U.S.C. Section 284, JOPOS 1982, Vol. 64, 266 ff.
[234] Chisum, Treatise Vol. 5, § 20.03 (4) (v); vgl. auch Georgia-Pacific Corp. v. United Staes Plywood Corp., 318 F.Supp., 1116 (1143).
[235] Vgl. dazu 3. Teil, G. II.

2. Anspruch auf Beendigung des Vertrages

Die Patentverletzung des Lizenznehmers kann auch einen Anspruch auf Beendigung des Vertrages auslösen, wenn es sich gleichzeitig um einen "material breach", um eine Verletzung einer wesentlichen Pflicht aus dem Lizenzvertrag, handelt[236]. Die Bestimmung, ob die Überschreitung des Patents eine solche wesentliche Vertragsverletzung darstellt, hängt von den Umständen des Einzelfalls ab[237].

Nach der Literatur stellt aber allein die Überschreitung des Patents noch keinen Grund zur Beendigung des Lizenzvertrages dar, denn die Lizenz soll den Lizenznehmer weiterhin davor schützen, die Handlungen, zu denen er im Rahmen der Lizenz befugt ist, vorzunehmen[238].

3. Ansprüche aus ungerechtfertigter Bereicherung ("Unjust Enrichement")

Auch im US-amerikanischen Recht können Ansprüche aus ungerechtfertigter Bereicherung entstehen. Dies gilt grundsätzlich dann, wenn kein Ersatz nach dem Patentgesetz für die Verletzung erlangt werden kann.

Hauptanwendungsfall ist der, daß die Erfindung verletzt wird und noch kein Patentschutz für sie besteht. Nach US-amerikanischem Recht kann die Verletzung der Erfindung nicht nach dem Patentgesetz beurteilt werden, da das Patentgesetz nur auf erteilte Patente Anwendung findet:

> "The general rule, of course, is that the monopoly of a patent which entitles a patentee to damages for infringement commences only when the patent is granted; but where, in advance of the granting of patent, an invention is disclosed to one, who, in breach of the confidence thus reposed, manufactures and sells articles embodying the invention, such person should be held liable for the profits and damages resulting therefrom, not under the patent statutes, but upon the principle that equity will not permit one to unjustly enrich himself at the expense of another."[239]

Die verletzte Patentanmeldung löst damit in den USA nicht wie in Deutschland Ersatzansprüche nach dem Patentgesetz aus, sondern der Verletzte ist auf einen Bereicherungsanspruch verwiesen. Voraussetzung ist, daß ein besonderes, vertrauensvolles Verhältnis ("confidential relationship") zwischen Verletzer und Verletztem bestand, also beispielsweise der Erfinder einem anderen angeboten hat, ihm

---

236 Vgl. den Fall, Libbey Glass Co. v. McKee Glass Co., 216 F., 172 (176 f.).

237 Vgl. dazu ausführlich 3. Teil, B. II. 1. a).

238 Deller, Walker on Patents, Vol. 2, 1505 m.w.N.

239 Hoeltke v. C.M. Kemp Mfg. Co., 80 F.2d., 912 (923); vgl. auch Carter Products v. Colgate-Palmolive Company, 130 F.Supp., 554 (580); 35 U.S.C.A. § 284, Note 89, S. 473; Booth v. Stutz Motor Car Co. of America, 56 F.2d., 962 (968 f.); Reynolds v. Whitin Mach. Works, 167 F.2d., 78 (86); Tepper v. Ross, 25 F.Supp., 92 f. (93); De Filippis v. Chrysler Corporation, 53 F.Supp., 977 (981) m.w.N.

seine Erfindung zwecks Verkaufs zu offenbaren, der Dritte dieses Angebot angenommen und die dadurch erhaltenen Informationen nicht vertraulich behandelt hat[240]. Der Bereicherungsanspruch beruht dabei nicht so sehr auf dem unbefugten Gebrauch der Erfindung, sondern eher auf der Verletzung des Vertrauens[241]. Der Vertrauensbruch wird in den USA als eine Art Betrug ("fraud") eingeordnet[242].

240 Vgl. Hoeltke v. C.M. Kemp Mfg. Co., 80 F.2d., 912 (923).

241 De Filippis v. Chrysler Corporation, 53 F.Supp., 977 (981).

242 Reynolds v. Whitin Mach. Works, 167 F.2d., 78 (87), besteht ein vertrauliches Verhältnis zwischen den Parteien, wird in den USA ein solches Verhältnis auch als "Trust" angesehen. Vgl. auch Tepper v. Ross, 25 F.Supp., 92 f. (93).

10. KAPITEL

B. Rechtsfolgen der Vertragsverletzung

I. DEUTSCHLAND

1. Rechtsfolgen der Hauptpflichtverletzung

a) Rechtsfolgen der Unmöglichkeit

Dem Lizenzgeber stehen wahlweise mehrere Möglichkeiten zur Verfügung, wenn die Voraussetzungen des § 325 BGB geben sind, d.h. er die Unmöglichkeit zu vertreten hat:

1. Er kann den Anspruch auf Schadensersatz wegen Nichterfüllung geltend machen. Der Schadensersatzanspruch richtet sich auf das positive Interesse[1]. Das bedeutet, daß der Lizenzgeber so zu stellen ist, wie er stehen würde, wenn der Lizenznehmer den Vertrag ordnungsgemäß erfüllt hätte. Nach der in Rechtsprechung und Literatur herrschenden Differenztheorie ist der Schadensersatz grundsätzlich nach der Differenzmethode zu ermitteln[2]. Der Anspruch richtet sich, abweichend von § 249 I BGB, auf Schadensersatz in Geld. Die Verpflichtung des Lizenzgebers zur Erbringung der Gegenleistung entfällt dabei[3].

Von der Differenztheorie gelten jedoch zwei Ausnahmen. Der Lizenzgeber hat das Recht, die ihm obliegende Leistung, also die Gewährung des Benutzungsrechts des Patents, zu erbringen und kann dann Schadensersatz nach der Austauschmethode fordern. Nach der Austauschtheorie bleiben die Verpflichtungen zur Leistung grundsätzlich bestehen. An die Stelle der Gegenleistung des Lizenznehmers tritt als Surrogat ihr Wert[4]. Der Lizenzgeber könnte daher die Höhe der Lizenzgebühren als Schadensersatz verlangen. Als weitere Ausnahme kann der Lizenzgeber Schadensersatz nach der Austauschtheorie verlangen, wenn er seine Gegenleistung bereits erbracht hat. Dies wird bei Lizenzverträgen regelmäßig der Fall sein. Da es sich um ein Dauerschuldverhältnis handelt, ist der Lizenzgeber für die Zeit des Lizenzvertrages andauernd verpflichtet, dem Lizenznehmer die Benutzung des Patents zu gewähren. Der Lizenznehmer macht auch laufend von der Benutzung des Patents Gebrauch und verwertet das Patent. Für den Lizenzgeber ist es daher sinnlos, seine Gegenleistung

---

1 Palandt-Heinrichs, § 325 Rn. 10.
2 Palandt-Heinrichs, § 325 Rn. 11.
3 Palandt-Heinrichs, § 325 Rn. 10.
4 Palandt-Heinrichs, § 325 Rn. 10.

zurückzufordern. Der Lizenzgeber kann daher Schadensersatz in der Höhe der vereinbarten Lizenzgebühr verlangen. Dies stellt den konkreten Schaden dar[5]. Komplizierter stellt sich die Berechnung des Schadens dar, wenn als Hauptleistung die Ausübungspflicht des Lizenznehmers vereinbart ist. Nach der konkreten Schadensermittlung ist die wirkliche Vermögenseinbuße des Lizenzgebers zu ermitteln[6].

Im Gegensatz zur Patentverletzung hat der Lizenzgeber und Patentinhaber bei einer Verletzung, die nur eine Vertragsverletzung und nicht zugleich eine Patentverletzung darstellt, keine Wahl zwischen verschiedenen Berechnungsarten[7]. Die dreifache Schadensberechnung ist nur bei der Verletzung bestimmter Rechte anerkannt[8] und läßt sich nicht auf die Verletzung von Vertragspflichten, auch wenn Gegenstand des Vertrages ein Patent ist, übertragen.

2. Anstelle des Anspruchs auf Schadensersatz hat der Gläubiger grundsätzlich auch die Möglichkeit, vom Vertrag zurückzutreten. Hauptanwendungsfall des Rücktritts beim Lizenzvertrag ist das vertraglich vereinbarte Rücktrittsrecht, und zwar im Falle von unrichtigen Angaben des Vertragspartners zur Vertragsgrundlage, die gesetzlich zu einer Anfechtung wegen arglistiger Täuschung berechtigen würde[9]. Ist das Rücktrittsrecht nicht vereinbart, ist nach der Rechtsprechung das Rücktrittsrecht nach §§ 325, 326 BGB, das den Vertrag mit rückwirkender Kraft zur Auflösung bringen würde, bei dem Lizenzvertrag ausgeschlossen, da das Lizenzverhältnis ein Dauerschuldverhältnis ist[10]. Es ist ein allgemeiner Rechtsgrundsatz, "bei Rechtsverhältnissen von längerer Dauer, die stark in die Lebensbetätigung der Beteiligten eingreifen, eine besondere gegenseitige Interessenverflechtung mit sich bringen und ein ungestörtes gegenseitiges Vertrauen der Beteiligten erfordern, die sofortige Kündigung aus wichtigem Grund zuzulassen"[11]. Andernfalls würde eine erhebliche Rechtsverwirrung der Rechtsbeziehungen der Vertragspartner entstehen[12]. Das Recht zur außerordentlichen Kündigung wird dabei auf § 626 I BGB analog gestützt, wobei die dauernde Unmöglichkeit einen wichtigen Grund darstellt, der die Fortsetzung des Dauerschuldverhältnisses unzumutbar macht[13]. Der Lizenzgeber kann in diesem Fall auch einen Ersatzanspruch auf den durch die vorzeitige Kündigung des Lizenzvertrages entstehenden Schaden gem. § 628 II BGB analog

---

5 Der Schaden kann konkret oder abstrakt ermittelt werden, Palandt-Heinrichs, § 325 Rn. 14.
6 Vgl. zu der Beweislastregelung 2. Teil, C. I.
7 Vgl. zur dreifachen Schadensberechnung 3. Teil, A. I. 3. a).
8 Palandt-Heinrichs, Vorbem. v. § 249 Rn. 52.
9 Vgl. Henn, S. 136.
10 RG MuW 1940, 170 (171); RG v. 25.8.1937, 377 (379); RG v. 29.9.1942, 78 (80); BGH GRUR 1959, 616 (617) - "Metallabsatz" (Klage auf Feststellung, daß die vom Beklagten ausgesprochene Kündigung des zwischen den Parteien geschlossenen Lizenzvertrag unwirksam sei).
11 BGH GRUR 1959, 616 ff. (617) "Metallabsatz" (s.o.).
12 BGH GRUR 1959, 616 ff. (617) "Metallabsatz" (s.o.).
13 Kraßer/Schmid, GRUR Int. 1982, 324 (334).

geltend machen, da die Kündigung durch vertragswidriges Verhalten des Lizenznehmers veranlaßt wurde[14].

Der Dauerschuldcharakter des Lizenzvertrages geht jedoch nicht so weit, dem Lizenzgeber anstelle der §§ 325, 326 BGB das gesellschaftsrechtliche Kündigungsrecht des § 723 BGB zu geben[15].

3. Weiterhin kann der Lizenzgeber die Rechte aus § 323 BGB geltend machen. Er kann sich darauf beschränken, den Wegfall der eigenen Leistungspflicht geltend zu machen (§ 323 I BGB). Er hat aber auch die Möglichkeit, das Surrogat ("stellvertretendes commodum") der unmöglich gewordenen Leistung gegen eine eventuell entsprechend herabgesetzte Gegenleistung zu fordern (§ 323 II BGB) oder seine Gegenleistung nach Bereicherungsrecht herauszuverlangen (§ 323 III BGB).

Da der Lizenzgeber die für ihn günstigere Lösung erreichen will, wird er nicht nach den Rechten aus § 323 BGB vorgehen, sondern Schadensersatz wegen Nichterfüllung verlangen. Das Kündigungsrecht wird er nur dann ausüben, wenn er sich wirklich vom Vertrag lösen will. Meistens ist er jedoch daran interessiert, den Vertrag aufrechtzuerhalten und seine Lizenzgebühr zu erhalten. Auch wird er nicht versuchen, seine Gegenleistung nach Bereicherungsrecht herauszuverlangen, da die Rückabwicklung nach Bereicherungsrecht sich im Lizenzvertragsrecht äußerst schwierig gestaltet und sogar teilweise unmöglich ist[16].

Hat der Lizenznehmer die Hauptpflichtverletzung nicht zu vertreten, so stehen dem Lizenzgeber direkt die Rechte aus § 323 BGB zu.

b) Rechtsfolgen des Verzugs

Liegen die Voraussetzungen des Verzuges beim Lizenznehmer gem. §§ 284 i.V.m. 326 BGB vor, hat der Lizenzgeber auch hier die Möglichkeit, zwischen mehreren Rechtsfolgen zu wählen:

1. Er kann die eigene Leistung gem. § 320 BGB zu verweigern und die weitere Entwicklung abwarten. Er kann also dem Lizenznehmer die Benutzung des Patents untersagen. Der Lizenzgeber kann aber auch die Erfüllung der Verpflichtung und daneben gem. § 286 I BGB Ersatz des Verspätungsschadens verlangen. Zu ersetzen ist der durch den Verzug entstandene Schaden. Der Lizenzgeber ist so zu stellen, wie er bei rechtzeitiger Leistung des Lizenznehmers stehen würde. Da der Grundsatz der

---

14 BGH GRUR 1959, 616 (618) - "Metallabsatz" (s.o.); Kraßer/Schmidt, GRUR Int. 1982, 324 (335).

15 RG v. 29.9.1943 GRUR 1943, 78 (80).

16 Vgl. 1. Teil, E. I. 1. a) ee) (b).

Naturalrestitution gem. § 249 S. 1 BGB jedoch nur in Ausnahmefällen möglich ist, ist der Verzögerungsschaden gem. § 251 I BGB in Geld zu ersetzen. Der Anspruch auf Ersatz des Verzögerungsschadens bleibt auch dann bestehen, wenn dem Lizenzgeber nachträglich ein Schadensersatzanspruch gem. §§ 325, 326 BGB erwächst. Der Lizenzgeber kann aber wahlweise den Verspätungsschaden als Rechnungsposten in den Nichterfüllungsschaden einbeziehen[17]. Der Lizenzgeber ist berechtigt, später vom Erfüllungsanspruch zum Anspruch auf Schadensersatz wegen Nichterfüllung überzugehen[18].

2. Grundsätzlich hat der Gläubiger auch die Möglichkeit, Schadensersatz wegen Nichterfüllung zu verlangen oder

3. vom Vertrag zurückzutreten, wobei diese Möglichkeit bei dem Lizenzvertrag aufgrund des Dauerschuldcharakters ausgeschlossen ist[19].

In der Praxis besteht die Schwierigkeit darin, daß meist gar kein Schaden durch den Verzug entstanden oder nur schwer zu beweisen ist. Es können daher meist nur Verzugszinsen geltend gemacht werden.

c) Rechtsfolgen der pVV

Die vom Lizenznehmer zu vertretene pVV begründet für den Lizenzgeber grundsätzlich einen Schadensersatzanspruch, der neben den Erfüllungsanspruch tritt. Dieser erstreckt sich auf alle unmittelbaren und mittelbaren Nachteile des schädigenden Verhaltens. Folgeschäden, die außerhalb des Schutzzwecks der verletzten Vertragspflicht liegen, werden jedoch nicht erfaßt[20]. Im Gegensatz zur Haftung wegen Verzug[21] besteht der Anspruch auch dann, wenn der Lizenzgeber ebenfalls eine Vertragsverletzung begeht. Die gleichzeitige Vertragsverletzung des Lizenzgebers kann jedoch dazu führen, daß das Verschulden des Lizenznehmers wegfällt und damit seine Haftung aus pVV, oder den Lizenzgeber ein Mitverschulden gem. § 245 BGB trifft[22].

Da der Lizenzvertrag ein gegenseitiger Vertrag ist, ist der Gläubiger grundsätzlich auch berechtigt ein Rücktrittsrecht oder einen Schadensersatzanspruch wegen Nichterfüllung geltend zu machen, wenn die Vertragsverletzung den Vertragszweck derart gefährdet, daß dem anderen Teil nach Treu und Glauben das Festhalten am Vertrag nicht mehr

17 Palandt-Heinrichs, § 286 Rn. 3.
18 Palandt-Heinrichs, § 326 Rn. 5.
19 Vgl. 3. Teil, B. I. 1. a).
20 Palandt-Heinrichs, § 276 Rn. 123.
21 Vgl. 2. Teil, B. I. 2. b).
22 Palandt-Heinrichs, § 276 Rn. 123.

zugemutet werden kann, z.B. wenn der Lizenznehmer die Erfüllung ernsthaft und endgültig verweigert[23]. Aufgrund des Dauerschuldcharakters des Lizenzvertrages ist jedoch auch hier das Rücktrittsrecht durch das Kündigungsrecht ersetzt[24]. Voraussetzung für die Kündigung ist in der Regel eine Mahnung, die aber dann entbehrlich sein kann, wenn sie keinen Erfolg verspricht[25]. Bezüglich des Schadensersatzanspruchs kann der Lizenzgeber entweder am Vertrag festhalten und Schadensersatz fordern, wobei dies keiner Abmahnung bedarf. Er kann aber auch den Vertrag kündigen und nach den Grundgedanken der §§ 326, 628 BGB den durch die Kündigung entstehenden Schaden ersetzt verlangen[26]. Derjenige, der das vorzeitige Ende des Lizenzvertrages zu vertreten hat, ist dem Vertragspartner nach pVV schadensersatzpflichtig ist[27]. Der Schadensersatzanspruch umfaßt den durch die Kündigung entstandenen Schaden und schließt die Geltendmachung solcher Schäden nicht aus, die durch die die Kündigung veranlassende positive Vertragsverletzung entstanden sind. Der Kündigende kann daher vom Veranlasser ein Verhalten verlangen, wie es dem Vertrag für dessen normale Dauer entsprochen hätte[28]. Ein Schadensersatzanspruch für getätigte Aufwendungen kann aber nur dann zugesprochen werden, wenn feststeht, daß sich bei Fortsetzung des Vertrages diese Aufwendungen amortisiert hätten[29].

Den Anspruch auf Lizenzgebühren als Schadensersatz kann der Lizenzgeber nur bis zu dem Tag verlangen, zu dem vertragsmäßig erstmals eine fristgemäße Kündigung möglich ist[30].

Der Schadensersatzanspruch im Rahmen der pVV geht, wie bei Unmöglichkeit und Verzug, auf das positive Interesse[31].

2. Nebenpflichtverletzung

a) Rechtsfolgen der Unmöglichkeit und des Verzugs

Die Rechtsfolgen von Unmöglichkeit und Verzug bei einer Nebenpflichtverletzung entsprechen denjenigen der Hauptpflichtverletzung dem Grunde nach. Da die verletzte

---

[23] Siehe ausführlich Palandt-Heinrichs, § 276 Rn. 124.
[24] Vgl. 3. Teil, B. I. 2. a) b); siehe auch Kraßer/Schmidt, GRUR Int. 1982, 324 (327).
[25] Palandt-Heinrichs, § 276 Rn. 127.
[26] BGH NJW 1984, 2687; Palandt-Heinrichs, § 276, Rn. 127 ff.
[27] BGH GRUR 1959, 616 (618) - "Metallabsatz" (s.o.); BGH GRUR 1979, 768 ff. (769) - "Mineralwolle" (s.o.); Palandt-Heinrichs, § 276, Rn. 127 ff.; Ohl, Wegfall, GRUR 1992, 77 (82).
[28] RG v. 30.4.1940 MuW 1940, 170 ff. (171); BGH GRUR 1956, 93 (96).
[29] BGH GRUR 1979, 768 ff. (769) - "Mineralwolle" (s.o.).
[30] Benkard-Ullmann, § 15 Rn. 131 m.w.N.
[31] Vgl. dort im einzelnen 3. Teil, B. I. 2. a) b).

Leistung jedoch nicht im Gegenseitigkeitsverhältnis zur Hauptleistung steht, richten sich die Rechtsfolgen nicht nach §§ 320 ff. BGB.

Liegt Unmöglichkeit vor, hat der Lizenznehmer gem. § 280 BGB für die von ihm verschuldete Unmöglichkeit seiner Leistungspflicht Schadensersatz wegen Nichterfüllung zu leisten. Ist dem Schuldner die Erfüllung nur teilweise unmöglich, so kann der Gläubiger Schadensersatz wegen Nichterfüllung der ganzen Verbindlichkeit verlangen, wenn er den noch möglichen Teil der Leistung ablehnt und die teilweise Erfüllung für ihn kein Interesse hat, § 280 II BGB. An den Interessenfortfall des Gläubigers sind im Lizenzvertragsrecht erhöhte Anforderungen zu stellen, da der Bestand des Lizenzvertrages zu erhalten ist und die gegenseitigen Rechte und Pflichten aufrechterhalten werden sollen[32].

Im Falle des verschuldeten Verzugs des Lizenznehmers hat er dem Lizenzgeber den durch den Verzug entstandenen Schaden zu ersetzen (Verzögerungsschaden), wenn er auf eine Mahnung des Lizenzgebers nach dem Eintritt der Fälligkeit der Leistung nicht geleistet hat, §§ 284 - 286 BGB. Die Mahnung kann gem. § 284 II BGB entbehrlich sein. Der Anspruch auf Ersatz des Verzögerungsschadens tritt neben den bestehenbleibenden Leistungsanspruch[33]. Der Lizenzgeber ist so zu stellen, wie er bei rechtzeitiger Leistung des Lizenznehmers stehen würde. Schadensersatz wegen Nichterfüllung kann der Lizenzgeber nur verlangen, wenn er infolge des Verzugs kein Interesse an der Leistung hat. Für den in § 286 II BGB geregelten Interessenfortfall gilt das gleiche wie bei dem der Unmöglichkeit.

b) Rechtsfolgen der pVV

Die Rechtsfolgen der pVV bei einer Nebenpflichtverletzung sind die gleichen, wie die bei einer Hauptpflichtverletzung[34].

3. Sorgfaltspflichtverletzung bei Vertragsverhandlungen (culpa in contrahendo)

Verletzt der Lizenznehmer bereits bei Vertragsverhandlungen schuldhaft eine Pflicht, z.B. wenn er laufende Vertragsverhandlungen über eine Lizenznahme, die so weit gediehen waren, daß der als Lizenzgeber vorgesehenene Verhandlungspartner nach dem Gang der Verhandlungen darauf vertrauen durfte, daß der in Aussicht genommene

32 Vgl. allgemein 1. Teil, D. I. 4. c)
33 Palandt-Heinrichs, § 286 Rn. 3
34 Vgl. 3. Teil, B. I. 2. c).

Vertrag mit ihm zustande kam, grundlos abbricht[35], so haftet er dem Lizenznehmer auf das "negative Interesse" (Vertrauensschaden). Anders als bei der Haftung auf das negative Interesse[36] ist der Lizenzgeber so zu stellen, wie er stehen würde, wenn er nicht auf die Gültigkeit des Geschäfts vertraut hätte[37].

4. Kündigungsrechte des Lizenzgebers

a) Kündigung aus wichtigem Grund

Neben dem bereits erwähnten Leistungsverweigerungsrecht des Lizenzgebers gem. § 320 BGB, wenn der Lizenznehmer seiner im Gegenseitigkeitsverhältnis stehenden Hauptpflicht nicht nachkommt, steht dem Lizenzgeber ein Kündigungsrecht aus wichtigem Grund zu. Das Recht zur fristlosen Kündigung besteht bei einem Lizenzvertrag als ein Dauerschuldverhältnis, durch das ein Vertrauensverhältnis der Parteien begründet wird[38]. Ein gesellschaftsrechtlicher Charakter ist dafür nicht erforderlich[39]. Für solche Verträge besteht aber ein erhöhtes Vertrauen[40]. Das Kündigungsrecht besteht sowohl bei der Verletzung der Hauptpflicht als auch bei der Verletzung von Nebenpflichten[41].

Für die Frage des Kündigungsgrundes wird im allgemeinen in Übereinstimmung mit den Auslegungsregeln auf den Zweck des Vertrages abgestell[42]. Die fristlose Kündigung ist dann gerechtfertigt, wenn ein erheblicher, das Vertrauensverhältnis erschütternder Grund gegeben ist, der das Festhalten am Vertrag für den Kündigenden unzumutbar erscheinen läßt[43]. Ein wichtiger Grund ist z.B. die vorsätzliche oder grob fahrlässige Verletzung wesentlicher Vertragspflichten, worunter im Einzelfall die Nichtzahlung der Lizenzgebühren durch den Lizenznehmer[44] oder die Nichtausübung des Patents fällt[45],

---

35 BGH BB 1975, 1128. Ein anderer Anwendungsfall im Lizenzvertragsrecht ist der Abschluß von Vorverträgen, durch die insbesondere die Geheimhaltung von bestimmten Informationen in der Vorbereitungsphase des Vertragsabschlusses sichergestellt werden soll. Wird eine Geheimhaltungspflicht verletzt, liegt ein Verschulden bei Vertragsschluß mit einer entsprechenden Haftung vor, vgl. Henn, S. 212 f.

36 Vgl. 3. Teil, B. I. 1. a) b) c).

37 Palandt-Heinrichs, Vorbem. v. § 249 Rn. 17.

38 RG v. 9.9.1936 GRUR 1937, 1003 (1005); BGH GRUR 1956, 93 ff. (95); BGH GRUR 1959, 616 ff. (617) - "Metallabsatz" (s.o.); BGH GRUR 1970, 40 ff. (41) - "Musikverleger"; BGH GRUR 1992, 113 ff. (114) - "pulp-wash".

39 RG v. 4.1.1936, GRUR 1936, 943 ff. (944); RG v. 9.9.1936, GRUR 1937, 1003 (1005); BGH GRUR 1958, 175 (177) - "Wendemanschette"; BGH GRUR 1959, 616 ff. (617) - "Metallabsatz" (s.o.).

40 Siehe 1. Teil, B. I. 2. f).

41 Benkard-Ullmann, § 15 Rn. 120.

42 BGH GRUR 1986, 91 (93) - "Preisabstandsklausel" (Streitparteien sind Verlage. Sie streiten über die Berechtigung des Beklagten zur Herausgabe bestimmter Taschenbuchausgaben).

43 BGH GRUR 1958, 175 (177) - "Wendemanschette"; BGH GRUR 1992, 113 ff. (114) - "pulp-wash".

44 In RG v. 10.6.1933 MuW 1933, 519 ff. (520) wird darauf hingewiesen, daß die Rechtsfolgen und Vermögenswirkungen im billigen Verhältnis zur vertragswidrigen Handlung stehen müssen. Dabei

weiterhin die dauernde Schlechtlieferung des Lizenzgebers durch den Lizenznehmer, die die Absatzfähigkeit beeinträchtigt oder sogar aufhebt[46], und die völlige wirtschaftliche Umgestaltung des Unternehmens des Lizenznehmers[47]. Die fristlose Kündigung kann auch durch das Zusammentreffen mehrerer Gründe, von denen jeder für sich die fristlose Kündigung nicht rechtfertigen würde, einen wichtigen Grund bilden[48]. Das Kündigungsrecht wird aus §§ 626, 723 I 1, III BGB analog abgeleitet[49].

Hat der Lizenzvertrag einen gesellschaftsrechtlichen Charakter[50], so ist in Anwendung des § 723 III BGB eine Vereinbarung, in der das Kündigungsrecht ausgeschlossen wird, nichtig.

Der Lizenzgeber kann den Lizenzvertrag zum Teil kündigen, wenn der Lizenzvertrag mehrere Schutzrechte zum Gegenstand hat. Aus dem Rechtsgedanken des § 139 BGB wird gefolgert, daß eine Teilkündigung möglich ist, sofern nicht anzunehmen ist, daß die Vertragsparteien über den ungekündigten Teil des Vertrages keinen Vertrag geschlossen hätten[51].

Unter Umständen kann sich bei der Kündigung aus wichtigem Grund aus dem Rechtsgedanken des § 626 II BGB, der auf Dauerschuldverhältnisse anwendbar ist, eine Pflicht zur Abmahnung oder zur Einhaltung einer angemessenen Kündigungsfrist ergeben, es sei denn, durch die Mahnung kann die erschütterte Vertrauensgrundlage nicht wiederhergestellt werden[52].

Die schuldhaft veranlaßte Kündigung des Lizenzvertrages kann einen Schadensersatzanspruch wegen pVV begründen[53].

---

wurde entschieden, daß der Rückstand in der Zahlung eines geringen Betrages nicht verhältnismäßig zu der "schweren, tief in rechtliche und wirtschaftliche Beziehungen eingreifende Folge" steht.

45 Reimer, § 9 Rn. 101; Benkard-Ullmann, § 15 Rn. 125 jeweils mit weiteren Beispielen; vgl. auch BGH GRUR 1959, 616 (617) - "Metallabsatz" (s.o.).

46 RG v. 12.1.1907 RGZ 65, 86 (90).

47 RG v. 11.11.1933 RGZ 142, 212 (216).

48 BGH GRUR 1992, 113 (114 f.) - "pulp-wash", es muß eine Gesamtwürdigung des Verhaltens vorgenommen werden.

49 RG v. 4.1.1936, GRUR 1936, 943 ff. (944); BGH GRUR 1964, 326 (329) - ""Subverleger" (Kläger beantragt Feststellung, daß über verschiedene Lieder Verträge aufgelöst seien); BGH GRUR 1959, 616 ff. (617) - "Metallabsatz" (s.o.); Palandt-Putzo, § 626 Rn. 1

50 Vgl. 1. Teil, B. I. 2. f).

51 BGH GRUR 1964, 326 (328) - "Subverleger" (s.o.), siehe auch dort die Einschränkungen.

52 BGH GRUR 1959, 616 ff. (617) - "Metallabsatz" (s.o.); BGH GRUR 1992, 112 (114) - "pulp-wash".

53 Vgl. 2. Teil, B. I. 2) c) und zu den Rechtsfolgen der pVV wegen schuldhaft veranlaßter Kündigung 3. Teil, B. I. 2. b).

b) Kündigung aufgrund Wegfalls der Geschäftsgrundlage[54]

Geschäftsgrundlage eines Vertrages bilden die beim Abschluß des Vertrages zutagegetretenen, dem Vertragspartner erkennbaren und von ihm nicht beanstandeten Vorstellungen einer Vertragspartei oder die gemeinsamen Vorstellungen beider Parteien von dem Vorhandensein gewisser Umstände, wobei der Geschäftswille auf den Umständen beruht[55]. Die Berufung auf eine Veränderung der Geschäftsgrundlage ist nur dann zulässig, wenn dies zur Vermeidung eines untragbaren, mit Recht und Gerechtigkeit nicht zu vereinbarenden und damit der Partei unzumutbaren Ergebnisses unabweislich erscheint. Der Anwendungsbereich der Geschäftsgrundlagenlehre darf unter keinen Umständen unnötig ausgeweitet werden[56].

Fällt die Geschäftsgrundlage des Vertrages weg, so kommt die Anpassung des Vertrags an die wesentlich veränderte Verhältnissen in Frage. Nur wenn eine Anpassung nicht möglich ist, kommt eine Kündigung in Betracht. Häufigster Anwendungsfall ist die Nichtigkeit des Patents[57]. Nach der hier vertretenen Meinung ist jedoch die Lehre von der Geschäftsgrundlage zumindest im Falle der Nichtigkeit des Patents abzulehnen[58].

Es können jedoch andere Fälle zum WGG führen und die Rechtsfolgen der Kündigung oder Anpassung an die Vertragsverhältnisse herbeiführen, z.B. kann sich der Lizenznehmer auf den WGG berufen, wenn der Lizenzgeber einer einfachen Lizenz eine größere Zahl von Gratislizenzen vergibt[59], nachträglich die Ausübung der Erfindung verboten wird[60] oder die Ausübung wirtschaftlich unvernünftig ist[61]. Dem Lizenznehmer ist der Einwand des WGG oder der Entwertung des Patents abgeschnitten, wenn eine Lizenz vereinbart [62] oder das lizenzierte Betriebsgeheimnis zum Patent angemeldet wurde[63]. Auch kann er sich nicht auf den Mißerfolg der Auswertung des Patents berufen, da der geschäftliche Erfolg des Lizenznehmers keine Grundlage darstellt[64]. Weiterhin stellt im allgemeinen die nachträgliche Verteuerung keine rechtlich bedeutsame Veränderung der Geschäftsgrundlage dar[65]. Es ist zu berücksichtigen, daß das

---

54 Nachfolgend WGG genannt.
55 Palandt-Heinrichs, § 242 Rn. 113; Benkard-Ullmann, § 15 Rn. 123.
56 Vgl. 1. Teil, E. I. 1. a) ee) (a).
57 Vgl. 1. Teil, E. I. 1. a) ee) (a).
58 Anstelle der Lösung über den WGG ist aus rechtlichen und praktischen Gründen eine Lösung durch die Übertragung der Grundsätze vom fehlerhaften Gesellschaftsvertrag, bzw. Arbeitsverhältnis, auf den Lizenzvertrag mit dem Ergebnis, daß ein "fehlerhafter Lizenzvertrag" vorliegt, vorzuziehen, vgl. 1. Teil, E. I. 1. a) ff).
59 Stauder, GRUR Int. 1982, 341 ff. (342); BGH GRUR 1976, 140 (142) - "Polyurethan".
60 Lüdecke/Fischer, S. 366.
61 BGH GRUR 1978, 166 ff. (166) - "Banddüngerstreuer".
62 Lüdecke/Fischer, S. 541.
63 BGH GRUR 1976, 140 (142) - "Polyurethan".
64 BGH GRUR 1974, 40 (43) - "Bremsrolle".
65 RG v. 14.1.1938 GRUR 1938, 380 (384), vgl. auch BGH GRUR 1990, 1005 (1007) - "Salome".

Kündigungsrecht aus wichtigem Grund die Grundsätze der Geschäftsgrundlage verdrängt[66].

In diesem Zusammenhang stellt sich die Frage, ob im Falle der vorzeitigen Beendigung des Lizenzvertrages infolge Kündigung bei Lizenzverträgen, in denen eine Pauschallizenzgebühr vereinbart wurde, diese ganz oder teilweise vom Lizenzgeber zurückzuzahlen ist[67]. Dies ist davon abhängig, aus welchem Motiv eine Pauschallizenz vereinbart wurde[68]. Der Anspruch auf die Umsatzbeteiligung wird dagegen durch die Kündigung im Zweifel nicht berührt[69].

II. USA

1. Allgemeine Rechtsfolgen der wesentlichen Pflicht- und Nebenflichtverletzung

Die Rechtsfolgen der Vertragsverletzung richten sich grundsätzlich nach den Bestimmungen des Lizenzvertrages[70]. Die Vertragsparteien sind an diese Vereinbarungen gebunden[71]. Der Vertrag kann ohne beiderseitigem Einverständnis nicht beendet werden[72]. Eine einseitige Lösung vom Vertrag ist, ohne daß dies im Vertrag vorgesehen ist, nicht möglich[73]. Die Bestimmung des Lizenzvertrages wird nach ihren Bedingungen durchgesetzt[74].

Die meisten Lizenzverträge beinhalten Regelungen bezüglich der Frage, wann der Lizenzvertrag beendet wird. Enthält der Lizenzvertrag diesbezüglich ausnahmsweise keine Bestimmung, sind die allgemeinen Grundsätze des Vertragsrechts und die in der US-amerikanischen Rechtsprechung entwickelten Grundsätze heranzuziehen[75].

Als Rechtsfolge einer Vertragsverletzung, der Nichtausübung des abgegebenen Versprechens[76], kommt ein Schadensersatzanspruch oder in Ausnahmefällen ein

---

66 Palandt-Heinrichs, § 242 Rn. 120.
67 Diese Frage ist abzugrenzen von der Frage der Auswirkung der Nichtigkeit des Patents auf die Zahlung der Lizenzgebühr, vgl. 1. Teil, E. 1. a) ee).
68 BGH GRUR 1961, 27 (28 ff.) - "Holzbauträger"; vgl. auch die Anmerkung von Heine, 29; siehe auch 1. Teil, E. I. 1. aa) (a).
69 BGH GRUR 1965, 93 (95).
70 69 C.J.S. § 266, S. 818.
71 Vgl. Sbicca-Del Mac v. Milius Shoe Co., 145 F.2d., 389 (401).
72 Sbicca-Del Mac v. Milius Shoe Co., 145 F.2d., 389 (401); Slezak v. Andrews, 21 F.Supp., 688 (696); 69 C.J.S. § 255, S. 785; Ohio Citizen Trust Co. v. Air-Way Electric App. Corp., 56 F.Supp., 1010 (1016).
73 Dies gilt zumindest für den Bundesstaat New York, Automatic Radio Mfg. Co. v. Hazeltine Research, 176 F.2d., 799 (809).
74 Bee Machine Co. v. Freeman, 40 F.Supp., 299 (304).
75 69 C.J.S. § 256, S. 790.
76 Vgl. 2. Teil, B. II. 1. 2).

Rücktritts- bzw. Kündigungsrecht in Frage. Generell kann der Verletzte auf die Vertragserfüllung bestehen und Schadensersatz verlangen[77]. Die Pflicht zur Leistung von Schadensersatz des Vertragsbrechenden wird auch als "secondary duty of performance", also als sekundäre, der Ausübung immanente Pflicht bezeichnet[78]. Ob der Verletzte anstelle des Schadensersatzanspruchs ein Recht zur Beendigung des Vertrages hat, hängt generell von der Schwere der Vertragsverletzung ab.

Es ist darauf hinzuweisen, daß in den USA die Gerichte es dem Vertragsverletzer generell erlauben, die Verletzung in einer bestimmten Zeit zu heilen[79]. Welchen Zeitraum das Gericht dem Vertragsverletzer für die Heilung im einzelnen zugesteht, ist abhängig von der Natur des Vertrages, wobei auch die Vertragslänge selbst berücksichtigt wird[80]. Dem Lizenznehmer wird daher ein längerer Zeitraum für die Heilung eingeräumt. Die Heilung hat zur Folge, daß die Wirkungen des Nichteintritts der Bedingung zunichte gemacht werden[81].

a) Beendigung des Vertrages

Auch in den USA gibt es die Unterscheidung in Rücktritt vom Vertrag und Kündigung. Da in US-amerikanischen Entscheidungen nicht eindeutig zwischen den verwendeten Begriffen "termination", "rescission" und "cancellation" unterschieden wird und teilweise nur von "termination", also Beendigung, gesprochen wird, ist jeweils zu ermitteln, welche Rechtsfolge gemeint ist.

Allgemeiner Vertragsgrundsatz in den USA ist, daß der Vertragsbruch dem Vertragsbrechenden grundsätzlich keinen Grund gibt, den Vertrag zu beenden[82], es sei denn, eine Bestimmung im Vertrag sieht dies vor[83]. Der Lizenznehmer kann daher auch nicht einen Vertragsbruch begehen, um sich seinen Pflichten zu entziehen. Der Lizenzgeber kann nach seiner Wahl nur dann vom Vertrag zurückzutreten ("rescind"), wenn der Vertragsbruch sich auf die "consideration", also die Leistung, die im Gegenseitigkeitsverhältnis steht[84], auswirkt[85]. Es muß sich dabei um eine wesentliche

---

77 69 C.J.S. § 266, S. 820; C. R. Bard, Inc. v. Schwartz, 219 USPQ, 197 (203); Corbin, Conditions, Yale Law Journal, Vol. 28, 739 (745); vgl. dazu 3. Teil, B. II. 1. b).

78 Corbin, Conditions, Yale Law Journal, Vol. 28, 739 (747).

79 Vgl. beispielsweise Continental Grain Co. v. Simpson Co., 102 F.Supp., 354 ff.

80 Farnsworth, Vol. 2, S. 450.

81 Siehe ausführlich Farnsworth, Vol. 2, S. 446.

82 69 C.J.S. § 256, S. 790; Ohio Citizen Trust Co. v. Air-Way Electric App. Corp., 56 F.Supp., 1010 (1016).

83 Skil Corp. v. Lucerne Products, Inc., 489 F.Supp., 1129 (1164).

84 Vgl. zur Considerationlehre 1. Teil, D. II. 1.

85 Ruby v. Ebsary Gypsum, 36 F.2d., 244 (246); Oscar Barnett Foundry Co. v. Crowe, 219 F., 450 (455); Kauffman v. Raeder, 108 F., 171 (179).

Pflichtverletzung[86] ("material breach") handeln[87]. Die Schwierigkeit liegt darin zu bestimmen, welche der Pflichten als wesentliche Pflichten von den Vertragsparteien angesehen werden, die im Einklang mit der Lehre von der "condition" in einem gegenseitigen Bedingungs- bzw. Abhängigkeitsverhältnis stehen[88]. Die Bestimmung ist nach den Umständen des Einzelfalls zu treffen[89]. Ein anerkanntes Beispiel für die Verletzung einer wesentlichen Vertragspflicht ist regelmäßig die Nichtzahlung von Lizenzgebühren über eine längere Zeitdauer, da dies darauf hindeutet, daß die Erfindung nicht ausgeführt und damit der Vertragszweck verletzt wird. Eine einfache Zahlungsverspätung genügt aber nicht[90]. Weiterhin kann auch die Überschreitung der Befugnisse aus dem Patent ein Rücktrittsrecht begründen, auch wenn dies nicht ausdrücklich im Vertrag festgehalten ist[91].

In diesem Zusammenhang ist ein Recht zur Beendigung auch in folgenden Fällen gegeben: erstens, wenn die Vertragspartei ihre vertragliche Haftung leugnet oder auch darauf verzichtet, zweitens, wenn die Vertragspartei die weitere Ausführung des Vertrages unmöglich macht, und drittens, wenn sie ihre Pflichten nicht vollständig erfüllt[92].

Für die Frage, wann ein Rücktrittsgrund für die Verletzung einer wesentlichen Pflicht gegeben ist, ist herauszufinden, welches der Hauptzweck des Vertrages ist[93]. Für die Ermittlung des Hauptzwecks sind die allgemeinen Auslegungsregeln, die für die Ermittlung des Willens der Vertragsparteien gelten, anzuwenden[94]. Es sind also alle Umstände des Vertrages zu berücksichtigen, um festzustellen, welchen Hauptzweck der Vertrag hat. Ist der Hauptzweck festgestellt, ist die Bedeutung der Pflichten daran zu messen, wie sie ihn erfüllen. Wenn die Pflicht, die den Hauptzweck erfüllen soll und als wesentliche Pflicht angesehen wird, nicht oder auf eine andere Art ausgeübt wird, handelt es sich um eine Verletzung, die das Wesen des Vertrages in Frage stellt und grundsätzlich eine Beendigung des Vertrages rechtfertigt[95]. Umgekehrt scheidet ein Recht zur Beendigung des Lizenzvertrages aus, wenn es sich um die Verletzung einer

86 Oscar Barnett Foundry Co. v. Crowe, 219 F., 450 (455); Ruby v. Ebsary Gypsum Co., 36 F.2d., 244 (246).
87 Vgl. beispielsweise C. R. Bard, Inc. v. Schwartz, 219 USPQ, 197 (202).
88 Cgl. Corbin, Conditions, Yale Law Journal, Vol. 28, 739 (752).
89 Farnsworth, Vol. 2, S. 442.
90 Vgl. dazu 3. Teil, B. II. 2. a).
91 Libbey Glass Co. v. McKee Glass Co., 216 F., 172 (176 f.); vgl. im einzelnen 2. Teil, B. II. 2.
92 Oscar Barnett Foundry Co. v. Crowe, 219 F., 450 (455) mit Hinweis auf die Literatur zum allgemeinen Vertragsrecht.
93 Oscar Barnett Foundry Co. v. Crowe, 219 F., 450 (455).
94 Central Appalachian Co v. Buchanan, 73 F., 1006 (1011); vgl. zur Auslegung 1. Teil, C. II. 2.
95 Oscar Barnett Foundry Co. v. Crowe, 219 F., 450 (455).

untergeordneten Pflicht ("subordinate duty"), also Nebenpflicht, handel [96]. Der Lizenzgeber kann in diesem Fall nur Schadensersatz verlangen[97]; seine Pflichten bestehen weiterhin fort[98].

Für die Rücktrittsmöglichkeit bei Verletzung einer wesentlichen Vertragspflicht ist damit zu prüfen, ob der Vertragsbruch sich wesentlich auf die Weiterführung des Vertrages auswirkt. Die verletzte Vereinbarung darf aber nicht von untergeordneter Bedeutung und unwesentlich für den Vertragszweck sein[99].

Ein von der Rechtsprechung für die Annahme einer Beendigungsmöglichkeit aufgestelltes Kriterium ist auch, ob der Vertragsbruch angemessen entschädigt werden kann[100] oder ob die Beendigung des Vertrages eine angemessene Rechtsfolge ist[101].

Der Vertrag wird nach diesen Grundsätzen dann nicht aufgehoben, wenn eine Vertragspartei die vertraglichen Pflichten nicht vollständig erfüllt hat, der Vertrag aber teilweise ausgeführt wurde und der Rücktritt dazu führen würde, daß der "status quo" nicht wiederhergestellt werden kann:

> "Under these circumstances, even though a party has not fully performed his contract according to his legal effect, the contract will not be rescinded if it has been partially performed and the parties would be embarrassed and the status quo cannot be restored"[102].

Dies gilt auch dann, wenn auf den Bestand des Vertrages vertraut und daraufhin eine beträchtliche Geldsumme investiert wurde, da dies eine unangemessene Rechtsfolge wäre[103]. Der Rücktritt darf also nicht zu einer unbilligen Härte oder sonstigen unangemessenen Wirkungen führen.

Für die Beendigungsmöglichkeit ist auch ein anderer vertraglicher Grundsatz, der auf den Lizenzvertrag Anwendung findet, zu beachten: Hat bei einer teilweisen Ausführung des Vertrages die eine Vertragspartei erhebliche Vorteile gezogen, oder ist der anderen Vertragspartei durch die teilweise Ausführung des Vertrages erheblicher Schaden entstanden, kann die bevorteilte Vertragspartei nicht aus dem Grund den Vertrag beenden, daß sein Vertragspartner den Vertrag nicht vollständig ausgeführt hat[104]. Der

---

96 Ruby v. Ebsary Gypsum, 36 F.2d., 244 (246); Oscar Barnett Foundry Co. v. Crowe, 219 F., 450 (455).

97 Vgl. dazu 3. Teil, B. II. 1. b).

98 Kauffman v. Raeder, 108 F., 171 (179) mit Bezug u.a. auf den Fall Central Appalachian Co v. Buchanan, 73 F., 1006 ff., bei dem es um die Verpflichtungen aus einem Pachtvertrag ging.

99 Ruby v. Ebsary Gypsum Co., 36 F.2d., 244 (246); Oscar Barnett Foundry Co. v. Crowe, 219 F., 450 (455).

100 Dixie Cotton Picker Co. v. Bullock, 188 F., 921 (923).

101 Standard Stoker Co., Inc., v. Brewster, 277 F., 783 (785); Hazeltine Research Corp. v. Freed-Eisemann Radio Corp., 3 F.2d., 172 (179).

102 Cold Metal Process Co., v. United Engineering & F. Co., 107 F.2d., 27 (31 f.) m.w.N.

103 Cold Metal Process Co. v. United Engineering & F. Co., 107 F.2d 27 (32); Foster Hose Supporter Co. v. Taylor, 184 F., 71 (73 f.).

104 German Sav. Inst. v. De La Vergne Mach. Co., 70 F., 146 (150).

Vertrag muß bestehen bleiben und die erste Vertragspartei muß ihren Teil des Vertrages ausführen. Sie kann lediglich für die Nichtausführung des Vertrages von der anderen Vertragspartei Schadensersatz wegen Vertragsbruchs verlangen[105]. Er kann nicht gleichzeitig auf der einen Seite den Vertrag bestätigen, indem er die Vorteile vereinnahmt, und auf der anderen Seite versuchen, sich vom Vertrag zu lösen, um seinen Pflichten zu entgehen[106]. Nur dann, wenn die Vertragsparteien ihren Status quo wieder herstellen können, kann der Vertrag wegen Nichtausführung beendet werden[107].

Es muß grundsätzlich durch Auslegung ermittelt werden, ob der Vertrag zum Rücktritt berechtigt[108]. In den USA wird oft der Vertragsbruch eines Vertragspartners in ein Angebot an den anderen Vertragspartner umgedeutet, das Vertragsverhältnis zu beenden ("implied offer"). Es muß dabei eindeutig zum Ausdruck kommen, daß der vertragsbrüchige Vertragspartner auf die weitere Benutzung des Patents, also auf die Lizenz, verzichtet. Will der verletzte Vertragspartner das Angebot annehmen, muß auch er dies klar zu erkennen geben. Mit Zugang der Angebotsannahme wird dann der Vertrag beendet[109]. Es ist eine im US-amerikanischen Vertragsrecht allgemein geltende Regel, daß der Lizenznehmer, der den Vertrag beenden will und seinen Verzicht auf die Lizenz ausspricht, diesen Verzicht solange widerrufen kann, bis der Lizenzgeber ihn angenommen hat[110]. Nach US-amerikanischer Rechtsauffassung ist jedes Leistungsversprechen grundsätzlich bis zur Erbringung der Gegenleistung frei widerruflich[111]. Es ist darauf hinzuweisen, daß die Vertragspartei, die nach den genannten Grundsätzen ein Recht zum Rücktritt hat, dieses Recht verlieren kann, wenn sie es nicht ausübt und den Vertrag weiter ausführt, da der Rücktrittsberechtigte damit zum Ausdruck bringt, daß er auf das Recht verzichtet ("waiver")[112].

Der Rücktritt hat zur Folge, daß der Vertrag mit Rückwirkung auf den Zeitpunkt seines Abschlusses beseitigt wird. Wie im deutschen Recht handelt es sich um eine ex-tunc-Wirkung. Die Verpflichtungen müssen rückgängig gemacht werden. Die Vertragsparteien sollen so gestellt werden, als wäre der Lizenzvertrag niemals vollzogen worden[113].

---

[105] Kauffmanv. Raeder, 108 F., 171 (177); German Sav. Inst. v. De La Vergne Mach. Co., 70 F., 146 (150) jeweils mit weiteren Nachweisen.
[106] German Sav. Inst. v. De La Vergne Mach. Co., 70 F., 146 (150) m.w.N.
[107] Kauffman v. Raeder, 108 F., 171 (178).
[108] Walker Bin Co. v. C. Schmidt, 239 F., 636 f. (637).
[109] Automotive Products Corporation v. Wolverine B. & S. Co., 15 F.2d., 745 (748); Ruby v. Ebsary Gypsum Co., 36 F.2d., 244 (246).
[110] Allbright-Nell Co. v. Stanley Hiller Co., 72 F.2d., 392 ff. (393).
[111] Kühne, RabelsZ 36, 261 (269).
[112] Miami Cycle & Mfg. Co v. Robinson, 245 F., 556 (563).
[113] Vgl. schon 1. Teil, D. II. 3. b).

Die Beendigung des Vertrages infolge Kündigung, wie sie in den Lizenzverträgen meist vorgesehen wird, hat dagegen ex-nunc-Wirkung. Die Vertragspflichten erlöschen für die Zukunft[114].

Steht dem Lizenzgeber ein Recht zur Beendigung des Lizenzvertrages zu, kann er entweder den Vertrag beenden und Schadensersatz fordern oder den Vertrag als bestehend ansehen und die Zahlung der Lizenzgebühren geltend machen. Wählt er die letztere Möglichkeit, kann er sein Recht auf Beendigung des Lizenzvertrages verlieren ("waiver")[115].

b) Schadensersatz

Liegt keine schwere Vertragsverletzung vor, die zum Rücktritt berechtigt, und hat der Lizenzgeber seine Pflichten erfüllt und den Vertrag zu einem wesentlichen Teil ausgeführt ("Doctrine of Substantial Performance")[116], kann er entweder auf die Ausführung der Pflichten seines Vertragspartners bestehen oder Schadensersatz für die Nichtausführung fordern[117], ohne die vollständige Ausführung seiner Pflichten zu beweisen. Sein Vertragspartner hat die Möglichkeit, dagegen Widerklage einzulegen und seinerseits Schadensersatz für die nicht vollständige Ausführung des Vertrages des anderen zu verlangen[118].

Dem Lizenzgeber steht in diesem Fall kein Wahlrecht zwischen Vertragsbeendigung oder Geltendmachung eines Schadensersatzanspruchs zu. Die Vertragspflichten bestehen weiterhin fort[119].

Der Schadensersatzanspruch des verletzten Vertragspartners ergibt sich in den USA aus dem Vertrag als einer dem Vertrag immanenten Pflicht. Sie stellt neben den allgemeinen Pflichten der Vertragsparteien, den "primary obligations", eine "secondary obligation" dar, die auf der primären Vertragspflicht beruht[120].

Der Schadensersatz aufgrund Vertragsbruchs wird in den USA danach bemessen werden, was als Entschädigung notwendig ist, um den Verletzten in die Lage zu

---

114 1. Teil, D. II. 3. b).

115 Skil Corp. v. Lucerne Products, Inc., 489 F.Supp., 1129 (1164).

116 Vgl. dazu 2. Teil, 1. a) cc) (b).

117 69 C.J.S., § 255, S. 787; Kauffman v. Raeder, 108 F., 171 (179); Corbin, Discharge, Yale Law Journal., Vol. 22, 513 ff. (514).

118 Kauffman v. Raeder, 108 F., 171 ff. (178) m.w.N., es wird ausdrücklich darauf hingewiesen, daß diese Regel Anwendung auf alle Verhältnisse von längerer Dauer "considerable length" habe.

119 Kauffman v. Raeder, 108 F., 171 (179) mit Bezug u.a. auf den Fall Central Appalachian Co v. Buchanan, 73 F., 1006 ff., bei dem es um die Verpflichtungen aus einem Pachtvertrag ging.

120 Vgl. dazu 1. Teil, E. II. 1.

versetzten, die er einnehmen würde, wenn der Vertragspartner die Verpflichtungen eingehalten hätte:

> "Measure of damages to which a plaintiff is entitled as a result of a breach of contract is the amount necessary to put the plaintiff in as good a position as he would have been if the defandant abided by the contract".[121]

Der Schadensersatz soll dabei fair und angemessen sein[122]. Grundsätzlich kann der Verletzte keinen entgangenen Gewinn verlangen. In Ausnahmefällen kann ihm ein solcher Anspruch aber gewährt werden. Dies ist dann der Fall, wenn der entgangene Gewinn unmittelbar aus dem Vertragsbruch resultierte, die Vertragsparteien bei Abschluß des Vertrages mit einem Gewinn gerechnet haben, und wenn es eine angemessene Berechnungsbasis für den entgangenen Gewinn gibt[123].

Ist im Vertrag keine Vereinbarung über den Ort der Ausübung getroffen, so richtet sich die Berechnung des Schadensersatzes in den USA nach dem Einzelstaat, in dem der Vertrag ausgeführt wurde[124], bzw. nach dem Ort, in dem der Vertragsbruch begangen wurde[125]. Dies gilt auch für die Zinsrate[126]. Meistens ist der Ort mit dem Ort des Vertragsabschlusses identisch[127].

Es ist im einzelnen sehr schwierig, den Schaden genau zu bemessen. Für die Bemessung sind zwei Grundsätze entwickelt worden, die in ein Gleichgewicht gebracht werden müssen. Der erste Grundsatz besteht darin, daß der Lizenzgeber für die Verletzung entschädigt werden muß, auch wenn es einige Unsicherheiten bezüglich der Höhe des Schadensersatzes gibt. Der zweite Grundsatz liegt darin, daß der Jury als Basis für ihre Entscheidung vernünftige Richtlinien gegeben werden müssen. Ihre Entscheidung darf nicht auf einer nicht nachvollziehbaren Schätzung beruhen[128]. Aus diesem Grund enthält auch das Restatement, Contracts 2d., § 331, die Bestimmung, daß eine "reasonable certainty" erforderlich ist, der Betrag also mit einer gewissen Zuverlässigkeit angegeben werden muß[129]. Es gibt aber auch Ausnahmen dazu, wenn ein Beweis für eine bestimmte

[121] Perma Research & Development Co. v. Singer, 402 F.Supp., 881 (898); vgl. auch Hutchins v. Bethel Methodist Home, 370 F.Supp., 954 (964) m.w.N.

[122] Reliance Molded Plastics, Inc. v. Jiffy Products, 215 F.Supp., 402 (412).

[123] For Children, Inc. v. Graphics International, Inc., 352 F.Supp., 1280 (1284), der Verletzte kann unter Umständen auch Kosten ersetzt verlangen, die notwendigerweise durch den Vertragsbruch entstanden und angemessen sind, 1285. Flexitized, Inc. v. National Flexitized Corporation, 335 F.2d., 774 (779) m.w.N., wobei die Entscheidung sich ausdrücklich auf den Staat New York bezog. Perma Research & Development Co. v. Singer, 402 F.Supp., 881 (898), vgl. dort auch zum Beweiserfordernis, 899. Gerade die zweite Voraussetzung ist oft problematisch, vgl. Reliance Molded Plastics, Inc. v. Jiffy Products, 215 F.Supp., 402 (412).

[124] Stentor Electric Mfg. Co. v. Klaxon Co., 115 F.2d, 268 (276).

[125] Stentor Electric Mfg. Co. v. Klaxon Cop., 115 F.2d., 268 (275).

[126] Stentor Electric Mfg. Co. v. Klaxon Cop., 115 F.2d., 268 (276).

[127] Stentor Electric Mfg. Co. v. Klaxon Co., 115 F.2d, 268 (276).

[128] Stentor Electric Mfg. Co. v. Klaxon Cop., 115 F.2d., 268 (273) m.w.N.; Eastern Terminal Lumber Co. v. Stitzinger, 35 F.2d., 333 (335); Hedrick v. Perry, 102 F.2d., 802 (806).

[129] Vgl. auch Restatement , Contracts, 2d., § 331, 378.

Höhe nicht erbracht werden kann, aber sich aus menschlicher Erfahrung ergibt, daß ein monetärer Schaden entstanden ist[130].

Auch wenn es im einzelnen sehr schwierig ist, die genaue Schadensersatzsumme zu ermitteln und die Höhe sehr unsicher ist, wird ein Schadensersatz generell zugesprochen, wenn eine vernünftige Basis für die Berechnung des Schadens hervorgebracht wird[131]. Auf diese Weise haben die Gerichte schon Schadensersatzsummen in Höhe von US$ 5 Millionen gewährt[132]. Ist die Angabe einer Berechnungsbasis jedoch nicht möglich, stellt der Rücktritt unter Umständen das angemessene Rechtsmittel dar[133].

Begeht der Lizenznehmer gleichzeitig mit der Vertragsverletzung einen Betrug, indem er beispielsweise absichtlich die zu zahlenden Lizenzgebühren falsch darstellt, kann der Lizenzgeber unter Umständen zum einen eine Vertragsverletzung geltend machen und zum anderen auf Schadensersatz wegen Betruges und unerlaubter Handlung klagen. Er kann auf diese Weise zwei unterschiedlich hohe Schadensersatzansprüche erlangen, die nebeneinander bestehen[134].

2. Rechtsfolgen der Verletzung der Zahlungspflicht

Die Verletzung der Zahlungspflicht als wesentliche Vertragsverletzung löst je nach Art und Schwere unterschiedliche Rechtsfolgen aus. Generell gilt, daß die Verletzung schwerwiegende Folgen hat:

> "A licensee who whishes to continue using the patented element cannot withhold royalty payments without laying himself open to large potential liability for infringement and an injunction against all future use of the patented substance".[135]

Nach Rücktritt vom Vertrag aufgrund der Nichtzahlung der Lizenzgebühren braucht der Lizenzgeber nicht mehr die Benutzung des Patents zu gewähren; er hat gleichzeitig ein Recht auf Rechnungslegung für die zurückliegenden Lizenzgebühren[136].

Erhebt der Lizenzgeber Klage auf Zahlung der fälligen Lizenzgebühren, kündigt aber nicht gleichzeitig den Lizenzvertrag, sondern sieht den Vertrag als bindend an, verzichtet er auf sein Kündigungsrecht für die Nichtzahlung der Lizenzgebühren[137].

---

130 Stentor Electric Mfg. Co. v. Klaxon Cop., 115 F.2d., 268 (274).

131 Payne/Sokal, LLBR. 1979, Vol. 1, 77 (86 f.).

132 Vgl. Perma Research & Development Co. v. Singer Co., 402 F.Supp., 881 ff.

133 Neenan v. Otis Elevator Co., 194 F., 414 (417).

134 In einigen Staaten in den USA ist es möglich, daß die Nichteinhaltung einer Pflicht eine unerlaubte Handlung darstellt, Peitzman v. City of Illmo, 141 F.2d., 956 (961), für den Staat Missouri: "Torts may be commited in the non-observance of contract duties"; vgl. auch Morrill v. Becton, Dickinson and Co., 564 F.Supp., 1099 (1106).

135 Warner-Jenkinson Co. v. Allied Chemical Corp., 567 F.2d., 184 (187).

136 Ruby v Ebsary Gypsum, 36 F.2d., 244 (246).

3. Rechtsfolgen der Verletzung der Ausübungspflicht

Die Verletzung der ausdrücklich vereinbarten oder stillschweigend unterstellten Ausübungspflicht löst generell ein Kündigungs- ("cancellation") oder Rücktrittsrecht vom Lizenzvertrag aus[138]. Insbesondere dann, wenn der Lizenznehmer über einen längeren Zeitraum seiner Ausübungspflicht überhaupt nicht nachkommt, begründet die Pflichtverletzung ein Rücktrittsrecht[139]. Die Gerichte berücksichtigen bei ihrer Entscheidung, ob dem Lizenzgeber ein Rücktrittsrecht zustehen soll, ob der Lizenznehmer versucht hat, die Erfindung auszuüben oder ob er einen Grund dafür angegeben hat, daß er seiner Pflicht nicht nachgekommen ist[140]. Es wird sogar dann der Rücktritt als Rechtsmittel vom Gericht angenommen, wenn es sich bei dem lizensierten Produkt um kein Konkurrenzprodukt handelt[141]. Das einfache Fehlschlagen der Ausübungsbemühungen und auch der Verzug mit der Ausübungspflicht berechtigen jedoch nicht zum Rücktritt[142].

Eine nach der Rechtsprechung anerkannte Handlung, die den Rücktritt bei Nichtausübung gerechtfertigt hat, war nach der Rechtsprechung in einem Fall gegeben, in dem sich der Lizenznehmer ausdrücklich dazu verpflichtet hat, die Weiterentwicklung der Erfindung des Patentinhabers finanziell zu unterstützen und seine Herstellung und Vermarktung zu übernehmen, jedoch innerhalb von fünf Jahren kein einziges Produkt herstellte oder verkaufte[143]. Anstelle des Rücktritts wurde dem Lizenzgeber auch ein Kündigungsrecht wegen Aufgabe der Verwertung der Erfindung durch den Lizenznehmer ("abandonment") zugestanden.

Die Ausübungspflichtverletzung löst alternativ auch einen Schadensersatzanspruch aus. Der Schadensersatz errechnet sich ausnahmsweise nach den erzielten Gewinnen eines anderen Geschäfts ("going business") des Lizenznehmers[144]. Auch wenn es im einzelnen sehr schwierig ist, die genaue Schadensersatzsumme zu ermitteln und die Höhe sehr unsicher ist, wird ein Schadensersatz generell zugesprochen, wenn eine vernünftige Basis für die Berechnung des Schadens hervorgebracht wird[145]. Auf diese Weise haben die

---

137 Skil Corp. v. Lucerne Products, Inc., 489 F.Supp., 1129 (1164).

138 Payne/Sokal, LLBR. 1979, Vol. 1, 77 (86); vgl. auch Parev Products Co. v. Rokeach & Sons, 36 F.Supp., 686 (694).

139 Neenan v. Otis Elevator Co., 194 F., 414 (418); vgl. auch Ellis, Licenses, S. 254.

140 Neenan v. Otis Elevator Co., 194 F., S. 414 (418).

141 Willis Bros., Inc. v. Ocean Scallops, Inc. 356 F. Supp., 1151 (1157).

142 Neenan v. Otis Elevator Co., 194 F., 414 (417).

143 International Aluminum Window Corp. v. Ferri, 101 USPQ, 131 ff. (132).

144 Stentor Electric Mfg. Co. v. Klaxon Cop., 115 F.2d., 268 (274); vgl. auch Eastern Terminal Lumber Co. v. Stitzinger, 35 F.2d., 333 (335); Hedrick v. Perry, 102 F.2d., 802 (806); Flexitized, Inc. v. National Flexitized Corporation, 335 F.2d., 774 (779) m.w.N., wobei die Entscheidung sich ausdrücklich auf den Staat New York bezog.

145 Payne/Sokal, LLBR. 1979, Vol. 1, 77 (86 f.).

Gerichte schon Schadensersatzsummen in Höhe von US$ 5 Millionen gewährt[146]. Ist die Angabe einer Berechnungsbasis jedoch nicht möglich, stellt auch hier der Rücktritt unter Umständen das angemessene Rechtsmittel dar[147].

Im Zusammenhang mit der Ausübungspflicht kann der Lizenznehmer eine arglistige Täuschung begehen, die unter Umständen zum Rücktritt des Lizenzgebers berechtigt, wenn er den Vertrag abschließt, ohne den Willen zu haben, das Patent auszuüben[148].

4. Rechtsfolgen der Verletzung der Geheimhaltungspflicht

Der Inhaber und Lizenzgeber eines Geschäftsgeheimnisses ("trade secrets") kann in den USA nach Bereicherungsrecht Ansprüche gegen den Verletzer geltend machen[149]. Es gelten die gleichen Grundsätze wie für die unberechtigte Offenlegung der Erfindung, wenn noch kein Patentschutz für die Erfindung besteht[150]. Es ist zwar eine umstrittene Frage gewesen, ob die Haftung für die Weitergabe und Offenlegung von Geschäftsgeheimnissen in Analogie zu dem Recht der "literary property", Urheberrecht, Patentrecht, Warenzeichenrecht oder Recht des Unlauteren Wettbewerbs behandelt werden kann. Letztlich ist jedoch anerkannt, daß es sich bei der verletzenden Handlung um einen generellen Vertragsbruch und Mißbrauch des Vertrauens handelt[151]:

> "Damages are allowed in trade secret cases, not upon the theory of the taking of property, but rather upon the theory of a breach of a confidential relationship".[152]

Der Geschädigte kann die Bereicherung, den der Verletzer des Geheimnisses erlangt hat, zurückverlangen. Der Ersatzanspruch richtet sich ausdrücklich nicht nach dem entgangenen Gewinn, sondern nach dem Vorteil des Verletzers, der nach der Vergleichsmethode ("standard of comparison method") ermittelt wird[153]. Letztlich wird dies auf eine "reasonable royalty" hinauslaufen[154].

---

[146] Vgl. Perma Research & Development Co. v. Singer Co., 402 F.Supp., 881 ff.
[147] Neenan v. Otis Elevator Co., 194 F., 414 (417).
[148] Vgl. dazu 1. Teil, D. II. 2.
[149] Reynolds v. Whitin Mach. Works, 167 F.2d., 78 (88).
[150] Siehe 3. Teil, A. II. 2.
[151] Vgl. dazu, Reynolds v. Whitin Mach. Works, 167 F.2d., 78 (88).
[152] International Industries v. Warren Petroleum Corp. 248 F.2d., 696 (699).
[153] Vgl. dazu ausführlich International Industries v. Warren Petroleum Corp. 248 F.2d., 696 (699).
[154] University Computing Co. v. Lykes-Youngstown Corp., 504 F.2d., 518 (535).

11. KAPITEL

C. Der Nichtigkeitseinwand des Lizenznehmers

Aufgrund der unterschiedlichen Behandlung in Deutschland und in den USA und der Bedeutung ist noch einmal die Möglichkeit des Lizenznehmers herauszustellen, in einem Patentverletzungsverfahren den Einwand der Nichtigkeit des Patents zu erheben.

I. DEUTSCHLAND

In Deutschland wird in einem Patentverletzungsverfahren die Rechtsbeständigkeit eines rechtskräftig erteilten Patents hingenommen. Sie wird im Verletzungsprozeß nicht geprüft[1]. Von diesem Grundsatz gibt es einige wenige Ausnahmen[2].

Will der Patentverletzer die Gültigkeit des Patents angreifen, muß er in einem getrennten Nichtigkeitsverfahren vor dem Patentgericht in München, einem selbständigen Organ der Rechtspflege, welches ihren Sitz am Sitz des deutschen Patentamts hat (§ 65 PatG), die Nichtigerklärung beantragen, § 22 PatG.

Ist ein solches, das Klagepatent betreffendes Nichtigkeitsverfahren anhängig, hat der Richter die Möglichkeit, den Verletzungsstreit gem. § 148 ZPO auszusetzen[3]. Der Richter wird von seinem Ermessen zur Aussetzung des Verfahrens aber nur dann Gebrauch machen, wenn der voraussichtliche Erfolg der anhängigen Nichtigkeitsklage glaubhaft gemacht ist. Die Nichtigkeit braucht also nicht voll erwiesen zu sein[4].

Zwar ist die Nichtigkeitsklage als Popularklage ausgestaltet, so daß sie grundsätzlich von jedermann erhoben werden kann[5], es gibt jedoch dann Ausnahmen, wenn dies gegen den Grundsatz von Treu und Glauben verstößt. Ist der Verletzer ein Lizenznehmer und enthält der Lizenzvertrag mit dem Patentinhaber als Lizenzgeber eine Nichtangriffsabrede, so kann die Nichtigkeitsklage unter dem Gesichtspunkt der unzulässigen Rechtsausübung ohne Sachprüfung abzuweisen sein[6]. Haben die

---

1 Benkard-Rogge, § 139 Rn. 25; BGH GRUR 1959, 320 ff. - "Moped-Kupplung" (Klage der Patentinhaberin auf Unterlassung der Benutzung des Patents); BGH GRUR 1970, 296 ff. (297) - "Allzweck-Landmaschine" (Antrag der Klägerin auf Feststellung, daß Beklagte verpflichtet ist Schadensersatz in Form von Lizenzgebühren zu zahlen).

2 Vgl. beispielsweise BGH GRUR 1959, 320 ff. - "Moped-Kupplung" (s.o.).

3 Benkard-Rogge, § 139 Rn. 25, 107.

4 Benkard-Rogge, § 139 Rn. 107.

5 Benkard-Rogge, § 22 Rn. 21.

6 Vgl. dazu 1. Teil, E. 1. b) bb) (a).

Vertragsparteien keine Nichtangriffsvereinbarungen getroffen, hat der Lizenznehmer grundsätzlich die Möglichkeit, eine Nichtigkeitsklage zu erheben, es sei denn, dies verstößt gegen Treu und Glauben[7].

Der Lizenznehmer hat in Deutschland also nur begrenzt die Möglichkeit, zu seiner Verteidigung in einem Patentverletzungsverfahren die Nichtigkeit des Patents erfolgreich geltend zu machen.

II. USA

Im Gegensatz zum deutschen Recht kann nach US-amerikanischem Recht der Verletzungsbeklagte den Einwand der Nichtigkeit des Patents wegen formeller und sachlicher Mängel im Verletzungsstreit erheben[8]. Die Geltendmachung der Nichtigkeit des Patents hat, entgegen früherer Rechtsprechung, keinen Einfluß auf das Bestehen des Lizenzvertrages[9]. Das US-amerikanische Recht kennt in dieser Hinsicht keine Schranken. Daher tauchen in den Verletzungsprozessen ständig Fragen der Neuheit und Verletzungshöhe auf, was die Patentsicherheit stark beeinträchtigt.

Der Grund für die unterschiedliche Behandlung des Nichtigkeitseinwands in den USA und in Deutschland ist zum einen seine wettbewerbsrechtliche Zulässigkeit. Ein anderer Grund ist, daß in Deutschland, im Gegensatz zu den USA, keine Trennung zwischen Patentgericht, das für das Nichtigkeitsverfahren zuständig ist, und ordentlichen Gerichten, die über Patentstreitsachen entscheiden (§ 143 PatG) besteht.

Dies hat zur Folge, daß der Lizenznehmer, der zulässigerweise den Nichtigkeitseinwand erhebt, ein getrenntes Verfahren anstreben muß, was mit zusätzlichen Kosten verbunden ist.

Nach den neuen Antitrust-Richtlinien des Departement of Justice wird die Durchsetzung ungültiger Patentrechte als wettbewerbsrechtliche Verstöße gefördert[10]. Der Supreme Court hat entschieden, daß die Durchsetzung eines Patents, das durch betrügerisches Verhalten erhalten wurde, gegen Sec. 2 des Sherman Acts[11] verstoßen kann, wenn alle weiteren Voraussetzungen erfüllt sind; die Möglichkeit des dreifachen Schadensersatzes

---

7 Vgl. dazu 1. Teil, E. 1. b) bb) (a).
8 Skil Corp. v. Lucerne Products, Inc., 1129 (1165); Luckett v. Delpark, 270 U.S. 596, 70 L.ed., 703; siehe dazu auch ausführlich 1. Teil, E. II. 1. b) aa).
9 Skil Corp. v. Lucerne Products, Inc., 1129 ff. (1165).
10 Vgl. DOJ, 1995 Antitrust Guidelines, S. 16 ff.
11 Vgl. zum Sherman Act 1. Teil, II. 1. a) aa) (a).

nach Sec. 4 Clayton Act ist anwendbar[12]. Dagegen ist die Durchsetzung eines Patents, das durch bloßes unbilliges Verhalten wurde, kein Verstoß gegen Sec. 2 Sherman Act, da ein unbilliges Verhalten keinen vorsätzlichen Betrug darstellt[13].

---

12 Walker Process Equip. v. Food Mach. Chem. Corp., 382 U.S. 172, 15 L.ed.2d., 247 (249) (Gegenklage von Walker gegen Food Mach. Corp. wegen Betrug dadurch, daß Food Mach. Corp. vor dem Patentamt geschworen hat, daß sie weder wußte noch glaubte ihre Erfindung sei schon mehr als ein Jahr vor Patentanmeldung in den USA in den Verkehr gebracht worden, obwohl dies tatsächlich der Fall war).

13 Argus Chemical Corp. v. Fibre Glass-Evercoat Co., 812 F.2d., 1381 (1384). Eine objektiv grundlose Verletzungsklage, die im bösen Glauben vorgebracht wurde, kann dann gegen Sec. 2 Sherman Act verstoßen, wenn der Kläger weiß, daß das Patent ungültig ist, Handgards, Inc. v. Ethicon, Inc., 743 F.2d., 1282 (1288).

12. KAPITEL

D. Verjährung

Nach § 141 PatG verjähren die Ansprüche wegen Patentverletzung in drei Jahren von dem Zeitpunkt an, in dem der Berechtigte von der Verletzung und der Person des Verpflichteten Kenntnis erlangt, ohne Rücksicht auf diese Kenntnis in 30 Jahren von der Verletzung an. Die Kenntnis des Lizenznehmers setzt den Lauf der Verjährungsfrist zu Lasten des Lizenzgebers nur dann in Gang, wenn der Lizenzgeber den Lizenznehmer mit der Geltendmachung von Rechten aus dem Patent beauftragt hat[14].

In § 141 S. 3 PatG ist bestimmt. daß bei Vorliegen der Voraussetzungen für einen Bereicherungsanspruch der Verletzer auch nach Vollendung der Verjährung der patentrechtlichen Verletzungsansprüche zur Herausgabe des Erlangten verpflichtet bleibt. Der Bereicherungsanspruch, der auch nebem dem Anspruch wegen Patentverletzung stehen kann, verjährt nach § 195 BGB in 30 Jahren[15].

Bestehen weitere Deliktsansprüche, z.B. wegen vorsätzlich sittenwidriger Schädigung nach § 826 BGB, so gilt auch für diese die zweifache Verjährung von drei und von 30 Jahren, § 852 BGB. § 852 BGB entspricht der Regelung des § 141 PatG.

Im Rahmen der Vertragsverletzung verjähren Ansprüche auf Erfüllung des Lizenzvertrages nach § 195 BGB in 30 Jahren, ebenso die Ansprüche auf einmalige Abgeltung des Lizenzrechts[16]. Die 30-jährige Verjährungsfrist ist jedoch ohne praktische Bedeutung, da der Erfüllungsanspruch mit Erlöschen des Patents inhaltlos ist, sich auf eine unmögliche Leistung richtet und daher weder erhoben noch durchgesetzt werden kann.

Auch der Schadensersatzanspruch wegen pVV unterliegt der 30-jährigen Verjährung des § 195 BGB. Die kürzere Verjährungsfrist des § 141 PatG ist auf ihn nicht anwendbar, da konkurrierende deliktische und vertragliche Ansprüche grundsätzlich ihren eigenen Verjährungsregeln unterliegen[17].

---

14 BGH GRUR 1989, S. 133 ff.
15 Benkard-Ullmann, § 15 Rn. 132.
16 Benkard-Ullmann, § 15 Rn. 132.
17 Ohl, GRUR 1992, 77 (82).

II. USA

Nach 35 U.S.C. § 286 kann Schadensersatz wegen Patentverletzung in den USA nur bis zum Ablauf von sechs Jahren nach der das Patent verletzenden Handlung geltend gemacht werden. Die Vorschrift dient dazu, dem Patentinhaber einen Anreiz zu geben, möglichst sofort nach Kenntnis von der Patentverletzung eine Patentverletzungklage zu erheben[18].

Weiterhin besteht die Möglichkeit, daß die Erhebung der Patentverletzungsklage auch verwirkt sein kann[19].

Die Verjährung vertragsrechtlicher Ansprüche richtet sich nach dem einzelstaatlichen Recht, den sog. "Statutes of Limitation". Sie beträgt beispielsweise für den Staat Missouri fünf Jahre und für den Staat New York sechs Jahre. Nach der einheitlich für alle Staaten geltenden Verjährungsbestimmung des Uniform Commercial Code, unter den der Lizenzvertrag aber bisher noch nicht fällt[20], beträgt die Verjährungsfrist vier Jahre nach der verletzenden Handlung[21].

---

18 Vgl. Fairchild Engine & Airplane Corp. v. U.S., 285 F.2d., 131 ff., 35 U.S.C. § 286, 552.

19 Vgl. dazu 3. Teil, E. II.

20 In den USA wird geplant eine Bestimmung für Lizenzverträge in den UCC aufzunehmen.

21 UCC § 2.725(1).

13. KAPITEL

E. Verwirkung

I. DEUTSCHLAND

Es ist darauf hinzuweisen, daß der Lizenzgeber seine Rechte gegen den Lizenznehmer grundsätzlich verwirken kann, wenn er sie längere Zeit hindurch nicht geltend macht (Zeitmoment), und der Lizenznehmer sich nach dem Verhalten des Lizenzgebers darauf einrichten durfte und auch eingerichtet hat, daß dieser das Recht auch in Zukunft nicht geltend macht (Umstandsmoment)[22]. Die zivilrechtlichen allgemeinen Grundsätze zur Verwirkung, deren Grundlage § 242 BGB darstellt, gelten auch für das Patentrecht. Duldet z.B. der Lizenzgeber über längere Zeit die Nichtausübung des Patents durch den Lizenznehmer, obwohl dieser dazu verpflichtet war, und nimmt der Lizenznehmer z.B. Vermögensdispositionen vor, kann er unter Umständen später seine Rechte nicht mehr durchsetzen. Der Erfolg der Verwirkung hängt von den Einzelfallumständen ab und erfordert eine Interessenabwägung[23].

Aufgrund der Eigenart des Patentrechts, insbesondere der zeitlichen Begrenzung des Patentschutzes, wird jedoch nur in ganz seltenen Ausnahmefällen der Verwirkungseinwand des Lizenznehmers durchgreifen[24]. Dies unterstreicht auch die Rechtsprechung, die bisher auf dem Gebiet des Patentrecht dazu ergangen ist[25].

II. USA

Die amerikanische Rechtsprechung steht dem Verwirkungseinwand dagegen unkritischer gegenüber. Sie spielt eine erhebliche größere Rolle als in Deutschland. Es gibt verschiedene Arten der Verwirkungen, die Einreden vor Gericht darstellen. Bezüglich der Einreden gegen einen Patentverletzungsanspruch werden im folgenden die "laches"

---

22 Palandt-Heinrichs, § 242 Rn. 87 ff.; vgl. auch den Fall von RG v. 12.4.1938, 374 (376).
23 Beier/Wieczorek, GRUR 1976, 566 ff. (567).
24 Beier/Wieczorek, GRUR 1976, 566 (571); Klaka, Patentrecht, GRUR 1978, 70 (73); ders., Verwirkung, GRUR 1970, 265 (273).
25 Vgl. z.B. BGH GRUR 1976, 579 (581) - "Tylosin".

und die "equity estoppel"-Einrede dargestellt. Beide Einreden stehen im Ermessen des Richters. Als "laches"[26] wird gem. 35 U.S.C. § 282 eine gerichtliche durchsetzbare Einrede gegen einen Patentverletzungsanspruch bezeichnet. Sie hat dann Erfolg, wenn die Verzögerung des Patentinhabers bei der Klageerhebung ungerechtfertigt und entschuldbar war und der angebliche Verletzer aufgrund der Verzögerung einen materiellen Nachteil erlitten hat[27]. Für diese Einrede besteht eine Vermutung, wenn ein Patentinhaber mit der Klageerhebung mehr als sechs Jahre von dem Zeitpunkt an, seit dem er von dem Verhalten des angeblichen Verletzers wußte oder wissen mußte, gezögert hat[28]. Für die Zeitdauer, die als angemessen gilt, gibt es aber keine festen Grenzen; sie hängt vielmehr von den Umständen des Einzelfalls ab [29]. Die "laches" Einrede hat die Wirkung, daß die Durchsetzbarkeit des Anspruchs des Patentinhabers auf Ersatz der vor Klageerhebung entstandenen Schäden gehindert ("barred") sein kann[30].

Auch die "equity-estoppel"-Einrede ist eine gerichtlich durchsetzbare Einrede gegen einen Patentverletzungsanspruch, 35 U.S.C. § 282. Für sie müssen drei Voraussetzungen gegeben sein. Der Patentinhaber muß durch sein irreführendes Verhalten den Patentverletzer dazu bringen, daß dieser annimmt, daß der Patentinhaber nicht die Absicht hat, sein Patent gegen ihn durchzusetzen. Der angebliche Patentverletzer muß auf dieses Verhalten vertrauen, und infolge dieses Vertrauens müßte der angebliche Verletzer einen materiellen Nachteil erleiden, wenn der Patentinhaber nun Klage erheben würde[31]. Kann der angebliche Verletzer diese Einrede für sich beanspruchen, hat das die Wirkung, daß die Durchsetzbarkeit des Anspruchs des Patentinhabers vollständig gehindert sein kann[32].

Diese Einreden können nach der Rechtsprechung auch einem Lizenznehmer zustehen[33].

Aufgrund der Tatsache, daß in den USA nach der Rechtsprechung eine Verwirkung der Rechte eher angenommen wird als in Deutschland, ist es zu empfehlen, Patente möglichst frühzeitig gegen Verletzungen zu verteidigen. Von den Auswirkungen einer verzögerten

---

26 "Laches" wird auch als "clement doctrine", Lehre von der Nachsicht, bezeichnet. Sie soll gewährleisten, das alte Rechtsstreitigkeiten irgendwann zur Ruhe kommen, vgl. Environmental Defense Fund v. Alexander, 614 F.2d., 474 (481).

27 Vgl. ausführlich A. C. Aukerman Co. v. R. L. Chaides Construction Co., 22 USPQ2d., 1321 (1324 ff.), siehe auch die auszugsweise Übersetzung in GRUR Int. 1994, 866 ff.; vgl. auch Siemens AG. v. Beltone Electronics Corp., 184 USPQ, 433 ff., auszugsweise Übersetzung in GRUR Int. 1976, 353 ff.; Advanced Hydraulics, Inc. v. Otis Elevator Co., 186 USPQ, 1 ff., auszugsweise Übersetzung in GRUR Int. 1976, 355 ff.

28 A. C. Aukerman Co. v. R. L. Chaides Construction Co., 22 USPQ2d., 1321 (1330).

29 Galliher v. Cadwell, 145 U.S. 368 (373).

30 Aukerman Co. v. R. L. Chaides Construction Co., 22 USPQ2d., 1321 (1325).

31 Reliance Molded Plastics, Inc. v. Jiffy Products, 215 F.Supp., 402 (413); vgl. dazu auch A. C. Aukerman Co. v. R. L. Chaides Construction Co., 22 USPQ2d., 1321 (1324 ff.).

32 Aukerman Co. v. R. L. Chaides Construction Co., 22 USPQ2d., 1321 (1325).

33 Vgl. Lewis Invisible Stitch Mach. Co. v. Popper, 33 F.Supp., 812 ff. (813); Reliance Molded Plastics, Inc. v. Jiffy Products, 215 F.Supp., 402 (408).

Klageerhebung in den USA ist bereits schon ein deutsches Unternehmen, die Siemens AG im Jahre 1974, betroffen gewesen[34]. Als Rechtfertigung für die verzögerte Klageerhebung hat das Gericht nicht die Tatsache gelten lassen, daß Siemens einen anderen Rechtsstreit führte[35].

---

[34] Vgl. Siemens AG. v. Beltone Electronics Corp., 184 USPQ, 433 ff., auszugsweise Übersetzung in GRUR Int. 1976, S. 353 ff.

[35] Siemens AG. v. Beltone Electronics Corp., 184 USPQ, 433 (436); vgl. auch Advanced Hydraulics, Inc. v. Otis Elevator Co., 186 USPQ, 1 ff (3).

14. KAPITEL

F. Prozeßkosten

Ein wesentlicher Unterschied zwischen den untersuchten Rechtskreisen besteht hinsichtlich der Prozeßkosten. Während diese im deutschen Recht gesetzlich festgelegt sind und sich nach dem Streitwert richten, verrechnen die Anwälte in den USA Stundensätze, die bei der Durchführung von Gerichtsverhandlungen durchaus bei einer Höhe von DM 1000 je Stunde liegen können.

Das Verletzungsverfahren ist in den USA aber nicht nur sehr kostspielig, es dauert in der Regel auch viel länger als in Deutschland, da der Verletzte umfangreiche Verteidigungsmöglichkeiten hat[1].

I. DEUTSCHLAND

Das deutsche Verfahrensrecht hat hinsichtlich der Prozeßkosten den Vorteil, daß der Verletzte nach § 91 ZPO die Aufwendungen, die zur zweckentsprechenden Rechtsverfolgung notwendig waren, im Falle erfolgreicher Klage neben dem Schadensersatz bzw. Bereicherungsausgleich liquidieren kann[2]. Der Kläger hat jedoch dabei das Risiko, daß er, wenn er mit der Klage nicht vollständig Erfolg hat, sondern den eingeklagten Betrag nur teilweise zugesprochen bekommt, die Kosten teilweise zu tragen hat. Es erfolgt dann eine Kostenteilung gem. § 92 I ZPO in dem Verhältnis, in dem jeder von den Parteien unterlegen ist. Es besteht also nach deutschem Recht die Möglichkeit, daß der Verletzte, dessen Klage Erfolg hat, den größten Teil der Kosten zu tragen hat, wenn er seine Forderung zu hoch beziffert hat. Diesem Risiko kann er durch eine Teilklage oder durch eine Stufenklage (§ 254 ZPO) entgehen. Bei der Stufenklage braucht er den Klageanspruch nicht zu beziffern, solange noch keine Auskunfts- und Rechnungslegung seitens des Verletzers erfolgt ist.

Bei der Verletzung von Immaterialgüterrechten kommt es häufig vor, daß das Gericht von der Möglichkeit des § 92 II ZPO Gebrauch macht, nach dem dem teilweise

[1] Vgl. beispielsweise den Einwand der Nichtigkeit des Patents 3. Teil, D. II.
[2] Vgl. Zöller, vor § 91 ff. Rn. 1 ff.

obsiegenden Verletzer auch die gesamten Kosten auferlegt werden, wenn der Betrag der Klageforderung von der Festsetzung durch richterliches Ermessen oder von der Ermittlung durch Sachverständige abhängig ist.

In Patentsachen besteht die Besonderheit, für wirtschaftlich schwache Prozeßparteien das Kostenrisiko mit Hilfe des § 144 PatG durch Streitwertherabsetzung in Grenzen zu halten.

II. USA

In den USA kommt es sehr häufig vor, daß Lizenzverträge erst im Rahmen von Patentstreitigkeiten abgeschlossen werden. Die US-amerikanischen Unternehmen gehen einen anderen Weg als die Deutschen: Sie benutzen die patentierte Erfindung oft ohne lizenzvertragliche Befugnis und gehen damit das Risiko ein, daß sie einer Patentverletzungsklage ausgesetzt werden können. Kommt es zu einer gerichtlichen Patentstreitigkeit, erhebt sich die Frage, ob der Verletzer eine Lizenz eingeräumt bekommt.

Derjenige, der beabsichtigt, die patentierte Erfindung zu benutzen, hat die Möglichkeit, sich vor Benutzung um eine Lizenzierung der Erfindung zu bemühen oder es auf eine Verletzungsklage ankommen zu lassen. Seine Entscheidung, welche der beiden Möglichkeiten er wählt, hängt von vielen Faktoren ab: 1. Höhe der entstehenden Kosten einer Streitigkeit, 2. Erfolgschancen, 3. Wert einer einstweiligen Verfügung und/oder Schadensersatz, 4. Möglichkeit des Zugangs zur Technologie des Lizenznehmers, 5. Marktanteil, den der Lizenznehmer erhalten kann, 6. Auswirkung einer Streitigkeit auf andere Lizenznehmer, 7. Auswirkung des Nichtlizenzierens oder Nichtklagens auf den Ruf des Unternehmens, 8. Finanzieller Zustand der gegnerischen Partei[3].

Es ist bekannt, daß die Prozeßkosten in den USA generell sehr hoch sind. Dies trifft auch auf Patentstreitigkeiten zu, wobei die Höhe von der Komplexität der Technologie abhängt[4]. Die Kosten richten sich in US-amerikanischen Gerichtsverfahren nicht nach dem Streitwert. Die Anwälte verrechnen vielmehr die Stundensätze, wobei diese bei der Durchführung von Gerichtsverhandlungen in der Größenordnung von DM 1000,- je Stunde liegen können. Patentverletzungsprozesse sind in den USA auch sehr langwierig,

---

[3] Vgl. die umfassende Auflistung bei Payne, Les Nouvelles 1983, 231 ff. (231).

[4] Payne, Les Nouvelles 1983, 231 ff. (231).

da umfangreiche Verteidigungsmöglichkeiten des Verletzten bestehen, da er beispielsweise die Patentnichtigkeit geltend machen kann.

Aus diesem Grund kommt der gesetzlichen Regelung des 35 U.S.C. § 285 große Bedeutung zu, nach der der im Rechtsstreit unterlegenen Partei die Anwaltsgebühren auferlegt werden kann, wenn es sich um einen außergewöhnlichen Fall ("exceptional case") handelt[5]. 35 U.S.C. § 285 stellt eine Ausnahmeregelung zu den US-amerikanischen Regeln des Common Law dar, nach der nur in wenigen Fällen, die geringe praktische Relevanz haben, die Anwaltsgebühren der gewinnenden Partei zuerkannt werden können[6], es sei denn, der Vertrag sieht dies vor. Ein Grund für die gesetzliche Regelung der Anwaltskosten im Patentgesetz ist, daß bei Patentstreitigkeiten, im Vergleich zu anderen Streitigkeiten, die Notwendigkeit für den Einsatz eines Anwalts besteht, da das Patentrecht sehr komplex ist[7]. Es stellt sich jedoch die Frage, ob die Regelung der Anwaltsgebühren auf diese Art die Bereitschaft zur Klage und Verteidigung mindert[8]. Letztlich kann die Zuerkennung der Anwaltsgebühren in "exceptional cases" nur dadurch gerechtfertigt werden, daß damit versucht wird, ein Gleichgewicht zwischen den Interessen des Patentinhabers zum Schutz seines Monopols und den Interessen der Öffentlichkeit, solche Monopole in ihrem gesetzlichen Rahmen zu halten, herzustellen[9].

Die Zusprechung von Anwaltsgebühren liegt im Ermessen des Gerichts[10]. Voraussetzung ist das Vorliegen von außergewöhnlichen Umständen, die grundsätzlich dann nach der grundlegenden Entscheidung in Park-In Theatres v. Perkins[11] gegeben sind, wenn ein unfaires Verhalten oder böser Glauben ermittelt werden kann[12]. Beispielsweise können die Anwaltskosten dem Patentinhabers zugesprochen werden, wenn es sich um eine vorsätzliche Patentverletzung handelt[13]. Hat der Patentinhaber sein Patent durch Betrug erhalten, kann der beschuldigte Verletzers die Anwaltsgebühren erhalten[14].

---

5 Siehe z.B. Del Mar Avionics, Inc. v. Quinton Instrument Co., 836 F.2d., 1320 (1329), wofür das Vorliegen einer vorsätzlichen Verletzung schon ausreichend sein kann. Vgl. auch Polaroid Corp. v. Eastman Kodak Co., 16 USPQ2d., 1481 (1539) in der das Vorliegen eines "exceptional case" abgelehnt wurde. Siehe auch Stickle v. Heublein, Inc., 716 F.2d., 1550 (1564).

6 Vgl. dazu ausführlich, Ahart, JOPOS 1975, Vol. 57, 608 ff.

7 Ahart, JOPOS 1975, Vol. 57, 608 (610).

8 Vgl. Ahart, JOPOS 1975, Vol. 75, 608 (611 ff.).

9 Ahart, JOPOS 1975, Vol. 75, 608 (614).

10 Raytheon Co. v. Roper Corp., 724 F.2d., 951 (963).

11 190 F.2d., 137 (143).

12 Siehe auch eltra Corp. v. Basic, Inc. 599 F.2d., 745 (758).

13 Avia Group Intern. Inc. v. L.A. Gear California, 853 F.2d., 1557 (1567) m.w.N.

14 Kahn v. Dynamics Corp of America, 508 F.2d., 939 (945) mit weiteren Beispielen.

VIERTER TEIL

ZUSAMMENFASSUNG UND AUSBLICK

15. KAPITEL

1. Die Haftung des Lizenznehmers - vergleichende Gesamtübersicht

Stellt man die verschiedenen Grundsätze, Problemlösungen und Begriffe des Patentlizenzvertragsrechts in Deutschland denen der USA gegenüber, ergibt sich, viele Gemeinsamkeiten bestehen.

Obwohl es in den USA und den Ländern des Common Law an einer umfassenden Kodifizierung des Privatrechts fehlt und obwohl die Rechtsordnung nicht auf Gesetz, sondern dem Präjudiz aufbaut, ist das Lizenzvertragsrecht, und insbesondere die Haftung des Patentlizenznehmers in den USA, unserem Recht sehr ähnlich.

Die Rechtsprechung in beiden Ländern, durch die sich mangels Kodifizierung das Lizenzvertragsrecht im wesentlichen entwickelt hat, hat einen ähnlichen Weg genommen. Dies ist zum einen erstaunlich, wenn man die Unterschiedlichkeit der Rechtssysteme und deren juristische Methoden betrachtet, zum anderen aber einleuchtend, da das Lizenzvertragsrecht einen starken Praxisbezug hat.

Die praktische Bedeutung der Haftung des Lizenznehmers, insbesondere die Grundlagen der Haftung, hat dazu geführt, daß theoretische Überlegungen und Problemlösungen nicht in den Vordergrund treten, sondern daß auf praktische Lösungen gesetzt wird.

Dies ist in den geführten Interviews mit Lizenzspezialisten in beiden Ländern immer wieder deutlich geworden und hat die vorliegende Arbeit im wesentlichen geprägt.

Trotz Gemeinsamkeiten werden die wichtigsten Unterschiede im folgenden noch einmal kurz zusammengefaßt. Der besseren Übersicht halber wird dies kapitelweise vorgenommen:

1. KAPITEL - Gesetzliche Grundlagen und Inhalt der Lizenz

In beiden Ländern gibt es keine gesetzliche Grundlage für den Patentlizenzvertrag; die Möglichkeit der Lizenzerteilung wird lediglich in den Patentgesetzen anerkannt. In den USA besteht die Besonderheit, daß das Patentrecht bundesstaatliches Recht, das Vertragsrecht aber einzelstaatliches Recht ist. Für die rechtliche Behandlung des

Lizenzvertrages in den USA bedeutet das, daß für das Patentrecht eine bundeseinheitliche Regelung besteht, die Lösung der von der patentrechtlichen Problematik zu trennenden, rein vertraglichen Problemstellungen sich aber nach dem Recht der Einzelstaaten richtet. Diese Differenzierung hat zur Folge, daß in den USA bezüglich der Feststellung der Gerichtszuständigkeit Schwierigkeiten auftreten können.

Ein bedeutender Unterschied ist, daß in Deutschland die Lizenz einen positiven Inhalt hat. Der Lizenzgeber ist verpflichtet, alles zu tun, um dem Lizenznehmer die Benutzung des Lizenzgegenstandes zu ermöglichen. Der positive Inhalt stellt eine wichtige Grundlage für die Rechte und Pflichten der Vertragsparteien und der Haftung des Lizenznehmers dar. Dagegen hat in den USA die Lizenz einen negativen Inhalt. Der Patentinhaber verzichtet durch die Lizenzerteilung lediglich auf sein Ausschließungsrecht. In den USA hat aber der negative Inhalt bezüglich der Lizenzerteilung aufgrund der bestehenden Praxis, zunächst ein Patent zu verletzen und erst später im Rahmen eines Vergleichs einen Verzicht des Patentinhabers auf sein alleiniges Benutzungsrecht zu erlangen ("accomodation license"), eine eher untergeordnete Bedeutung. Da der Verletzer das Patent schon benutzt, bedarf es keiner Einräumung des Benutzungsrechts.

2. KAPITEL - Die Rechtsnatur des Lizenzvertrages

In Deutschland ist das einfache Lizenzverhältnis obligatorischer, das ausschließliche Lizenzverhältnis dinglicher Natur. Der Sukzessionsschutz des einfachen Lizenznehmers wurde erst 1986 in das deutsche Patentgesetz eingeführt. Einfache und ausschließliche Lizenzen sind in den USA obligatorischer Natur. Dies hat primär Auswirkungen auf die Klagebefugnis des Lizenznehmers. Der Sukzessionsschutz ist in den USA, als eines der wenigen Länder in der Welt, ohne Eintragungserfordernis der Lizenz oder gesetzlicher Kodifizierung anerkannt.

Da es für den Lizenzvertrag keine gesetzlichen Regelungen gibt, stellt sich in Deutschland das Problem der schuldrechtlichen Klassifizierung. Die Zuordnung der Lizenz zu einem gesetzlich geregelten Vertragstyp ist von Bedeutung, um durch Analogien Regelungen für den Lizenzvertrag zur Verfügung zu stellen. Nach der hier entgegen der h.M. vertretenen Auffassung kann der einfache Lizenzvertrag der Rechtspacht zugeordnet werden. Der ausschließliche Lizenzvertrag ist aufgrund seiner Eigenart im Einklang mit der h.M. ein Vertrag sui generis. In den USA gibt es aufgrund des Rechtssystems keine Vertragstypologie. Es können diesbezüglich keine Erkenntnisse für das deutsche Recht gewonnen werden. Dennoch ist bemerkenswert, daß in den USA zur Lösung von Problemen im Lizenzvertragsrecht teilweise auf Rechtsinstrumente zurückgegriffen wird, die dem Miet- und Pachtrecht entnommen werden.

3. KAPITEL - Lizenzarten

In beiden Ländern gibt es keine begrifflichen und inhaltlichen Unterschiede bezüglich der Lizenzarten. Unterlizenzen sind in Deutschland Verträge zwischen Lizenznehmern und Unterlizenznehmern, während in den USA ein Vertrag zwischen Hauptlizenzgeber und Unterlizenznehmer mit dem Hauptlizenznehmer als Vertreter zustandekommt. Das Rechtsinstitut der Zwangslizenz gibt es im US-amerikanischen Recht nicht.

In den USA ist die "implied license", eine Lizenz, die nach den Umständen des Einzelfalls stillschweigend unterstellt wird, von großer Bedeutung. Aus deutscher Sicht kann sie als eine Art ergänzende Vertragsauslegung angesehen werden. Es besteht die Möglichkeit, daß Benutzungsbefugnisse unterstellt werden. Um dies zu vermeiden, ist der deutschen Lizenzvertragspraxis zu raten, Bestimmungen in den Vertrag aufzunehmen, die dies ausschließen. In den USA werden nicht nur Lizenzen oder Benutzungsbefugnisse unterstellt, sondern auch Pflichten ("implied obligations"), Bedingungen ("implied conditions"), bestimmte Zeiträume ("implied terms") und sogar Verträge ("implied contracts").

4. KAPITEL - Abschluß und Auslegung, Beendigung und Nichtigkeit des Lizenzvertrages

In Deutschland und in den USA kommt der Lizenzvertrag durch übereinstimmende Willenserklärungen zustande. Die allgemeinen Vertragsgrundsätze gelten für den Lizenzvertrag. In den USA ist hier die Besonderheit der "Considerationlehre" hervorzuheben, wonach es erforderlich ist, daß sich immer Leistungen gegenüberstehen. Die Vertragsfreiheit wird in beiden Ländern im Lizenzvertragsrecht durch das Wettbewerbsrecht eingeschränkt. Die Bestimmungen des Lizenzvertrages müssen auf ihre wettbewerbsrechtliche Zulässigkeit überprüft werden.

Im US-amerikanischen Recht besteht die vorteilhafte Gerichtspraxis des Richters, Rechtsverhältnisse nicht für nichtig zu erklären, sondern sie nach der Sachlage und Bedürfnissen neu zu gestalten. Diese Vertragsanpassung entspricht regelmäßig dem Willen der Vertragsparteien.

5. KAPITEL - Pflichten des Lizenznehmers

Die Pflichten des Lizenznehmers ergeben sich in Deutschland aus der Rechtsnatur des Lizenzvertrages und durch direkte oder analoge - je nachdem, ob es sich um eine einfache oder ausschließliche Lizenz handelt - Anwendung der Miet- und Pachtvorschriften. In den USA gilt der Grundsatz, daß alle Rechte und Pflichten vereinbart werden müssen. Es können aber auch Pflichten stillschweigend unterstellt werden ("implied obligations"). Der Anwendungsbereich dafür ist bei der ausschließlichen Lizenz sehr groß, z.B. wird dadurch meist die Ausübungspflicht begründet. Die Kennzeichnungspflicht hat in den USA besondere Bedeutung, da der Grundsatz besteht, daß der Öffentlichkeit das Bestehen eines Patents mitgeteilt werden muß. Nur wenn der patentierte Gegenstand markiert ist, kann im Falle der Patentverletzung der Patentinhaber Schadensersatzansprüche gegen den Verletzer geltend machen, ohne ihm vorher von der Verletzung Mitteilung zu machen.

Die Nichtigkeit des Patents hat auch in den USA nach der Rechtsprechung nicht zur Folge, daß der Lizenzgeber die Lizenzgebühren zurückzahlen muß. In Deutschland kommt man über die Anwendung der Grundsätze des fehlerhaften Vertrages, die auch auf den Lizenzvertrag passen, zu diesem Ergebnis.

Die Ausgestaltung des Lizenzvertrages in beiden Ländern ist sehr unterschiedlich. Das zeigt schon die Länge der Verträge. In den USA wird versucht, möglichst über alle Punkte eine Regelung zu treffen, über die später Streit entstehen kann. Dies liegt an der Eigenart des Rechtssystems, das es den Vertragsparteien gebietet, Regelungen in den Vertrag aufzunehmen, um nicht "Gefangene des Case Law" zu sein. Einige der in den USA bestehenden Klauseln können der deutschen Lizenzvertragspraxis als Vorbild dienen.

6. KAPITEL - Die Haftung wegen Patentverletzung

Bezüglich der patentrechtlichen Rechtsgrundlagen wegen Patentverletzung bestehen in Deutschland und den USA keine nennenswerten Unterschiede. In beiden Ländern stellt die Patentverletzung eine unerlaubte Handlung dar; die rechtliche Behandlung erfolgt jedoch nach den patentrechtlichen Bestimmungen. In Deutschland gibt es zusätzlich noch zu den Ansprüchen nach dem Patentgesetz einen Anspruch nach den Geschäftsführungsregeln und nach den Grundsätzen der ungerechtfertigten Bereicherung.

In den USA hat die Unterscheidung Patent- und Vertragsverletzung besondere Bedeutung, da davon die gerichtliche Zuständigkeit des Einzelstaates oder des Bundes abhängig ist.

7. KAPITEL - Die Haftung wegen Vertragsverletzung

Die Haftung wegen Vertragsverletzung richtet sich jeweils nach den allgemeinen Vertragsgrundsätzen. In den USA gibt es zwischen den Einzelstaaten für das Lizenzvertragsrecht keine nennenswerten Unterschiede. Nach der in den USA bestehenden "Conditionlehre" werden die Vertragsparteien dazu angehalten, ihre Pflichten zu erfüllen, um die Gegenleistung zu erhalten. Die Funktion des Vertragsrechts in den USA ist zum einen die Erfüllungserwartung der Vertragsparteien und zum anderen die Garantie gegen Schaden.

Die Verletzung einzelner Pflichten gestaltet sich annähernd gleich. Besondere Beachtung ist in beiden Ländern der Wettbewerbsverbotspflicht zu schenken, die kartellrechtliche Bedenken hervorruft.

8. KAPITEL - Beweislast

Bezüglich der Beweislast ergeben sich keine bedeutenden Unterschiede.

9. KAPITEL - Rechtsfolgen der Patentverletzung

Die Rechtsmittel, die den Patentinhabern nach dem Patentgesetz in beiden Ländern zustehen, sind annähernd gleich. Es ergeben sich jedoch Unterschiede bei den Rechtsfolgen, speziell dem Schadensersatzanspruch des Verletzten. Während sich noch die Berechnungsmethoden des Schadensersatzes ähnlich gestalten und sich die Rechtsfolgen in beiden Ländern grundsätzlich nach dem Verschulden des Verletzers richten, besteht in den USA die Möglichkeit, die Schadensersatzsumme bis zu maximal den dreifachen Betrag zu erhöhen. Dies ist prinzipiell als Vorbild für das deutsche Recht zu bewerten, um der in Deutschland bestehenden unbefriedigenden Rechtslage, daß Verletzer und Lizenznehmer gleich behandelt werden oder der Verletzer teilweise sogar besser steht, abzuhelfen. Auf diese Weise würde auch dem Gedanken der Prävention und Schadensverhütung Rechnung getragen. Zudem erweist sich die Methode bei einer Patentverletzung durch den Lizenznehmer als flexibel.

10. KAPITEL - Rechtsfolgen der Vertragsverletzung

In den USA sind die Möglichkeiten der Beendigung des Lizenzvertrages und der Erlangung von Schadensersatz durch die Rechtsprechung in ähnlichen Fällen anerkannt, in denen sich diese in Deutschland aus dem Gesetz ergeben. Im Vordergrund steht die Unterscheidung von Haupt- und Nebenpflichtverletzung. Nur der "material breach", also die Verletzung einer wesentlichen Vertragspflicht, löst grundsätzlich die Beendigungsmöglichkeit des Vertrages aus. Schadensersatz als dem Vertrag immanenter sekundärer Pflicht wird in den übrigen Fällen gewährt. Auch bezüglich der einzelnen Pflichtverletzungen ergeben sich keine wesentlichen Unterschiede.

11. KAPITEL - Der Nichtigkeitseinwand des Lizenznehmers

Grundsätzlich hat jeder Verletzer in Deutschland das Recht, die Nichtigkeit des Patents anzugreifen, auch wenn dies mit einem höheren Aufwand verbunden ist, da ein getrenntes Nichtigkeitsverfahren angestrengt werden muß. Dem Lizenznehmer ist es jedoch nach deutschem Recht verwehrt, die Nichtigkeit des Patents z.B. in einem Verfahren auf Zahlung der Lizenzgebühren, als Verteidigung anzugreifen, wenn eine Nichtangriffsabrede vereinbart wurde oder die Nichtigkeitsklage gegen Treu und Glauben verstößt. Die Nichtangriffsabrede ist nach wie vor nach deutschem, nicht aber nach europäischem Recht zulässig. In den USA dagegen kann der Lizenznehmer uneingeschränkt die Nichtigkeit des Patents geltend machen. Hier zeigt sich ein Unterschied in der wettbewerbsrechtlichen Behandlung von bedenklichen Lizenzvertragsvereinbarungen.

12. und 13. KAPITEL - Verjährung und Verwirkung

Ansprüche wegen Patentverletzung verjähren in Deutschland in drei Jahren von dem Zeitpunkt an, in dem der Berechtigte von der Verletzung und des Verletzers Kenntnis erlangt, ohne Rücksicht auf diese Kenntnis in 30 Jahren. In den USA kann Schadensersatz wegen Patentverletzung generell nur bis zum Ablauf von sechs Jahren nach Kenntnis von der Patentverletzung geltend gemacht werden.

Die Verwirkung spielt in den USA eine größere Rolle als in Deutschland. Insbesondere kann das Recht des Patentinhabers verwirken, wenn die Verzögerung der Klageerhebung ungerechtfertigt und entschuldbar war, und der Verletzer durch die Verzögerung einen materiellen Schaden erlitten hat.

14. KAPITEL - Prozeßkosten

Ein wesentlicher Unterschied zwischen beiden Ländern besteht hinsichtlich der Prozeßkosten. Diese sind in den USA viel höher als in Deutschland. Grund ist nicht nur das unterschiedliche Abrechnungssystem der Anwälte, sondern auch die umfangreichen Verteidigungsmöglichkeiten des Verletzers, die das Verfahren verlängern.

2. Ausblick

Nach der rechtsvergleichenden Darstellung der Haftung des Lizenznehmers nach deutschem und US-amerikanischem Recht fragt sich, wie sich die Zukunft des Patentlizenzvertragsrechts gestalten wird. Dabei richtet sich der Blick zum einen auf die Frage, ob eine Regelung der Materie in Deutschland angebracht erscheint, und zum anderen auf den zukünftigen Stellenwert von Patenten und deren Vermarktung.

Angesichts der aufgezeigten Unsicherheiten, die nicht nur bezüglich der Haftungsproblematik des Patentlizenznehmers, sondern allgemein der zivilrechtlichen Behandlung des Patentlizenzvertrages in Deutschland und den USA bestehen, ist es zunächst schwer zu begreifen, daß eines der wichtigsten und kompliziertesten juristischen Instrumente des modernen Handels nicht nur in Common Law-Ländern wie den USA, sondern auch in vielen kontinentaleuropäischen Rechtssystemen fast völlig unberührt von ausdrücklichen gesetzlichen Bestimmungen geblieben ist. Auch im Hinblick auf die wachsende Bedeutung des Patentlizenzvertrages stellt sich die Frage, ob es nicht angebracht und erstrebenswert ist, den Patentlizenzvertrag zumindest in Deutschland gesetzlich zu regeln.

Trotz der durch eine Kodifizierung des Patentlizenzvertrages entstehenden vorteilhaften Rechtssicherheit ist von einer gesetzlichen Normierung prinzipiell abzuraten. Eine zu frühe kodifikatorische Festschreibung könnte einer dynamischen, den wirtschaftlichen Bedürfnissen angepaßten Entwicklung des Lizenzvertragsrechts entgegenstehen. Der sich auch aufgrund der zunehmenden Bedeutung des gewerblichen Rechtsschutzes und der Vermarktung von Patenten ständig weiterentwickelnde Patentlizenzvertrag darf durch eine Kodifizierung nicht zur Folge haben, ein grobes und starres Gebilde zu werden, wie dies teilweise die im BGB geregelten Schuldvertragstypen darzustellen scheinen. Die hier vertretene Meinung, den Lizenzvertrag grundsätzlich der Rechtspacht zuzuordnen, gibt dem Patentlizenzvertrag zum einen eine gewisse Rechtssicherheit, verschafft ihm aber gleichzeitig auch die nötige Flexibilität. Eine spezialgesetzliche Regelung ist daher entbehrlich.

Für die zukünftige Behandlung von Patentlizenzverträgen unter wettbewerbsrechtlichen Aspekten ist die Einstellung der Antitrust-Kommission des US-amerikanischen Justizministeriums in ihren neuen Richtlinien für die kartellrechtliche Behandlung von Lizenzvereinbarungen vom 6.4.1995 zu begrüßen, wonach Patentlizenzverträge grundsätzlich der Förderung des Allgemeinwohls dienen. Für Deutschland und Europa bleibt abzuwarten, welche Auswirkungen die am 1.4.1996 in Kraft getretene Gruppenfreistellungsverordnung für Patentlizenzverträge und Know-how auf die wettbewerbsrechtliche Behandlung der Lizenzverträge hat und ob sich die allgemeine Tendenz der Europäischen Union, an der bisherigen Linie der verstärkten Bekämpfung von Wettbewerbsbeschränkungen festzuhalten, auch für das Patentlizenzvertragsrecht fortsetzen wird.

In den USA ist man sich der Bedeutung des Patents als Instrument des Wettbewerbs bewußt:

> "Patents are economic instruments enabling an industrialist or trader to achieve an independent self-determinative position in a dynamic competitive society". [1]

Da der Umfang des Patentbesitzes ein wesentlicher Indikator für die Lizenzvergabe ist[2], ist die Anzahl der Patentanmeldungen für den zukünftigen Stellenwert des Patentlizenzvertrages zu berücksichtigen.

Während in den USA eine aggressive Patentpolitik besteht, bleiben deutsche Unternehmen bei den Patenten nach wie vor hinter ihren Konkurrenten aus den Vereinigten Staaten und Japan zurück. Der deutsche Anteil an den internationalen Patentanmeldungen ist nach einer Untersuchung des Ifo-Instituts von 18,4% (1987) auf 16,2% (1990) zurückgefallen[3]. Bei allen wichtigen Patentämtern der westlichen Industrienationen dominieren amerikanische Patentanmeldungen[4]. Dabei wird auch in Deutschland von keiner Seite bezweifelt, daß technologisches Wissen und seine Erweiterung von entscheidender Bedeutung für den Stand und die Entwicklung einer Volkswirtschaft ist. Auch daß die Wettbewerbsfähigkeit einer Industrie nur durch ständige Innovation, also durch ein wirtschaftliches Umsetzen und Nutzen neuer

---

1 Henderson, Schiedsgerichtsbarkeit und gewerblicher Rechtsschutz, 27.

2 Nach einer Untersuchung in Deutschland sind Unternehmen ohne Patentbesitz rund 10 % an einer Lizenzvergabe beteiligt, während der entsprechende Anteil bei Unternehmen mit Patentbesitz bei durchschnittlich 40% liegt. Mit zunehmendem Umfang des Patentportefeuilles steigt auch die Nachfrage nach Lizenzen, Täger, GRUR Int. 1982, 604 (608).

3 Vgl. Faust, S. 14; trotz dieses negativen internationalen Vergleichs, ist eine erhöhte deutsche Patentaktivität zu verzeichnen, GRUR 1994, 494. Siehe auch Deutsches Patentamt: Jahresbericht 1995, GRUR 1996, 472.

4 Vgl. Deutsches Patentamt: Jahresbericht 1995, GRUR 1996, 472. Siehe auch Jahresbericht 1996 des EPA, GRUR Int. 1997, 658.

Technologien, erhalten werden kann, ist generell bekannt und kommt in den Gesprächen mit Lizenzspezialisten zum Ausdruck. Kürzere Produktlebensdauer und steigende Anforderungen an Qualität und Sicherheit fordern die deutsche Industrie heute verstärkt zu Forschungsinvestitionen heraus[5].

Eine positive Lizenzbilanz wirkt sich nicht nur positiv auf die Gesamtbilanz eines Unternehmens aus, sondern Lizenzeinnahmen reizen auch wieder zu Innovationen und Erfindungen an. Innovationen sind ein zentraler Wettbewerbsfaktor und zugleich eine entscheidende Größe für einzel- und gesamtwirtschaftliches Wachstum. Nur wenn sich die deutschen Unternehmen darüber bewußt werden, kann auf lange Sicht die Wettbewerbsfähigkeit mit den großen Industriestaaten, insbesondere den USA und Japan, gesichert werden. Das Hervorbringen von Innovationen ist dabei nicht nur ein gutgemeinter Ratschlag, sondern ein Zwang und eine Verantwortung für deutsche und europäische Unternehmen[6]. Es gilt deshalb, am Ende noch einmal zu wiederholen, was den US-Amerikanern schon seit längerem bekannt ist:

> *"Today more than ever before, the products of the mind - aesthetical, technological and organizational - are humankind's most valuable assets".-*
>
> Donald S. Chisum, Law Professor at the University of Washington School of Law in Seattle, in "What's New in Intellectual Property" von Richard C. Reuben, ABA Journal, Januar 1993, 72 ff. (72).

---

5 Siehe auch den Bericht des Rates für Forschung, Technologie und Innovation zum Thema Informationsgesellschaft, GRUR Int. 1996, 658 ff.

6 "The future belongs to the innovators and we are impressiveley strong in that regard. And if you frame innovation with responsibility, a sense of purpose and energy you cannot be stopped", Sir Richard Sykes, Vorstandsvorsitzender von Glaxo, Europas größtes pharmazeutisches Unternehmen in The European v. 16.-22.9.1994.

Kolibri 360 GmbH
Ferdinand-Jühlke-Straße 7
99095 Erfurt, Deutschland
produktsicherheit@kolibri360.de

Druck:
CPI Druckdienstleistungen GmbH
im Auftrag der
Kolibri 360 GmbH
Ferdinand-Jühlke-Str. 7
99095 Erfurt